Groß · Sanierung durch Fortführungsgesellschaften

Sanierung durch Fortführungsgesellschaften

Der Weg von der Sanierungsprüfung bis zur Konstituierung und finanziellen Entlastung der Fortführungsgesellschaft in betriebswirtschaftlicher, rechtlicher und steuerlicher Sicht

von

Dipl.-Kfm. Dr. Paul J. Groß

Steuerberater, Köln

Verlag Dr. Otto Schmidt KG · Köln

CIP-Kurztitelaufnahme der Deutschen Bibliothek

Gross, Paul J.:
Sanierung durch Fortführungsgesellschaften: d. Weg von d. Sanierungsprüfung bis zur Konstituierung u. finanziellen Entlastung d. Fortführungsges. in betriebswirtschaftl., rechtl. u. steuerl. Sicht / von Paul J. Gross. – Köln: O. Schmidt, 1982.

ISBN 3-504-32205-5

Satz: Fotosatz Janke & Fischenich, Köln

Druck und Verarbeitung: Bercker, Graphischer Betrieb GmbH, Kevelaer

Printed in Germany

Meiner Frau
Maria-Theresia
gewidmet

Vorwort

Seit den siebziger Jahren haben sich die Zahlen der in einer Krise befindlichen Unternehmen und der Insolvenzen dramatisch erhöht. Es besteht Anlaß zur Sorge, daß diese Entwicklung in den achtziger Jahren anhalten wird. Die damit verbundene Vernichtung von Werten trifft Inhaber und Gläubiger, Arbeitnehmer und Geschäftspartner und erreicht Größenordnungen von erheblicher volkswirtschaftlicher Bedeutung. Darin liegt eine Herausforderung an Wissenschaft, Praxis und nicht zuletzt an die Politik, die für die Rettung von Unternehmen und Betrieben wesentlichen Erkenntnisse, Rechtsnormen und Methoden fortzuentwickeln.

Die Bundesregierung hat die Notwendigkeit einer solchen Entwicklung anerkannt, indem sie eine Kommission für Insolvenzrecht aus Wissenschaftlern und Praktikern beauftragt hat, Reformvorschläge auszuarbeiten. Da die Reform infolge der Vielfalt der betroffenen Interessen und erforderlichen Gesetzesänderungen längere Zeit benötigen wird, ist zu begrüßen, daß das vorliegende Buch die Sanierungsprobleme unter heutigen Bedingungen umfassend aufarbeitet.

Dieses Werk stellt den ersten Versuch dar, die mit der Sanierung verbundenen Entscheidungsprobleme interdisziplinär zu behandeln und Strategien für die Sanierungsverhandlungen zu entwickeln. Es verbindet in wünschenswerter Weise systematisch wissenschaftliche Darstellung und Ratschläge für die Sanierungspraxis. Behandelt wird nicht nur die Sanierung des Krisenunternehmens, sondern auch die des Betriebes, falls das Krisenunternehmen selbst nicht gerettet werden kann.

Im *ersten Teil* des Buches werden die mit der Sanierung verbundenen Aufgaben von der Analyse der Unternehmenskrise bis zum Abschluß der Fortführungsverhandlungen dargestellt. Unter Sanierungsaufgabe wird außer der finanziellen auch die leistungswirtschaftliche Sanierung verstanden. Besonders verdienstvoll ist, daß der Verfasser die in der Sanierungspraxis üblichen Gesellschaftskonstruktionen erstmalig unter dem Oberbegriff Fortführungsgesellschaft in ein geschlossenes Begriffssystem gebracht hat.

Im *zweiten Teil* werden die verschiedenen Typen der Fortführungsgesellschaft nach ihren wirtschaftlichen, rechtlichen und steuerlichen Merkmalen und Gestaltungsmöglichkeiten systematisch dargestellt. Damit wird dem Benutzer der Vergleich der Typen erleichtert und für den konkreten Fall Entscheidungshilfe gegeben.

Da der Erfolg der Fortführungsverhandlungen in der Mehrzahl der Fälle eine Entlastung von Verpflichtungen des Krisenunternehmens bedingt, kommt dem *dritten Teil* des Buches erhebliche praktische Bedeutung zu. In ihm werden zunächst die Entschuldungsverfahren und die Verhandlungspositionen der Fortführungsinteressenten gegenüber den gesicherten und ungesicherten Gläubigern behandelt. Zu begrüßen ist, daß auch die Entlastungsmöglichkeiten von Personal- und Soziallasten, die oft ausschlaggebend sind, dargestellt werden.

Schließlich geht der Verfasser auf die Entlastung von Steuerverpflichtungen und auf die öffentlichen Finanzhilfen ein, die immer häufiger den letzten Ausweg zur Rettung von Arbeitsplätzen und Produktionskapazitäten bilden.

Zum Abschluß weist der Verfasser auf die Bedeutung des Fortführungsmanagers hin. Selbst bei guten objektiven Voraussetzungen setzt der Fortführungserfolg die Initiative und Koordination durch eine dafür qualifizierte Persönlichkeit voraus.

Für die Wissenschaft bedeutet das hier vorgelegte Werk wegen der sehr gründlichen, aber ebenso fundierten Durchdringung aller mit Sanierungsfragen zusammenhängenden Probleme einen beachtlichen Fortschritt. Für die wirtschaftliche Praxis wird sie wegen des ständigen Bemühens um Realitätsnähe großen Nutzen zu stiften vermögen.

Köln, September 1982 Prof. Dr. Adolf Zybon

Inhaltsverzeichnis

Zweiter Teil: Strukturen und Gestaltungsprobleme der Fortführungsgesellschaften

Dritter Teil: Die finanzielle Entlastung der Fortführungsgesellschaften

Abkürzungsverzeichnis

a.A.	anderer Ansicht
a.a.O.	am angegebenen Ort
Abs.	Absatz
Abschn.	Abschnitt
AFG	Arbeitsförderungsgesetz
AG	Amtsgericht, Aktiengesellschaft
AG	Die Aktiengesellschaft (Zeitschrift)
AktG	Aktiengesetz
ANBA	Amtliche Nachrichten der Bundesanstalt für Arbeit
a.M.	anderer Meinung
Anm.	Anmerkung
ArbG	Arbeitsgericht
Art.	Artikel
AO	Abgabenordnung
AuR	Arbeit und Recht
BAG	Bundesarbeitsgericht
BB	Betriebsberater
Bd.	Band
bes.	besonders
BetrAVG	Gesetz zur Verbesserung der betrieblichen Altersversorgung
BetrVG	Betriebsverfassungsgesetz
BFH	Bundesfinanzhof
BFHE	Amtl. Sammlung der Entscheidungen des BFH
BFuP	Betriebswirtschaftliche Forschung und Praxis
BGB	Bürgerliches Gesetzbuch
BGBl	Bundesgesetzblatt
BGH	Bundesgerichtshof
BGHZ	Amtl. Sammlung der Entscheidungen des BGH in Zivilsachen
BHO	Bundeshaushaltsordnung
BMF	Bundesminister der Finanzen
BörsG	Börsengesetz
BR	Bundesrat
BR-Drucks.	Bundesratsdrucksache
BReg	Bundesregierung
BSG	Bundessozialgericht
BStBl	Bundessteuerblatt
BT	Bundestag
BT-Drucks.	Bundestagsdrucksache
BVerfG	Bundesverfassungsgericht
BVerfGE	Amtl. Sammlung der Entscheidungen des BVerfG
BVerwG	Bundesverwaltungsgericht

Corp.	Corporation
DB	Der Betrieb
DBW	Die Betriebswirtschaft
Diss.	Dissertation
DM	Deutsche Mark
DStR	Deutsche Steuer-Rundschau; ab 1962: Deutsches Steuerrecht
DVBl	Deutsches Verwaltungsblatt
Ed.	Editor
EFG	Entscheidungen der Finanzgerichte
EG	Europäische Gemeinschaften
ErbStG	Erbschaftsteuergesetz
EStDV	Einkommensteuerdurchführungsverordnung
EStG	Einkommensteuergesetz
EStR	Einkommensteuerrichtlinien
etc.	et cetera
EWG	Europäische Wirtschaftsgemeinschaft
f.	folgende
Fa.	Firma
FA	Finanzamt
FAZ	Frankfurter Allgemeine Zeitung
ff.	fortfolgende
FG	Finanzgericht
FdA	Anordnung zur Förderung der Arbeitsaufnahme
FN	Fußnote
FR	Finanzrundschau
FZ	Frankfurter Zeitung
Gebr.	Gebrüder
GE	Geldeinheiten
gem.	gemäß
GenG	Genossenschaftsgesetz
GewStG	Gewerbesteuergesetz
GewStR	Gewerbesteuer-Richtlinien
GG	Grundgesetz
ggf.	gegebenenfalls
GmbH	Gesellschaft mit beschränkter Haftung
GmbHG	GmbH-Gesetz
GmbH-Rdsch	GmbH-Rundschau
GO	Gemeindeordnung (der Länder)
GrESBWG	Grundsteuerbefreiungsgesetz
GrEStG	Grunderwerbsteuergesetz

GrESt-StrukturG	Gesetz über Grunderwerbsteuerbefreiung bei Maßnahmen zur Verbesserung der Wirtschaftsstruktur
GrEStWi-StruktG	Gesetz über Grunderwerbsteuerbefreiung bei Maßnahmen zur Verbesserung der Wirtschaftsstruktur
GrSt	Grundsteuer
GrStG	Grundsteuergesetz
GS	Großer Senat
GWB	Gesetz gegen Wettbewerbsbeschränkungen
HdB	Handwörterbuch der Betriebswirtschaftslehre
HdSW	Handwörterbuch der Sozialwissenschaften
HdWW	Handwörterbuch der Wirtschaftswissenschaften
HGB	Handelsgesetzbuch
h.M.	herrschende Meinung
hrsg.	herausgegeben
HS.	Halbsatz
HWB	Handwörterbuch der Betriebswirtschaft
HWF	Handwörterbuch der Finanzwirtschaft
HWO	Handwörterbuch der Organisation
HWR	Handwörterbuch des Rechnungswesens
i.d.F.	in der Fassung
IdW	Institut der Wirtschaftsprüfer
IHK	Industrie- und Handelskammer
i.L.	in Liquidation
InvzulG	Investitionszulagengesetz
i.Verb.	in Verbindung
JbFSt	Jahrbuch der Fachanwälte für Steuerrecht
JR	Juristische Rundschau
JuS	Juristische Schulung
JZ	Juristische Zeitung
KapErhG	Kapitalerhöhungsgesetz
KG	Kommanditgesellschaft
KGaA	Kommanditgesellschaft auf Aktien
KO	Konkursordnung
KSchG	Kündigungsschutzgesetz
KStG	Körperschaftssteuergesetz
KTS	Konkurs-, Treuhand- und Schiedsgerichtswesen
KTr	Konkurs- und Treuhandwesen, Monatszeitschrift für Wirtschaft und Recht (bis 1942)
KVStG	Kapitalverkehrsteuergesetz
Leip.N.N.	Leipziger Neue Nachrichten
LG	Landgericht
Ltd.	Limited

MDR	Monatsschrift für Deutsches Recht
m.E.	meines Erachtens
Mio.	Millionen
Mrd.	Milliarden
n.F.	neue Fassung
NJW	Neue Juristische Wochenschrift
NordLB	Norddeutsche Landesbank
NRW	Nordrhein-Westfalen
NWB	Neue Wirtschafts-Briefe
OFD	Oberfinanzdirektion
OHG	Offene Handelsgesellschaft
OLG	Oberlandesgericht
o.V.	ohne Verfasser
PSVaG	Pensions-Sicherungs-Verein auf Gegenseitigkeit
RAO	Reichsabgabenordnung
RdA	Recht der Arbeit
RdErl.	Runderlaß
Rdnr.	Randnummer
RegE	Regierungsentwurf
RFH	Reichsfinanzhof
RFHE	Amtliche Sammlung der Entscheidungen des RFH
RG	Reichsgericht
RGZ	Amtliche Sammlung der Entscheidungen des RG in Zivilsachen
RKW	Rationalisierungs-Kuratorium der deutschen Wirtschaft
RStBl	Reichssteuerblatt
Rz.	Randziffer
S.	Seite, Satz (bei Rechtsnormen)
SchiffsG	Gesetz über Rechte an eingetragenen Schiffen und Schiffsbauwerken
Sp.	Spalte
sp.	spätere(n)
SPD	Sozialdemokratische Partei Deutschlands
Struktur-GrESt-BefrG	Gesetz über Grunderwerbsteuerbefreiung bei Maßnahmen zur Verbesserung der Wirtschaftsstruktur
StabG	Stabilitätsgesetz
StGB	Strafgesetzbuch
StbJb	Steuerberater-Jahrbuch
StRK	Steuerrechtskartei
StuW	Steuer und Wirtschaft
Tz.	Textziffer

u.	unter
u.a.	unter anderem
U.K.	United Kingdom
UmwG	Gesetz über die Umwandlung von Kapital-Gesellschaften
UmwStG	Umwandlungssteuergesetz
UStG	Umsatzsteuergesetz
UStR	Umsatzsteuer-Rundschau
v.	vom
VAG	Versicherungsaufsichtsgesetz
VerglO	Vergleichsordnung
vgl.	vergleiche
VollstrA	Vollstreckungsanweisung
Vorb.	Vorbemerkung
WestLB	Westdeutsche Landesbank
WM	Zeitschrift für Wirtschaftsrecht und Bankrecht
WP	Wirtschaftsprüfer
WPg	Die Wirtschaftsprüfung
WPM	Wertpapier-Mitteilungen
WuW	Wirtschaft und Wettbewerb
z.B.	zum Beispiel
ZfA	Zeitschrift für Arbeitsrecht
ZfB	Zeitschrift für Betriebswirtschaft
ZfbF	Zeitschrift für betriebswirtschaftliche Forschung
ZfhF	Zeitschrift für handelswissenschaftliche Forschung
ZGR	Zeitschrift für Unternehmens- und Gesellschaftsrecht
ZHR	Zeitschrift für das gesamte Handels- und Konkursrecht
Ziff.	Ziffer
ZIP	Zeitschrift für Wirtschaftsrecht und Insolvenzpraxis
ZPO	Zivilprozeßordnung
ZVG	Gesetz über die Zwangsversteigerung und Zwangsverwaltung

Einführung

I. Kapitel

Unternehmenskrisen

1. Unternehmen, Krise, Unternehmenskrise

Gegenstand von Sanierungen ist das Unternehmen in der Krise.

a) Das Wort *Unternehmen* wird in verschiedenem Sinne gebraucht: Es gibt weder in den Wirtschaftswissenschaften noch in der Praxis eine allseits anerkannte Definition[1]. Besonders häufig wird in den Wirtschaftswissenschaften unter Unternehmen – synonym Unternehmung – die rechtlich-finanzielle Einheit[2] verstanden, die sich durch die Rechtsform abgrenzen läßt: „Alle Geschäfte und Tätigkeiten, die unter der Firma des Rechtsträgers abgewickelt werden, gehören zu diesem Unternehmen."[3]

Der Betrieb hingegen wird als die technisch-organisatorische Seite aufgefaßt[4]. Diesem Begriffsverständnis folgt auch das Arbeitsrecht[5]. Das Bundesarbeitsgericht definiert den Betrieb als „die organisatorische Einheit, innerhalb derer ein Arbeitgeber allein oder mit Hilfe von sächlichen und immateriellen Mitteln bestimmte arbeitstechnische Zwecke fortgesetzt verfolgt, die sich nicht in der Befriedigung des Eigenbedarfs erschöpfen."[6] In diesem Sinne kann ein Unterneh-

---

1 Zur betriebswirtschaftlichen Klärung dieses Begriffs vgl.: Hax, K., Betriebswirtschaftliche Deutung der Begriffe „Betrieb" und „Unternehmung", in: Recht und Rechtsleben in der sozialen Demokratie, Festgabe für Otto Kunze, hrsg. von K. Ballerstedt, E. Friesenhahn, O. v. Nell-Breuning, Berlin 1969, S. 109 ff.; Kolbeck, R., Unternehmen I: Unternehmen und Betrieb, in: HdWW, 8. Band, Stuttgart und New York, Tübingen, Göttingen und Zürich 1980, S. 65 ff.

2 So u.a. Rössle, K., Allgemeine Betriebswirtschaftslehre, 5. Aufl., München 1956, S. 16; Lehmann, M. R., Allgemeine Betriebswirtschaftslehre, 3. Aufl., Wiesbaden 1956, S. 36; Schäfer, E., Die Unternehmung, 8. Aufl., Köln-Opladen 1974, S. 80 ff.; Gutenberg hingegen sieht die Unternehmung als jenen Betriebstyp an, der durch die Grundsätze der inneren und äußeren Autonomie sowie durch das erwerbswirtschaftliche Prinzip geprägt ist. Vgl. Gutenberg, E., Grundlagen der Betriebswirtschaftslehre, Erster Band, Die Produktion, 14. Aufl., Berlin-Heidelberg-New York 1968, S. 445 ff.

3 Vgl. Hax, K., Betriebswirtschaftliche Deutung der Begriffe „Betrieb" und „Unternehmung", a.a.O., S. 123.

4 Ähnlich z.B. Rössle, K., Allgemeine Betriebswirtschaftslehre, a.a.O., S. 16. Kosiol sieht im Betrieb „die wirtschaftliche Aktionseinheit", die unter einheitlicher Planung steht. Vgl. Kosiol, E., Die Unternehmung als wirtschaftliches Aktionszentrum, Reinbek bei Hamburg 1966, S. 15 f.

5 Vgl. Schimana, R., Hauptbetriebe – Nebenbetriebe – Betriebsteile nach Betriebsverfassungsgesetz, in: BB 1979, S. 892 ff.

6 BAG v. 17. 2. 1981 – 1 ABR 101/78, in: DB 1981, S. 1190.

men einen oder auch eine Mehrzahl von Betrieben, Betriebsteilen[7] und Teilbetrieben[8] haben.

Im Rahmen dieser Arbeit erscheint es sinnvoll und zweckmäßig, dieser Begriffsbildung zu folgen. Dabei ist es hier nicht erforderlich, die Begriffe Unternehmen und Betrieb definitorisch scharf abzugrenzen. Im Wirtschaftsleben weisen die Phänomene rechtlicher, finanzieller, leistungswirtschaftlicher, aber auch personeller, sozialer, organisatorischer, steuerlicher und sonstiger Art starke Interdependenzen auf. Die Unterscheidung Unternehmung und Betrieb dient dabei der systematischen Erkenntnis und Darstellung nur dann, wenn das komplementäre Verhältnis beider beachtet wird. Um ein naheliegendes, häufig benutztes Bild zu gebrauchen: Unternehmen und Betrieb sind die zwei Seiten einer Münze, die man unterscheiden soll, für sich betrachten kann, die sich aber nicht trennen lassen, ohne daß die Münze selbst zerstört wird.

b) Das Wort *Krise*[9] kommt aus der medizinischen Fachsprache und bezeichnet den Höhepunkt einer schweren Erkrankung[10], die Zeit der Entscheidung zwischen Genesung und Zusammenbruch. Die Volkswirtschaftslehre übernahm den Begriff Krise für die „kritische" Phase „eines mehr oder weniger regelmäßig ablaufenden Zyklus zwischen dem ‚Aufschwung' (Hochkonjunktur, Boom) und der ‚Depression'".[11] Seither wird das Wort Krise auf vielen Gebieten für schwierige, dramatische Situationen benutzt[12].

c) Das Wort *Unternehmenskrise* ist in den enzyklopädischen wie in den wirtschafts- und rechtswissenschaftlichen Wörterbüchern kaum zu finden, selten auch im Sachregister der einschlägigen Fachbücher. Es wird jedoch in der Wirtschaftspolitik und in der Praxis in letzter Zeit häufiger gebraucht[13].

Unternehmenskrise bezeichnet die Notsituation eines Unternehmens, die entweder mit der Sanierung überwunden wird oder im Zusammenbruch endet[14]. Die rechtlich-finanzielle Auffassung der Unternehmung führt dazu, daß

---

7 Den Begriff Betriebsteil nennen z.B. § 4 S. 1 BetrVG, § 613 a Abs. 1 BGB. Vgl. auch Schimana, R., Hauptbetriebe – Nebenbetriebe – Betriebsteile . . ., a.a.O., S. 893.

8 Der Teilbetrieb ist ein steuerlicher Begriff, der in § 16 Abs. 1 Nr. 1 EStG genannt wird. Vgl. dazu BFH v. 20. 2. 1974 – I R 127/71, in: DB 1974, S. 853.

9 Etymologisch kommt „Krise" aus dem Griechischen und bedeutet u.a. „Entscheidung, Ausschlag, Ausgang". Vgl. Gemoll, W., Griechisch-Deutsches Schul- und Handwörterbuch, 8. Aufl., München-Wien 1962, S. 453.

10 Vgl. Duden Etymologie, Herkunftswörterbuch der deutschen Sprache, bearbeitet von G. Drosdowski, P. Grebe u.a., Mannheim-Wien-Zürich 1963, S. 371.

11 Schmölders, G., Konjunkturen und Krisen, Reinbek bei Hamburg 1965, S. 8.

12 In der Volkswirtschaftslehre z.B. für Strukturkrisen. Vgl. Eickhof, N., Ansätze zur Theorie und Bekämpfung von Strukturkrisen, Tübingen 1976, S. 7 ff.; Tuchfeldt, E., Strukturkrisen in der Marktwirtschaft, Frankfurt a.M. 1974, S. 1 ff.

13 Vgl. Krystek, U., Krisenbewältigungs-Management und Unternehmungsplanung, Wiesbaden 1981, S. 6 mit weiteren Hinweisen.

14 Vgl. auch Berg, C., Treffert, J., Die Unternehmenskrise – organisatorische Probleme und Ansätze zu ihrer Lösung, in: ZfB 1979, S. 459 ff. (460); Höhn, R., Das Unternehmen in der Krise – Krisenmanagement und Krisenstab – Bad Harzburg 1974, S. 1 f.;

man beim Zusammenbruch vor allem an die Insolvenz denkt, das heißt den Zustand, in dem das Unternehmen seine rechtlich begründeten finanziellen Verpflichtungen nicht mehr erfüllen kann. Sanierung bedeutet dementsprechend zunächst, das Unternehmen mit neuen finanziellen Mitteln auszustatten[15], so daß es instand gesetzt wird, seinen bisherigen Verpflichtungen nachzukommen und auch die zukünftigen Verpflichtungen zu erfüllen, die es für seine weitere Geschäftstätigkeit eingeht.

Für ein tieferes Verständnis der Unternehmenskrise und für ihre dauerhafte solide Bewältigung genügt es jedoch nicht, sich auf die finanziell-rechtliche Seite zu beschränken. In dieser Arbeit werden daher die betrieblichen Aspekte einbezogen, soweit sie für die Verursachung der Krise und die Beseitigung der Krisenursachen, für die zukünftige Existenzfähigkeit und angemessene Erfolge des Unternehmens wesentlich sind.

Die folgenden Ausführungen befassen sich ausschließlich mit der Bewältigung von bereits eingetretenen Unternehmenskrisen, nicht dagegen mit ihrer Verhinderung und entsprechenden Vorsorgemaßnahmen[16]. „Potentielle" und „latente" Unternehmenskrisen werden nicht behandelt[17].

2. Die Krisensymptome

a) Die Unternehmenskrise zeigt sich in typischen Symptomen, deren wesentliche Ursache Verluste mit entsprechenden Einbußen an Liquidität sind[18]. Das typische und wesentliche Symptom der akuten Unternehmenskrise ist daher der Mangel an Zahlungsmitteln[19]. Die Folgen der Liquiditätsschwierigkeiten zeigen sich in sekundären Krisensymptomen und können zu einem circulus vitiosus führen, wodurch die Unterscheidung zwischen Symptomen und Ursachen letztlich unmöglich wird[20]. Symptomatisch ist z.B., daß die Geschäftsführung damit beschäftigt ist, die Lieferanten wegen rückständiger Zahlungen zu vertrösten, zugleich aber besorgt sein muß, daß dringende neue Lieferungen deshalb nicht erfolgen und dadurch die laufende Geschäftstätigkeit betroffen wird.

Symptomatisch ist auch, daß den Banken der stockende Zahlungsverkehr auffällt , sie deshalb mißtrauisch werden, die bisherigen Kreditlinien kündigen

---

Krystek, U., Krisenbewältigungs-Management und Unternehmungsplanung, a.a.O., S. 6.

15 Vgl. Vormbaum, H., Finanzierung der Betriebe, 5. Aufl., Wiesbaden 1977, S. 400.

16 Vgl. hierzu Höhn, R., Das Unternehmen in der Krise, a.a.O.; Krystek, U., Krisenbewältigungs-Management und Unternehmungsplanung, a.a.O., S. 162 ff.

17 Zu diesen Termini vgl. ebenda, S. 38 ff.

18 Vgl. hierzu u.a. Beckmann, L., Pausenberger, E., Gründungen, Umwandlungen, Fusionen, Sanierungen, Wiesbaden 1961, S. 81 ff.; Goldbeck, K. J., Insolvenz-Signale, in: Aktuelle Beiträge über Insolvenzen, Schimmelpfeng-Schriftenreihe Band 7, Frankfurt a.M. 1975, S. 15 ff.

19 Vgl. Baur, W., Sanierungen, Wege aus Unternehmenskrisen, Wiesbaden 1978, S. 104.

20 Vgl. auch Steiner, M., Ertragskraftorientierter Unternehmenskredit und Insolvenzrisiko, Stuttgart 1980, S. 101 ff.

21 Vgl. Gessner, V., Rhode, B., Strate, G., Ziegert, K. A., Die Praxis der Konkursabwicklung in der Bundesrepublik Deutschland, Köln 1978, S. 250 ff.

und somit die Liquiditätsschwierigkeiten erhöht werden. Zu den Symptomen gehört weiterhin, daß Lohn- und Gehaltszahlungen nicht pünktlich geleistet werden und daraufhin wichtige Mitarbeiter sich nach anderen Positionen umsehen.

Generell entsteht mit den Zahlungsschwierigkeiten eine Situation des Mißtraues der Geschäftspartner, wodurch die existenznotwendige Kooperation gelähmt wird[22]. Zum Erfolg jedes Unternehmens gehört jedoch der Kredit – auch im Sinne des Vertrauens.

b) Symptome der Unternehmenskrise zeigen sich ferner im Verhalten der Unternehmensleitung. Der Unternehmer ist mit unproduktiven Aufgaben so überfordert, daß die normale, ordentliche Geschäftsführung leidet. Drängende und drohende Gläubiger müssen abgewehrt werden. Man versucht daher, ihre Sorgen mit Hoffnungen und Versprechungen zu zerstreuen. Der Betrieb wird vernachlässigt: Rohstoffverbrauch und Fehlproduktion nehmen zu, Produktionsausstoß und Umsätze nehmen ab. Kunden werden dadurch verärgert, daß Liefertermine nicht eingehalten werden. Innerhalb des Unternehmens verschlechtert sich das Betriebsklima.

Nicht selten ist mit der Krise die persönliche Demoralisierung des Unternehmers verbunden. Die Entnahmen steigen. Zunehmende Repräsentation soll das bedrohte Prestige kompensieren. Sparsamkeit in der persönlichen Lebensführung wird aufgegeben, da es ohnehin nicht mehr darauf ankomme. Demgegenüber gibt es selbstverständlich auch Unternehmer, für die die Unternehmenskrise eine Herausforderung bedeutet, durch die ihre geschäftlichen wie moralischen Qualitäten aktiviert werden.

c) Charakteristisch für die Krisensituation ist, daß die Angst vor den Kreditgebern größer ist als vor dem Finanzamt. Um die Geldgeber nicht zu verunsichern oder um sie zu weiteren Kreditvergaben zu veranlassen, werden in den Bilanzen Scheingewinne ausgewiesen[23] und die dadurch ausgelösten Steuerzahlungen bewußt in Kauf genommen[24].

d) Symptomatisch für Unternehmenskrisen ist schließlich, daß das Rechnungswesen vernachlässigt wird. Zybon[25] stellt fest, daß die „über eine längere Zeit vor dem Konkursantrag unordentlich, unvollständig geführte Buchhaltung zum „normalen" Konkurs gehöre. Die verspätete Fertigstellung des Jahresab-

22 Vgl. Mohrbutter, J., Zur Fortentwicklung des Rechts der Vergleichsordnung, in: Einhundert Jahre Konkursordnung 1877–1977, hrsg. von W. Uhlenbruck, B. Klasmeyer, B. M. Kübler, Köln-Berlin-Bonn-München 1977, S. 301 ff. (302 f.).

23 Vgl. Zybon, A., Präventionen gegen den „normalen" Konkurs, in: Wirtschaftskriminalität – Möglichkeiten der Prophylaxe – Schriftenreihe des Verbandes der Vereine Creditreform, Band 1, Würzburg 1973, S. 55 ff. (59 f.).

24 So sollen von der *Anker Werke AG*, Bielefeld, aufgrund falscher Bilanzen in der Krise noch DM 3 Millionen zuviel an Körperschaftsteuer und Gewerbesteuer gezahlt worden sein (vgl. o.V., Konkursverwalter: Anker hat zuviel Steuern gezahlt, in: Handelsblatt vom 28./29. 1. 1977).

25 Zybon, A., Präventionen gegen den „normalen" Konkurs, a.a.O., S. 59 f.

schlusses ist für die Banken eines der wichtigsten Krisensymptome[26]. In Krisenanalysen wird oft herausgestellt, daß mangelnde oder fehlerhafte Daten des Rechnungswesens die Krise mitverursacht haben[27]. Vielfach aber sind die schwersten Mängel gerade die Folge der Krise.

3. Der finanzielle Zusammenbruch: Die Insolvenz

3.1 Wirtschaftliche und rechtliche Aspekte der Insolvenz

a) Gelingt es der Geschäftsführung nicht, die Unternehmenskrise zu bewältigen und das Unternehmen zu sanieren, so folgt eines Tages der Zusammenbruch, die Insolvenz. Eine Unternehmung ist insolvent, wenn sie auf Dauer ihren Zahlungsverpflichtungen nicht mehr nachkommen kann[28].

Mit der Insolvenz treten rechtliche Aspekte in den Vordergrund. Der Staat hat für die Ordnung der Verbindlichkeiten, die das Unternehmen selbst nicht mehr ordnungsgemäß regeln kann, wesentliche Aufgaben übernommen, indem er ein umfassendes Insolvenzrecht und für dessen Durchführung spezielle Institutionen geschaffen hat.

Die wichtigsten gesetzlichen Grundlagen bilden die Konkursordnung und die Vergleichsordnung sowie das Vollstreckungsrecht, geregelt in der Zivil-Prozeßordnung (ZPO) und dem Zwangsversteigerungsgesetz (ZVG)[29]. Die wichtigsten Institutionen sind das Konkursgericht, der Konkurs- bzw. Vergleichsverwalter und die Gläubigerorgane. Das schwierigste rechtspolitische Problem ist die gerechte Abwägung der Interessen der beteiligten Gläubigergruppen[30]. Dazu kommt die Aufgabe, bei der Ausgestaltung des Insolvenzrechts die Möglichkeit offen zu lassen oder sogar zu stärken, daß der Betrieb gerettet und dadurch volkswirtschaftliche Verluste und soziale Schäden gemindert werden[31].

---

26 Vgl. Gessner V., Rhode, B., Strate, G., Ziegert, K. A., Die Praxis der Konkursabwicklung . . ., a.a.O., S. 250 f.

27 Vgl. u.a. Reske, W., Brandenburg, A., Mortsiefer, H.-J., Insolvenzursachen mittelständischer Betriebe – Eine empirische Analyse –, Göttingen 1976, S. 122 ff.; Endress, R., Insolvenz- und Risikofaktoren im Mittel- und Kleinbetrieb, Frankfurt a.M. (RKW) 1979, S. 48 ff.

28 Vgl. Uhlenbruck, W., Insolvenzrecht, Grundriß für Studium und Praxis, Bonn 1979, S. 34 f. mit weiteren Nachweisen.

29 Vgl. Jauernig, O., Zwangsvollstreckungs- und Konkursrecht, 14. Aufl., München 1977; Schönke/Baur, Zwangsvollstreckungs-, Konkurs- und Vergleichsrecht, 10. Aufl., Karlsruhe 1978 mit weiteren Nachweisungen.

30 Jaeger-Lent, KO, Einleitung S. XLVII ff.; Schmidt, R. H., Ökonomische Analyse des Insolvenzrechts, Wiesbaden 1980, S. 41 ff.; Flessner, A., Grundfragen des künftigen Sanierungsrechts, in: ZIP 1981, S. 113 ff.

31 Vgl. Flessner, A., Sanierung und Reorganisation, Insolvenzverfahren für Großunternehmen in rechtsvergleichender und rechtspolitischer Untersuchung, Tübingen 1982; Uhlenbruck, W., Zur Krise des Insolvenzrechts, in: NJW 1975, S. 897 ff. (900 ff); Weber, F., Fragen der Gestaltung des Konkursverfahrens in rechtspolitischer und rechtsvergleichender Sicht, in: KTS 1959, S. 80 ff.

Diese Aufgabe gewinnt infolge der gegenwärtigen Strukturprobleme der Wirtschaft an Bedeutung. Sie läßt sich jedoch mit dem Fortführungsvergleich auf der Grundlage der Vergleichsordnung bisher nur unzulänglich lösen[32].

Die Betriebswirtschaftslehre befaßt sich indes mit der Insolvenz als solcher kaum. Sie ist in erster Linie am „lebenden" Unternehmen und Betrieb interessiert, auch daran, ob und wie aus der Insolvenz neues Leben entstehen kann. Sie beschäftigt sich daher intensiv mit den Problemen des Zahlungsverkehrs zu Lebzeiten des Unternehmens. Dabei werden Liquidität und Illiquidität unter ziel-, planungs- und modelltheoretischem Aspekt behandelt[33]. Als illiquide wird ein Unternehmen angesehen, das nicht in der Lage ist, in jedem Zeitpunkt termingerecht und betragsgenau alle Zahlungsverpflichtungen zu erfüllen[34]. Zahlungsstockungen sind Erscheinungsformen der Illiquidität, nicht jedoch der Insolvenz.

b) Der Rechtsbegriff Insolvenz ist nicht gleichzusetzen mit „Konkurs" und „Vergleich". Bei letzteren handelt es sich um Verfahren der Insolvenzbewältigung[35]. Zahlreiche Insolvenzen werden jedoch ohne Inanspruchnahme eines derartigen Verfahrens überwunden oder erledigt.[36]

Die Tatsache, daß Insolvenz stets mit einer Fülle von zivil-, steuer- und nicht zuletzt strafrechtlichen Konsequenzen verbunden ist, hat den Gesetzgeber zur Formulierung von Abgrenzungskriterien für den Eintritt der Insolvenz veranlaßt: Grundlegend sind zwei Begriffe, nämlich Zahlungsunfähigkeit und Überschuldung, die vom Gesetzgeber in die Rechtsordnung eingeführt wurden, in der Praxis jedoch große Schwierigkeiten bereiten[37].

Das erklärt sich daraus, daß es sich um komplizierte wirtschaftliche Sachverhalte handelt, deren theoretische Klärung selbst für die einschlägige Wissenschaft, die Betriebswirtschaftslehre, kontrovers ist[38].

---

32 Vgl. Flessner, A., Sanierung und Reorganisation, . . . , a.a.O.

33 Vgl. u.a. Lücke, W., Die Liquidität im Entscheidungsmodell, in: Gegenwartsfragen der Unternehmung, Festschrift zum 65. Geburtstag von W. Hasenack, hrsg. von H.-J. Engeleiter, Herne-Berlin 1966, S. 323 ff.; Albach, H., Investition und Liquidität, Wiesbaden 1962; Düchting, H., Liquidität und unternehmerische Entscheidungsmodelle, Diss. München 1965, S. 18 ff.

34 Vgl. Engels, L., Zur Optimierung einer zeitabhängigen Liquiditätspolitik bei Saisonunternehmungen, Dagersheim 1971, S. 21 f.

35 Vgl. Uhlenbruck, W., Insolvenzrecht, a.a.O., S. 34 f.

36 Vgl. Heilmann, H., Die Rechtslage des Arbeitnehmers bei Insolvenz seines Arbeitgebers, Berlin-New York 1977, S. 1.

37 Zur Feststellung der Zahlungsunfähigkeit vgl. Uhlenbruck, W., Die GmbH & Co. KG in Krise, Konkurs und Vergleich, Köln 1977, S. 52 ff.; derselbe, Überlegungen vor einer Eröffnung und bei Abwicklung gerichtlicher Insolvenzverfahren, in: WPg 1978, S. 661 ff. (664 ff.).

38 Vgl. Plate, G., Eignung von Zahlungsunfähigkeit und Überschuldung als Indikatoren für die Insolvenzreife einer Unternehmung, in: DB 1980, S. 217 ff.; Weber, K. H., Betriebswirtschaftliches Rechnungswesen, 2. Aufl., München 1978, S. 283; Hoffmann, G., Zahlungsunfähigkeit und Zahlungseinstellung, in: MDR 1979, S. 713 ff.; Dru-

c) In der Praxis ist die Rechtsprechung oft überfordert, wenn sie entscheiden soll, ob Zahlungsunfähigkeit bereits vorlag oder nicht. Nach § 102 Abs. 2 KO ist „Zahlungsunfähigkeit ... insbesondere dann anzunehmen, wenn Zahlungseinstellung erfolgt ist." Sie muß allerdings nicht in dieser Form nach außen in Erscheinung treten. Denn Zahlungsunfähigkeit liegt schon vor der Zahlungseinstellung vor, wenn festgestellt wird, daß der Schuldner auf Dauer mangels Zahlungsmitteln seine sofort fälligen Geldschulden im wesentlichen nicht mehr erfüllen kann[39].

d) Das zweite rechtliche Abgrenzungskriterium der Insolvenz ist für juristische Personen die Überschuldung[40]. Gleichbehandelt werden seit 1976 Personengesellschaften, bei denen kein persönlich haftender Gesellschafter eine natürliche Person ist[41]. Der Gesetzgeber geht zum Schutze der Gläubiger von der Vermutung aus, daß eine überschuldete Unternehmung auf Dauer ihre Verbindlichkeiten nicht mehr erfüllen kann. Der insolvenzrechtliche Gläubigerschutz soll spätestens in dem Zeitpunkt ausgelöst werden, in dem das Aktivvermögen der Gesellschaft die Verbindlichkeiten nicht mehr deckt[42], „bevor völlige Zahlungsunfähigkeit mit der fast zwangsläufigen Folge der Unternehmenszerschlagung und eines totalen Verlustes der ungesicherten Gläubigerforderungen eintritt."[43]

---

karczyk, J., Bilanzielle Überschuldungsmessung – zur Interpretation der Vorschriften von § 92 Abs. 2 AktG und § 64 Abs. 1 GmbHG, in: ZGR 1979, S. 553 ff.

39 Vgl. BGH v. 5. 11. 1956 – III ZR 139/55, in: KTS 1957, S. 12 ff. Zu den Schwierigkeiten der Begriffsklärung vgl. u.a. Biermann, M., Die Überschuldung als Voraussetzung zur Konkurseröffnung, Diss. Hamburg 1963, S. 30 ff. Nach Böhle-Stamschräder, KO, Anm. 3 zu § 102 kann sich die Zahlungsunfähigkeit aus den Geschäftsunterlagen ergeben. Darüber hinaus fordert Künne, K., Außergerichtliche Vergleichsordnung, 7. Aufl., München 1968, S. 75, daß das Zahlungsmitteldefizit „nach außen erkennbar sein muß". Diese Ansicht widerspricht allerdings dem Gläubigerschutzgedanken und ist daher abzulehnen. Vgl. auch Scholz-Schmidt, GmbHG, Anm. 3 ff. zu § 63; Schmidt, K., Konkursgründe und präventiver Gläubigerschutz, in: AG 1978, S. 334 ff.; Schlüchter, E., Der Grenzbereich zwischen Bankrottdelikten und unternehmerischen Fehlentscheidungen, Tübingen 1976, S. 70 ff. Zur Feststellung der Zahlungsunfähigkeit vgl. Uhlenbruck, W., Die GmbH & Co. KG ..., a.a.O., S. 52 ff. Derselbe, Überlegungen vor einer Eröffnung und bei Abwicklung gerichtlicher Insolvenzverfahren, a.a.O., S. 664 ff.

40 Vgl. § 92 Abs. 2 S. 2 AktG, § 64 Abs. 1 S.1 2. HS GmbHG, § 98 Abs. 1 Nr. 2 und 3 GenG.

41 Vgl. § 130 a HGB; § 177 a HGB.

42 Vgl. Haack, M., Bewertungsprobleme bei der Überschuldungsfeststellung, in: BB 1981, S. 883 ff. (883). Maßgeblich sind das „freie Vermögen" unter Gegenüberstellung der „echten Verbindlichkeiten". Über die Abgrenzung dieser Begriffe herrscht bereits Streit: vgl. u.a. Boest, R., Zur Passivierungspflicht von Pensionsverpflichtungen, insbesondere in Überschuldungsbilanzen, in: DB 1979, S. 2381 ff.; Bilo, F., Zum Problemkreis der Überschuldung im strafrechtlichen Bereich (I) u. (II), in: GmbH-Rdsch. 1981, S. 73 ff. u. 104 ff. (74 ff.).

43 Egner, H., Wolff, G., Zur Unbrauchbarkeit des Überschuldungstatbestands als gläubigerschützendes Instrument, in: AG 1978, S. 99 ff. (105).

Auf den ersten Blick erscheint der Tatbestand der Überschuldung klar formuliert. Dennoch ist in konkreten Fällen oft schwer zu entscheiden, ob die Passiva die Aktiva überwiegen. So kam der im Augsburger *Glöggler*-Prozeß vom Gericht bestellte Sachverständige zu dem Schluß, daß damals beim Zusammenbruch der Textilgruppe Glöggler zur Jahreswende 1975/76 „statt einer von der Staatsanwaltschaft behaupteten Überschuldung von 155 Millionen DM auch ein Überschuß von 70 Millionen DM bestanden haben könnte." Er gab für seine eigenen Berechnungen den Unsicherheitsbereich mit 50 bis 80 Millionen DM „nach oben wie nach unten" an[44].

K. Schmidt[45] sieht die Hauptschwäche des Überschuldungsbegriffs „darin, daß eine sichere *Abgrenzung* nicht einmal theoretisch möglich ist, weil über die *Bewertung der Aktiven* heftiger Streit herrscht, und weil es den ‚wahren Wert' des Anlage- und Umlaufvermögens, von dem im Zusammenhang mit der Überschuldung gesprochen wird, nicht gibt."

Zur Lösung des Bewertungsproblems werden in der Literatur immerhin folgende Bewertungsprämissen diskutiert[46]:

(1) die Liquidationsprämisse,
(2) die Prämisse der Unternehmensfortführung (Going-concern-Prämisse),
(3) kumulativ die Liquidations- und Fortführungsprämisse,
(4) alternativ die Liquidations- oder Fortführungsprämisse.

Die Bewertung des Vermögens zu Liquidationswerten führt zu erheblich voneinander abweichenden Ergebnissen, je nachdem, ob die Gesamtveräußerung des Unternehmens, die Veräußerung des Vermögens in Teilgesamtheiten oder die Einzelveräußerung der Wirtschaftsgüter unterstellt wird[47]. Die Überschuldungsprüfung auf der Grundlage der Liquidationsprämisse ist nicht gerechtfer-

44 O.V., War *Glöggler* gar nicht pleite?, in: FAZ vom 17. Oktober 1979.

45 Scholz-Schmidt, GmbHG, Anm. 7 zu § 63. Zu den Schwierigkeiten der Feststellung der Überschuldung vgl. Egner, H., Wolff, G., Zur Unbrauchbarkeit des Überschuldungstatbestands . . . , a.a.O., S. 99 ff.; Zilias, M., Unterbilanz und Überschuldung der Aktiengesellschaft, in: WPg 1977, S. 445 ff.; Dahl, S., Die Bewertung bei der Ermittlung der Überschuldung einer GmbH nach § 63 GmbHG, in: GmbH-Rdsch. 1964, S. 112 ff.; Biermann, M., Die Überschuldung als Voraussetzung zur Konkurseröffnung, a.a.O., S. 41 ff.; Schürer, H. , Der Tatbestand der Überschuldung im deutschen Insolvenzrecht, Diss. München 1962; Pribilla, M. E., Die Überschuldungsbilanz, in: KTS 1958, S. 1 ff., S. 17 ff.; Uhlenbruck, W., Die GmbH & Co. KG . . . , a.a.O., S. 79 ff., S. 93 ff.; Auler, W.-D., Der Überschuldungsstatus als Bewertungsproblem, in: DB 1976, S. 2169 ff.

46 Vgl. Plate, G., Eignung von Zahlungsunfähigkeit und Überschuldung als Indikatoren . . . , a.a.O., S. 220; derselbe, Die Konkursbilanz, Köln-Berlin-Bonn-München 1979; Drexl, A., Kayser, G., Überschuldungsfeststellung mittels Monte-Carlo-Simulation, in: BB 1981, S. 401 ff. (402); Haack, M., Der Konkursgrund der Überschuldung bei Kapital- und Personengesellschaften, Frankfurt/M.-Bern-Cirencester (U.K.) 1980.

47 Vgl. Fettel, J., Überschuldung, in: Handwörterbuch der Betriebswirtschaft (HdB), 3. Aufl., Stuttgart 1962, Sp. 5463 ff.

tigt, wenn nicht tatsächlich mit einer Liquidation des Unternehmens zu rechnen ist[48].

Andererseits ist die Prämisse der Unternehmensfortführung nicht gerechtfertigt, wenn das notleidende Unternehmen nicht sanierungs- und damit überlebensfähig ist[49]. Es erscheint auch nicht richtig, Überschuldung stets dann anzunehmen, wenn sich nach einer der beiden Bewertungsmethoden eine Vermögensunterdeckung ergibt. Denn dann wären, wie Drexl und Kayser[50] hervorheben, lediglich die Nachteile der beiden Bewertungsmethoden miteinander verschmolzen, ohne daß das Problem gelöst würde.

Richtiger erscheint die „zweistufige Überschuldungsprüfung"[51]:

Dabei ist der Fortführungswert des Unternehmens maßgeblich, wenn und solange die Überlebensfähigkeit des Unternehmens bejaht wird. Kommt indes die Fortbestehensprognose zu einem negativen Ergebnis, so werden die Liquidationswerte bestimmend[52].

Allerdings kommt zu den Problemen der Wertermittlung[53] noch die schwierigere Frage nach der Überlebensfähigkeit[54] hinzu[55]. „Eine fundierte Fortführungsprognose muß nach den gleichen Grundsätzen wie eine Unternehmungsbewertung erfolgen."[55a] Die Überlebensfähigkeit der Gesellschaft kann bejaht werden, wenn der Unternehmenswert nicht negativ ist.

3.2 Rechtsfolgen der Krise vor und nach Bekanntwerden der Insolvenz

a) Insolvenzen „kommen nie über Nacht, vielmehr ‚entwickeln' sie sich normalerweise über viele Monate hin."[56] Die Unternehmensleitung sollte anhand

---

48 Vgl. Plate, G., Eignung von Zahlungsunfähigkeit und Überschuldung als Indikatoren . . . , a.a.O., S. 220 f.

49 Vgl. Egner, H., Wolff, G., Zur Unbrauchbarkeit des Überschuldungstatbestands. . ., a.a.O., S. 102 ff.

50 Vgl. Drexl, A., Kayser, G., Überschuldungsfeststellung mittels Monte-Carlo-Simulation, a.a.O., S. 402.

51 Vgl. Zilias, M., Unterbilanz und Überschuldung der Aktiengesellschaft, a.a.O., S. 448 f. Kritisch: Plate, G., Eignung von Zahlungsunfähigkeit und Überschuldung als Indikatoren . . . , a.a.O., S. 221.

52 Vgl. Zilias, M., Götz, J., Unterbilanz und Überschuldung der Aktiengesellschaft, in: WP-Handbuch 1981, a.a.O., S. 1697 ff., 1702 f.; Schmidt, K., Sinnwandel und Funktion des Überschuldungstatbestandes, in: JZ 1982, S. 166 ff., 170.

53 Vgl. auch Fischer W., Dynamische Überschuldungsprüfung als Insolvenzindikator, in: DB 1981, S. 1345 ff.

54 Vgl. Ausführungen S. 18 ff., 89 ff.

55 Vgl. hierzu auch die Ausführungen zum Problem der „Sanierungsfähigkeit" S. 18 ff. Instruktiv in diesem Zusammenhang die Stellungnahme der IHK Münster vom 23. 2. 1981 zu den Anträgen auf Eröffnung eines Vergleichsverfahrens der Firmen Gerrit van Delden & Co., Gronau, und M. van Delden & Co., Ochtrup; in: ZIP 1981, S. 542 ff. (546).

55a Kupsch, P., Bilanzierungsproblematik und Vorstandspflichten bei Verlust in Höhe der Hälfte des Grundkapitals und bei Überschuldung, in: WPg 1982, S. 273 ff. (279).

56 Zybon, A., Präventionen gegen den „normalen" Konkurs, a.a.O., S. 59.

des Rechnungswesens stets über die Lage informiert sein und die künftige Entwicklung einigermaßen abschätzen können. Sie ist dabei nicht auf die für die außenstehenden Gläubiger entwickelten Instrumente der Insolvenzprognose angewiesen[57].

b) Bereits im Vorfeld der Insolvenz sollen die Gesellschafter einer Aktiengesellschaft über die Krise informiert werden, um noch rechtzeitig eine Therapie veranlassen zu können[58]:

aa) So verpflichtet § 92 Abs. 1 AktG den Vorstand einer AG oder KGaA, „unverzüglich die Hauptversammlung einzuberufen und ihr ... anzuzeigen", wenn anzunehmen ist, „daß ein Verlust in Höhe der Hälfte des Grundkapitals besteht"[59]. Auch bei der GmbH muß nach § 49 Abs. 3 GmbHG die Gesellschafterversammlung „unverzüglich einberufen werden, wenn aus der Jahresbilanz oder aus einer im Laufe des Geschäftsjahres aufgestellten Bilanz sich ergibt, daß die Hälfte des Stammkapitals verloren ist."

bb) Weiterhin hat der Abschlußprüfer gem. § 166 Abs. 2 AktG dem Vorstand und Aufsichtsrat zu berichten, wenn er Tatsachen feststellt, „die den Bestand des Unternehmens gefährden oder seine Entwicklung wesentlich beeinträchtigen können"[60]. Eine solche „Warnung hat nur dann einen Sinn, wenn sie frühzeitig erfolgt. In der Betriebswirtschaftslehre spricht man heute mit Recht von Frühwarnsystemen."[61]

c) Mit Eintritt von Zahlungsunfähigkeit und/oder Überschuldung sind materielle Gründe für ein Konkurs- oder Vergleichsverfahren gegeben[62]. Durch sie entstehen für bestimmte Personen gesetzliche Pflichten: So sind die organschaftlichen Vertreter einer Personengesellschaft (OHG oder KG), bei der kein persönlich haftender Gesellschafter eine natürliche Person ist[63], der Vorstand

57 Vgl. hierzu Steiner, M., Ertragskraftorientierter Unternehmenskredit und Insolvenzrisiko, a.a.O., S. 153 ff.; Hahn, D., Krystek, U., Betriebliche und überbetriebliche Frühwarnsysteme für die Industrie, in: ZfbF 1979, S. 76 ff.

58 Vgl. Lutter, M., Hommelhoff, P., Timm, W., Finanzierungsmaßnahmen zur Krisenabwehr in der Aktiengesellschaft, in: BB 1980, S. 737 ff. (739).

59 Vgl. hierzu: Becker, N., Die Verpflichtung des Vorstandes einer Aktiengesellschaft zur Verlustanzeige an die Hauptversammlung, § 92 I AktG., Diss. München 1978.

60 Vgl. dazu: Burkel, P., Zum Krisenwarnsystem der Wirtschaftsprüfer nach § 166 Abs. 2 AktG bei insolvenzgefährdeten Unternehmen, in: ZIP 1982, S. 28 ff. mit weiteren Nachweisungen.

61 Leffson, U., Der Einfluß einer erkennbaren Gefährdung der Unternehmung auf die Aussagen im Prüfungsbericht und Bestätigungsvermerk, in: WPg 1980, S. 637 ff. (639).

62 Einzelheiten hierzu: Mentzel/Kuhn/Uhlenbruck, KO, Anm. 1 zu § 102. Böhle-Stamschräder, VerglO, Anm. 4 zu § 2. Zur strafrechtlichen Relevanz der Konkursgründe vgl. Uhlenbruck, W., Die GmbH & Co. KG ..., a.a.O., S. 29 ff. Tiedemann, K., Grundfragen bei der Anwendung des neuen Konkursstrafrechts, in: NJW 1977, S. 777 ff.

63 §§ 130 a Abs. 1; 177 a in Verbindung mit § 130 a Abs. 1 HGB. Vgl. Uhlenbruck, W., Die GmbH & Co. KG ..., a.a.O., S. 14 ff.

einer Aktiengesellschaft[64] und die Geschäftsführer einer GmbH[65] verpflichtet, den Antrag auf Eröffnung eines formellen Insolvenzverfahrens zu stellen[66], und zwar „ohne schuldhaftes Zögern, spätestens aber drei Wochen nach Eintritt der Zahlungsunfähigkeit oder der Überschuldung der Gesellschaft."[67] Zugleich sind Handlungen verboten, die das Gesellschaftsvermögen entgegen „der Sorgfalt eines ordentlichen und gewissenhaften Geschäftsleiters"[68] schmälern oder belasten.

Nach der h.M. hängt der Beginn der Dreiwochenfrist im Fall der Überschuldung bei allen „betroffenen Rechtsformen, unabhängig von der jeweiligen Gesetzesfassung, von der positiven Kenntnis der antragspflichtigen Organmitglieder"[69] ab.

Die Dreiwochenfrist für den Antrag auf Einleitung des Konkurs- oder Vergleichsverfahrens[70] ist zwingend. Während dieser Zeit besteht nach K. Schmidt ein „Entscheidungsermessen" zwischen „Konkursantrag, Vergleichsantrag oder außergerichtlicher Sanierung"[71]. Es handelt sich um eine „zeitliche Höchstgrenze"[72], bis zu der die Sanierungsbemühungen in den Grenzen kaufmännischer Sorgfalt zulässig sind. Die Durchführung muß allerdings zügig erfolgen[73]. Sanierungsversuche sind unzulässig oder schon früher abzubrechen, „wenn von Anfang an feststeht oder sich vor Ablauf von drei Wochen herausstellt, daß eine rechtzeitige Sanierung nicht ernstlich zu erwarten ist; dies gilt um so mehr, je größer die Gefahr einer Schädigung neuer Gläubiger ist."[74]

d) Verletzen die organschaftlichen Vertreter ihre Pflicht, indem sie den Konkurs- oder Vergleichsantrag schuldhaft verzögern, machen sie sich strafbar[75] und möglicherweise auch schadensersatzpflichtig[76]. Außerdem führt ein solches Verhalten zur Vergleichsunwürdigkeit mit der Folge, daß der Weg zu einem gerichtlichen Vergleich versperrt ist[77].

---

64 § 92 Abs. 2 AktG; vgl. Hirtz, H., Die Vorstandspflichten bei Verlust, Zahlungsunfähigkeit und Überschuldung einer Aktiengesellschaft, Diss. Aachen 1965.

65 § 64 Abs. 1 GmbHG; vgl. Uhlenbruck, W., Die GmbH & Co. KG . . ., a.a.O., S. 110 ff.

66 Vgl. Mentzel/Kuhn/Uhlenbruck, KO, Anm. 8 zu § 103.

67 § 130 a Abs. 1 S. 3 HGB. Entsprechende Formulierungen finden sich in § 92 Abs. 2 AktG, § 64 Abs. 1 GmbHG.

68 § 130 a Abs. 1 S. 4 HGB. Vgl. Scholz-Schmidt, GmbHG, Anm. 5 zu § 64.

69 Ulmer, P., Konkursantragspflicht bei Überschuldung der GmbH und Haftungsrisiken bei Konkursverschleppung, in: KTS 1981, S. 469 ff. (483).

70 Es handelt sich nicht um eine „Antragsfrist"; so Scholz-Schmidt, GmbHG, Anm. 7 zu § 64. A.A. Schmidt, W., in: Hachenburg, GmbHG, Anm. 5 zu § 64.

71 Scholz-Schmidt, GmbHG, Anm. 6 zu § 64.

72 BGH v. 9. 7. 1979 – II ZR 118/77, in: DB 1979, S. 1689 ff. (1692).

73 Vgl. Scholz-Schmidt, GmbHG, Anm. 6 zu § 64.

74 BGH v. 9. 7. 1979 – II ZR 118/77, a.a.O., S. 1692.

75 §§ 130 b HGB, 401 Abs. 1 Nr. 2 AktG, 84 Abs. 1 GmbHG. Vgl. Kribs-Drees, J., Die Bedeutung der Zahlungseinstellung und Konkurseröffnung für Entwicklung und Reform des Konkursstrafrechts, Diss. Köln 1978, S. 112 ff.

76 § 130 a Abs. 3 HGB; § 93 Abs. 3 Nr. 6 und Abs. 5 AktG; § 64 Abs. 2 GmbHG.

77 § 18 Nr. 2 VerglO. Vgl. XIV. Kapitel, 2. Abschnitt.

e) Das Handeln in der Krise unterliegt strafrechtlich besonderen Kriterien. Wer bei vorliegender Überschuldung oder bei drohender oder eingetretener Zahlungsunfähigkeit Bankrotthandlungen im Sinne der §§ 283–283 d StGB vornimmt oder durch sie die wirtschaftliche Krise herbeiführt, macht sich strafbar, wenn die Zahlungen eingestellt werden, das Konkursverfahren eröffnet oder der Eröffnungsantrag mangels Masse abgewiesen wird[78].

3.3 Wirtschaftliche Folgen des Zusammenbruchs

Durch die Insolvenz werden die Verluste, die das Krisenunternehmen erlitten hatte, erheblich vermehrt. Der Funktionszusammenhang des Betriebes, der aus Menschen und Sachen gewachsen ist, stellt einen Wert dar, der von den Bilanzen nicht erfaßt wird. Für lebensfähige Betriebe hat es sich als richtig erwiesen, daß das Ganze mehr ist als die Summe der Teile. Dies trifft zum Teil noch für Betriebe insolventer Unternehmen zu. Vielfach liegen die Insolvenzursachen gar nicht auf betrieblichem Gebiete; in anderen Fällen lassen sich betriebliche Mängel mit relativ geringem Reorganisationsaufwand abstellen.

Weitere Verluste verursacht die Dislozierung der Menschen und Güter. Durch die Entlassung von Arbeitnehmern entstehen Ansprüche, welche die bereits vorher eingetretenen Verluste unter Umständen noch übertreffen: Ansprüche auf Arbeitnehmerabfindungen aus dem Sozialplan oder wegen Nachteilsausgleichs, die an erster Stelle bevorrechtigt sind[79]. Betriebsgebäude und Anlagen, Maschinen, Werkzeuge, Einrichtungen, die im Betrieb noch ihre Funktion erfüllen konnten und weiterhin erfüllen könnten, erweisen sich im Zuge der Betriebsauflösung als nahezu wertlos. Bei Maschinen, maschinellen Anlagen, betrieblichen Vorrichtungen etc. mindern die Abbruchkosten und -verluste sowie die Transportkosten den Liquidationswert. Rohstoffe, unfertige und fertige Erzeugnisse, die bei fortbestehendem Geschäftsbetrieb vollwertig wären, können nur mit großen Abschlägen veräußert werden.

Eine zusätzliche Verlustursache liegt im Insolvenzverfahren. Konkursverwalter besitzen manchmal weder die speziellen fachlichen Voraussetzungen noch die Zeit für die sorgfältige Abwicklung der Veräußerung der Vermögensgegenstände[80]; sie sind den Interessenten fachlich und oft auch kaufmännisch nicht gewachsen. Schmalenbach[81] fordert, „daß man einen Liquidationsauftrag nur den tüchtigsten und erfahrensten Kaufleuten übertragen" sollte, da das Liquidationsgeschäft „zu den ... schwierigsten Aufgaben der kaufmännischen Praxis" gehöre.

Schließlich zehren die Kosten des Insolvenzverfahrens und die Zinsverluste der Abwicklungszeit an der verbleibenden Masse.

78 Vgl. Böhle-Stamschräder, KO, die Kommentierung zu den Konkursstraftaten.
79 Vgl. BAG Großer Senat v. 13. 12. 1978 – GS 1/77, in: DB 1979, S. 261 ff.
80 Vgl. Gessner, V., Rhode, B., Strate, G., Ziegert, K. A., Die Praxis der Konkursabwicklung ..., a.a.O., S. 92 ff. und S. 207 ff.
81 Schmalenbach, E., Finanzierungen, 6. Aufl., Leipzig 1937, S. 344 f.

Mit Recht hat Ernst Jaeger[82] den Konkurs als einen „Wertvernichter schlimmster Art und obendrein [als] das teuerste Schuldentilgungsverfahren" bezeichnet.

3.4 Größenordnung der Insolvenzverluste von Unternehmen

a) Zuverlässige statistische Angaben über den Umfang der Insolvenzen gibt es nur für die gerichtlich erfaßten Vergleichsverfahren und Konkurse, die vom Statistischen Bundesamt laufend ausgewertet werden. Diese Statistiken zeigen, daß die Unternehmensinsolvenzen einschließlich der Insolvenzen freier Berufe nach der Währungsreform und der Phase des stürmischen Wiederaufbaus 1962 mit 2.786 Fällen den niedrigsten Stand erreicht hatten. Im Rezessionsjahr 1967 war mit 3.809 Fällen der höchste Stand der sechziger Jahre zu verzeichnen[83].

b) In den siebziger Jahren nahm jedoch die Insolvenzanfälligkeit sprunghaft zu. Sie erreichte ohne Berücksichtigung der Insolvenzen Privater in den drei Jahren 1975 bis 1977 durchschnittlich fast 6.800 Fälle, sank nach Besserung der Konjunktur in den Jahren 1978/79 auf rund 5.700[84], stieg jedoch wieder 1980 auf 6.315 und 1981 sogar auf 8.494 Fälle[85] an.

Abb. 1: Entwicklung der Unternehmensinsolvenzen 1970 – 1981

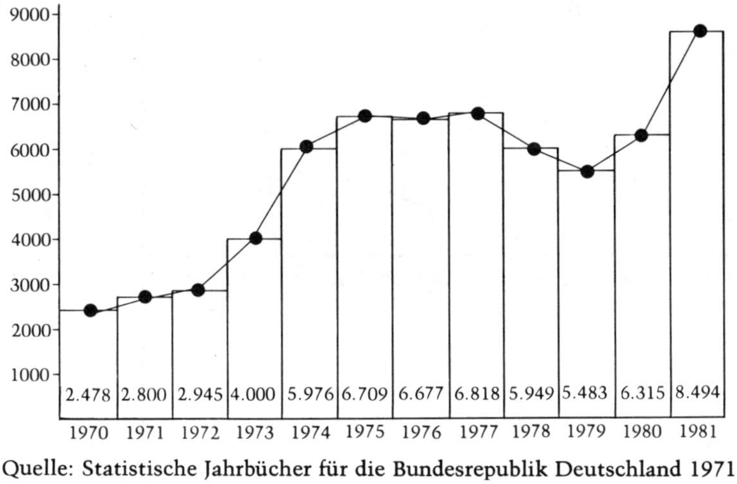

Quelle: Statistische Jahrbücher für die Bundesrepublik Deutschland 1971 – 1981

82 Jaeger, E., Lehrbuch des Deutschen Konkursrechts, 8. Aufl., Berlin und Leipzig 1932, S. 126.

83 Vgl. Naujoks, W., Langen, W., Anfälligkeit und Insolvenzhäufigkeit deutscher Unternehmen, in: Wirtschaftsdienst 1977, S. 82 ff.

84 Vgl. Statistisches Jahrbuch für die Bundesrepublik Deutschland 1980, Stuttgart und Mainz 1980, S. 129.

85 Vgl. o. V., Zahlungsschwierigkeiten 1981, in: Wirtschaft und Statistik 1982, S. 96 ff. (98).

Brockhoff[86] und Hauser[87] weisen in ihren Untersuchungen eine Abhängigkeit zwischen Konjunkturverlauf und Insolvenzhäufigkeit nach. Den Zusammenhang zwischen den Insolvenzverlusten und der konjunkturellen Entwicklung brachte Rhode[88] schon für die sechziger und siebziger Jahre in der nachstehenden Darstellung zum Ausdruck:

Abb. 2: Abhängigkeit zwischen Konjunktur- und Insolvenzentwicklungen[89]

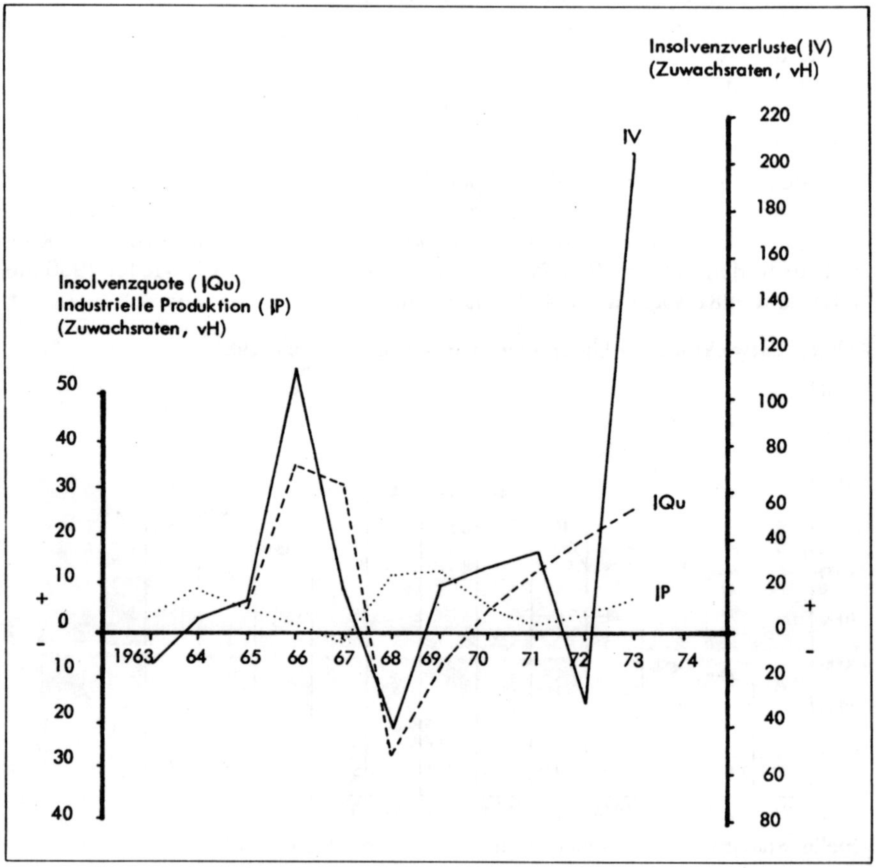

86 Vgl. Brockhoff, K., Unternehmenszusammenbrüche und Konjunktur. Zum induzierten Unternehmenswachstum, in: Zeitschrift für die gesamte Staatswissenschaft 1967, S. 654 ff. (667).

87 Vgl. Hauser, S., Insolvenzen in der BRD, in: Konjunkturpolitik 1973, S. 342 ff.

88 Rhode, C., Auslese durch Insolvenzen – Zur Funktionsfähigkeit der marktwirtschaftlichen Sanktionssysteme, Göttingen 1979, S. 155.

89 Ebenda.

c) Daß sich die Kurve der Insolvenzfälle (Abb. 1) seit der zweiten Hälfte der siebziger Jahre nachhaltig nach oben verlagert hat, dürfte auf die allgemeine Verschlechterung der wirtschaftlichen Rahmenbedingungen zurückzuführen sein[90], weshalb in den kommenden Jahren kaum mit einem Sinken der Kurve auf das Niveau zu Beginn der siebziger Jahre zu rechnen ist.

Die Bedeutung dieser Entwicklung wird noch dadurch verstärkt, daß die Zahl der gerichtlichen Vergleichsverfahren, bei der die Anschlußkonkurse nicht mitgezählt sind, laufend zurückgegangen ist: 1970 waren es noch rd. 8,2 % der gesamten Insolvenzen[91], 1980 und 1981 dagegen nur rund 1 %[92]! Auch ist der Anteil der Konkurse, bei denen die Eröffnung des Verfahrens mangels Masse abgelehnt wurde, gestiegen: 1965 waren es nur 35 %[93], 1980 und 1981 dagegen knapp 72 %[94].

d) Von den gesamten in 1981 beantragten Konkurs- und eröffneten Vergleichsverfahren zeigt die Insolvenzstatistik gegliedert nach Rechtsformen folgendes Bild[95]:

			%
Nicht eingetragene Einzelunternehmen		2.443	28,8
Eingetragene Einzelunternehmen		692	8,1
Personengesellschaften (OHG,KG)		1.032	12,1
darunter: GmbH & Co. KG	667		
Gesellschaften mbH		4.296	50,6
Aktiengesellschaften, einschl. KGaA		14	0,2
Eingetragene Genossenschaften		3	–
Sonstige Unternehmen		14	0,2
		8.494	100,0

e) Die durchschnittlichen Ausfälle je Unternehmen beliefen sich 1978 auf 2,0 Mio. DM (1977: 1,8 Mio. DM). Die Verluste bei den Aktiengesellschaften waren mit durchschnittlich 9,9 Mio. DM am höchsten. Bei den Personengesellschaften betrugen die Durchschnittsverluste 2,9 Mio. DM, bei den Gesellschaften mbH 2,3 Mio. DM und den Einzelunternehmen 0,7 Mio. DM[96].

90 Vgl. die Ausführungen S. 21 ff.

91 Vgl. Statistisches Jahrbuch für die Bundesrepublik Deutschland 1971, Stuttgart und Mainz 1971, S. 365.

92 Vgl. o.V., Zahlungsschwierigkeiten 1981, a.a.O., S. 98.

93 Vgl. ebenda.

94 Vgl. Statistisches Jahrbuch für die Bundesrepublik Deutschland 1981, Stuttgart und Mainz 1981, S. 133. Danach betrug die Zahl der Unternehmenskonkurse 6.241, von denen 4.463 mangels Masse abgelehnt wurden, und der Vergleichsverfahren 87, wovon 13 in Anschlußkonkursen endeten.

95 Vgl. ebenda.

96 Vgl. Doehring, C., Die finanziellen Verluste aufgrund der amtlichen Insolvenzstatistik und der erfaßten Schadensfälle nach dem Ersten Gesetz zur Bekämpfung der Wirtschaftskriminalität, in: KTS 1981, S. 139 ff. (145).

f) Die Zahl der von der offiziellen Statistik nicht erfaßten Insolvenzen liegt wesentlich höher als die der gerichtlichen Vergleichsverfahren und Konkurse. Zu ihnen gehören die außergerichtlichen Vergleiche im Sinne des § 779 BGB, aber auch die Fälle, in denen Gläubiger kleinerer und mittlerer Unternehmen angesichts der Hoffnungslosigkeit von Maßnahmen resignieren. Meistens wird die kleine, nicht selten auch die mittlere Insolvenzunternehmung still liquidiert. In anderen Fällen werden die Unternehmen durch Teilerlaß von Forderungen und/oder durch Zuführung von Kapital gerettet. Dazu gehören spektakuläre Fälle wie die Sanierung der AEG, der Hessischen Landesbank, des Gerling-Konzerns, wobei während und nach der Krise ein Außenstehender kaum zu beurteilen vermag, ob das Unternehmen das Insolvenzstadium erreicht hatte oder nicht.
Der Verband der Vereine Creditreform hat für 1975 die Zahl der Insolvenzen oder mit insolvenzähnlichem Vorzeichen liquidierten Unternehmen auf 32.000 bis 33.000 beziffert[97]. Die versteckten Insolvenzschäden außerhalb der gerichtlich erfaßten Verfahren wurden von P. R. Wagner für das Jahr 1975 auf 7,5 Mrd. DM geschätzt[98], während die Statistik der gerichtlichen Verfahren für das gleiche Jahr die Verluste bei Konkursen und Vergleichen mit rd. 4,8 Mrd. DM angibt[99], davon rd. 4,4 Mrd. DM im Unternehmensbereich[100].

W. Naujoks und W. Langen[101] haben die jährlichen Insolvenzen auf die Gesamtzahl der Unternehmen bezogen und dabei für 1962 bis 1965 eine jahresdurchschnittliche Insolvenzquote von 1,23 ‰, dagegen 1971 bis 1975 von 2,9 ‰ festgestellt. Für die Jahresdurchschnitte 1975–1977 stieg die Insolvenzquote sogar auf 4,3 ‰.

g) Die Insolvenzstatistik liefert auch Angaben über die finanziellen Ergebnisse der Vergleichsverfahren und Konkurse. Danach betrugen die Deckungsquoten im Unternehmensbereich für die bevorrechtigten Konkursforderungen im Jahre 1960 54,2 %[102], zwischen 1971 und 1978 dagegen durchschnittlich nicht einmal 33 %[103]. Für die nicht bevorrechtigten Forderungen ergaben sich 1960 9,1 %[104], zwischen 1971 und 1979 etwa 4 %.

97 Vgl. Creditreform, Insolvenzen haben Höhepunkt erreicht, in: Handelsblatt vom 11./12. 6. 1976, S. 16.

98 Vgl. Wagner, P. R., Die Volkswirtschaftlichen Auswirkungen der offenen und versteckten Insolvenzen in der Bundesrepublik, in:IHK-Mitteilungen der Industrie- und Handelskammer Köln 1976, S. 834.

99 Vgl. o. V., Finanzielle Ergebnisse der 1977 eröffneten Konkurs- und Vergleichsverfahren, in: Wirtschaft und Statistik 1979, S. 495 ff. (495).

100 Vgl. o.V., Finanzielle Ergebnisse der 1975 eröffneten Konkurs- und Vergleichsverfahren, in: Wirtschaft und Statistik 1977, S. 393 ff. (395).

101 Vgl. Naujoks, W., Langen, W., Anfälligkeit und Insolvenzhäufigkeit deutscher Unternehmen, a.a.O., S. 83.

102 Vgl. Statistisches Jahrbuch für die Bundesrepublik Deutschland 1962, Stuttgart und Mainz 1962, S. 411.

103 Vgl. Doehring, C., Die finanziellen Verluste aufgrund der amtlichen Insolvenzstatistik . . . , a.a.O., S. 143.

104 Vgl. Statistisches Jahrbuch für die Bundesrepublik Deutschland 1962, a.a.O., S. 411.

Geringe Veränderungen zeigen – vergleichsweise – die Quoten im gerichtlichen Vergleichsverfahren; bei den Erlaßvergleichen 1960 betrug die Quote im Durchschnitt 46,5 % [105] und 1979 45,8 % [106].

Die anerkannten Forderungen der in 1978 eröffneten Insolvenzverfahren betrugen rd. 3,2 Mrd. DM (1977: rd. 3,8 Mrd. DM). Für sie bestand eine Deckung von lediglich 0,3 Mrd. DM (1977: 0,3 Mrd. DM), also etwa 9 % [107].

105 Ebenda.
106 Vgl. Statistisches Jahrbuch für die Bundesrepublik Deutschland 1980, a.a.O., S. 135.
107 Vgl. Doehring, C., Die finanziellen Verluste aufgrund der amtlichen Insolvenzstatistik . . . , a.a.O., S. 145 f.

Erster Teil

Der Weg zur Sanierung

II. Kapitel

Die Sanierungsprüfung

1. Sanierungsfähigkeit und Sanierungswürdigkeit

a) Untersuchungen über die Entwicklung von Unternehmenskrisen haben ergeben, daß die Mehrzahl der verantwortlichen Unternehmer oder Manager zu spät die erforderlichen Konsequenzen gezogen hat[1]. Sie haben sich gegen die Erkenntnis des kommenden Unheils gesperrt; die Vernachlässigung des Rechnungswesens ist vielfach eine Folge dieser Haltung. Oder sie haben den Zusammenbruch, entnervt und gelähmt wie das Opfer vor dem Schlangenblick, abgewartet.

Die normale Reaktion sollte jedoch sein, unter Heranziehung geeigneter Berater rechtzeitig die Chancen einer Sanierung zu prüfen, um bei negativem Ergebnis selbst zu liquidieren oder das Insolvenzverfahren so einzuleiten, daß der Schaden Dritter begrenzt und strafrechtliche Konsequenzen vermieden werden.

b) Die Rettung eines Unternehmens aus der Krise wird üblicherweise mit Sanierung bezeichnet, einem Begriff, der ebenso wie Krise aus der Medizin stammt[2].

Etymologisch leitet sich das Verb „sanieren" vom lateinischen sanare (= heilen, gesund machen) ab[3]. Entsprechend bedeutet es im wirtschaftlichen Sprachgebrauch: eine kranke Wirtschaftseinheit wieder gesund machen[4]. Nach Gutenberg umfaßt die Sanierung „alle Maßnahmen zur Beseitigung von Schäden, die im Gefüge eines Unternehmens entstanden sind und seine Existenz in Frage stellen."[5]

1 Vgl. Kohler, W., Junge Unternehmen sind am insolvenzanfälligsten, in: FAZ vom 29. Oktober 1981; o.V., 1981: Jahr der Pleiten, in: Markt und Wirtschaft, IHK Köln 1981, Nr. 13, S. 20 ff.

2 In der betriebswirtschaftlichen Literatur haben sich zahlreiche Autoren mit der Sanierung auseinandergesetzt. Vgl. u.a. Zybon, A., Sanierung, in: HWB, vierte Auflage, Stuttgart 1976, Sp. 3493 ff.; Mannheimer, W. (Le Coutre), Die Sanierung, Berlin 1934. Anschaulich: Schmalenbach, E., Finanzierungen, a.a.O., S. 303 ff.

3 Vgl. Der kleine Stowasser, Lateinisch-deutsches Schulwörterbuch, bearbeitet von M. Petschenig, München 1971, S. 440.

4 Vgl. Der große DUDEN, Band 5, Fremdwörterbuch, Mannheim 1960, S. 575.

5 Gutenberg, E., Finanzierung und Sanierung, in: HdB, 2. Aufl., Stuttgart 1938, Bd. 1, Sp. 1739 ff. (1774).

c) Die rationale und verantwortliche Entscheidung, ob und wie ein Unternehmen saniert werden kann, erfordert eine spezielle Sanierungsprüfung, umso mehr, als der Einsatz neuen Eigenkapitals im Zuge der Sanierung eine Investition besonderer Art darstellt[6]. Zu der Unsicherheit, unter der jede Investitionsentscheidung steht, kommt die Verunsicherung aufgrund des bisherigen Mißerfolgs der Unternehmung. In vielen Fällen sehen sich die potentiellen Kapitalgeber mit der insolventen Unternehmung als deren bisherige Unternehmer, Anteilseigner, Banken, Lieferanten, Kunden oder auch Mitarbeiter verbunden oder sogar verstrickt. Insofern sind sie besonders der Gefahr ausgesetzt, gutes Geld noch dem schlechten nachzuwerfen[7].

Zweck der Sanierungsprüfung ist in erster Linie die Feststellung der Sanierungsfähigkeit und Sanierungswürdigkeit[8] oder Erhaltungsfähigkeit und Erhaltungswürdigkeit[9].

d) *Sanierungsfähigkeit* liegt vor, wenn mit zweckmäßigen Sanierungsmaßnahmen die Zahlungsschwierigkeiten beseitigt und eine angemessene Rentabilität erreicht werden können[10]. Ständige Erfahrung zeigt, daß auch heute noch die Forderung Schmalenbach's[11] gilt: „Es muß sehr sorgfältig, weit sorgfältiger als es im allgemeinen geschieht, vor Inangriffnahme der Sanierung geprüft werden, ob das Unternehmen überhaupt sanierungsfähig ist."

Obwohl die Ergebnisse der Sanierungsprüfung für die Auftraggeber von besonders großer Bedeutung sind, lassen sich unter den Bedingungen der Krise die Erfordernisse der betriebswirtschaftlichen Theorien meist nicht voll verwirklichen. Gegenüber anderen Unternehmensprüfungen – z. B. Abschluß-, Wirtschaftlichkeits- und Rationalisierungsprüfungen – bestehen vier charakteristische Erschwernisse:

- Der Prüfungsgegenstand ist vielschichtiger als bei den üblichen Prüfungen;
- die Prüfungsunterlagen sind jedoch unvollständig und unzuverlässig;
- die Prüfung steht unter besonderem Zeitdruck;
- die Betroffenen sind in erhöhtem Maße befangen.

Man wird sich daher begnügen müssen, in groben Analysen die für die Sanierung entscheidenden Aspekte herauszuarbeiten[12]. Die Sanierungsprüfung sollte die Anamnese, d. h. die Vorgeschichte der Krise einbeziehen, um deren Ursachen aufzudecken und dabei Erkenntnisse für ihre Überwindung zu gewinnen.

---

6 Zum Begriff „Investition" vgl. Kern, W., Investitionsrechnung, Stuttgart 1974, S. 8; derselbe, Grundzüge der Investitionsrechnung, Stuttgart 1976, S. 34.

7 Vgl. Flessner, A., Sanierung und Reorganisation . . . a.a.O., S. 401.

8 Vgl. Mann, G., Grundprobleme der externen Sanierungsprüfung, in: Dienstleistungen in Theorie und Praxis, Festschrift zum 70. Geburtstag von Otto Hintner, hrsg. von H. Linhardt, P. Penzkofer, P. Scherpf, Stuttgart 1970, S. 237 ff. (245 ff.).

9 Vgl. Flessner, A., Sanierung und Reorganisation . . ., a.a.O., S. 401 ff.

10 Vgl. Mann, G., Grundprobleme der externen Sanierungsprüfung, a.a.O., S. 241 ff.

11 Schmalenbach, E., Finanzierungen, a.a.O., S. 311.

12 Vgl. zu folgendem auch Zybon, A., Sanierung, a.a.O., Sp. 3497.

Sodann geht es um die Erfassung des Ist-Zustandes, insbesondere der Schwachstellen und Engpässe, die beseitigt werden müßten. Es kommt darauf an, dabei Informationsmethoden zu nutzen, die auch unter den Bedingungen der Krise brauchbar sind.

e) Wer zu entscheiden hat, ob er sich an der Sanierung beteiligt, wird neben den im Krisenunternehmen bestehenden Verhältnissen und den daraus erwachsenden Möglichkeiten auch subjektive Aspekte zu prüfen haben, außer der Sanierungsfähigkeit auch die *Sanierungswürdigkeit*. Es geht dabei um die Frage, ob das Sanierungsengagement auch nach der persönlichen Interessenlage gerechtfertigt ist[13], wobei auch außerökonomische Motive mitsprechen können. Zweifellos geht manches sanierungsfähige Unternehmen zugrunde, weil es nicht gelingt, Dritte davon zu überzeugen, daß der erforderliche Einsatz von Kapital und unternehmerischer Leistung für sie vorteilhaft ist.

Aus der „subjektiven" Entscheidung eines Dritten, sich an der Sanierung zu beteiligen, ergeben sich Konsequenzen für Art und Ergebnis der Sanierung; jede Sanierung ist „subjektabhängig"! Beispielsweise hat das Engagement der Karstadt AG die Sanierung der Neckermann Versand KGaA entscheidend beeinflußt[14]. Insofern muß die Bestandsaufnahme beim Krisenunternehmen durch ein vom Sanierungsträger auf seine Möglichkeiten und Absichten abgestimmtes Sanierungskonzept ergänzt werden, um ausreichende Grundlagen für die letzte Sanierungsentscheidung zu gewinnen.

2. Die Krisenursachen

Zweckbewußte Sanierungsmaßnahmen setzen das Verständnis der Krisenursachen voraus. Für die Probleme dieser Arbeit ist zunächst wichtig, ob die Ursachen im wesentlichen nur im rechtlich-finanziellen oder zugleich auch im leistungswirtschaftlichen Bereich liegen.

a) Eine erste Gruppe von Krisenursachen stellen Strukturmängel dar, die man im medizinischen Vergleich als *Konstitutionsmängel* bezeichnen kann[15]. Sie können als Geburtsfehler oder -schwächen bereits seit der Gründung der Unternehmung bestehen. Dazu zählen: Standortnachteile, unvernünftige Gesellschaftsverträge, allzu niedriges Eigenkapital, Patentschwierigkeiten für die wesentlichen Produkte und Produktionsverfahren. Konstitutionsmängel sind ausschlaggebend dafür, daß „junge Unternehmen in der Altersklasse von ein bis sieben Jahren am stärksten insolvenzgefährdet"[16] sind.

---

13 Vgl. auch Mann, G., Grundprobleme der externen Sanierungsprüfung, a.a.O., S. 250 ff.

14 Vgl. o.V., Die Sanierung bei Neckermann braucht Zeit, in: FAZ vom 5. Mai 1978.

15 Vgl. Le Coutre, W., Praxis der Bilanzkritik, Bd. II, Kritik der Vermögenslage, Berlin-Wien 1926, S. 77 f.

16 O.V., 1981: Jahr der Pleiten, a.a.O., S. 24. Vgl. auch: Fleege-Althoff, F., Die notleidende Unternehmung, Erster Band: Krankheitserscheinungen und Krankheitsursa-

Bei Konstitutionsmängeln sind die Sanierungsentscheidungen davon abhängig, ob sie überhaupt beseitigt werden können oder man – um im medizinischen Bild zu bleiben – wenigstens mit Hilfe von Prothesen das Unternehmen instand setzen kann, lebenstüchtig zu werden. Vielleicht findet man ein anderes Tätigkeitsgebiet, in dem man leistungsfähig ist wie ein Körperbehinderter am Schreibtisch.

b) Die zweite Gruppe von Krisenursachen bilden Ereignisse, vergleichbar *Katastrophen* und *Unglücksfällen*, die trotz gesunder Leistungswirtschaft die Existenz des Unternehmens gefährden; sie können die Unternehmung unerwartet und unverschuldet treffen. Dazu gehören Natur- und Brandkatastrophen, Schadensersatzansprüche infolge Verschuldens von Mitarbeitern, raffinierte Unterschlagungen, außergewöhnlich lange Streiks, ein besonders hoher Forderungsausfall, Betriebsunterbrechung infolge Krankheitsepidemien.

In solchen Fällen können einmalige Verluste auftreten, die das Eigenkapital und die Liquidität aufzehren. Ist den Umständen nach anzunehmen, daß die Ursache einmalig und vorübergehend ist, ohne daß die leistungswirtschaftlichen Grundlagen zerstört wurden, so kommt es bei der Sanierung im Grunde nur darauf an, den Kapitalverlust durch neues Kapital zu ersetzen. Es liegt nahe, solche Insolvenzursache mit einem Unfall zu vergleichen, bei dem der dadurch verursachte Blutverlust durch eine Bluttransfusion ausgeglichen werden kann. Die Aussichten für die Sanierung sind verhältnismäßig günstig, und die bisherigen Inhaber haben bessere Chancen als bei anderen Krisenursachen, ihre Position im wesentlichen zu erhalten.

c) Im übrigen kann man die Krisenursachen mit Reske, Brandenburg, Mortsiefer[17] in überbetriebliche, zwischenbetriebliche und innerbetriebliche einteilen.

Zu den *überbetrieblichen* Krisenursachen gehören vor allem politische: Änderungen in der Wirtschafts-, Sozial- und Umweltpolitik können die Rahmenbedingungen des Unternehmens so stark treffen, daß seine Existenzvoraussetzungen zerstört werden[18]. Dabei ist nicht nur an einmalige politische Maßnahmen zu denken, sondern auch an jahrelange Entwicklungen, z. B. der sozialpolitischen und umweltpolitischen Gesetzgebung und Rechtsprechung, die durch ihre kumulative Wirkung das Unternehmen allmählich so schwächen, daß es in die Krisensituation gerät. In solchen Fällen sind die Ursachen höchstens zum Teil dem Versagen des Unternehmens und seiner Leitung zuzuschreiben.

chen, Stuttgart 1930, S. 91 ff.; Bellinger, B., Unternehmungskrisen und ihre Ursachen, in: Handelsbetrieb und Marktordnung, Festschrift für C. Ruberg, Wiesbaden 1962, S. 49 ff. (60 ff.); Hahn, G., Ursachen von Unternehmensmißerfolgen, Diss. Köln 1956; Mayer, K. B. und Goldstein, S., The First Two Years: Problems of Small Firm Growth and Survival, Washington D. C. 1961.

17 Vgl. Reske, W., Brandenburg, A., Mortsiefer, H.-J., Insolvenzursachen mittelständischer Betriebe, a.a.O., S. 55 ff.

18 Vgl. Fleege-Althoff, F., Die notleidende Unternehmung, a.a.O., S. 131 ff.

Zu den überbetrieblichen Krisenursachen kann man weiterhin wesentliche Verschlechterungen der Konjunktur-, Kredit- und Währungsverhältnisse – oftmals Folgen der Wirtschafts- und Steuerpolitik – zählen[19]. Sie wirken auf die Gesundheit eines Unternehmens vergleichsweise wie Epidemien, wobei finanziell gesunde und leistungsfähige Unternehmen selbstverständlich gegen die Infektion widerstandsfähiger sind als andere.

Es spricht viel dafür, daß der Anstieg der Insolvenzziffern seit den siebziger Jahren[20] vor allem auf überbetriebliche Ursachen zurückzuführen ist. Daß sich die durchschnittlichen Insolvenzzahlen gegenüber den sechziger Jahren mehr als verdoppelt haben, dürfte vor allem eine Folge verschlechterter allgemeiner Rahmenbedingungen sein. Neben diesem Trend spiegeln die Insolvenzzahlen die Schwankungen der Konjunkturentwicklung deutlich wider.

Für die Frage, ob eine durch überbetriebliche Krisen geschwächte Betriebswirtschaft gerettet werden kann, sind einerseits konjunkturelle und andere vorübergehende Umstände und andererseits bleibende Verschlechterungen der Rahmenbedingungen zu unterscheiden. Im ersten Fall kann es unter Umständen genügen, daß man mit einer finanziellen Sanierung den Anschluß an günstigere Wirtschaftslagen erreicht; im zweiten Falle kommt es zudem darauf an, durch die Verbesserung der Leistungswirtschaft die negativen Umwelteinflüsse zu kompensieren. Zu diesem Zweck werden meist neue Impulse von außen erforderlich sein, die von einem besonders qualifizierten Unternehmer oder aber von einem potenten Unternehmen, das sich an der Sanierung beteiligt, eingebracht werden.

d) *Zwischenbetriebliche* Krisenursachen liegen vor, wenn das Unternehmen nicht imstande war, sich an den Märkten zu behaupten, insbesondere in der Beschaffung und im Absatz, bei der Gewinnung tüchtiger Mitarbeiter und der Versorgung mit Fremdkapital[21].

In der Literatur werden als häufige zwischenbetriebliche Krisenursachen genannt:[22]

- Änderungen im Verhalten der Verbraucher,
- der technologische Fortschritt,
- Änderungen in der Rohstoffversorgung,
- das Verhalten der Konkurrenz.

Da das Voraussehen von Marktveränderungen und die Anpassung an sie zu den wesentlichen Aufgaben der Unternehmung gehört, ist der Mißerfolg auf diesen

19 Vgl. auch Schildbach, Th., Insolvenzgefahren durch Geldentwertung, in: BFuP 1975, S. 179 ff.

20 Vgl. die Ausführungen S. 13 ff.

21 Vgl. Büschgen, H. E., Zunehmende Fremdfinanzierung als Insolvenzgefahr, in: BFuP 1975, S. 93 ff.

22 Vgl. Baur, W., Sanierungen, a.a.O., S. 32 ff.; Angermann, H. F. G., Wachsen oder Weichen – Überlebenschancen für den wirtschaftlichen Mittelstand, Stuttgart 1970, S. 90.

Gebieten grundsätzlich von der Geschäftsleitung zu vertreten[23]. Unter den heutigen Verhältnissen fehlt allerdings den Unternehmen oft die Möglichkeit, den zwischenbetrieblichen Einflüssen schnell und wirksam genug zu begegnen.

e) *Innerbetrieblich*[24] sind die Ursachen, die auf Unzulänglichkeiten der Einrichtung und Organisation des Betriebes sowie im Personalbereich beruhen. Sie sind vor allem eine Folge von Managementmängeln, die nach Baur[25] in der Planung[26], in der Kontrolle, in der Stellenbesetzung sowie im Führungsstil zu suchen sind.

Daß in sehr vielen Fällen die Unternehmensleitung hauptverantwortlich ist, wenn ein Unternehmen in Schwierigkeiten gerät, kann als sicheres Ergebnis der vorliegenden empirischen Untersuchungen gelten[27]. Je klarer sich in einem konkreten Fall die Krise dem Versagen bestimmter Manager zuordnen läßt, um so größer sind die Chancen, durch Einsetzen einer besseren Führung das Unternehmen auch leistungswirtschaftlich zu sanieren. Die an der Sanierung Beteiligten müssen dann allerdings darauf bestehen, daß die erforderliche Änderung im Management auch erfolgt.

Das Institut für Mittelstandsforschung[28] gibt für die über-, zwischen- und innerbetrieblichen Ursachen in seiner Analyse über die Insolvenzursachen mittelständischer Betriebe folgende Stichworte und Häufigkeiten des Auftretens in Prozent[29] an:

I. *Überbetrieblicher Bereich*

Konjunktureinflüsse	40,9
Steuer- und Sozialkostenbelastung	11,4
Tarifpolitische Lohnauswirkungen	11,0
Verschleppung fiskalischer Überwachungsaufgaben	7,6
Überstaatliche Einwirkungen	6,4
Umweltschutz	2,7
Strukturpolitische Einwirkungen	2,3

23 Vgl. Le Coutre, W., Krisenlehren für die Unternehmungsführung, in: Das Geschäft 1926, S. 63 ff.

24 Vgl. Rinklin, T., Die vergleichsfähige und die konkursreife Unternehmung, Versuch einer Typologie notleidender Unternehmungen, Stuttgart 1960, S. 43.

25 Vgl. Baur, W., Sanierungen, a.a.O., S. 33 ff.

26 Vgl. Jung, W., Insolvenzgefahr aufgrund von Planungsfehlern und Überwachungsmängeln, in: BFuP 1975, S. 110 ff.

27 Vgl. Reske, W., Brandenburg, A., Mortsiefer, H.-J., Insolvenzursachen mittelständischer Betriebe, a.a.O., S. 60 ff.; Keiser, H., Betriebswirtschaftliche Analyse von Insolvenzen bei mittelständischen Einzelhandlungen, Abhandlungen zur Mittelstandsforschung Nr. 17, Köln und Opladen 1966; Rinklin, T., Die vergleichsfähige und die konkursreife Unternehmung, a.a.O., S. 45 ff.

28 Vgl. Reske, W., Brandenburg, A., Mortsiefer, H.-J., Insolvenzursachen mittelständischer Betriebe, a.a.O., S. 57 ff.

29 Mehrfachnennungen.

II. *Zwischenbetrieblicher Bereich*	
Kreditinstitute	
Versäumnisse bei der Kreditvergabe	20,5
Kreditlimitierungen	7,2
Hochzinspolitik	7,2
Übermäßige Ausdehnung der Sicherungsrechte	4,2
Mangelhafte Bonitätsprüfung	3,8
Abnehmer	
Nachfragerückgang	15,5
Insolvenzen von Abnehmerbetrieben	12,9
Verschlechterung der Zahlungsmoral	12,1
Zunehmende Reklamationstätigkeit	8,0
Preisdruck	7,2
Vertragsbruch	6,5
Lieferanten	
Verschärfung von Liefermodalitäten	11,7
Verschärfung der Zahlungsmodalitäten (Preisdruck)	11,0
Liefereinschränkungen	5,7
Vertragsbruch	3,0
Insolvenzen von Lieferantenbetrieben	1,9
Konkurrenten	
Konkurrenzdruck	9,8
Ruinöser Wettbewerb	9,1
Konkurrenzzunahme aus dem Ausland	2,0
III. *Innerbetrieblicher Bereich*	
Betriebsführung	
Mangelhafte Unternehmerqualifikation	29,9
Unzureichender Informationsstand	23,6
Ungenügende Führungskenntnisse	21,6
Charaktermängel	20,5
Mangelnde Praxiserfahrung	14,0
Schlechter Führungsstil	13,3
Krankheit	6,4
Gering ausgeprägte Unternehmermentalität	3,0
Beschaffung	
Beschaffungspreiserhöhung	12,5
Falsche bzw. zu wenige Beschaffungsquellen	9,1
Lagerhaltungsprobleme	6,4
Einschränkung der Finanzierungsmodalitäten bei der Beschaffung	4,2
Falsche Beschaffungsmengen	2,7
Absatz	
Falsche Markteinschätzung	24,2
Schlechte Aquisitionstätigkeit	19,7
Auftragsstrukturprobleme	18,2
Fehlerhafte Preisgestaltung	14,0
Distributions- und Serviceprobleme	11,7
Falsche Abnehmerstruktur	9,5
Spezialisierungsprobleme	8,7
Fehlerhafte Produktpolitik	6,1

Verwaltung/Personalwesen	
Zu hohe Personalkostenbelastung	14,4
Unqualifiziertes Personal	7,2
Zu hohe Verwaltungskosten	7,2
Personalabgänge	1,9
Überaltertes Personal	1,1
Betriebsstruktur	
Kapitalausstattung	18,6
Mietkostenprobleme	16,3
Rechtsformprobleme	12,9
Gesellschafterprobleme	11,0
Wachstumsprobleme	8,3
Unabhängigkeitsprobleme	8,3
Betriebszweckprobleme	8,3
Standortprobleme	6,4
Betriebsgrößenprobleme	5,7
Betriebsleistung	
Zu schnelle Kapazitätsausweitung	15,2
Falsche Kapazitätsauslastung	16,7
Unrationelle Leistungserstellung	19,3
Überalterte Anlagen zur Leistungserstellung	12,5
Zu hohe Kosten der Leistungserstellung und Entwicklung	11,0
Mangelhafte Sortimentsqualität	10,2
Falsche Sortimentsstruktur	6,4
Finanzierung	
Eigenkapitalmangel	52,3
Fehlerhafte Finanzierungsweise	30,7
Zu hohe Zinsbelastung	19,7
Falsche Finanzierungsquellen	16,3
Fehlinvestitionen	14,0
Zu hohe Privatentnahmen	13,3
Ungenügende Kreditwürdigkeit	8,7
Unterschlagung	2,7
Rechnungswesen	
Unterlassungen im Bereich der Buchhaltung	29,9
Mangelhaftes Kalkulationswesen	19,4
Fehlende Rechnungslegung	12,9
Verspätete Rechnungslegung	9,8
Überalterte Buchungstechniken	4,9
Bilanzmanipulation	4,2

Die Auswirkungen der Krisenursachen auf die finanzielle Situation des Unternehmens und damit dessen Insolvenzgefährdung zeigt das folgende Schaubild, das mit einigen Veränderungen nach der Darstellung von Rinklin[30] erstellt ist:

30 Vgl. Rinklin, T., Die vergleichsfähige und die konkursreife Unternehmung, a.a.O., S. 43.

Abb. 3: Der Zusammenhang zwischen Krisenursachen und finanzieller Situation eines Unternehmens

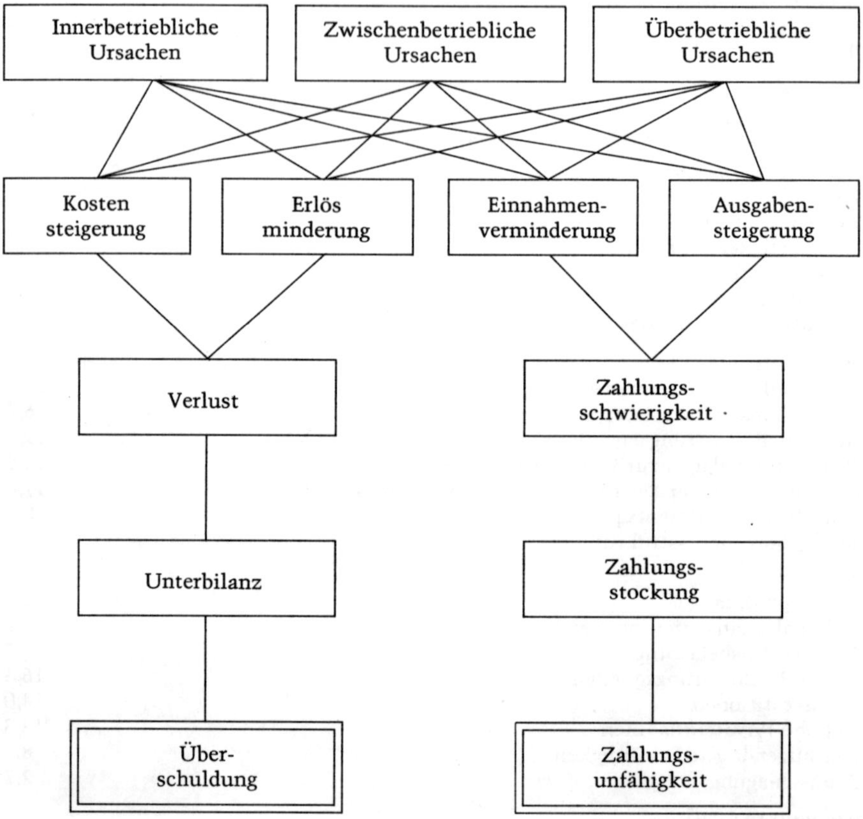

3. Bestandsaufnahme

Zur Diagnose des Ist-Zustandes stehen im wesentlichen drei Informationsquellen zur Verfügung:

a) die Zahlen des Rechnungswesens,
b) die Stellungnahmen der Mitarbeiter und
c) die Beobachtungen der Geschäftsfreunde und Konkurrenten.

a) Die Entwicklung des Unternehmens sollte sich anhand des *Rechnungswesens* erkennen und analysieren lassen. Bilanzen und Gewinn- und Verlustrechnungen der letzten Jahre müßten Aufschluß über den Verlauf der Vermögens- und Ertragsverhältnisse geben, Kapitalflußrechnungen die Finanzierungsströme darstellen und Kostenrechnungen Informationen über den Faktorverbrauch liefern.

In Wirklichkeit ist es jedoch zum Kennzeichen notleidender Unternehmen geworden, daß das Rechnungswesen mitsamt den Jahresabschlüssen große Mängel aufweist[31]. Auf Kapitalflußrechnungen wird meist ganz verzichtet. Sie sind im Gegensatz zur Bilanz ja auch nicht gesetzlich vorgeschrieben. Aus demselben Grund fehlen oftmals in kleineren und mittleren und nicht selten auch in größeren Unternehmungen aussagefähige Kostenrechnungen. Manchmal werden von der Finanzbuchhaltung zwar Kostenstellenrechnungen durchgeführt. Aber niemand überprüft die ausgedruckten Listen; niemand wertet sie aus.

Aufgrund von Täuschungen und Fälschungen enthalten selbst von Wirtschaftsprüfern testierte Bilanzen grobe Verstöße gegen die Bilanzierungsvorschriften und gegen die Grundsätze ordnungsmäßiger Buchführung. Häufige Bilanzfehler und -verschleierungen im Vorfeld der Insolvenz sind: Sacheinlagen werden überbewertet; im Anlagevermögen und bei den Vorräten werden in unzulässiger Weise Kosten aktiviert und Wertberichtigungen unterlassen; die Verbindlichkeiten werden unvollständig ausgewiesen und Rückstellungen für sich abzeichnende Verluste zu niedrig bemessen oder überhaupt nicht gebildet.

Meist werden die Jahresabschlüsse zu spät erstellt. Häufig liegen für die letzten zwei, drei Jahre vor dem Zusammenbruch nur Zahlenzusammenstellungen vor, die als „vorläufige Bilanzen" oder als „Status" deklariert sind. Je weiter sich die Krise zuspitzt, um so mehr bleibt die Buchhaltung zurück. In den letzten Wochen vor einer Insolvenz wird vielfach gar nicht mehr gebucht. Soweit noch Verbuchungen erfolgen, fehlt es an Sorgfalt und Kontrolle. Da die Buchhaltungszahlen die Geschäftsvorfälle nicht richtig wiedergeben, beachtet man sie nicht mehr. Disponiert wird nach Kontoauszügen, Wareneingangs- und Warenausgangsbüchern, ggf. unter Zuhilfenahme von Listen mit Kunden- und Lieferantenaufträgen.

Unternehmungen, die mehrere Sparten – z. B. Handel und Produktion oder verschiedene nicht miteinander verbundene und sich nicht ergänzende Produktionsabteilungen – betreiben, haben keinen Überblick, wie die verschiedenen Abteilungen das Gesamtergebnis erbracht haben. Weder Aufwendungen und Erträge noch Kosten und Leistungen sind verursachungsgerecht den jeweiligen Abteilungen zugerechnet.

Die Klärung der Fragen, welche Abteilung mit positiven und welche mit negativen Ergebnissen arbeitet, macht im Regelfall eine Aufbereitung des vorliegenden Zahlenwerkes und damit verbundene schwierige Recherchen erforderlich. Dabei wird man sich in Anbetracht der gebotenen Eile vorerst mit Grobkorrekturen und -analysen begnügen müssen[32].

---

31 Vgl. Zybon, A., Präventionen gegen den „normalen" Konkurs, a.a.O., S. 59 f.; Reske, W., Brandenburg, A., Mortsiefer, H.-J., Insolvenzursachen mittelständischer Betriebe, a.a.O., S. 122 ff.; Knorr, E., Gernhardt, G., Zur Bilanz als Instrument der Insolvenzprophylaxe, in: Bilanzpolitik und Bilanztaktik – Schriften zur Unternehmensführung, Wiesbaden 1969, S. 69 ff., 71 ff.

32 Vgl. Baur, W., Sanierungen, a.a.O., S. 98 ff.; Haje, R., Sozialplaneinfluß auf Insolvenzentscheidungen, a.a.O., S. 64 f.; Hruschka, E., Aufdeckung und Beseitigung betriebli-

Kennzahlen[33], die man auf diesem Weg gewinnt, kann man denen gegenüberstellen, die aus Betriebsvergleichen der betreffenden Branche gewonnen sind, so daß man aus den Abweichungen Anhaltspunkte für die Schwächen des Unternehmens erhält[34].

Zum Verständnis der Situation gehört allerdings, daß man sich nicht mit der rückschauenden Betrachtung der Bilanzen und Erfolgsrechnungen begnügt, sondern auch untersucht, wie sich bei den aktuellen Verhältnissen ohne Sanierungsmaßnahmen die zukünftige Entwicklung zahlenmäßig gestaltet würde. Baur[35] empfiehlt, daß dazu neben einer Statusaufnahme eine Planbilanz, eine Plan-Gewinn- und -Verlustrechnung sowie ein Finanzplan für das folgende Geschäftsjahr erstellt werden. Durch Gegenüberstellung des dabei gewonnenen „Momentums" mit den durch Sanierungsmaßnahmen verbesserten Zahlen läßt sich ein erstes Bild von den erzielbaren Sanierungserfolgen gewinnen.

Ein ähnliches Vorgehen schlagen Konrad und Vikas[36] vor. Sie wollen den Istzustand und die kurzfristig zu erwartenden Ergebnisse mit Hilfe der Plankostenrechnung aufzeigen und dabei zugleich die notwendigen Sofortmaßnahmen ableiten. Nach dieser Methode läßt sich allerdings nur in solchen Unternehmen vorgehen, in denen eine einigermaßen brauchbare Kostenrechnung bereits vorhanden ist[37].

b) Für die gründliche Diagnose des Krisenunternehmens ist die *methodische Befragung der Mitarbeiter* unverzichtbar[38]. Man kann üblicherweise davon ausgehen, daß die Mitarbeiter die für die Sanierung wesentlichen Erkenntnisse und Informationen besitzen. Consulting-Unternehmen haben Methoden der Befragung entwickelt, um dieses latende Know-how aufzudecken und nutzbar zu machen[39].

Die Befragung sollte sich auf alle wichtigen Marktgegebenheiten und Betriebsabläufe erstrecken und Mitarbeiter aus allen Abteilungen bis zur unteren Ebene

cher Verlustquellen, Grundlagen zur betriebswirtschaftlichen Beratung von Klein- und Mittelbetrieben, Stuttgart 1966.

33 Vgl. Staehle, W., Kennzahlen und Kennzahlensysteme als Mittel der Organisation und Führung von Unternehmen, Wiesbaden 1969; Kern, W., Kennzahlensysteme als Niederschlag interdependenter Unternehmungsplanung, in: ZfbF 1971, S. 701 ff.

34 Vgl. Schnettler, A., Betriebsvergleich – Grundlagen und Praxis zwischenbetrieblicher Vergleiche, 3. Aufl., Stuttgart 1961, S. 82 ff.

35 Vgl. Baur, W., Sanierungen, a.a.O., S. 95.

36 Vgl. Konrad, E., Vikas, K., Sanierung eines Konzernunternehmens durch konsequente Anwendung betriebswirtschaftlicher Führungs- und Steuerungsmethoden, dargestellt am Beispiel eines Unternehmens der Fahrzeugindustrie, in: Einsatz der Kostenrechnung in der Unternehmung. Schriften zur Unternehmensführung Band 23, Wiesbaden 1977, S. 117 ff.

37 Vgl. Kilger, W., Einführung in die Kostenrechnung, 2. Aufl., Wiesbaden 1980; derselbe, Flexible Plankostenrechnung und Deckungsbeitragsrechnung, 8. Aufl., Wiesbaden 1981.

38 Vgl. Baur, W., Sanierungen, a.a.O., S. 99 ff.

39 Vgl. u.a. Acker, H. B., Organisationsanalyse, Baden-Baden und Bad Homburg 1975, S. 9 ff.

der Managementhierarchie einbeziehen. Zu fragen ist nach Schwachstellen und Verbesserungsmöglichkeiten in allen Geschäftsbereichen, wobei der Wertanalyse[40] der Produkte und dem „Zero Base Budgeting"[41] besondere Bedeutung zukommt[42].

c) Als dritte Informationsquelle kommen *Gespräche mit Geschäftsfreunden und Konkurrenten* in Betracht. Sie erfordern geschickte und vorsichtige Gesprächsführung durch eine dazu geeignete Persönlichkeit. Unter dieser Voraussetzung können Beobachtungen und Kritik an den früheren Geschäftsmethoden das Bild der Lage vervollständigen und Anregungen für Veränderungen bieten. Selbstverständlich muß der Gesprächsführer – analog wie bei den Mitarbeitern – darauf bedacht sein, die subjektiven Einstellungen der Befragten in Rechnung zu stellen: bei geschädigten Geschäftspartnern die Verärgerung und Enttäuschung; bei den Konkurrenten den Wunsch, Marktanteile des bedrohten Unternehmens an sich zu ziehen.

4. Konkretisierung der Sanierungsaufgabe als Ergebnis der Sanierungsprüfung

4.1 Finanzielle und leistungswirtschaftliche Sanierung

a) Die Sanierungsprüfung kann zu dem Ergebnis führen, daß zur Überwindung der Krise ausschließlich finanzielle Maßnahmen erforderlich sind. Das kann bei Krisenursachen, die wie Katastrophen und Unglücksfälle die Unternehmung einmalig treffen, der Fall sein. Bleiben die leistungswirtschaftlichen Grundlagen unversehrt[43], so kommt es nur darauf an, verlorenes Kapital zu ersetzen.

Üblicherweise sind bei Sanierungsbemühungen finanzielle Maßnahmen vordringlich. Die Zahlungsunfähigkeit muß aufrechterhalten und eine Überschuldung beseitigt werden, um zusätzliche irreparable Schäden für das Unternehmen zu verhindern. Der finanzielle Aspekt steht meist so sehr im Vordergrund, daß in der betriebswirtschaftlichen Literatur zahlreiche Autoren die Sanierung ausschließlich als Finanzierungsaufgabe behandeln[44].

40 Vgl. Korte, R.-J., Verfahren der Wertanalyse, Berlin 1977; Miles, L. D., Value Engeneering, Wertanalyse, die praktische Methode zur Kostensenkung, München 1964; Rühl, W., Strategien und Organisationsmethoden eines erfolgreichen Maschinenbaubetriebes, Frankfurt a.M. (RKW) 1979, S. 86 ff.

41 Vgl. Meyer-Piening, A., Zero Base Budgeting als Planungs- und Führungsinstrument, in: RKW-Handbuch Führungstechnik und Organisation, hrsg. von E. Potthoff, Berlin 1978, S. 1 ff.; von Dreyfack, R., Seibel, J. J., Zero-Base Budgeting, München 1978.

42 Siehe auch die Ausführungen S. 80.

43 Vgl. Ausführungen S. 21.

44 Vgl. Pausenberger, E., Die finanzielle Sanierung, in: Finanzierungs-Handbuch, hrsg. von H. Janberg, 2. Aufl., Wiesbaden 1970, S. 655 ff. (666); Potthoff, E., Sanierung, in: Handwörterbuch der Finanzwirtschaft, hrsg. von H. E. Büschgen, Stuttgart 1976, Sp. 1558 ff.; Hertlein, A., Sanierung der Unternehmung, in: HdSW, Bd. 9, Stuttgart-Tübingen-Göttingen 1956, S. 87 ff.; vgl. auch den Literaturnachweis bei Haje, R., Sozialplaneinfluß auf Insolvenzentscheidungen, Ein betriebswirtschaftlicher Beitrag zur Theorie insolvenzbezogener Entscheidungen, Schwarzenbek 1979, S. 69, FN 3.

b) Die folgenden Ausführungen beschränken sich jedoch nicht auf die finanzielle Sanierung, sondern beziehen systematisch die leistungswirtschaftlichen Aspekte ein. Denn die finanzielle Sanierung reicht in den weitaus meisten Fällen für die Überwindung der Unternehmenskrise nicht aus[45], da die finanzielle Krise überwiegend eine Folge leistungswirtschaftlicher Ursachen ist: Aus Mängeln und Fehlern im leistungswirtschaftlichen Bereich sind Verluste entstanden, so daß sich das Verhältnis von liquiden Aktiva zu den bereits und kurzfristig fälligen Verbindlichkeiten gefährlich verschlechtert hat und dem Unternehmen die für die Erfüllung der Verbindlichkeiten erforderlichen Geldmittel nicht mehr in ausreichendem Maße zur Verfügung stehen. Führt man in solcher Lage dem Unternehmen neue Mittel zu, ohne die betrieblichen Ursachen zu beseitigen, so wird sich nach einiger Zeit die Krise wiederholen. Das bedeutet, daß die finanzielle Sanierung nur sinnvoll ist, wenn die Verlustquellen beseitigt werden.

c) Wie im Zusammenhang mit der Überschuldungsprüfung ausgeführt wurde, kann für ein Unternehmen die Lebensfähigkeit bejaht werden, wenn es einen positiven Ertragswert aufweist. Demnach müssen für eine erfolgreiche Sanierung die vorgesehenen leistungs- und finanzwirtschaftlichen Maßnahmen einen positiven Ertragswert bewirken.

4.2 Die „übertragende Sanierung": Rettung des Betriebes trotz Untergang des Unternehmens

Läßt sich das Unternehmen nicht mehr retten oder nur unter unverhältnismäßigen Opfern, bleibt vielleicht noch die Chance, seinen Betrieb, seine Betriebe oder einen Teil[46] der Betriebe zu erhalten. Entscheiden sich die Inhaber bzw. Gesellschafter rechtzeitig, so können sie die Betriebsveräußerung noch selbst bestimmen, andernfalls obliegt sie den Instanzen des Insolvenzverfahrens. Als Erwerber kommen bereits bestehende andere Unternehmen oder zwecks Übernahme des Betriebes neu gegründete Unternehmen in Betracht.

K. Schmidt[47] spricht in solchen Fällen von „übertragender Sanierung". Dieser Begriff erscheint so prägnant, daß man ihn im betriebswirtschaftlichen Schrifttum und in der Praxis allgemein verwenden sollte.

In dieser Untersuchung wird auch die Fortführung des Betriebes durch ein neues Unternehmen behandelt. Wenn der Einfachheit halber von Betrieb gesprochen wird, so sind auch alle Fälle gemeint, in denen es um mehrere Betriebe oder nur Betriebsteile geht. Viele Gesichtspunkte, die für die Sanierung eines

---

45 So auch Vormbaum, H., Finanzierung der Betriebe, a.a.O., S. 400 ff.; Baur, W., Sanierungen, a.a.O., S. 15; Hilker, W. H., Die Sanierung des notleidenden Betriebes, Köln 1952, S. 25.

46 Beispielhaft dazu die Insolvenz der *Rollei-Werke*, Braunschweig. Vgl. dazu: o.V., Interesse an Profibereich, in: Handelsblatt vom 6. Oktober 1981.

47 Schmidt, K., Organverantwortlichkeit und Sanierung im Insolvenzrecht der Unternehmen, in: ZIP 1980, S. 328 ff. (336 f.). Vgl. auch Baur, W., Sanierungen, a.a.O., S. 18.

Krisenunternehmens gelten, treffen auch für diejenige des Betriebes allein, also die übertragende Sanierung, zu. Die besonderen Bedingungen und Methoden der übertragenden Sanierung werden systematisch dargestellt.

Die Erhaltung eines wirtschaftlich lebensfähigen Betriebes liegt im allgemeinen volkswirtschaftlichen und sozialpolitischen Interesse, so daß die öffentliche Hand manchmal bereit ist, hierbei behilflich zu sein[48]. Sie ist normalerweise vor allem im Interesse der von dem Zusammenbruch des Unternehmens unmittelbar Betroffenen: Die Gläubiger können einen größeren Teil ihrer Ansprüche verwirklichen, da wirtschaftliche Werte vor Entwertung und Verschleuderung bewahrt werden; Geschäftspartner können ihre Geschäftsbeziehungen wahren; die Arbeitnehmer – wenigstens ein Teil von ihnen – können ihre Arbeitsstätte, ihren Arbeitsplatz erhalten.

In den Fällen, in denen die Unternehmenskrise leistungswirtschaftlich verursacht oder mitverursacht worden ist, ist die leistungswirtschaftliche Sanierungsaufgabe im Rahmen des neuen Unternehmens zu erfüllen[49]. Falls die Erwerber des Betriebs bereits in dessen Leistungs- und Geschäftsbereich tätig waren, kann die nunmehr entstehende Verbindung zusätzliche Chancen eröffnen, die den zukünftigen Geschäftserfolg begünstigen.

III. Kapitel

Interessenten und Träger der Sanierung

1. Vier Gruppen von Beteiligten

Die erforderlichen Sanierungsmaßnahmen werden nicht selten von den Inhabern und Gesellschaftern aus eigenen Kräften durchgeführt werden: Sie stellen aus ihrem sonstigen Vermögen oder aus Krediten dem betroffenen Unternehmen die erforderlichen finanziellen Mittel zur Verfügung und entwickeln, meist unterstützt von Beratern oder neu angestellten Spezialisten, die Einsichten und Fähigkeiten, die zur betrieblichen Reorganisation erforderlich sind. Dies kommt vor allem bei Konzernen vor, die in die Krise geratene Tochtergesellschaften sanieren wollen, z.B. der *VW-Konzern Triumpf-Adler*[1]. Seltener

48 Vgl. Uhlenbruck, W., Einhundert Jahre Konkursordnung, in: Einhundert Jahre Konkursordnung 1877–1977, a.a.O., S. 3 ff. (25 ff.). Vgl. XIX. Kapitel.

49 In der Praxis sind jedoch auch Ausnahmefälle bekannt geworden, in denen der Konkursverwalter erst die Sanierung durchgeführt hat und im Anschluß daran die Übertragung auf ein anderes Unternehmen erfolgt ist: Ein Beispiel ist die nach der Glöggler-Insolvenz in Konkurs geratene *Mech. Baumwoll-Spinnerei und -Weberei (SWA)*, Augsburg (o.V., Die SWA hofft auf einen baldigen Neubeginn, in: FAZ vom 23. Juni 1979, S. 17 und o.V., Interessent für die SWA, in: FAZ vom 27. Dezember 1980, S. 12).

1 Vgl. Diekhof, R., „Wir müssen bei Null anfangen", in: Manager Magazin 10/1981, S. 46 ff.

sind natürliche Personen als Gesellschafter des Krisenunternehmens in der Lage, noch größere Finanzmittel für die Sanierung selbst aufzubringen. Solche Fälle bleiben mehr oder weniger ihre interne Angelegenheit; sie werden nicht zum allgemeinen Problem und finden weniger die Aufmerksamkeit der Wirtschaftspresse und -praxis.

In den meisten Sanierungsfällen können die bisher verantwortlichen Unternehmer oder Manager die Unternehmenskrise nicht mehr allein meistern. Sie benötigen die Mitwirkung neuer Gesellschafter bei der Eigenkapitalausstattung und vielleicht auch bei der Geschäftsführung; geradezu „klassisch" hierfür ist der AEG-Sanierungsfall 1979/80.

Im Schrifttum[2] wird Fremdhilfe weitgehend als Element des Sanierungsbegriffs betrachtet. Dieser Auffassung wird hier gefolgt. Gegenstand dieser Arbeit sind nur die Fälle, bei denen Dritte als Initiatoren und Träger der Sanierung entscheidend mitwirken. Daher werden im folgenden auch diejenigen Unternehmenskrisen nicht behandelt, in denen die bisherigen Inhaber zwar ihre Schuldenlast und Zahlungsverpflichtungen nicht mehr mit eigenen Finanzmitteln bewältigen können, jedoch mit Hilfe eines Vergleichs gerichtlicher oder außergerichtlicher Art instand gesetzt werden, ihr Unternehmen ohne neue Gesellschafter lebensfähig zu machen.

Die neuen Gesellschafter werden sich häufig auf ein finanzielles Engagement beschränken; zum Beispiel bei Aktiengesellschaften, deren Management erforderlichenfalls ohne konkrete Mitwirkung der Kleinaktionäre ausgewechselt werden kann. In anderen Fällen, besonders bei kleinen und mittleren Unternehmen, ist zum Sanierungserfolg auch ein unternehmerisches Engagement der neuen Inhaber oder Gesellschafter notwendig. Es kann vor allem entscheidend sein, wenn diese auf dem Spezialgebiet des notleidenden Unternehmens besondere Qualifikationen besitzen oder wenn sie aus ihrer bisherigen eigenen Tätigkeit wichtige geschäftliche Beziehungen einbringen können.

Die folgende Matrix gibt einen Überblick über vier Gruppen von an der Sanierung Beteiligten und über ihre spezifischen Interessen:

2 Vgl. Emmerich, H., Die Sanierung, I. Teil, Der Begriff der Sanierung, Der außergerichtliche Vergleich, Die Sanierungstreuhand, Mannheim-Berlin-Leipzig 1930, S. 18; Töndury, H., Gsell, E., Finanzierungen, Zürich 1948, S. 284; Pausenberger, E., Die finanzielle Sanierung, a.a.O., S. 666.

Abb. 4: Die Beteiligten an der Sanierung und ihre Interessen

<table>
<tr><th rowspan="2">Interessen / Beteiligte</th><th>Allgemeine</th><th>Spezielle</th><th rowspan="2">Spezielle leistungswirtschaftliche Interessen</th></tr>
<tr><th colspan="2">Kapitalinteressen</th></tr>
<tr><td>Altgesellschafter</td><td rowspan="4">Anlagegewinne in Form von Ausschüttungen und Veräußerungsgewinnen</td><td>Rettung von Eigenkapital</td><td>Erhaltung der Geschäftsführungspositionen</td></tr>
<tr><td rowspan="2">Geschäftspartner des Krisenunternehmens</td><td rowspan="2">Rettung von Forderungen</td><td>Erhaltung der bisherigen Geschäftsbeziehungen</td></tr>
<tr><td rowspan="2">Aktivierung von „Synergiepotentialen"</td></tr>
<tr><td>„Neue" Gesellschafter</td><td></td></tr>
<tr><td>Öffentliche Institutionen</td><td>Ertrags- und Vermögenssteuern</td><td>Rettung von Steuerforderungen und Ersparnisse von Sozialaufwendungen</td><td>Förderung von Beschäftigung, regionaler Wirtschaftsstruktur und volkswirtschaftlicher Schlüsselproduktion</td></tr>
</table>

Die *erste* Gruppe stellen die bisherigen Inhaber oder Gesellschafter des Krisenunternehmens („*Altgesellschafter*") dar. Ihre primären Interessen liegen selbstverständlich in der Rettung eines möglichst großen Teils ihres eingesetzten Eigenkapitals, oft auch in der Wahrung ihrer Funktion als Geschäftsführer. Ihre Position in der Sanierungssituation hängt vom Grad des Verfalls des Krisenunternehmens ab. Häufig sind sie nicht mehr in der Lage, ihre Interessen wirkungsvoll geltend zu machen.

Die *zweite* Gruppe bilden die *Geschäftspartner* des Krisenunternehmens – Banken, Lieferanten, Kunden, Mitarbeiter, Vertreter u.a. –, die vor allem Verluste vermeiden oder mindern wollen, welche sie durch den Zusammenbruch des notleidenden Unternehmens erleiden würden. Sie haben – analog wie die Altgesellschafter – ein spezifisches Kapitalinteresse, nämlich ihre geldwerten Forderungen gegen das Unternehmen zu retten, und ein spezielles leistungswirtschaftliches Interesse, ihre Geschäftsbeziehungen aufrecht zu erhalten.

Selbstverständlich besitzen Altgesellschafter und Geschäftspartner über die genannten speziellen Interessen hinaus ein allgemeines Kapitalinteresse am sanierten Unternehmen. Sie hoffen auf eine positive Entwicklung der Ausschüttungen und des Veräußerungswertes, manchmal auch auf positive Verbundwirkungen aus der Beteiligung.

Die *dritte* Gruppe besteht aus „*neuen Gesellschaftern*" – natürlichen und juristischen –, die bisher nicht in wesentlicher Geschäftsbeziehung zum Krisenunternehmen standen, aber in der konkreten Krisensituation für sich besondere Chancen für einen „turn-around-effect" sehen. Zu dem allgemeinen Interesse an der Kapitalanlage kommt häufig das spezielle Interesse, für ihren sonstigen Geschäftsbereich aus der Verbindung mit dem Krisenunternehmen „synergetische" Vorteile zu ziehen.

Die *vierte* Gruppe umfaßt die *öffentlichen Hände.* Bund, Länder und Kommunen mit den öffentlich rechtlichen Kreditinstituten und den Anstalten der Sozialpolitik haben als Interessenten und Träger von Sanierungen zunehmende Bedeutung gewonnen.

2. Die Altgesellschafter

2.1 Ausscheiden im Konkurs

Beim Konkurs des Unternehmens scheiden im allgemeinen die bisherigen Gesellschafter als Akteure aus. Dies wird oftmals gegen ihren Willen geschehen. Es gibt allerdings auch „Fälle, in denen der verschuldete Eigentümer eines Unternehmens oder die Mehrheit der Gesellschafter kein Interesse mehr an der Fortführung des Unternehmens haben, kopflos geworden oder flüchtig sind und das Unternehmen gleichwohl gerettet werden könnte"[3]. Doch dürfte selbst in fortgeschrittener Krise Altgesellschaftern zu empfehlen sein, Fortführungsbemühungen Dritter nach Kräften zu unterstützen, zumal sich auf diese Weise persönliche Verluste aus Haftungen noch vielfach mindern lassen.

Eine Beteiligung an einer Fortführungsgesellschaft kommt auch im Konkurs in folgenden Ausnahmefällen vor:

a) Wenn die Gesellschafter nicht persönlich in den Konkurs einbezogen werden, weil sie weder auf Grund der Rechtsform des insolventen Unternehmens noch aus Bürgschaften oder Regreßansprüchen persönlich haften, können sie sich möglicherweise aus ihrem sonstigen Vermögen an einer übertragenden Sanierung beteiligen. Eine neue Beteiligung kann ihnen auch durch die Hilfe von Ehegatten, Verwandten und Freunden, insbesondere bisherigen Geschäftsfreunden, ermöglicht werden.

b) Falls das Unternehmen oder wenigstens der Betrieb aus dem Konkurs gerettet wird, können gescheiterte Unternehmer manchmal auf Grund wertvoller Spezialfähigkeiten (z.B. im Verkauf oder auf technischen Gebieten) weiterhin für führende Positionen eingesetzt werden, doch überträgt man ihnen kaum die letzten Entscheidungen der Geschäftspolitik.

3 Arnold, H., Modell eines insolvenzrechtlichen Sanierungsverfahrens, in: Bundesanzeiger vom 19. 2. 1982, Beilage 8/82, S. 8.

2.2 Rettung von Eigenkapital

Die weitere Beteiligung der Altgesellschafter neben neuen Gesellschaftern setzt voraus, daß von dem Eigenkapital, das sie im Krisenunternehmen besaßen, in der Sanierungssituation noch etwas übrig geblieben ist. Üblicherweise erfolgt im Zuge der Sanierung eine Neubewertung der Vermögensgegenstände und der Verbindlichkeiten. Bei dieser besteht ein natürlicher Interessengegensatz zwischen Alt- und Neugesellschaftern. Es geht dabei im Grunde um einen „Verteilungskampf" zwischen Alt- und Neugesellschaftern um die zukünftigen Anteile am Unternehmen[4]. Dabei können öffentliche Hilfen die Position der Altgesellschafter stützen. Nach Arnold[5] „erscheint es nur recht und billig, also ein Gebot der ausgleichenden Gerechtigkeit zu sein, auch von Rechts wegen einem Unternehmer die Chance zu eröffnen, sein Unternehmen und seine eigene wirtschaftliche Existenz zu retten, wenn ihm unvorhersehbare und unabwendbare Veränderungen in den allgemeinen politischen, wirtschaftlichen, technischen, sozialen oder rechtlichen Rahmenbedingungen schwere Verluste zufügen, die er aus eigener Kraft nicht mehr überwinden kann."

2.3 Erhaltung der Geschäftsführerposition

Inhaber bzw. Gesellschafter, die in der Krisenunternehmung tätig waren, werden oft daran interessiert sein, weiterhin Geschäftsführer oder Vorstandsmitglied zu sein, weil sie die Einkünfte daraus als Existenzgrundlage benötigen oder/und die Tätigkeit ihrem Selbstbewußtsein und Leistungsbedürfnis dient. Ihr Interesse kann auch darauf gerichtet sein, mit der Sanierung den „Makel des Konkursiten" und/oder strafrechtliche Implikationen des Konkurses zu vermeiden.

Im allgemeinen wird jedoch die Stellung eines eigentlich gescheiterten Unternehmers schwach sein. Man wird unter Umständen Wert darauf legen, seine Erfahrungen und Kontakte für eine Übergangszeit zu nutzen[6], vorausgesetzt, daß er nicht in der Zeit der Krise sein Ansehen und das Vertrauen der Geschäftspartner verloren hat. Man wird ihn vielleicht nur als Fachmann und Spezialisten einsetzen; bekanntlich gibt es hervorragende Ingenieure[7] oder Verkäufer, deren Unglück darauf beruht, daß sie auch die kaufmännische Geschäftsfüh-

4 Aufschlußreich dazu die Sanierungsbeteiligung der *Karstadt AG* an der *Neckermann Versand KGaA*: „Aber es ist anzunehmen, daß ... auch die Familie Neckermann ... der Karstadt-Seite dafür in anderer Hinsicht entgegengekommen sind. ... Es ist nicht ausgeschlossen, daß auch Josef Neckermann für sich und seine Familie, um das Sanierungskonzept zu retten, in eine Zusammenlegung des Nominalkapitals der in seiner Hand befindlichen Aktien eingewilligt hat, deren Relation noch über den ursprünglich vorgesehenen Schnitt von 6:1 hinausgeht." O.V., Nach langem Ringen: Kompromiß für Neckermann, in: FAZ vom 29. 11. 1976. Vgl. auch das IV. Kapitel.

5 Arnold, H., Modell eines insolvenzrechtlichen Sanierungsverfahrens, a.a.O., S. 5.

6 Siehe auch Baur, W., Sanierungen, a.a.O., S. 85: „Die Manager, die den Weg in die Krise mitgegangen sind, verfügen oft über wichtige Informationen, über den Hintergrund der Krise, die für die Gesundung des Unternehmens wertvoll sein können."

7 Beispielhaft dafür der Borgward – Zusammenbruch in 1961.

rung ohne die dafür erforderlichen Fähigkeiten übernommen hatten. In solchen Fällen wird man durch einen oder mehrere zusätzliche Geschäftsführer dafür sorgen, daß nunmehr das Management insgesamt seiner Aufgabe besser gewachsen ist.

Anders ist natürlich die Situation, wenn die Unternehmenskrise nicht dem betreffenden Altgesellschafter anzulasten ist, sondern an Umständen lag, die nicht von ihm zu vertreten waren. Zum Beispiel kann die Schuld an der Krise am Verhalten anderer Gesellschafter gelegen haben. In solchen Fällen kann eine Chance des Unternehmers bestehen, seine Geschäftsführerposition im Rahmen der Sanierungsgesellschaft voll zu wahren.

Die Erhaltung der Geschäftsführerposition ist erschwert, wenn das Krisenunternehmen in Konkurs gerät und er sich eines Bankrottatbestands oder des Kreditbetrugs schuldig gemacht hat. Bei Straftaten im Sinne der §§ 283 – 283 d StGB (also wegen Bankrotts, Verletzung der Buchführungspflicht, Gläubigerbegünstigung und Schuldnerbegünstigung) ist der Verurteilte auf die Dauer von fünf Jahren seit der Rechtskraft des Urteils vom Amt des Geschäftsführers einer Gesellschaft mit beschränkter Haftung bzw. des Vorstands einer Aktiengesellschaft ausgeschlossen[8].

3. Die Geschäftspartner des Krisenunternehmens

3.1 Die Bedeutung der bisherigen Geschäftsbeziehungen

Die Geschäftspartner des Krisenunternehmens sind natürlich daran interessiert, daß ihnen durch eine Sanierung der Verlust von Forderungen und Geschäftsbeziehungen erspart bleibt. Sind die gefährdeten Forderungen hoch und ist die Geschäftsbeziehung besonders wichtig, kann für sie die Frage auftauchen, ob sie sich an der Sanierung beteiligen sollten, um deren Zustandekommen zu erleichtern oder überhaupt erst zu ermöglichen.

Eine solche Beteiligung kann in verschiedener Weise erfolgen. Das Minimum wäre, daß die Geschäftspartner den Trägern der Sanierung entgegenkommen, indem sie im Rahmen eines Vergleichs einen Teil ihrer Forderungen nachlassen oder/und Zinsvergünstigungen sowie längere Zahlungsfristen einräumen; außerdem können sie die Sanierung erleichtern, indem sie für die zukünftigen Geschäftsbeziehungen Vorzugskonditionen gewähren. Darüber hinaus können Geschäftspartner bei Sanierungsverhandlungen sogar die Initiative ergreifen, was bei Hausbanken häufiger ist, aber auch bei großen Lieferanten und Kunden vorkommt. Das Maximum des Engagements ist erreicht, wenn Gläubiger sich als neue Gesellschafter bei der Sanierung beteiligen, Eigenkapital durch Umwandlung von Forderungen und/oder neue liquide Mittel zur Verfügung stellen und vielleicht auch unternehmerische Initiative in der Leistungswirtschaft entfalten.

Wichtige Argumente für die Sanierungsbeteiligung als Gesellschafter können sein:

8 Vgl. §§ 6 Abs. 2 GmbHG, 76 Abs. 3 AktG.

- Der Gläubiger muß befürchten, daß ohne seine Beteiligung die Sanierung nicht zustande kommt.
- Seine Forderungen sind nicht oder so schlecht gesichert, daß er im Falle der Liquidation des Unternehmens mit bedeutenden Verlusten rechnen muß.
- Bei einem vergleichsweisen Nachlaß zur Ermöglichung der Sanierung würde er mehr verlieren als bei einer Umwandlung von Forderungen in Gesellschaftskapital.
- Der Verlust seiner Geschäftsbeziehungen als Lieferant oder Kunde würde sich im eigenen Geschäftsbereich besonders schwer auswirken.
- Der Gläubiger beurteilt die Sanierungschancen besonders positiv.
- Der Gläubiger erhält beim Sanierungsunternehmen eine interessante Gesellschaftsbeteiligung und erheblichen Einfluß auf die Geschäftsführung.
- Der Gläubiger erhofft sich für sein Unternehmen aus der Verbindung erhebliche synergetische Vorteile.

Aus den Berichten der Wirtschaftspresse ist ersichtlich, daß bei Sanierungen die bisherigen Geschäftspartner – vor allem Banken, Kunden und Lieferanten – eine wesentliche Rolle spielen. Die Verbundenheit des Geschäftspartners mit dem Krisenunternehmen schafft häufig über direkte ökonomische Entscheidungsmotive hinaus persönliche; systematische wissenschaftliche Untersuchungen darüber sind allerdings nicht bekannt. Vielleicht haben die Inhaber des Krisenunternehmens dem Geschäftspartner früher einmal geholfen, so daß er sich moralisch verpflichtet fühlt. Vielleicht hatten sich im Geschäftsverkehr freundschaftliche Beziehungen entwickelt. Man möchte den Betroffenen helfen und sie vor weiterem Schaden bewahren. Man überlegt gemeinsam mit ihnen, welche Sanierungsmöglichkeiten bestehen, und läßt sich dabei selbst immer mehr in die Sanierung hineinziehen.

In manchen Fällen ist der Geschäftspartner mit dem Krisenunternehmen so verbunden, daß sein geschäftliches Prestige leiden würde, wenn er das Unternehmen fallen ließe. Dies kann vor allem bei Hausbanken wichtig sein, die vielleicht auch im Aufsichtsrat mitwirken[9] und sogar die Aktien des Krisenunternehmens früher ihren Kunden empfohlen haben.

„Irrationale" Beteiligungsmotive können dazu verführen, die Sanierungsprüfung nicht so sorgfältig und realistisch vorzunehmen, wie es erforderlich wäre. Sie können aber auch unternehmerische Anstrengungen hervorrufen, auf die sich Außenstehende nicht eingelassen hätten. Da Sanierungschancen nicht nur von objektiven Bedingungen abhängen, kann das aus der bisherigen Verbundenheit mit dem Krisenunternehmen entstehende Engagement zu Erfolgen führen, die bei weniger intensiven Sanierungsinteressen und -bemühungen nicht eingetreten wären.

Es wäre lebensfremd, das außer- und überökonomische Interesse – die „Anteilnahme" im ursprünglichen Wortsinne – gegenüber dem Kapital- und Ge-

9 Vgl. Kruk, M., Alle wollen der AEG helfen. Nach dem Abgang von Cipa, in: FAZ vom 7. Dezember 1979.

schäftsinteresse zu übersehen. In dieser Arbeit findet sich eine Anzahl von Beispielen, bei denen dieses Interesse wirksam geworden ist.

3.2 Kreditinstitute

Die Hausbanken besitzen bei der Sanierung von Unternehmen üblicherweise eine Schlüsselstellung. Ohne ihre Mitwirkung kommt eine Sanierung selten zustande. Die Mitwirkung kann vom Entgegenkommen bei einer Schuldenregelung bis zur vollen Übernahme des Krisenunternehmens gehen.

Im allgemeinen ziehen die Banken es vor, sich bei der Sanierung so weit wie möglich zurückzuhalten und höchstens Zugeständnisse hinsichtlich ihrer Forderungen zu machen, um auf diese Weise Sanierungsbemühungen Dritter zu ermöglichen.

Uhlenbruck[10] warnt vor den Gefahren der Einräumung eines sog. Sanierungskredites. Denn die den Kredit gewährende Bank setzt sich für den Fall, daß die Sanierung doch scheitert, dem Risiko von Schadensersatzansprüchen anderer Gläubiger nach § 826 BGB wegen Konkursverschleppung und von Ansprüchen des Konkursverwalters auf Rückgabe bestellter Sicherheiten wegen Nichtigkeit nach § 138 BGB aus[11]. Der Vorwurf sittenwidrigen Verhaltens ist jedoch unbegründet, „wenn die Parteien auf Grund einer sachkundigen und sorgfältigen Prüfung der Lage des Schuldners und besonders der Geschäftsaussichten überzeugt waren, das Sanierungsvorhaben werde Erfolg haben und eine Schädigung Dritter letztlich nicht eintreten."[12]

Die h.M. hält ein „Stillhalten", also die Belassung bereits eingeräumter Kredite durch Verzicht auf Ausübung des in den Geschäftsbedingungen verankerten Kündigungsrechtes oder die Prolongation eines sog. „Roll-over-Kredits" grundsätzlich für zulässig[13]. Von diesem Grundsatz hat der Bundesgerichtshof jedoch Ausnahmen gemacht, von denen hier die folgenden zwei Fallgruppen hervorzuheben sind[14]:

a) Die Fälle der „Ausnutzung von Sicherheiten", wobei die Kreditinstitute in rücksichtsloser und eigensüchtiger Weise ohne wirkliche Sanierungsabsicht

10 Vgl. Uhlenbruck, W., Überlegungen vor einer Eröffnung und bei Abwicklung gerichtlicher Insolvenzverfahren, a.a.O., S. 673 f.

11 Vgl. zu dieser Problematik: Mertens, H.-J., Zur Bankenhaftung wegen Gläubigerbenachteiligung, in: ZHR 1979, S. 174 ff.; Rümker, D., Gläubigerbenachteiligung durch Gewährung und Belassung von Krediten, in: ZHR 1979, S. 195 ff.; Schönle, H., Rechtsvergleichende Aspekte (Frankreich, Belgien, Schweiz) der Bankenhaftung aus Sanierungsaktionen, in: ZHR 1979, S. 208 ff.; Obermüller, M., Die Bank im Konkurs ihres Kunden, Wiesbaden 1972, S. 110 ff.

12 BGH v. 9. 7. 1953 IV ZR 242/52, in: BGHZ 10, S. 228 ff. (234). Vgl. hierzu auch Mertens, H.-J., Zur Bankenhaftung wegen Gläubigerbenachteiligung, a.a.O., S. 186 ff.

13 Vgl. Obermüller, M., Die Bank im Konkurs ihres Kunden, a.a.O., S. 105 ff.; derselbe, Kredite vor Konkurseröffnung, in: ZIP 1980, S. 337 ff. mit weiteren Literaturnachweisungen.

14 Vgl. ebenda, S. 339 f.

auf die Verzögerung des Konkursantrages hinarbeiten, um sich aufgrund der zwischenzeitlichen Verstärkung und Aufwertung der Sicherheiten aus diesen besser befriedigen zu können.

b) Die Fälle der „Eingriffe in die Geschäftsleitung". Grundsätzlich haben Banken, die einem Kunden bedeutende Kredite eingeräumt haben, das Recht, die Geschäftsbücher einzusehen und die Geschäftsführung zu überwachen. Sittenwidrig handelt jedoch die Bank nach Auffassung der Rechtsprechung, wenn sie derart in die Geschäftsführung eingreift, „daß der ganze Gewinn des Geschäfts dem Sicherungsnehmer zufließt, ein etwaiger Verlust aber von ihm nicht getragen und jede Haftung für die Geschäftsschulden auch bei fehlender Deckung von ihm abgelehnt wird."[15]

Zeigt sich von anderer Seite keine ausreichende Sanierungsinitiative anderer, stehen die Hausbanken vor der schwierigen Entscheidung, ob sie sich auf die Verwertung ihrer Sicherheiten und im übrigen auf die Konkursquote beschränken oder selbst Initiativen entfalten und dabei unter Umständen weitere finanzielle Engagements auf sich nehmen sollen.

Vielfach müssen die Kreditinstitute bei ihrer Entscheidung Folgewirkungen bedenken, die außerhalb des Krisenunternehmens liegen. Geht es um ein relativ großes Unternehmen, so kann ihr geschäftliches Prestige betroffen sein, wenn sie es fallen lassen[16]. Relativ groß kann in ländlichen Gegenden schon ein mittleres Unternehmen sein.

Überdies liegt es im Interesse der Kreditinstitute, „Sekundär-Konkurse"[17] oder gar „Kumulativ-Konkurse"[17] zu verhindern: Durch die Primär-Insolvenz können weitere Kredite bei anderen Unternehmen und Privatpersonen notleidend werden. Der Wirtschaftsraum des betreffenden Kreditinstitutes wird unter Umständen nachhaltig geschwächt[18]. Die Vermeidung dieser Folge liegt allerdings auch im Aufgabenbereich der Gebietskörperschaften. In manchen Sanierungsfällen versuchen sie daher, Kreditinstitute zu beeinflussen; das gilt vor allem bei öffentlich-rechtlichen Kreditinstituten[19].

Im Extremfall kommt eine Beteiligung am Gesellschaftskapital des Sanierungsunternehmens in Betracht, vor allem bei börsennotierten Aktiengesellschaften, üblicherweise in der Absicht, nach Erfolg der Sanierung die Beteili-

---

15 RG v. 9. 4. 1932 IX 74/31, in: RGZ 136, S. 247 ff. (253 f.).

16 Vgl. Blüthmann, H., AEG: Zu groß zum Sterben, in: Die Zeit vom 30. November 1979.

17 Zybon, A., Präventionen gegen den „normalen" Konkurs, a.a.O., S. 58.

18 Ein Beispiel hierfür bieten die intensiven Sanierungsbemühungen der Banken im Zusammenspiel mit der Landesregierung bei der schließlich doch zusammengebrochenen Textilgruppe van Delden in Gronau. Vgl. o.V., Bürgschaft mit Auflagen für die Delden Gruppe, in: FAZ vom 1. 7. 1978.

19 Vgl. o.V., Aktien aus dem Sozialplan, in: Wirtschaftswoche Nr. 45 vom 3. 11. 1978: „Zwar wollte Bayerns Wirtschaftsminister Anton Jaumann die Bayerische Hypotheken- und Wechselbank ... überreden, ebenfalls ein Aktienpaket zu erwerben ..." (S. 52). Vgl. Ausführungen S. 314 f.

gung günstig zu veräußern[20]. Die Wirtschaftspraxis zeigt jedoch, daß aus solchen „vorübergehenden" häufig langfristige Beteiligungen werden[21], sei es, weil der Sanierungserfolg so ungenügend war, daß die Beteiligung unverkäuflich blieb, sei es, daß der Erfolg so groß war, daß man die interessante Beteiligung nicht mehr aufgeben wollte.

Immenga[22] meint, die Bankbeteiligung an einem notleidenden Unternehmen biete die „Möglichkeit, bei der Lösung personeller und finanzieller Fragen mitzuwirken", was „für die Bonität und damit für das Engagement der Bank von Bedeutung sein" könne. Ein Beteiligungs-Engagement bedeutet jedoch die Gefahr, daß die Forderung der Bank als kapitalersetzendes Gesellschafterdarlehen qualifiziert wird[23].

Bemerkenswert ist, daß sich die Studienkommission „Grundsatzfragen der Kreditwirtschaft" für die unbeschränkte Zulässigkeit des Anteilserwerbs zu Sanierungszwecken ausgesprochen hat[24]. Die Kommission hat diesbezüglich Beschränkungen der Banken hinsichtlich der Beteiligungshöhe abgelehnt. Übrigens hat sie als unwesentlich angesehen, „ob das an der Sanierung mitwirkende Institut bereits vorher Kreditgeber oder Anteilseigner des notleidend gewordenen Unternehmens war."[25] Dazu macht sie folgende interessante Feststellung: „Gerade bei größeren, mit besonderen Schwierigkeiten verbundenen Sanierungen werden immer wieder Banken um Unterstützung gebeten, die bei dem hilfebedürftigen Unternehmen noch nicht engagiert sind."[25] Der Sanierungserwerb sollte nach Auffassung der Kommission jedoch eine Ausnahme bilden, die auf fünf Jahre mit der Möglichkeit der Verlängerung durch das Bundesaufsichtsamt für das Kreditwesen zu befristen sei[26].

Bei sanierungsbedürftigen Großunternehmen bilden sich Konsortien von Kreditinstituten, um die Lasten und Risiken auf möglichst viele Partner zu verteilen[27]. Die Mitglieder treten meist nicht begierig, sondern notgedrungen bei und sind dabei bemüht, möglichst geringe Quoten zu übernehmen[28]. An der Sanie-

20 Vgl. Willners, G., Die Wertpapieranlage der Kreditbanken und ihre Bestimmungsfaktoren, Wiesbaden 1966, S. 53.

21 Vgl. Büschgen, H. E., Das vermeintlich Böse, in: Wirtschaftswoche Nr. 3 vom 7. 1. 1977, S. 54 ff.

22 Immenga, U., Beteiligungen von Banken in anderen Wirtschaftszweigen, Brüssel 1975, S. 44.

23 Vgl. BGH-Urteil vom 21. 9. 1981 – II ZR 104/80, in: DB 1981, S. 2373 ff.

24 Vgl. Bericht der Studienkommission „Grundsatzfragen der Kreditwirtschaft", hrsg. vom Bundesministerium der Finanzen, Heft 28, Bonn 1979, S. 275.

25 Ebenda.

26 Vgl. ebenda, S. 276.

27 Vgl. hierzu: Büschgen, H. E., Das Unternehmen im Konjunkturwandel – Strukturgestaltung und Geschäftspolitik zur Unternehmenssicherung, Berlin-Bielefeld 1971, S. 82 ff.; Arnold, H., Risikentransformation, Finanzierungsinstrumente und Finanzierungsinstitute als Institutionen zur Transformation von Unsicherheitsstrukturen, Diss. Saarbrücken 1964, S. 80 ff.

28 Aufschlußreich dafür: Jeske, J. J., Laokoon und die Sanierer, Die AEG und die Banken, in: FAZ vom 3. November 1981.

rung des internationalen Großkonzerns „*Massey-Ferguson Ltd.*" haben sich 250 Banken beteiligt. Zum *AEG*-Konsortium gehörten 1980 25 Hausbanken[29], die neue Aktien im Nennwert von 310 Mio. DM zum Ausgabekurs von 300 % [30] übernahmen. Bis Ende 1981 ist es ihnen aufgrund der weiterhin negativen Geschäftsentwicklung der AEG nicht gelungen, die Aktien zu veräußern[31].

3.3 Lieferanten und Kunden

Für *Lieferanten* kann beim Zusammenbruch eines Kunden der Absatzverlust schmerzlicher sein als der Forderungsverlust[32]. Das gilt vor allem, wenn der Kunde einen relativ großen Teil der Kapazität übernommen hatte, für die betreffenden Erzeugnisse nach der Marktlage andere vergleichbare Absatzmöglichkeiten zunächst nicht bestehen und auch eine Umstellung der Betriebsleistung auf andere rentable Güter nicht schnell genug vollzogen werden kann. Besonders schwierig ist es, wenn man Sukzessivlieferungsverträge geschlossen und die Kapazitäten mittel- oder gar langfristig reserviert hatte. Beispiele für solche Situationen bieten Hersteller von Spezialmaschinen für die Großindustrie sowie Zulieferer für die Auto-, Phono-, Elektro- und Maschinenindustrie.

Entsprechende Probleme können für *Kunden* eines Krisenunternehmens auftreten, die sich auf dessen Lieferungen eingestellt hatten und nicht kurzfristig auf andere Lieferanten zu vergleichbaren Bedingungen zurückgreifen können. Es kann sich um Sonderfertigungen mit speziellem Know-how, Produktionseinrichtungen und Fachkräften handeln. Manchmal hat eine Unternehmung an ihren Lieferanten erhebliche Sonderzahlungen zur Entwicklung von „Erzeugnisteilen" oder zur Herstellung kundenbezogener Anlagen sowie Werkzeugen, Formen und Modellen mit der Maßgabe gewährt, daß diese Zuwendungen später nach einem bestimmten Schlüssel mit den Warenlieferungen verrechnet werden.

In anderen Fällen geht es um Anlagen mit langfristiger Planungs-, Fertigungs- und Montagezeit, für die üblicherweise beträchtliche Anzahlungen geleistet werden[33]. Wird der Herstellungsprozeß der Anlagen durch den Zusammenbruch abgebrochen, können die Auswirkungen für das leistungswirtschaftliche Programm erheblich sein.

Ein anschauliches Beispiel für die Schwierigkeiten, die einem Unternehmen infolge des Zusammenbruchs eines Vorleistungsbetriebes entstehen können, ist

---

29 Vgl. o.V., 250 Banken bemühen sich um Sanierung von Massey-Ferguson, in: FAZ vom 8. Dezember 1980.

30 Vgl. o.V., Auch Industrie ist zur Unterstützung des kranken Konzerns überwiegend bereit, in: Handelsblatt vom 6. Dezember 1979.

31 Vgl. o.V., Banken können derzeit AEG-Aktien nur zusammen abgeben, in: FAZ vom 26. August 1981; Jeske, J. J., Laokoon und die Sanierer, Die AEG und die Banken, in: FAZ vom 3. November 1981.

32 Vgl. Scholz, H., Der Konkurs vom betriebswirtschaftlichen Standpunkt, Diss. Frankfurt a.M. 1934, S. 24.

33 Häufig werden größere Anzahlungen durch Bankbürgschaft abgesichert.

die 1971 eingetretene Insolvenz des britischen Triebwerkherstellers *Rolls Royce*[34]. Infolge des Zusammenbruchs dieses ehemals renommierten Unternehmens geriet der amerikanische Flugzeughersteller *Lockheed* ebenfalls in arge Bedrängnis[35].

Lieferanten und Kunden, die in solcher Weise vom Zusammenbruch des Krisenunternehmens hart betroffen wären, werden nach Kräften bereit sein, Sanierungsmöglichkeiten zu fördern. Für das Ausmaß ihres Engagements gibt es neben der relativen Größe des drohenden Verlustes als weitere kritische Relation die eigene Unternehmensgröße zu derjenigen des Krisenunternehmens. In der amerikanischen Literatur hat Ansoff[36] zur Abgrenzung sinnvoller Beteiligungsgrößen den Begriff des „critical mass" eingeführt. Schierenbeck[37] umschreibt diesen Begriff wie folgt: „Die Größe einer erworbenen Beteiligung, gemessen an der Bilanzsumme oder am Umsatzvolumen der Beteiligungsunternehmung, darf die Größe der erwerbenden Unternehmung weder extrem überschreiten noch extrem unterschreiten."[38]

Liegt das Sanierungsobjekt außerhalb solcher Proportion, so kann sich der Interessent übernehmen und damit selbst ruinieren, oder die zu kleine Beteiligung bleibt ein Fremdkörper seines Geschäftsbereichs. Oftmals werden die Probleme kleinerer Unternehmen unterschätzt und das eigene Managementpotential überschätzt[39]. Disproportionalität zwischen beiden Seiten ist somit Grund, auf ein starkes Sanierungsengagement zu verzichten.

Vor einem Beschluß über die vertikale Beteiligung zwischen Lieferanten und Kunden sind weiterhin die leistungswirtschaftlichen Vor- und Nachteile abzuwägen[40]. Es handelt sich hierbei um allgemeine Probleme des vertikalen

34 Vgl. o.V., Zu fein, um an Profit zu denken, in: Handelsblatt vom 27. 3. 1973.

35 Vgl. o.V., Lockheed, Galgenfrist bis zum 5. März, in: Der Volkswirt vom 26. 2. 1971: „Schon heute sprechen Experten davon, daß der Rolls-Royce-Kollaps, eine der größten und spektakulärsten Pleiten der Wirtschaftsgeschichte, auch das Ende der Lockheed bedeutet." Der Grund lag darin, daß Lockheed für den dreistrahligen Tristar die Entwicklung und den Bau der Triebwerke bei Rolls-Royce in Auftrag gab. Die Umrüstung auf Triebwerke anderer Hersteller hätte 100 Mio. Pfund gekostet, nachdem bereits die Entwicklungskosten sich fast auf DM 1,2 Milliarden verdoppelt hatten. Noch schlimmer wogen jedoch die Lieferverzögerungen: „Die Konkurrenten *Boing* und *Douglas* warten nur darauf, die nach offiziellen Angaben 178 Tristar-Optionen . . . schließlich doch noch für sich zu buchen".

36 Vgl. Ansoff, H. I., Toword a Strategic Theory of the Firm, in: H. I. Ansoff (Ed.): Business Strategy, Harmondsworth 1969, S. 11 ff. (22 f.).

37 Schierenbeck, H., Beteiligungsentscheidungen, Betriebswirtschaftliche Grundlagen des Erwerbs und der Veräußerung von Unternehmungsbeteiligungen, Berlin 1973, S. 140.

38 Kitching, J., (Why Do Mergers Miscarry?, in: Harvard Business Review, No. 6, 1967, S. 84 ff.) stellt bei 84% der von ihm untersuchten mißglückten Zusammenschlüsse eine Größendisproportionalität fest.

39 Vgl. Weber, B. E., Die Übernahme von Unternehmungen, Diss. Zürich 1972, S. 97.

40 Vgl. dazu: Schierenbeck, H., Beteiligungsentscheidungen, a.a.O., S. 48 ff. mit weiteren Nachweisen.

Konzerns, vor allem hinsichtlich der marktstrategischen[41] und der synergetischen Folgen[42]. Gesellschaftsrechtliche Verbindungen zwischen Lieferanten und Kunden können negative Reaktionen bei anderen Marktpartnern hervorrufen. Mit der Beteiligung des Lieferanten bei einem Kunden verärgert er seine übrigen Abnehmer und beschränkt meist zugleich die Beschaffungsposition des Beteiligungsunternehmens gegenüber anderen Lieferanten[43]. Beteiligt sich der Kunde beim Lieferanten, gibt es entsprechende Probleme.

Zu prüfen ist schließlich vor jeder Beteiligung, ob wettbewerbsrechtliche Bedenken bestehen[44].

3.4 Arbeitnehmer, Vertreter und sonstige Interessenten

Zu den sonstigen Interessenten an der Rettung des Krisenunternehmens oder wenigstens seines Betriebes gehören in erster Linie die Arbeitnehmer, ferner Vertreter, freiberufliche Berater (Wirtschaftsprüfer, Steuerberater, Rechtsanwälte, Designer, technische und modische Berater, Betriebsärzte, Psychologen usw.), schließlich auch Lizenzgeber. Sie werden in dem Maß bereit sein, bei der Sanierung mitzuwirken, in dem sie auf die Fortsetzung der Geschäftsbeziehungen Wert legen. Ihre Mitwirkung wird sich im allgemeinen aber auf ein Entgegenkommen bei der Geltendmachung von Geldforderungen und bei den Bedingungen für die zukünftige Zusammenarbeit beschränken[45].

Für den Sanierungserfolg wesentlich ist vor allem die Haltung der Arbeitnehmer. Die arbeitsrechtliche Situation und die taktischen Positionen bei den Verhandlungen zwischen Betriebsrat und Träger der Sanierung werden im XVII. Kapitel[46] ausführlich erörtert.

In Krisensituationen sind gelegentlich Versuche gemacht worden, das Unternehmen oder wenigstens seinen Betrieb zu retten, indem die Arbeitnehmer direkt oder indirekt Gesellschafter werden. Manchmal wirkten dabei gesellschaftspolitische Ideologien mit, manchmal geschah der Versuch aus der Sorge, nach Verlust des Arbeitsplatzes keinen gleichwertigen neuen zu finden[47]. In der

41 Vgl. hierzu u.a. Gutenberg, E., Grundlagen der Betriebswirtschaftslehre, Zweiter Band, Der Absatz, Berlin-Heidelberg-New York 1967, S. 324 ff.

42 Vgl. Ausführungen S. 46 ff.

43 Vgl.Mace, M. L., Montgomery, G. G., Management Problems of Corporate Acquisitions, Boston 1962, S. 72.

44 Vgl. dazu die Ausführungen S. 49 ff.

45 In Einzelfällen haben Vertreter bzw. Vertretungen an der „übertragenden Sanierung" teilgenommen; so im Konkurs der Fa. *Laube Morgenröcke GmbH*, Mannheim (vgl. o.V., Auffanggesellschaft für Laube, in: FAZ vom 15. September 1977), der Fa. *C. Terrot Söhne GmbH & Co. KG*, Stuttgart-Bad Cannstein, durch die beiden bisherigen Generalvertreter in Brasilien und Frankreich (vgl. o.V., Terrot-Produktion wird fortgeführt, in: Handelsblatt vom 28. Juli 1977).

46 Vgl. Ausführungen S. 266 ff.

47 Vgl. Espe, P., Was ist, wenn Arbeiter ihren eigenen Betrieb übernehmen? in: Handelsblatt vom 20. Mai 1974.

Insolvenzpraxis finden sich mehrere Beispiele, wo Arbeitnehmer Mittel aus dem Sozialplan eingesetzt haben: So haben die Belegschaftsmitglieder der 1976 zusammengebrochenen „*Hanfwerke Füssen*" *(HFI)* Ansprüche aus dem Sozialplan in Höhe von 4,5 Millionen DM auf das Grundkapital der neu gegründeten „*Füssener Textil AG*" eingebracht[48]. Die im Konkurs der *Walther Büromaschinen GmbH*, Niederstotzingen, im Jahre 1977 errichtete *Walther-Büro Elektronik AG*, Gerstetten, wurde mit einem Grundkapital von 3,38 Millionen DM ausgestattet, das aus 75 Prozent des auf 4,5 Millionen DM dotierten Sozialplanes aufgebracht werden sollte[49]. Bemerkenswert ist in diesem Falle, daß auch die nicht übernommenen Arbeitnehmer zu 75 Prozent mit Anteilen an der neuen Gesellschaft abgefunden wurden[50]. Für die weiterbeschäftigten Arbeitnehmer bringt das Arbeitnehmer-Beteiligungs-Modell jedoch die größeren Vorteile: Sie können Sozialplanabfindungen realisieren, obwohl sie ihren Arbeitsplatz de facto gar nicht verlieren.

Die leistungswirtschaftliche Sanierung wird problematisch, wenn „den Arbeitern und Angestellten ein Höchstmaß an Einflußnahme und Beteiligung am Willensbildungsprozeß des Unternehmens"[51] gewährt wird, ohne daß die organisatorische Grundforderung nach „Kongruenz von Qualifikation, Entscheidungskompetenz und Verantwortung"[52] beachtet wird: „Entscheidungskompetenz ohne Qualifikation führt zu Fehlentscheidungen, Qualifikation ohne Kompetenz zur Frustration. Verantwortung ohne Kompetenz erzeugt Druck und Angst."[53]

Erinnert sei in diesem Zusammenhang an das Arbeitnehmermodell „*Glashütte Süßmuth*", das zu Beginn der siebziger Jahre Schlagzeilen gemacht hatte[54]. Die damals euphorisch in Presse, Funk und Fernsehen gefeierte Arbeiterselbstverwaltung stellte sich wenige Jahre später „als ein ganz normales Unternehmen" dar, in dem bewährte Führungsmethoden eingeführt worden waren[55].

Der Deutsche Gewerkschaftsbund hat bisher keine offiziellen Stellungnahmen

48 Vgl. o.V., Aktien aus dem Sozialplan, in: Wirtschaftswoche Nr. 45 vom 3. 11. 1978, S. 52 f.

49 Vgl. o.V., Walther gründet Auffang-AG, in: Handelsblatt vom 7. März 1977.

50 Vgl. Conrad, E., Konkursverwalter zieht vor der Walther-Belegschaft den Hut, in Frankfurter Rundschau vom 18. April 1977.

51 Fabian, F., Vom „Fall" zum „Modell" Glashütte Süßmuth, in: Arbeiter übernehmen ihren Betrieb oder Der Erfolg des Modells Süßmuth, hrsg. von F. Fabian, Reinbek bei Hamburg 1972, S. 15.

52 Chmielewicz, K., Arbeitnehmerinteressen und Kapitalismuskritik in der Betriebswirtschaftslehre, Reinbek bei Hamburg 1975, S. 175; Wild, J., Product Management, München 1972, S. 64 ff.

53 Chmielewicz, K., Arbeitnehmerinteressen und Kapitalismuskritik in der Betriebswirtschaftlehre, a.a.O., S. 175; Bendix, R., Herrschaft und Industriearbeit, Frankfurt/Main 1960, S. 465 f.

54 Dazu ausführlich Fabian, F., (Hrsg.), Arbeiter übernehmen ihren Betrieb . . ., a.a.O.

55 Vgl. Müller-Haeseler, W., Wir sind ein ganz normales Unternehmen, in: FAZ vom 13. Dezember 1979.

zu Arbeitnehmer-Fortführungsgesellschaften verlauten lassen[56]. Referenten der Gewerkschaftszentrale berichten mit einem gewissen Stolz von der fruchtbaren Mitwirkung einzelner Unterbezirks-Vertreter bei Sanierungsbemühungen. Andererseits weist man auf die ablehnende Haltung der Gewerkschaften gegenüber betrieblichen Beteiligungen hin[57].

4. Neue Gesellschafter

4.1 Motive

Die neuen Gesellschafter, welche die Hauptlast einer Sanierung übernehmen, sind in den weitaus meisten Fällen bereits Unternehmer oder Unternehmen. Für Rezessionen, verbunden mit zahlreichen Unternehmenskrisen, ist typisch, daß der Konzentrationsprozeß der Wirtschaft stark zunimmt[58], sei es durch Fusionierung, Konzernierung oder Betriebskauf.

Die Motive der neuen Gesellschafter sind vielschichtig. Hohe Liquidität kann ein Anlageinteresse auslösen. Vielfach besteht Interesse an der Diversifikation des Geschäftsbereichs[59]. In anderen Fällen will man dagegen den vorhandenen Geschäftsbereich vertikal oder horizontal ausweiten[60] und sieht in der Beteiligung an notleidenden Unternehmen oder im Erwerb ihres Betriebes günstigere Möglichkeiten als in der Erweiterung der eigenen Betriebe oder Errichtung neuer Unternehmen.

Zweifellos wirken manchmal auch Motive mit, die nicht rein ökonomischer Rationalität entsprechen. Ehrgeizige, vitale Unternehmer oder Manager möchten ihr Wirkungsfeld und ihr persönliches Prestige fördern[61], indem sie sich bei der Sanierung notleidender Betriebe hervortun. Manchmal gibt man einem Druck von Banken nach, die im eigenen Geschäftsinteresse abhängige Unternehmer oder Unternehmen veranlassen, sich an der Sanierung zu beteiligen; dies war anscheinend bei der Sanierung von *Neckermann* durch *Karstadt* der

---

56 Vgl. Friedel, G. B., Rechtliche und rechtspolitische Aspekte des Modells, in: Arbeiter übernehmen ihren Betrieb . . ., a.a.O., S. 67 ff. (76 ff.).

57 Vgl. Schäfer, C., Betriebliche Vermögensbeteiligung – aus der Sicht der Gewerkschaften, in: Aus Politik und Zeitgeschichte, Beilage zur Wochenzeitung Das Parlament, B 39/78 vom 30. September 1978, S. 19 ff. (27 ff.).

58 Vgl. Lenel, H. O., Ursachen der Konzentration unter besonderer Berücksichtigung der deutschen Verhältnisse, 2. Aufl., Tübingen 1968, S. 218 ff.

59 Vgl. dazu: Böckel, J.-J., Diversifikation durch Unternehmungserwerb – richtig geplant –, Wiesbaden 1972, S. 11 ff.

60 Vgl. Lenel, H. O., Ursachen der Konzentration unter besonderer Berücksichtigung der deutschen Verhältnisse, a.a.O., S. 145 ff.; Reuter, A. L., Konzentration und Wirtschaftswachstum, Köln und Opladen 1967, S. 17.

61 Vgl. Heinen, E., Das Zielsystem der Unternehmung, Grundlagen betriebswirtschaftlicher Entscheidungen, Wiesbaden 1966, S. 79.

Fall[62]. Auch staatliche Instanzen drängen manchmal aus politischen Gründen zu ökonomisch nicht fundierten Sanierungsentscheidungen[63].

Die Beteiligung an einem notleidenden Unternehmen bzw. der Erwerb seines Betriebes wird üblicherweise mit synergetischen und marktstrategischen Vorteilen begründet, oft mit Recht, manchmal jedoch unberechtigterweise.

4.2 Verbundeffekte (Synergien)

Obwohl bei der Beteiligung eines Unternehmens an einem anderen häufig intern wie öffentlich versichert wird, daß die Selbständigkeit der Beteiligungsgesellschaft unberührt bleibe, trifft das Gegenteil üblicherweise zu[64]; dies erscheint sogar selbstverständlich bei Sanierungsbeteiligungen, bei denen der Sanierungserfolg weithin vom Verbundeffekt abhängig ist. Daß der Hauptgesellschafter sich darauf beschränkt, dem zu sanierenden Unternehmen einmalig neues Eigenkapital zur Verfügung zu stellen, dürfte höchst selten vorkommen.

Die Probleme der Verbundwirkungen sind von amerikanischen Wirtschaftswissenschaftlern in den sechziger und siebziger Jahren unter der Bezeichnung „Synergien" ausführlich behandelt worden[65]. Synergie – aus dem Griechischen „syn" = zusammen und „ergon" = wirken – bedeutet wörtlich Zusammenwirken[66]. Im vorliegenden Zusammenhang sind zu unterscheiden[67]:

- Management-Synergien
- Absatzwirtschaftliche Synergien

62 Vgl. Freese, G., Reitet für *Karstadt,* in: Die Zeit vom 9. Juli 1976: „Noch Mitte Juni hatten die Karstadt-Manager dem Hause Neckermann mitgeteilt, daß man an einer Beteiligung nicht interessiert sei. Erst auf Drängen der Großbanken, so ist in der Branche zu hören, ist dann doch das Engagement beim Frankfurter Versandhaus zustande gekommen."

63 Z.B. bei der Übernahme der *Hans Glas GmbH* durch *BMW.* Vgl. o.V., Aktionäre und Unternehmen, in: Industriekurier vom 25. Juli 1967: „‚Gerissen' hat sich BMW nicht um Glas. Wer die Vorgänge miterlebt hat, weiß, daß die Finanzleute bei BMW monatelang mit fahlen Gesichtern herumliefen und heimlich flehten, der Kelch möge an ihnen vorübergehen. Und als die Entscheidung gefallen war und sie der schönen BMW-Bilanz nachtrauerten, begannen sich auch in anderen Abteilungen des Hauses die Gesichter mit Grau zu belegen, während man in den Notizbüchlein des Dingolfinger Seniorchefs nachzublättern begann."

64 Beispiele dafür sind: die Beteiligung von *BMW* an der *Hans Glas GmbH* und von *MAN* an *Büssing.* Siehe dazu: o.V., Glas soll voll in die BMW-Organisation eingegliedert werden, in: FAZ vom 26. August 1967; o.V., Einigung über Büssing, in: FAZ vom 5. März 1971.

65 Vgl. u.a. Ansoff, H. I., Weston, J. F., Merger Objectives and Organisation Structure, in: Review of Economics and Business 1963, S. 49 ff.; Ansoff, H. I., Management-Strategie, München 1966, S. 97 ff.; Welge, M. K., Synergie, in: HWB, a.a.O., Sp. 3800 ff. mit weiteren Nachweisungen.

66 Vgl. Gemoll, W., Griechisch-deutsches Schul- und Handwörterbuch, a.a.O., S. 714.

67 Ansoff, H. I., (Management-Strategie, a.a.O., S. 100 f.) unterscheidet Verkaufs-Synergie, Produktions-Synergie, Investitions-Synergie und Management-Synergie.

- Produktionswirtschaftliche Synergien
- Finanzwirtschaftliche Synergien.

Zu beachten ist, daß Verbundeffekte wechselseitig in Betracht kommen, das heißt, nicht nur für das Sanierungsunternehmen, sondern auch für den Geschäftsbereich derjenigen, die sich an ihm beteiligen; ferner, daß es nicht nur positive, sondern auch negative Verbundwirkungen gibt[68].

Positive Synergien werden anschaulich als „2 + 2 = 5 – Effekte"[69] bezeichnet, womit zum Ausdruck gebracht werden soll, daß „die Gesamt-Leistungsfähigkeit größer ist als die Summe ihrer Teile"[70]. Der Effekt setzt voraus, daß sich die beiden Unternehmen wirkungsvoll ergänzen[71], indem die vorhandenen Potenzen jeder Seite der anderen mit zugute kommen (Komplementation) und/oder Potenzdefizite einer Seite durch die andere ausgeglichen werden (Kompensation)[72]. Solche Verbundeffekte sind vom Grade der Integration, und diese wiederum ist von der Beteiligungsquote abhängig[73].

Managementsynergien können sowohl in der schwierigen Anfangsphase der Reorganisation eines desorganisierten Betriebes wie in der (mittelfristigen) Phase der Realisierung des leistungswirtschaftlichen Konzepts sehr nützlich sein. Positive Management-Synergien sind vor allem dann zu erwarten, wenn die wirtschaftlichen Probleme der neuen Tochtergesellschaft mit den Problemen der Trägerunternehmung verwandt sind[74]. Externe Managementhilfe kann auch im besten Fall eine im Sanierungsunternehmen tätige Geschäftsführung nicht ersetzen. Wird das Management des Trägerunternehmens durch die Sanierung stark in Anspruch genommen, vielleicht durch Abstellung wichtiger Kräfte, so kann sich dies negativ für den Träger auswirken.

Positive *absatzwirtschaftliche* Synergien ergeben sich vor allem, wenn das Trägerunternehmen dem Sanierungsunternehmen interessante Produktentwicklungen, eine effiziente Werbung und/oder Vertriebsorganisation zur Verfügung stellt[75]. Negative Wirkungen ergeben sich für die Obergesellschaft, soweit diese Hilfe auf Kosten der eigenen Absatzwirtschaft geleistet wird. Für beide Seiten positiv ist es, wenn durch die Zusammenfassung eine gemeinsame stärkere Marktposition entsteht. Allerdings sind bei oligopolistischen Positionen die wettbewerbsrechtlichen Restriktionen zu berücksichtigen[76].

Positive *produktionswirtschaftliche* Synergien entstehen vor allem bei Spezialisierung beider Seiten auf die für sie besonders günstigen Fertigungen, durch

68 Vgl. Schierenbeck, H., Beteiligungsentscheidungen, a.a.O., S. 63.
69 Vgl. Ansoff, H. I., Management-Strategien, a.a.O., S. 97.
70 Ebenda.
71 Vgl. Eisenhofer, A., Beteiligungen. Der Erfolgsweg zu Wachstum und Diversifikation, Wiesbaden 1970, S. 17.
72 Vgl. auch Böckel, J. J., Diversifikation durch Unternehmungserwerb, a.a.O., S. 172.
73 Vgl. Schierenbeck, H., Beteiligungsentscheidungen, a.a.O., S. 64 f.
74 Vgl. Ansoff, H. I., Management-Strategien, a.a.O., S. 101.
75 Vgl. Böckel, J. J., Diversifikation durch Unternehmungserwerb, a.a.O., S. 184 ff.
76 Vgl. Ausführungen S. 49 ff.

Beseitigung von Engpässen und Leerkapazitäten und durch Austausch von Know-how[77].

Am schnellsten wirkt sich für das Sanierungsunternehmen die *finanzwirtschaftliche* Synergie aus[78]. Handelt es sich beim neuen Partner um ein finanzstarkes Unternehmen, so kann die eigene Kreditfähigkeit über Nacht wieder hergestellt sein mit der Wirkung, daß die Lähmungsfolgen der Illiquidität behoben sind[79]. Zu erwähnen ist in diesem Zusammenhang die empirische Studie von Kitching[80] in 1967 über Fusionen, bei der die befragten Manager der Finanz- vor der Absatz- und danach der Produktionssynergie die größte Bedeutung zusprachen. Welge[81] erklärt „dieses überraschende Ergebnis" damit, daß die Manager die Schnelligkeit der Realisierung dieser Synergieart im Auge hatten.

Die Finanzsynergie ist andererseits für das Trägerunternehmen besonders heikel, oftmals sogar negativ. So kann die „Risikoposition"[82] des Trägerunternehmens dadurch schlechter werden, daß es zur Ausstattung des Sanierungsunternehmens mit dem notwendigen Kapital selbst Fremdmittel aufnehmen oder Haftungen übernehmen muß[83]. Bemerkenswert ist, daß mit dem Bekanntwerden des Sanierungs-Engagements häufig die Aktienkurse des Trägerunternehmens fallen, während – selbstverständlich – diejenigen des Sanierungsunternehmens eher steigen, es sei denn, daß gleichzeitig ungünstige Sanierungsbedingungen veröffentlicht werden. So hat die erste Börsenreaktion nach dem Zusammengehen von Karstadt und Neckermann im Jahre 1976 manchen Beobachter überrascht: Die Karstadt-Aktien gerieten unter Druck, während Neckermann leichte Kurssteigerungen verbuchen konnte[84].

Synergien sind zweifellos für die Sanierung von größter Bedeutung. Dennoch zeigt die Erfahrung vieler Sanierungsfälle, daß die Verbundwirkungen häufig überschätzt worden sind[85]. Im Extremfall ist schließlich auch das Trägerunternehmen zusammengebrochen[86]. Manchmal liegt die Vermutung nahe, daß po-

---

77 Vgl. weiterhin Böckel, J. J., Diversifikation durch Unternehmungserwerb, a.a.O., S. 179 ff.

78 Vgl. Welge, M. K., Synergie, a.a.O., Sp. 3806.

79 Zu den Bestimmungsfaktoren der Kreditfähigkeit eines Unternehmensverbundes vgl. Mattes, H., Finanzierungsvorgänge im Konzern, Stuttgart 1966, S. 79 ff.

80 Vgl. Kitching, J., Why Do Mergers Miscarry?, A.a.O.

81 Welge, M. K., Synergie, a.a.O., Sp. 3806.

82 Zum Begriff der „Risikoposition" bzw. „Risikoklasse" vgl. Modigliani, F., Miller, M. H., The Cost of Capital, Corporation Finance, and the Theory of Investment, in: The American Economic Review 1958, S. 261 ff.

83 Vgl. dazu auch: Ford, P. J., Shaw, C. E., Acquisition Analysis: Consider Your Shareholders, in: Financial Executive 1968, S. 42 ff. (50 f.).

84 Vgl. o.V., Nach der Kaufhaus-Hochzeit, in: FZ – Blick durch die Wirtschaft vom 2. Juli 1976.

85 Vgl. auch Schierenbeck, H., Beteiligungsentscheidungen, a.a.O., S. 63; Weber, B., Die Übernahme von Unternehmungen, a.a.O., S. 94 ff.

86 Ein Beispiel dafür ist der Zusammenbruch der *Fa. Karl Stolle*, Lünen, der durch das Engagement bei der in Konkurs gegangenen *Fa. Maybaum*, Sundern, wesentlich mit verursacht worden ist. Vgl. o.V., Antennen-Stolle beantragt den Konkurs, in: FAZ vom 22. Februar 1980.

sitive Verbundeffekte nur als Argument benutzt werden, um Interessenten für eine Sanierungsbeteiligung zu gewinnen, Aktionäre nachträglich zu überzeugen und auch vor der Öffentlichkeit das Engagement zu rechtfertigen. Lenel[87] stellt fest: „Häufig werden nicht nur die wahren Ursachen verschwiegen, sondern auch andere vorgegeben, die entweder gar nicht oder weniger bedeutsam sind."

Im Geschäftsbericht 1976 der *Neckermann Versand-KGaA*[88] heißt es: „Die Erkenntnis, den inzwischen verlustbehafteten Warenhaus-Vertriebsweg nicht aus eigener Kraft reorganisieren und ertragreich gestalten zu können, veranlaßte persönlich haftende Gesellschafter und Aufsichtsrat, eine Verbindung mit einem starken Handels-Unternehmen zu suchen.

Es mußte sowohl in der Lage sein, dieses Problem zu lösen, als auch bereit sein, die nachweislich vorhandenen Stärken des Neckermann-Konzerns weiter auszubauen. Nach Ansicht der persönlich haftenden Gesellschafter und des Aufsichtsrates war die Karstadt AG das am besten geeignete Unternehmen, diese unternehmerische Aufgabe zu lösen, zumal die Neckermann-Gruppe die derzeitigen Aktivitäten der Karstadt AG sinnvoll abrundet und ergänzt."

Die Folgejahre, insbesondere der zweite Kapitalschnitt im Jahre 1981, haben die Problematik dieser Ausführungen gezeigt[89].

4.3 Wettbewerbsrechtliche Beschränkungen

Rechtliche Grenzen für Sanierungsengagements können sich aus dem Gesetz gegen Wettbewerbsbeschränkungen ergeben[90]. Es schreibt eine *Fusionskontrolle* durch das Kartellamt vor[91], die auch für den Fall einer Sanierungsbeteiligung gilt. Sie entfällt nach § 24 Abs. 8 GWB nur,

„1. wenn die beteiligten Unternehmen insgesamt im letzten abgeschlossenen Geschäftsjahr Umsatzerlöse von weniger als 500 Millionen Deutscher Mark hatten oder

2. wenn sich ein Unternehmen, das nicht abhängig ist und im letzten abgeschlossenen Geschäftsjahr Umsatzerlöse von nicht mehr als 50 Millionen Deutscher Mark hatte, einem anderen Unternehmen anschließt, es sei denn, das eine Unternehmen hatte Umsatzerlöse von mindestens vier Millionen Deutscher Mark und das andere Unternehmen Umsatzerlöse von mindestens einer Milliarde Deutscher Mark, oder

87 Lenel, H. O., Ursachen der Konzentration . . ., a.a.O., S. 43.

88 Bericht über das Geschäftsjahr 1976 der Neckermann Versand KGaA, Frankfurt a.M., S. 13.

89 Vgl. o.V., Sanierung kommt in die zweite Phase, in: Handelsblatt vom 9. Januar 1981; o.V., Das „übernehmerische Risiko" läßt sich nicht vermeiden, in: FAZ vom 17. Juli 1981.

90 Vgl. dazu: Rinck, G., Wirtschaftsrecht, 5. Auflage, Köln-Berlin-Bonn-München 1977, S. 287 ff.

91 Vgl. §§ 22–24 b GWB. Siehe auch Lutter, T., Timm, W., Sanierungsfusion und Heilung verbotswidrig vollzogener Zusammenschlüsse, in: BB 1976, S. 1617 ff.

3. soweit ein Markt betroffen ist, auf dem seit mindestens fünf Jahren Waren oder gewerbliche Leistungen angeboten werden und auf dem im letzten Kalenderjahr weniger als zehn Millionen Deutscher Mark umgesetzt wurden."

Die Kartellbehörde hat grundsätzlich jeden Zusammenschluß, durch den eine „marktbeherrschende Stellung"[92] begründet oder verstärkt wird[93], zu untersagen, es sei denn, die beteiligten Unternehmen können darlegen, „daß durch den Zusammenschluß auch Verbesserungen der Wettbewerbsbedingungen eintreten und daß diese Verbesserungen die Nachteile der Marktbeherrschung überwiegen."[94]

Als Zusammenschluß[95] gilt neben der direkten und indirekten Beteiligung von mehr als 25 Prozent an einem anderen Unternehmen auch der Erwerb des Vermögens eines anderen Unternehmens „ganz oder zu einem wesentlichen Teil"[96].

Versagt das Bundeskartellamt den Zusammenschluß, so können die Beteiligten die Entscheidung durch Klage beim Kammergericht anfechten[97] und/oder die Erlaubnis des Bundesministers beantragen[98], für dessen Entscheidung auch „gesamtwirtschaftliche Vorteile" und „ein überragendes Interesse" Kriterien sind (§ 24 Abs. 3 Satz 1 GWB).

Für die Entscheidung des Kartellamtes sind dagegen ausschließlich Wettbewerbskriterien maßgeblich. „Sanierungsfusionen mit Marktbeherrschungseffekt können ... nur dann ausnahmsweise an einer Untersagung vorbeikommen, wenn sich entweder zeigen läßt, daß auf dem relevanten Markt der andernfalls eintretende Konkursfall eine gleichgroße oder noch größere Marktbeherrschungswirkung hätte, oder eine Verbesserung der Wettbewerbsbedingungen auf anderen Märkten nachgewiesen werden kann."[99] Für eine weitergehende Berücksichtigung von Sanierungsinteressen der Unternehmensinhaber, Gläubiger, Arbeitnehmer und Kommunen läßt, wie Markert[100] feststellt, die

---

92 § 22 Abs. 1 Nr. 2 GWB nennt fünf Kriterien zur Abgrenzung einer marktbeherrschenden Stellung: Marktanteil, Finanzkraft, Zugang zu den Beschaffungs- und Absatzmärkten, Verflechtungen mit anderen Unternehmen sowie rechtliche und tatsächliche Schranken für den Markteintritt anderer Unternehmen. Vgl. dazu: Willeke, F.-U., Marktbeherrschung und Mißbrauch von Marktmacht, in: WuW 1975, S. 533 ff.; Sieben, G., Goetzke, W., Matschke, M., Der Begriff „Finanzkraft" nach § 22 GWB aus betriebswirtschaftlicher Sicht, in: DB 1978, S. 2229 ff.; Sieben, G., Goetzke, W., Umsatzrendite als Marktmachtindikator? In: DB 1980, S. 841 ff.

93 Vgl. dazu auch § 23 a GWB.

94 § 24 Abs. 1 GWB.

95 Vgl. § 23 Abs. 2 GWB. Würdinger, H., Arten und Formen der Unternehmenszusammenschlüsse i.S. der neuen §§ 23 bis 24 GWB, in: WuW 1973, S. 731 ff.

96 § 23 Abs. 2 Nr. I GWB. Vgl. auch Kroitsch, H., Der Erwerb eines wesentlichen Vermögensteils im Sinne des § 23 Abs. 2 Nr. 1 GWB, in: WuW 1977, S. 235 ff.

97 Vgl. §§ 62 ff. GWB.

98 Vgl. § 24 Abs. 3–5 GWB.

99 Markert, K., „Auch bei der Sanierungsfusion entscheidet die Wettbewerbsprüfung", in: FZ – Blick durch die Wirtschaft vom 5. 5. 1977.

100 Ebenda.

Vorschrift des § 24 Abs. 1 GWB keinen Raum. So ließ denn auch im Sanierungsfusionsfall *Thyssen*[101]*/Hüller* die Kartellbehörde das vorgetragene Arbeitsplatzargument nicht gelten: „Die Vorwegnahme der dem Bundesminister für Wirtschaft vorbehaltenen Gemeinwohlerwägungen wäre mit der klaren Zuständigkeitsverteilung des Gesetzes unvereinbar."[102]

Der Bundesminister für Wirtschaft erteilte in dem angesprochenen Sanierungsfall schließlich doch die beantragte Erlaubnis, wobei für seine Entscheidung folgende Gesichtspunkte wesentlich waren[103]:

a) Das Beschäftigungsargument wurde als Gemeinwohlgrund mit folgender Einschränkung anerkannt: „Allerdings kann die im Rahmen des § 24 Abs. 3 GWB entscheidende gesamtwirtschaftliche Betrachtungsweise nicht die Erhaltung von Arbeitsplätzen bei einzelnen Unternehmen zur isolierten Zielvorstellung erheben. . . . Die kurzfristige Erhaltung von Arbeitsplätzen darf insbesondere nicht zu einer Gefährdung der Wettbewerbsfähigkeit der deutschen Volkswirtschaft führen."[104]

b) Weiterhin war die Erhaltung des technologischen Potentials von Bedeutung: „Die Eigenart der Produktion von Sondermaschinen, die häufig als Sonderanfertigungen hergestellt werden, liegt in der Notwendigkeit einer intensiven Koordination unter hochspezialisierten Fachkräften. Diese Teams wären im Konkursfalle wahrscheinlich zerschlagen worden. Das hätte zu einer Vernichtung der dort entstandenen Kenntnisse und Erfahrungen geführt, auch wenn für die meisten der in den Gruppen tätigen Facharbeiter wahrscheinlich relativ schnell andere Arbeitsplätze zu finden gewesen wären."[105]

c) Für die Begrenzung der Beteiligungsquote wurden folgende Erwägungen angestellt: Es bleibt „der Umstand zu berücksichtigen, daß für die Sanierung der Karl Hüller GmbH, jetzt Hüller Hille, wohl eine bloße Finanzbeteiligung von Thyssen nicht genügte, sondern der Einsatz unternehmerischen Engagements erforderlich war und ist. Hierfür erscheint eine Minderheitsbeteiligung der Thyssen Industrie von nicht mehr als 45% ausreichend, aber auch notwendig. . . . Angesichts der Sanierungsaufwendungen, die Thyssen bereits getätigt hat und die für einige Zeit noch notwendig sein werden, sollte dieser Punkt so nahe wie möglich an der 50%-Grenze liegen, jedoch wiederum weit genug entfernt, daß sich Umgehungsmöglichkeiten nicht eröffnen."[106]

101 Ehemals *Rheinstahl AG.*

102 Beschluß des Bundeskartellamtes vom 17. Dezember 1976 – B 7 – 321100 – U – 36/76, in: WuW 1977, S. 355 ff. (364). Bestätigt durch Beschluß des Kammergerichts vom 7. Februar 1978 – Kart. 2/77, in: WuW 1978, S. 391 ff.

103 Verfügung des Bundesministers für Wirtschaft vom 1. August 1977 – I B 6 – 220840/20, in: WuW 1977, S. 663 ff.

104 Ebenda, S. 666.

105 Ebenda, S. 666 f.

106 Ebenda, S. 667.

Große Probleme bereitete der Kartellbehörde offensichtlich die Sanierungsfusion *Karstadt/Neckermann*[107]. Das Kartellamt hatte bereits die Untersagung am 11. November 1976 angekündigt[108], revidierte jedoch seinen Beschluß, nachdem ihm mitgeteilt worden war, daß der Zusammenbruch des Versandunternehmens drohe[109]. Es machte nunmehr u.a. zur Bedingung, daß die Banken sich mit erheblichen Forderungsnachlässen an der Sanierung beteiligen, und daß Karstadt seine Beteiligung an der Touristik Union International (TUI) sofort abgibt. „Diese Entscheidung und ihre Bekanntgabe vor Ablauf der gesetzlichen Entscheidungsfrist sind erforderlich, weil im Hinblick auf die Entwicklung der letzten Tage ohne die sofortige Realisierung des Zusammenschlusses mit dem Ausscheiden der Neckermann Versand KGaA aus dem Markt und dadurch mit einer erheblichen Verschlechterung der Wettbewerbsbedingungen im Versandhandels- und Touristik-Bereich zu rechnen ist. . . . In diesem Stadium erschien aber eine Sanierung nur noch unter Beteiligung der Karstadt AG möglich, zumal Führungskräfte dieses Unternehmens schon seit längerem in der Neckermann Versand KGaA tätig sind. Karstadt lehnte aber alle Alternativlösungen ab, die nicht sofort zu einer Mehrheitsbeteiligung an der Neckermann Versand KGaA führen."[110]

Das Bundeskartellamt hat für die Prüfung des Zusammenschlußvorhabens eine Frist von vier Monaten seit Eingang der Anmeldung[111]. Falls im konkreten Fall die Entscheidung des Kartellamtes nicht voraussehbar ist, tritt während dieser Zeit ein Schwebezustand ein, der das Sanierungsobjekt gefährden kann. In besonders eilbedürftigen Fällen führt die Kartellbehörde jedoch ein abgekürztes Verfahren durch, das gelegentlich nach einem Monat oder gar zwei Wochen abgeschlossen worden ist[112].

5. Öffentliche Institutionen

Als Steuergläubiger waren Bund, Länder und Kommunen seit jeher am Wohl und Wehe der Unternehmen interessiert und unter Umständen – gestützt auf die Reichsabgabenordnung (RAO) bzw. Abgabenordnung (AO) – bereit, Sanierungen durch Erlasse und Stundungen zu fördern. Mit der strukturellen Verschlechterung der Wirtschafts- und Beschäftigungssituation sind die Gebietskörperschaften unter Einsatz der genannten Institutionen immer mehr dazu übergegangen, selbst Initiativen für die Sanierung von Unternehmen zu entfalten und sich mit öffentlichen Hilfen an der Sanierung zu beteiligen. Manchmal

107 Vgl. o.V., Kartellamt beendet Neckermann-Krise, in: Handelsblatt vom 22. November 1976.

108 Vgl. Bericht über das Geschäftsjahr 1976 der Neckermann Versand KGaA, a.a.O., S. 13.

109 Vgl. Jeske, J. J., Das Pokerspiel um Neckermann, in: FAZ vom 29. November 1976.

110 Bundeskartellamt Presseerklärung vom 20. 11. 1976, in: DB 1976, S. 2342.

111 Vgl. § 24 a Abs. 2 GWB.

112 Vgl. Markert, K., „Auch bei der Sanierungsfusion entscheidet die Wettbewerbsprüfung", in: FZ-Blick durch die Wirtschaft vom 5. Mai 1977.

haben sie sogar die Initiative bei der Gewinnung neuer Gesellschafter übernommen[113]. Die Förderung von Sanierungen durch Entlastung von Steuern und Sanierungsausgaben wird an anderer Stelle behandelt[114].

IV. Kapitel

Fortführungsgesellschaften als Zweckgesellschaften der Sanierung

1. Die Grundtypen der Fortführungsgesellschaft

Es gibt verschiedene gesellschaftsrechtliche Konstruktionen, mit denen sich Interessenten an der Sanierung beteiligen können. Die Wahl des im konkreten Falle geeigneten Grundtyps und dessen Ausgestaltung gehört zu den wichtigsten und schwierigsten Sanierungsentscheidungen, da eine Fülle von wirtschaftlichen sowie gesellschafts-, insolvenz- und steuerrechtlichen Problemen zu berücksichtigen ist und darüber bisher kaum systematische Literatur vorhanden ist. Es erscheint angebracht, an dieser Stelle zunächst einen Überblick zu geben und ihn im zweiten Teil dieser Schrift durch eine ausführliche Darstellung der Gestaltungsprobleme zu ergänzen.

Wissenschaft, Presse und Praxis verwenden verschiedene Bezeichnungen für Gesellschaften, an denen sich Dritte beteiligen, um eine notleidende Unternehmung oder wenigstens ihren Betrieb zu retten[1]. Von „*Sanierungsgesellschaft*" spricht man im allgemeinen, wenn dem Unternehmen von neuen Gesellschaftern Eigenkapital zugeführt wird, um die Insolvenzgefahr abzuwenden[2]; der Ausdruck wird jedoch auch gebraucht, wenn ein neues Unternehmen gegründet wird, das wichtige Aktiva, insbesondere Betriebe oder wesentliche Betriebsteile, übernehmen soll. Presse, Literatur und Rechtsprechung verwenden für diesen Fall ebenfalls die Bezeichnung „*Auffanggesellschaft*", obwohl man im einschlägigen Schrifttum überwiegend darunter eine Gesellschaft versteht, die von Gläubigern gegründet wird, um den Betrieb der insolventen Unternehmung pachtweise oder treuhänderisch weiterzuführen und dadurch die

113 Vgl. Materne, G., ... aber der Freistaat läßt sie nicht verkommen, in: FAZ vom 14. April 1978.

114 Vgl. Ausführungen S. 302 ff.

1 Uhlenbruck beklagt, daß weder „Praxis noch Rechtsprechung ... bislang die Begriffe Auffanggesellschaft, Sanierungsgesellschaft oder Gläubigergesellschaft in den Griff bekommen" haben (Uhlenbruck, W., Die GmbH & Co. KG..., a.a.O., S. 342).

2 In diesem Sinne etwa Uhlenbruck, W., Die GmbH & Co. KG..., a.a.O. S. 342; Schreiber, H., Sanierung – Sanierungsgewinn, Besserungsverpflichtungen und -leistungen im Steuerrecht-, Düsseldorf 1958, S. 87 f. Nach Samolewitz, L. (Die Gründung der Sanierungsgesellschaft als Vergleich zur Abwendung des Konkurses, in: Recht und Handel 1927, Sp. 623 ff. (623)) erfolgt die Fortführung des Krisenunternehmens vielfach mit Hilfe und unter Beteiligung der Gläubiger.

Abwicklung eines Vergleichs zu ermöglichen[3]. Ferner findet sich der Ausdruck „*Gläubigergesellschaft*"[4], wenn Gläubiger die Rettung des Krisenunternehmens betreiben. Weiterhin wird von „*Nachfolgegesellschaft*" gesprochen, wenn die Geschäfte, vor allem der Betrieb, von einer neuen Gesellschaft übernommen werden.

Es wird hier vorgeschlagen, für die Begriffsbildung die drei wichtigsten gesellschaftsrechtlichen Typen der Sanierung zu unterscheiden, dafür spezielle Bezeichnungen zu wählen und sie im Interesse eines einheitlichen Sprachgebrauchs systematisch anzuwenden. In diesem Sinne werden in dieser Arbeit folgende etymologisch begründete Bezeichnungen verwendet:

„*Fortführungsgesellschaft*" *ist der Oberbegriff* für alle Gesellschaften, deren Zweck es ist, den Betrieb notleidender, vor allem insolventer Unternehmungen zu retten und fortzuführen. Die Fortführungsgesellschaft setzt voraus, daß der Betrieb als sanierungsfähig und sanierungswürdig angesehen wird. Der Begriff Fortführungsgesellschaft ist bisher in der einschlägigen Literatur – soweit ersichtlich – noch nicht verwendet worden.

Die „*Sanierungsgesellschaft*" ist eine Fortführungsgesellschaft, die die Sanierung des Krisenunternehmens durch *zusätzliche* Kapitalbeteiligung und damit auch die Rettung seines Betriebes bezweckt. Es muß um die Sanierung des Krisenunternehmens selbst gehen. Daher liegt eine Sanierungsgesellschaft nicht vor, wenn ein Unternehmer zur persönlichen Sanierung – etwa zur Ablösung von Bankschulden – Anteile an seinem (gesunden) Unternehmen an Dritte veräußert[5].

Die Fortführung durch eine Sanierungsgesellschaft bietet sich zunächst an, vor allem, wenn für die Inhaber/Gesellschafter des Krisenunternehmens noch Chancen bestehen, das Unternehmen selbst zu erhalten und wenigstens einen Teil ihres Kapitals, ihrer Geschäftsführungsbefugnisse und ihres Prestiges zu retten.

3 So u.a. Wiethege, F. W., Die Auffanggesellschaft, Diss. Köln 1958, S. 7 ff.; Potthoff, E., Sanierung, a.a.O., Sp. 1566; Beckmann, L., Pausenberger, E. (Gründungen, Umwandlungen, Fusionen, Sanierungen, a.a.O., S. 101) sprechen in diesem Zusammenhang aber auch von „Sanierungsgesellschaft". Ebenso: Flume, W., Ist die Sanierungsgesellschaft körperschaftsteuerpflichtig?, in: StuW 1936, Sp. 1181 ff. Schreiber, H., Sanierung..., a.a.O., S. 80, spricht von Sanierungs-Pachtgesellschaft.

4 Den Begriff „Gläubigergesellschaft" gebraucht z.B. Feine bei Ehrenberg, Handbuch des ges. Handelsrechts, Leipzig 1929, Bd. 3, Abt. III, S. 109.

5 Keine Sanierungsgesellschaft lag demnach in folgenden Fällen vor: die Beteiligung des britischen Konzerns *Lonrho* an der *Kühne und Nagel-Gruppe.* In diesem Falle mußte Klaus-Michael Kühne auf Veranlassung der Banken zur Abdeckung privater Schulden 50 % seiner Beteiligung veräußern (vgl. o.V., Frist bis Ende Juni, in: Handelsblatt vom 10. Juni 1981 und o.V., Der neue Partner von Kühne & Nagel heißt Lonrho, in: FAZ vom 24. Juni 1981). Auch im Falle der Beteiligung der „*Zürich*"-*Versicherung* an dem *Gerling*-Versicherungskonzern wird man wohl nicht von einer Sanierungsgesellschaft sprechen können. Zweifel bestehen jedoch insofern, als für den Außenstehenden nicht abzuschätzen gewesen ist, inwieweit die Bonität der Gerling-Versicherungsgruppe infolge des *Herstatt*-Zusammenbruchs Schaden genommen hat.

Die „*Betriebsübernahmegesellschaft*" – eine ebenfalls noch nicht gebräuchliche Bezeichnung[6] – ist eine Fortführungsgesellschaft, deren Ziel die Rettung des Betriebes eines Krisenunternehmens ist, wobei der Betrieb von einem neuen (anderen) Unternehmen erworben wird (übertragende Sanierung)[7].

Die Betriebsübernahmegesellschaft wird von neuen Kapitalgebern vor allem gewählt, wenn sie die Verbindlichkeiten und Risiken des Krisenunternehmens nicht insgesamt übernehmen wollen, sondern einen neuen Rechtsträger für die Realisierung des Sanierungskonzepts vorziehen.

Die „*Auffanggesellschaft*" ist ein Zwischentyp von Sanierungs- und Betriebsübernahmegesellschaft. Dazu gehören Fortführungsgesellschaften, deren Zweck letzthin auf die Sanierung des Krisenunternehmens gerichtet ist *(Sanierungs-Auffanggesellschaft)*, so daß mit dessen finanzieller Sanierung die „Auffanggesellschaft" hinfällig wird[8]. Andererseits gibt es Auffanggesellschaften, deren Gesellschafter die Übernahme des sanierungsfähigen Betriebes bezwekken *(Übernahme-Auffanggesellschaft)*, so daß die Auffanggesellschaft nach späterem Erwerb des Betriebes den Charakter einer Betriebsübernahmegesellschaft gewinnt.

Man kann sich der Auffanggesellschaft auch dann bedienen, wenn die Träger der Sanierung zunächst in Ruhe prüfen wollen, ob sie die Sanierung besser durch eine Sanierungsgesellschaft oder eine Betriebsübernahmegesellschaft durchführen wollen. Dazu werden sie sich eine Doppeloption auf Beitritt als Gesellschafter des Krisenunternehmens wie auf Erwerb des Betriebes ausbedingen. Dieser Typ der Auffanggesellschaft wird im folgenden als *Auffanggesellschaft mit Zweifachoption* bezeichnet. Sie kommt auch in Betracht, wenn der Träger der Sanierung noch nicht feststeht, aber die an der Sanierung Interessierten (Banken, Gläubiger, öffentliche Hände) den Untergang des Betriebes verhindern und Zeit gewinnen wollen, bis man mit neuen Gesellschaftern des Krisenunternehmens oder Käufern des Betriebs einig ist.

Die Auffanggesellschaft könnte geeignet sein, in einer besonders unübersichtlichen und unsicheren Situation das Risiko der an ihr beteiligten neuen Gesellschafter zu mindern. Dieses Ziel wird allerdings durch § 613 a BGB erschwert, nach dem die Auffanggesellschaft in die Pflichten aus den Arbeitsverhältnissen

---

6 Kramer spricht in seiner Dissertation beiläufig von „Übernahmegesellschaft". Kramer, U., Das anglo-amerikanische Sonderverfahren zur Reorganisation von Kapitalgesellschaften nach Abschnitt X des Bankruptcy Acts, Köln-Berlin-Bonn-München 1977, S. 120.

7 Uhlenbruck bezeichnet diesen Typ als „unechte" Auffanggesellschaft. Vgl. Uhlenbruck, W., Typische Symptome in den durch Strukturwandel gefährdeten Betrieben – Versuch einer Insolvenzanalyse, in: DBW 1977, S. 311 ff. (320).

8 In diesem Sinne definiert die herrschende Meinung die Auffanggesellschaft (vgl. Spengler, A., Die Auffanggesellschaft, in: KTS 1955, S. 25 ff.; Uhlenbruck, W., Die GmbH & Co. KG..., a.a.O., S. 342; derselbe, Abschreibungsgesellschaften – Anlegerprobleme bei Sanierung – Konkurs – Vergleich, Düsseldorf 1974, S. 84 ff. mit weiteren Literaturnachweisen). Für praktische Problemstellungen erweist sich diese Begriffsbildung jedoch als zu eng.

eintritt, wenn sie den Betrieb des Krisenunternehmens im eigenen Namen fortführt. Es liegt nahe, der öffentlichen Hand ein für Privatrechtssubjekte nicht tragbares Risiko aus Sozialverpflichtungen zuzuschieben, so wie es in der Praxis bereits in Einzelfällen vorkommt.

Einen Überblick über die verschiedenen Typen der Fortführungsgesellschaft gibt das folgende Schema:

Abb. 5: Die Typen der Fortführungsgesellschaft

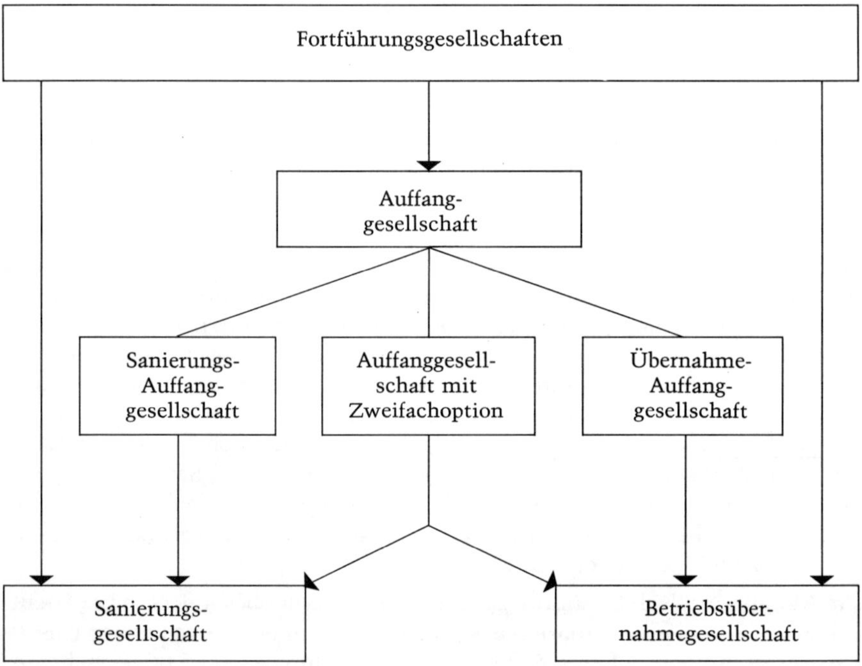

2. Sanierungszweck als Bestimmungsmerkmal

Anders als OHG, Kommanditgesellschaft, GmbH, Aktiengesellschaft verkörpern die Typen der Fortführungsgesellschaft – die Sanierungsgesellschaft, die Betriebsübernahmegesellschaft und die Auffanggesellschaft – keine gesellschaftsrechtlich kodifizierten Rechtsformen für Personenverbände. Diese Bezeichnungen finden sich daher auch nicht in der Firma der Gesellschaften. Sanierungs-, Betriebsübernahme- und Auffanggesellschaft kommen sowohl in Rechtsformen der Personengesellschaft als auch der Kapitalgesellschaft vor.

Fortführungsgesellschaften werden nach ihrem Zweck definiert. Sie unterscheiden sich dadurch von anderen Gesellschaften, daß ihre Entstehung durch die Notlage eines Unternehmens veranlaßt ist und die sich in einer solchen Gesellschaft zusammenschließenden Gesellschafter (Unternehmer) die Rettung des Krisenunternehmens und/oder dessen Betriebes bezwecken. Dementsprechend ist die Sanierung die eigentliche Aufgabe der Fortführungsgesellschaften. Dieser Zweck der Gesellschaftsbildung braucht Dritten nicht einmal bekannt zu werden.

Gemeinsam ist den drei Typen der Fortführungsgesellschaft, daß ihre Gründung noch im Insolvenzverfahren möglich ist. Jedoch werden Sanierungsgesellschaften im allgemeinen vor dessen Einleitung, Betriebsübernahme- und Auffanggesellschaften häufig auch danach gegründet[9].

Es kommt vor, daß voneinander unabhängige Fortführungsgesellschaften einzelne Betriebe des Krisenunternehmens weiterführen. Zum Beispiel kann neben eine Sanierungsgesellschaft noch eine Betriebsübernahmegesellschaft treten. Häufiger ist jedoch der Fall, daß die Betriebe einer insolventen Unternehmung von mehreren rechtlich unabhängigen Betriebsübernahmegesellschaften erworben werden[10].

In besonders schwierigen oder falsch angelegten Sanierungsfällen ist das Phänomen der „Fortführungskette" zu beobachten. Wenn einer Fortführungsgesellschaft die Sanierung nicht gelingt, versucht man eine andere Lösung mit neuen Kapitalgebern. Dies kann zum Beispiel dazu führen, daß eine Sanierungsgesellschaft von einer Betriebsübernahmegesellschaft abgelöst wird.

Mit zunehmender Konsolidierung treten mehr und mehr die spezifischen Probleme der Fortführungsgesellschaften zurück. Mit der Normalisierung schwindet zugleich die Vorstellung, daß es sich um eine Sanierungs-, Auffang- oder Betriebsübernahmegesellschaft handelt. Ist mit der Sanierung der Zweck erreicht, verliert die Fortführungsgesellschaft ihren Charakter. Dies tritt bei denjenigen Gesellschaften nach außen in Erscheinung, bei denen die neuen Gesellschafter nur ein vorübergehendes Engagement bis zur Konsolidierung eingehen und, nachdem dieses Ziel erreicht ist, ihre Gesellschaftsrechte wieder aufgeben. Vielfach jedoch betrachten neue Gesellschafter ihre Beteiligung als

9 Uhlenbruck macht darauf aufmerksam, daß in der Praxis Fälle vorkommen, in denen Fortführungsgesellschaften zur persönlichen Bereicherung einzelner Gruppen zu Lasten der Altgesellschafter und/oder Gläubiger mißbraucht werden. Vgl. Uhlenbruck, W., Zur Krise des Insolvenzrechts, a.a.O., S. 898; derselbe, Abschreibungsgesellschaften, a.a.O., S. 90: „Jedoch wird hier darauf zu achten sein, daß die angeblich so ‚tüchtigen' Mitarbeiter nicht vorsätzlich die Ursache für den Eintritt der Insolvenz gesetzt haben, um den alten Inhaber ‚herausboxen' und das Unternehmen mit dem neuen Kapitalgeber zusammen weiterzuführen. Der vielfach zu beobachtende Mißbrauch ist es, der die Auffanggesellschaft als Instrument der betrieblichen Sanierung so suspekt gemacht hat."

10 So wurde im Konkurs der *Landmaschinenfabrik Schmotzer GmbH*, Bad Windsheim, die Eisengießerei von der „*Gießerei Heunisch GmbH*" und die Landmaschinenfabrik von der „*Schmotzer Agrartechnik GmbH*" übernommen. Vgl. o.V., Schmotzer übernimmt Schmotzer, in: FAZ vom 14. Juli 1981 und o.V., Schmotzer wird teilweise weitergeführt, in: FAZ vom 25. November 1980.

ein Engagement von Dauer. In solchen Fällen gibt es im allgemeinen keine gesellschaftsrechtlichen Änderungen, die nach außen sichtbar auf das Ende des speziellen Gesellschaftszwecks hinweisen.

3. Fortführungsgesellschaften in der Sanierungspraxis

3.1 Beispiele von Sanierungsgesellschaften

a) Viele Sanierungsgesellschaften entstehen, ohne daß die Öffentlichkeit den eigentlichen Grund für den Eintítt neuer Gesellschafter in das Krisenunternehmen jemals erfährt. Dies trifft vor allem auf kleinere und mittlere Unternehmen, die notleidend geworden sind, zu.

Größere Sanierungsgesellschaften finden indes im allgemeinen das Interesse der Wirtschaftspresse. Ein Beispiel hierfür ist die Rettung der ehemals zum *Glöggler*-Konzern gehörenden *Val. Mehler AG,* Fulda, durch die Bank für Gemeinwirtschaft und die Hessische Landesbank, wobei das Land Hessen mit erheblichen Subventionen geholfen hat[11].

b) Im Zuge einer Sanierung beteiligte sich 1978 die *Koenig & Bauer AG,* Würzburg, an der *Albert Frankenthal AG,* Frankenthal[12]. Dabei trennte sich das Land Rheinland-Pfalz von 42,96 Prozent des Grundkapitals, um den Erlös aus dem Aktienverkauf in Höhe von 8,5 Millionen DM der Albert Frankenthal AG zur Abdeckung von Währungsverlusten wieder zur Verfügung zu stellen: zur Hälfte als Darlehen und zur anderen Hälfte als Zuschuß.

Im Bereich der Großunternehmen machten die Sanierungsgesellschaften zur Rettung der *Neckermann KGaA* und des *AEG-Telefunken*-Konzerns Schlagzeilen:

c) Zur Überwindung der Neckermann-Krise im Jahre 1976 drängten die Hausbanken des notleidenden Versandhauses den Vorstand der *Karstadt AG* zu einer Sanierungsbeteiligung[13]. Dabei dürften sich Beteiligungs- und Aufsichtsrat-Engagements der Banken ausgewirkt haben[14]. Die Banken mußten allerdings auf Betreiben des Kartellamtes die Sanierungsaktion des Versandhaus-Konkurrenten mehr als ursprünglich geplant mit erheblichen Zugeständnissen unterstützen[15]. Das von den Beteiligten ausgehandelte Sanierungskonzept,

---

11 Vgl. o.V., Die Rettung von *Mehler* kostet mehr als erwartet, in: FAZ vom 20. Juni 1977.

12 Vgl. o.V., Zusammengehen brächte Vorteile für beide Firmen, in: Handelsblatt vom 6. November 1978; o.V., Eine Schachtel für *Koenig & Bauer,* in: FAZ vom 15. Dezember 1978; o.V., Das Land Rheinland-Pfalz deckte Währungsverluste, in: Handelsblatt vom 29. Mai 1979.

13 Vgl. Jeske, J.J., Das Pokerspiel um *Neckermann,* in: FAZ vom 29. November 1976.

14 Vgl. hierzu: o.V., Bei *Neckermann* mußten alle Abstriche machen, in: Handelsblatt vom 30. November 1976.

15 Vgl. o.V., Das Kartellamt mahnt die *Neckermann*-Hausbanken, in: FAZ vom 18. November 1976; o.V., Kartellamt beendet *Neckermann*-Krise, in: Handelsblatt vom 22. November 1976.

dem auch das Kartellamt schließlich seine Zustimmung erteilte, wurde in folgendem Wortlaut bekannt gegeben[16]:

„Die Verhandlungen zwischen den Herren Neckermann, den Banken, der Neckermann Versand KGaA und der Karstadt AG sind abgeschlossen. Alle Beteiligten werden erhebliche Beiträge leisten, um die entstandenen und voraussehbaren Verluste auszugleichen. …
Die Banken verzichten auf einen wesentlichen Teil ihrer Forderungen und stehen dem Unternehmen mit den bisherigen Kreditlinien weiter zur Verfügung. Den Aktionären wird eine Kapitalherabsetzung mit anschließender Wiedererhöhung vorgeschlagen: Vorgesehen ist, den Anteilbesitz der persönlich haftenden Gesellschafter im Verhältnis 7 zu 1 und die Aktien der übrigen Aktionäre im Verhältnis 3 zu 1 zusammenzulegen. Anschließend soll das Aktienkapital im Verhältnis 1 zu 3 zu einem Ausgabekurs von voraussichtlich 165 Prozent aufgestockt werden. Soweit junge Aktien nicht bezogen werden, treten die Hausbanken ein. Die Kommanditgesellschaft auf Aktien soll in eine Aktiengesellschaft umgewandelt werden. Dabei scheiden die persönlich haftenden Gesellschafter aus der Gesellschaft aus. Nach einem Stufenplan wird Karstadt eine Mehrheitsbeteiligung an Neckermann übernehmen. Zur Erreichung dieses Zieles wird das Bezugsrecht der Aktionäre in dem erforderlichen Umfang ausgeschlossen. In der ersten Stufe soll Karstadt 24,9 Prozent der neuen Aktiengesellschaft erhalten. Im Einvernehmen aller Beteiligten wird ab sofort eine neue Geschäftsleitung des Unternehmens gebildet."

Für die *Karstadt AG* ist das Neckermann-Engagement bislang eine Belastung geblieben. Nachdem die Sanierungsgesellschaft im Jahre 1980 einen schweren Rückschlag hinnehmen mußte, wurde zu Beginn des Jahres 1981 ein neuer Kapitalschnitt durchgeführt, wobei die Großaktionärin *Karstadt AG* den Minderheitsaktionären ein Übernahmeangebot zu dem Kurs gemacht hat, zu dem die Kapitalerhöhung nach dem ersten Kapitalschnitt erfolgt ist[17].

Da die rechtlichen Aspekte des Übernahmeangebots über diesen Einzelfall hinaus von Interesse sind, wird der Wortlaut – verkürzt – wiedergegeben[18]:

„Die Verlustsituation der Neckermann Versand AG macht eine Herabsetzung des Grundkapitals erforderlich. Geboten ist ferner die Zuführung neuer Eigenmittel im Wege der Wiedererhöhung des Grundkapitals. …

Wir, die Karstadt AG, unterstützen diese der Sanierung dienenden Maßnahmen und sind bereit, sie als Mehrheitsaktionär – zur Zeit liegen knapp über 50 % des Grundkapitals der Neckermann Versand AG bei uns – mitzutragen. Da auf absehbare Zeit mit einer Dividendenzahlung für Neckermann-Aktien nicht ge-

16 O.V., Kapitalschnitt 3 zu 1 für freie *Neckermann*-Aktionäre, in: FAZ vom 30. November 1976.

17 Vgl. o.V., *Karstadt* bietet 82,50 DM für eine Neckermann Aktie, in: FAZ vom 12. Januar 1981.

18 Anzeige in der Süddeutschen Zeitung im Februar 1981. Zu den Problemen eines öffentlichen Übernahmeangebots vgl. Küting, K., Das Übernahmeangebot als alternative Form des Beteiligungserwerbs, in: BB 1978, S. 1751 ff.

rechnet werden kann, möchten wir den Aktionären der Neckermann Versand AG die Möglichkeit geben, sich vor Durchführung der notwendigen Kapitalmaßnahmen von ihren Aktien zu trennen und bieten hiermit den Aktionären der Neckermann Versand AG im Einvernehmen mit dem Vorstand und dem Aufsichtsrat dieser Gesellschaft an, ihre Aktien zum Preis von DM 82,50 je Aktie im Nennwert von DM 50,– zu erwerben. Dieses Angebot ist bis zum 13. März 1981 befristet.

Die Angemessenheit des Übernahmepreises, bei dessen Festsetzung wir uns auch von dem Bezugskurs der neuen Aktien aus der Kapitalerhöhung in 1977 haben leiten lassen, wurde durch zwei Sachverständige in gesonderten Ermittlungen überprüft. Die Ergebnisse wurden in einem gemeinschaftlichen Gutachten und nachstehendem Votum zusammengefaßt:

Nach Überprüfung der gegenwärtigen Vermögenslage und unter Berücksichtigung der Ertragsaussichten, insbesondere der Unsicherheiten im Reisebereich, sind wir im Hinblick auch auf das Sanierungsbedürfnis der Neckermann Versand AG zu der Auffassung gelangt, daß das Kaufangebot der Karstadt AG von DM 82,50 für eine Neckermann-Versand-Aktie im Nennwert von DM 50,– für den annehmenden Aktionär keine Benachteiligung darstellt. …

Der Kaufpreis von DM 82,50 je Aktie im Nennbetrag von DM 50,– wird Zug um Zug gegen Einreichung der Aktien zur Verfügung gestellt. Der Verkauf der Aktien ist für die Aktionäre der Neckermann Versand AG frei von Provisionen, Spesen und Börsenumsatzsteuer.

Wir verpflichten uns, diejenigen Aktionäre, die das Kaufangebot angenommen haben, durch eine zusätzliche Entschädigung (Nachbesserung) solchen Aktionären gleichzustellen, die künftig für Aufgabe oder Verlust ihrer Aktionärsrechte zu unseren Gunsten oder zu Gunsten eines uns nahestehenden Dritten einen günstigeren Ausgleich erhalten sollten. Bei der Bemessung der Entschädigung würden zwischenzeitliche Kapitalmaßnahmen zu berücksichtigen sein. Diese Verpflichtung gilt bis zum 14. März 1983. Die Frist verlängert sich bis zum Abschluß eines zwischenzeitlich rechtshängig gewordenen, gegen irgendein nachfolgendes Angebot gerichtetes Verfahrens auf gerichtliche Bestimmungen einer angemessenen Abfindung."[19]

Aufgrund dieses Übernahmeangebotes konnte die Karstadt AG ihre Beteiligung bei Neckermann auf rd. 90 Prozent des Grundkapitals erhöhen.

d) Im Sanierungsfall des Elektrokonzerns *AEG-Telefunken* erklärten sich neben den Banken auch Unternehmen der Großindustrie und der Versicherungswirtschaft zu einer solidarischen Unterstützungsaktion bereit[20]. Ob ihre Haus-

---

19 Das Nachbesserungsangebot dürfte im Hinblick auf die späterhin beabsichtigte Umwandlung der Neckermann-Versand AG in eine GmbH gemacht worden sein. Dann muß nämlich die Karstadt AG den Minderheitsaktionären anbieten, „ihre durch die Umwandlung entstehenden Geschäftsanteile gegen eine Barabfindung zu erwerben" (§ 369 Abs. 4 AktG).

20 Vgl. Kruk, M., Alle wollen der *AEG* helfen, in: FAZ vom 7. Dezember 1979.

banken auf diese Entschlüsse wohl Einfluß genommen haben? Das Sanierungskonzept wurde in der Presse mit folgenden Kapitalmaßnahmen beschrieben[21]:

Das AEG Grundkapital wird zunächst im Verhältnis 3 zu 1 von 930 Mio. DM auf 310 Mio. DM zusammengelegt. Jeder Altaktionär erhält für drei alte Aktien eine neue.

Anschließend wird das Grundkapital wieder auf 620 Mio. DM erhöht. Die neuen Aktien werden zum Kurs von 300 Prozent (150 DM für eine 50-DM-Aktie) ausgegeben. Wegen des relativ hohen Ausgabekurses garantiert ein Übernahmekonsortium bestehend aus 25 Banken, alle neue Aktien zu übernehmen.

Weiterhin wird ein unbesichertes Options-Schuldscheindarlehen in Höhe von 155 Mio. DM ausgegeben, wobei das Optionsrecht 77,5 Mio. DM beträgt. Die Ausgabe des Wandel-Schuldscheindarlehens erfolgt unter Ausschluß des Bezugsrechts zum Optionspreis von DM 150,–.

Zusätzlich sollen Banken, die nicht an Eigenkapital-Maßnahmen teilnehmen, Versicherungen und Industrieunternehmen zur Zeichnung eines unbesicherten Schuldscheindarlehens (200–450 Mio. DM) gewonnen werden.

Für langfristige, zweckgebundene und unbesicherte Kredite wird mit den Kreditgebern eine Prolongation von 8 Jahren vereinbart, davon die ersten drei Jahre tilgungsfrei. Außerdem wird für zwei Jahre eine Zinsherabsetzung von zwei Prozent gewährt.

Im Jahre 1982 zeigte sich, daß die vorgesehenen Sanierungsmaßnahmen bei weitem nicht ausreichen. Fatal wirkten sich insbesondere Sozialverpflichtungen (betriebliche Altersversorgung, Sozialpläne) aus. Nunmehr entschloß man sich doch, Bund und Länder um öffentliche Hilfe anzugehen.

e) Ein Beispiel für eine „Fortführungskette"[22] bieten die *Rollei-Werke.* Die im Frühjahr 1981 gebildete Sanierungsgesellschaft zur Rettung der Rollei-Werke blieb ohne Erfolg[23]. Unter Hannsheinz Porst's Führung war ein Firmenkonsortium, die Foto-Holding, gegründet worden, das zunächst von der Norddeutschen Landesbank Anteile an den Rollei-Werken übernahm[24]. Die Kapitalzuführung aus diesem Konsortium war erst zu einem späteren Zeitpunkt geplant[25]. Die bisherige Alleingesellschafterin hatte das Krisenunternehmen vor der Anteilsveräußerung noch mit 89 Mio. DM Eigenkapital ausgestattet, wo-

21 Vgl. o.V., *AEG-Telefunken* vor einer dramatischen Trendwende, in: FAZ vom 5. Dezember 1979; Blüthmann, H., *AEG:* Zu groß zum Sterben, in: Die Zeit vom 30. November 1979.

22 Vgl. Ausführungen S. 57.

23 Vgl. o.V., Die Norddeutsche Landesbank hat für *Rollei* einen Käufer, in: FAZ vom 28. Februar 1981.

24 Vgl. o.V., NordLB will *Rollei*-Mehrheit an *Deutsche Foto-Holding* abgeben, in: Handelsblatt vom 2. März 1981.

25 Vgl. Kemper, K., *Porst* braucht für *Rollei* vorerst kein Geld mitzubringen, in: FAZ vom 3. März 1981; o.V., *Porst* glaubt an eine Chance für *Rollei*, in: FAZ vom 30. April 1981.

mit das Rollei-Engagement diese Landesbank über die Jahre hin etwa 600 Mio. DM gekostet haben dürfte[26].

Dann erwiesen sich die neuen Gesellschafter als zu schwach, um die Rettung zu finanzieren[27]. Über das Unternehmen wurde schließlich das Konkursverfahren eröffnet. Der deutsche Profi- und Halbprofibereich wurde in eine Betriebsübernahmegesellschaft, die „*Rollei Fototechnik GmbH*" eingebracht und diese an die *United Scientific Holdings Ltd. (USH)*, London, die schon vorher die Rollei-Werke in Singapur übernommen hatte, verkauft[28].

f) Wie schwierig und langwierig die Bildung einer Sanierungsgesellschaft sein kann, dafür bietet die *Kulmbacher Spinnerei AG*, Kulmbach, ein Beispiel. Für dieses offenbar ums Überleben kämpfende Unternehmen sucht der Vorstand bereits mehrere Jahre einen kapitalkräftigen Partner aus der gleichen Branche[29].

3.2 Beispiele von Betriebsübernahmegesellschaften

Die Betriebsübernahmegesellschaft wird häufig erst gegründet, nachdem das Krisenunternehmen bereits die Eröffnung eines Insolvenzverfahrens beantragt hat. So wurden in den Konkursen der *Walther Büromaschinen GmbH*, Niederstotzingen[30], *Anker-Werke AG*, Bielefeld[31], *Berkefeld Filter*, Celle[32], *Mechanische Baumwoll-Spinnerei (SWA)*, Augsburg[33], neue Gesellschaften zur Übernahme des Betriebes oder von Betriebsteilen aus der Insolvenzmasse errichtet. In einigen Fällen wurde ein Teil des Kapitals der Betriebsübernahmegesellschaft von Arbeitnehmern aus Sozialplan-Abfindungen aufgebracht.

Details aus der Gründung von Betriebsübernahmegesellschaften und aus den Vereinbarungen mit dem Krisenunternehmen, dem Insolvenzverwalter und den dinglich gesicherten Gläubigern werden selten bekannt. Die Veröffentlichungen über die *vier* folgenden Fälle zeigen immerhin einige charakteristische Probleme:

a) Das Sanierungsengagement des Münchener Unternehmers Josef Schörghuber bei der in Schwierigkeiten geratenen *Kusser KG*, Hauzenberg, hat der bayerische Wirtschaftsminister Jaumann angeregt. Zu den Errichtungsvorgängen

---

26 Vgl. ebenda. Das Handelsblatt vom 2. März 1981 (o.V., NordLB will Rollei-Mehrheit an Deutsche Foto-Holding abgeben) schätzt die Gesamt-Belastung der Norddeutschen Landesbank auf über 500 Mio. DM.

27 Vgl. o.V., Die *Rollei*-Werke sind jetzt am Ende, in: FAZ vom 27. Juni 1981.

28 Vgl. dazu die im nächsten Abschnitt wiedergegebenen Ausführungen des Konkursverwalters in seinem Bericht.

29 Vgl. o.V., *Kulmbacher Spinnerei* sucht Partner ohne Kapitalsorgen, in: FAZ vom 4. 6. 1981; o.V., *Kulmbacher Spinnerei AG* – Der Freistaat läßt noch auf sich warten, in: Handelsblatt vom 5./6. Juni 1981.

30 Vgl. o.V., *Walther* gründet Auffang-AG, in: Handelsblatt vom 7. März 1977.

31 Vgl. o.V., *ADS*: Phönix aus der Asche, in: Handelsblatt vom 25. April 1977.

32 Vgl. o.V., *Berkefeld Filter* trotz Konkurs weiter aktiv, in: Handelsblatt vom 25. April 1978.

33 Vgl. o.V., Die *SWA* hofft auf einen baldigen Neubeginn, in: FAZ vom 23. Juni 1979.

hieß es[34]: „Jaumann glaubt nicht, daß diese Rettungsaktion noch an erforderlichen Zustimmungserklärungen einiger Parteien (Banken, Familie Kusser, Land Niedersachsen wegen Verpflichtungen gegenüber der Bremer Landesbank) scheitern wird. Verfahrenstechnisch erwies sich bei der in mühsamen Verhandlungen erarbeiteten Lösung der Weg über den Konkurs als unvermeidlich. Das Unternehmen wird voraussichtlich am Dienstag oder Mittwoch dieser Woche beim zuständigen Amtsgericht das Konkursverfahren beantragen. Schörghuber will dann die Konkursmasse als Ganzes zu einem Preis von 10,5 Millionen DM erwerben. Dieser Betrag entspricht der Höhe der dinglich gesicherten Bankenforderungen an Kusser. Die nicht bevorrechtigten Gläubiger werden also auf alle Fälle leer ausgehen. Bei einem ‚normalen' Konkurs, bei dem Vermögen stückweise verwertet wird, müßte das Ergebnis nach der Darstellung Jaumanns noch schlechter für die Gläubiger ausfallen. In diesem Falle wäre über die Forderungen der Bayerischen Vereinsbank hinaus (sie ist die Hausbank bei Kusser und offenbar besonders gut abgesichert) nicht viel zu holen.

Im Zuge des geplanten Vorgehens wird den rund 600 Mitarbeitern gekündigt. Sie werden jedoch von Schörghuber wieder in ein provisorisches Arbeitsverhältnis übernommen. Dabei ist es das Ziel, die Belegschaft ungefähr in der bisherigen Größenordnung weiter zu beschäftigen, ohne daß Schörghuber aber in dieser Beziehung eine rechtliche Verpflichtung hätte."

b) Über die Rettung eines der Rollei Betriebe durch eine Betriebsübernahmegesellschaft führt der Konkursverwalter der *Rollei-Werke* in seinem Bericht vom 18. 12. 1981[35] aus: „Bereits bei der Antragstellung [des Vergleichsverfahrens] wurde erwogen, eine Fertigungsstätte in Braunschweig zu erhalten.

Das Konzept einer eigenständigen professionellen und semiprofessionellen Gesellschaft mit dem heute von der Fototechnic vertretenen Kernprogramm und dem Standort Braunschweig wurde bereits Mitte 1979 entwickelt und in der 2. Jahreshälfte dem damaligen Gesellschafter vorgetragen. Sie konnte zu diesem Zeitpunkt jedoch wegen der technologischen und Know-how-Zusammenhänge mit Singapore nicht verwirklicht werden.

. . .

Anfang Juli 1981 wurde bei Rollei ein Arbeitskreis gebildet, dessen Ziel die Erarbeitung eines Konzeptes zur Fortführung von Rollei-Teilbereichen war[36]. Das Konzept sollte sich im wesentlichen auf die vorliegenden Erkenntnisse stützen und als Verkaufsangebot für potentielle Interessenten dienen.

Nach zahlreichen Arbeitskreisbesprechungen während der Monate Juli und August konnte abschließend am 18. 8. 1981 die Rollei-Fototechnic-Unternehmenskonzeption als Verkaufsangebot fertiggestellt werden. Am 12. 8. 1981

---

34 O.V., Schörghuber als Nothelfer für die konkursreife *Kusser KG*, in: FAZ vom 23. Januar 1979.

35 Gustafsen, G., Bericht des Konkursverwalters der *Rollei*-Werke, Braunschweig, in: ZIP 1982, S. 230 ff. (241 f.).

36 Vgl. hierzu auch die Ausführungen über den Fortführungsmanager im XX. Kapitel.

wurde die Belegschaft von dem vorläufigen Vergleichsverwalter aufgefordert, im Rahmen eines Preisausschreibens einen einprägsamen und werbeträchtigen Namen für die neue Gesellschaft zu finden. Die Entscheidung fiel auf den Namen „Rollei Fototechnic". In der Folgezeit wurde die Verkaufs-Offerte an eine Vielzahl möglicher Interessenten versandt.

Vier ernsthafte Interessenten kristallisierten sich im Laufe der vergangenen Monate heraus, wovon letztlich zwei in die engere Wahl kamen.

Mit beiden wurden intensive Gespräche geführt, die zu einem revidierten, auf den Interessenten zugeschnittenen, Konzept vom 22. 9. 1981 führten. Dieses Konzept wurde nach nochmaliger Überarbeitung Grundlage der endgültigen Verhandlungen mit der United Scientific Holdings (USH) in London, die mit verschiedenen Produktionsbetrieben weltweit tätig ist. Sie hatte vor kurzem auch einen Teil der optischen Fertigung in Singapore gekauft. Die USH beauftragte eine englische Wirtschaftsprüfungsgesellschaft, das Konzept zu begutachten.

Die Gespräche mit dem anderen Interessenten wurden gleichzeitig weitergeführt.

. . .

Nach Abwägung aller Argumente und Bedingungen unterbreitete die USH am 4. 11. 1981 ein Angebot zum Abschluß eines Kaufvertrages. Dieses Angebot war bis zum 6. 11. 1981, 24.00 Uhr, befristet.

Am 6. 11. 1981 wurde im Laufe des Tages der Vertrag von USH unterschrieben und damit wirksam. Die in Rollei-eigener Regie geführten Aktivitäten haben wesentlich zum Abschluß des Vertrages beigetragen. Nach den im Kaufvertrag aufgeführten Bestimmungen wird die neue Rollei Fototechnic GmbH ihre Tätigkeit am 1. 1. 1982 aufnehmen.

Nachstehend einige wesentliche Vertragspunkte:
- Die Rollei Fototechnic übernimmt zum 1. 1. 1982 etwa 350 Mitarbeiter von Rollei.
- Übernahme von Maschinen und Anlagen zur Fertigung des Produktionsprogramms.
- Übernahme der Roh-, Hilfs- und Betriebsstoffe sowie der unfertigen und fertigen Erzeugnisse, soweit sie das Produktionsprogramm betreffen.
- Alle Rechte des Markenzeichens „Rollei" gehen auf den Erwerber über. Die Rollei Deutschland kann Markenzeichen und Firmennamen noch bis 30. 6. 1982 zum Abverkauf noch vorhandener übriger Produkte benutzen."

c) Im Liquidationsvergleich der *Kreidlerwerke GmbH*, Stuttgart, gründete die Willner-Gruppe, München/Ingolstadt, 1981 die Kreidler Fahrzeuge GmbH & Co. KG und stattete diese Fortführungsgesellschaft mit einem Kapital von 10 Millionen DM aus[37]. In den Übernahmeverhandlungen traten Schwierigkeiten

37 Vgl. o.V., Willner übernimmt *Kreidler*-Fahrzeugwerk, in: FAZ vom 18. März 1981.

mit den Banken auf[38]: „Daß der Verkauf am Mittwoch noch nicht vollzogen werden konnte, liegt an den Pool-Banken. Sie besitzen eine Global-Grundschuld über 45 Mill. DM, die sich über alle vier Kreidler-Werke erstreckt. Da Willner eine lastenfreie Übergabe des Werkes III wünscht, müßten die Pool-Banken (Baden-Württembergische Bank, Landesgirokasse, WestLB, IKB, Bayerische Vereinsbank, Bayernhypo und Dresdner Bank) die Global-Grundschuld auf die Werke I, II und IV beschränken. Dazu scheinen aber noch nicht alle Banken bereit zu sein."

Die schließlich doch zustande gekommene Betriebsübernahmegesellschaft endete bereits nach einem Jahr im Konkurs, da die Voraussetzungen für eine kostengünstige Produktion von Anfang an kaum gegeben waren und infolge ausländischen Angebotsdrucks die Absätze hinter den Erwartungen zurückblieben[39].

Die Willner-Gruppe hat nachträglich den Kauf des Fahrzeugbereichs angefochten, mit der Begründung, bei den Kaufverhandlungen arglistig getäuscht worden zu sein[40].

d) Im Konkurs der *Gebr. Giulini GmbH,* Ludwigshafen, machten die Alcan Aluminium Company of Canada und die National Steel Corp. in Pittsburgh (Pennsylvania) Anfang 1979 dem Konkursverwalter Angebote: „Zum gebotenen Kaufpreis sagte der Konkursverwalter vor den Gläubigern, daß er merklich unter den Vorstellungen der Grundpfandgläubiger Bund und Land Rheinland-Pfalz liege, die zuletzt mit rund 56 Millionen DM an der Hütte engagiert waren. ... Die Gläubigerversammlung ermächtigte den Konkursverwalter, den Betrieb im Einvernehmen mit den Grundpfandgläubigern bestmöglich zu verkaufen.

Das Angebot der Alcan hat neben mancherlei Zusagen auch Vorbehalte zum Gegenstand, über die schwierig zu entscheiden ist. Alcan wünscht eine Übernahme der laufenden Hütte zum 1. Mai oder früher, wobei sie die Hütte, Gießerei und Grundstücke kaufen, das Personal von rund 300 Mann übernehmen und von 1979 bis 1983 etwa 10 bis 15 Millionen DM in Ludwigshafen investieren will. Sie verlangt jedoch umgehend die Einräumung eines Vorkaufsrechts auf das Anlagevermögen, auf dem gegenwärtig die Grundpfandrechte des Bundes und des Landes liegen. Außerdem verlangt das bis zum 8. März befristete Angebot den Abschluß eines Stromliefervertrags vor dem 1. April. ... Die National Steel geht in ihrem bis zum 5. März befristeten Angebot dagegen von den jetzigen Strompreisen der Pfalzwerke aus, die bis 30 Juni 1982 in Kraft bleiben sollen. Sie läßt mit sich über eine Erhöhung des Kaufpreises verhandeln, falls die Strompreise länger gültig bleiben. ...

38 Vgl. o.V., Die Ingolstädter Willner-Gruppe will den Fahrzeugbau übernehmen, in: Handelsblatt vom 12. März 1981.

39 Vgl. o.V., Bei *Kreidler* stehen die Bänder endgültig still, in: FAZ vom 11. 3. 1982.

40 Vgl. o.V., Die Willner-Gruppe ficht den Kauf von *Kreidler* an, in: FAZ vom 13. 3. 1982; o.V., Vergleichsverwalter: „Vorwürfe der Brüder Willner dummes Geschwätz", in: Handelsblatt vom 16. 3. 1982. Dazu auch: Prölss, J., Die Haftung des Verkäufers von Gesellschaftsanteilen für Unternehmensmängel, in: ZIP 1981, S. 337 ff. mit weiteren Nachweisungen.

Der Konkursverwalter wird jetzt zunächst mit Bund und Land über deren Preisvorstellungen verhandeln und versuchen, sie mit den Angeboten in Einklang zu bringen."[41]

Die beiden letzten Beispiele zeigen, wie von Übernahme-Interessenten im Konkursfall die Situation taktisch genutzt werden kann.

3.3 Beispiele von Auffanggesellschaften

Die Auffanggesellschaft kommt bisher in der Fachliteratur häufiger als in der Praxis vor. Sie ist jedenfalls seltener als die Sanierungs- und die Betriebsübernahmegesellschaft[42].

a) Beispiele für die *Sanierungs-Auffanggesellschaft* liefern die Insolvenzen der Fa. *Henschel & Sohn GmbH,* Kassel, im Jahre 1957, und der *Stinnes OHG,* Mühlheim/Ruhr, im Jahre 1963. In beiden Fällen erfolgte die Fortführung auf der Grundlage eines Pachtvertrages:

aa) Über die *Henschel*-Sanierung gab die Wirtschaftspresse folgenden Bericht[43]:

„Die neue Betriebsgesellschaft der Henschel & Sohn GmbH wurde am 30. Oktober gegründet, die nunmehr, mit 19,5 Mill. DM Betriebskapital ausgestattet, den Betrieb der alten Firma zunächst nur in den Abteilungen Lastkraftwagen und Maschinenbau bis zu einer angestrebten Veräußerung des alten Objektes fortführen soll. Der Lokbau wird vorerst weiter von der alten Firma betrieben, vor allem deshalb, um nicht Halbfertigfabrikate bei einer Veräußerung an die neue Firma steuerlich doppelt zu belasten[44].

Zur Gründung der Gesellschaft wurde ein alter GmbH-Mantel, der Firma Henschel gehörig, benutzt, mit der Bezeichnung ‚Henschel-Werke GmbH'. Das Kapital von 5 Mill. DM wurde von den Banken voll eingezahlt. ... Die neue Gesellschaft, die mit der Henschel & Sohn GmbH einen Betriebsüberlassungsvertrag abgeschlossen hat, wird die entsprechenden Werksteile für den Lastwagen- und Maschinenbau pachten und dafür eine entsprechende Pachtsumme zahlen, welche der alten Gesellschaft eine normale Verzinsung garantieren soll."

„Sie wird gewissermaßen in einer Art Lohnauftrag die dem alten Unternehmen erteilten Aufträge abwickeln. Bekanntlich hat die Henschel & Sohn einen Auftragsbestand in der Größenordnung von 200 Mill. DM und Halb- und Fertigfa-

41 O.V., Zwei potente Interessenten für *Giulini,* in: FAZ vom 15. Februar 1979.

42 Ein Mitarbeiter des Max-Planck-Instituts für ausländisches und internationales Privatrecht, Sozialwissenschaftliche Forschungsgruppe, Hamburg (Gessner, V., Rhode, B., Strate, G., Ziegert, K. A., a.a.O.), erklärte dem Verfasser, ihnen sei die Auffanggesellschaft bei ihrer Enquete überhaupt nicht begegnet.

43 O.V., Henschel-Werke GmbH gegründet, in: Industriekurier vom 2. November 1957.

44 Damals wurde in der Bundesrepublik Deutschland noch die kumulative Allphasen-Umsatzsteuer angewendet.

brikate von etwa 98 Mill. DM. Die dabei erzielten Gewinne sowie der Pachtbetrag werden es Henschel & Sohn ermöglichen, den hundertprozentigen Vergleich, also das Moratorium mit den Gläubigern, durchzuführen. ... Naturgemäß wird die alte Henschel & Sohn im Verlauf der Zeit, wenn die Aufträge an die neue Gesellschaft gehen, zu einer Art Grundstücksverwaltungs-Gesellschaft."[45]

„Die Finanzierung der neuen Gesellschaft erfolgt in der Form, daß der Bund und das Land Hessen Bürgschaften in Höhe von je 6,5 Mill. DM erteilen, wobei die von Hessen bereits geleistete Bürgschaft für 5 Mill. DM in Anrechnung kommt. Die Hausbanken, die das Kapital effektiv zur Verfügung stellen, geben ihrerseits noch weitere 6,5 Mill. DM, damit praktisch den Betrag aus dem Verkaufserlös für das dem Volkswagenwerk überlassene Werk Altenbauna in Höhe von 5 Mill. DM frei. Die alte Firma hofft, daß sie durch die geschaffene Regelung nunmehr in die Lage versetzt werden kann, ihre Verpflichtungen, vor allem auch gegenüber ihren Pensionären, zu erfüllen."[46]

Etwa ein Jahr später wurden die Anteile an dem Krisenunternehmen (Henschel & Sohn GmbH) von einem Konsortium, dem u.a. drei Banken und der Vorsitzende der Geschäftsleitung angehörten, übernommen[47]. Im Jahre 1964 beteiligte sich die frühere Rheinstahl AG, jetzt Thyssen Industrie AG, Essen, an dem Kasseler Unternehmen. Erst sechzehn Jahre nach dieser Transaktion hat Henschel im Geschäftsjahr 1979/80 erstmals wieder einen Gewinn erzielt[48].

bb) Zur *Sanierungs-Auffanggesellschaft* im gerichtlichen Vergleich über das Vermögen der *Hugo Stinnes OHG* hieß es[49]:

„Nachdem der Antrag auf Eröffnung eines gerichtlichen Vergleichsverfahrens gestellt worden war, ist auch das sehr umfangreiche Brennstoff- und Befrachtungsgeschäft dieser Gesellschaft im Bundesgebiet in erhebliche Schwierigkeiten geraten. Die Vorlieferanten hatten sich zwar bereit erklärt, die Belieferung fortzuführen. Auf lange Sicht wäre es aber nicht möglich gewesen, diese beiden Geschäftszweige in dem bisherigen Umfange aufrechtzuerhalten. In dieser Situation haben die Firmen Hugo Stinnes und Hugo Stinnes Brennstoff-, Eisen- und Schiffahrts-Gesellschaft die Häuser Klöckner Reederei und Kohlenhandel GmbH, Duisburg, und die zum bundeseigenen Hibernia-Konzern gehörende M. Stromeyer Lagerhausgesellschaft, Mannheim, gebeten, das gesamte Brennstoff- und Befrachtungsgeschäft so lange zu pachten, bis die beiden Stinnes-Firmen in der Lage sein werden, diese Betriebe wieder selbst in vollem Umfang zu führen.

Klöckner und Stromeyer haben sich dieser Bitte nicht verschlossen und eigens zu diesem Zweck eine Gesellschaft, die „Montan- und Schiffahrts GmbH & Co.

45 O.V., Henschel-Sanierung endlich gesichert, in: Handelsblatt vom 1./2. November 1957.

46 O.V., Henschel-Werke GmbH gegründet, in: Industriekurier vom 2. November 1957.

47 Vgl. o.V., Das Übernahme-Konsortium für Henschel, in: FAZ vom 9. Dezember 1958.

48 Vgl. O.V., Henschel hat erstmals einen Gewinn erzielt, in: Handelsblatt vom 12./13. Dezember 1980.

49 O.V., Stinnes-Status dem Gericht eingereicht, in: FAZ vom 30. November 1963.

KG" gegründet. Dieses Unternehmen hat sich bereit erklärt, alle Stinnes-Mitarbeiter in diesen Zweigen zu den gleichen Bedingungen wie bisher zu übernehmen. Die Verpachtung liegt auch im Interesse der Gläubiger, weil ihnen der überwiegende Teil des erwirtschafteten Gewinns zur Verfügung stehen wird. Da es sich bei den durch Pacht übernommenen Betrieben überwiegend um Dienstleistungsunternehmen handelt, würde deren Liquidation keine nennenswerten Erträge im Rahmen des Vergleichsverfahrens erbracht haben."

Die Trägerfirmen der Auffanggesellschaft, Klöckner und Stromeyer, „so wurde versichert, hätten keine Absicht, die gepachteten Firmen an sich zu ziehen. Die Übernahme wurde vielmehr als ein Gentleman-Agreement gedeutet."[50]

b) Für *Übernahme-Auffanggesellschaften* finden sich in der Wirtschaftspresse auch jüngere Beispiele:

aa) Mit einer *Übernahme-Auffanggesellschaft* sollte die Fa. *Blohm KG,* Hamburg, unter wesentlicher Mitwirkung der Freien und Hansestadt Hamburg im Jahre 1976/77 gerettet werden[51]. Gegen das nachstehend wiedergegebene Auffangmodell wurden von vornherein Bedenken wegen der „Gefahr einer zu weiten Inanspruchnahme der GmbH für Altschulden der KG"[52] erhoben. Im einzelnen wurde in den Verträgen folgendes vorgesehen[53]:

„1. Gründung einer Gesellschaft mit beschränkter Haftung mit einem Stammkapital von DM 20000,–, die „Präzisionsschleifmaschinen-Gesellschaft Robert Blohm GmbH", deren Namen später in Blohm Schleifmaschinen Robert Blohm GmbH geändert wurde. Die Geschäftsanteile hielten zunächst Robert Blohm und ein Angestellter der BWVL treuhänderisch für die Freie und Hansestadt Hamburg, später – nach entsprechender Übertragung – nur noch ein Angestellter der Behörde.

2. Übertragung sämtlicher beweglicher Wirtschaftsgüter, Rechte und Verbindlichkeiten von der Kommanditgesellschaft auf die GmbH zu Buchwerten. ...

3. Sämtliche Grundstücke verblieben Eigentum der Kommanditgesellschaft. Die KG verpachtete die Grundstücke und Gebäude auf die Dauer von 30 Jahren an die GmbH, die dafür den Kapitaldienst (Tilgung und Zinsen) für die Verbindlichkeiten der KG in Höhe von 5,97 Millionen übernahm. Der Kapitaldienst sollte sich jedoch zunächst nur nach einem Teilbetrag von DM 3 Millionen richten, während die restlichen Leistungen nur aus entsprechenden Gewinnen der GmbH nach Steuern bedient werden sollten.

4. Der GmbH wurde ein Vorkaufsrecht und ein befristetes Angebot zum Abschluß eines Kaufvertrages über die Grundstücke eingeräumt, das am 9. 6. 1977

50 O.V., Nebel um Stinnes-Vergleich lichtet sich, in: Die Welt vom 22. Februar 1964.

51 Vgl. „Bericht des Parlamentarischen Untersuchungsausschusses zur Untersuchung der Gründe für das Scheitern der Sanierung Blohm", auszugsweise wiedergegeben in: ZIP 1980, S. 930 ff.

52 Ebenda, S. 931 f.

53 Ebenda, S. 931.

entsprechend notariell beurkundet wurde. Der Kaufpreis war auf DM 4 Millionen festgesetzt und sollte gegen Übernahme und in Anrechnung auf die grundbuchlich gesicherten Verbindlichkeiten der KG geleistet werden.

5. Die GmbH beteiligte sich mit einer Einlage von DM 5000,– als Kommanditist bei der Robert Blohm KG; der Kommanditist Leiser schied zum 1. 9. 1976 aus der KG aus.

6. Der persönlich haftende Gesellschafter der KG Horst Sieper wurde am 1. 9. 1976 durch einen Dienstvertrag Bevollmächtigter der GmbH; zu deren erster Geschäftsführer wurde der Rechtsanwalt Otto C. Hartmann aus der Rechtsanwaltspraxis Dr. Weiland + Partner bestellt."

Der Sanierungsversuch ist schließlich 1978 gescheitert und das Krisenunternehmen in Konkurs gegangen. Eine der wesentlichen Ursachen war, daß bei der Sanierungsentscheidung das Rechnungswesen krasse Mängel aufwies und wichtige Lizenzvergaben an Konkurrenzunternehmen den Gesellschaftern der Auffanggesellschaft nicht bekannt waren. Unter dem Einfluß der Freien und Hansestadt Hamburg kamen Verträge zustande, die unter privatwirtschaftlichen Gesichtspunkten keinesfalls zu rechtfertigen waren.

bb) Von einer weiteren *Übernahme-Auffanggesellschaft* wird 1980 im Zusammenhang mit dem Konkurs der *Schiffswerft*, Berne (Weser), berichtet[54]:

„... Nun ist, wie erwartet, in den letzten Tagen eine Auffanggesellschaft gegründet worden. Ihre Chancen stehen gut, den im übrigen nämlich mit Aufträgen gut ausgelasteten Werftbetrieb erfolgreich fortzuführen.

Schon haben sich der Konkursverwalter... und die Gesellschafter der Auffanggesellschaft auf einen Pachtvertrag geeinigt; ... Danach wird die Auffanggesellschaft die gesamten Aufträge, das sind ein im Bau befindlicher Chemikalientanker, der zweite schon festkontrahierte Chemikalientanker, ..., und eine Reihe von Marineaufträgen übernehmen. Außerdem wird sie alle 470 Mitarbeiter der Werft beschäftigen, und zwar einschließlich der alten Rechte dieser Beschäftigten. Die Auffanggesellschaft ist mit einem Kapital von 1,55 Millionen DM ausgestattet. Sie wird von den bisherigen Mehrheitsgesellschaftern der Werft, Heinrich Wurthmann, Ludwig Rieke und Enno Poets gebildet.

Erwartungsgemäß werden also die Schürenstedts von der Wurthmann-Gruppe nun ganz aus der Werft herausgedrängt. Sind alle Verträge unter Dach und Fach, wird das Land nun der Auffanggesellschaft die Anzahlungsgarantie für den zweiten Chemikalientanker gewähren, meint Heinrich Wurthmann. Nach seinen Worten hat die Werft 1979 einen „beachtlichen" Gewinn erwirtschaftet. ‚Auch für 1980 erreichen wir als Betriebsergebnis keinen Verlust.' Die Pachtung des Werftbetriebes ist für Wurthmann selbstverständlich nur eine Übergangslösung. Nach Abwicklung des Konkursverfahrens werden er und seine Mitgesellschafter ganz sicher den Betrieb käuflich erwerben. Diesbezügliche Vorgespräche sollen dem Vernehmen nach bereits geführt worden sein."

54 O.V., Auffanggesellschaft pachtet Werftbetrieb, in: FAZ vom 19. Februar 1980.

V. Kapitel

Das Fortführungskonzept

1. Aspekte eines konsistenten Programms

Für die Sanierung eines Krisenunternehmens oder seines Betriebes bietet die Betriebswirtschaftslehre umfassende Erkenntnisse, die vor allem in der Spezialliteratur z.B. über Unternehmensführung[1], Organisation[2], Produktionswirtschaft, Investitionsrechnung[3], Finanzierung[4], Absatz-[5] und Beschaffungspolitik[6] zu finden sind. Leider ist es in der Krisensituation meist nicht möglich, diese Erkenntnisse in vollem Umfange anzuwenden. Daher kommt es in der Entscheidungssituation eines konkreten Sanierungsfalles darauf an, Aspekte von sekundärer Bedeutung zurückzustellen und sich auf die Schlüsselprobleme zu konzentrieren. Auf Perfektion muß verzichtet werden, was aber nicht dazu führen darf, daß wesentliche Aspekte übersehen werden.

Zweck der folgenden Ausführungen ist, die für die Sanierungspraxis entscheidenden Ansatzpunkte aufzuzeigen und praktikable „Faustregeln" anzubieten. Dabei werden Fälle behandelt, bei denen nicht nur eine finanzwirtschaftliche, sondern auch eine leistungswirtschaftliche Sanierung erforderlich ist.

Die Erfahrung zeigt, daß es zwei primäre Voraussetzungen gibt, die über den Erfolg einer Sanierung entscheiden. Es sind – vereinfacht gesagt – die Position am Absatzmarkt und die Qualifikation der Unternehmensführung[7]. Sind diese Voraussetzungen im konkreten Falle nicht gegeben, sollte man auf das Projekt verzichten, so günstig auch andere Umstände sein mögen. Liegen sie dagegen vor, lassen sich ungünstige Umstände, z.B. hinsichtlich der Mitarbeiter, der Produktionsanlagen, der Finanzierung im allgemeinen überwinden.

Die Sanierungsmaßnahmen sollten auf einem konsistenten Fortführungskonzept beruhen, das jedoch keineswegs sehr ins Detail gehen muß. Man kann sich zunächst mit Grobanalysen begnügen; für zuverlässige Details reichen im allgemeinen Zeit und verfügbare Unterlagen ohnehin nicht aus.

Eine der wichtigsten Forderungen für das Konzept ist, daß es auf die Interessenten und Träger der Sanierung abgestellt sein muß. In der Realität gibt es nur

1 Vgl. Gutenberg, E., Unternehmensführung, Organisation und Entscheidungen, Wiesbaden 1962.

2 Vgl. Grochla, E., Unternehmungsorganisation, Reinbek bei Hamburg 1972; Kosiol, E., Organisation der Unternehmung, Wiesbaden 1962; Bleicher, K., Organisation und Führung der industriellen Unternehmung, in: Industriebetriebslehre in programmierter Form, Bd. III: Organisation und EDV, hrsg. von H. Jacob, Wiesbaden 1972, S. 13 ff.

3 Vgl. Kern, W., Investitionsrechnung, a.a.O.

4 Vgl. Vormbaum, H., Finanzierung der Betriebe, a.a.O.

5 Vgl. Meffert, H., Marketing, Einführung in die Absatzpolitik, 5. Aufl., Wiesbaden 1980.

6 Vgl. Grochla, E., Grundlagen der Materialwirtschaft, Das materialwirtschaftliche Optimum im Betrieb, 3. Aufl., Wiesbaden 1978.

7 Vgl. auch Baur, W., Sanierungen a.a.O., S. 32 ff.; 57 ff.

„subjektabhängige" Sanierungen: Die speziellen Interessen der Beteiligten, die oben dargestellt wurden, wirken sich in entscheidender Weise aus. Von ihnen werden das Eigenkapital bestimmt, das der Sanierungsunternehmung zur Verfügung gestellt wird, wie auch die Verbindlichkeiten und Lasten, die sie im Zuge der Sanierung zu tragen hat. Synergetische Interessen und Möglichkeiten beeinflussen maßgeblich die Leistungswirtschaft; in vielen Fällen hängt von ihnen sogar das Schicksal der Sanierung ab.

Häufig kommt es im Vorstadium der Sanierung darauf an, die Interessenten schnell genug zu aktivieren, um mit ihrer Hilfe eine drohende Insolvenz zu vermeiden. Danach ist es oft erforderlich, das Entgegenkommen der Gläubiger bei einer Schuldenregulierung zu erreichen. Schließlich hängt der erforderliche Abschluß der Sanierungsverhandlungen davon ab, daß es gelingt, einen Interessenausgleich unter den Interessenten und Trägern für das Sanierungskonzept zu erzielen.

Interessenteneinwirkungen können eine ökonomisch rationale Gestaltung des Fortführungskonzepts beeinträchtigen: Öffentliche Hände verbinden in zunehmendem Maße ihre Finanzhilfen mit Auflagen für die Erhaltung von Arbeitsplätzen und verhindern damit manchmal wirtschaftlich angebrachte Entscheidungen[8]. Thomée, Vorstandsmitglied des *VW-Konzerns* und Aufsichtsrats-Vorsitzender der sanierungsbedürftigen *Triumpf-Adler AG*, erklärte 1981, die „Schließung der traditionsreichen Adler-Werke in Frankfurt wäre sicherlich die ‚betriebswirtschaftlich optimale' Lösung gewesen. ... Hatte Anfang September der Vorstand des Nürnberger Büromaschinen-Herstellers noch die Schließung der Frankfurter Werke ‚als einzig mögliche' Maßnahme zur Sanierung des Gesamtunternehmens angesehen, so sprach der Mehrheitsaktionär Volkswagen nun plötzlich von seiner ‚volkswirtschaftlichen Verantwortung', die es nicht zulasse, die Frankfurter Werke zu schließen. ... Man habe einfach die Reaktion der Öffentlichkeit unterschätzt. Als man dann aber das Ausmaß der öffentlichen Kritik und Entrüstung erkannt und eine Stimmung vorgefunden habe, ‚die uns nicht lieb sein konnte', habe man schnell gehandelt"[9].

Das konsistente Konzept setzt sich aus drei interdependenten Teilen zusammen: dem absatz-, dem produktions- und dem finanzwirtschaftlichen Konzept. Vielfach wird es angebracht sein, die für das Fortführungskonzept maßgebende Analyse nach zwei Zielen anzustellen:

a) als „*Minimalprogramm*", mit dessen Hilfe die „Normalisierung" der kranken Leistungswirtschaft des Krisenunternehmens erreicht und die Gewinnschwelle überschritten werden soll. Zu ihm gehören „Sofort-Maßnahmen", mit denen Schwachstellen relativ leicht, schnell und mit geringen finanziellen Mitteln beseitigt werden können. Die Erfahrung zeigt, daß damit in desorgani-

8 Vgl. Ausführungen S. 312 ff.

9 Schnorbus, A., „Menschen besitzen einen höheren Rang", in: FAZ vom 19. September 1981. Ende 1981 hat Thomée seinen Rücktritt von seinen Ämtern bei VW und Triumpf-Adler erklärt.

sierten, demotivierten und illiquiden Unternehmen entscheidende Verbesserungen erzielt werden können[10];

b) als „*Langfrist-" bzw. „Optimalprogramm"*[11], das in Absatz, Produktion und Finanzierung größere Veränderungen vorsieht. Die dafür erforderlichen Maßnahmen werden mehr unternehmerische Initiative, längere Zeiträume und einen höheren finanziellen Einsatz bedingen. Ihre Rechtfertigung setzt eine höhere nachhaltige Rentabilität voraus.

Minimal- und Optimalprogramm sollten Angaben für den Zukunftserfolg und den Kapitaleinsatz enthalten und damit die Auswirkungen der Sanierungskonzeptionen sichtbar machen[12]; unter Umständen können die Programme so entworfen werden, daß das Minimalprogramm zeitlich und sachlich in das Optimalprogramm überführt werden kann.

Von größter Bedeutung ist der Zeitfaktor[13], der bei Sanierungsprogrammen leicht vernachlässigt wird. Es geht nicht nur um die Schätzung der für das Programm erforderlichen Zeiträume – z.B. ein bis zwei Jahre für das Minimalprogramm, fünf Jahre für das Optimalprogramm[14] –, sondern auch um die Vollzugsplanung und um den zusätzlichen Sanierungsaufwand, der neben den Sachinvestitionen bis zur Erreichung der Sanierungsziele anfällt. Dabei kommt dem ersten Stadium der Anlaufmaßnahmen besondere Bedeutung zu.

In der Durchführungsphase sind Absatz-, Produktions- und Finanzpläne fortlaufend aufeinander abzustimmen[15], wobei die Netzplantechnik wertvolle Hilfen leisten kann[16]. Die jeweiligen Abweichungen bei den Einzelplänen sind zu erfassen, die Auswirkungen auf die übrigen Pläne zu analysieren und dementsprechende Korrekturen vorzunehmen[17], so daß das Gesamtkonzept – entsprechend dem Prinzip der revolvierenden Planung[18] – laufend aktualisiert wird.

---

10 Vgl. Baur, W., Sanierungen, a.a.O., S. 104.

11 Das „Optimalprogramm" wird selbstverständlich nicht zu einem absoluten, sondern allenfalls zu einem relativen Optimum führen. Es handelt sich um eine subjektabhängige „optimale" Zusammenstellung betriebswirtschaftlicher Aktionen, wobei die besondere Schwierigkeit darin liegt, die bestehenden Alternativmöglichkeiten zu erkennen und darin die besten auszuwählen. In der Theorie wird oft übersehen, daß eine Aktion nur so gut sein kann, wie die beste der erkannten Möglichkeiten. Vgl. Weber, B. E., Die Übernahme von Unternehmungen, a.a.O., S. 79.

12 Vgl. auch Baur, W., Sanierungen, a.a.O., S. 105 ff.

13 Vgl. ebenda, S. 105.

14 Albach, H., (Strategische Unternehmensplanung bei erhöhter Unsicherheit, in: ZfB 1978, S. 702 ff. (704)) macht darauf aufmerksam, daß angesichts der gestiegenen Unsicherheit „die strategische Unternehmensplanung heute im allgemeinen kaum über 10 Jahre hinausgeht. Die langfristige Unternehmensplanung ist auf 3 bis max. 5 Jahre zurückgenommen worden."

15 Vgl. dazu: Horváth, P., Controlling, München 1979, S. 175 ff.

16 Vgl. dazu: Kern, N., Netzplantechnik, Wiesbaden 1969.

17 Vgl. dazu: Horváth, P., Controlling, a.a.O., S. 189 ff.

18 Vgl. Kern, W., Industrielle Produktionswirtschaft, 3. Aufl., Stuttgart 1980, S. 71; Schneider, D., Flexible Planung als Lösung der Entscheidungsprobleme unter Ungewißheit?, in: ZfbF 1971, S. 831 ff. (837 ff.).

2. Das absatzwirtschaftliche Konzept

2.1 Notleidende und wachsende Wirtschaftszweige

Prüft man ein bestimmtes Sanierungsprojekt hinsichtlich der Absatzaussichten, sollte man von den aktuellen Erkenntnissen über die Absatzmärkte und ihre Entwicklungen ausgehen, da sich die Marktverhältnisse immer schneller ändern[19]. Wirtschaftszweige, die zunächst nach dem Krieg, zum Teil bis in die sechziger Jahre hinein, expandierten und eine gute Rentabilität aufwiesen, sind seit den siebziger Jahren zu Problembranchen geworden. Dazu gehören die Produktionsbereiche Kohle und Stahl, Textil und Bekleidung, Möbel und Haushaltsgeräte, Papier, Hoch- und Tiefbau sowie die Handelsunternehmen in den Bereichen Lebensmittel, Textil, Möbel, Eisen und Stahl, Baustoffe. Der jährliche Geschäftsbericht der Interfinanz[20], Düsseldorf, gibt aufschlußreiche Zusammenstellungen von Wirtschaftszweigen, bei denen die Verkaufs- bzw. die Kaufaufträge überwiegen.

Die Gründe[21] für Verschlechterungen von Marktpositionen liegen zum Teil in der Absatzstagnation, die zunächst mit der Erledigung des Nachholbedarfs der Kriegs- und ersten Nachkriegszeit, dann mit dem Bevölkerungsrückgang und schließlich mit Änderungen der Konsumentenpräferenzen zu erklären ist. Dazu kam ein intensiverer Wettbewerb mit steigenden Kapazitäten, zum Teil aus „Billigländern" mit geringen Personalkosten. Die Folge der Entwicklung ist, daß die Ertragslage vieler Unternehmen sich verschlechtert hat und zahlreiche Betriebe stillgelegt wurden. Die Textil- und Bekleidungsindustrie wurde davon in extremer Weise privatwirtschaftlich betroffen; in der Stahlindustrie wurde aus den Strukturveränderungen ein politisches Problem[22]. Die Fortführung von Unternehmen aus notleidenden Branchen bietet im Regelfall auch bei guten sonstigen Bedingungen wenig Chancen. Kreditinstitute halten sich bei Kreditanträgen, noch mehr aber bei der Übernahme zusätzlicher Sanierungsrisiken zurück.

---

19 Vgl. Szyperski, N., Kritische Punkte der Unternehmungsentwicklung, in: ZfbF 1975, S. 366 ff. (366 f.): „Die Wirtschaftsabteilung der McGraw-Hill Publications ermittelte, daß im Jahre 1969 ungefähr 15 % des Gesamtausstoßes der amerikanischen Industrie Produkte waren, die vier Jahre vorher noch nicht auf dem Markte angeboten wurden. In der BRD wurde die Erwartung geäußert, daß 80 % der 1974 auf dem Markt befindlichen Produkte in zehn Jahren vom Markt verschwunden seien und umgekehrt zur Mitte der achtziger Jahre Produkte auf dem Markt sein werden, von denen 80 % heute noch unbekannt seien."

20 Vgl. XXII. Jahresbericht 1980 der Interfinanz Gesellschaft für internationale Finanzberatung mbH, Düsseldorf, S. 5 ff. (11 f.). Siehe auch: o.V., Interfinanz: In den Problembranchen wird verkauft, in: FAZ vom 9. 12. 1980.

21 Vgl. Albach, H., Strategische Unternehmensplanung bei erhöhter Unsicherheit, a.a.O., S. 702 f.

22 Vgl. o.V., Noch keine Entscheidung über Hoesch-Krupp-Kooperation, in: FAZ vom 19. September 1981; o.V., Auch die Ruhrstahl AG bringt keine Lösung, in: Handelsblatt vom 16. Juni 1981.

Zu den aussichtsreicheren Wirtschaftszweigen[23] gehörten Anfang der achtziger Jahre Industrien des gehobenen Lebensbedarfs für Gesundheit und Schönheit (Arzneimittel, Diätetika, Krankenhauseinrichtungen, Kosmetik), für Freizeit (Garten, Heimwerken, Spiele, Sportgeräte, Reisebedarf etc.), auch noch für Fahrzeuge. Weitere Bereiche bildeten die Investitionsgüterindustrie, soweit es sich um neue hochtechnische Erzeugnisse handelte, die Rüstungsindustrie und zum Teil die Nahrungs- und Getränkeindustrie. Wachtumsbranchen sind vor allem die Bereiche Computer und Elektronik – sowohl in der Produktion als auch bei Dienstleistungen; sie weisen allerdings wegen des raschen technischen Fortschritts nicht nur besondere Chancen, sondern – wie der Fall *Triumpf-Adler* gezeigt hat – auch besondere Risiken auf[24]. Aus den Bereichen der Dienstleistungen sind weiterhin größere Ingenieurbüros für Anlage- und Maschinenbau sowie Reinigung, Abbruch, Bewachung, Montage und Wartung zu nennen.

Charakteristisch für die Märkte ist, daß ein Verkäufermarkt schnell in einen Käufermarkt umschlagen kann. „Besitzstände" auf dem Markt halten sich schwerer als soziale Besitzstände. Allerdings gibt es für solche Entwicklungen gewisse Gesetzmäßigkeiten, die von der Betriebswirtschaftslehre in den letzten Jahrzehnten erforscht wurden.

2.2 Entwicklung und Alterung von Produkten

Industrielle Produkte haben neben der technischen eine wirtschaftliche Lebensdauer[25]. Sie hat sich im Laufe der letzten Jahrzehnte tendenziell verkürzt[26]. „Ein Produkt ‚lebt', solange es einen Markt hat."[27] Der Markt verändert sich im Zeitablauf. Er nimmt erst zu, um nach einem mehr oder weniger lang anhaltenden Boom wieder zu schrumpfen. Mit diesen Wandlungen durchläuft das Produkt seinen eigenen Lebenszyklus: Einführung, Wachstum, Reifezeit, Sättigung und Degeneration sind die im Schrifttum[28] abgegrenzten Lebensphasen;

23 Vgl. XXII. Jahresbericht 1980 der Interfinanz..., a.a.O.

24 Siehe auch: o.V., In schwierigen Zeiten ist Kreativität noch wichtiger, in: FAZ vom 3. Februar 1981: „Die Innovationsfreudigkeit sei zur Zeit am deutlichsten in den Bereichen Energieeinsparung und angewandte Elektronik zu beobachten. Hier rechnet *Angermann* auch in Zukunft mit einer gewissen Zahl von Neugründungen mittlerer Unternehmen. Trotz der zunehmenden Billigkonkurrenz aus Entwicklungsländern und Japan hat sich nach Meinung von Angermann die Erfahrung bestätigt, daß nur durch die Verwertung des vorhandenen technischen Know-how im eigenen Land ein Unternehmen auf Dauer existieren kann. Die Verlagerung traditioneller Fertigungstechniken in Niedriglohn-Länder sei dagegen empfehlenswert."

25 Vgl. Ellinger, Th., Die Marktperiode in ihrer Bedeutung für die Produktions- und Absatzplanung der Unternehmung, in: ZfhF 1961, S. 580 ff.

26 Vgl. o.V., Die Lebensdauer der Produkte sinkt, in: FZ-Blick durch die Wirtschaft vom 4. Mai 1974.

27 Freudenmann, H., Planung neuer Produkte, Diss. München 1963, S. 13.

28 Vgl. ebenda; Meffert, H., Marketing, a.a.O., S. 339 ff.

während ihres Verlaufs entwickeln sich Umsatz und Gewinn im Sinne der folgenden Darstellung[29]:

Ab. 6: Abgrenzung der Phasen des Lebenszyklus

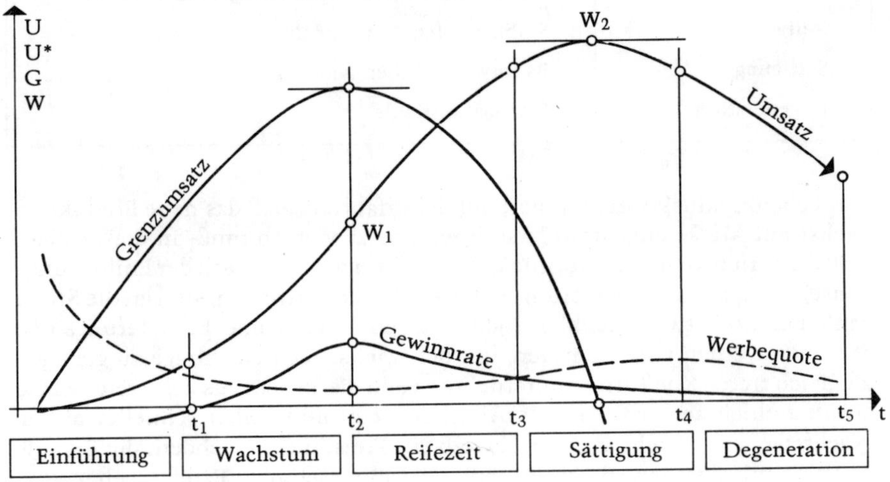

Quelle: Freudenmann, H., Planung neuer Produkte, a.a.O., S. 8.

Das Schaubild verdeutlicht, daß die zu erwartenden Produktgewinne von der Position im Lebenszyklus abhängen[30]. Tendenziell tritt der Lebenszyklus vor allem bei Konsumgütern ausgeprägt in Erscheinung. Beispiele dafür gibt es bei langlebigen Konsumgütern mit gehobenem technischen Standard wie Haushaltswasch- und -trockenmaschinen, Geschirrspülern, Schwarzweiß-, später Farbfernsehgeräten, Fotoapparaten, Taschenrechnern.

Nach Meffert[31] ließen sich (1980) für folgende Branchen Positionen im Produktionslebenszyklus abstecken:

29 Zur Problematik des Produktlebenszyklus-Konzeptes vgl. Meffert, H., Interpretation und Aussagewert des Produktlebenszyklus-Konzeptes, in: Neuere Ansätze der Marketingtheorie, Festschrift zum 80. Geburtstag von O. Schnutenhaus, hrsg. von P. Hammann, W. Kroeber-Riel und C. W. Meyer, Berlin 1974, S. 85 ff.

30 Szyperski, N., (Kritische Punkte der Unternehmungsentwicklung, a.a.O., S. 369) will neben den Produktlebenszyklus den Lebenszyklus einer Unternehmung stellen.

31 Vgl. Meffert, H., Marketing, a.a.O., S. 343.

Phase	Wirtschaftszweig
Einführung	Atomindustrie, audiovisuelle Kassettensysteme
Wachstum	Kunststoffe, Datenverarbeitung, Tourismus
Reife	Stahl, Kupfer, Automobile
Sättigung	Baumwolle, Leder, Kino
Degeneration	Eisenbahn, Kohle

Das Lebenszykluskonzept basiert auf der Erfahrung, daß das neue Produkt zunächst am Markt eingeführt und durchgesetzt werden muß; in dieser Phase sind die Serien klein und die Stückpreise ziemlich hoch. Nach der Einführungsphase, in der noch Verbesserungen des Produkts stattfinden, steigen die Stückzahlen und bei etwa gleichbleibenden Preisen die Gewinne. Erweiterungsinvestitionen werden vorgenommen, um der wachsenden Nachfrage zu genügen. Zugleich treten Konkurrenzunternehmen auf, die an dem aussichtsreichen Geschäft teilnehmen wollen. Das Angebot steigt allmählich schneller als die Nachfrage; es entsteht im Wettbewerb ein Preisdruck. Nachdem die Erstausstattung mit dem jeweiligen Produkt (Waschmaschinen, Farbfernseher usw.) erfolgt und die „Marktsättigung" eingetreten ist, geht es im wesentlichen nur noch um den Ersatzbedarf. Länder mit niedrigen Produktionskosten – z.B. ostasiatische Länder – übernehmen die Herstellung. Unternehmen, die zunächst das neue Produkt entwickelt und hergestellt hatten, lassen ihre Markenfabrikate im Ausland herstellen und erzielen dennoch keine interessanten Gewinne mehr. Weitsichtige Unternehmer verkaufen das von ihnen aufgebaute Unternehmen rechtzeitig an Großkonzerne[32], kurzsichtige warten ab, bis die Unternehmenskrise eingetreten ist und verlieren dabei die von ihnen früher erzielten und im Unternehmen für die Expansion investierten Gewinne[33].

Die Krise kann vermieden werden, indem rechtzeitig neue Produkte entwickelt werden[34]. Häufig haben allerdings Krisenunternehmen in den Bereichen Produktinnovation Fehler gemacht, indem sie Forschung und Entwicklung zu sehr vernachlässigt, ineffizient gearbeitet oder aussichtslose Projekte nicht recht-

32 Vgl. Julitz, L., Warum Hans Streif an Hochtief verkauft hat, in: FAZ vom 11. Dezember 1980: „In der offensichtlich richtigen Erkenntnis, daß das in den vergangenen Jahren schnell gewachsene Familienunternehmen auf dem Höhepunkt des Erfolges gleichzeitig an die Grenzen seiner Finanzkraft gestoßen war", suchte er nach einem finanzkräftigen Partner.

33 Die eigentlichen Verluste wirken sich in der Veränderung des Ertragswertes aus; sie sind im allgemeinen größer als die im Jahresabschluß ausgewiesenen Verluste.

34 Vgl. hierzu: Kern, W., Industrielle Produktionswirtschaft, a.a.O., S. 99 ff. mit weiteren Literaturangaben.

zeitig abgebrochen haben[35]. Schädlich kann sich auch auswirken, wenn Know-how durch großzügige Lizenzvergabe anderen Unternehmen überlassen worden ist[36].

Hat die Mehrzahl der Produkte schon die Sättigungs- oder Degenerationsphase erreicht, so ist eine „strategische Lücke", ein sogenanntes strategisches „GAP" entstanden[37]. Eine solche Situation ist für die Fortführung nicht reizvoll.

Anders kann es sein, wenn aussichtsreiche neue Produkte in der Entwicklungs- und Einführungsphase stecken geblieben sind; veraltetes Produkt-Know-how ist keinesfalls ein generelles Merkmal von Krisenunternehmen. Es kommt vor, daß Unternehmen, nachdem sie kostenintensive Forschungs- und Entwicklungsvorhaben erfolgreich abgeschlossen haben, die Durststrecke bis zum wirtschaftlichen Erfolg nicht überwinden, z.B. weil die Einführung der verbesserten Produkte gerade in eine Zeit der Rezession fällt. Neue Gesellschafter können in solchen Fällen mit der Sanierung die Früchte der Vorleistungen ernten.

2.3 Die Marktstrategie

Die Produktanalyse ist nicht nur für die Grundsatzentscheidungen über die Fortführung wesentlich, sondern auch für das Konzept der Sanierungsmaßnahmen. „Es ist mehr als eine Erfahrungstatsache, daß die Produktions- und Vertriebsprogramme vieler Unternehmen mit erfolgsschwachen Erzeugnissen belastet sind."[38] Vielfach ist zu beobachten, daß der Umsatz zum größten Teil (Kern[39] schätzt ihn auf etwa 80 %) von den gängigen Produkten (meist ca. 20 % des Verkaufsangebots) getragen wird. In solchen Fällen ist zu prüfen, ob nicht ein großer Teil der Produkte oder gar Produktfelder[40] unwirtschaftlich ist und aufgegeben werden sollte[41].

---

35 Zu dieser Problematik vgl. Kern, W., Schröder, H.-H., Forschung und Entwicklung in der Unternehmung, Reinbek bei Hamburg 1977, S. 39 ff.

36 So ist z.B. die Rettung der Fa. *Blohm KG*, Hamburg, im Jahre 1978 daran gescheitert, daß eine japanische Firma aufgrund von Lizenzen auf den Auslandsmärkten mit Blohm-Maschinen konkurrierte. Vgl. den „Bericht des Parlamentarischen Untersuchungsausschusses zur Untersuchung der Gründe für das Scheitern der Sanierung Blohm", auszugsweise in: ZIP 1980, S. 930 ff. (933).

37 Vgl. Götzen, G., Kirsch, W., Problemfelder und Entwicklungstendenzen in der Planungspraxis, in: ZfbF 1979, S. 162 ff. sowie die dort angegebene Literatur.

38 Majer, W., Zum Problem der Ermittlung bereinigungsverdächtiger Erzeugnisse in Programmen, in: BFuP 1967, S. 492 ff. (492). Zur Gestaltung von Erzeugungsprogrammen vgl. auch Kern, W., Produktionsprogramm, in: Handwörterbuch der Produktionswirtschaft, hrsg. von W. Kern, Stuttgart 1979, Sp. 1563 ff.

39 Vgl. Kern, W., Industrielle Produktionswirtschaft, a.a.O., S. 128.

40 Vgl. Marr, R., Produktfeldplanung, in: Handwörterbuch der Produktionswirtschaft, a.a.O., Sp. 1441 ff.

41 Siehe dazu auch: Grosche, K., Das Produktionsprogramm, seine Änderungen und Ergänzungen, Berlin 1967; Majer, W., Programmbereinigung als unternehmenspolitisches Problem, Wiesbaden 1969.

Um darüber einen groben Überblick zu erhalten, schlagen Fromm und Gerlinger[42] die folgende Einteilung der Produkte vor:

- eindeutig konkurrenzfähige Produkte,
- verbesserungsfähige Produkte,
- eliminierungsverdächtige Produkte,
- zweifelsfrei veraltete Produkte.

Für jedes Produkt ist zu untersuchen, ob das Unternehmen sein kritisches Standardisierungs- und Typisierungsmaß erreicht hat[43].

Die systematische Produktanalyse erstreckt sich auch auf die Position gegenüber den jeweiligen Konkurrenzunternehmen: „Wie stark ist die Position der gegnerischen Unternehmen, welchen fertigungstechnischen Stand haben sie erreicht, wie ist ihre finanzielle Lage, welche Stellung haben sie am Markt, welche Geschäftspolitik betreiben sie? Mit welchem Widerstand ist bei ihnen zu rechnen? Werden sie sich mehr passiv verhalten, oder erlaubt ihnen ihre Lage, zu preispolitischer Gegenoffensive überzugehen?"[44]

Die Aussichten für eine erfolgreiche Sanierung sind schlecht, wenn „preisstörende" und absatzhemmende Überkapazitäten in der betreffenden Branche oder ein starkes preisverzerrendes Angebot von Grenzbetrieben, die mit überalterten, bereits abgeschriebenen Anlagen arbeiten, sowie Importe aus Niedrig-Lohn-Ländern festzustellen sind[45].

Die Analyse der für den Markt interessanten Produkte ist durch marktstrategische Analysen zu ergänzen, z.B. durch die Portfolio-Analyse[46]. Sie dient der Beurteilung von Produkten unter gleichzeitiger Entwicklung strategischer Stoßrichtungen. Grundlage bilden die sog. „Portfolio-Matrizen", in denen jeweils zwei Beurteilungskriterien miteinander in Beziehung gebracht werden. Von Bedeutung sind[47]:

- das Marktwachstums-Marktanteils-Portfolio,
- das Marktattraktivitäts-Wettbewerbs-Portfolio,
- das Markt-Produktlebenszyklus-Portfolio,
- das Geschäftsfeld-Ressourcen-Portfolio,
- das Anfälligkeits-Portfolio.

---

42 Vgl. Fromm, N., Gerlinger, R., Der Aufbau einer langfristigen Unternehmensplanung, in: ZfB 1968, 2. Ergänzungsheft, S. 39 ff. (52).

43 Vgl. Kern, W., Industrielle Produktionswirtschaft, a.a.O., S. 129.

44 Gutenberg, E., Grundlagen der Betriebswirtschaftslehre, 2. Bd., Der Absatz, a.a.O., S. 307.

45 Vgl. Hasenack, W., Betriebsstillegung, in: HWB, a.a.O., Sp. 636 ff. (639).

46 Vgl. dazu u.a.: Albach, H., Strategische Unternehmensplanung bei erhöhter Unsicherheit, a.a.O., S. 703 ff.; Hinterhuber, H. H., Strategische Unternehmungsführung, 2. Aufl., Berlin-New York 1980, S. 66 ff.; Dunst, K. H., Portfolio-Management, Berlin-New York 1979; Roventa, P., Portfolio-Analyse und strategisches Management, München 1979.

47 Vgl. Albach, H., Strategische Unternehmensplanung bei erhöhter Unsicherheit, a.a.O., S. 705.

Entsprechend der Plazierung der Produkte in der Matrix werden für das strategische Verhalten des Unternehmens sog. *Normstrategien* vorgeschlagen[48]:

- Abschöpfungs- und Defensivstrategien,
- Investitions- und Offensivstrategien,
- Desinvestitionsstrategien.

Als Beispiel sei die Markt-Produktlebenszyklus-Matrix dargestellt:

Abb. 7: Markt-Produktlebens-Portfolio

<table>
<tr><td colspan="2" rowspan="3"></td><td colspan="5">Position im Produktlebenszyklus</td></tr>
<tr><td>Einführung</td><td>Ausbreitung</td><td>Marktsättigung</td><td>Verdrängung</td><td>Ende</td></tr>
<tr><td>„Kälbchen"</td><td>„Jungbulle"</td><td>„Dreschochse"</td><td>„Milchkuh"</td><td>„Schlachtvieh"</td></tr>
<tr><td rowspan="3">Marktattraktivität</td><td>hoch</td><td colspan="2">Investitionsstrategien</td><td>Wachstumsstrategien</td><td>Abschöpfungsstrategien</td><td>Desinvestitionsstrategien</td></tr>
<tr><td>mittel</td><td colspan="2">Investitionsstrategien</td><td>Defensivstrategien</td><td colspan="2">Selektive Strategien</td></tr>
<tr><td>niedrig</td><td colspan="2">Selektivstrategien</td><td colspan="2">Abschöpfungsstrategien</td><td>Desinvesitionsstrategien</td></tr>
</table>

Quelle: Kern, W., Industrielle Produktionswirtschaft, a.a.O., S. 123.

Wesentliche Schwächen der „Portfolio-Analyse" sind, daß durch die Verdichtung zahlreicher Faktoren zu Quantitäten Zeitdimension und Finanzierung nur wenig Berücksichtigung finden[49].

3. Das produktionswirtschaftliche Konzept

Grundlage bilden die Feststellungen, die man über die allgemeinen Ursachen der Krise des Unternehmens getroffen hat, sowie das Informationsmaterial der Diagnose. Die Therapie sollte auf die Produkte bzw. Produktgruppen des Absatzkonzeptes und die Daten des Finanzierungskonzeptes abgestellt sein und jeweils die Aspekte Kapazität, Qualität und Kosten berücksichtigen. Man beginnt am besten mit dem Minimalprogramm.

---

48 Vgl. Hinterhuber, H., Strategische Unternehmungsführung, a.a.O., S. 92 ff.

49 Vgl. Koch, H., Zum Verfahren der strategischen Programmplanung, in: ZfbF 1979, S. 145 ff. (154 ff.); Kern, W., Industrielle Produktionswirtschaft, a.a.O., S. 123 f.; Engeleiter, H.-J., Die Portfolio-Planung, in: BFuP 1981, S. 407 ff.

Es empfiehlt sich, nach der Methode des „Zero Base Budgeting"[50] vorzugehen und alle Kostenentstehungsbereiche von Grund auf in Frage zu stellen. Dazu gehören neben den betrieblichen Gemeinkosten – nicht zuletzt aus psychologischen Gründen – der Abbau überhöhter Gehälter bzw. Entnahmen der bisherigen Geschäftsführer/Inhaber, die Einstellung von nicht im Betrieb begründeten Zahlungen an Angehörige und sonst Nahestehende der bisherigen Inhaber sowie der Abbau nicht erforderlicher Repräsentationsaufwendungen.

3.1. Das Minimalprogramm

3.1.1 Verwaltungs- und Betriebsorganisation

Wo das Kernproblem des Krisenunternehmens in der Unzulänglichkeit der Unternehmerpersönlichkeit oder der kollektiven Geschäftsführung bestand, liegt so gut wie immer die Verwaltungs- und Betriebsorganisation im Argen[51]. Die Folgen der Desorganisation betreffen meist alle Funktionsbereiche. Die neue Geschäftsführung muß vordringlich die erforderlichen Umbesetzungen der Schlüsselstellungen vornehmen sowie die Verantwortungsbereiche neu strukturieren, um einen geordneten Ablauf herzustellen und Verlustquellen zu beseitigen[52].

3.1.2 Motivation der Mitarbeiter

Im Anlaufstadium ist die wichtigste Aufgabe, die Belegschaft zu motivieren[53], und zwar vor allem diejenigen Mitarbeiter, die Multiplikatoreffekte herbeiführen können: den Betriebsrat, die leitenden Angestellten, die Meister und Vorarbeiter. Meist ist es möglich, durch einen besseren Führungsstil[54] ein schlechtes Betriebsklima in sehr kurzer Zeit – je nach Größe des Betriebes vielleicht schon in zwei Wochen – entscheidend zu verbessern.

3.1.3 Fertigungs-Technologie und Know-how

Die Bedeutung dieses Punktes ist je nach Art der Produktion sehr verschieden; in zahlreichen Fällen sind jedoch Verfahrenstechnik und Fertigungs-Know-how entscheidend. Dann ist zu prüfen, ob der Betrieb die Technologie und die Kenntnisse hat, die für die konkurrenzfähige Herstellung der Produkte not-

50 Vgl. Meyer-Piening, A., Zero Base Budgeting als Planungs- und Führungsinstrument, a.a.O.

51 Vgl. dazu: Picot, A., Rationalisierung im Verwaltungsbereich als betriebswirtschaftliches Problem, in: ZfB 1979, S. 1145 ff.; Jordt, A., Istaufnahme, in: HWO, Sp. 790 ff.

52 Ein Reorganisationsbeispiel gibt Bleicher, K., Organisation und Führung der industriellen Unternehmung, a.a.O., S. 153 ff.; vgl. auch Nordsick, F., Rationalisierung der Betriebsorganisation, 2. Aufl., Stuttgart 1955.

53 Vgl. Baur, W., Sanierungen, a.a.O., S. 27, 52, 97; Nick, F. R., Management durch Motivation, Stuttgart, Berlin, Köln, Mainz 1974, S. 21 ff.

54 Vgl. Zepf, G., Kooperativer Führungsstil und Organisation – Zur Leistungsfähigkeit und organisatorischen Verwirklichung einer kooperativen Führung in Unternehmungen, Wiesbaden 1972.

wendig sind. Ist dies nicht der Fall, was bei Krisenunternehmen häufig zutrifft, setzt der Sanierungsbeschluß voraus, daß eine überzeugende Lösung des Problems gefunden wird.

3.1.4 Beschaffung der Roh-, Hilfs- und Betriebsstoffe

Krisenunternehmen werden häufig zu teuer, nicht termingerecht und mit minderen Qualitäten beliefert, weil sie schlecht zahlen, unregelmäßig abrufen und beim Lieferanten nicht mehr als interessante, aussichtsreiche Geschäftsverbindung gelten[55]. Sonderofferten, die der Konkurrenz zugute kommen, werden ihnen nicht unterbreitet. Die Nachteile der Beschaffungssituation lassen sich mit der Sanierung meist kurzfristig überwinden[56]; dies kann Einsparungen zur Folge haben, die bei manchen Wirtschaftszweigen 5 bis 10 % der Selbstkosten oder sogar noch mehr ausmachen.

3.1.5 Abbau überhöhter Personalkosten

Die Entlassung unproduktiver und die Beschaffung zusätzlicher qualifizierter Arbeitskräfte erfordert längere Zeit. Noch länger dauert die Umstellungszeit für Lohnsysteme und entsprechende Betriebsvereinbarungen, die das Krisenunternehmen übermäßig belastet hatten[57]. Dies trifft vor allem zu, wenn die Geschäftsführung zu schwach gewesen ist, um unberechtigten und überhöhten Wünschen und Forderungen von Betriebsrat und Gewerkschaften zu widerstehen[58].

Der Abbau überhöhter Personalkosten gehört zu den schwierigsten Sanierungsaufgaben. Voraussetzung für den Erfolg ist, ein kooperatives Verhältnis zum Betriebsrat zu schaffen. Die damit zusammenhängenden taktischen sowie die arbeitsrechtlichen Probleme, die die Handlungsfähigkeit der Geschäftsführung beschränken und hohe Mehrkosten in der Sanierungszeit erfordern, werden im XVII. Kapitel ausführlich behandelt.

3.1.6 Verbesserung der Betriebsanlagen

In der Unternehmenskrise werden häufig Ersatzinvestitionen und Instandsetzungen vernachlässigt, so daß mit der Sanierung ein Sofortprogramm für die

---

55 Vgl. auch Baur, W., Sanierungen, a.a.O., S. 190 ff.

56 Wegen Einzelheiten dazu vgl. Grochla, E., Grundlagen der Materialwirtschaft, a.a.O., S. 33 ff. mit weiteren Literaturnachweisen.

57 Wegen Einzelheiten zu den Personalmaßnahmen vgl. auch Baur, W., Sanierungen, a.a.O., S. 135 ff.

58 Zu großzügigen Zusagen lassen sich auch Unternehmer verleiten, nachdem sie das Unternehmen erfolgreich aus der Krise geführt haben. Aufschlußreich dazu: Diekhof, R., Der Spielraum wird eng, in: Manager-Magazin 10/1981, S. 40 ff. (41): „Während der vier Jahre (1976 bis 1979), als Milliarden in die *VW*-Kassen geschwemmt wurden, machte Schmücker der Belegschaft Zugeständnisse, die sich erst jetzt in den schweren Jahren voll auswirken. Extras, die jedes Jahr Hunderte von Millionen kosten, wurden zugesagt."

Anlagen verbunden werden muß. Soweit zur Beseitigung von Engpässen[59] maschinelle Anschaffungen erforderlich sind, kann es angebracht sein, sich zunächst mit gebrauchten Maschinen, die jedoch dem technischen Niveau der übrigen Anlagen entsprechen, zu begnügen.

3.1.7 Aufgabe unrentabler Produktionen

Verluste von Krisenunternehmen erklären sich häufig daraus, daß unrentable Betriebsabteilungen und Produktionen aus mangelnder Übersicht oder aus Entscheidungsschwäche mitgeschleppt werden. Die Grobanalyse kann bereits die Erkenntnis bringen, daß keine Aussicht besteht, die Verlustursachen in ökonomischer Weise durch Absatz- und Produktionsmaßnahmen zu beseitigen. Es kann daher angebracht sein, diese Produktionen aufzugeben und vielleicht auch einen Teilbetrieb stillzulegen[60].

Die im Rahmen des Minimalprogrammes vorgesehenen Einzelmaßnahmen sind jeweils mit Schätzungen der sich daraus ergebenden Ertragsverbesserungen und Liquiditätsauswirkungen zu verbinden, um sie in das Gesamtkonzept einzufügen[61].

3.2 Das Optimalprogramm

Ein anspruchsvolles Optimalprogramm ist nur sinnvoll, wenn dafür Voraussetzungen von der Absatz-, der Beschaffungs- und der Finanzierungsseite gegeben sind[62]. Dabei bestimmen die Marktchancen der Produkte die Größenordnung, die für die Produktion in Betracht kommt.

Das heißt, daß das Optimalprogramm der Produktion lang- oder mittelfristig vom Absatzkonzept her entwickelt werden muß[63]. Wichtig ist, daß neben der Zielvorstellung die Entwicklungsphasen vom Minimal-Programm bis zum Zeitpunkt der Erreichung des optimalen Betriebes wenigstens in groben Umrißen konzipiert werden. Dazu gehören Erstellung von Detailplänen, Berücksichtigung von Bauzeiten, Liefertermine für Maschinen und maschinelle Anlagen, Installationen, Einlaufzeiten neuer Produktionsverfahren, Ausbildung und Lernprozesse[64] der Arbeitskräfte, Stillegungsmaßnahmen für bestimmte Produktionen. Schwierig, aber wichtig ist die Schätzung der Umstellungsko-

---

59 Vgl. dazu Gutenberg, E., Die Produktion, a.a.O., S. 151 f., 339; Baur, W., Sanierungen, a.a.O., S. 150 ff.

60 Vgl. hierzu: Hasenack, W., Betriebsstillegung, a.a.O.; Löw, A. K., Ökonomische Probleme der teilweisen und vollständigen Stillegung, Diss. Nürnberg 1961.

61 Vgl. dazu auch Baur, W., Sanierungen, a.a.O., S. 107 ff.

62 Vgl. auch: Kreikebaum, H., Die Potentialanalyse und ihre Bedeutung für die Unternehmensplanung, in: ZfB 1971, S. 257 ff. (262 ff.).

63 Vgl. dazu: Fromm, N., Gerlinger, R., Der Aufbau einer langfristigen Unternehmensplanung, a.a.O., S. 49 ff.; Albach, H., Betriebswirtschaftliche Anforderungen an eine langfristige Unternehmensplanung, in: ZfB 1968, 2. Ergänzungsheft, S. 3 ff. (8 ff.).

64 Vgl. dazu: Baur, W., Neue Wege der betrieblichen Planung, Berlin, Heidelberg, New York 1967.

sten, die neben den Anschaffungskosten neuer Anlagen anfallen. Sie sollen durch Vollzugsplanung und revolvierende Anpassungen an Abweichungen im Rahmen gehalten werden.

4. Das finanzwirtschaftliche Konzept

4.1 Sanierungsstatus und Sanierungseröffnungsbilanz

Wie für das Absatz- und Betriebskonzept bildet für das Finanzkonzept die Bestandsaufnahme die Grundlage[65]; in ihr sind die Isterkenntnisse der Absatz- und Betriebsverhältnisse zu berücksichtigen. Das erfordert Neubewertungen der Vermögensgegenstände und Verbindlichkeiten, üblicherweise in der Form einer außerordentlichen Bilanz[66] oder eines Sanierungsstatus[67].

Im Sanierungsstatus sind die Vermögenswerte des Krisenunternehmens unter dem Gesichtspunkt der Fortführung zu bewerten[68], soweit sie nicht veräußert werden sollen. Für diese ist der Veräußerungswert einzusetzen. Bei der Betriebsübernahmegesellschaft ist der Verkaufspreis des zu übertragenden Betriebes maßgebend[69].

Der Fortführungswert ist grundsätzlich als Rekonstruktionswert zu verstehen.[70] Soweit Anlage- oder Umlaufgüter beim Krisenunternehmen bisher höher bewertet waren, sind Abwertungen (Sonderabschreibungen) vorzunehmen[71]. Unterbliebene Passivierungen sind nachzuholen. Stille Reserven, die auch beim Krisenunternehmen noch vorhanden sein können, vor allem im Grundbesitz, können Aufwertungen im Sanierungsstatus begründen[72]; allerdings ist hierbei Vorsicht geboten.

Vom Sanierungsstatus ist die Sanierungseröffnungsbilanz zu unterscheiden; ihr entspricht bei der übertragenden Sanierung die Eröffnungsbilanz des neuen Rechtsträgers, in der der Kaufpreis auf die einzelnen übernommenen Vermögensgegenstände aufzuteilen ist.

Die Eröffnungsbilanz ist bereits das Ergebnis der Vereinbarungen, die zwischen Altgesellschaftern, den Gläubigern des Krisenunternehmens, die gegebenenfalls durch den Konkurs- bzw. Vergleichsverwalter vertreten werden, und den

---

65 Vgl. Uhlenbruck, W., Sanierung und Reorganisation als drittes Insolvenzverfahren in einem künftigen Recht?, in: KTS 1981, S. 513 ff. (540).

66 Vgl. Heinen, E., Handelsbilanzen, 9. Aufl., Wiesbaden 1980, S. 453.

67 Vgl. Fluch, K., Der Status der Unternehmung, 2. Aufl., Wiesbaden 1961, S. 76 ff.

68 Vgl. ebenda, S. 78. Siehe Ausführungen S. 90 ff.

69 Meyer, J., (Konzeptionelle Probleme der Wertfindung im Rahmen des anglo-amerikanischen Sonderverfahrens zur Reorganisation von Kapitalgesellschaften nach Abschnitt X des Bankruptcy Acts, Diss. Köln 1981, S. 39) spricht von „Gesamtliquidationswert".

70 Vgl. Fluch, K., Der Status der Unternehmung, a.a.O., S. 78; Uhlenbruck, W., Sanierung und Reorganisation..., a.a.O., S. 540. Siehe Ausführungen S. 99 ff.

71 Vgl. Heinen, E., Handelsbilanzen, a.a.O., S. 454.

72 Vgl. ebenda; Kühnau, M., Sonderbilanzen, in: HWR, S. 1571 ff. (1589).

neuen Gesellschaftern getroffen worden sind[73]. Die Wertansätze sind demgemäß von gegensätzlichen Interessen der Beteiligten beeinflußt, was sich bei den Eigenkapitalanteilen und Altverbindlichkeiten auswirkt. Bei Kapitalgesellschaften wird der Bilanzverlust üblicherweise dadurch ausgeglichen, daß die Hauptversammlung bzw. Gesellschafterversammlung eine Herabsetzung des in der Satzung bzw. im Gesellschaftsvertrag fixierten Eigenkapitals beschließt. Verbunden damit wird üblicherweise eine Kapitalerhöhung.

Die Beteiligten werden hinsichtlich der steuerlichen Folgen der Wertansätze und der Kreditwürdigkeit auch ihre gemeinsamen Interessen beachten. Die Wertansätze können zwar nicht völlig willkürlich erfolgen, da sie durch die Grundsätze ordnungsmäßiger Buchführung[74], durch Vorschriften über Sachgründungen[74] und durch steuerliche Regelungen[75] begrenzt sind. Aber in diesem Rahmen besteht doch ein weites Feld des kaufmännischen Ermessens, das der Praxis weitgehend Spielraum läßt. Dies zeigen auch die Berichte über die finanzielle Sanierung von Großunternehmen. Bei der *AEG-Telefunken AG* wurden Pensionsrückstellungen von rd. 2 Milliarden DM (bei einem Eigenkapital von rd. 1,1 Milliarden DM) nicht passiviert[76].

4.2 Der Finanzbedarf

Bei der finanziellen Sanierung geht es um zwei Aufgaben:

a) Vordringlich ist die Aufgabe, die Zahlungsfähigkeit herzustellen sowie eine Überschuldung zu beseitigen, falls beim Krisenunternehmen bereits eine Insolvenzsituation vorliegt. Diese Aufgabe besteht bei der übertragenden Sanierung für die Erwerber des Betriebes natürlich nicht.

b) Um die Finanzierung des Absatz- und Betriebskonzeptes der Sanierung.

In Grenzfällen reicht die Lösung einer der beiden Aufgaben aus: Bei Unternehmen, deren Krise durch einmalige Verluste („Katastrophen") bei gesunder Leistungswirtschaft verursacht ist[77], genügt die Stärkung des Eigenkapitals und der Liquidität; bei Unternehmen, deren Krise durch eine unzulängliche Leistungswirtschaft verursacht ist, ohne daß die Verluste bereits zur Insolvenz geführt haben, genügt vielleicht schon die Finanzierung zusätzlicher Maßnahmen des Absatz- und Betriebskonzepts.

Die Ermittlung des Finanzbedarfs wird von den Verbindlichkeiten des Krisenunternehmens ausgehen, die im Rahmen der Sanierung zu tragen sind. An deren Stelle tritt bei der Betriebsübernahmegesellschaft, bei der die Sanierer des Betriebes nicht unmittelbar für die Verbindlichkeiten des Krisenunternehmens

73 Vgl. VII., VIII., XV. und XV. Kapitel.

74 Die Fragen werden ausführlich im IX. Kapitel unter Abschnitt 6 behandelt.

75 Die Probleme werden ausführlich im IX. Kapitel unter den Abschnitten 7.5 und 7.6 sowie im X. Kapitel unter Abschnitt 4.3 behandelt.

76 Vgl. Jeske, J. J., Laokoon und die Sanierer, Die *AEG* und die Banken, in: FAZ vom 3. November 1981.

77 Vgl. Ausführungen S. 21.

haften, der Kaufpreis für den Betrieb. Seine Finanzierung geschieht häufig durch (teilweise) Übernahme von Schulden des Krisenunternehmens, vor allem, soweit diese dinglich durch Gegenstände des übernommenen Betriebsvermögens gesichert sind. Insoweit gibt es Annäherungen zwischen der Sanierungs- und Betriebsübernahmegesellschaft. Der gesamte Finanzbedarf ist auf der Grundlage eines Finanzplanes zu ermitteln, dessen zeitlicher Ablauf mit den Zeitplänen des Absatz- und Betriebskonzeptes koordiniert werden muß.

Der durch das leistungswirtschaftliche Fortführungskonzept aufgeworfene Finanzbedarf setzt sich zusammen aus:

- Neuinvestitionen im Anlage- und Umlaufvermögen,
- abzüglich von Erlösen aus dem Verkauf von Vermögensgegenständen, die nach dem Sanierungskonzept nicht erforderlich sind,
- zuzüglich (abzüglich) des positiven (negativen) Perioden-Cash-flows[78] während des Sanierungszeitraumes.

Weiterer Finanzierungsbedarf entsteht, wenn Verbindlichkeiten des Krisenunternehmens aus Eigenkapital abzulösen sind.

Finanzplan und Sanierungsbilanz stehen in enger Beziehung zueinander. Bestimmte Sanierungsausgaben der Folgejahre können bzw. müssen bereits in der Sanierungseröffnungsbilanz passiviert werden, etwa Sozialplanaufwendungen, Aufwand für unterlassene Instandsetzungen von Anlagen. Sie gehen damit zu Lasten des Eigenkapitals der Altgesellschafter bzw. der Forderungen der Gläubiger. Andere Sanierungsausgaben sind später entsprechend den Grundsätzen ordnungsmäßiger Buchführung und Bilanzierung zu aktivieren und in späteren Jahren abzuschreiben. Die Entscheidung über die Bilanzierungsmethoden, mit denen natürlich das Ertragsbild der Sanierungsjahre beeinflußt wird, ist von sehr verschiedenen, zum Teil gegensätzlichen Erwägungen abhängig. Obwohl der Gesamtbedarf an Finanzmitteln davon nicht unmittelbar betroffen ist, können die Auswirkungen für die Träger der Sanierung wesentlich oder gar entscheidend sein.

4.3 Finanzierungsmaßnahmen

a) In vielen Sanierungsfällen ist der wichtigste und zugleich schwierigste Bereich der Finanzierungsmaßnahmen die *Entlastung von Verpflichtungen* des Krisenunternehmens. Die Wege der Entlastung sind:

- Erlaß, bzw. Teilerlaß von Verbindlichkeiten,
- Erlaß oder wenigstens Herabsetzung von Zinsen,
- Verlängerung der Laufzeit,
- Freigabe von Sicherheiten zwecks Erweiterung der sonstigen Kreditmöglichkeiten,
- Umwandlung von Fremdkapital in Eigenkapital,
- öffentliche Hilfen.

78 Vgl. Bischoff, W., Cash-flow und Working Capital, Schlüssel zur finanzwirtschaftlichen Unternehmensanalyse, Wiesbaden 1972, S. 37 ff.

Diese Aufgabe ist unter rechtlichen, wirtschaftlichen und positionellen Aspekten so komplex, daß sie eine besonders ausführliche Behandlung erfordert[79].

b) Den zweiten Bereich der Finanzierungsmaßnahmen bilden die *Sonderfinanzierungen* bestimmter Güter des Anlage- und Umlaufvermögens. In Betracht kommen:

- Grundstücks-Ankaufkredite, gesichert durch Grundpfandrechte,
- Leasing von Anlagegütern,
- Factoring bei Forderungen aus Lieferungen und Leistungen,
- Lieferantenkredite bei der Beschaffung von Anlagen, Vorprodukten und Vorleistungen,
- Anzahlungen der Kunden (besonders im Maschinenbau und bei Bauten).

Da es sich hierbei um allgemeine Methoden der Unternehmensfinanzierung handelt, werden die einschlägigen Probleme in dieser Arbeit nicht im einzelnen dargestellt[80]. Es sei jedoch hervorgehoben, daß Sonderfinanzierungen vielfach im Ergebnis teurer als Bankkredite sind. Das gilt vor allem für Leasing[81] und Factoring[82]. Üblicherweise stellen die Leasing-Gesellschaften nicht minder hohe Ansprüche an die Bonität der Leasing-Nehmer als die Banken bei ihren Kreditprüfungen[83]. Bei kranken Unternehmen wird die Leasinggebühr um einen Risikozuschlag erhöht[84]. Lieferantenkredite sind teurer, wenn günstige Skontimöglichkeiten verloren gehen, ansonsten normalerweise „billiger". Anzahlungen von Kunden sind besonders reizvoll. Interessant kann die Sonderfinanzierung sein, wenn dadurch der Kreditspielraum erweitert wird und wenn das Risiko eines höheren Eigenkapitalverlustes der Inhaber/Gesellschafter – das in der Sanierungssituation besonders unübersichtlich ist – dadurch vermindert wird.

79 Vgl. VII. Kapitel und den Dritten Teil.

80 Vgl. dazu u.a. Gutenberg, E., Grundlagen der Betriebswirtschaftslehre, 3. Band, Die Finanzen, 3. Aufl., Berlin, Heidelberg, New York 1969, S. 160 ff.; Hax, K., Finanzierungsarten, in: HWF, Sp. 431 ff.; Kern, W., Finanzierung durch Vermögensumschichtung, in: HWF, Sp. 1760 ff.

81 Ein Wirtschaftlichkeitsvergleich zwischen Leasing und dem Bankkredit zeigt, daß die Leasing-Finanzierung vor allem dann kostengünstiger sein kann, wenn durch Kumulation der Leasing-Raten als steuerlich abzugsfähige Betriebsausgaben zu Beginn der Investitionsperiode eine Steuerverschiebung mit entsprechenden Zinsvorteilen erzielt werden kann (vgl. Büschgen, H. E., Leasing und finanzielles Gleichgewicht der Unternehmung, in: ZfbF 1967, S. 625 ff. (634 ff.)). Der Steuerentlastungseffekt tritt jedoch nicht ein, wenn aufgrund von Verlustvorträgen in der Sanierungsphase kaum Steuern anfallen. Nach Baur, W., (Sanierungen, a.a.O., S. 161) dient Leasing bei der Sanierung vor allem der Liquiditätsverbesserung.

82 Vgl. Fischer, O., Der Einfluß von Leasing und Factoring auf Finanzstruktur und Kosten der Unternehmung, in: Kapitaldisposition, Kapitalflußrechnung und Liquiditätspolitik, hrsg. von H. Jacob, Wiesbaden 1969, S. 77 ff. (100).

83 Vgl. Gäfgen, D., Leasing in den USA, in: Leasing-Handbuch, hrsg. von K. F. Hagenmüller, 2. Aufl., Frankfurt a.M. 1968, S. 107 ff.

84 Vgl. Baur, W., Sanierungen, a.a.O., S. 161.

Zur finanziellen Entlastung verkaufen manchmal Unternehmen Güter des Anlagevermögens und „leasen", pachten oder mieten sie dann anschließend[85]. Dafür kommen vor allem Vermögensgegenstände in Betracht, die notfalls leicht anderweitig verwertet werden können. Das gilt für günstig gelegene Verwaltungsgebäude mehr als für Fabrikgebäude mit Spezialanlagen, für neuwertige Maschinen einer prosperierenden Branche mehr als für überholte Textilmaschinen.

c) *Kredite* von Kreditinstituten, Versicherungen und privaten Darlehensgebern sind bekanntlich von der allgemeinen Bonität des Unternehmens sowie von der Qualität der Kreditsicherheiten abhängig. Es macht einen ungünstigen Eindruck auf Kreditgeber, wenn die „guten" Sicherheiten bereits an andere Kreditgeber vergeben sind. Im übrigen kommt es für das Kreditpotential darauf an, daß die Kapitalstruktur – das Verhältnis von Eigenkapital, langfristigem und kurzfristigem Fremdkapital – in Ordnung ist und das leistungswirtschaftliche Konzept (Absatz- und Produktionskonzept) eine nachhaltige Rentabilität erwarten läßt.

Die Beschaffung von langfristigem Fremdkapital über die Börse durch Schuldverschreibungen (Obligationen) erfolgt selten und ist in der Sanierungssituation wenig aussichtsreich; einen größeren Anreiz können Wandelschuldverschreibungen und Optionsschuldverschreibungen bieten, da sie mit dem Recht auf Aktienbezug dem Erwerber eine zusätzliche Chance geben, von einer günstigen Entwicklung der Fortführungsgesellschaft zu profitieren [85a].

d) Zur Beschaffung neuen *Eigenkapitals* im Zuge der Sanierung wird es vielfach erforderlich sein, den Kapitalgebern besondere Vorteile einzuräumen. Das Aktiengesetz bietet z. B. dafür die Möglichkeit, Vorzugsaktien zu gewähren, die ihren Inhabern gegenüber Aktionären mit Stammaktien Vorrechte bei der Gewinnverteilung, der Stimmrechtsausübung oder der Verteilung des Liquidationserlöses gewähren[85b].

Für die Höhe des nötigen Eigenkapitals gibt es überkommene Faustregeln[86], insbesondere werden Mindestrelationen zum Anlagevermögen, zum Fremdkapital und zur Bilanzsumme gefordert[87]. In der Theorie sind die Finanzierungsregeln in Frage gestellt worden, weil sie die Aufrechterhaltung des finanziellen Gleichgewichts nicht gewährleisten könnten[88]. Eine generelle Anwendung kommt schon wegen der branchenspezifischen Unterschiede nicht in Betracht[89]. Es handelt sich allenfalls um grobe Hilfsmittel. Bei der Bemessung des

85 Vgl. o.V., Haus und Hof verkauft, in: Wirtschaftswoche Nr. 4 vom 23. 1. 1976, S. 26 ff.

85a Vgl. dazu: Wöhe, G. und Bilstein, J., Grundzüge der Unternehmensfinanzierung, München 1978, S. 156 ff.

85b Vgl. ebenda, S. 43 ff.

86 Vgl. dazu: Härle, D., Finanzierungsregeln und ihre Problematik, Wiesbaden 1961, S. 24 ff.

87 Vgl. Hauschildt, J., Bilanzpolitik und Finanzierung, in: HWF, Sp. 190 ff. (196 f.).

88 Vgl. Gutenberg, E., Die Finanzen, a.a.O., S. 277 ff.

89 Vgl. Hill, W., Finanzierungsregeln, in: HWB, Sp. 1451 ff. (1455).

Eigenkapitals kommt es schließlich auf den konkreten Einzelfall an[90]. Sandig[91] meint, daß die Regeln weniger als Richtschnur für die Finanzierung selbst von Bedeutung sind als für die Beurteilung der Finanzstruktur durch den außenstehenden Bilanzleser.

Charakteristisch ist, daß in Sanierungszeiträumen der Liquiditätsbedarf besonders starken Schwankungen unterliegt. Zunächst kann es erforderlich sein, die noch mißtrauischen Gläubiger schnell zu befriedigen. Ist die Vertrauensbasis hergestellt, kann man leichter längere Zahlungszeiträume erwirken. Weiterhin kann in der Umstellungszeit der Zahlungseingang stocken, während für Neuinvestitionen und Sanierungskosten besonders hohe Zahlungen anfallen. Möglicherweise führen diese Umstände dazu, daß im Sanierungszeitraum der Eigenkapitalbedarf höher als später ist. Es kann daher zweckmäßig sein, die Eigenkapitalausstattung in gewissem Umfange flexibel zu gestalten. Das geschieht häufig, indem neben dem festen Eigenkapital variable Eigenmittel zur Verfügung gestellt werden. Dafür kommen auch eigenkapitalähnliche „Fonds" in Betracht, vor allem Darlehen und Sicherheiten, welche die Gesellschafter oder ihre Angehörigen den Kreditgebern des Unternehmens überlassen. Allerdings läßt sich die Haftung des variablen Zusatzkapitals gegenüber Gläubigern häufig nicht ausschließen.

Seit Inkrafttreten der GmbH-Novelle vom 4. Juli 1980 kann bei der GmbH und ihr gleichgestellten Personengesellschaften im förmlichen Insolvenzverfahren der Anspruch auf Rückgewähr der eigenkapitalähnlichen Fonds nicht geltend gemacht werden, wenn anstelle von Fremdmitteln „die Gesellschafter als ordentliche Kaufleute Eigenkapital zugeführt hätten."[92] Es bleibt abzuwarten, wie diese Generalklausel ausgelegt werden wird[93]. Nach der h.M. gilt unter der Herrschaft des neuen GmbH-Rechts die Rechtsprechung des Bundesgerichtshofs weiter[94], derzufolge Darlehen oder wirtschaftlich entsprechende Leistungen, die ein Gesellschafter der GmbH oder GmbH & Co. KG zur Verfügung stellt, im Falle von Unterkapitalisierung als haftendes Eigenkapital anzusehen sind[95]. „Muß der Gesellschafter erkennen, daß die Gesellschaft in Zukunft

90 Vgl. Lohmann, M., Zur Problematik der goldenen Bilanzregel, zugleich ein Beitrag zur Anwendung des § 3 Abs. 1 des Kapitalverkehrssteuergesetzes, in: WPg 1959, S. 141 ff.

91 Vgl. Sandig, C., Finanzierung mit Fremdkapital, 2. Aufl., Stuttgart 1974, S. 58.

92 § 32 a Abs. 1 GmbHG; §§ 129 a, 172 a HGB.

93 Vgl. dazu: Büschgen, H. E., Zur Eigenkapitalausstattung der GmbH und GmbH & Co. KG, in: GmbH-Rdsch. 1974, S. 25 ff.; S. 49 ff.; Drukarczyk, J., Begrenzte Haftung, Gläubigerrisiko und Gesellschafterdarlehen, Zur Vorschrift des § 32 a im Entwurf des neuen GmbHG, in: Betriebswirtschaftslehre und Recht, Bericht von der wissenschaftlichen Tagung des Verbandes der Hochschullehrer für Betriebswirtschaft e.V. vom 17. bis 19. Mai 1978 in Nürnberg, hrsg. von A. Heigl und P. Uecker, Wiesbaden 1979, S. 107 f.; Steiner, M., Ertragskraftorientierter Unternehmenskredit und Insolvenzrisiko, a.a.O., S. 128 ff.

94 Vgl. Lutter, M., Die GmbH-Novelle und ihre Bedeutung für die GmbH, die GmbH & Co. KG und die Aktiengesellschaft, in: DB 1980, S. 1317 ff. (1321).

95 Vgl. BGH v. 13. 7. 1981 – II ZR 256/79, in: DB 1981, S. 2066 ff. (2067) mit weiteren Hinweisen auf die Rechtsprechung.

ohne seine Hilfe nicht mehr lebensfähig sein wird, so muß er ihr entweder seine Unterstützung versagen und dadurch die Liquidation herbeiführen, oder er hat, wenn er sich zur Fortsetzung seiner Hilfe entschließt, diese auf eigene Gefahr der Gesellschaft zu belassen, bis ihr Stammkapital wieder auf andere Weise gedeckt ist."[96]

VI. Kapitel
Das Fortführungspotential

1. Überblick

In rein ökonomischer Betrachtungsweise ist eine Vermögensanlage nur interessant, wenn der damit verbundene Einsatz an Kapital und vielfach auch persönlicher Leistung einen Gewinn erwarten läßt, der zumindest der besten sonstigen Alternativanlage entspricht. Handelt es sich bei der Vermögensanlage um die Beteiligung an einer Fortführungsgesellschaft, so geht es um einen Gewinn besonderer Art: Um die Realisierung des Fortführungspotentials, das als positive Differenz zwischen dem Fortführungswert und dem Liquidationswert des Krisenunternehmens zu verstehen ist.

Der Fortführungswert ist der Unternehmenswert der Fortführungsgesellschaft, der durch Verwirklichung des Fortführungskonzeptes aus dem Unternehmenswert des Krisenunternehmens geschaffen wird.

Das Fortführungspotential wird in diesem Kapitel als Gesamtvorteil der Sanierung behandelt, ohne Rücksicht, in welchem Umfange dieser Vorteil den einzelnen Gesellschaftern und Gläubigern zugute kommt und ob das Krisenunternehmen neben einer Betriebsübernahmegesellschaft oder Auffanggesellschaft daran teil hat. Dementsprechend werden sowohl der Fortführungswert als auch der Liquidationswert, mit dem beim Zusammenbruch des Krisenunternehmens zu rechnen wäre, als Bruttowerte, d.h. ohne Abzug der Verbindlichkeiten, dargestellt[1]. Es geht somit um den Brutto-Fortführungswert und um den Brutto-Liquidationswert.

Die folgenden Überlegungen über die Größen des Fortführungspotentials gelten grundsätzlich für alle Typen von Fortführungsgesellschaften; bei der Aufteilung des Vorteils der Fortführung aber entstehen erhebliche Unterschiede: Die Aussichten daran teilzunehmen sind für die Altgesellschafter und die nicht bevorrechtigten Gläubiger bei der Sanierungsgesellschaft normalerweise am

96 Ebenda, S. 2067.

1 Vgl. auch Busse von Colbe, W., Der Zukunftserfolg, Die Ermittlung des künftigen Unternehmenserfolges und seine Bedeutung für die Bewertung von Industrieunternehmen, Wiesbaden 1957, S. 100; Münstermann, H., Wert und Bewertung der Unternehmung, 3. Aufl., Wiesbaden 1970, S. 43; Sieben, G., Der Substanzwert der Unternehmung, Wiesbaden 1963, S. 30.

größten. Die Zusammenhänge zwischen Fortführungspotential, Fortführungswert und Verbindlichkeiten werden im nächsten Kapitel behandelt.

2. Der Fortführungswert

2.1 Der Fortführungswert als subjektabhängige Größe

Die Bestimmung des Fortführungswertes ist weniger eine Frage auf dem Gebiete der Investitionsrechnung als ein Spezialfall des allgemeinen Problems der Unternehmensbewertung[2], so daß für diese die Erkenntnisse der Betriebswirtschaftslehre zu nutzen[3], daneben aber die besonderen Umstände der Fortführung eines Krisenunternehmens bzw. seines Betriebes zu beachten sind.

Zu den Besonderheiten gehört, daß der Wert des Krisenunternehmens im Zeitpunkt der Sanierungsverhandlungen für den Fortführungswert relativ wenig besagt[4].

Für ihn sind nicht die Vergangenheitsdaten, sondern die künftigen Entwicklungen aufgrund der beabsichtigten Maßnahmen entscheidend. Es geht nicht um die bisherige Ertragsschwäche des Krisenunternehmens, sondern um die künftige Ertragskraft der Fortführungsgesellschaft. Deren Ziel ist nicht die kontinuierliche Erhaltung und Entwicklung der Ertragsverhältnisse, sondern die Durchbrechung der Krisensituation mit Hilfe des Fortführungskonzepts. „Hier kann die Vergangenheit nur ein sekundärer Maßstab für die Zukunft sein."[5]

Daher sind bei der Ermittlung eines Fortführungswertes zwar die Zahlen der Vergangenheit auszuwerten, vor allem aber alle Erkenntnisse heranzuziehen, die für die Verbesserung der zukünftigen Erträge sprechen[6]. Dabei sollte man sich nicht auf die Auswirkungen beschränken, die aus der Überwindung der Krisenursachen, insbesondere von finanziellen und leistungswirtschaftlichen Schwachstellen zu erwarten sind (das „Minimalprogramm")[7], sondern auch geplante strukturelle Änderungen einbeziehen[8] (das „Optimalprogramm")[9].

2 Zur Einordnung des Problems in die Unternehmensbewertung vgl. Bretzke, W.-R., Wertbegriff, Aufgabenstellung und formale Logik einer entscheidungsorientierten Unternehmungsbewertung, in: ZfB 1975, S. 497 ff. (500).

3 Vgl. hierzu allgemein: Münstermann, H., Wert und Bewertung der Unternehmung, a.a.O.; Moxter, A., Grundsätze ordnungsmäßiger Unternehmensbewertung, Wiesbaden 1976; Helbling, C., Unternehmungsbewertung und Steuern, 3. Aufl., Düsseldorf 1979.

4 Vgl. hierzu Bellinger, B., Eine Wende in der Unternehmensbewertung? – Zur Stichtagsbezogenheit jeder Unternehmensbewertung –, in: WPg 1980, S. 575 ff.

5 Mellerowicz, K., Der Wert der Unternehmung als Ganzes, Essen 1952, S. 48.

6 Grundlage der Bewertung könnte das von Moxter vorgeschlagene Konzept sein. Vgl. Moxter, A., Grundsätze ordnungsmäßiger Unternehmensbewertung, a.a.O., S. 119 ff. Siehe auch Dörner, W., Die Unternehmensbewertung, in: WP-Handbuch 1981, Düsseldorf 1981, S. 1245 ff. (1282 ff.).

7 Vgl. V. Kapitel, S. 71 f., 80 ff.

8 Vgl. Busse von Colbe, W., Der Zukunftserfolg, a.a.O., S. 147 ff.

9 Vgl. V. Kapitel, S. 72, S. 82 f.

Wie von der neueren Lehre der Unternehmensbewertung mit Recht betont wird, ist der Sanierungserfolg nicht nur von einem „objektiven" Unternehmensplan (Sanierungskonzept), sondern im entscheidenden Maße von den Subjekten abhängig, welche die Sanierung durchführen[10]. Die Entscheidung für ein bestimmtes Fortführungskonzept ist bereits eine subjektive Angelegenheit. Weiterhin ist seine erfolgreiche Realisierung abhängig von der Unternehmerpersönlichkeit, die diese Aufgabe übernimmt. Schließlich werden potentielle Gesellschafter einer Fortführungsgesellschaft mit der Beteiligung verschiedene Zwecke verfolgen und verschiedene Möglichkeiten der finanziellen und leistungswirtschaftlichen Sanierung einbringen; wichtig sind dabei Verbundeffekte (Synergien)[11], die sich aus ihrem sonstigen Geschäftsbereich für die Fortführungsgesellschaft ergeben[12].

Das bedeutet, daß verschiedene Beteiligungs- und Sanierungskonzeptionen auch zu unterschiedlichen Fortführungswerten führen. Diese subjektbedingten Werte gewinnen allerdings auch für diejenigen Interessenten Bedeutung, die auf das spezielle Konzept und seinen Fortführungswert wenig Einfluß ausgeübt haben. Sie werden zu Daten, die den Wert des Anteils aller Gesellschafter an der Fortführungsgesellschaft und die Höhe der ihnen zufließenden Erträge bestimmen. Sie können sich auch auf den Wert der Forderungen der Gläubiger und auf die zukünftige Kreditwürdigkeit der Fortführungsgesellschaft auswirken.

In diesem Sinne kann man von einem „objektiven"[13] Fortführungswert spre-

---

10 Über das Problem, ob „subjektive" oder „objektive" Unternehmenswerte zu bilden sind, wurde in der Vergangenheit ein heftiger Meinungsstreit geführt. Vgl. hierzu u.a. Münstermann, H., Wert und Bewertung der Unternehmung, a.a.O., S. 21 ff.; Engeleiter, H.-J., Unternehmensbewertung, Stuttgart 1970, S. 11; Moxter, A., Grundsätze ordnungsmäßiger Unternehmensbewertung, a.a.O., S. 37 ff.; Bretzke, W.-R., Funktionen und Folgen der Verwendung objektivistischer Wertkonventionen bei der Unternehmungsbewertung, in: WPg 1975, S. 125 ff. Versachlichend: Matschke, M. J., Funktionale Unternehmungsbewertung, Band II: Der Arbitriumwert der Unternehmung, Wiesbaden 1979, S. 20 ff.
Zwischenzeitlich wurde der Meinungsstreit zugunsten einer Funktionen-Lehre der Unternehmungsbewertung beendet und die beiden Lehren in einem umfassenderen Ansatz integriert. Vgl. Coenenberg, A. G., Sieben, G., Unternehmungsbewertung, in: HWB, 4. Aufl., Sp. 4061 ff.; Sieben, G., Schildbach, Th., Zum Stand der Entwicklung der Lehre von der Bewertung ganzer Unternehmungen, in: DStR 1979, S. 455 ff. (455); Dörner, W., Die Unternehmensbewertung, a.a.O., S. 1248 ff.

11 Vgl. dazu III. Kapitel, Abschnitt 4.2, S. 46 ff.

12 Zur Berücksichtigung von Synergieeffekten vgl. Arbeitskreis „Unternehmensbewertung im Rahmen der unternehmerischen Zielsetzung": Unternehmungsbewertung als Grundlage unternehmerischer Entscheidungen, Teil I, Grundsatzfragen, in: ZfbF 1976, S. 99 ff. (109 ff.).

13 Der Begriff „objektiver" Unternehmungswert ist nicht zufriedenstellend geklärt. Vgl. Referat Bretzke, W.-R., in: Funktionenspezifische Unternehmungsbewertung: Einigung im Streit um objektive und subjektive Wertansätze in Sicht, in: WPg 1976, S. 175 ff. (176 f.).

chen, den manche Autoren allerdings, um Mißverständnisse zu vermeiden, als „objektivierten"[14] oder „typisierten"[15] Unternehmenswert bezeichnen.

2.2 Verhältnis zum subjektiven Entscheidungswert

Vom subjektbedingten, typisierten Fortführungswert sind die subjektiven Wertvorstellungen zu unterscheiden, die für die Entscheidung von Altgesellschaftern, neuen Beteiligungsinteressenten und Gläubigern über ihre Mitwirkung an der Sanierung maßgeblich sind[16]. Dabei sind für sie folgende Aspekte wesentlich:

a) Die Kenntnis der für das Fortführungskonzept wichtigen Daten, die stets unvollständig und häufig unterschiedlich ist, sowie ihre darauf fußenden Berechnungen des „subjektabhängigen" Fortführungswertes.

b) Die Auswirkungen einer Sanierungsbeteiligung in ihrem sonstigen geschäftlichen Bereich, z.B. dort entstehende Verbundeffekte, dorthin fließende Lizenz-, Provisions- oder Honorarzahlungen der Fortführungsgesellschaft[17]. Diese Effekte können auch negativer Art sein[18].

In diesem Zusammenhang ist auch an die speziellen Renditemöglichkeiten für alternative Anlagen zu denken, bei denen die Renditen über dem beim Fortführungswert der Fortführungsgesellschaft angesetzten Kapitalisierungszinssatz liegen[19] oder die Risiken geringer sind.

c) Nicht quantifizierbare[20] und außerökonomische Faktoren (zum Beispiel nicht monetäre Ziele, irrationale und unredliche Motive). Für Altgesellschafter kann die Sorge vor strafrechtlicher Verfolgung von Konkursverbrechen beim Scheitern der Sanierung wesentlich sein.

---

14 Vgl. Dörner, W., Die Unternehmensbewertung, a.a.O., S. 1249; derselbe, Überlegungen zu Theorie und Praxis der subjektiven Unternehmensbewertung – die Funktionen des Wirtschaftsprüfers als Gutachter –, in: WPg 1981, S. 202 ff.

15 Vgl. Moxter, A., Grundsätze ordnungsmäßiger Unternehmensbewertung, a.a.O., S. 26; 30; 42.

16 Dazu: vgl. Moxter, A., Grundsätze ordnungsmäßiger Unternehmensbewertung, a.a.O., S. 28 ff.

17 Vgl. Arbeitskreis „Unternehmensbewertung im Rahmen der unternehmerischen Zielsetzung", a.a.O., S. 109 ff.

18 Vgl. Ausführungen S. 46 ff.

19 Der Kapitalisierungszinssatz entspricht bei entscheidungsorientierter Betrachtung der Rentabilität der im Entscheidungsbereich der Investoren liegenden Kapitalanlagealternativen. Es ist möglich, direkt von den Einnahme-Überschußreihen der Alternativen auszugehen: Vgl. Sieben, G., Bewertungs- und Investitionsmodelle mit und ohne Kapitalisierungszinsfuß, in: ZfB 1967, S. 126 ff.; Jaensch, G., Ein einfaches Modell der Unternehmungsbewertung ohne Kalkulationszinsfuß, in: ZfbF 1966, S. 660 ff.

20 Zur Unterscheidung von quantifizierbaren und nicht quantifizierbaren Faktoren bei der Bewertung von Beteiligungen vgl. Borschberg, E., Die Diversifikation als Wachstumsform der industriellen Unternehmung, Bern und Stuttgart 1969, S. 249 f.

Alle diese Aspekte[21] zusammen begründen einen subjektiven Wert des an der Sanierung Interessierten, den Entscheidungswert[22], bis zu dem er erforderlichenfalls bei der Vereinbarung seines Einsatzes an Kapital und Leistung gehen kann.

Grundsätzlich gibt es so viele Entscheidungswerte wie Beteiligungsinteressenten und für jeden einzelnen wiederum so viele, wie Fortführungskonzepte existieren[23]. Dies ist die Konsequenz, daß in eine derartige „subjektive" Bewertung sämtliche „Beziehungen zwischen Personen und Unternehmungen... unter voller Berücksichtigung der besonderen Verhältnisse auf beiden Seiten und ihrer gegenseitigen Abhängigkeit"[24] einbezogen werden.

2.3 Der Zukunftserfolgswert als Fortführungswert

2.3.1 Maßgebliche Größe für den Fortführungswert

Die Lehre von der Unternehmensbewertung berücksichtigt seit jeher unter der „Going-concern-Prämisse"[25] zwei Ansätze: die Bewertung nach dem Unternehmensertrag und der Unternehmenssubstanz[26]. Allerdings betrachtet die heutige Bewertungspraxis die beiden Bewertungsansätze nicht mehr als gleichwertig[27]: Der Ertragswert (Zukunftserfolgswert) gilt als der maßgebliche, der Substanzwert als Hilfswert.

Nach übereinstimmender Auffassung von Wissenschaft und Praxis kommt es beim Ertragswert auf die zukünftigen Erträge an[28]. Bei deren Abschätzung ge-

---

21 Nach Sielaff werden die subjektiven Komponenten in der Praxis erst in Sonderrechnungen, die vom „objektiven Wert" ausgehen, zur Ableitung der Entscheidungswerte berücksichtigt. Vgl. Referat Sielaff, M., in: Funktionsspezifische Unternehmungsbewertung: Einigung im Streit um objektive und subjektive Wertansätze in Sicht, in: WPg 1976, S. 175 ff. (177); Dörner, W., Überlegungen zu Theorie und Praxis der subjektiven Unternehmensbewertung..., a.a.O., S. 204 f.

22 Vgl. Matschke, M. J., Der Entscheidungswert der Unternehmung, Wiesbaden 1975, S. 23 ff.

23 Vgl. Helbling, C., Unternehmungsbewertung und Steuern, a.a.O., S. 31 f.

24 Käfer, K., Substanz und Ertrag bei der Unternehmensbewertung, in: Betriebswirtschaftliche Information, Entscheidung und Kontrolle, Festschrift für H. Münstermann, hrsg. von W. Busse von Colbe und G. Sieben, Wiesbaden 1969, S. 295 ff. (304).

25 Vgl. hierzu auch den Entwurf einer Empfehlung (7) der UEC-Kommission für Buchprüfung: Die Beachtung des Grundsatzes der Fortführung des Unternehmens („going concern"-Basis) bei der Abschlußprüfung, in: WPg 1976, S. 464 f.

26 Vgl. Käfer, K., Substanz und Ertrag bei der Unternehmensbewertung, a.a.O., S. 298 f.

27 Vgl. UEC, Entwurf einer Empfehlung (Nr. 11): „Vorgehensweise von Wirtschaftsprüfern bei der Bewertung ganzer Unternehmen", in: WPg 1977, S. 679 ff.; Dörner, W., Die neue UEC-Methode der Unternehmensbewertung, in: WPg 1977, S. 657 ff.; Arbeitskreis Unternehmensbewertung im IdW, Entwurf einer Verlautbarung: „Grundsätze zur Durchführung von Unternehmensbewertungen", in: WPg 1980, S. 409 ff.

28 Vgl. Münstermann, H., Wert und Bewertung der Unternehmung, a.a.O., S. 20 f., der das „Prinzip der Zukunftsbezogenheit" nennt.

hen die Praktiker üblicherweise von den Ergebnissen der Vergangenheit aus[29]. Außerordentliche Erträge und Aufwendungen werden eliminiert[30]; vielfach wird der so bereinigte Ertrag einiger Jahre ermittelt[31], um kurzfristige Einflüsse auszugleichen und dadurch dem nachhaltigen Zukunftsertrag näherzukommen. Im allgemeinen besteht Einvernehmen, daß beabsichtigte Investitionen und Rationalisierungsmaßnahmen bei der Ertragsermittlung berücksichtigt werden müssen[32]. Manche Autoren, die solche Gesichtspunkte hervorheben, ziehen statt Ertragswert die Bezeichnung Zukunftserfolgswert vor.

Je umfassender die beabsichtigten Änderungen einer Betriebswirtschaft sind, um so unsicherer sind meist ihre zahlenmäßigen Auswirkungen für die zukünftigen Erträge. Aus solchen Erwägungen will sich der „Arbeitskreis Unternehmensbewertung" im Institut der Wirtschaftsprüfer in seinen vorgeschlagenen Grundsätzen zur Unternehmensbewertung möglichst an die Bewertung der „vorhandenen" Ertragskraft halten[33]: „Die Bewertung der Zukunft findet ihre Grenze dort, wo Planungen aus dem Rahmen des Vorhandenen heraustreten. Maßnahmen, die eingeleitet sind, z.B. bei Investitionen, sind in die Pläne einzubeziehen. Hängt aber die Verwirklichung zukünftiger, aus dem bisherigen Unternehmensumfang heraustretender Planergebnisse erst von Ereignissen ab, deren Eintritt nicht sicher oder wahrscheinlich ist, so fehlt es an einer ausreichenden Konkretisierung. Eine Bewertung ist daher noch nicht möglich. Wo im Einzelfall die Grenze liegt, ist nach der gegebenen Sachlage vom bewertenden Wirtschaftsprüfer zu entscheiden."

Dieser Zurückhaltung gegenüber Strukturänderungen und ihren Planergebnissen steht bei Sanierungen die Notwendigkeit entgegen, für die Entscheidung über Sanierungspläne rationale Zahlenunterlagen zu verwenden. In manchen Fällen wird man dazu Zahlen aus vergleichbaren Unternehmen heranziehen können, was auch in sonstigen Fällen der Unternehmensbewertung angestrebt wird[34]. Bei Fortführungsgesellschaften sind Vergleichszahlen zur Abschätzung des Fortführungspotentials von besonderer Bedeutung.

Für die Beurteilung des Zukunftserfolgs ist weiterhin die Analyse der Produktchancen nach der voraussichtlichen Marktentwicklung wichtig[35]. Dabei

29 Vgl. Helbling, C., Unternehmungsbewertung und Steuern, a.a.O., S. 234 ff.; Moxter, A., Grundsätze ordnungsmäßiger Unternehmensbewertung, a.a.O., S. 144 ff.

30 Vgl. hierzu vor allem Dörner, W., Die Unternehmensbewertung, a.a.O., S. 1297 ff., wo die einzelnen Bereinigungsschritte dargestellt werden.

31 Nach Moxter, A., (Grundsätze ordnungsmäßiger Unternehmensbewertung, a.a.O., S. 144) „wird man mindestens zehn Jahre in die Untersuchung einbeziehen müssen". Ebenso Maul, K.-H., Unternehmensbewertung auf der Basis von Nettoausschüttungen, in: WPg 1973, S. 57 ff. (58). Nach Helbling, C., (Unternehmungsbewertung und Steuern, a.a.O., S. 236, FN 7) reicht es, 3–5 Jahre zu analysieren.

32 Vgl. Busse von Colbe, W., Der Zukunftserfolg, a.a.O., S. 147 ff.

33 Arbeitskreis für Unternehmensbewertung im IdW, a.a.O., S. 413.

34 Vgl. Moxter, A., Grundsätze ordnungsmäßiger Unternehmensbewertung, a.a.O., S. 170 ff., insb. S. 179 ff.

35 Vgl. Ausführungen S. 73 ff.

könnte der Vorschlag Webers[36] nützlich sein, das „Basisgeschäft", die in der Vergangenheit bereits belieferten Märkte und alten Produkte, und das „Neugeschäft", die möglichen neuen Märkte und Produkte, getrennt zu analysieren.

„In diesem Zusammenhang sei erwähnt, daß Planungstendenzen, die aus der psychologischen Haltung des Planenden stammen, erkannt und gegebenenfalls korrigiert werden müssen. Für den Zweck der Unternehmensbewertung dürfen Pläne keine Wunschvorstellungen zum Ausdruck bringen; sie sollen die realistischen Zukunftserwartungen ausdrücken. Bei der Aufstellung von Plänen besteht im allgemeinen auch die Neigung, die positiven Wendungen, die sich bei Negativeinflüssen der Gegenwart oder Vergangenheit auf Grund eingeleiteter unternehmerischer Maßnahmen ergeben werden, in die Planung einzubeziehen, ohne neue unvorhergesehene Negativeinflüsse ausreichend zu berücksichtigen. Das ‚Besserwerden' in den Zukunftserwartungen läßt sich zum Teil hieraus erklären."[36a]

Schließlich wirkt sich der beabsichtigte Typ der Fortführungsgesellschaft auf den Zukunftserfolgswert aus. So bedeuten z.B. steuerliche Verlustvorträge des Krisenunternehmens einen Vorteil für die Sanierungsgesellschaft und möglicherweise für die Auffanggesellschaft. Bei Betriebsübernahmegesellschaften sind die Aussichten auf öffentliche Hilfe größer. Meist verursacht die Betriebsübernahmegesellschaft zusätzliche Aufwendungen wie Grunderwerbssteuer, Gründungs- und Anlaufkosten.

2.3.2 Zur Berechnung des Zukunftserfolgswertes

Für die Berechnung des Zukunftserfolgswertes kann auf die allgemeine Theorie und Praxis der Unternehmensbewertung verwiesen werden[37]. Dort sind die Methoden der Errechnung des Zukunftserfolgswertes durch Kapitalisierung der jährlichen Einnahmeüberschüsse bzw. Gewinne mit einem Barwertfaktor sowie die damit zusammenhängenden Probleme umfassend behandelt. Darüber hinaus kommen für Unternehmen, die sich für eine Beteiligung an einer Fortführungsgesellschaft interessieren, die Erkenntnisse der Betriebswirtschaftslehre über ökonomische Verbundwirkungen bei Beteiligungserwerb in Betracht[38].

Der Zukunftserfolgswert, der – wie ausgeführt wurde – als Bruttowert des Gesamtkapitals ermittelt wird, ist zahlenmäßiger Ausdruck des zukünftigen Nutzens der Unternehmung[39]. „Der für den Gesamtwert einer Unternehmung maßgebende künftige Nutzen äußert sich für deren Käufer durch den künftigen

---

36 Vgl. Weber, B. E., Die Übernahme von Unternehmungen, a.a.O., S. 58 ff.; 79 ff.
36a Arbeitskreis für Unternehmensbewertung im IdW, a.a.O., S. 411.
37 Vgl. Sieben, G., Schildbach, Th., Zum Stand der Entwicklung der Lehre von der Bewertung ganzer Unternehmungen, a.a.O., und die dort angegebene Literatur.
38 Vgl. hierzu Ausführungen S. 46 ff.
39 Vgl. Münstermann, H., Wert und Bewertung der Unternehmung, a.a.O., S. 11 ff.

Zahlungsstrom zwischen der Unternehmung und ihm."[40] Theoretisch richtig ist es demnach, den Zukunftserfolgswert auf der Basis von Gewinnausschüttungen (Entnahmeerwartungen), Kapitaleinzahlungen und Kapitalrückzahlungen zu errechnen[41]. Die Abschätzung der künftigen Gewinnausschüttungen (Entnahmen) bereitet in der Praxis allerdings Schwierigkeiten, so daß man vielfach auf die künftigen Gewinne zurückgreift[42], die neben den Ausschüttungen auch die Thesaurierungen enthalten[43]. Beide Methoden führen nur dann zum selben Ergebnis, wenn die aus Gewinneinbehaltung finanzierten Investitionen sich zum Kalkulationszinsfuß verzinsen[44]. Nimmt man an, daß die Fortführungsgesellschaft die einbehaltenen Gewinnanteile mindestens zum Kalkulationszinsfuß anlegt, bestehen kaum Bedenken, bei der Zukunftserfolgsrechnung von künftigen Gewinnen auszugehen[45]. Da jede Budgetierung über eine gewisse Zukunft „hinaus rein spekulativen Charakter hat, ist auch jede Verfeinerung der Rechnungsart überflüssig, so lange nicht die Zukunftsplanung selbst auf bessere Grundlagen gestellt werden kann, als dies in den meisten Branchen und Unternehmungen heute der Fall ist."[46]

Wie bereits angeführt wurde, soll der Fortführungswert als Bruttowert ermittelt werden. Das erfolgt dadurch, daß Ausgaben (Kapitaldienst) für das Fremdkapital nicht berücksichtigt werden[47].

Der Fortführungswert läßt sich demnach mit folgender Formel[48] errechnen:

$$BFW_i = \sum_{t=o}^{T} G_{it}\, v^t - \sum_{t=o}^{T} K_{it}^{LS}\, v^t \qquad (1)$$

Darin bedeuten:

BFW_i Brutto-Fortführungswert auf der Grundlage des Fortführungskonzepts i

40 Derselbe, Bewertung von Unternehmungen (und Unternehmungsteilen), in: HWF, a.a.O., Sp. 168 ff. (171 f.).

41 Vgl. derselbe, Wert und Bewertung der Unternehmung, a.a.O., S. 87 ff.

42 Vgl. Helbling, C., Unternehmungsbewertung und Steuern, a.a.O., S. 90 ff.; Mellerowicz, K., Der Wert der Unternehmung als Ganzes, a.a.O., S. 148 f.

43 Vgl. Schmidt, R.-B., Die Gewinnverwendung der Unternehmung, Berlin 1963, S. 49 ff.

44 Vgl. Hax, H., Der Einfluß der Investitions- und Ausschüttungspolitik auf den Zukunftserfolgswert der Unternehmung, in: Betriebswirtschaftliche Information, Entscheidung und Kontrolle, Festschrift für H. Münstermann, a.a.O., S. 359 ff. (365).

45 Vgl. Helbling, C., Unternehmungsbewertung und Steuern, a.a.O., S. 232 f. Auch Moxter, A., (Grundsätze ordnungsmäßiger Unternehmensbewertung, a.a.O., S. 127 ff.) greift auf die Gewinn- und Verlustrechnung zurück.

46 Helbling, C., Unternehmungsbewertung und Steuern, a.a.O., S. 233.

47 Zum Einfluß der Finanzierung auf den Unternehmenswert vgl. u.a. Kirschbaum, A., Fremdfinanzierung und Wert einer Unternehmung, Wiesbaden 1967; Helbling, C., Unternehmungsbewertung und Steuern, a.a.O., S. 40 f. mit weiteren Literaturnachweisen.

48 Vgl. dazu ebenda, S. 85 ff. mit weiteren Hinweisen.

G_{it} Brutto-Gewinn (vor Abzug von Fremdkapitalaufwendungen) aufgrund des Fortführungskonzeptes i in der Periode t

K_{it}^{LS} Kapitaleinlagen zur Finanzierung des absatz- und produktionswirtschaftlichen Konzepts, vermindert um Kapitalrückzahlungen beim Fortführungskonzept i, z.B. aus Gewinnen, nicht benötigten Abschreibungen, Veräußerung von Betriebsvermögen, Liquidationserlösen etc.[49] Es wird der Einfachheit halber unterstellt, daß das Sanierungskonzept nur mit Eigenkapital finanziert wird. Wo jedoch auch Fremdkapital für die Konzeptfinanzierung in Anspruch genommen wird, muß dieses mit dem Barwert des Kapitaldienstes berücksichtigt werden[50].

v^t Barwertfaktor

Die Gleichung (1) läßt sich wie folgt vereinfacht darstellen:

(2) $BFW_i = \overline{G}_i \;./.\; \overline{K}_i$, mit

$$\overline{G}_i = \sum_{t=o}^{T} G_{it} v^t$$

$$\overline{K}_i = \sum_{t=o}^{T} K_{it}^{LS} v^t$$

Münstermann[51] weist darauf hin, daß die Bestimmung des Kalkulationszinsfußes von ähnlicher Bedeutung ist wie diejenige der Zukunftserträge. Geht man beispielsweise von einer Rendite von 8 % statt 10 % aus, so führt dies zu einer Erhöhung des Fortführungswertes um ein Viertel[52].

Vielfach legt man zur Bestimmung des Kalkulationszinsfußes den Zinssatz für langfristige Anleihen zugrunde[53] und erhöht ihn um Zuschläge zum Beispiel wegen der geringeren Mobilität der Beteiligung[54] oder zur Berücksichtigung des

49 Vgl. Kapitel V.

50 Vgl. Elmendorff, W., Thoennes, H., Einfluß der Finanzierung auf den Unternehmenswert, in: Festschrift für K. Schmaltz, a.a.O., S. 35 ff. (42 ff.).

51 Vgl. Münstermann, H., Bewertung von Unternehmungen (und Unternehmungsteilen), a.a.O., Sp. 176.

52 Der Kapitalisierungsfaktor steigt nämlich von 10 % auf 12,5 %, wenn man von einer unendlichen Unternehmensdauer ausgeht.

53 Vgl. Münstermann, H., Wert und Bewertung der Unternehmung, a.a.O., S. 67 ff.

54 Vgl. ebenda, S. 77 f.

Risikos, falls man nicht dem angenommenen Risiko in anderer Weise Rechnung trägt[55].

Die Anlehnung an den Zinssatz für festverzinsliche Anlagen liegt besonders nahe in einer Zeit, in der ihre Renditen besonders hoch und die durchschnittlichen Unternehmensrenditen weithin unter diesem Niveau liegen. Beteiligungsinteressenten, die günstigere Renditen bei Alternativanlagen erzielen können, werden dies bei der Ableitung ihres persönlichen Entscheidungswertes berücksichtigen und bei den Verhandlungen geltend machen.

Auch dann, wenn von einem bestimmten Fortführungskonzept ausgegangen wird, empfiehlt es sich wegen der Ungewißheit[56], Alternativrechnungen aufzustellen, bei denen verschiedene Annahmen für die Geschäftsentwicklung durchgerechnet werden[57]. Ein solches Vorgehen wird durch die Möglichkeiten der Computer-Simulation vor allem bei komplexen Bewertungsfällen erleichtert[58]. Alternativrechnungen ermöglichen zudem, Fortführungswerte gemäß den subjektiven Einstellungen der Interessenten zur Ungewißheit herauszubilden[59]. Dabei kommt es auf die psychologische Persönlichkeitsstruktur an: Risikoscheue Unternehmer werden sich – verunsichert durch die Krise – an den prognostizierten Minimalerfolgen orientieren. Wagemutige Unternehmer werden eher ihren Erwartungen günstigere Datenkonstellationen zugrunde legen. Man kann auch versuchen, für „repräsentative" Erfolgsreihen „subjektive Glaubwürdigkeitsziffern" zu gewinnen[60]. Mit deren Hilfe können die Barwerte der Erfolgsreihen gewichtet und zu einem „Erwartungs"-Fortführungswert verdichtet werden[61]. Moxter[62] indes wendet sich dagegen, die alternativen Erfolgsreihen auf eine einzige Erfolgsreihe zu reduzieren.

---

55 Die Verwendung frei gegriffener „Risikozuschläge" statt sorgfältiger Chancen-Risiko-Gewichtung zählt Moxter zu den sieben Todsünden des Unternehmensbewerters. Vgl. Moxter, A., Die sieben Todsünden des Unternehmensbewerters, in: Moderne Unternehmensbewertung und Grundsätze ihrer ordnungsmäßigen Durchführung, Bericht von der 1. Kölner BFuP-Tagung, Köln 1976, S. 253 ff. Vgl. auch Matschke, M. J., Der Entscheidungswert der Unternehmung, a.a.O., S. 202 ff.

56 Vgl. Laux, H., Unternehmungsbewertung bei Unsicherheit, in: ZfB 1971, S. 525 ff.; Coenenberg, A. G., Das Informationsproblem in der entscheidungsorientierten Unternehmensbewertung, in: Zeitschrift Interne Revision 1971, S. 57 ff.; Reuter, A. L., Die Berücksichtigung des Risikos bei der Bewertung von Unternehmen, in: WPg 1970, S. 265 ff.

57 Vgl. Moxter, A., Grundsätze ordnungsmäßiger Unternehmensbewertung, a.a.O., S. 137 ff.

58 Vgl. Coenenberg, A. G., Unternehmungsbewertung mit Hilfe der Monte-Carlo-Simulation, in: ZfB 1970, S. 793 ff. (798 ff.).

59 Vgl. auch zum Folgenden: Arbeitskreis „Unternehmensbewertung im Rahmen der unternehmerischen Zielsetzung", a.a.O., S. 104.

60 Zur Bildung subjektiver Wahrscheinlichkeiten vgl. Krelle, W., Preistheorie, Tübingen und Zürich 1961, S. 611.

61 Vgl. Maul, K.-H., Unternehmensbewertung bei Unsicherheit, in: WPg 1976, S. 573 ff.

62 Vgl. Moxter, A., Grundsätze ordnungsmäßiger Unternehmensbewertung, a.a.O., S. 137 ff.

In vielen Fällen von Unternehmensbewertungen ist es möglich und ausreichend, den zukünftigen jährlichen Durchschnittserfolg abzuschätzen, den man dann kapitalisiert[63]. Bei Fortführungsgesellschaften wird jedoch im allgemeinen eine Differenzierung für die Jahre der Umstellung angebracht sein[64]. Für die Übergangszeit, die bei größeren Sanierungsfällen (zum Beispiel *Neckermann Versand KGaA* und der Automobilherstellerin *Hans Glas GmbH)* auf drei Jahre veranschlagt wurde[65], ist mit geringeren Gewinnen oder gar noch Verlusten zu rechnen. Der Sanierungs- und Fortführungsplan sollte nicht nur Berechnungen und Schätzungen darüber enthalten, welches Gewinniveau man von wann an anstrebt, sondern auch die bis dahin voraussichtlich entstehenden Mindererergebnisse.

2.4 Die Bedeutung des Substanzwertes

2.4.1 Hilfswert für den Fortführungswert

Der Substanzwert stand ursprünglich bei der Unternehmensbewertung im Vordergrund[66]; er verlor in der Zeit der Kombinationsrechnungen[67] aus Substanz und kapitalisiertem Ertrag an Bedeutung und wird heute übereinstimmend von Lehre und Praxis der Unternehmensbewertung als direkte Bewertungskomponente abgelehnt[68]. Indirekt aber behält der Substanzwert insoweit

63 Vgl. Käfer, K., Substanz und Ertrag bei der Unternehmensbewertung, a.a.O., S. 309.

64 Gerade für diesen Fall kann die im Entwurf zur neuen UEC-Empfehlung Nr. 11 dargebotene Phasenmethode hilfreich sein (vgl. WPg 1977, S. 679 ff. (681)):
Phase 1: Für 1 bis max. 3 Jahre werden „Detailprognosen" für die einzelnen Jahre durchgeführt.
Phase 2: Für die weiteren 5 Jahre berücksichtigt man den Trend, der auf Grund der Entwicklung in Phase 1 zu erwarten ist, als eine jährlich durchschnittlich zu erhaltende Erfolgsziffer.
Phase 3: Grobe Schätzungen der Folgeentwicklung auf der Grundlage des Endwertes der Phase 2.

65 Vgl. o.V., Die Sanierung bei Neckermann braucht Zeit, in: FAZ vom 5. Mai 1978; o.V., BMW hat in Dingolfing eine harte Nuß zu knacken, in: FAZ vom 14. Juli 1967. Vielfach wird der Krisenmanager vor Beendigung der Sanierungsphase abberufen; vgl. dazu: o.V., Walter Cipa wird AEG-Telefunken verlassen, in: Süddeutsche Zeitung vom 5. 12. 1979.

66 So berichtet Schmalenbach, E., Finanzierungen, a.a.O., S. 28. Den Substanzwert bevorzugt u.a. Jonas, H., Zur gutachtlichen Methodik bei der Unternehmungsbewertung, in: ZfB 1955, S. 271 ff.

67 Vgl. hierzu: Jacob, H., Die Methoden zur Ermittlung des Gesamtwertes einer Unternehmung, in: ZfB 1960, S. 131 ff.; 209 ff.; Viel, J., Bredt, O., Renard, M., Die Bewertung von Unternehmungen und Unternehmungsanteilen, 3. Aufl., Stuttgart 1970, S. 25 ff.; Münstermann, H., Wert und Bewertung der Unternehmung, a.a.O., S. 113 ff.

68 Vgl. Sieben, G., Der Substanzwert der Unternehmung, a.a.O., S. 19 ff.; Münstermann, H., Wert und Bewertung der Unternehmung, a.a.O., S. 152, wonach der Substanzwert „für die Ermittlung des Gesamtwertes einer fortzuführenden Unternehmung ohne Bedeutung" ist. Mellerowicz, K., Der Wert der Unternehmung als Ganzes, a.a.O., S. 19 ff.

Bedeutung, als er Hilfsfunktionen für die Errechnung und Kontrolle des Zukunftserfolgswertes besitzt[69].

Dörner sieht die praktischen Schwierigkeiten der Bewertung von Krisenunternehmen als so groß an, „daß die Hilfswerte Substanz- und Liquidationswert besonders wichtig werden"[70], zumal bei Sanierungsfällen „meist nur ein gewisser Wertrahmen vom Bewerter genannt werden kann"[71].

Im Rahmen des US-amerikanischen Sonderverfahrens zur Reorganisation von Kapitalgesellschaften nach Abschnitt X des Bankruptcy Acts soll die künftige Ertragskraft als Kriterium dienen[72], ob ein Sanierungsplan als billig und gerecht anzusehen ist. Meyer[73] berichtet jedoch dazu, daß in der amerikanischen Reorganisationspraxis „sich die Vorstellung, die Ertragskraft sei die einzige Bestimmungsgröße für den Reorganisationswert, nicht durchgesetzt" habe. Für die Wertermittlung spiele auch die Substanz eine wichtige Rolle.

Liegt der Bruttoerfolgswert unter dem Reproduktionswert, so kommt kein besonderes Bewertungsverfahren in Betracht, sondern für den Unternehmenswert entweder der Zukunftserfolgswert oder der Liquidationswert, falls dieser höher liegen sollte[74].

Gemeinhin wird der Substanzwert als die Größe aufgefaßt, „die sich nach Neubewertung des Vermögens und der Schulden als Reproduktionskostenwert des gleichen Unternehmens ergibt."[75]

Bei Fortführungsgesellschaften handelt es sich jedoch um Unternehmen und Betriebe, die durch einschneidende Maßnahmen aus der Krisensituation herausgeführt und umgestaltet werden müssen. Demgemäß muß auch der Substanzwert, der als Rechen- und Kontrollwert dienen soll, der Substanzwert der Fortführungsgesellschaft sein. Dieser setzt sich zusammen aus den von der Fortführungsgesellschaft zu übernehmenden Substanzwerten des Krisenunternehmens sowie den Substanzwerten, die nach dem Fortführungsplan zusätz-

69 Für die Heranziehung des Substanzwertes als Hilfswert vgl. Helbling, C., Unternehmungsbewertung und Steuern, a.a.O., S. 46 f.; Käfer, K., Substanz und Ertrag bei der Unternehmensbewertung, a.a.O., S. 298 ff.; Dörner, W., Die Unternehmensbewertung, a.a.O., S. 1278 ff.; Arbeitskreis Unternehmensbewertung im IdW, a.a.O.; S. 420.

70 Dörner, W., Die Unternehmensbewertung, a.a.O., S. 1367.

71 Ebenda.

72 Vgl. Meyer, J., Konzeptionelle Probleme der Wertfindung..., a.a.O., S. 59 ff.

73 Ebenda, S. 83.

74 Schnettler, A. (Der betriebswirtschaftliche Zins, Stuttgart 1931, S. 56 ff.) macht den Vorschlag, bei der Ermittlung des Unternehmenswertes die Abschreibungen nicht nach den Rekonstruktionskosten, sondern nach den Beträgen zu bemessen, die der Käufer im Falle des Unternehmenserwerbs anzusetzen bereit wäre. Dieser Vorschlag wird in der Literatur abgelehnt, vor allem, weil wegen der höheren Wiederbeschaffungskosten die aus dem niedrigeren Übernahmepreis resultierenden Abschreibungsersparnisse für Ausschüttungen nicht verwendbar sind. Vgl. dazu Käfer, K., Substanz und Ertrag bei der Unternehmensbewertung, S. 319; Münstermann, H., Wert und Bewertung der Unternehmung, a.a.O., S. 122 f.

75 Dörner, W., Die Unternehmensbewertung, a.a.O., S. 1341.

lich erforderlich sind und noch geschaffen werden müssen. Die Vermögensgegenstände sind im ganzen wie im einzelnen somit im Hinblick auf den Wert der Fortführungsgesellschaft, nicht dagegen des Krisenunternehmens zu beurteilen. „Der Errechnung des zukunftsbezogenen Substanzwertes sind dieselben Daten zugrunde zu legen wie dem Zukunftserfolgswert."[76]

Da der Zukunftserfolgswert der Fortführungsgesellschaft als Bruttowert (Brutto-Fortführungswert) ermittelt wurde, ist selbstverständlich auch der Substanzwert als Bruttogröße, d.h. ohne Berücksichtigung der Schulden, abzuleiten.

Die Verbindung von Brutto-Substanzwert und Brutto-Zukunftserfolgswert der Fortführungsgesellschaft läßt sich nach folgendem Schema aufzeigen[77]:

- Gegenstände des betriebsnotwendigen Anlage- und Umlaufvermögens zu Rekonstruktionswerten
- Gegenstände des nicht betriebsnotwendigen Vermögens zu Liquidationswerten
- Sonstige immaterielle Unternehmenswerte, insbesondere des betrieblichen Funktionszusammenhangs (Know-how, Organisation, Ausbildung, Kundenstamm, Produktimage etc.) zu Reproduktionswerten
- ./. Sanierungslasten (z.B. Desorganisationsbelastungen, Soziallasten), latente Ertragsteuern auf stille Reserven

---

= Teilreproduktionswert des Krisenunternehmens
\+ Zusätzliche Substanzwerte der Fortführungsgesellschaft
- Sachwerte
- Immaterielles Betriebsvermögen
- Sonstige Aufwendungen für die Fortführung

./. Erlöse aus der Veräußerung betriebsneutraler Gegenstände

= Teilreproduktionswert der Fortführungsgesellschaft
\+ Goodwill

= Brutto-Fortführungswert

Der Erfolgswert des Krisenunternehmens ist charakteristischerweise ein negativer oder so niedrig, daß er unter dem Substanzwert, wenn nicht unter dem Liquidationswert liegt; statt eines Goodwill's besteht üblicherweise ein sog. „Badwill"[78]. Dies kann sich jedoch ändern, wenn der Substanzwert nunmehr im Sinne des Fortführungskonzepts beurteilt wird.

76 Sieben, G., Der Substanzwert der Unternehmung, a.a.O., S. 34.
77 Siehe auch das Schema bei Käfer, K., Substanz und Ertrag bei der Unternehmensbewertung, a.a.O., S. 345 ff.
78 Vgl. Helbling, C., Unternehmungsbewertung und Steuern, a.a.O., S. 368.

Während bei schlechter Ertragslage auf die Reproduktionskosten der Altsubstanz eine entsprechende Abwertung vorzunehmen wäre[79], kann die Bewertung nach dem Fortführungskonzept sogar Zuschreibungen zu den Buchwerten des Krisenunternehmens rechtfertigen[80].

Wo das Fortführungskonzept eine völlig anderweitige Verwendung des Betriebes vorsieht, ist der Anteil des nicht betriebsnotwendigen Vermögens, das zu Liquidationswerten zu bewerten ist, besonders groß. Es handelt sich im Grunde „um echte Liquidationsfälle, auch wenn eine geschlossene Übernahme des Unternehmens erfolgt"[81]; hier liegen daher in der Praxis „Liquidations- und Substanzwert nahe beieinander."[81]

Merret und Sykes[82] vertreten die Auffassung, eine Unternehmung mit einem Ertragswert unter dem Substanzwert dürfe nicht fortgeführt werden, weil die Erneuerung der Anlagen zu höheren Wiederbeschaffungspreisen nur vorübergehend lohnend sein könne. Hier dürfte es sich um ein Scheinproblem handeln, da ein über dem Ertragswert liegender Substanzwert ein Zeichen dafür ist, daß „Fehlinvestitionen"[83] vorliegen[84], die eine Abwertung entsprechend dem Zukunftserfolgswert erfordern. Der Zukunftserfolgswert wird richtigerweise unter Beachtung des Grundsatzes der Erfolgserhaltung[85] ermittelt, so daß definitionsgemäß eine dauerhafte rentable Fortführung möglich ist, wenn der Zukunftserfolgswert die Obergrenze für den Übernahmepreis bildet[86].

Die Substanzbewertung des Betriebsvermögens erscheint bei Gründung einer Fortführungsgesellschaft auch deshalb unerläßlich, weil nach den Grundsätzen ordnungsmäßiger Buchführung und Bilanzierung sowie den steuerlichen Bewertungs- und Bilanzierungsvorschriften die Neubewertung stets auf bestimmte Vermögensgegenstände konkretisiert werden muß[87]. Dies gilt sowohl für die Umbewertung in der Sanierungsbilanz[88] eines fortbestehenden Rechtsträgers (Sanierungsgesellschaft) wie für die Wertansätze in der Eröffnungsbilanz eines neuen Rechtsträgers (Sanierungsgesellschaft in Einzelrechtsnachfolge,

---

79 Probleme bereitet in diesem Zusammenhang die Frage, was rekonstruiert werden soll: ein gleichartiger, ein leistungsäquivalenter oder ein erfolgsgleicher Betrieb? Vgl. dazu Sieben, G., Der Substanzwert der Unternehmung, a.a.O., S. 34 ff.

80 In der handelsrechtlichen Sanierungsbilanz dürfen z.B. Zuschreibungen zur Auflösung stiller Reserven vorgenommen werden. Vgl. Adler/Düring/Schmaltz, Rechnungslegung, Anm. 73 zu § 149.

81 Dörner, W., Die Unternehmensbewertung, a.a.O., S. 1368.

82 Vgl. Merret, J., Sykes, A., The Finance and Analysis of Capital Projects, London 1963, S. 298 f.

83 Vgl. dazu Zybon, A., Fehlinvestitionen, in: HWF, Sp. 380 ff.; Rockel K., Fehlinvestitionen und ihre Prüfung, Frankfurt a.M.-Bern-Cirencester U.K. 1979.

84 Vgl. Käfer, K., Substanz und Ertrag bei der Unternehmensbewertung, a.a.O., S. 316.

85 Vgl. Dörner, W., Die Unternehmensbewertung, a.a.O., S. 1330 f.

86 Zur Kritik der Thesen von Merret und Sykes vgl. auch Käfer, K., Substanz und Ertrag bei der Unternehmensbewertung, a.a.O., S. 321.

87 Zum Grundsatz der Einzelbewertung vgl. §§ 39 Abs. 1, 2; 40 Abs. 2 HGB; Leffson, U., Grundsätze ordnungsmäßiger Buchführung, a.a.O., S. 215.

88 Vgl. Ausführungen S. 83 ff., 143 ff.

Betriebsübernahmegesellschaft und Auffanggesellschaft, soweit keine Treuhandschaft vorliegt). Die Wertansätze haben in vielfältiger Weise auch steuerliche Auswirkungen und beeinflussen damit den Zukunftserfolgswert.

Eine auf die einzelnen Vermögensgegenstände spezifizierte Substanzbewertung ist ferner erforderlich, um den Wert der dinglichen Sicherheiten der Gläubiger festzustellen. Es geht auch hier um das „Teilwertproblem"[89], welcher Anteil des vereinbarten Übernahmepreises den einzelnen Sicherungsgütern zuzurechnen ist. Die Untergrenze ist der jeweilige Verkehrswert (Liquidationswert). Darüber hinaus kommen Werte bis zu den Rekonstruktionskosten in Betracht[90].

2.4.2 Zur Berechnung des Substanzwertes

Für die Ermittlung[91] des Substanzwertes ist vor allem festzustellen, welche Vermögensgegenstände des Krisenunternehmens für die geplante Fortführung erforderlich sind. Änderungen des leistungswirtschaftlichen Programms können dazu führen, daß aus betriebsnotwendiger Substanz des Krisenunternehmens betriebsneutrale Gegenstände für die Fortführungsgesellschaft werden[92]. Es ist aber auch das Gegenteil möglich, z.B. wenn nicht vom Krisenunternehmen genutzte Grundstücksflächen oder Betriebsanlagen nunmehr betrieblich verwendet werden können.

Die nicht erforderlichen Gegenstände werden von einer Betriebsübernahmegesellschaft oder Auffanggesellschaft meist nicht übernommen; im Falle der Sanierungsgesellschaft können sie veräußert werden, so daß sie bei der Substanzbewertung der Krisenunternehmung mit dem Liquidationswert anzusetzen sind.

Zur Unternehmenssubstanz gehören nach überwiegender Auffassung auch immaterielle Werte, die in den laufenden Bilanzen nicht erfaßt sind, obwohl sie Aufwand verursacht haben, für den Geschäftserfolg wesentlich sind und für ein neues Unternehmen entsprechende Ausgaben verursachen würden[93], z.B. Werte der Organisation, der Ausbildung, des Know-how, des Kundenstamms,

89 Vgl. u.a. Jacob, H., Das Bewertungsproblem in den Steuerbilanzen, Wiesbaden 1961; Koch, H., Zur Problematik des Teilwertes, in: ZfhF 1960, S. 319 ff.; Groh, M., Künftige Verluste in der Handels- und Steuerbilanz, zugleich ein Beitrag zur Teilwertdiskussion, in: StuW 1976, S. 32 ff.

90 So auch das System der Teilwertvermutungen im steuerlichen Bewertungsrecht. Vgl. Heigl, A., Teilwert, in: HWR, Sp. 1651 ff. mit weiteren Literaturnachweisen.

91 Zu den allgemeinen Problemen der Substanzwertermittlung vgl. u.a.: Bankmann, J., Der Substanzwert, Essen 1960; Viel, J., Bredt, O., Renard, M., Die Bewertung von Unternehmungen und Unternehmungsanteilen, a.a.O., S. 42 ff.; Dörner, W., Die Unternehmensbewertung, a.a.O., S. 1341 ff.; Helbling, C., Unternehmungsbewertung und Steuern, a.a.O., S. 107 ff.

92 Vgl. hierzu ebenda, S. 115 ff.; 128 ff.

93 Vgl. ebenda, S. 132 ff.; Sieben, G., Der Substanzwert der Unternehmung, a.a.O., S. 25 ff.; Baldus, Th., Die immateriellen Werte bei der Unternehmensbewertung, in: DB 1964, S. 1381 ff.

des Produktimages etc. Schwierigkeiten bereitet es jedoch, diese Werte zu beziffern; dennoch sollte man versuchen, die Reproduktionskosten zu ermitteln, die im Rahmen des Fortführungsplans mit ihnen verbunden wären[94]. Dabei ist allerdings zu prüfen, ob diese immateriellen Güter nicht durch die Krise beeinträchtigt und bis zur Aktivierung der Fortführungsgesellschaft verloren gegangen sind.

Andererseits sind negative Komponenten des Substanzwertes, welche die Sanierung belasten, zu beziffern. Schlechte Ausbildung und Arbeitsmentalität der Arbeitnehmer, unvernünftige Lohnsysteme, übermäßige Sozialleistungen und nicht zuletzt Kündigungsschutz- und Sozialplanansprüche können bei fortgeschrittener Krise Hypotheken darstellen, die weit größer sind als die Vorteile aus der Übernahme des laufenden Betriebes. In solchen Fällen kann der Neuaufbau eines Unternehmens günstiger sein, so daß der Funktionszusammenhang des Krisenunternehmens wertlos ist.

Weiterhin sind latente Ertragsteuern als negative Korrekturgrößen zu berücksichtigen, wenn nach dem Erwerb des Unternehmens oder eines Unternehmensanteils die steuerlichen Buchwerte fortzuführen sind[95]. Dies kann beim Erwerb von Anteilen an einer Sanierungs-Kapitalgesellschaft der Fall sein, wenn nämlich die neuen Gesellschafter mit niedrigeren Abschreibungen zu rechnen haben, als den Teilwerten der einzelnen Gegenstände gemäß dem von ihnen übernommenen Einstandspreis entspricht.

Demgegenüber sind steuerliche Verlustvorträge, soweit sie noch mit künftigen Gewinnen verrechenbar sind, als Vermögensvorteil in den Substanzwert einzubeziehen[96]. Als Wertansatz kommt der Barwert der künftigen Steuerminderungen in Betracht.

Die den belasteten Teilbeträgen des verwendbaren Eigenkapitals im Sinne des § 30 Abs. 1 KStG entsprechende Körperschaftsteuer stellt für diejenigen Aktionäre oder Gesellschafter, die im Zeitpunkt der Ausschüttungen einen niedrigeren Einkommensteuersatz haben, einen Vorteil dar[97]. Dieser Vorteil wäre in ih-

94 Vgl. Schmalenbach, E., Finanzierungen, a.a.O., S. 33; Maus, N., Unternehmungsbewertung als Grundlage unternehmerischer Entscheidungen, in: Betriebswirtschaftliche Information, Entscheidung und Kontrolle, Festschrift für H. Münstermann, a.a.O., S. 381 ff. (385).

95 Vgl. zu dieser Problematik insbesondere Helbling, C., Unternehmungsbewertung und Steuern, a.a.O., S. 163 ff.; Fasold, R., Ertragsteuer auf stille Reserven bei der Unternehmensbewertung, in: DB 1971, S. 1977 ff.

96 So auch Helbling, C., Unternehmungsbewertung und Steuern, a.a.O., S. 214. A.A. BGH v. 13. 3. 1978 – II ZR 142/76, in: WPg 1978, S. 302 ff. (304).

97 Vgl. zu dieser Problematik vor allem Helbling, C., Unternehmungsbewertung und Steuern, a.a.O., S. 361 ff. Es kommt darauf an, den Barwert des erwarteten Steuervorteils zu erfassen, so wie er den Zukunftserfolgswert beeinflußt hat.
Zu den steuerlichen Aspekten vgl. Felix, G., Streck, M., Preisgestaltung und Steuervorteil bei der Übertragung von Anteilen an Kapitalgesellschaften nach der Körperschaftsteuerreform, in: DB 1976, S. 1309 ff.; Rathmann, K., Einkommensbesteuerung von gekauften Rücklagen bei Anteilsübertragungen unter der Herrschaft des KStG/EStG 1977 –, in: DB 1980, S. 800 ff.

rem Entscheidungswert zu berücksichtigen. Er stellt gewissermaßen einen Ergänzungsposten des auf sie entfallenden Substanzwertes dar.

3. Der Liquidationswert

Der Liquidationswert bildet die Wertuntergrenze eines Unternehmens[98]. Insofern determiniert er als zweite Komponente das Sanierungspotential. Er gibt an, welchen Wert das Krisenunternehmen im Falle der Abwicklung hat.

Im Zusammenhang mit der „übertragenden Sanierung" ist bereits der Fall behandelt worden, daß im Zuge der Liquidation eines Unternehmens sein Betrieb im ganzen an eine Fortführungsgesellschaft veräußert wird[99]. Im jetzigen Zusammenhang geht es nur um Fälle, in denen auch der Betrieb des Krisenunternehmens liquidiert wird, das heißt, die Vermögensgegenstände zu den jeweilig besten Bedingungen an verschiedene Erwerber gehen.

Im Gegensatz zum Substanzwert des betriebsnotwendigen Vermögens, der sich nach den Preisen des Beschaffungsmarktes bemißt, ist „der Liquidationswert... ein Preis des A b s a t z m a r k t e s"[100]. Er ist ein „Erfolgswert", bei dessen Ermittlung die Einnahmen, die erst später anfallen, abzüglich der entsprechenden Ausgaben zu diskontieren sind[101].

3.1 Die Liquidationsstrategien

Das Ergebnis der Liquidation ist einerseits von den Veräußerungserlösen der Vermögensgegenstände, andererseits von den Kosten abhängig, die mit der Liquidation selbst verbunden sind. Beide Größen sind üblicherweise günstiger, wenn die Inhaber des Krisenunternehmens selbst noch die Liquidationsstrategien bestimmen können, als wenn dies bereits auf den Konkursverwalter übergegangen ist oder die Verwertung im Zwangsvollstreckungsverfahren erfolgt.

Die Höhe des Liquidationswertes hängt nach Moxter im wesentlichen von zwei Faktoren ab, nämlich der „Zerschlagungsintensität" und der „Zerschlagungsgeschwindigkeit"[102].

---

98 Vgl. Münstermann, H., Wert und Bewertung der Unternehmung, a.a.O., S. 102, 152; Maus, N. (Unternehmungsbewertung als Grundlage unternehmerischer Entscheidungen, a.a.O., S. 387) für den Fall der Besserung der Abfindungen an ausscheidende Minderheitsaktionäre. Einschränkend demgegenüber BGH v. 17. 1. 1973 – IV ZR 142/70, in: DB 1973, S. 563 f. Zustimmend Breidenbach, B., Unternehmensbewertung: Der Liquidationswert als Wertuntergrenze, Anmerkungen zum BGH-Urteil vom 7. 1. 1973 – IV ZR 142/70, in: DB 1974, S. 104 f. Ablehnend: Meilicke, W., Die Barabfindung für den ausgeschlossenen oder ausscheidungsberechtigten Minderheits-Kapitalgesellschafter, Rechtsgrundsätze zur Unternehmensbewertung, Berlin 1975, S. 125 ff.

99 Vgl. die Ausführungen S. 30 f.

100 Münstermann, H., Wert und Bewertung der Unternehmung, a.a.O., S. 101.

101 Vgl. ebenda. Siehe auch das detailliert beschriebene System der Einflußfaktoren für den Konkurswert des Betriebes bei Plate, G., Die Konkursbilanz, a.a.O., S. 93 ff.

102 Vgl. Moxter, A., Grundsätze ordnungsmäßiger Unternehmensbewertung, a.a.O., S. 50.

Die „Zerschlagungsintensität" bestimme der „Einzelveräußerungsgrad". Je mehr Vermögensgegenstände als Einzelposten veräußert würden, um so größer sei die Zerschlagungsintensität, und um so niedriger sei üblicherweise der für die Unternehmung insgesamt zu erzielende Liquidationserlös. Je mehr es dagegen gelinge, Sachgesamtheiten zu veräußern, um so niedriger sei die Zerschlagungsintensität und um so günstiger sei im allgemeinen der zu realisierende Gesamterlös. Neben Größe und Umfang der zu verwertenden Einheiten spiele der Zeitfaktor, die „Zerschlagungsgeschwindigkeit" eine bedeutende Rolle. Im allgemeinen seien die Ergebnisse besonders niedrig, wenn die Liquidation unter Zeitdruck erfolge.

Dagegen ist jedoch anzumerken, daß die Verbindung von niedriger Zerschlagungsintensität und hoher „Zerschlagungsgeschwindigkeit", die für Konkursverfahren charakteristisch ist, erfahrungsgemäß zu einem besonders niedrigen Ergebnis führt. Aus Zeitknappheit und mangelnder Marktübersicht neigen Konkursverwalter dazu, die Vermögensgegenstände pauschal, in „Partien", an Käufer abzugeben, die vielfach den Einzelverkauf an spezielle Interessenten übernehmen. Für hochwertige Spezialanlagen werden auf diese Weise manchmal nur Schrottwerte erzielt[103].

Dem steht gegenüber, daß ein mit den Branchenverhältnissen vertrauter Verkäufer – z.B. der Inhaber oder Einkaufsleiter des Krisenunternehmens – die für die einzelnen Gegenstände in Betracht kommenden Käufer häufig kennt und bei der Einzelveräußerung bessere Ergebnisse erzielen kann. Dieses Verfahren erfordert jedoch mehr Zeit und Arbeitseinsatz.

R.-B. Schmidt[104] beschreibt die Absatzliquidation, bei der „die Anlagen nicht mehr erneuert werden, die Produktion aber so lange weiterläuft, bis die vorhandenen Anlagen weitgehend verschlissen sind." In der Praxis entstehen dabei jedoch große Schwierigkeiten. Bei Industrieanlagen stellt sich beim Ausfall jeder betriebsnotwendigen Anlage die Frage, ob sich die Anschaffung einer Ersatzanlage mit längerer Nutzungszeit als derjenigen der noch betriebsfähigen Anlagen noch lohnt. Produkte, bei denen Service und Ersatzteilreservierung wichtig sind, sind schwer absetzbar, wenn die Käufer über das Fortbestehen des Betriebs Zweifel haben. Schwierig ist es zudem, das für die Absatzliquidation erforderliche Personal zusammenzuhalten.

Häufiger dürften daher die Fälle sein, in denen nur noch die auf Lager befindlichen Roh-, Hilfs- und Betriebsstoffe verarbeitet und unfertige Erzeugnisse fertiggestellt und marktreif gemacht werden. Bei Handelsunternehmen wird es oft noch möglich sein, die Lagerbestände in branchenüblicher Weise abzusetzen.

103 Das von Plate, G. (Marketing in der Konkursabwicklung, in: KTS 1980, S. 101 ff.) beschriebene absatzpolitische Instrumentarium wird oftmals vom Konkursverwalter nicht genutzt, da eine möglichst schnelle, reibungslose Abwicklung Vorrang hat. Vgl. dazu auch: Stüdemann, K., Die Haftung des Konkursverwalters bei Fortführung des Unternehmens – Ein Beitrag zur Reform der Konkursabwicklung – in: WPg 1978, S. 413 ff. (417 ff.).

104 Schmidt, R.-B., Die Variation der Kapazität im Liquidationsprozeß der industriellen Unternehmung, in: ZfB 1961, S. 689 ff.

3.2 Zur Berechnung des Liquidationswertes

Die zahlenmäßige Erfassung des Liquidationswertes ist im allgemeinen ebenso schwierig wie diejenige des Fortführungswertes[105]. Wie problematisch die Abschätzung der Liquidationserlöse in der Praxis ist, geht aus der nachstehenden Gegenüberstellung der Taxpreise mit den Auktionspreisen, die bei der Verwertung der Schlieker Werft im Jahre 1963 erzielt worden sind, hervor[106]:

Objekt	Taxpreise	Auktionspreise
Eine hochleistungshydraulische Abkantpresse	DM 500.000	DM 160.000
Ein Projektor	DM 90.000	DM 7.000
Ein Halbportalkran	DM 55.000	DM 3.500

Ebenso unsicher ist die Schätzung der eigentlichen Liquidationskosten. Einen Überblick über die in Betracht kommenden Aufwandsarten gibt die folgende Aufstellung[107]:

- Abbruchkosten
- Beseitigungskosten nicht veräußerlicher Güter (z.B. Giftfässer)
- Verkaufskosten (z.B. für Makler, Versteigerer, Anzeigen)
- Transportkosten
- Soziallasten (wegen Kündigungsschutz und Sozialplan)
- Steuern
- Rechts- und Beratungskosten
- evtl. Kosten des Insolvenzverfahrens
- Zinsverluste für die Abwicklungszeit.

Die dargestellte Statistik[108] der Insolvenzverluste zeigt, welches Schicksal die Krisenunternehmen im Falle der Liquidation in der Mehrzahl erleiden.

4. Die Entwicklung des Fortführungspotentials während der Krise

Sowohl der Brutto-Fortführungswert als auch der Brutto-Liquidationswert sinken erfahrungsgemäß mit fortschreitender Krise:

a) Die Minderung des Fortführungswertes erklärt sich dadurch, daß in einem späten Krisenstadium ein bestimmtes leistungswirtschaftliches Potential nur mit höherem Einsatz an Kapital und Leistung zu erzielen ist als bei einem früheren Stadium. Denn die Folgen leistungswirtschaftlicher Fehlentscheidun-

105 Zum Unsicherheitsproblem vgl. Plate, G., Die Konkursbilanz, a.a.O., S. 175 ff.
106 Vgl. o.V. Das Interesse bleibt anonym, in: FAZ vom 31. Oktober 1963.
107 Vgl. hierzu auch Förster, W., Die Liquidationsbilanz, Köln 1972, S. 31 ff.
108 Vgl. I. Kapitel, S. 13 ff.

gen, des um sich greifenden Vertrauensschwundes bei den Abnehmern[109] und der sich verstärkenden Demotivation im Personalbereich[110] lassen sich viel schwerer beheben, je länger die Krise andauert und deren Bekämpfung aufgeschoben wird.

Nach Plate[111] weisen Krisenunternehmen im fortgeschrittenen Stadium der Krise „vielfach eine vollständig anders geartete Vermögenszusammensetzung auf als wirtschaftlich gesunde, erfolgreich im Marktgeschehen agierende Betriebe", weil aus Liquiditätsgründen schließlich sogar betriebsnotwendige Vermögensteile veräußert werden[112] und die zur Erhaltung der „wirtschaftlichen Leistungsfähigkeit"[113] erforderlichen Investitionen unterbleiben.

b) Der als Bruttogröße errechnete Liquidationswert sinkt, weil Werte und Bestände des materiellen und immateriellen Vermögens abnehmen, sei es als Folge des Substanzverzehrs, oder sei es als Folge von Schuldenzahlungen. Zusätzliche Verluste treten im Stadium des Konkurses infolge ineffizienter Verwertungsstrategien und infolge zusätzlicher Verwertungskosten ein.

Aus der Verringerung von Brutto-Fortführungswert und Substanzwert kann sich sogar eine Erhöhung des Fortführungspotentials ergeben, dann nämlich, wenn der Wertabfall des Liquidationswertes im Rahmen der Insolvenz größer ist als derjenige des Fortführungswertes.

Eine mögliche Entwicklung von Fortführungswert, Liquidationswert und Fortführungspotential zeigt die nachstehende Abbildung:

Abb. 8: Entwicklung von Fortführungswert, Liquidationswert und Fortführungspotential

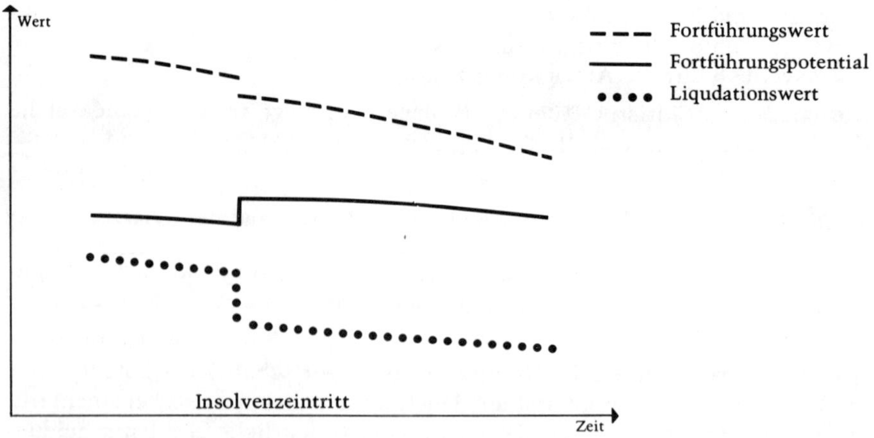

109 Vgl. Albach, H., Der Kampf ums Überleben, a.a.O., S. 17 f.
110 Vgl. Baur, W., Sanierungen, a.a.O., S. 78 ff.
111 Plate, G., Die Konkursbilanz, a.a.O., S. 99.
112 Vgl. Ausführungen S. 193.
113 Vgl. Schneider, D., Investition und Finanzierung, Köln-Opladen 1970, S. 208 ff.

Daß in dem vorstehenden Schaubild die Kurve des Liquidationswertes nicht bis zum Nullpunkt verläuft, erklärt sich daraus, daß sich unter den Bestandteilen des Liquidationswertes Sicherungsgüter wie Betriebsgrundstücke nebst Zubehör befinden; daher ist der Brutto-Liquidationswert selbst dann positiv, wenn das Unternehmen total überschuldet ist, und daher kein freies Vermögen mehr vorhanden ist.

VII. Kapitel

Bedeutung der Altverbindlichkeiten für das Zustandekommen der Fortführungsgesellschaft

1. Die Ausgangssituation

Selbst ein hohes Fortführungspotential kann für die Fortführungsgesellschaft uninteressant sein, wenn es so stark durch Gläubigeransprüche des Krisenunternehmens belastet ist, daß die der Fortführungsgesellschaft verbleibende Rendite nicht ihren Anforderungen genügt. In solchen Fällen ist die Rettung des Unternehmens oder seines Betriebes nur möglich, wenn es gelingt, eine ausreichende Entlastung von Altverbindlichkeiten zu erreichen.

Es sind drei Ausgangssituationen zu unterscheiden:

a) Das Krisenunternehmen hat zwar Verluste erlitten, die einen Teil des Eigenkapitals aufgezehrt haben, aber es liegt keine Überschuldung vor. Dann ist eine Entschuldung nicht erforderlich. Auch werden die Gläubiger kaum bereit sein, auf einen Teil ihrer Forderungen zu verzichten. Vielleicht ist es jedoch möglich und zweckmäßig, ein Moratorium mit einem Teil der Gläubiger zu vereinbaren. Es liegt nahe, die Sanierung durch eine Sanierungsgesellschaft anzustreben, falls nicht die Altgesellschafter, entmutigt durch ihre Mißerfolge oder aus sonstigen Gründen, den Verkauf ihres Betriebes an eine Betriebsübernahmegesellschaft vorziehen.

b) Das Krisenunternehmen ist überschuldet. Es kann für die Fortführungsgesellschaft unter Umständen trotzdem angebracht sein, auf eine Schuldenentlastung zu verzichten. Möglicherweise wird dies mehr als ausgeglichen durch Vorteile aus der Beschleunigung des Sanierungsbeginns und durch Ersparnisse von Kosten und Nachteilen, die mit einem Schuldenregulierungsverfahren verbunden wären. Die Fortführungsgesellschaft beteiligt in diesem Falle die Gläubiger des Krisenunternehmens am Fortführungspotential, sie hat allerdings auch gute Möglichkeiten, den weiteren Verfall des Brutto-Fortführungswertes zu vermeiden. Diese Überlegungen gelten unmittelbar für die Sanierungsgesellschaft. Aus analogen Gründen kann es im Interesse einer Betriebsübernahmegesellschaft liegen, einen Kaufpreis zu bewilligen, der zur Befriedigung der Gläubiger ausreicht.

c) In Sanierungssituationen dürften die Fälle überwiegen, in denen die Überschuldung so hoch ist, daß eine finanzielle Entlastung der Fortführungsgesellschaft erforderlich ist. Da der Brutto-Fortführungswert der Wert ist, der den Gesellschaftern der Fortführungsgesellschaft und den Gläubigern des Krisenunternehmens zusammen zukommt, läßt sich die Situation wie folgt ausdrücken:

(3) $$BFW_i = W\,(FK) + NFW_i$$

Darin bedeuten:

W (FK): Wert der Verbindlichkeiten
NFW_i: Netto-Fortführungswert = Wert des Kapitals der Gesellschafter

Durch Umformung erhält man:

(4) $$NFW_i = BFW_i \;./.\; W(FK)$$

Eine Fortführungsgesellschaft wird nur zustande kommen, falls die Last der Verbindlichkeiten in Relation zum Fortführungswert nicht zu hoch ist.

Aus der Sicht der Fortführungsgesellschaft erscheint eine Sanierung nicht sinnvoll, wenn Gleichung (4) negativ ist:

$$NFW_i \geqq O$$

Bei den Verbindlichkeiten kommt es selbstverständlich nicht auf den Nominalbetrag an. Anzusetzen ist vielmehr der „ökonomische Wert" der Verbindlichkeiten, der nach entsprechenden Gesichtspunkten zu ermitteln ist wie der Bruttofortführungswert, d.h. als Barwert der mit den Verbindlichkeiten verbundenen Zahlungen[1]. Maßgeblich für den Netto-Fortführungswert ist die Veränderung des Brutto-Fortführungswertes durch den zu leistenden Kapitaldienst für die Verbindlichkeiten.

In den Wert der Verbindlichkeiten sind auch die „ungewissen Verbindlichkeiten" einzubeziehen, die man im Zuge der Sanierungsüberlegungen entweder klären oder notfalls schätzen muß. Dazu gehören u.a. Leistungsverpflichtungen aus der Abwicklung von laufenden Geschäften, nicht im Rechnungswesen erfaßte Soziallasten, Prozeßrisiken, Steuerrisiken, etwa durch Haftungstatbestände.

Aus der Gleichung (4) ist zu ersehen, daß ein für die Fortführungsgesellschaften befriedigender Netto-Fortführungswert (NFW_i) sowohl durch Verringerung des Werts der Verbindlichkeiten W(FK) als auch durch Erhöhung des BFW_i denkbar ist. In diesem Zusammenhang ist vor allem an eine Entlastung von Sanierungsausgaben zu denken. Ohnehin ist die Abgrenzung von Verbindlichkeiten und Sanierungsausgaben weitgehend zweifelhaft. Man kann z.B. Soziallasten der

1 Vgl. Elmendorff, W., Thoennes, H., Einfluß der Finanzierung auf den Unternehmenswert, a.a.O., S. 42 ff.; Sieben, G., Der Einfluß geplanter, bezüglich der Finanzierungsquellen von dem Bewertungsobjekt freier oder an das Bewertungsobjekt gebundener Kapitalzuführungen auf den Gesamtwert der Unternehmung, in: Aktuelle Fragen der Unternehmensfinanzierung und Unternehmensbewertung, Festschrift für K. Schmaltz, hrsg. von K.-H. Forster und P. Schumacher, Stuttgart 1970, S. 181 ff. A.A. Moxter, A., Grundsätze ordnungsmäßiger Unternehmensbewertung, a.a.O., S. 164 ff. Siehe auch das Beispiel S. 113 ff.

Sanierung in der Sanierungsbilanz passivieren oder sie als Aufwendungen der Fortführungsgesellschaft betrachten, die deren Gewinne und damit den Brutto-Fortführungswert mindern. Geht es um die finanzielle Entlastung der Fortführungsgesellschaft als Vorbedingung für deren Zustandekommen, so sind in die Überlegungen über das Ob und das Wie daher sowohl die Verbindlichkeiten als auch die Sanierungsaufwendungen einzubeziehen.

2. Schuldenentlastung in Abhängigkeit vom Typ der Fortführungsgesellschaft

Die Positionen und Chancen, welche die verschiedenen Typen der Fortführungsgesellschaft bei der Entlastung von Verbindlichkeiten bieten, unterscheiden sich wesentlich. Ihre verschiedenen Rechtsgrundlagen bedingen verschiedene Kalküle und Methoden des Vorgehens[2]:

a) Auf die *Sanierungsgesellschaft* gehen die Verpflichtungen des Krisenunternehmens im ganzen über, wenn nicht vorher die Reduzierung im Wege von Vergleichsvereinbarungen mit den Gläubigern des Krisenunternehmens durch Stundungen, Erlasse, Zinsermäßigungen u. ä. zustande kommt. Zugeständnisse werden vor allem die Gläubiger machen, die ohne Zustandekommen der Sanierungsgesellschaft, bei Liquidation des Krisenunternehmens, einen noch geringeren Teil ihrer Forderungen realisieren könnten. Dies trifft weniger auf gut gesicherte Gläubiger als auf die eigentlichen Konkurs- und Vergleichsgläubiger zu.

b) Bei der *Betriebsübernahmegesellschaft* kommt es auf das Verhältnis zwischen Brutto-Fortführungswert und Kaufpreis des Betriebes an. Im Insolvenzverfahren ist der Kaufpreis das Verhandlungsergebnis zwischen Verwalter und Sonderrechtsgläubigern auf der einen Seite und den Interessenten der Betriebsübernahmegesellschaft auf der anderen Seite. Er wird im allgemeinen mindestens dem Ergebnis entsprechen, das bei der nächst besten Verwertungsalternative zu erzielen wäre, sei es ein anderes Kaufangebot für den Betrieb, sei es die Liquidation.

Der Kaufpreis wird sich in der Regel aus mehreren Komponenten zusammensetzen. Zu berücksichtigen sind neben dem Barteil an den Verwalter auch Barzahlungen an Sonderrechtsgläubiger und/oder übernommene Verpflichtungen und Haftungen. Diese können dazu führen, daß die Probleme der Schuldenentlastung des Krisenunternehmens weithin auf die Betriebsübernahmegesellschaft übergehen. Daher wird die Betriebsübernahmegesellschaft meist auf außergerichtliche Vergleichsvereinbarungen mit den Berechtigten angewiesen sein.

c) Bei der pachtenden *Auffanggesellschaft* können die ein dauerhaftes Engagement suchenden Neugesellschafter ihre Renditewünsche nur dann verwirklichen, wenn der Brutto-Fortführungswert den Barwert der Pachtzahlungen und den Barwert der bei Ablauf der Pacht noch verbleibenden Verbindlichkeiten

2 Siehe dazu ausführlich III. Teil, S. 203 ff.

übersteigt. Notfalls muß auch hier im Wege von Erlassen, Moratorien, Zinsreduktionen u.ä. die erforderliche Herabsetzung der Altverbindlichkeiten angestrebt werden.

Die Übernahme-Auffanggesellschaft und die Auffanggesellschaft mit Zweifach-Option müssen darauf bedacht sein, außer den Optionsbedingungen mit dem Verkäufer auch mit den Sonderrechtsgläubigern und den Haftungs-Berechtigten notwendige entlastende Vereinbarungen zu treffen.

3. Variten der Entlastung

Die angestrebte Entlastung von Verpflichtungen des Krisenunternehmens kann in recht verschiedener Weise erfolgen. Vielfach ist der Fortführungsgesellschaft schon gedient, wenn bei Ansprüchen, deren Höhe in weiten Grenzen unbestimmt sind, die Unsicherheit begrenzt wird, indem der Berechtigte einen akzeptablen Höchstbetrag festlegt. In Betracht kommen dafür zum Beispiel Ansprüche auf Schadensersatz aus Produzentenhaftung, Nachteilsausgleich im Sozialplan, strittige Steuerforderungen[3] und -haftungen.

Vor allem aber kommt es darauf an, den Wert der Verbindlichkeiten endgültig zu verringern[4], wobei – wie ausgeführt wurde – nicht die Nominalbeträge, sondern der Barwert entscheidend ist. Ist zum Beispiel ein Gläubiger aus steuerlichen oder psychologischen Gründen – weil er seinen Kredit bei Dritten erhalten oder sein „Gesicht" wahren will – nicht bereit, der Herabsetzung des Nominalbetrages zuzustimmen, so kann die Fortführungsgesellschaft einen ähnlichen wirtschaftlichen Erfolg vielleicht dadurch erzielen, daß die Schuld längerfristig (zinslos) gestundet oder ein besonders niedriger Zinssatz (bei Verlängerung der Tilgungsdauer) vereinbart wird. Auch die Aufgabe von Sicherheiten des Gläubigers kann ein erheblicher Vorteil für die Fortführungsgesellschaft sein, wenn sie sich dadurch zusätzliche Fremdmittel beschaffen kann.

Gelingt es, Zahlungstermine wesentlich hinauszuschieben, so kann dies unter Umständen zur Folge haben, daß die Fortführungsgesellschaft mit einem geringeren Eigenkapital auskommt, was die Kapitalbeschaffung erleichtert und das Risiko der nicht selbst haftenden Gesellschafter mindert.

Manchmal erklären sich Gläubiger bereit, ihre Forderungen ganz oder teilweise in Eigenkapital umzuwandeln. Kurzfristig fälliges oder über einen längeren Zeitraum zu bestimmten Terminen rückzahlbares Fremdkapital wird in Beteiligungskapital überführt, das der Unternehmung nunmehr unbefristet zur Verfügung steht[5]. Zwar erlangt die Fortführungsgesellschaft damit keine neuen liquiden Mittel, doch werden die Aussichten, neues Fremdkapital zu beschaffen, meist verbessert, vor allem wenn durch die Umwandlung Sicherheiten frei werden. Mit der Umwandlung von Verbindlichkeiten in Eigenkapital sind al-

3 Dazu kann unter Umständen eine steuerliche Außenprüfung angeregt werden.
4 Vgl. zu den Fremdkapitalmaßnahmen auch Deutsch, P., Grundfragen der Finanzierung, a.a.O., S. 136 ff.; Vormbaum, H., Finanzierung der Betriebe, a.a.O., S. 411 f.
5 Vgl. Deutsch, P., Grundfragen der Finanzierung, a.a.O., S. 136 f.

lerdings schwierige insolvenz-, steuer- und gesellschaftsrechtliche Probleme verbunden[6].

Die Herabsetzung des Werts der Verbindlichkeiten kann mit der Vereinbarung von Zusatzzinsen bei guter späterer Ertragslage der Fortführungsgesellschaft oder mit einer Option auf späteren Eintritt in die Fortführungsgesellschaft verbunden werden. Ein beliebter Ausweg bei schwierigen Vergleichsverhandlungen ist die Vereinbarung von Besserungsklauseln[7]; sie macht es Gläubigern, die der Fortführungsgesellschaft spätere hohe Gewinne auf ihre Kosten nicht gönnen, leichter, der Fortführungsgesellschaft in der kritischen Situation entgegenzukommen.

Die Auswirkungen der verschiedenen Gläubigerhilfen auf den ökonomischen Wert sollen anhand des folgenden Beispiels veranschaulicht werden:

Beispiel:

Die fälligen Verbindlichkeiten des Krisenunternehmens betragen DM 12.000.000,–. Dieser Gesamtbetrag kann in sechs gleichhohe Darlehen von jeweils DM 2.000.000,– mit folgenden Konditionen umfinanziert werden:

(1) Das Darlehen ist sofort aus Einlagen zurückzuführen;
(2) das Darlehen ist in den nächsten zehn Jahren in gleichbleibenden Annuitäten bei einem Zinssatz von 7% nachschüssig zurückzuführen;
(3) wie unter (2), die Armortisationszeit wird jedoch auf 15 Jahre verlängert;
(4) wie unter (2), allerdings wird der Armortisationsdauer von zehn Jahren eine zins- und tilgungsfreie Zeit von drei Jahren vorgeschaltet;
(5) wie unter (4), nur die ersten Jahre sind tilgungsfrei;
(6) es handelt sich um ein Kontokorrentdarlehen zu 7% mit einer Laufzeit von drei Jahren. In der Folgezeit wird das Darlehen zum Kalkulationszinsfuß verzinst und erforderlichenfalls umgeschuldet.

Für diese Fremdkapitalien errechnet sich der ökonomische Wert bei einem Kapitalisierungszinsfuß von 10% wie folgt[8].

(1) Nominalwert der sofortigen Tilgung — DM 2.000.000,–

(2) Barwert des Tilgungsdarlehens – Beginn der Rückzahlung zum Ende des ersten Jahres

Annuität (bei 7 % und 10 Jahren)
= 0,1424 x DM 2.000.000,–
= DM 284.800,–

Barwertfaktor (bei 10% und 10 Jahren): 6,1446

Barwert: DM 284.800,– x 6,1446 = — DM 1.749.982,–

Übertrag DM 3.749.982,–

6 Vgl. Ausführungen S. 254 ff.

7 Vgl. Deutsch, P., Grundfragen der Finanzierung, a.a.O., S. 138; Siehe S. 123 ff.

8 Die im Kalkül verwendeten Faktoren sind den Spitzer Tabellen, abgedruckt im WP-Handbuch 1981, a.a.O., S. 2318 ff. entnommen.

Übertrag DM 3.749.982,–

(3) Barwert des Tilgungsdarlehens wie (2), Laufzeit 15 Jahre

Annuität (7 % und 15 Jahren)
= 0,1098 x DM 2.000.000,–
= DM 219.600,–

Barwertfaktor (bei 10 % und 15 Jahren): 7,6061

Barwert: DM 219.600,– x 7,6061 = DM 1.670.300,–

(4) Barwert des Tilgungsdarlehens – Beginn der Rückzahlung im vierten Jahr

Barwert wie unter (2) DM 1.749.982,–
abgezinst auf drei Jahre:
Abzinsungsfaktor: 0,7513
Abzinsung: 0,7513 x DM 1.749.982,– = DM 1.314.762,–

(5) Barwert des Tilgungsdarlehens – Beginn der Verzinsung im 1. Jahr, der Tilgung zum Ende des 4. Jahres

Barwert wie unter (4)	DM 1.314.762,–	
+ Barwert der Zinsen in den ersten drei Jahren:		
2,4869 x DM 140.000,– =	DM 348.166,–	DM 1.662.928,–

(6) Kontokorrentdarlehen

(1) Zinswert für die ersten drei Jahre:
7 % von DM 2.000.000,–
= DM 140.000,–

Barwertfaktor bei 10 % und drei Jahren: 2,4869

Barwert: DM 140.000,– x 2,4869 = DM 348.166,–

(2) Zinswert für die Folgejahre (10 %)

Barwert bei unendlicher Inanspruchnahme: $\frac{\text{Jahreszins}}{0{,}10}$ = DM 2.000.000,–

Abzinsung für drei Jahre:
0,75131 x DM 2.000.000,– = DM 1.502.620,– DM 1.850.786,–

DM 10.248.758,–

Der Wert des Fremdkapitals liegt um DM 1.751.242 unter dem Nennwert. Dieser Wertvorteil entsteht wie folgt bei den einzelnen Fremdkapitalarten:

(1)		–,–
(2)	DM	250.018,–
(3)	DM	329.700,–
(4)	DM	685.238,–
(5)	DM	337.072,–
(6)	DM	149.214,–
	DM	1.751.242,–

Neben den Erfolgswirkungen sind die Liquiditätswirkungen zu berücksichtigen; sie können für das Zustandekommen der Fortführungsgesellschaft unter Umständen ebenso wichtig sein wie die Wert-Entlastung der Verbindlichkeiten.

Die taktischen Aspekte der Schuldenregelungen werden im XV. Kapitel[9] dargestellt. Die speziellen Gesichtspunkte der Entlastungsmöglichkeiten bei Personalverpflichtungen folgen im XVII. Kapitel[10] und bei Steuerverbindlichkeiten im XVIII. Kapitel[11]. Die Finanzhilfen der öffentlichen Hände werden im XIX. Kapitel[12] beschrieben.

VIII. Kapitel

Der Abschluß der Fortführungsverhandlungen

Gegenstand dieses Kapitels sind die Abschlußverhandlungen der Interessenten und Träger der Sanierung; ihr Ziel ist, die Fortführungsgesellschaft zu konstituieren.

1. Der bisherige Gang der Sanierungsbemühungen

Es wird davon ausgegangen, daß – nachdem der Ernst der Unternehmenskrise erkannt worden war[1] – eine Sanierungsprüfung stattgefunden hat, bei der die Krisenursachen aufgedeckt[2] und die finanzielle und leistungswirtschaftliche Lage analysiert wurde[3]. Dabei konnte die Sanierungsfähigkeit des Unternehmens bzw. seines Betriebes festgestellt werden[4].

9 Vgl. Ausführungen S. 235 ff.
10 Vgl. Ausführungen S. 266 ff.
11 Vgl. Ausführungen S. 302 ff.
12 Vgl. Ausführungen S. 312 ff.

1 Siehe Einführung, S. 3 ff.
2 Siehe II. Kapitel Abschnitt 2, S. 20 ff.
3 Siehe II. Kapitel Abschnitt 3, S. 26 ff.
4 Siehe II. Kapitel Abschnitt 1, S. 18 ff.

In Verhandlungen mit den bisherigen Inhabern oder Gesellschaftern[5], mit den am stärksten betroffenen Geschäftspartnern[6], mit Unternehmen oder Personen, die als neue Gesellschafter in Betracht kommen[7] und mit öffentlichen Stellen[8] konnte deren Bereitschaft geweckt werden, am Sanierungsversuch mitzuwirken. Die an einer Fortführung als Gesellschafter Interessierten stellten Vorüberlegungen über den Typ der Fortführungsgesellschaft[8] an und entwarfen ein Fortführungskonzept[9]. Sie stellten dabei ein Fortführungspotential fest[10], das nicht nur ihren Ansprüchen genügen könnte, sondern auch den bisherigen Gesellschaftern und Gläubigern insgesamt bessere Aussichten als die Alternative der Zerschlagung des Krisenunternehmens eröffnete[11].

Sodann wurde mit den Gläubigern[12], den Arbeitnehmern und ihren Vertretern[13] sowie dem Finanzamt[14] verhandelt, ob und wieweit sie bereit wären, die Sanierung dadurch zu ermöglichen, daß sie ihre Geldforderungen und ihre Ansprüche auf zukünftige Leistungen ermäßigen. Außerdem wurden öffentliche Stellen um finanzielle Hilfe angegangen[15]. Zusagen wurden zum Teil von den Abschlußbedingungen der Sanierungsverträge abhängig gemacht.

Jetzt stehen die Interessenten und Träger der Sanierung vor den letzten Entscheidungen über ein Vertragswerk, in dem ihre Interessen so geregelt sind, daß eine Fortführungsgesellschaft die Sanierung des Krisenunternehmens oder wenigstens seines Betriebes übernimmt.

Im folgenden werden zunächst die Fortführungsverhandlungen personenbezogener Krisenunternehmen behandelt, das heißt von Unternehmen, die nur einen Inhaber oder wenige Gesellschafter haben. Dazu gehören Unternehmen aller handelsrechtlichen Typen. Bei publikumsbezogenen Aktiengesellschaften, das heißt Gesellschaften, die keinen Großaktionär mit wesentlicher Beteiligung aufweisen, gibt es in den Sanierungsverhandlungen und -entscheidungen wichtige Unterschiede, die später besonders besprochen werden[16].

---

5 Siehe III. Kapitel Abschnitt 2, S. 34 ff.
6 Siehe III. Kapitel Abschnitt 3, S. 36 ff.
7 Siehe III. Kapitel Abschnitt 4, S. 45 ff.
8 Siehe IV. Kapitel, S. 53 ff.
9 Siehe V. Kapitel, S. 70 ff.
10 Siehe VI. Kapitel, S. 89 ff.
11 Siehe VI. Kapitel, Abschnitt 4, S. 107 ff.
12 Wegen Einzelheiten siehe XIII. – XVI. Kapitel, S. 203 ff.
13 Wegen Einzelheiten siehe XVII. Kapitel, S. 266 ff.
14 Wegen Einzelheiten siehe XVII. Kapitel, S. 302 ff.
15 Wegen Einzelheiten siehe XIX. Kapitel, S. 312 ff.
16 Die Bezeichnungen „personenbezogen“ und „publikumsbezogen“ entsprechen einem Sprachgebrauch, der zwar nicht sehr präzis ist – auch Aufsichtsräte und „Publikum“ (Kleinaktionäre) sind Personen –, aber für die sachlich begründete Unterscheidung brauchbar ist.

2. Personenbezogene Krisenunternehmen

2.1 Die Entscheidungswerte der Vertragspartner

Bei den Verhandlungen über das Zustandekommen einer Fortführungsgesellschaft kann keiner der Beteiligten alle Wünsche durchsetzen. Die Beteiligten bilden sich jedoch eine mehr oder minder klare Grenze, vielfach sogar Zone, bis zu der sie nachgeben können, ohne daß der Abschluß des Vertragswerkes für sie uninteressant wird. Diese Grenze wird als Entscheidungswert bezeichnet; er setzt sich aus komplexen Bestandteilen zusammen; auf sie wurde bereits hingewiesen.

Für die Gesellschafter der Fortführungsgesellschaft geht es zunächst nur um den Vorteil, den sie aus der Beteiligung erwarten, um ihren anteiligen Netto-Fortführungswert. Dieser Wert ist zu ergänzen durch synergetische Vorteile und Nachteile, die der Betreffende in seinem sonstigen Geschäftsbereich aus der Beteiligung an der Sanierungsgesellschaft hat.

Weiterhin werden die Gesellschafter bei ihrem Entscheidungswert berücksichtigen, welche Renditen und Risiken sie bei anderen Anlagemöglichkeiten hätten.

Schließlich sprechen beim Entscheidungswert auch außerökonomische Wert- und Unwertvorstellungen wesentlich mit. Leistungsbefriedigung einerseits – Bequemlichkeit bzw. Zurückstellung anderer privater Interessen (Familie, Gesundheit, Reisen, „Hobbies") andererseits. Prestige, gesellschaftliches Ansehen einerseits – Schande, Blamage, strafrechtliche Folgen des Zusammenbruchs des Krisenunternehmens andererseits. Nicht selten wirken auch Motive der Hilfsbereitschaft und des Mitgefühls für die von einem Zusammenbruch bedrohten Gesellschafter, Mitarbeiter und Geschäftspartner mit.

Die den Entscheidungswert beeinflussenden subjektiven Komponenten lassen sich teils nur schwer, teils gar nicht ökonomisch beziffern. Die Altgesellschafter gehen grundsätzlich vom Liquidationswert aus, der ihnen bliebe, wenn die Sanierungsgesellschaft nicht zustande käme und deshalb das Krisenunternehmen zusammenbräche. Oben wurde dargelegt, welche Unsicherheiten allerdings bei der Prognose des Liquidationserlöses bestehen[17]. Die neuen Gesellschafter richten ihren Entscheidungswert nach dem erwarteten Fortführungsgewinn aus. Auch dessen Höhe ist nicht einigermaßen genau vorherzusagen. Trotz der Unsicherheit sollte man nicht darauf verzichten, unter Berücksichtigung der einschlägigen Methoden[18], sich klare Vorstellungen über die Entscheidungswerte zu machen, damit man nicht in den Verhandlungen dem psychologischen Druck der Gegenseite, Augenblicksstimmungen oder auch der Ermüdung ausgeliefert ist.

Entscheidungswerte werden natürlich auch bei den Partnern der Fortführungsverhandlungen gebildet, bei den Gläubigern und dem Insolvenzverwalter, bei

17 Vgl. VI. Kapitel, Abschnitt 3.2, S. 107.
18 Vgl. VI. Kapitel, Abschnitt 2.2, S. 90 ff.

Arbeitnehmern und ihren Vertretern, bei der Finanzverwaltung hinsichtlich von Steuerentlastungen und den sonstigen öffentlichen Händen hinsichtlich von Finanzhilfen. Sie werden ihre Entscheidungswerte nach den Schäden ausrichten, die sie beim Scheitern des Sanierungsprojekts erleiden würden.

2.2 Typische Verhandlungskonstellationen

Ablauf und Ergebnis der Fortführungsverhandlungen sind von der wirtschaftlichen Situation des Krisenunternehmens, von der Dringlichkeit der Sanierungsentscheidung der Altgesellschafter, vom Grad des Interesses der Beteiligungsinteressenten und von ihren wirtschaftlichen Positionen abhängig. Außerdem ist meist das Verhalten anderer Interessenten, auf das später eingegangen wird, für den Ausgang wichtig.

a) Zunächst seien Ausgangspositionen der Hauptbeteiligten anhand von Grundkonstellationen entwickelt, die typische Züge aufweisen. In der Praxis gibt es natürlich zahlreiche Varianten.

aa) In der ersten Konstellation besitzen die Altgesellschafter noch eine verhältnismäßig starke Position, so daß für sie nur eine Sanierungsgesellschaft in Betracht kommt: Das Krisenunternehmen ist weder überschuldet noch zahlungsunfähig; kurzfristig besteht also kein Insolvenzproblem. Andererseits erkennen die Altgesellschafter, daß sie die Krise allein nicht mehr bewältigen können. Sie ergreifen daher selbst die Initiative und suchen einen neuen Gesellschafter, der zusätzliches Kapital zur Verfügung stellt. Gleichzeitig bereiten sie ein leistungswirtschaftliches Sanierungskonzept vor, falls ein solches erforderlich ist und die Krisenursache nicht nur in der Unterkapitalisierung liegt.

Die Altgesellschafter finden einen Interessenten, der Vertrauen zu ihnen und dem Unternehmen gewinnt und sich im wesentlichen auf die Kapitalanlage beschränkt. Sie können ihre bisherigen Positionen in der Sanierungsgesellschaft im wesentlichen erhalten und zu Bedingungen abschließen, die nahe beim Entscheidungswert des Neugesellschafters, bis zu dem er erforderlichenfalls gehen will, liegt.

bb) Häufig ist die Konstellation, in welcher der geschäftsführende Gesellschafter der Aufgabe nicht gewachsen war, oder infolge von Krankheit oder Tod ausgefallen ist. Die Altgesellschafter bzw. deren Erben suchen deshalb einen neuen Gesellschafter, der in der Sanierungsgesellschaft neben zusätzlichem Eigenkapital auch Geschäftsführungsfunktionen übernimmt. Man bevorzugt in solchen Fällen eine bewährte jüngere Führungskraft, die bei dieser Gelegenheit selbständiger Unternehmer werden will. Er wird auf das Sanierungskonzept wesentlichen Einfluß ausüben und sich gesellschaftsrechtlich gut abzusichern suchen. Die Altgesellschafter bleiben unter Verringerung ihrer Beteiligung und ihres Einflusses auf die Geschäftsführung im Unternehmen. Der Neugesellschafter wird versuchen, allmählich seine Stellung weiter auszubauen und sich vielleicht bereits bei Schaffung der Fortführungsgesellschaft Optionen für zusätzliche Gesellschaftsanteile auszubedingen. In der Verhandlung besteht kein eindeutiges Übergewicht einer Seite; keiner braucht sich von der anderen Seite die Bedingungen diktieren zu lassen.

cc) Bei der folgenden Konstellation wird angenommen, daß Insolvenzgefahr bereits besteht. Wie in den meisten Fällen haben die Altgesellschafter nicht rechtzeitig aus der Krise die erforderlichen Konsequenzen gezogen. Ein kapitalkräftiges Unternehmen mit leistungsfähigem Management interessiert sich für das Krisenunternehmen, ist aber nicht auf die Angliederung des Unternehmens bzw. den Erwerb seines Betriebes angewiesen. In dieser Konstellation ist die Verhandlungsposition der Altgesellschafter schwach. Kommt der Abschluß nicht zustande, sind sie ruiniert. Sie stehen dabei unter Zeitdruck. Für die andere Seite dagegen kann Abwarten sogar in ihrem Interesse liegen, wenn nämlich die damit verbundene Verbesserung der Beteiligungskonditionen größer ist als der weitere Wertverlust des Unternehmens oder Betriebes[19].

Kennt jede Seite diese Umstände, so kann dies der Interessent ausnützen und auf Konditionen rechnen, die dicht bei dem Entscheidungswert der Altgesellschafter, bis zu dem sie notfalls entgegenkommen würden, liegen. Die Entscheidung über den Typ der Fortführungsgesellschaft wird in erster Linie von den Neugesellschaftern getroffen; alle drei Grundtypen kommen in Betracht.

dd) Die Insolvenz ist bereits eingetreten; die Altgesellschafter sind als Akteure ausgeschieden. Verhandlungspartner sind nunmehr der Konkurs- oder Vergleichsverwalter sowie die sachenrechtlich gesicherten Gläubiger. In solchen Situationen kommt kaum noch eine Sanierungsgesellschaft zur Rettung des Unternehmens zustande. Interessenten an einer Übernahme des Betriebes werden sich für eine Betriebsübernahmegesellschaft entscheiden. Die Verhandlungsposition des Verwalters ist im allgemeinen schwach, dies gilt besonders, wenn er bei Gericht die Konkursbilanz eingereicht hat, aus der die von ihm vorsichtig geschätzten Liquidationswerte für die Interessenten ersichtlich sind[20]. Die letzthin entscheidenden Verhandlungspartner sind allerdings meist die dinglich gesicherten Gläubiger[21].

b) Die Verhandlungspositionen der Beteiligten werden häufig durch besondere Umstände beeinflußt:

aa) Die oben dargestellten Konstellationen bessern sich für die Altgesellschafter bzw. den Insolvenzverwalter und die Gläubiger erheblich, wenn es ihnen gelingt, andere Interessenten zu finden, die in Wettbewerb um die Übernahme einer Beteiligung an der Fortführungsgesellschaft treten. Die Interessenten haben je nach ihrem Fortführungskonzept und ihren sonstigen Interessen verschiedene Entscheidungswerte. Die andere Seite hat die Chance, zu Konditionen abzuschließen, die weit über ihrem Entscheidungswert, bis zu dem sie notfalls nachgeben würden, und verhältnismäßig nahe beim (zweit-)höchsten Entscheidungswert der Interessenten liegen.

---

19 Siehe dazu auch Abb. 8 mit der Entwicklung von Fortführungswert, Liquidationswert und Fortführungspotential im VI. Kapitel, Abschnitt 4, S. 108.

20 Gem. § 124 KO haben die Konkursbeteiligten das Recht auf Einsichtnahme in die Konkursbilanz.

21 Vgl. dazu XV. Kapitel, S. 235 ff.

bb) Ein Neugesellschafter trägt besondere Impulse und Verbundeffekte zum Fortführungskonzept bei[22] und verbessert damit das Fortführungspotential für alle wesentlich. Dann liegt es nahe, daß man ihm Vergütungen für seine Sonderleistungen außerhalb des eigentlichen Gesellschaftsverhältnisses zahlt, z.B. Lizenzgebühren, Honorare, Provisionen, oder man gesteht ihm relativ höhere Gesellschaftsrechte als anderen zu.

cc) Es findet sich kein Interessent, der das gesamte zusätzlich erforderliche Eigenkapital zur Verfügung stellt. Daraufhin steht ein Großgläubiger vor der Entscheidung, ob er Forderungen in Eigenkapital umwandelt[23], um die mit dem Zusammenbruch verbundenen größeren Verluste zu vermeiden. Dies trifft oft für Banken, manchmal auch für Großlieferanten oder -kunden zu. Meist ist in solcher Situation die Position der Altgesellschafter schwach, so daß sie bis zu ihrem Entscheidungswert (Preisuntergrenze) nachgeben müssen.

dd) Mehrere Interessenten wollen sich gemeinsam an einer Fortführungsgesellschaft beteiligen. Sie haben aufgrund ihrer verschiedenen subjektiven Verhältnisse abweichende Entscheidungswerte. Das kann dazu führen, daß man einem Neugesellschafter günstigere Konditionen einräumt als den anderen, wenn man auf seine Beteiligung angewiesen ist.

2.3 Die Preisverhandlung

Im Mittelpunkt der Verhandlungen zwischen Altgesellschaftern und Neugesellschaftern steht das Entgelt, das der Neugesellschafter für seine Beteiligung am Krisenunternehmen zu tragen hat; es wird der Einfachheit halber im folgenden als der Preis bezeichnet, obwohl es sich manchmal nicht um einen Kaufpreis, sondern um eine Gutschrift auf einem Kapital-Konto des Altgesellschafters bei der Sanierungsgesellschaft handelt. Vorteile, die jeder Verhandlungspartner anderen in den sonstigen Konditionen des Vertragswerks einräumt oder ablehnt, werden bei den Verhandlungen über den Preis geltend gemacht und mit Zu- oder Abschlägen berücksichtigt werden.

Für die Preisverhandlungen gelten im allgemeinen die Gesetzmäßigkeiten, die aus den Preis- und Spieltheorien[24] bekannt sind. Im folgenden sollen nur die speziellen Aspekte herausgestellt werden, die in der Sanierungssituation für die Verhandlungen zwischen Alt- und Neugesellschaftern wesentlich sind; in analoger Weise treffen sie auch für die Verhandlungen zwischen Fortführungsgesellschaft und den Gläubigern über eine Schuldenentlastung zu. Zunächst werden abstrakt die Verhandlungen zwischen zwei Kontrahenten über einen Einigungspreis analysiert.

22 Siehe Kapitel III, Abschnitt 4.2, S. 46 ff.

23 Siehe XVI. Kapitel, S. 254 ff.

24 Zur Anwendung der Spieltheorie bei Analyse von Übernahmeverhandlungen vgl. Hovers, J., Wachstum durch Firmenkauf und Zusammenschluß, München 1973, S. 113 ff.

Für den Einigungspreis p^E gilt die Beziehung:

$$p^A_{Min} \leq p^E \leq p^N_{Max}$$

Preisuntergrenze des Altgesellschafters	Einigungspreis	Preisobergrenze des Neugesellschafters

Die Kontrahenten werden mit den jeweils ihnen zur Verfügung stehenden Argumenten bemüht sein, den Einigungspreis in die Nähe der Preisgrenze des Gegners zu rücken, um für sich einen möglichst hohen Verhandlungsgewinn herauszuholen.

Für den Neugesellschafter gilt in der Preisverhandlung die Zielfunktion[25]:

Verhandlungsgewinn = Preisobergrenze ./. Einigungspreis → Max!

Diese Zielfunktion wird optimal erfüllt, wenn der Einigungspreis mit der Preisuntergrenze des Altgesellschafters identisch ist. Der Altgesellschafter handelt nach der Zielfunktion:

Verhandlungsgewinn = Einigungspreis ./. Preisuntergrenze → Max!

Er verwirklicht den maximal erreichbaren Verhandlungsgewinn, wenn er einen Preis durchsetzt, der mit der Preisobergrenze aus der Sicht der Neugesellschafter identisch ist.

Im allgemeinen kennen die Verhandlungspartner bei Eintritt in die Verhandlungen nur den eigenen Entscheidungswert; denn durch Offenlegung seines Grenzpreises würde jeder seinem Gegner den Umfang der eigenen Konzessionsbereitschaft anzeigen und es sich schwer, wenn nicht gar unmöglich machen, einen Verhandlungsgewinn zu erzielen.

Die Verhandlungsführer werden Mutmaßungen über den Entscheidungswert des Gegners anstellen; da jeder der Beteiligten nach Eintritt in die Verhandlungen damit rechnen muß, von der anderen Partei zur Abgabe eines verbindlichen Preisvorschlags, eines Gebotes, aufgefordert zu werden. Mit der Abgabe ihrer Gebote engen die Parteien den Verhandlungsspielraum, von dem sie, wie gesagt, nur ihren eigenen Grenzwert kennen, auf den „relevanten Einigungsbereich" ein. Es gilt die Verhandlungsregel, daß einmal geäußerte „Gebote nicht verbessert, nämlich die des Verkäufers nicht erhöht und die des Käufers nicht gesenkt werden dürfen."[26]

Will der Neugesellschafter seinen Verhandlungsgewinn maximieren, so wird er probehalber einen Preis nennen, der unter der vermuteten Preisuntergrenze des Verhandlungspartners liegt. Umgekehrt wird der Altgesellschafter ein Gebot

25 Vgl. dazu Semann, N., Preisverhandlungen beim Wechsel des Unternehmenseigners. Die gegenseitige Beeinflussung der Parteien im Verhandlungsprozeß, Diss. Köln 1970, S. 44 ff.

26 Semann, N., Preisverhandlungen beim Wechsel des Unternehmenseigners, a.a.O., S. 48.

oberhalb der mutmaßlichen Preisobergrenze des Neugesellschafters machen und sich Möglichkeiten zu einem Nachgeben offenhalten.

Hinsichtlich der Preisgebote der Verhandlungspartner sind zwei Grundfälle zu unterscheiden, die sich anhand der nachstehenden Darstellung veranschaulichen lassen:

Abb. 9: Faktische und relevante Einigungsbereiche

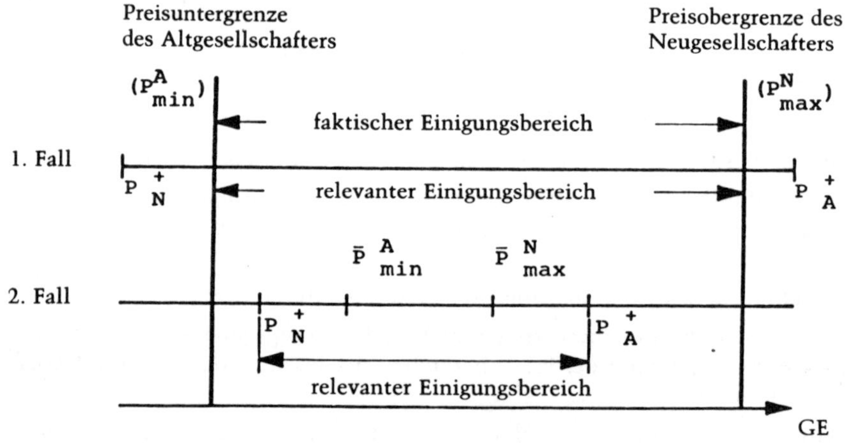

Im ersten Fall liegen das Gebot P^+_N des Neugesellschafters und das Gebot P^+_A des Altgesellschafters außerhalb des faktischen Einigungsbereichs. Soll es nicht zum Abbruch der Verhandlungen kommen, müssen sich beide Seiten entgegenkommen; oder sie müssen versuchen, andere Interessenten an der Sanierung (Gläubiger, Arbeitnehmer, Finanzbehörden und öffentliche Hände) zu Zugeständnissen zu bewegen, die eine Einigung ermöglichen.

Im zweiten Fall hat der Neugesellschafter die vermeintliche Preisuntergrenze $\bar{P}^A_{min}$ des Altgesellschafters höher eingeschätzt als sie in Wirklichkeit liegt. Er hat ein Preisgebot gemacht, das oberhalb des Entscheidungswertes des Altgesellschafters liegt und diesem beim Abschluß des Kaufvertrages einen Veräußerungserfolg in Höhe von (P^+_N ./. P^A_{min}) ermöglicht. Umgekehrt hat der Altgesellschafter den Höchstkaufpreis des Neugesellschafters $\bar{P}^N_{max}$ zu niedrig geschätzt und ein Gebot ausgesprochen, das im „faktischen Einigungsbereich" liegt und dem Neugesellschafter einen Verhandlungsgewinn (P^N_{max} ./. P^+_A) gestattet.

Ziel in den nun folgenden Verhandlungen ist es für den Neugesellschafter, den Kaufabschluß höchstens zum mutmaßlichen Entscheidungswert $\bar{P}^A_{min}$ des Altgesellschafters zu erreichen, möglichst sogar darunter. Dieser hingegen will eine Einigung mindestens zum vermeintlichen Entscheidungswert P^N_{max} herbeiführen, möglichst darüber.

Die Gebote und der tatsächliche Einigungswert hängen weitgehend vom Verhandlungsgeschick und den gegenseitigen Beeinflussungsmaßnahmen ab.

Haben die Verhandlungspartner ihre Offerten abgegeben, soll jede „Beeinflussungsaktion . . . dazu beitragen, daß der Gegner auf einen Teil seiner Preisforderung verzichtet, also seine Preisvorstellung zurücknimmt"[27].

Dem Altgesellschafter wird es darauf ankommen, den Verhandlungspartner von dem hohen Zukunftserfolgswert des Unternehmens zu überzeugen. Je mehr er die Ertragskraft anhand von geeigneten Daten und ausgewähltem Informationsmaterial zu belegen weiß, um so größer ist seine Glaubwürdigkeit. Informationen über die sonstigen Anlagemöglichkeiten des Interessenten sind wesentlich, um dessen Verhandlungsinteresse und Konzessionsbereitschaft richtig einzuschätzen.

Kann der Altgesellschafter glaubhaft machen, daß noch andere Interessenten mit ihm über die Beteiligung verhandeln und einen günstigeren Preis zu zahlen bereit sind, so wird dies seine Verhandlungsposition verbessern.

Der Neugesellschafter wird auf die Folgen eines wirtschaftlichen Zusammenbruchs des Krisenunternehmens verweisen. Er wird z.B. anführen, daß das Ansehen des Unternehmens bereits gelitten habe und es keinen Goodwill mehr besitze. Das Verhandlungsobjekt habe „seinen Wert nur noch in seinen Grundstücken, Gebäuden und im Arbeiterstamm. Gutachter [würden] . . . derartige Unternehmen mit dem Liquidationswert"[28] bewerten. Ein darüber hinausgehender künftiger Erfolgswert sei nur mit seinen Reorganisationsmaßnahmen zu begründen und stehe daher ausschließlich ihm zu. Überdies wird er einen Ausgleich für die Anlaufverluste während der Reorganisationszeit fordern. Weiterhin wird er versuchen, die negativen Auswirkungen einer längerdauernden Krise auf Betrieb und Märkte geltend zu machen und den Altgesellschafter damit unter Zeitdruck zu setzen. Unter Umständen wird man die Aufmerksamkeit der Arbeitnehmervertreter und der Öffentlichkeit auf die Verhandlungen ziehen, um auch auf diese Weise den Altgesellschafter zum Nachgeben zu veranlassen.

2.4 Überbrückung der Verhandlungspositionen durch Flexibilitätsklauseln

Läßt sich die Distanz zwischen den Geboten durch solche Beeinflussungsversuche nicht überwinden, besteht die Möglichkeit, sie durch den Vorschlag von Besserungs- oder Verschlechterungsklauseln zu überbrücken. Häufig sind ja die negative Beurteilung des Krisenunternehmens durch den Neugesellschafter und die optimistische Darstellung des Altgesellschafters über die Erfolgschancen der Sanierungsgesellschaft nicht nur taktisch bedingt. Sie haben ihre Grundlagen in der tatsächlichen Ungewißheit über den Fortführungswert des Unternehmens. Ohne diese Ungewißheit lägen die Entscheidungswerte beider Seiten dichter beieinander.

---

27 Semann, N., Preisverhandlungen beim Wechsel des Unternehmenseigners, a.a.O., S. 129.

28 Kithier, W., Der Einfluß der Führungsorganisation auf den Wert eines Unternehmens, in: WPg 1979, S. 410 ff. (415) auch zum Folgenden.

Besserungs- und Verschlechterungsklauseln – unter dem Oberbegriff Flexibilitätsklauseln – bezwecken, bestimmte Ungewißheiten „auszuklammern". Der Preis wird nicht starr, sondern flexibel vereinbart, indem er zum Teil von späteren Erkenntnissen und Entwicklungen abhängig gemacht wird. Damit bauen die Kontrahenten einerseits Risiken ab und geben andererseits Chancen auf.

Besserungsklauseln bedeuten, daß sich der Preis bei Eintritt der vereinbarten aufschiebenden Bedingung erhöht. In der Praxis wird irrtümlich auch vom Besserungsschein gesprochen. Dieser ist jedoch ein abstraktes Schuldversprechen im Sinne des § 781 BGB[29]; er kann durch Indossament an Dritte übertragen werden. Einwände wie Verjährung und ungerechtfertigte Bereicherung sind ausgeschlossen. Die echte Flexibilitätsklausel dagegen teilt das Schicksal des Vertrages; wird er aufgrund eines Rücktritts hinfällig, so mit ihm auch die Klausel. „Wenn von Besserungsscheinen die Rede ist, sind Besserungs*klauseln* gemeint. Die dogmatischen Unterschiede sind der Praxis unbekannt und ohne praktischen Wert."[30]

Durch Verschlechterungsklauseln wird ein Teil des Preises einer auflösenden Bedingung unterworfen. Mit Bedingungseintritt entfällt der auflösend bedingt vereinbarte Bestandteil der Gegenleistung[31]. Unterschiede zur Besserungsklausel ergeben sich hinsichtlich der Verteilung der Beweislast[32]. Trägt diese bei Besserungsklauseln tendenziell mehr der Altgesellschafter, so liegt sie bei Verschlechterungsklauseln mehr beim Neugesellschafter.

Bei der Sanierungsgesellschaft können Flexibilitätsklauseln zwischen Altgesellschafter und Neugesellschafter im Rahmen eines Kaufvertrages über Gesellschaftsanteile des Krisenunternehmens vereinbart werden; dann bedeuten die daraus folgenden Nachzahlungen oder Rückzahlungen Erhöhungen oder Ermäßigungen des Kaufpreises. Oder die Klauseln werden im Gesellschaftsvertrag oder einem Vertrag zwischen Altgesellschafter bzw. Neugesellschafter und Gesellschaft vereinbart; in diesem Falle führen sie zu Gutschriften oder Belastungen der Konten des Altgesellschafters bzw. Neugesellschafters.

Bei der Betriebsübernahmegesellschaft und der Übernahme-Auffanggesellschaft können Flexibilitätsklauseln im Kaufvertrag über den Betrieb enthalten sein.

Bedingung für die Verbesserung bzw. Verschlechterung ist meist, daß bestimmte in der Sanierungseröffnungsbilanz enthaltene Wertansätze von Vermögensgegenständen oder (häufiger) Verbindlichkeiten sich später als zu hoch oder zu niedrig erweisen. Als Bedingungen kommen beispielsweise auch die Weitergabe (Nichtweitergabe) von technischem Know-how und Betriebsgeheimnissen sowie die Nichteinhaltung (Einhaltung) von Wettbewerbsverboten durch ausscheidende Belegschaftsmitglieder in Betracht.

29 Vgl. Künne, K., Außergerichtliche Vergleichsordnung, a.a.O., S. 375.
30 Ebenda.
31 Vgl. § 158, Abs. 2 BGB.
32 Vgl. Lange, H., BGB – Allgemeiner Teil, München 1970, S. 287.

Manchmal wird die Flexibilitätsklausel an die allgemeine Geschäftsentwicklung der Fortführungsgesellschaft gebunden, z.B. indem der Altgesellschafter der Sanierungsgesellschaft einen ertragsabhängigen Bonus oder Malus erhält, falls der Ertrag höher oder niedriger, als im Vertrag angenommen wurde, ausfällt. Dieser Bonus oder Malus kann einmalig, zeitlich begrenzt oder unbegrenzt gelten. In diesem Falle wird man ihn vielleicht im Gesellschaftsvertrag dadurch verankern, daß man den Anteil des Altgesellschafters am Ertrag und Vermögen abweichend vom Anteil seines Gesellschaftsanteils festlegt.

Besserungsklauseln kommen auch im Vergleich mit Gläubigern über die Entlastung von Verbindlichkeiten vor.

Häufig haben Besserungsklauseln mehr psychologische als materielle Bedeutung, wenn nämlich bei realistischer Betrachtungsweise von Anfang an anzunehmen ist, daß sie nicht zur Anwendung kommen werden. Sie erleichtern jedoch in der Verhandlung dem Altgesellschafter oder Gläubiger, von seinen dubiosen Werten Abstand zu nehmen. Er behält die vage Hoffnung, vielleicht doch bei guter Entwicklung der Fortführungsgesellschaft seinen früheren Kapitaleinsatz zurückzubekommen, wenigstens zum Teil. Und ihm bleibt die Sorge erspart, andere könnten aus seinem Unglück Nutzen ziehen.

2.5 Einwirkung von Drittinteressenten auf die Abschlußentscheidung

Am Zustandekommen von Fortführungsgesellschaften wirken meist Dritte maßgeblich mit, die zwar eigene Interessen dabei verfolgen, sich aber nicht selbst beteiligen. Diese Mitwirkung erreicht manchmal in den Schlußverhandlungen den Höhepunkt; sie kann für das Zustandekommen der Sanierungsgesellschaft im letzten Moment noch entscheidend sein.

Unter diesen Drittinteressenten nehmen die Gläubiger des Krisenunternehmens und unter ihnen wiederum die Banken die wichtigste Stelle ein. Betrachten sie ihre Forderungen als gefährdet, werden sie auf die Altgesellschafter Einfluß nehmen, um sie zu Entscheidungen zu veranlassen, bei denen sie als Gläubiger keine oder möglichst geringe Verluste erleiden.

Ein gewisser Druck auf die Altgesellschafter kann sogar in deren objektiven Interesse liegen, z.B. wenn sie sich noch Illusionen über die Lage machen und sich zu erforderlichen Konzessionen nicht recht entschließen können. Der Druck kann aber auch dazu führen, daß die Altgesellschafter ihre Verhandlungsmöglichkeiten nicht ausschöpfen können und veranlaßt werden, auf Konditionen einzugehen, die zwar für die Gläubiger günstig, für sie selbst jedoch ungünstig sind. So werden Gläubiger bei den Sanierungsverhandlungen zu Verbündeten der Neugesellschafter, wobei noch ihr Interesse an der Erhaltung der Geschäftsverbindung mitsprechen kann. Anders werden sich die Gläubiger verhalten, wenn die Beteiligungskonditionen der Neugesellschafter so sind, daß ihre Forderungen ausfallen würden. Dann werden sie eher die Position der Altgesellschafter unterstützen.

Banken, Vertreter der öffentlichen Hand, Wirtschaftsprüfer und Rechtsanwälte, die an den Verhandlungen teilhaben, nehmen oft vermittelnde Positionen ein, wenn die Hauptbeteiligten ihr angeblich „letztes Angebot" gemacht haben, ohne daß die Einigung bereits erzielt wurde. Es liegt nahe, zur Auflockerung und Überbrückung der Positionen die Diskussion zu „versachlichen", indem man einen Gutachter beauftragt, einen Arbitriumwert zu ermitteln und dementsprechend einen angemessenen „fairen" Einigungspreis vorzuschlagen[33]. Im Interesse der Altgesellschafter liegt es dabei meist, wenn der Arbitriumwert sich stark auf den Substanzwert des Krisenunternehmens stützt[34]. Für einen derartigen Preisvorschlag lassen sich „Gerechtigkeits"-Argumente anführen wie: Schließlich könne doch der Altgesellschafter erwarten, daß ihm wenigstens der „Wert der materiellen Objekte", der Teilrekonstruktionswert, vergütet werde, wenn schon die immateriellen Werte unberücksichtigt bleiben[35]. Die andere Seite wird einwenden, die neuen Kapitalgeber erhielten den unsicheren Sanierungsgewinn, die Altgesellschafter könnten jedoch die hohe Differenz zwischen Substanzwert und Liquidationswert realisieren. Berechtigt ist sicher der Einwand, mit der genannten Methode werde der Einigungsbereich zwischen den Entscheidungswerten letzthin willkürlich aufgeteilt[36]. Dagegen dürfte die Befürchtung Moxter's[37], daß der Substanzwert „systematisch zu Unternehmensbewertungen [führt], die Unternehmensverkäufer [zum Beispiel ausscheidende Minderheiten] erheblich benachteiligen", bei Sanierungsbeteiligungen nicht unbedingt zutreffen.

Lassen sich die Verhandlungspositionen von Alt- und Neugesellschaftern dennoch nicht zusammenbringen, stehen die Drittinteressenten vor der Frage, ob sie die Einigung doch noch durch eigene Opfer und sonstige Hilfe erleichtern können. Bei entsprechenden Vorverhandlungen haben die wichtigsten Gläubiger und Anspruchsberechtigten vielleicht Zugeständnisse gemacht oder in Aussicht gestellt, die sich bei den Schlußverhandlungen nicht als ausreichend erweisen. Manchmal wird auch mit der Drohung, ohne weitere Zugeständnisse werde das Sanierungsprojekt scheitern, „gepokert". In der kritischen Entscheidungssituation entschließen sich Gläubiger und Interessenten an zukünftigen Geschäftsbeziehungen oft noch zu weiteren Zugeständnissen, die sie eigentlich nicht beabsichtigt hatten.

Wie früher dargelegt wurde, engagieren sich aufgrund der ungünstigen Arbeitsmärkte Bund, Länder und Gemeinden immer häufiger für die Sanierung von Krisenunternehmen oder Betrieben[38]. Sie können helfen, festgefahrene Gesellschafterverhandlungen durch öffentliche Hilfen wieder flott zu machen und

33 Vgl. dazu Matschke, M. J., Funktionale Unternehmungsbewertung, a.a.O., S. 43 ff.
34 Bei der Fusion *NSU/Auto Union GmbH* war ein Wertgutachten auf den 31. 12. 1968 allein auf den Substanzwert abgestellt (vgl. Helbling, C., Unternehmungsbewertung und Steuern, a.a.O., S. 93, FN 25) worden.
35 Vgl. Moxter, A., Grundsätze ordnungsmäßiger Unternehmensbewertung, a.a.O., S. 63.
36 Vgl. ebenda, S. 63; siehe auch Matschke, M. J., Funktionale Unternehmungsbewertung, a.a.O., S. 231 ff.
37 Moxter, A., Grundsätze ordnungsmäßiger Unternehmensbewertung, a.a.O., S. 209.
38 Siehe S. 52 f. Vgl. auch XIX. Kapitel.

zum Abschluß zu bringen. Andererseits können Beteiligungsinteressenten das öffentliche Interesse auch nutzen, um bereits innerhalb ihrer Entscheidungswerte liegende Konditionen aufzubessern.

2.6 Bestandteile des „Einigungspaketes"

Die Vereinbarungen der Gesellschafter der Sanierungsgesellschaft stellen meist ein komplexes Vertragswerk dar, dessen Bestandteile von den Beteiligten als Einheit betrachtet werden. Es handelt sich nach heutigem Sprachgebrauch um ein „Einigungspaket". Fällt eine der Vereinbarungen fort, kann dies Rechtsfolgen für die übrigen haben; zweckmäßigerweise werden diese in den Verträgen selbst oder in einem Rahmenvertrag klargestellt.

Am wichtigsten ist normalerweise der Gesellschaftsvertrag, in dem die Verfassung der Fortführungsgesellschaft sowie die Rechte und Pflichten ihrer Gesellschafter aus dem Gesellschaftsverhältnis niedergelegt sind. Es können aber auch für die Sanierungsentscheidung wichtige Rechte und Pflichten außerhalb des Gesellschaftsvertrages in Sondervereinbarungen zwischen Gesellschaft und Gesellschaftern enthalten sein. Dazu kommen die Verträge der Fortführungsgesellschaft mit Gläubigern, Arbeitnehmern, vertreten meist durch den Betriebsrat, und Finanzbehörden, mit denen die Fortführungsgesellschaft von Verpflichtungen entlastet und dadurch die Sanierung erleichtert wird. Immer häufiger werden auch Zusagen über öffentliche Finanzhilfen Bestandteile des Einigungspakets.

Schließlich gehören zu dem Einigungspaket in vielen Fällen Verträge zwischen Alt- und Neugesellschaftern, vor allem bezüglich der Übertragung von Gesellschaftsanteilen des Krisenunternehmens.

Die folgende Aufstellung nennt die grundlegenden und weitere typische Vereinbarungen:

a) Grundlage für die Verträge zwischen Altgesellschaftern und Neugesellschaftern ist ihre Einigung über die Bewertung des Reinvermögens des Krisenunternehmens; sie ist maßgebend für das Entgelt, mit dem sich die neuen Gesellschafter an der Sanierungsgesellschaft beteiligen, und das andererseits den Altgesellschaftern für das Krisenunternehmen angerechnet wird. Dieser Wert kann null sein: Er kann sogar negativ sein, wenn das Krisenunternehmen überschuldet ist und die Altgesellschafter dafür persönlich haften. Bei einem „negativen" Vermögenswert geht es für die Altgesellschafter um Zuzahlungen.

b) Im Zuge der Sanierungsvereinbarungen geben Altgesellschafter häufig ihre Anteile am Krisenunternehmen ganz oder teilweise an Gesellschafter der Fortführungsgesellschaft ab. Darüber wird ein Kaufvertrag geschlossen, in dem der Kaufpreis von dem oben unter a) dargestellten Entgelt abgeleitet wird.

c) Soweit die Altgesellschafter in der Sanierungsgesellschaft bleiben, erhalten sie in Höhe des auf sie entfallenden vereinbarten Wertes in der Sanierungseröffnungsbilanz eine Kapitalgutschrift; sie repräsentiert ihre „Einlage" in die Fortführungsgesellschaft. Die Bilanzierungsvorschriften müssen dabei zwar beachtet werden; sie sind jedoch so flexibel, daß das angestrebte Ergebnis in jedem Fall bilanziell darstellbar ist[39].

d) Der nächste wichtige Gegenstand der Vereinbarungen ist die Kapitaleinlage der Neugesellschafter; sie ist finanzielle Grundlage der Sanierungsmaßnahmen; zugleich ist sie wie die Kapitalgutschrift der Altgesellschafter Element der Kapitalstruktur der Sanierungsgesellschaft.

e) Die Kapitaleinlage von Alt- und Neugesellschaftern braucht nicht identisch mit ihrem Gesellschaftskapital lt. Gesellschaftsvertrag zu sein. In diesem wird das Gesellschaftskapital der einzelnen Gesellschafter häufig abweichend vereinbart. Die Differenz wird auf Sonderkonten verbucht, seien es Gesellschafterkonten, seien es – bei Kapitalgesellschaften – auch Rücklagekonten.

f) Die Rechte der Gesellschafter richten sich im Gesellschaftsrecht grundsätzlich nach den Anteilen am Gesellschaftskapital. Da die gesetzlichen Regelungen weitgehend dispositiv sind, können jedoch im Gesellschaftsvertrag Abweichungen vereinbart werden. Sie haben bei Sanierungsgesellschaften große Bedeutung.

aa) Die Anteile der Gesellschafter am Gewinn und Verlust sowie am Vermögen können abweichend von den Anteilen am Gesellschaftskapital festgelegt werden. Sogar das Aktiengesetz sieht vor, daß Aktien unterschiedliche Rechte gewähren können, „namentlich bei der Verteilung des Gewinns und des Gesellschaftsvermögens."[40]

Motive und Inhalte solcher Sonderregelungen können verschiedenartig sein. Bei der Sanierungsgesellschaft soll vielleicht den Altgesellschaftern eine Ausgleichschance gewährt werden, falls das Reinvermögen des Krisenunternehmens in der Sanierungseröffnungsbilanz stark abgewertet wurde und die Altgesellschafter dadurch weitere Eigenkapitalverluste hinnehmen mußten. Dafür erkennt man ihnen manchmal einen höheren Anteil der Gewinne zu, die über die angenommenen Beträge hinausgehen. Es ist auch eine entgegengesetzte Regelung denkbar: Bei relativ hoher Bewertung des Reinvermögens in der Eröffnungsbilanz der Fortführungsgesellschaft erhalten die Altgesellschafter auf ihre Gesellschaftsanteile niedrigere Gewinnanteile. Derartige Regelungen tragen den Charakter von Besserungs- und Verschlechterungsklauseln („Flexibilitätsklauseln)"[41].

bb) Von besonderer Bedeutung sind selbstverständlich die Rechte und Pflichten der Gesellschafter bezüglich der Geschäftsführung.

Neugesellschafter wollen etwa sicherstellen, daß ihr Sanierungskonzept nicht von verbleibenden Altgesellschaftern beeinträchtigt werden kann – vor allem, wenn diese früher in der Geschäftsführung versagt hatten. Altgesellschafter möchten vielleicht nach außen ihr Gesicht wahren, oder sie legen besonderen Wert auf Alters- und Witwenversorgung.

---

39 Vgl. zur Sanierungsgesellschaft IX. Kapitel, Abschnitt 5, S. 138 ff.

40 § 11 Satz 1, 2. HS AktG.

41 Siehe dieses (VIII.) Kapitel, Abschnitt 2.4, S. 123 ff.

Maßnahmen der Geschäftsführung, die der Zustimmung der Gesellschafterversammlung bedürfen, sind häufig im Gesellschaftsvertrag bestimmt. Die persönlichen Rechte und Pflichten der Geschäftsführer werden meist jedoch in Sonderverträgen festgelegt; diese können Bestandteil des Einigungspakets sein.

cc) Mit den Regelungen des Gesellschaftsvertrages über Stimmrechte und über erforderliche Mehrheiten bei Gesellschafterbeschlüssen wird der Einfluß der Gesellschafter auf die Fortführungsgesellschaft festgelegt. Das Aktiengesetz sieht vor, daß Vorzugsaktien ohne Stimmrecht ausgegeben werden können; Mehrstimmrechte sind nicht zulässig, es sei denn, die oberste Landesbehörde läßt eine Ausnahme zu (§ 12 AktG).

g) Das Gesellschaftsrecht kennt innerhalb einer Gesellschaft Gesellschafter mit beschränkten Rechten und Pflichten; vor allem Kommanditisten und stille Gesellschafter. Bei Sanierungsgesellschaften kann es sinnvoll sein, sich dieser Möglichkeiten zu bedienen.

h) Bei der Umwandlung von Forderungen der Gläubiger in Gesellschaftskapital werden die rechtlichen Probleme oft unterschätzt[42]. Es geht vor allem um die Vorschriften über Bar- und Sacheinlagen sowie um die Bewertung dubioser Forderungen im Zuge von Sacheinlagen.

i) In Gesellschaftsverträgen personenbestimmter Gesellschaften werden üblicherweise Bestimmungen über den Übergang von Gesellschaftsanteilen getroffen. Sie sind bei Sanierungsgesellschaften besonders wichtig. Große Bedeutung haben Kauf- und Verkaufsoptionen, Vorkaufsrechte für Gesellschaftsanteile und Zustimmungserfordernisse der Gesellschaft oder der Gesellschafter bei der Übertragung von Gesellschaftsanteilen.

j) Gesellschafter können sich im Vertragswerk zu besonderen Leistungen für die Sanierungsgesellschaft verpflichten und dafür besondere Vergütungen anerkannt bekommen. Das kann Bestandteil des Gesellschaftsvertrages werden oder in Sondervereinbarungen erfolgen. Soweit Sonderleistungen nicht als zusätzlicher Gewinnanteil, also auf gesellschaftsrechtlicher Basis, vergütet werden, kommen je nach Art der Leistung und des Schuldverhältnisses Honorare, Provisionen, Lizenzen, Miet- und Pachtzinsen, Darlehenszinsen etc. in Betracht.

k) Im Rahmen des Einigungspakets sind manchmal Vereinbarungen zwischen Sanierungsgesellschaft und Gesellschaftern über die Verzinsung, Rückzahlung und Sicherung von Guthaben auf Gesellschafterkonten wichtig.

l) Inhaber, persönlich haftende Gesellschafter und Geschäftsführer von Krisenunternehmen werden bedacht sein, von der Gesellschafterversammlung der Fortführungsgesellschaft Entlastung zu erhalten und – soweit rechtlich möglich – von Haftungen entbunden zu werden.

m) Es hat sich als zweckmäßig erwiesen, im Vertragswerk – vielleicht im Rahmenvertrag – die Verpflichtungen der Vertragspartner ausdrücklich festzu-

42 Vgl. dazu XVI. Kapitel, S. 254 ff.

legen und zu sichern, an den zur Durchführung der Verträge erforderlichen Rechtsakten mitzuwirken und die entsprechenden Willenserklärungen abzugeben. Andernfalls kann ein Beteiligter durch Nachlässigkeit für die Sanierung kostbaren Zeitverlust verursachen oder die Vertragspartner unter Druck setzen, um nach Vertragsabschluß noch Vorteile für sich herauszuholen.

n) Im Hinblick auf die Unübersichtlichkeit der rechtlichen und wirtschaftlichen Verhältnisse, insbesondere auf unsichere Zahlungsfähigkeit von Vertragspartnern, ist es wichtig, entsprechende Sicherungen hinsichtlich der Vertragserfüllung vorzusehen. Dafür kommen Sicherheitseinbehalte, Aufrechnungsmöglichkeiten, Bürgschaften Dritter, unter Umständen auch Rücktrittsrechte, in Betracht.

Bezüglich der rechtlichen, wirtschaftlichen und steuerlichen Voraussetzungen die sich für das Vertragswerk aus den wesentlichen Typen der Fortführungsgesellschaft ergeben, sei auf die Ausführungen des zweiten Teils verwiesen.

3. Publikums-Aktiengesellschaften

3.1 Die Rolle der Hausbanken

Die typische Sanierungs-Konstellation für Aktiengesellschaften, die keine Großaktionäre mit wesentlichen Beteiligungen besitzen, ist, daß die Hausbanken an Initiativen und Lasten wesentlich beteiligt sind. Die Aktionäre haben dagegen kaum Einfluß; ihnen bleibt meist nur die Möglichkeit, in den Hauptversammlungen über Vereinbarungen abzustimmen, die von Vorstand und Aufsichtsrat ausgehandelt worden sind.

Die Maßnahmen der Verwaltung werden in solchen Fällen maßgeblich von den Hausbanken beeinflußt[43]. Ihre Repräsentanten sind als Mitglieder des Aufsichtsrats legitimiert, für die Aktionäre tätig zu werden. Die Banken sind üblicherweise Hauptgläubiger, besitzen selber Aktien der börsengängigen Gesellschaften und sind von ihren Depotkunden bevollmächtigt, für sie das Stimmrecht weisungsgemäß auszuüben.

Die enge Zusammenarbeit zwischen Hausbank und Krisenunternehmen liegt wohl meist im Interesse der kleinen Aktionäre. Sie begünstigt im allgemeinen Sanierungsgesellschaften; manchmal wirken die Banken auch beim Verkauf des Betriebes an eine Betriebsübernahmegesellschaft mit.

Vorteilhaft ist, daß die Hausbank einen verhältnismäßig guten Einblick in die finanzielle Lage und die Geschäftsentwicklung ihrer Kreditnehmer sowie in die unternehmerische Qualifikation der Geschäftsführung besitzt und daher oft in der Lage ist, einigermaßen früh die krisenhafte Verschlechterung festzustellen. Daß sie trotzdem manchmal erst spät die Krise erkennt, ist kaum ein Mangel des Systems, vielmehr eine Folge menschlicher Unzulänglichkeiten zuständiger Bankvertreter.

43 Beispielhaft dafür die Aktivitäten der Banken unter der Federführung der *Dresdner Bank AG* bei *AEG-Telefunken* 1979–81.

Ist die Unternehmenskrise von den Banken einmal erkannt, kommt ihnen ihr Zugang zu dem in Betracht kommenden Sanierungskapital und ihr Überblick über die für die Sanierung geeigneten Unternehmerpersönlichkeiten zugute. Neue Generaldirektoren werden oft von der Bank ausgesucht[44], bei Kapitalerhöhungen werden die Aktien im Konsortium übernommen und an der Börse untergebracht. Oft werden Verbindungen zu Unternehmen, die sich maßgeblich beteiligen oder den Betrieb übernehmen könnten, hergestellt[45].

Für das Krisenunternehmen und seine Aktionäre ist von entscheidender Bedeutung, daß die Interessen der Hausbank eng und umfassend mit dem Sanierungserfolg verbunden sind[46]. Die Hausbanken sind daher nicht nur bereit, die Sanierungsmöglichkeiten intensiv zu prüfen und bei der Ausarbeitung von Sanierungskonzepten mitzuwirken, sondern sich auch finanziell für die Sanierung einzusetzen – solange Aussichten auf Erfolg bestehen, manchmal sogar darüber hinaus.

In der Zeit der Sanierungsverhandlungen hängt das Schicksal des Unternehmens davon ab, daß die Hausbanken Vollstreckungsmaßnahmen zurückstellen und vielleicht sogar zusätzliche Überbrückungskredite geben[47]. Zum Zustandekommen der Fortführungsgesellschaft können sie entscheidend beitragen, indem sie sich zu einer Schuldenregelung bereitfinden, neue Kredite gewähren, Sicherheiten freigeben und sich selbst direkt oder indirekt an Kapitalerhöhungen beteiligen.

Das Interesse der Kleinaktionäre richtet sich vor allem auf die Neustrukturierung der Kapitalverhältnisse. Üblich ist die Herabsetzung des Aktienkapitals zum Bilanz-Ausgleich von Verlusten und die anschließende Ausgabe neuer Aktien zwecks Beschaffung des zusätzlich erforderlichen Kapitals.

Aus mancherlei Erwägungen – unter anderem um die Börsenfähigkeit der Aktien zu erhalten – pflegen die Banken bei der Zusammenlegung der alten Aktien die Kleinaktionäre zu schonen. Selbst in Fällen, in denen das gesamte Eigenkapital der Gesellschaft durch Verluste aufgezehrt ist und daher die Aktien eigentlich wertlos wären, läßt man den Aktionären einen Bruchteil ihrer Nominalbeträge[48].

Die Vorschläge, die der Hauptversammlung über die Zusammenlegung und Wiedererhöhung des Grundkapitals unterbreitet werden, werden durch Gutachten neutraler Wirtschaftsprüfer gestützt.

Der trotz Kapitalzusammenlegung verbleibende Bilanzverlust wird durch Verzicht auf einen Teil der Bankenforderungen und/oder durch Übernahme neuer Aktien mit einem Agio, das durch deren Wert oft nicht begründet ist, beseitigt.

---

44 So der derzeitige *AEG*-Vorstandsvorsitzende H. Dürr durch den *Dresdner Bank*-Chef, H. Friedrichs.
45 Z. B. beim Sanierungsfall *Neckermann*; siehe S. 58 ff.
46 Siehe III. Kapitel, Abschnitt 3.2, S. 38 ff.
47 Zu den Gefahren siehe ebenda.
48 Siehe die Sanierungsfälle *Neckermann* und *AEG*, Ausführungen S. 58 ff.

Solange die Börse die Aktien nicht zu den Ausgabekursen aufnimmt, bleiben die Banken auf den übernommenen Aktien sitzen. Die Hoffnung, sie später nach Erfolg der Sanierung ohne Verlust „los zu werden", kann erfahrungsgemäß trügen. Kleinaktionäre, die der Entwicklung nicht trauen, können ihre Aktien über die Börse zu relativ günstigen Kursen abgeben, wenn die Banken im eigenen Interesse – vielleicht auch zur Vermeidung von Wertberichtigungen – Kurspflege betreiben.

Bei besonders großen Krisenunternehmen sind die Chancen auch besonders günstig, die öffentliche Hand an den Sanierungslasten zu beteiligen.

3.2 Beteiligung von neuen Großaktionären

Verwaltung und Hausbanken der Publikums-Aktiengesellschaft werden überlegen, ob sie einen finanziell starken Partner interessieren können, der möglichst auch leistungswirtschaftlich wichtige Beiträge zur Gesundung des Krisenunternehmens bieten kann.[48a] Für dessen Entscheidung, ob er sich als Großaktionär engagieren soll, gelten weitgehend die allgemeinen Kriterien der Beteiligung an einer Fortführungsgesellschaft.

Der Beteiligungsinteressent steht dabei vor zwei Kernfragen. Einerseits: Wie groß soll seine Beteiligung am zukünftigen Grundkapital sein und was ist dafür zu zahlen? Andererseits: Wie weit sind die Betroffenen bereit, ihm entgegenzukommen und ihm einen befriedigenden Anteil am Sanierungsgewinn zuzugestehen?

Der zukünftige Großaktionär wird die Mehrheit des zukünftigen Aktienkapitals fordern, um sicherzustellen, daß er die Geschäftsführung bestimmen kann und ausreichend am Erfolg seines Einsatzes beteiligt ist. Er kann sich vor den Abschlußverhandlungen bereits eine Beteiligung über die Börse, durch Vermittlung von Aktienpaketen über die Banken und/oder über ein öffentliches Übernahmeangebot („tender offer" oder take-over-bid)[49] verschaffen[50]. Dies dürfte im fortgeschrittenen Krisenstadium jedoch unzweckmäßig sein, weil dadurch die Kurse der Aktien spekulativ hoch getrieben werden. Außerdem ist die Verhandlungsposition gegenüber denjenigen, von denen man Sanierungsopfer erwartet, in der Regel schwächer, wenn man finanziell bereits stark engagiert ist. Daher ist für den Großaktionär der übliche Weg, sich die vorgesehene Aktienbeteiligung im Zuge der Neustrukturierung des Grundkapitals zu besorgen.

Voraus geht üblicherweise eine Herabsetzung des bisherigen Aktienkapitals. Den Kleinaktionären mutet man dabei meist nur begrenzte Opfer zu. In der Re-

---

48a Bei der Beteiligung von Großaktionären sind die im III. Kapitel unter 4.3 behandelten wettbewerbsrechtlichen Beschränkungen wichtig. Siehe Ausführungen S. 49 ff.

49 Vgl. dazu den Wortlaut des Übernahmeangebotes im Rahmen der Neckermann-Sanierung, Kapitel IV, Abschnitt 3.1, S. 59 f.; Küting, K., Das Übernahmeangebot als alternative Form des Beteiligungserwerbs, in: BB 1978, S. 1751 ff.

50 Vgl. Schierenbeck, H., Beteiligungsentscheidungen, a.a.O., S. 152 ff.

gel haben sie allerdings die eigentlichen Verluste bereits mit dem Rückgang der Börsenkurse erlitten. Zusammenlegungen von Aktien im Verhältnis 1 : 3 oder 1 : 4 erscheinen der Öffentlichkeit recht hart. In Wirklichkeit machen die Altaktionäre bei der Neustrukturierung des Kapitals eher ein „Geschäft". Die Herabsetzung des Kapitals ist im wesentlichen ein Buchungsvorgang, bei dem vorher dem Krisenunternehmen entstandene Verluste ausgebucht werden. Übernimmt nunmehr der Großaktionär neue Aktien mit einem Agio, ist dieses gem. § 150 Abs. 2 AktG in die gesetzliche Rücklage einzustellen. An dem aus dem Agio entstehenden Reinvermögen werden die Altaktionäre automatisch anteilig beteiligt. Hat das Sanierungskonzept des Großaktionärs später Erfolg, können die Altaktionäre vielleicht ihre früheren Kurs- und Dividendenverluste ausgleichen.

Auch bei der Publikumsgesellschaft kann der Neugesellschafter (Großaktionär) in den Abschlußverhandlungen eine schwache Position seiner Verhandlungspartner ausnutzen. Von den Hausbanken erwartet er Entgegenkommen, nicht nur bei den üblichen wichtigen Verhandlungspunkten, wie Schuldenregelung, neue Kredite und Sicherheiten. Außerdem wird manchmal im Rahmen des Einigungspakets zur Bedingung gemacht, daß die Bank dem Großaktionär bei der Finanzierung der Aktienübernahme durch Kredite behilflich ist und selbst zu seiner Entlastung junge Aktien zu Über-pari-Kursen übernimmt. Damit beteiligt sie sich mehr oder weniger am Risiko, aber auch an den Chancen der Sanierung.

Andererseits wird es der Aktiengesellschaft mit der Zuführung neuen Eigenkapitals erleichtert, Verbindlichkeiten gegenüber den Banken abzubauen. Ähnliche Wirkung hat die Ausgabe von Teilschuldverschreibungen, die allerdings zur Zeit selten und in der Sanierungssituation besonders schwierig ist, sowie von Wandelobligationen.

Zweiter Teil

Strukturen und Gestaltungsprobleme der Fortführungsgesellschaften

IX. Kapitel

Die Sanierungsgesellschaft[1]

1. Der primäre Typ der Fortführungsgesellschaft

Inhaber bzw. Gesellschafter eines Unternehmens, die nicht in der Lage sind, eine Unternehmenskrise alleine und aus eigenen Kräften zu bewältigen, werden normalerweise zunächst überlegen, ob das Unternehmen mit Hilfe neuer Gesellschafter saniert werden kann. Die Sanierungsgesellschaft kann daher im Vergleich zur Betriebsübernahmegesellschaft und zur Auffanggesellschaft als primärer Typ der Fortführungsgesellschaft bezeichnet werden; jene kommen erst in Betracht, wenn die Krise so weit fortgeschritten ist, daß die bisherigen Inhaber/Gesellschafter den entscheidenden Einfluß auf das Unternehmen verloren haben, oder wenn sie nicht mehr den Willen besitzen, weiterhin seine Risiken mitzutragen.

Die primäre Stellung der Sanierungsgesellschaft beruht darauf, daß die „Altgesellschafter" bei der Sanierungsgesellschaft normalerweise die besten Chancen haben, wenigstens einen Teil ihres Kapitals, ihrer Geschäftsführerpositionen und ihres persönlichen Prestiges zu retten. Ihr Unternehmen bleibt erhalten; die zivil- und die strafrechtlichen Probleme eines Konkursverfahrens bleiben ihnen erspart. Es ändert sich für sie gegenüber den bisherigen Verhältnissen weniger als bei den anderen Typen der Fortführungsgesellschaft. Trotzdem kann die Schwächung der bisherigen Position – je nach der Krisensituation – erheblich sein; sie kann bis zum Ausscheiden einzelner oder sogar aller bisherigen Gesellschafter gehen.

Aus der Sicht der neuen Gesellschafter kann die Kontinuität erhebliche Vorteile haben, vorausgesetzt, die Leistungswirtschaft ist nicht bereits zu sehr zerfallen. Im günstigsten Falle können die Geschäfte ohne Unterbrechung und ohne Aufsehen weitergeführt werden. Vielleicht haben Geschäftspartner und Öffentlichkeit nicht einmal den Umfang der Krise und die Sanierungsbedürftigkeit des Unternehmens bemerkt, so daß das Firmenansehen gewahrt blieb.

Allerdings enthält die Sanierungsgesellschaft schwierige gesellschafts-, bilanz- und steuerrechtliche Probleme, die ein besonders sorgfältiges Vorgehen erfordern. Diese beruhen darauf, daß die Sanierungsgesellschaft zum Krisenunter-

---

1 Vgl. auch den Überblick (S. 53 ff.) und die Beispiele aus der Sanierungspraxis (S. 58 ff.).

nehmen sowohl in einem Verhältnis der Rechtsidentität als auch der Gesamtrechtsnachfolge und schließlich sogar der Einzelrechtsnachfolge stehen kann.

2. Zum Begriff der Sanierungsgesellschaft

Neue Gesellschafter engagieren sich, um mit ihrem Kapitaleinsatz und möglicherweise auch durch ihre Mitarbeit das notleidende Unternehmen zu sanieren.
Für eine Sanierungsgesellschaft im Sinne dieser Schrift ist die Gründung einer neuen Gesellschaft nicht erforderlich. Es werden auch die Fälle einbezogen, in denen Rechtsidentität zwischen Krisenunternehmen und Sanierungsgesellschaft besteht. Übrigens wird im Umwandlungs-Steuerrecht für Personenhandelsgesellschaften der Eintritt eines weiteren Gesellschafters als „eine neue, durch den neu hinzutretenden Gesellschafter vergrößerte Personengesellschaft"[1a] interpretiert. In diesem Sinne ist es konsequent, auch die im Zuge einer Kapitalerhöhung durch Gewährung neuer Gesellschaftsanteile erweiterte Kapitalgesellschaft unter diesen Begriff einzuordnen.

Nach zahlreichen Darstellungen in der insolvenzrechtlichen Literatur geht die Sanierungsgesellschaft aus dem Schuldnerunternehmen im Zuge einer Umgründung oder Umwandlung hervor[2]. Jedoch ist der Umwandlungs- oder Umgründungsvorgang für die Sanierungsgesellschaft ein häufig anzutreffendes, aber kein erforderliches Merkmal. Die begriffliche Abgrenzung wäre willkürlich, wollte man die aus einer offenen Handelsgesellschaft (OHG) hervorgehende GmbH & Co. KG als Sanierungsgesellschaft bezeichnen, dagegen die fortbestehende GmbH & Co. KG, die durch Gesellschafterbeitritt saniert wird, nicht.

Manchmal wird die Bezeichnung Sanierungsgesellschaft in der Literatur unter den Beteiligungs-[3] bzw. Sanierungsvergleich[4] eingeordnet. Doch ist die Umwandlung von Gläubigerforderungen in Eigenkapital als Bestandteil eines Vergleichs[5] nicht Begriffsmerkmal der Sanierungsgesellschaft, sondern nur eine wichtige Gründungsvariante[6].

1a BMF-Schreiben von 16. 6. 1978 – IV B 2 S 1909-8/78 zu Zweifelsfragen zum Sechsten und Siebenten Teil des Umwandlungssteuergesetzes 1977, in: BStBl I 1978, S. 235 ff.

2 Vgl. u.a. Uhlenbruck, W., Die GmbH & Co. KG . . . , a.a.O., S. 342 f.; Wiethege, F. W., Die Auffanggesellschaft, a.a.O., S. 22 ff.; Künne, K., Außergerichtliche Vergleichsordnung, a.a.O., S. 58.

3 Vgl. Künne, K., Außergerichtliche Vergleichsordnung, a.a.O., S. 58.

4 Vgl. Mohrbutter, J., Haarmann, H., Leitfaden für Vergleichs- und Konkursverwalter, 3. Aufl., Köln-Berlin-Bonn-München 1976, S. 49 f.; Jaeger/Weber, KO, Anm. 5 zu § 174.

5 Vgl. Mentzel/Kuhn/Uhlenbruck, KO, Anm. 2 e zu § 174; Samolewitz, L., Die Gründung der Sanierungsgesellschaft . . . , a.a.O.; v. Godin-Wilhelmi, AktG, Berlin und Leipzig 1937, Anm. II, 1 zu § 150; Manasse, B., Levi, A., Vergleichstechnik bei Zahlungsschwierigkeiten, Berlin-Wien 1930, S. 87 f.

6 Vgl. Ausführungen im XVI. Kapitel, S. 254 ff.

Ebensowenig ist es notwendiges Merkmal der Sanierungsgesellschaft, daß die bisherigen Inhaber/Gesellschafter auch Gesellschafter der Sanierungsgesellschaft sind[7]. Schließlich ist nicht erforderlich, daß die neuen Gesellschafter sich nur vorübergehend beteiligen und nach erfolgreicher Sanierung ihre Anteile auf die Altgesellschafter zurückübertragen[8].

Im Zuge der Sanierung scheiden die bisherigen Inhaber/Gesellschafter nicht selten zum Teil oder insgesamt aus. Sie können ein Entgelt für ihre aufgegebene Beteiligung im allgemeinen nur erwarten, wenn keine Überschuldung des Unternehmens vorliegt; haften sie bei einer Überschuldung persönlich für die Verbindlichkeiten des Unternehmens, so werden sie unter Umständen noch zusätzliche Einzahlungen erbringen müssen.

3. Finanzielle Merkmale

Für die Beteiligungsinteressenten der Sanierungsgesellschaft ist die vollständige Ermittlung der Verbindlichkeiten der Altunternehmung der neuralgische Punkt[39].

Dabei bestehen folgende Hauptprobleme:

- Das Rechnungswesen von Krisenunternehmen ist oft unzuverlässig. Möglicherweise sind selbst eindeutig bestehende Verbindlichkeiten nicht vollständig erfaßt.
- Es ist schwer zu übersehen, welche Rückstellungen für ungewisse Schulden (vor allem für Schadensersatzverpflichtungen aus Vertragsverletzungen oder unerlaubter Handlung sowie für Garantieverpflichtungen) erforderlich sind.
- Besonders häufig sind steuerliche Verpflichtungen nicht vollständig verbucht und nicht einmal bekannt.
- Leistungswirtschaftliche Sanierungsmaßnahmen sind meist erforderlich. Dafür notwendige Betriebsänderungen sind mit Soziallasten verbunden (Sozialplan, Kündigungsschutz-Abfindungen usw.), für die normalerweise keine Rückstellungen gebildet werden, da diese steuerlich nicht anerkannt werden[10]. Solche Soziallasten mindern den Forführungswert aus der Sicht der Neugesellschafter erheblich[11].

Insgesamt kann das Risiko aus unbekannten Verpflichtungen so groß sein, daß daran die Gründung der Sanierungsgesellschaft scheitert.

7 So etwa Samolewitz, L., Die Gründung der Sanierungsgesellschaft . . ., a.a.O.,
8 Zu dieser Variante vgl. ebenda, Sp. 628.
9 Vgl. Uhlenbruck, W., Die GmbH & Co. KG . . ., a.a.O., S. 343.
10 Vgl. BMF-Schreiben vom 2. 5. 1977 – IV B 2 – S 2137 – 13/77, Rückstellungen für Sozialpläne nach dem Betriebsverfassungsgesetz, in: DB 1977, S. 889; Inhoffen, A. O., Müller-Dahl, F. P., Rückstellungen für Abfindungen aus Sozialplan und Aufhebungsvertrag? (I) u. (II) in: DB 1981, S. 1473 ff.; 1525 ff.; Briese, U., Zur Frage der Passivierung von Sozialplanverpflichtungen, in: DB 1977, (I) u. (II), S. 313 ff.; 365 ff.
11 Siehe auch S. 104 sowie das XVII. Kapitel.

Andererseits haben Sanierungsgesellschaften meist erhebliche Chancen für Schuldenerlasse, die allerdings eine geschickte Verhandlungsführung und ausreichend Zeit dafür voraussetzen[12]. Zweckmäßigerweise werden die Vergleichsverhandlungen vor dem Eintritt der neuen Gesellschafter geführt und ausreichende Erlasse zur Bedingung der Beteiligung gemacht.

- Bei Vergleichsverhandlungen mit im Insolvenzfall nicht bevorrechtigten Gläubigern werden diese zu einem gerichtlichen oder außergerichtlichen Forderungserlaß um so eher bereit sein, je schlechter ihre Aussichten in einem Konkurs wären.
- Verhandlungen mit den Sonderrechtsgläubigern über einen außergerichtlichen Vergleich sind vor allem davon abhängig, ob deren Sicherheiten im Insolvenzfalle ausreichen würden.
- Unter bestimmten Voraussetzungen können Abgabeverpflichtungen aus Billigkeitsgründen erlassen werden[13].
- Mit dem Betriebsrat kann eine Einigung über Sozialplanverpflichtungen und sonstige Soziallasten angestrebt werden.

Die Sanierungsgesellschaft hat hinsichtlich öffentlicher Hilfen zum Teil bessere, zum Teil schlechtere Aussichten als die Betriebsübernahmegesellschaft[14].

4. Betriebliche Merkmale

Charakteristisch für die Sanierungsgesellschaft ist, daß die betriebliche Kontinuität besser zu erhalten ist als bei den beiden anderen Typen der Fortführungsgesellschaft. Dies kann sich vorteilhaft und/oder nachteilig auswirken.

Bei der Sanierungsgesellschaft muß manchmal mehr Rücksicht auf den bisherigen – vielleicht unzulänglichen und für die Krise verantwortlichen – Gesellschafter-Geschäftsführer genommen werden, so daß es erschwert ist, ein neues leistungsfähiges Management einzusetzen.

Weiterhin kann es schwieriger sein, mangelnde Leistungsbereitschaft und Schlendrian bei den Mitarbeitern sowie ein schlechtes Betriebsklima zu überwinden. Überhöhte Gehälter, Löhne und sonstige Vorteile lassen sich schwerer bereinigen, wenn die Mitarbeiter aufgrund der finanziellen Sanierung des Unternehmens meinen, daß sie ihre „wohlerworbenen" Rechte nicht aufzugeben brauchen.

Vertrauensverluste und Verärgerungen der Geschäftspartner werden von diesen möglicherweise auf die Sanierungsgesellschaft übertragen, weil sie davon ausgehen, daß diese mit dem alten Unternehmen identisch ist.

Zu den Vorteilen der Sanierungsgesellschaft gehört, daß sich eine Unterbrechung oder Stockung der leistungswirtschaftlichen Prozesse eher vermeiden

---

12 Siehe XIII. Kapitel 203 ff.

13 Siehe § 227 AO. Dazu: Tipke, K., Steuerrecht, 5. Aufl., Köln 1978, S. 480 f., mit weiteren Literaturnachweisen. Siehe auch die Ausführungen S. 307 ff.

14 Vgl. die Ausführungen S. 312 ff.

oder beschränken läßt und die daraus entstehenden Verluste reduziert werden können. Die Verträge mit den Lieferanten, Kunden und Mitarbeitern laufen zunächst weiter. Dies gilt allerdings in den Fällen der Singularzession wegen der mangelnden rechtlichen Identität zwischen Krisenunternehmen und Sanierungsgesellschaft nur mit Vorbehalt.

Die Sanierungsgesellschaft kann leichter die Informationsquellen – selbst wenn sie unzulänglich oder bereits gestört waren – erhalten, die für die Fortführung nützlich sind.

5. Das gesellschaftsrechtliche Verhältnis zwischen Krisenunternehmen und Sanierungsgesellschaft

Gesellschaftsrechtlich gibt es für die Sanierung des Krisenunternehmens durch neue Gesellschafter folgende Wege:

5.1 Rechtsidentität

Das Krisenunternehmen behält seine *Rechtsidentität.* Die neuen Gesellschafter übernehmen Anteile bisheriger Gesellschafter und/oder neue Gesellschaftsanteile. Dies kann bei einer juristischen Person geschehen (AG, KGaA, GmbH) oder bei einer Personengesellschaft (OHG, KG). Die Kapitaleinbringung kann im Zuge einer Kapitalerhöhung – meist nach vorheriger Kapitalherabsetzung – und/oder durch verlorene Zuschüsse zwecks Ausgleich von Verlusten sowie im Wege der stillen Beteiligung erfolgen[15].

Der Vorgang kann mit einer formwechselnden Umwandlung verbunden werden (z.B. von einer KGaA auf eine AG, oder von einer OHG auf eine KG)[16].

Das neu zugeführte Kapital haftet voll für die Verbindlichkeiten des Krisenunternehmens. Diese Haftung regelt im Falle der Sanierungs-Personengesellschaft die Vorschrift des § 130 HGB bzw. § 173 in Verbindung mit § 130 HGB[17].

15 Vgl. Deutsch, P., Grundfragen der Finanzierung im Rahmen der betrieblichen Finanzwirtschaft, 2. Aufl., Wiesbaden 1967, S. 134 ff.
Zur stillen Gesellschaft vgl. Paulick, H., Handbuch der stillen Gesellschaft, 3. Aufl., Köln 1981. Nach Schulze-Osterloh ist die Vereinbarung einer stillen Gesellschaft an dem Unternehmen einer AG ein Teilabführungsvertrag im Sinne des § 292 Abs. 1 Nr. 2 AktG oder bei Beteiligung des stillen Gesellschafters an der Geschäftsführung ein Betriebsüberlassungsvertrag nach § 292 Abs. 1 Nr. 3 AktG (vgl. Schulze-Osterloh, J., Das Recht der Unternehmensverträge und die stille Beteiligung an einer Aktiengesellschaft, in: ZGR 1974, S. 427 ff.).

16 Bei „gleichartiger Vermögensträgerschaft wird lediglich die Verbandsorganisation geändert", Wiedemann, H., Gesellschaftsrecht, Band I, Grundlagen, München 1980, S. 157. Fälle der formwechselnden Umwandlung sind in den §§ 362–393 AktG und in den §§ 63–65 UmwG geregelt. Vgl. hierzu auch Widmann/Mayer, Umwandlungsrecht, Rzi 4–7 unter Einf. UmwG.

17 Vgl. Wiethege, F. W., Die Auffanggesellschaft, a.a.O., S. 24.

Nach § 130 HGB haftet der neu eintretende OHG-Gesellschafter bzw. Komplementär gleich den anderen Gesellschaftern für die vor seinem Eintritt begründeten Verbindlichkeiten der Gesellschaft, ohne Unterschied, ob die Firma eine Änderung erleidet oder nicht. Für den Kommanditisten ist die Haftung für Altverbindlichkeiten auf die Hafteinlage beschränkt. Die Haftung nach §§ 130 bzw. 173 HGB kann nicht durch abweichende Vereinbarungen ausgeschlossen werden[18]. Bei der Sanierungs-Kapitalgesellschaft gehen die Einlagen der Neugesellschafter in das den Gläubigern haftende Sondervermögen ein[19].

5.2 Gesamtrechtsnachfolge

Das Vermögen des Krisenunternehmens wird „durch einen einheitlichen Akt"[20] im Wege der *Gesamtrechtsnachfolge* (Universalsukzession) auf einen anderen (neuen) Rechtsträger überführt[21].

5.2.1 Verschmelzung (Fusion)

Hierzu gehören die in den §§ 339–358 AktG und in den §§ 19–35 KapErhG geregelten *Verschmelzungen (Fusionen).* Ein Krisenunternehmen in der Rechtsform einer Kapitalgesellschaft kann mit einer anderen Kapitalgesellschaft verschmolzen werden (Verschmelzung durch Aufnahme oder durch Neubildung)[22]. Mit der Eintragung der Verschmelzung in das Handelsregister werden die Gläubiger des Krisenunternehmens Gläubiger der übernehmenden Gesellschaft[23].

Für die Verschmelzung von Aktiengesellschaften sowie von Kommanditgesellschaften auf Aktien mit Aktiengesellschaften und Kommanditgesellschaften auf Aktien sind die wichtigsten Vorschriften über die Nachgründung, insbesondere über die Gründungsprüfung, anwendbar, wenn der Verschmelzungsvertrag in den ersten zwei Jahren nach Eintragung der übernehmenden Gesellschaft geschlossen wird und der Nennbetrag der zu gewährenden Aktien den zehnten Teil des Grundkapitals dieser Gesellschaft übersteigt (§§ 342, 354 AktG). Diese Regelung gilt nur für die Verschmelzung durch Aufnahme. Die Verschmelzung durch Neubildung „darf erst beschlossen werden, wenn jede der sich vereinigenden Gesellschaften bereits zwei Jahre im Handelsregister eingetragen ist" (§ 353 Abs. 2 AktG). Die gleiche Sperrfrist gilt für die Verschmelzung einer GmbH mit einer Aktiengesellschaft oder einer Kommanditgesellschaft auf Aktien (§ 355 Abs. 4 AktG).

18 Vgl. Uhlenbruck, W., Die GmbH & Co. KG ..., a.a.O., S. 343.
19 Vgl. Wiedemann, H., Gesellschaftsrecht, a.a.O., S. 196 ff.
20 Hueck, A., Hueck, G., Gesellschaftsrecht, a.a.O., S. 274.
21 Vgl. Wiedemann, H., Gesellschaftsrecht, a.a.O., S. 157 f.
22 Einzelheiten hierzu: Rätsch, H., Fusion, in: HWF, Sp. 665 ff. mit weiteren Literaturnachweisen.
23 Vgl. § 346 Abs. 3 AktG, § 25 Abs. 2 KapErhG.

Mit der Fusion können die Gläubiger der übertragenden Gesellschaft im allgemeinen ihre Position verbessern: Ihnen ist nach den gleichlautenden Verschmelzungsvorschriften, „wenn sie sich binnen sechs Monaten nach der Bekanntmachung der Eintragung der Verschmelzung ... melden, Sicherheit zu leisten, soweit sie nicht Befriedigung verlangen können" (§ 347 Abs. 1 AktG, § 26 Abs. 1 KapErhG). Zudem besteht unter bestimmten Voraussetzungen für den Vorstand und Aufsichtsrat der übertragenden Gesellschaft eine besondere Schadensersatzpflicht, wenn diese Gesellschaft, ihre Aktionäre und Gläubiger durch die Verschmelzung geschädigt werden (§ 349 Abs. 1 AktG, § 28 Abs. 1 KapErhG).

5.2.2 Umwandlung

Gesamtrechtsnachfolge liegt auch vor, wenn das Krisenunternehmen im Wege der *übertragenden Umwandlung* von einer Art der Rechtsträgerschaft in eine andere überführt wird, z.B. eine Kapitalgesellschaft in eine Personengesellschaft oder umgekehrt[24]. Die neuen Gesellschafter können bereits vorher dem Krisenunternehmen oder erst dem neuen Unternehmen beitreten. Die übertragende Umwandlung kann auf eine gleichzeitig errichtete Gesellschaft (errichtende Umwandlung) oder auf eine bestehende Gesellschaft (verschmelzende Umwandlung) erfolgen.

a) Handelt es sich beim Krisenunternehmen um eine *Personengesellschaft*, so müssen sich alle Gesellschafter der Personengesellschaft an der Sanierungs-Kapitalgesellschaft beteiligen[25]. Dritte sind von der Transaktion ausgeschlossen. Sie müssen entweder vorher eintreten oder nach der Umwandlung an einer Kapitalerhöhung teilnehmen[26] oder Anteile erwerben.

Erforderlich ist, daß der um die Verbindlichkeiten geminderte Wert des Gesellschaftsvermögens dem Nennbetrag des Grund- oder Stammkapitals entspricht oder wenigstens das gesetzliche Mindestkapital von DM 100.000,– bzw. DM 50.000,– erreicht[27]. Ein überschuldetes Krisenunternehmen kann nur umgewandelt werden, wenn das Mindestkapital entweder durch Bareinlagen in das Vermögen des Krisenunternehmens vor der Umwandlung erbracht wird oder die ausreichende Kapitalausstattung der Sanierungsgesellschaft in anderer Weise gesichert ist[28].

Die Umwandlung eines Einzelunternehmens in eine Sanierungs-Kapitalgesellschaft ist ausgeschlossen, „wenn

---

24 Einzelheiten hierzu: Voß, H., Umgründung-Umwandlung, in: HWF, Sp. 1727 ff. (1734 ff.) mit weiteren Literaturhinweisen.

25 Vgl. § 42 Abs. 1, § 48 Abs. 1 UmwG.

26 Vgl. Caspers, H.-F., Das Gesetz zur Ergänzung der handelsrechtlichen Vorschriften über die Änderung der Unternehmensform, in: WPM 1969, Sonderbeilage Nr. 3/1969 zu Teil IV Nr. 36 vom 6. September 1969.

27 Vgl. Widmann/Mayer, Umwandlungsrecht, Rzi 768 f. unter § 41 UmwG.

28 Vgl. ebenda.

1. die Vermögensgegenstände, die ... übertragen werden sollen, das Vermögen des Einzelkaufmanns im Sinne des § 419 Abs. 1 des Bürgerlichen Gesetzbuchs sind, oder
2. die Verbindlichkeiten des Einzelkaufmanns sein Vermögen übersteigen."[29]

Im Fall der Umwandlung einer Personengesellschaft auf eine Kapitalgesellschaft haften die Gesellschafter während einer Verjährungsfrist von fünf Jahren für die Verbindlichkeiten der Gesellschaft[30]. Ein Einzelkaufmann wird durch die übertragende Umwandlung seines Unternehmens in eine Kapitalgesellschaft „von der Haftung für die Verbindlichkeiten nicht befreit."[31]

b) Bei der Umwandlung einer *Kapitalgesellschaft* in eine Personengesellschaft hat der neue Rechtsträger unbeschadet seiner Haftung das übernommene Vermögen zunächst getrennt zu verwalten (§ 8 UmwG). „Die beiden Vermögen dürfen erst vereinigt werden, wenn sechs Monate nach der Bekanntmachung der Eintragung des Umwandlungsbeschlusses verstrichen sind, und nur unter Beachtung der nach § 7 für die Befriedigung und Sicherstellung der Gläubiger geltenden Vorschriften."[32]

Die Umwandlung einer Kapitalgesellschaft in eine Personengesellschaft, an der eine Kapitalgesellschaft beteiligt ist, ist nicht zulässig (§ 1 Abs. 2 UmwG).

5.2.3 Anwachsung

Universalsukzession ist nach Auffassung des Bundesgerichtshofs[33] auch dann gegeben, wenn eine natürliche oder juristische Person das Gesamthandsvermögen einer Personengesellschaft gem. § 161 Abs. 2, § 142 Abs. 3 HGB, § 738 BGB im Wege der *Anwachsung* übernimmt, indem die anderen Gesellschafter auf ihn alle ihre Gesellschaftsanteile übertragen oder gegen Abfindung ausscheiden[34]. Im Zuge der Sanierung kommt auch die Übertragung aller Gesellschafts-

---

29 § 50 UmwG.

30 Vgl. § 45 Abs. 1 UmwG.

31 § 55 Abs. 2 UmwG; § 56 f Abs. 2 i. Verbindung mit § 55 Abs. 2 UmwG.

32 § 8 Abs. 2 UmwG.

33 Vgl. BGH v. 13. 7. 1967 II ZR 268/64, in: BGHZ 48, S. 203 ff. (206). Ulmer, in: Großkommentar zum Handelsgesetzbuch, Anm. 33 zu § 142 mit weiteren Nachweisen. A.A.: Boruttau/Egly/Sigloch, GrEStG, Anm. 18 b zu § 1.

34 Siehe auch die eingehenden Interpretationen des BFH vom 8. 5. 1974 II 133/65, in: BStBl II 1974, S. 470 ff.; v. 17. 7. 1975 II R 141/74, in: BStBl II 1976, S. 159 ff.; v. 19. 1. 1977 II R 161/74, in: BStBl II 1977, S. 359 ff.; v. 16. 2. 1977 II R 89/74, in: BStBl II 1977, S. 671 ff.
Für den ausscheidenden Kommanditisten macht es unter dem Aspekt der Haftung einen Unterschied, ob er seinen Kommanditanteil an einen Dritten abtritt oder im Zuge der Auseinandersetzung aus der Gesellschaft ausscheidet. Im ersten Falle übernimmt der neue Gesellschafter die Rechtsposition, die bisher der frühere Kommanditist innegehabt hatte. Eine Rückzahlung des Haftkapitals findet nicht statt. Anders im zweiten Fall: Hier kann der ausscheidende Kommanditist für Altverbindlichkeiten noch fünf Jahre in Anspruch genommen werden. Vgl. zu dieser Problematik das BGH-Urteil v. 29. 6. 1981 – II ZR 142/80, in: BB 1981 S. 1483 f.

anteile eines Krisenunternehmens auf einen Dritten (Sanierungsgesellschaft) in Betracht. Da nach dem geltenden Recht eine Ein-Mann-Personengesellschaft nicht denkbar ist, erlöschen die bisherige Gesellschaft und ihre Gesellschaftsverhältnisse.

Entsprechend dieser Rechtslage übernimmt der Erwerber der Anteile in entsprechender Anwendung des § 142 HGB „das Geschäft ohne Liquidation mit Aktiven und Passiven". Es liegt keine Sacheinlage vor; daher kommen die Vorschriften zur Sachgründung nicht zum Zuge[35]. Die gesamthänderische Bindung, der die Gegenstände bisher in dem Sinne unterlagen, daß nur die Gesamtheit der Gesellschafter über sie verfügen konnte, entfällt mit der Anwachsung. Der Übernehmende erhält mit dem Wegfall der gesamthänderischen Bindung das Alleineigentum an den einzelnen Vermögensgegenständen; einer Auflassung (§ 313 BGB) der im Gesellschaftsvermögen befindlichen Grundstücke bedarf es deshalb nicht. Zugleich ändert sich auch die Zuordnung der Gesellschaftsschulden, die nunmehr von dem Übernehmenden zu tragen sind, auch wenn die Haftung der bisherigen Gesellschafter gem. §§ 128, 171 bis 176 HGB bestehen bleibt. In deren Interesse liegt es daher, daß der Übernehmer über ausreichendes Kapital zur Deckung der Verbindlichkeiten verfügt.

5.3 Einzelrechtsnachfolge

Das Krisenunternehmen oder dessen Inhaber bringt Aktiva und Passiva im Wege der *Einzelrechtsnachfolge (Singularsukzession*[36]*)* in eine neue Gesellschaft ein, an der sich neue Gesellschafter mit Kapital beteiligen[37]. Das einbringende Unternehmen kann eine juristische Person, eine Personenhandelsgesellschaft oder ein Einzelunternehmen sein. Die neue Gesellschaft kann in die Form der Kapital- oder Personengesellschaft gekleidet werden; es kann sich auch um ein Einzelunternehmen handeln. Begriffsnotwendig für die Sanierungsgesellschaft ist, daß alle wesentlichen Aktiva und Passiva des notleidenden Unternehmens übergehen. Obwohl zwischen der neuen Gesellschaft und dem Krisenunternehmen keine rechtliche Identität besteht, sondern ein neuer Rechtsträger auftritt, werden im Wirtschaftsleben beide Unternehmen als identisch angesehen, wenn die neue Gesellschaft die Altverbindlichkeiten übernimmt, unter charakteristischen Bestandteilen der Firmenbezeichnung auftritt und die Geschäfte fortführt.

---

35 Vgl. Seithel, R., Ertragsteuerliche Probleme der „Umwandlung" einer GmbH & Co. KG auf die Komplementär-GmbH im Wege der Anwachsung, in: GmbH-Rdsch. 1978, S. 65 ff. (65).

36 Dieser Fall schließt die sog. *Umgründung* ein, in dem die alte Unternehmung aufgelöst (abgewickelt) und das Gesellschaftsvermögen auf eine neue Gesellschaft übertragen wird und im Zuge der Abwicklung die Gesellschafter nach ihrem bisherigen Beteiligungsverhältnis mit Anteilen an der neuen Gesellschaft abgefunden werden. Vgl. hierzu Voß, H., Umgründung-Umwandlung, a.a.O., Sp. 1730.

37 Vgl. ebenda.

Der neue Rechtsträger kann das Vermögen des Krisenunternehmens im Zuge einer Sacheinlage oder käuflich erwerben. Während im ersten Fall bisherige Inhaber Gesellschafter des neuen Rechtsträgers werden und stets eine Sanierungsgesellschaft entsteht, kann im zweiten Fall die Abgrenzung zur Betriebsübernahmegesellschaft zweifelhaft sein: Eine Sanierungsgesellschaft liegt jedenfalls auch beim käuflichen Übergang vor, wenn alle wesentlichen Aktiva und Passiva einbezogen sind und mit dem Kauf der bisherige Rechtsträger saniert ist.

6. Bilanzielle Maßnahmen

Nach dem Sanierungskonzept soll das Krisenstadium bilanzmäßig abgeschlossen werden durch einen Sanierungsstatus oder eine (außerordentliche) Bilanz, in der die Vermögensgegenstände und Verbindlichkeiten neu bewertet werden; die Sanierungsgesellschaft stellt daraufhin die Sanierungseröffnungsbilanz auf. Die wesentlichen allgemeinen Gesichtspunkte für Status und Bilanz sind unter 4.1 im V. Kapitel entwickelt worden.[38] Sie sind um folgende bilanzrechtliche Vorschriften zu ergänzen, die für die dargestellten gesellschaftsrechtlichen Varianten der Sanierungsgesellschaft gelten.

Wichtig sind die für die jeweilige Variante gültigen Vorschriften vor allem, soweit es sich um Aufwertungen von Gegenständen des Krisenunternehmens (Auflösung von stillen Reserven) handelt; Abwertungen der bisherigen Buchwerte auf die Zeitwerte (unter besonderer Berücksichtigung des Fortführungskonzeptes) sind nicht nur allgemein zulässig, sondern gemäß den Grundsätzen ordnungsmäßiger Buchführung sogar zwingend erforderlich. Hinzu kommen die Möglichkeiten, den verbleibenden Bilanzverlust mit dem bilanziellen Eigenkapital zu verrechnen.

6.1 Bei Rechtsidentität

Aufwertungen des Vermögens des Krisenunternehmens auf den Zeitwert sind bei *Rechtsidentität* mit der Sanierungsgesellschaft nicht in allen Fällen möglich.

6.1.1 Fortführung einer Personengesellschaft

a) Umstritten ist, ob anläßlich des Eintritts neuer Gesellschafter in eine *Personengesellschaft* die stillen Reserven durch Neubewertung des vorhandenen Gesellschaftsvermögens aufgedeckt werden können. Während Knapp[39] dies nur insoweit für zulässig hält, als damit nicht „die ursprünglichen Anschaffungskosten der Gesellschaft überschritten würden", ist nach Clemm und Gu-

38 Vgl. die Ausführungen S. 83 f.

39 Knapp, L., Zur Bilanzierung bei Gesellschafterwechsel in Personengesellschaften, in: DB 1975, S. 65 ff. (66).

tike[40] eine weitergehende Aufstockung bis zum Teilwert möglich, „wenn der neue Gesellschafter insbesondere wegen der Höhe seiner Einlage für die Gesellschaft von so erheblicher Bedeutung ist, daß die durch seinen Eintritt vorgenommenen Veränderung wirtschaftlich der Gründung einer neuen Gesellschaft gleichkommt."

b) Sofern die Aufwertungen nicht ausreichen, um die Unterbilanz zu beseitigen, wird üblicherweise der Bilanzverlust gegen das Gesellschaftskapital (Festkonten und ggf. Darlehens-/Rücklagekonten) aufgerechnet. Dieser buchtechnische Vorgang kann relativ einfach durch entsprechenden Beschluß der Gesellschafterversammlung vorgenommen werden, weil es keine nominelle Bindung der Kapitalanteile gibt.

6.1.2 Fortführung einer Kapitalgesellschaft

a) Bei einer *Aktiengesellschaft* sind nach Adler/Düring/Schmaltz im Zuge einer Sanierung Zuschreibungen nur bis zu den ursprünglichen Anschaffungs- und Herstellungskosten zulässig[41].

Wird eine AG in eine KGaA umgewandelt, so ist der Hauptversammlung eine Bilanz vorzulegen, in der die Vermögenswerte zu Reproduktionswerten anzusetzen sind[42]. Doch werden diese Wertansätze und das neu bewertete Eigenkapital nicht in die Buchhaltung und die Jahresbilanz übernommen. Im umgekehrten Fall der Umwandlung einer KGaA in eine AG oder GmbH ist unter bestimmten Bedingungen eine Bilanz „nach den Grundsätzen aufzustellen. . ., die für die Auseinandersetzung mit den persönlich haftenden Gesellschaftern vorgesehen sind."[43] Das Grundkapital bleibt unverändert bzw. wird unverändert zum Stammkapital[44].

Bei Umwandlung einer AG in eine GmbH (§§ 369 ff. AktG) sowie bei Umwandlung einer GmbH in eine AG (§§ 376 ff. AktG) sind angesichts der Wahrung der Identität der Gesellschaft grundsätzlich die Buchwerte zu übernehmen[44a].

Wird eine GmbH in eine AG umgewandelt, so können zur Erreichung des vorgesehenen Grundkapitals im handelsrechtlich zulässigen Umfange stille Reserven aufgelöst werden[45]. Soweit allerdings die Bilanzansätze einer umgewandelten GmbH nicht mit den aktienrechtlichen Bewertungsvorschriften übereinstimmen, sind im ersten Jahresabschluß der AG entsprechende Berichtigungen vorzunehmen.

40 Clemm, H., Gutike, H.-J., Handelsrechtliche Bilanzierungsfragen beim Eintritt eines Gesellschafters in eine bestehende Personengesellschaft, in: WPg 1976, S. 425 ff. (430).

41 Vgl. Adler/Düring/Schmaltz, Rechnungslegung, Tz. 73 zu § 149.

42 Vgl. § 362 Abs. 3 AktG; Kühnau, M., Sonderbilanzen, a.a.O., Sp. 1578.

43 § 366 Abs. 3 Satz 2 AktG; § 386 Abs. 2 Satz 2 AktG.

44 Vgl. Kühnau, M., Sonderbilanzen, a.a.O., Sp. 1580.

44a Vgl. Adler/Düring/Schmaltz, Rechnungslegung, Tz. 60 zu § 153.

45 Vgl. Kühnau, M., Sonderbilanzen, a.a.O., Sp. 1578.

b) Ein noch verbleibender Bilanzverlust kann durch Herabsetzung des Grund- bzw. Stammkapitals buchtechnisch beseitigt werden.

aa) Dazu ist bei der *Aktiengesellschaft* die vereinfachte Kapitalherabsetzung (§§ 229 – 236 AktG) vorgesehen. Dabei bestehen im Gegensatz zur ordentlichen Kapitalherabsetzung keine Gläubigerschutzbestimmungen, weil der Herabsetzungsbetrag nicht an die Aktionäre ausgeschüttet werden darf.

Im Hauptversammlungsbeschluß, dem mindestens drei Viertel des bei der Beschlußfassung vertretenen Grundkapitals oder die nach der Satzung vorgesehene Kapitalmehrheit zustimmen muß[46], ist anzugeben, daß die Kapitalherabsetzung „dazu dienen soll, Wertminderungen auszugleichen, sonstige Verluste zu decken oder Beträge in die gesetzliche Rücklage einzustellen."[47]

Voraussetzung der vereinfachten Kapitalherabsetzung ist, daß die Teile der gesetzlichen Rücklage, die über zehn Prozent des nach der Herabsetzung verbleibenden Kapitals hinausgehen, und die freien Rücklagen vollständig aufgelöst sind. Zudem darf kein Gewinnvortrag vorhanden sein[48].

§ 231 AktG schränkt zum Schutz der Aktionäre die Höhe der Zuweisung in die gesetzliche Rücklage bis zehn Prozent des Grundkapitals ein[49]. Diente die Kapitalherabsetzung der Beseitigung von Verlusten bzw. der Abdeckung von Wertminderungen, so sind späterhin die nicht benötigten Herabsetzungsbeträge in die gesetzliche Rücklage einzustellen (§ 232 AktG).

Die vereinfachte Kapitalherabsetzung kann bereits rückwirkend im Jahresabschluß für das letzte Geschäftsjahr vor der Beschlußfassung berücksichtigt werden[50]. Meist wird sie im Sanierungsbeschluß mit einer Kapitalerhöhung verbunden, die ebenfalls rückwirkend im letzten Jahresabschluß berücksichtigt werden darf, wenn keine Sacheinlagen (z. B. Forderungseinlagen) vorgesehen, die neuen Aktien gezeichnet und auf sie die Einzahlungen geleistet sind[51].

In der Kombination von Kapitalherabsetzung und gleichzeitiger -erhöhung ist es auch zulässig, das Grundkapital unter den Mindestnennbetrag von DM 100.000 herabzusetzen[52].

Nach einer vereinfachten Kapitalherabsetzung dürfen Gewinne erst dann wieder ausgeschüttet werden, wenn die gesetzliche Rücklage 10 Prozent des herabgesetzten Grundkapitals erreicht. Auch dann sind in den ersten Jahren Gewinnausschüttungen auf 4 Prozent des Grundkapitals beschränkt, es sei denn, die Ansprüche von Gläubigern werden gesichert oder befriedigt[53]. „Die Beträ-

46 Vgl. §§ 229 Abs. 3, 222 Abs. 1 AktG.
47 § 229 Abs. 1 AktG.
48 Vgl. § 229 Abs. 2 AktG.
49 Vgl. Adler/Düring/Schmaltz, Rechnungslegung, Tz. 50 zu § 150.
50 Vgl. § 234 Abs. 1 AktG.
51 Vgl. § 235 Abs. 1 AktG.
52 Vgl. § 228 AktG.
53 Vgl. § 233 Abs. 2 AktG.

ge, die aus der Auflösung von offenen Rücklagen und aus der Kapitalherabsetzung gewonnen sind, dürfen ... nicht als Gewinn ausgeschüttet werden[54].

bb) Das *GmbH*-Gesetz kennt nicht die vereinfachte Kapitalherabsetzung. Der Ausgleich eines Bilanzverlustes muß im Wege der ordentlichen Kapitalherabsetzung unter Beachtung der speziellen Gläubigerschutzbestimmungen erfolgen[55]. So ist der Herabsetzungsbeschluß dreimal in den Gesellschaftsblättern bekanntzumachen[56]. Zudem sind alle bekannten Gläubiger zur Anmeldung ihrer Forderungen aufzufordern. Die Gläubiger, die sich bei der Gesellschaft melden und der Herabsetzung nicht zustimmen, sind wegen der erhobenen Ansprüche zu befriedigen oder sicherzustellen[57].

Nach Ablauf eines Sperrjahres kann der Herabsetzungsbeschluß zum Handelsregister angemeldet werden[58]. Als Satzungsänderung wird die Kapitalherabsetzung erst mit der Eintragung in das Handelsregister wirksam[59]. Zu diesem Zeitpunkt ist in der Bilanz der Ausweis des Stammkapitals anzupassen[60]. Eine Rückwirkung auf einen früheren Zeitpunkt kann nicht beschlossen werden[61].

Das GmbH-Recht kennt keine Vorschriften, welche die Kapitalerhöhung und -herabsetzung miteinander verbinden[62]. Beide Vorgänge laufen unterschiedlich ab. Die Kapitalerhöhung kann erst angemeldet, eingetragen und damit wirksam werden, wenn sie durchgeführt ist. Beruht die Kapitalerhöhung auf einem einheitlichen Beschluß mit der Kapitalherabsetzung, so muß sie aufgeschoben werden, bis das für die Kapitalherabsetzung vorgesehene Sperrjahr abgelaufen ist.

Aus diesem Grunde kann es sich bei der gegenwärtigen Rechtslage empfehlen, die beiden Beschlüsse zu trennen. Dann kann die Kapitalerhöhung sofort angemeldet und eingetragen werden. Da die Herabsetzung erst in einem Jahr erfolgt, wird bis dahin in der Bilanz das aufgestockte Kapital ausgewiesen. Diese Handhabung erfordert allerdings klare Absprachen, wessen Geschäftsanteile von der Kapitalherabsetzung erfaßt werden. Vielfach läßt sich über Zuzahlungen die Unterbilanz eleganter bereinigen.

Rechtspolitisch gilt die bestehende Regelung als verfehlt[63]. Ihre Reform dürfte mit der Verabschiedung des Bilanzrichtliniegesetzes noch dringender werden.

c) Bei einer Aktiengesellschaft müssen aus der Kapitalzuführung folgende Beträge der *gesetzlichen Rücklage* zugewiesen werden:

---

54 § 233 Abs. 3 AktG.
55 Vgl. Eder, K., in: Handbuch der GmbH, hrsg. von der Centrale für GmbH Dr. Otto Schmidt, Rz. I 540.
56 Vgl. § 58 Abs. 1 Nr. 1 GmbHG.
57 Vgl. § 58 Abs. 1 Nr. 2 GmbHG.
58 Vgl. § 58 Abs. 1 Nr. 3 GmbHG.
59 Vgl. Scholz-Priester, GmbHG, Anm. 69 zu § 58.
60 Vgl. § 42 Nr. 4 GmbHG.
61 Vgl. RG v. 11. 1. 1921 VII 151/20, in: RGZ 101, S. 199 ff. (201).
62 Vgl. hierzu: Eder, K., a.a.O., Rz. I 540; Scholz-Priester, GmbHG, Anm. 79 ff. zu § 58.
63 So Scholz-Priester, GmbHG, Anm. 83 zu § 58.

- das Aktienagio (§ 150 Abs. 2 Nr. 2 AktG),
- das Agio aus Wandelschuldverschreibungen (§ 150 Abs. 2 Nr. 3 AktG),
- der Betrag von Zuzahlungen, die Aktionäre gegen Gewährung eines Vorzugs für ihre Aktien leisten (§ 150 Abs. 2 Nr. 4 AktG).

Zuzahlungen, die zur Abdeckung von Verlusten verwendet werden, brauchen jedoch nicht erst in die gesetzliche Rücklage eingestellt zu werden, wenn sie nach Zuführung gem. § 150 Abs. 3 und 4 AktG zum Ausgleich eines Jahresfehlbetrages oder Verlustvortrages aus dem Vorjahr entnommen werden könnten[64].

Sofern die Rücklage nach Durchführung der Kapitalmaßnahmen einschließlich der Kapitalherabsetzung noch nicht den zehnten oder den in der Satzung festgelegten höheren Teil des Grundkapitals erreicht, sind in den Folgejahren 5 Prozent des um einen Verlustvortrag geminderten Jahresüberschuß einzustellen, bis die Rücklage die nach Gesetz oder Satzung bestimmte Höhe erreicht (§ 150 Abs. 2 Nr. 1 AktG).

Besonderheiten sind bei der Vereinbarung einer stillen Gesellschaft mit einer Aktiengesellschaft zu beachten: Werden dem stillen Gesellschafter keine Geschäftsführungsbefugnisse eingeräumt, so liegt ein Teilgewinnabführungsvertrag im Sinne des § 292 Abs. 1 Nr. 2 AktG vor[65]. Dann mindert gem. § 300 Nr. 2 AktG der Gewinnanteil des Stillen nicht die Bemessungsgrundlage für die Dotierung der gesetzlichen Rücklage.

6.2 Bei Gesamtrechtsnachfolge

a) Wird das Krisenunternehmen mit einem anderen Unternehmen zur Sanierungsgesellschaft „verschmolzen", so hängt die Bilanzierung von der Rechtsform der fusionierenden Gesellschaften ab. Wird eine AG bzw. KGaA mit einer anderen Kapitalgesellschaft (AG, KGaA GmbH) verschmolzen, so gelten für die Sanierungsgesellschaft die in der Schlußbilanz des Krisenunternehmens angesetzten Werte als Anschaffungswerte im Sinne der §§ 153 Abs. 1, 155 Abs. 1 AktG[66]. Demnach kommt es auf die Wertansätze in der Schlußbilanz an. Dies gilt auch, wenn eine GmbH mit einer anderen GmbH verschmolzen wird, nicht jedoch mit einer AG bzw. KGaA gem. §§ 355 f. AktG. In diesem Falle sind nach Adler/Düring/Schmaltz die übergehenden Güter mit den Zeitwerten anzusetzen[67].

Erforderliche Abwertungen und zulässige Zuschreibungen wird man in der Schlußbilanz des Krisenunternehmens vornehmen. Bleibt bei einer Aktienge-

64 Vgl. Adler/Düring/Schmaltz, Rechnungslegung, Tz. 42 zu § 150.

65 Vgl. Schulze-Osterloh, Das Recht der Unternehmensverträge und die stille Beteiligung an einer Aktiengesellschaft, a.a.O., S. 431 ff.

66 Vgl. § 348 Abs. 1 AktG; § 27 Abs. 1 KapErhG; Adler/Düring/Schmaltz, Rechnungslegung, Tz. 139 ff. zu § 153.

67 Vgl. Adler/Düring/Schmaltz, Rechnungslegung, Tz. 154 zu § 153.

sellschaft nach den Umbewertungen ein Bilanzverlust, so wird man im allgemeinen noch in der Schlußbilanz einen Kapitalschnitt durchführen.

b) Im Falle der übertragenden Umwandlung stellt das Krisenunternehmen zum Stichtag der Umwandlung oder zu einem früheren Tag eine Übergabebilanz auf[68]. Bei der errichtenden Umwandlung hat die Sanierungsgesellschaft gem. § 39 HGB eine Eröffnungsbilanz zu erstellen, wobei ein Wahlrecht besteht, die stillen Reserven bis zu den Zeitwerten aufzulösen oder die bisherigen Buchwerte fortzuführen. Im Zuge der verschmelzenden Umwandlung erfolgt eine Sacheinlage unter Ausbuchung der bisherigen Beteiligung[69].

c) Der Übergang des Vermögens einer Personengesellschaft im Wege der Anwachsung kann bilanzrechtlich als „Anschaffung" gedeutet werden[70]. Der Übernehmer erwirbt das Betriebsvermögen entgeltlich[71]. Der Gesamtkaufpreis umfaßt neben den übergehenden Verbindlichkeiten der untergehenden Personengesellschaft auch die Abfindungen an die ausscheidenden Gesellschafter und, falls der Übernehmer bereits Gesellschafter war, den Wert seines bisherigen Gesellschaftsanteils[72]. Bei dessen Bewertung als Bestandteil der „Anschaffungskosten" dürfte ein Wahlrecht zwischen dem bisherigen Buchwert[73] und dem Zeitwert[74] bestehen, der meist aus der Auseinandersetzung mit den ausscheidenden Gesellschaften abgeleistet werden kann.

Die zuwachsenden Wirtschaftsgüter sind dementsprechend mit den anteiligen Anschaffungskosten, höchstens jedoch mit ihren Zeitwerten (Teilwerten) in die Handelsbilanz des Übernehmers einzubuchen.

6.3 Bei Einzelrechtsnachfolge

Im Falle der Liquidation des Krisenunternehmens und der Überführung der Vermögensgegenstände und Verbindlichkeiten auf die neu gegründete Sanierungsgesellschaft (Umgründung) ist eine Eröffnungsbilanz aufzustellen[75]. Betei-

---

68 Vgl. Widmann/Mayer, Umwandlungsrecht, z.B. Rzi 146 ff. unter § 4.

69 Vgl. Busse von Colbe, W., Die handelsrechtliche Umwandlungsbilanz von Kapitalgesellschaften, in: ZfB 1959, S. 599 ff. (611 ff.).

70 Siehe auch Thiel, R., Die Umwandlung einer Personengesellschaft in eine Kapitalgesellschaft unter besonderer Berücksichtigung der Verwendung der Rechtsfigur der AG & Co. oder der GmbH & Co., (I) u. (II), in: WPg 1966, S. 11 ff.; 41 ff. (43 f.). Zum Begriff der Anschaffung siehe auch Herrmann-Heuer, Anm. 274 zu § 6 EStG mit weiteren Nachweisen.

71 Siehe auch Schulze zur Wiesche, D., Einbringung eines Betriebes, Teilbetriebes, Mitunternehmeranteils in eine GmbH (I) u. (II), in: GmbH-Rdsch. 1981, S. 60 ff. u. S. 88 ff. (93).

72 So auch BFH v. 16. 2. 1977 II R 89/74, a.a.O., S. 673 zur „Gegenleistung" bei der Grunderwerbsteuer.

73 Für Buchwertansatz (in der Steuerbilanz) offensichtlich Widmann/Mayer, Umwandlungsrecht, Rz 7592.4.

74 Für Aufdeckung der stillen Reserven Schulze zur Wiesche, D., Einbringung eines Betriebes, Teilbetriebes, Mitunternehmeranteils in eine GmbH, a.a.O., S. 93.

75 Vgl. § 39 Abs. 1 HGB.

ligen sich an der Sanierungsgesellschaft auch Altgesellschafter, ist das übergehende Vermögen nach Sacheinlagegrundsätzen zu bewerten. Dabei gilt es als zulässig, die Anschaffungskosten bis zum Zeitwert zu überschreiten und ggf. einen Geschäftswert zu aktivieren, falls der Gesamtwert des Unternehmens dies rechtfertigt[76]. Die Unternehmensbewertung kann allerdings auch zu einer Abwertung des Betriebsvermögens führen. In der Eröffnungsbilanz der Fortführungsgesellschaft erscheinen die Schulden des Krisenunternehmens insoweit, als sie von der Fortführungsgesellschaft in Anrechnung auf den Kaufpreis übernommen werden.

7. Steuerliche Aspekte

Die mit der Sanierung üblicherweise verbundenen Maßnahmen werden durch steuerliche Vorschriften nicht erschwert, zum Teil sogar ausdrücklich begünstigt. An dieser Stelle sollen nur die wesentlichen Aspekte hierzu aufgezeigt werden.

7.1 Herabsetzung von Altkapital

a) Verluste von Personengesellschaften aus der Krisenzeit wie aus der Umbewertung des Betriebsvermögens in der Sanierungsbilanz betreffen ertragsteuerlich nur die Altgesellschafter.

b) Bei Kapitalgesellschaften haben Anpassungsbuchungen beim Gesellschaftskapital einschließlich der Rücklagen auch dann keine steuerlichen Auswirkungen, wenn die Auflösungs- und Herabsetzungsbeträge handelsrechtlich in der Gewinn- und Verlustrechnung unter den Posten „Entnahmen aus offenen Rücklagen"[77] und „Ertrag aus der Kapitalherabsetzung"[78] gesondert ausgewiesen werden[79].

c) Wohl kann sich bei Kapitalgesellschaften die Gliederung des verwendbaren Eigenkapitals im Sinne des § 29 KStG hinsichtlich der EK – O – Teilbeträge (§ 30 Abs. 2 KStG) ändern[80]. Doch bleiben die mit Körperschaftsteuer belasteten Teilbeträge des Eigenkapitals, das EK 56 und EK 36, bestehen[81]. Die auf diesen Teilbeträgen ruhenden „Steuerguthaben" können den Gesellschaftern der Sanierungsgesellschaft selbst dann noch zugänglich gemacht werden, wenn das Altkapital auf DM 0 herabgesetzt wurde[82].

---

76 Vgl. Kühnau, M., Sonderbilanzen, a.a.O., Sp. 1575.

77 Vgl. Adler/Düring/Schmaltz, Rechnungslegung, Tz. 189 ff. zu § 157.

78 Vgl. § 240 AktG; dazu ebenda, Tz. 211 zu § 157.

79 Vgl. Langel, H., Steuerliche Aspekte der Unternehmenssanierung, in: StbJb 1977/78, S. 321 ff. (333 ff.).

80 Vgl. ebenda; Herzig, N., Das verwendbare Eigenkapital – eine zentrale Größe des körperschaftsteuerlichen Anrechnungsverfahrens, in: BFuP 1977, S. 326 ff.; Dötsch, E., Kapitalerhöhung und Kapitalherabsetzung – Auswirkungen auf Einkommensermittlung und Eigenkapitalgliederung, in: DB 1981, S. 1994 ff. (1998).

81 Vgl. Langel, H., Steuerliche Aspekte der Unternehmenssanierung, a.a.O., S. 344.

82 So auch Dreiss, W., Eitel-Dreiss, M., Steuerliche Verlustbehandlung und Sanierung, in: DB 1980, S. 1858 ff. (1860).

d) Die Steuerfolgen der Kapitalherabsetzung für die bisherigen Gesellschafter hängen davon ab, ob die Gesellschaftsanteile (Aktien) im Betriebsvermögen oder Privatvermögen gehalten werden. Gehören sie zum Betriebsvermögen, so kann eine Teilwertabschreibung bereits aufgrund der Verluste in Betracht kommen und den eigenen steuerlichen Gewinn mindern[83]. Zählen die Gesellschaftsanteile dagegen zum Privatvermögen, ergibt die Herabsetzung des Altkapitals, da kein verwendbares Eigenkapital ausgekehrt wird, keine Einkünfte aus Kapitalvermögen[84]. Scheiden Gesellschafter aus, so kann ein berücksichtigungsfähiger Veräußerungsverlust bzw. -gewinn entstehen, wenn eine wesentliche Beteiligung im Sinne des § 17 Abs. 1 S. 3 EStG vorliegt.

7.2 Steuerliche Verlustvorträge

Steuerliche Verlustvorträge im Sinne der §§ 10 d und 15 a EStG können bei Bildung einer Sanierungsgesellschaft erhalten bleiben[85].

a) Bei *Personengesellschaften* und *Einzelunternehmen* stehen die Verlustvorträge den Betroffenen als Inhaber bzw. Gesellschafter unmittelbar zu. Steuermindernd können abzugsfähige Verluste im Sinne des § 10 d EStG aus den letzten fünf Veranlagungszeiträumen geltend gemacht werden. Die zeitliche Begrenzung auf fünf Jahre gilt nicht für die verrechenbaren Verluste im Sinne des § 15 a EStG[86]. Diese können von den betreffenden Gesellschaftern zeitlich unbegrenzt von künftigen Gewinnen aus der Beteiligung am Sanierungsunternehmen abgezogen werden.

Gewerbesteuerliche Verlustvorträge können sich insoweit steuerfrei auswirken, als sie dem Beteiligungsverhältnis der Altgesellschafter entsprechen[87].

b) Bei *Kapitalgesellschaften* partizipieren die neuen Gesellschafter an dem Vorteil, daß die Gesellschaft bis zum Ausgleich der steuerlichen Verlustvorträge körperschaft- und gewerbesteuerfrei Gewinne thesaurieren kann.

aa) Als Sanierungsgesellschaften werden jedoch sogenannte Mantelgesellschaften nicht anerkannt. Die Rechtsprechung erkennt Personenidentität dann nicht an, wenn sich nach Zuführung neuen Vermögens die Zweckbestimmung und Organisation ändern, „ohne daß von einer organischen Fortentwicklung und Überleitung zu einem anderen Gegenstand des Unternehmens im Interesse

83 Vgl. Hermann-Heuer, Anm. 806 ff. zu § 6 EStG.

84 Vgl. Langel, H., Steuerliche Aspekte der Unternehmenssanierung, a.a.O., S. 341; Hermann-Heuer, Erläuterungen (grün) zu § 20 EStG, S. 16.

85 Die Rechtsprechung hat für die Inanspruchnahme des Verlustabzuges gem. § 10 d EStG die Personenidentität zur Voraussetzung gemacht. D.h. den Verlustabzug kann nur derjenige geltend machen, der den Verlust „selbst wirtschaftlich erlitten und zu tragen hat." BFH v. 15. 2. 1966 I 112/63, StRK EStG § 10 d R 33.

86 Vgl. Bordewin, A., Söffing, G., Uelner, A., Verlustverrechnung bei negativem Kapitalkonto, Bedeutung des § 15 a EStG, Herne/Berlin 1980, S. 81 f.

87 Vgl. Knobbe-Keuk, B., Gesellschafterwechsel bei Personengesellschaften und § 10 a GewStG, in: StuW 1978, S. 267 ff.

der Körperschaft und ihrer Gläubiger die Rede sein kann."[88] Die Personenidentität und damit der Verlustabzug gehen verloren, „wenn eine Kapitalgesellschaft ihre bisherigen Vermögenswerte im wesentlichen verloren hat und in dieser Lage neue Gesellschafter eintreten, überdies der Gesellschaft neue Mittel zuführen und sie wirtschaftlich neu beleben."[89]

Zahlungsunfähigkeit und schlechte Vermögenslage des Krisenunternehmens werden nicht als gleichbedeutend mit Vermögenslosigkeit angesehen[90]. Bei Eintritt neuer Gesellschafter in eine bereits überschuldete Kapitalgesellschaft, die noch über wesentliches Aktivvermögen verfügt, zum Zwecke der Sanierung dürfte der Verlustabzug kaum zu versagen sein.

Durchgreifende leistungswirtschaftliche Sanierungsmaßnahmen stehen der Anerkennung des Verlustabzuges nicht entgegen[91]. Auch die Umstellung der Unternehmung durch die neuen Gesellschafter von der Produktion bestimmter Erzeugnisse auf die Beteiligung an Unternehmungen, die diese Produkte erzeugen, hebt die Personengleichheit nicht auf[92].

bb) Der Verlustabzug kann unter Umständen versagt werden, wenn die notleidende Kapitalgesellschaft umgewandelt wird. Im Falle einer formwechselnden Umwandlung nach den §§ 362 ff. AktG wird auch steuerrechtlich die Personengleichheit anerkannt, so daß der Verlustabzug zulässig ist[93]. Wird dagegen das Krisenunternehmen im Wege der übertragenden Umwandlung[94] oder Verschmelzung[95] auf die Sanierungsgesellschaft überführt, dann gehen sowohl die verbliebenen Verluste im Sinne des § 10 d EStG wie auch die nicht verbrauchten Gewerbeverluste unter.

7.3 Forderungsverzichte und Zuzahlungen (Zuschüsse) von Altgesellschaftern

a) *Verzichten* Gesellschafter einer *Personengesellschaft* (Mitunternehmerschaft) auf die Rückzahlung eines Gesellschafterdarlehens, so wird dadurch das steuerliche Ergebnis der Gesellschaft nicht berührt, sofern der Forderungsnachlaß im Gesellschaftsverhältnis begründet ist, also zur Förderung der Beteiligung erbracht wird[96]. Erfolgt der Forderungsverzicht nicht in erster Linie zur Förderung der Beteiligung, sondern aus anderen wirtschaftlichen In-

88 BFH v. 15. 2. 1966 I 112/63, a.a.O.

89 BFH v. 19. 12. 1973 I R 137/71, in: BFHE 111, S. 155 ff. (157). Kritisch: Keuk, B., Zur Besteuerung der Gesellschaften, in: StuW 1974, S. 350 ff.

90 Vgl. BFH v. 19. 12. 1973 I R 137/71, a.a.O., S. 157.

91 Ebenda.

92 Vgl. ebenda.

93 Vgl. BFH v. 19. 8. 1958 I 78/58 U, in: BFHE 67, S. 509 ff. Zum Gewerbesteuerrecht vgl. Lenski-Steinberg, GewStG, Anm. 14 zu § 10 a.

94 Vgl. BFH v. 8. 4. 1964 VI 205/61 S, in: BFHE 79, S. 203 ff.

95 Vgl. BFH v. 5. 11. 1969 I R 60/67, in: BFHE 97, S. 360 ff.

96 Vgl. Gassner, B., Gesellschafter-Zuschüsse und Gesellschafter-Darlehen, in: JFSt 1976/77, S. 227 ff. (241 f.).

teressen, so entsteht bei der Gesellschaft ein steuerfreier Sanierungsgewinn[97]; „der Gesellschafter verwirklicht im gleichen Zug in seinem Sonderbetrieb oder seinem persönlichen Gewerbebetrieb in Höhe des endgültigen Forderungsverzichts einen Verlust." [98]

Diese Handhabung entspricht dem Erlaß eines Gesellschafterdarlehens bei einer *Kapitalgesellschaft.* Hier wird der Forderungsverzicht auf gesellschaftsrechtlicher Grundlage als verdeckte Einlage behandelt und erfolgsmäßig neutralisiert[99]. Für den verzichtenden Gesellschafter erhöhen sich die Anschaffungskosten der Beteiligung. Gehört diese zum Betriebsvermögen, so ist die verdeckte Einlage mit dem gemeinen Wert auf dem Beteiligungskonto zu aktivieren und der Buchwert der Forderung unter Berücksichtigung bestehender Wertberichtigungen auszubuchen[100]. In Höhe der Differenz entsteht entweder Gewinn oder Verlust. Der Zugang auf dem Beteiligungskonto kann möglicherweise über eine Teilwertabschreibung herabgesetzt werden[101].

Ist der Forderungsverzicht dagegen im Betrieb des Gesellschafters begründet und hätte ihn ein fremder ordentlicher Kaufmann ebenfalls gewährt, so führt er zu einem steuerfreien Sanierungsgewinn[102], wenn dafür die speziellen Voraussetzungen vorliegen[103]. Beim Gesellschafter liegt in Höhe des Verzichts eine Betriebsausgabe vor, es sei denn, für die Forderung ist bereits eine Wertberichtigung gebildet und dadurch der Forderungsverlust schon teilweise oder ganz vorweggenommen.

b) Leisten die Gesellschafter einer *Personengesellschaft* (Mitunternehmerschaft) *Zuzahlungen,* so sind diese Kapitalzuführungen unabhängig von der handelsrechtlichen Behandlung steuerlich als Einlagen anzusehen[104]. Das steuerliche Ergebnis wird durch diese Vorgänge nicht berührt, allenfalls seine Verteilung, wenn nicht alle Gesellschafter Zuzahlungen entsprechend dem Verhältnis der Gewinnanteile leisten. Die Einlage eines Kommanditisten und der

97 Vgl. Keuk, B., Die Besteuerung des Gewinns der Personengesellschaft und der Sondervergütungen der Gesellschaft, StuW 1974, S. 1 ff. (10).

98 Kurth, H., Die Besteuerung des Mitunternehmers, Steuerliche Beurteilung der Leistungsbeziehungen zwischen der Mitunternehmergemeinschaft und ihren Gesellschaftern, Wiesbaden 1978, S. 583 f.

99 Vgl. Gassner, B., Gesellschafter-Zuschüsse und Gesellschafter-Darlehen, a.a.O, S. 230 f.; Döllerer, G., Verdeckte Gewinnausschüttungen und verdeckte Einlagen bei Kapitalgesellschaften, Heidelberg 1975, S. 109 mit Hinweisen auf die Rechtsprechung (FN 224).

100 Vgl. BFH v. 9. 3. 1977 I R 203/74, in: BStBl II 1977, S. 515 f.; Gassner, B., die Gesellschafter-Zuschüsse und Gesellschafter-Darlehen, a.a.O., S. 227 ff.; Hermann-Heuer, Anm. 793 zu § 6 EStG:

101 Vgl. BFH v. 9. 3. 1977 I R 203/74, a.a.O.

102 Vgl. Gassner, B., Gesellschafter-Zuschüsse und Gesellschafter-Darlehen, a.a.O., S. 231.

103 Vgl. Ausführungen S. 153 ff.

104 Vgl. Gassner, B., Gesellschafter-Zuschüsse und Gesellschafter-Darlehen, a.a.O., S. 240 ff.

ihnen gleichgestellten Gesellschafter hat nicht die Umwandlung eines verrechenbaren Verlustes im Sinne des § 15 a EStG in einen abzugsfähigen Verlust zur Folge[105].

Zuzahlungen an eine *Kapitalgesellschaft*[106] sind als verdeckte Einlagen zu behandeln, wenn sie im Gesellschaftsverhältnis veranlaßt sind. Hingegen stellen Zuschüsse auf betrieblicher Grundlage bei der Empfängerin selbst dann steuerpflichtige Betriebseinnahmen dar[107], wenn die Voraussetzungen für einen steuerpflichtigen Sanierungsgewinn gegeben sind.[108]. Beim Zuschußgeber entsteht in Höhe der Leistung eine sofort abzugsfähige Betriebsausgabe.

c) Der Verzicht auf Forderungen und Zuschüsse eines Gesellschafters an eine inländische Kapitalgesellschaft (z.B. AG, GmbH, GmbH & Co. KG) unterliegt der Gesellschaftssteuer, wenn „die Leistungen geeignet sind, den Wert der Gesellschaftsrechte zu erhöhen" (§ 2 Abs. 1 Nr. 4 KVStG)[109].

7.4 Sanierungsgewinne aufgrund von Forderungsverzichten durch Gläubiger

a) Die Vorschrift des § 3 Nr. 66 EStG stellt „Erhöhungen des Betriebsvermögens" steuerfrei, „die dadurch entstehen, daß Schulden zum Zweck der Sanierung ganz oder teilweise erlassen werden." Diese Befreiungsvorschrift gilt über § 8 Abs. 1 KStG auch für Kapitalgesellschaften bei der Körperschaftsteuer. Darüber hinaus kommt die Steuerfreiheit auch bei der Gewerbesteuer zum Zuge: Die Sanierungsgewinne erhöhen nicht den Gewerbeertrag[110].

Zur Annahme eines steuerfreien Sanierungsgewinns müssen nach der herrschenden Meinung vier Voraussetzungen erfüllt sein[111]:

aa) Die Unternehmung muß objektiv sanierungsbedürftig sein.

bb) Schulden müssen von Gläubigern „rechtsverbindlich"[112] ganz oder teilweise erlassen werden.

cc) Die Gläubiger müssen mit ihren Forderungsverzichten die Sanierung der Schuldnerunternehmung beabsichtigen[113].

dd) Der Schulderlaß muß geeignet sein, „das sanierungsbedürftige Unternehmen vor dem Zusammenbruch zu bewahren und wieder ertragsfähig zu machen."[114]

---

105 Vgl. Bordewin, A., Söffing, G., Uelner, A., Verlustverrechnung bei negativem Kapitalkonto, a.a.O., S. 79 f.; Knobbe-Keuk, B., Der neue § 15 a EStG – ein Beispiel für den Gesetzgebungsstil unserer Zeit, in: StuW 1981, S. 97 ff. (102).

106 Nachschüsse i. S. der §§ 26 – 28 GmbHG stellen offene Einlagen dar. Vgl. Hermann-Heuer, Anm. 822 zu § 6 EStG.

107 Vgl. ebenda, Anm. 57 zu § 5 EStG (Zuschuß (4)).

108 Vgl. Ott, H, Steuerfreier Sanierungsgewinn nur bei Gläubigerverzicht (Schulderlaß)?, In: BB 1969, S. 705 ff. (706).

109 Wegen des Steuersatzes vgl. Ausführungen S. 159.

110 Vgl. Lenski-Steinberg, GewStG, Anm. 35 zu § 7.

111 Vgl. Littmann, EStG, Anm. 53 n zu § 3.

112 BFH v. 25. 10. 1963 I 359/60 S, in: BFHE 78, S. 308 ff. (310).

113 Vgl. BFH v. 26. 11. 1980 I R 52/77, in: BStBl II 1981, S. 181 ff. (182).

114 Ebenda.

Zu aa): Eine Unternehmung gilt schon bei drohender Zahlungsunfähigkeit oder zu erwartender Überschuldung als sanierungsbedürftig[115]. Ein Gläubigerakkord im gerichtlichen Vergleich wird als Indiz für die Sanierungsbedürftigkeit angesehen[116]. Werden dagegen Forderungen nur von einem oder wenigen Gläubigern erlassen, „so muß die Sanierungsabsicht besonders dargelegt werden.“[117]

Zu bb): Ertragsteuerlich begünstigte Sanierungsgewinne können nur auf rechtsverbindlichen Schulderlassen beruhen. Dem steht nicht entgegen, daß den verzichtenden Gläubigern sog. Besserungsscheine eingeräumt werden. Dagegen sind die durch Sanierungszuschüsse entstehenden Gewinne nicht steuerfrei. Die Steuerpflicht läßt sich nach Langel[118] jedoch dadurch vermeiden, daß der „Zuschußgeber“ dem zu sanierenden Unternehmen zunächst ein zinsloses Darlehen einräumt, auf das er später verzichtet. Dieses Vorgehen kann allerdings nur dann zur gewünschten Steuerfreiheit führen, wenn kein Umgehungstatbestand im Sinne des § 42 AO vorliegt[119] und die übrigen Voraussetzungen für den steuerfreien Sanierungsgewinn erfüllt sind.

Zu cc): Ein steuerfreier Sanierungsgewinn liegt dann nicht vor, wenn der Verzicht nur auf eigennützigen Beweggründen beruht[120]. Eigennützige Motive wie die Absicht, wenigstens einen Teil der dubiosen Forderung zu retten oder die Geschäftsverbindungen zu erhalten, sind unschädlich[121], wenn die Absicht, die Unternehmung zu sanieren, „mindestens mitentscheidend für den Erlaß“[122] ist. „Dabei soll kein strenger Maßstab angelegt werden.“[122]

Die Begünstigung des Sanierungsgewinns ist auch dann möglich, wenn das Krisenunternehmen im Wege der Singularsukzession umgegründet wird. Denn wirtschaftlich wird trotz Formalliquidation die Sanierung des notleidenden Unternehmens bzw. des Inhabers bezweckt[123]. Sanierungsabsicht liegt auch vor, wenn ein Teil des Unternehmens liquidiert wird, um den anderen Teil zu erhalten[124].

Zu dd): Der Schulderlaß muß zur Sanierung der notleidenden Unternehmung geeignet sein. Unter dieser Prämisse genügen auch Teilerlasse. „Bei mehreren aufeinanderfolgenden Schulderlassen, von denen jeder für sich nicht geeignet war, eine nachhaltige Besserung der Ertragslage herbeizuführen, liegt keine steuerfreie Sanierung vor, wenn Absprache und Durchführung der Sanierung

115 Vgl. Bise, W., Sanierung und Steuer, in: StbJb 1964/65, S. 255 ff.
116 Vgl. BFH v. 25. 10. 1963 I 359/60 S, a.a.O., S. 310; BFH v. 26. 11. 1980 I R 52/77, a.a.O., S. 182.
117 Ebenda, S. 183.
118 Vgl. Langel, H., Steuerliche Aspekte der Unternehmenssanierung, a.a.O.
119 Vgl. Tipke-Kruse, AO, Tz. 12 ff. zu § 42.
120 Vgl. o.V., Zur Sanierungsabsicht der Gläubiger, in: DB 1981, S. 2304.
121 Vgl. Herrmann-Heuer, Anm. 431 ff. zu § 3 EStG.
122 BFH v. 25. 10. 1963 I 359/60 S, a.a.O., S. 311.
123 Vgl. RFH v. 16. 12. 1936 VI A 725, in: StuW 1937 Bd. II, Urteil Nr. 88, Sp. 187.
124 Vgl. Herrmann-Heuer, Anm. 459 zu § 3 EStG.

nicht auf einem einheitlichen Plan beruhen."[125] Die Sanierung kann sich über einen längeren Zeitraum erstrecken, wenn sich nach dem Plan und den zugrundeliegenden Prognosen die Ertragsfähigkeit wieder herstellen läßt[126]. Allerdings wächst mit der Unsicherheit der Prognosen die Gefahr, daß die Finanzverwaltung im nachhinein die Steuerfreiheit des Sanierungsgewinns versagt, wenn infolge unvorhersehbarer Umstände der erwartete Sanierungserfolg nicht eintritt[127]. Es gibt keine scharfe Arbgrenzung dafür, welche Ereignisse prognostizierbar und welche unvorhersehbar sind.

Da die Einkommensteuer und die Körperschaftsteuer das steuerliche Ergebnis nicht berühren, hat ihr Erlaß auf den steuerlichen Gewinn keine Wirkung[128]. Anders dagegen die Vermögensmehrung aus dem Erlaß von Betriebssteuern. Sie sind jedoch nur unter besonderen Umständen ein steuerfreier Sanierungsgewinn[129]. Der Steuererlaß hat in der Regel eine andere Zielsetzung als die Sanierung: Er „soll im Einzelfall entstehenden Härten und Unbilligkeiten abhelfen."[130] „Nur dort, wo der Steuererlaß im Rahmen eines allg. Gläubigerverzichts ausgesprochen wird oder wo er eine Einzelmaßnahme darstellt, durch die ein notleidendes Unternehmen vor dem Zusammenbruch bewahrt und wieder ertragsfähig gemacht werden soll, kann unter Umständen etwas anderes gelten."[131]

Die steuerfreien Sanierungsgewinne mindern nicht die Verlustvorträge des Krisenunternehmens bzw. die verrechenbaren und abzugsfähigen Verluste der Mitunternehmer[132].

Aufwendungen zur Erlangung von Schulderlassen (Sanierungskosten), wie z.B. Ausgaben für das Vergleichsverfahren, die Vergütung für den Vergleichsverwalter, mindern den steuerfreien Sanierungsgewinn, nicht das steuerliche Ergebnis des zu sanierenden Unternehmens (§ 3 c EStG)[133]. Dementsprechend stellen auch spätere Leistungen der Sanierungsgesellschaft auf Besserungsscheine keine Betriebsausgaben dar.

b) Forderungsverzichte können *umsatzsteuerliche* Konsequenzen haben, wenn die erlassenen Verpflichtungen durch umsatzsteuerbare und umsatzsteuerpflichtige Lieferungen und/oder sonstige Leistungen begründet sind. Nach Auffassung des Bundesfinanzhofs stellt der Verzicht auf solche Forderun-

125 BFH v. 25. 2. 1972 VIII R 30/66, in: BFHE 105, S. 260 ff., Leitsatz Ziff. 2.

126 Vgl. dazu: Seithel, R., Voraussetzungen des steuerfreien Sanierungsgewinns, in: FR 1973, S. 381 f.

127 Vgl. o.V., Teilerlasse von Schulden und Sanierungsgewinn, in: DB 1977, S. 1435.

128 Vgl. Herrmann-Heuer, Anm. 447 zu § 3 EStG.

129 Vgl. dazu: o.V., Erlaß von Steueransprüchen und Sanierungsgewinnen, in: DB 1977, S. 328 f.

130 RFH v. 3. 7. 1936 I A 168/36, in: StuW II 1936, Sp. 950 ff. (952).

131 FG Rheinland v. 20. 12. 1961 I 74/61, in: EFG 1962, S. 294 f. (295). Siehe auch Schulze zur Wiesche, D., Die steuerliche Behandlung von Sanierungsgewinn bei GmbH und GmbH & Co. KG, in: GmbH-Rdsch. 1980, S. 36 ff. (38).

132 Vgl. BFH v. 15. 7. 1968 GrS 2/67, in: BStBl II 1968, S. 666 ff.

133 Vgl. Herrmann-Heuer, Anm. 472 zu § 3 EStG.

gen in aller Regel nicht eine Vereinnahmung, sondern eine Kürzung des Entgelts dar[134].

Daher bestehen für die Beteiligten gem. § 17 UStG folgende gesetzliche Pflichten: Der Gläubiger-Unternehmer hat die Umsatzsteuer zu seinem Vorteil entsprechend der erlaßbedingten Minderung des steuerpflichtigen Entgelts zu kürzen. In gleicher Höhe hat der Schuldner zu seinen Lasten den (bereits geltend gemachten) Vorsteuerabzug zu korrigieren. Die dadurch entstehende Umsatzsteuererhöhung könnte jedoch zum Gegenstand von Erlaßverhandlungen mit der zuständigen Finanzbehörde gemacht werden[135].

Die gläubiger- und schuldnerseitigen Umsatzsteuerberichtigungen lassen sich – zu Lasten der Gläubiger, jedoch zugunsten der Sanierungsgesellschaft – vermeiden, wenn der Gläubiger vor dem Verzicht die Liefer- bzw. Leistungsforderung durch Vertragsvereinbarung in eine Darlehensforderung umwandelt (Novation)[136]. Eine zivilrechtlich wirksame Novation[137] führt umsatzsteuerrechtlich zur Vereinnahmung des Entgelt[138]. Der spätere Erlaß der Der Darlehensschuld löst daher keine Pflichten mehr im Sinne des § 17 UStG aus und ist daher ohne umsatzsteuerliche Wirkungen.

c) Der Erlaß von Forderungen sowie die Gewährung von Sanierungszuschüssen könnten der *Schenkungssteuer* unterliegen[139]. Der Reichsfinanzhof hat jedoch in seinem Grundsatzurteil vom 26. 2. 1942 entschieden[140], daß Sanierungszuwendungen (Schulderlasse und Sanierungszuschüsse) nicht schenkungssteuerpflichtig seien. Die Tragweite dieser Entscheidung ist umstritten[141]. Langel[142] empfiehlt, bei Abregenzungsschwierigkeiten zwischen schenkungssteuerfreien und -pflichtigen Zuwendungen sich an den Grundsätzen zu orientieren, die im Ertragsteuerrecht zum Sanierungsgewinn aufgestellt sind.

134 Vgl. BFH v. 21. 3. 1968 V 85/65, in: BStBl,II 1968, S. 466.

135 Vgl. hierzu Ausführungen XVIII. Kapitel, S. 302 ff.

136 Rechtsgrundlage ist § 305 BGB; hierzu vgl. auch Langel, H., Steuerliche Aspekte der Unternehmenssanierung, a.a.O., S. 363 ff. mit weiteren Möglichkeiten der Vermeidung der Umsatzsteuer-Korrekturen.

137 Vgl. Voss, A., Umsatzsteuer bei Vereinbarungsdarlehen, in: UStR 1976, S. 13 f. Auch die Einstellung in ein echtes Kontokorrentverhältnis i.S. des § 355 HGB hat die Wirkung einer Novation. Vgl. Langel, H., Steuerliche Aspekte der Unternehmenssanierung, a.a.O., S. 365.

138 Vgl. Plückebaum/Malitzky, UStG, Anm. 126 zu § 4, Anm. 189/1 zu § 10, Anm. 29 zu § 20.

139 Vgl. Kapp, ErbStG, Anm. 451 zu § 7.

140 Vgl. RFH v. 26. 2. 1942 III e 15/41, in: RStBl 1942, S. 803 ff.

141 Vgl. Herrmann-Heuer, Anm. 445 zu § 3 EStG.

142 Vgl. Langel, H., Steuerliche Aspekte der Unternehmenssanierung, a.a.O., S. 359.

7.5 Eintritt neuer Gesellschafter

7.5.1 Ertragsteuerliche Fragen bei Eintritt in eine Personengesellschaft

a) Der Eintritt eines Gesellschafters in eine *Personengesellschaft* bedeutet steuerlich „eine teilweise Veräußerung der Beteiligung der bisherigen Gesellschafter am Gesellschaftsvermögen an den neuen Gesellschafter." [143]

Im Umwandlungssteuerrecht wird bei Fortsetzung des Beteiligungsengagements der Altgesellschafter ein Einbringungsvorgang gesehen[144], der nach § 24 UmwStG begünstigt ist. Das bedeutet, die Sanierungs-Personengesellschaft hat ein Wahlrecht, das in sie „eingebrachte" Betriebsvermögen zum Buchwert, zum Teilwert oder zu einem Zwischenwert anzusetzen.

Der Wert, zu dem die Sanierungsgesellschaft das Betriebsvermögen in die Bilanz einschließlich der Ergänzungsbilanzen einstellt, gilt für das Krisenunternehmen als Veräußerungspreis[145].

Bei Ansatz des Betriebsvermögens zum Teilwert, d.h. bei Auflösung sämtlicher stiller Reserven und Aufdeckung eines etwa vorhandenen Geschäftswerts wird der „Einbringungsgewinn", sofern er nicht durch etwa vorhandene Verlustvorträge der bisherigen Gesellschafter ausgeglichen werden kann, durch Gewährung eines Freibetrages gemäß § 16 Abs. 4 EStG und der Tarifermäßigung gemäß § 34 EStG begünstigt. Er unterliegt nicht der Gewerbeertragsteuer[146].

Ein Ansatz des Betriebsvermögens zu Zwischenwerten führt nur zur teilweisen Aufdeckung der stillen Reserven[147]. Es entsteht bei den Altgesellschaftern kein begünstigter „Einbringungsgewinn", sondern laufender Ertrag, der jedoch mit den bestehenden Verlustvorträgen bzw. anrechenbaren Verlusten im Sinne des § 15 a EStG verrechnet werden kann.

Übertragen die bisherigen Mitunternehmer ihre Anteile am Krisenunternehmen gegen Entgelt auf neue Gesellschafter, so handelt es sich um Veräußerungsvorgänge im Sinne des § 16 EStG. Soweit der dabei entstehende Veräußerungsgewinn durch Verluste nicht ausgeglichen wird, können auf den verbleibenden Restbetrag die Freibetragsregelung des § 16 EStG und die Steuervergünstigung des § 34 EStG in Anspruch genommen werden[148].

---

143 Herrmann-Heuer, Anm. 125 zu § 16 EStG.

144 Vgl. BMF-Schreiben vom 16. 6. 1978 – IV B 2 – S 1909 – 8/78, zu Zweifelsfragen zum Sechsten und Siebenten Teil des Umwandlungssteuergesetzes 1977, in: BStBl I 1978, S. 235 ff.

145 Vgl. § 24 Abs. 3 S. 1 UmwStG.

146 Vgl. Widmann/Mayer, Umwandlungsrecht, Rzi 4898.

147 Vgl. Knobbe-Keuk, B., Bilanz- und Unternehmenssteuerrecht, a.a.O., S. 397.

148 Vgl. Groß, P. J., Steuerfreibeträge gem. § 16 Abs. 4 EStG bei der Veräußerung von Mitunternehmeranteilen, in: DB 1979, S. 1672 ff.; 1720 ff.; 1768 ff.; Herzig, N., Beendigungsorientierte Steuerbilanzpolitik, in: StuW 1980, S. 239 ff.; derselbe, Der Freibetrag nach § 16 Abs. 4 EStG und die Substitution von laufenden Gewinnen durch Veräußerungs- und Aufgabegewinne, in: FR 1980, S. 37 ff.

Einen begünstigten Veräußerungsgewinn kann auch der Kommanditist realisieren, der ausscheidet, ohne sein negatives Kapitalkonto voll auszugleichen[149].

Soweit jedoch schon früher feststand, daß ein Ausgleich des negativen Kapitalkontos mit künftigen Gewinnanteilen des Kommanditisten nicht mehr in Betracht kommt, ist bereits zu diesem Zeitpunkt ein laufender Gewinn entstanden[150]. Durch den Wegfall des negativen Kapitalkontos ergibt sich für die Gesellschafter, auf die das negative Kapitalkonto zu verteilen ist, steuerrechtlich ein Verlust[151].

Übersteigen bei Ausscheiden der Altgesellschafter die Unternehmensverbindlichkeiten noch die Teilwerte des Aktivvermögens, so kann für die Neugesellschafter in Höhe des verbleibenden Unterschiedsbetrages eine sofort abzugsfähige Betriebsausgabe entstehen[152]. Dagegen ist es nicht möglich, dem Neugesellschafter aufgrund von Vereinbarungen Verluste aus Wirtschaftsjahren vor Eintritt in die Personengesellschaft zuzurechnen.[153]

Umstritten ist indes, ob bei Eintritt während des laufenden Jahres dem Neugesellschafter kraft Vereinbarung nicht nur der zeitanteilige Verlust (Gewinn), der nach Eintritt entsteht, sondern das gesamte Jahresergebnis zugewiesen werden kann. Die Finanzverwaltung will beim Neugesellschafter nur den Verlust zum Abzug zulassen, der nach dem Eintritt entstanden ist.[154] In Höhe des übrigen Verlustanteils unterstellt sie ein geschäftswertähnliches Wirtschaftsgut, das entgeltlich erworben und in eine Ergänzungsbilanz einzustellen ist. Demgegenüber vertritt Costede[155] mit stichhaltigen Argumenten die Meinung, daß der Neugesellschafter entsprechend den Vereinbarungen am Ergebnis des ganzen Jahres teilnimmt. Dabei ist zu bedenken, daß Sanierungsgesellschaften „das benötigte Kapital oft nur gegen entsprechende Konzessionen erhalten. Verhält es sich so, dann muß die betreffende Verlustverteilung als angemessen steuerlich berücksichtigt werden."[156]

149 Vgl. dazu: BFH v. 26. 5. 1981 IV R 47/78, in: BStBl II 1981, S. 795; Söffing, G., Das negative Kapitalkonto eines Kommanditisten bei Gesellschafterwechsel und Gesellschaftsauflösung, in: BB 1982, S. 629 ff.

150 Vgl. BFH (Großer Senat) v. 10. 11. 1980 GrS 1/79, in: BStBl II 1981, S. 164 ff.; v. 26. 3. 1981 IV R 134/78, in: BStBl II 1981, S. 572 ff.; v. 26. 5. 1981 IV R 17/81, in: BStBl II 1981, S. 668 ff.

151 Vgl. OFD Hannover, Rdvfg. vom 29. 3. 1982 – S 2319 – 586 – StH – 221/S 2241 – 121 – StO 221, in DB 1982, S. 723 f.

152 Vgl. Herrmann-Heuer, Anm. 1240 zu § 6 EStG; siehe zu dieser Problematik auch BFH v. 19. 2. 1981 IV R 41/78, in: BStBl II 1981, S. 730 f. mit weiteren Nachweisungen.

153 Vgl. BFH v. 25. 10. 1979 IV B 68/79, in: BStBl II 1980, S. 66 ff.; v. 21. 12. 1972 IV R 194/69, in: BStBl II 1973, S. 389 ff.; Costede, J., Einzelfragen zum Steuerrecht der Personengesellschaften, in: StuW 1982, S. 14 ff. (17).

154 Vgl. Costede, J., Einzelfragen zum Steuerrecht der Personengesellschaften, a.a.O., S. 17 f.

155 Vgl. ebenda.

156 Ebenda, S. 19.

Anzumerken ist in diesem Zusammenhang, daß die Finanzverwaltung Ergebnisvereinbarungen nicht anerkennt, wonach den Neugesellschaftern für eine gewisse Zeitspanne der gesamte Verlust zugewiesen wird.[157] Derartige Vereinbarungen sollen gegen das Rückwirkungsverbot verstoßen. Diese Argumentation erscheint jedoch wenig überzeugend.[158] Zivilrechtlich ernstgemeinte Vereinbarungen unter Gesellschaftern sind auch steuerlich bindend. Der Verlustausschluß kann allerdings, worauf Costede[159] hinweist, die Altgesellschafter vorübergehend die Mitunternehmerstellung kosten.

7.5.2 Ertragsteuerliche Fragen bei Beteiligung an einer Kapitalgesellschaft

Beteiligen sich Gesellschafter im Zuge einer Kapitalerhöhung an einer *Kapitalgesellschaft,* so sind die dafür erbrachten Einlagen auf Seiten der Gesellschaft ertragssteuerfreie Vermögensmehrungen und auf Seiten des Gesellschafters Anschaffungskosten. Gleichbehandelt wird ein steuerliches Aufgeld, das bei der Gliederung des Eigenkapitals dem verwendbaren Eigenkapital EK 04 zugeordnet wird[160]. Die Kapitalerhöhungskosten sind nur insoweit abzugsfähig, als sie das Aufgeld übersteigen[161].

Die Probleme im Zusammenhang mit der Einbringung von Forderungen durch Neugesellschafter werden im XVI. Kapitel systematisch behandelt[162].

7.5.3 Gesellschaftsteuerliche Fragen

Die Kapitaleinlagen der Gesellschafter unterliegen der *Gesellschaftsteuer,* wenn die Sanierungsgesellschaft eine Kapitalgesellschaft oder eine Kapitalgesellschaft & Co. KG ist[163].

Der anzuwendende Steuersatz ermäßigt sich gem. § 9 Abs. 2 Nr. 1 KVStG von 1 Prozent auf 0,5 Prozent, soweit die Einlagen „zur Deckung einer Überschuldung oder zur Deckung eines Verlustes an dem durch den Gesellschaftsvertrag oder die Satzung festgesetzten Kapital erforderlich sind. Beruhen die Rechtsvorgänge auf einer Erhöhung des Kapitals einer inländischen Kapitalgesellschaft, so ist ferner Voraussetzung, daß diese Erhöhung dem Ausgleich einer nicht mehr als vier Jahre zurückliegenden Herabsetzung des Kapitals dient."[164]

---

157 Vgl. BdF-Erlaß v. 24. 3. 1975 – IV B 2-S 2241 – 19/75, in: DB 1975, S. 618 ff.

158 Vgl. auch Höppner, D., Steuerliche Anerkennung eines KG-Vorweg-Verlustanteils der später neu beigetretenen Kommanditisten, in: DB 1976, S. 887 f.

159 Vgl. Costede, J., Einzelfragen zum Steuerrecht der Personengesellschaften, a.a.O., S. 19.

160 Vgl. § 30 Abs. 2 Nr. 4 KStG.

161 Vgl. § 9 Nr. 1 a KStG.

162 Vgl. die Ausführungen S. 254 ff.

163 Zum Geltungsbereich der Gesellschaftsteuer vgl. § 5 KVStG.

164 § 9 Abs. 2 Nr. 1 KVStG. Siehe dazu Rose, G., Betrieb und Steuer, Grundlagen zur Betriebswirtschaftlichen Steuerlehre, 2. Buch, Die Verkehrsteuern, 5. Aufl., Wiesbaden 1980, S. 45 ff.

7.5.4 Grunderwerbsteuerliche Fragen

Mit dem Engagement neuer Gesellschafter bei einer Sanierungsgesellschaft können *grunderwerbsteuerliche* Tatbestände verwirklicht werden.

Steuerbare Erwerbsvorgänge kommen vor allem in Betracht, wenn zwischen Krisenunternehmen und Sanierungsgesellschaft die rechtliche Identität verlorengeht. Bei Eintritt neuer Gesellschafter in eine Personen- oder Kapitalgesellschaft wird die Unternehmensidentität jedoch im allgemeinen gewahrt. Nach der Rechtsprechung wird die Identität selbst dadurch nicht beeinträchtigt, daß alle Gesellschafter wechseln, sofern die Gesellschaft beim Austritt der alten und Eintritt neuer Gesellschafter fortbesteht[165]. Dies gilt allerdings nicht im Falle gleichzeitiger Übertragung und Vereinigung aller Anteile eines grundbesitzenden Unternehmens[166].

7.6 Verschmelzungs- und Umwandlungsvorgänge

Die Vorschriften des Umwandlungssteuerrechts bezwecken vor allem, Gewinne aus Umwandlungsvorgängen ertragsteuerlich zu begünstigen und dadurch den Wechsel der Unternehmensform zu erleichtern. Bei Sanierungen stehen jedoch nicht Gewinne, sondern Verluste im Vordergrund. Dennoch kann sich das Umwandlungssteuerrecht günstig auswirken, wenn bei der Neubewertung von Vermögensgegenständen des Krisenunternehmens stille Reserven aufgelöst werden.

7.6.1 Rechtsidentität

Formwechselnde Umwandlungen führen lediglich zur Änderung der Rechtsform; die Identität der Rechtsperson bleibt bestehen. Vorgänge dieser Art werden dementsprechend als „steuerlich irrelevant" angesehen[167].

7.6.2 Verschmelzung (Fusion)

Unter steuerlichem Aspekt sind Fusionen von Personengesellschaften und von Kapitalgesellschaften zu unterscheiden:

a) Die Verschmelzung zweier *Personengesellschaften* kann in der Weise durchgeführt werden, daß die Mitunternehmer der einen Personengesellschaft ihre Gesellschaftsanteile in die aufnehmende Gesellschaft gegen Gewährung von Gesellschaftsanteilen dieser einbringen (Verschmelzung durch Aufnahme). Möglich ist auch, daß die Anteile oder die Betriebe beider Personengesellschaften in eine dritte, neu zu gründende Mitunternehmerschaft gegen Gewährung von Mitunternehmeranteilen eingebracht werden (Verschmelzung durch

---

165 Vgl. BFH v. 7. 6. 1978 II R 112/71, in: BStBl II 1978, S. 605; Boruttau-Egly-Sigloch, GrEStG, Tz. 22 a ff. zu § 1.

166 Vgl. Rose, G., Die Verkehrsteuern, a.a.O., S. 59 f.

167 Vgl. BFH v. 19. 8. 1958 I 78/58 U, in: BStBl III 1958, S. 468.

Neubildung). In beiden Fällen[168] gewährt § 24 UmwStG ein Wahlrecht, die steuerlichen Buchwerte fortzuführen oder die Betriebsvermögen bis zur Grenze der Teilwerte der Wirtschaftsgüter aufzuwerten.

b) Bei Verschmelzung zweier unbeschränkt steuerpflichtiger *Kapitalgesellschaften* im Wege der Gesamtrechtsnachfolge gewährt § 14 UmwStG üblicherweise ein Wahlrecht[169]: Danach sind grundsätzlich in der steuerlichen Schlußbilanz der Übertragerin die stillen Reserven zu realisieren[170]. Der aufgedeckte Übertragungsgewinn unterliegt, soweit er nicht durch Verlustvorträge ausgeglichen wird, der Gewerbesteuer[171] sowie der Körperschaftsteuer mit einer Tarifbelastung von 56 Prozent[172]. Auf Antrag darf jedoch die übertragende Gesellschaft die steuerlichen Buchwerte beibehalten, falls die spätere Besteuerung der stillen Reserven sichergestellt ist und eine Gegenleistung entweder nicht gewährt wird oder die Gegenleistung in Gesellschaftsrechten besteht[173].

Nach § 38 Abs. 1 Satz 1 KStG sind die verwendbaren Eigenkapitalien der übertragenden Kapitalgesellschaft den entsprechenden Eigenkapitalien der aufnehmenden Kapitalgesellschaft zuzurechnen[174], so daß etwaige Steuerguthaben einschließlich denjenigen aus der Tarifbelastung auf den Übertragungsgewinn erhalten bleiben und über spätere Ausschüttungen der übernehmenden Kapitalgesellschaft den Gesellschaftern zugänglich gemacht werden können[175].

Die aufnehmende Kapitalgesellschaft stellt das uno actu übergehende Vermögen mit dem Wert ein, zu dem es in der steuerlichen Schlußbilanz der übertragenden Körperschaft ausgewiesen ist[176]. Gleichzeitig bucht sie ihre Beteiligung an der untergehenden Kapitalgesellschaft aus. Ein sich ergebender Übernahmegewinn oder -verlust in Höhe der Differenz zwischen dem Übernahmewert des Vermögens und dem Buchwert bleibt außer Ansatz[177], es sei denn, der Buch-

---

168 Zivilrechtlich handelt es sich um Fälle der Anwachsung. Siehe auch Widmann/Mayer, Umwandlungsrecht, Rz. 7816 f.

169 Siehe ebenda, Rz. 5770 ff.; Knobbe-Keuk, B., Bilanz- und Unternehmenssteuerrecht, a.a.O., S. 432 ff.

170 Vgl. § 14 Abs. 1 UmwStG.

171 Vgl. § 19 UmwStG. Es besteht nicht die Stundungsmöglichkeit gem. § 7 UmwStG. Doch sind Stundungen unter den Voraussetzungen des § 222 AO möglich. Vgl. Widmann/Mayer, Umwandlungsrecht, Rz. 6487.

172 Vgl. Knobbe-Keuk, B., Bilanz- und Unternehmenssteuerrecht, a.a.O., S. 436.

173 Vgl. § 14 Abs. 2 UmwStG.

174 Wegen Einzelheiten vgl. Widmann/Mayer, Umwandlungsrecht, Rz. 6054 ff.

175 Das wird dadurch erleichtert, daß keine Bindung der steuerlichen Übernahmebilanz an die Handelsbilanz besteht (Herrmann-Heuer, Anm. 2 zu § 15 UmwStG). Es ist daher bei steuerlicher Buchwertfortführung möglich, in die Handelsbilanz der Übernehmerin das übergehende Vermögen mit Zeitwerten einzubuchen und den dadurch entstehenden Übernahmegewinn als Bestandteil des Bilanzgewinnes an die Anteilseigentümer auszukehren. Dadurch wird die Überführung des KSt-Guthabens auf den übergegangenen Eigenkapitalien in die Gesellschaftsphäre erleichtert. Vgl. Widmann/Mayer, Umwandlungsrecht, Rz. 6032.

176 Vgl. § 15 Abs. 1 i.V. mit § 5 Abs. 1 Satz 1 UmwStG.

177 Vgl. § 15 Abs. 2 Satz 1 UmwStG.

wert der Anteile ist niedriger als die Anschaffungskosten. Dann entsteht in Höhe dieser Differenz beim Übernehmer ein steuerpflichtiger Gewinn [178].

Die Gesellschafter der übertragenden Kapitalgesellschaft realisieren mit dem Austausch ihrer Beteiligung auch dann keinen Gewinn, wenn ihre Beteiligung im Betriebsvermögen liegt oder es sich um eine wesentliche Beteiligung handelt [179].

7.6.3 Umwandlung

a) Die Umwandlung einer Personengesellschaft aufgrund der Vorschriften der §§ 40 ff. UmwG *in eine Kapitalgesellschaft* kann unter den speziellen Voraussetzungen des § 20 UmwStG ohne Aufdeckung der stillen Reserven erfolgen [180]. Die Kapitalgesellschaft darf das Betriebsvermögen statt zum Buchwert auch mit einem höheren Wert, höchstens aber mit den Teilwerten der Wirtschaftsgüter ansetzen. „Übersteigen die Passivposten des eingebrachten Betriebsvermögens die Aktivposten, so hat die Kapitalgesellschaft das eingebrachte Betriebsvermögen mindestens so anzusetzen, daß sich die Aktivposten und die Passivposten ausgleichen; dabei ist das Eigenkapital nicht zu berücksichtigen." [181]

Die Einbuchung des Betriebsvermögens zu einem Wert oberhalb des bisherigen Buchwertes führt zu einem nach § 34 EStG begünstigten Veräußerungsgewinn [182], von dem ausgleichsfähige und verrechenbare Verluste der Mitunternehmer abzusetzen sind. Der Freibetrag gem. § 16 Abs. 4 EStG wird allerdings nur bei Vollaufdeckung der stillen Reserven gewährt [183]. Der Einbringungsgewinn unterliegt nicht der Gewerbesteuer [184].

b) Die Umwandlung einer *Kapitalgesellschaft* im Wege der Gesamtrechtsnachfolge – nach den Bestimmungen der §§ 3 ff. UmwG – *auf eine Personengesellschaft* ist steuerlich in den §§ 3 ff. UmwStG geregelt. Danach hat die Kapitalgesellschaft ihre stillen Reserven aufzulösen [185]. Der entstehende Übertragungsgewinn unterliegt allerdings nicht der Körperschaftsteuer [186], wohl aber der Gewerbesteuer, wobei ein etwa vorhandener Gewerbeverlust zum Abzug gebracht und die danach entstehende Steuer auf Antrag höchstens zehn Jahre gestundet wird [187]. Im übrigen gehen die nicht verbrauchten Verlustvorträge der Kapitalgesellschaft unter.

---

178 Vgl. § 15 Abs. 2 Satz 2 UmwStG.

179 Vgl. § 16 UmwStG.

180 Die Anwendbarkeit des § 20 UmwStG bei der übertragenden Umwandlung stellt Absatz 5 dieser Vorschrift ausdrücklich klar.

181 § 20 Abs. 2 Satz 4 UmwStG. Dazu: Widmann/Mayer, Umwandlungsrecht, Rz. 7161 ff.

182 Vgl. § 20 Abs. 5 UmwStG.

183 Vgl. Widmann/Mayer, Umwandlungsrecht, Rz. 7256.

184 Vgl. Abschnitt 40 Abs. 1 Nr. 1 GewStR.

185 Vgl. § 3 Satz 1 UmwStG.

186 Vgl. § 4 UmwStG.

187 Vgl. § 18 UmwStG.

Die Personengesellschaft hat die auf sie übergehenden Wirtschaftsgüter zu Teilwerten einzubuchen[188]. Ein dabei entstehender Übernahmegewinn in Höhe der Differenz zwischen dem Teilwert und dem Buchwert der Anteile an der übertragenden Kapitalgesellschaft erhöht den steuerlichen Gewinn der Personengesellschaft[189]. Hinzu kommt die nach § 12 UmwStG anzurechnende Körperschaftsteuer[190] sowie ein etwa entstehender Konfusionsgewinn aus der Vereinigung von Forderungen und Verbindlichkeiten, wobei der Konfusionsgewinn durch Bildung einer Rücklage auf die drei Folgejahre verteilt werden kann[191]. Soweit ein Übernahmeverlust den Körperschaftsteuererhöhungsbetrag übersteigt, bleibt er im Rahmen der Ermittlung des Gewerbeertrags und der Einkommen der Gesellschafter der Übernehmerin außer Betracht[192].

Die Mitunternehmer haben die auf sie entfallenden Gewinnanteile ohne Gewährung einer Tarifermäßigung zu versteuern. Persönliche Verlustvorträge können zum Abzug gebracht werden. Auf die Einkommensteuer wird die Körperschaftsteuer, die auf den Teilbeträgen des verwendbaren Eigenkapitals der untergehenden Kapitalgesellschaft lastet, voll angerechnet[193].

Die danach verbleibende Steuerschuld kann gegen Sicherheitsleistung bis zu zehn Jahren zinslos gestundet werden[194]. Soweit der Übernahmegewinn auf Anteile entfällt, die aus dem Privatvermögen in die Personengesellschaft überführt werden, unterliegt er nicht der Gewerbesteuer; im übrigen erhöht er mit einem Drittel den Gewerbeertrag[195].

c) Sofern im Zuge einer übertragenden Umwandlung Grundvermögen auf den Übernehmer übergeht, unterliegt dieser Vorgang der Grunderwerbsteuer. Die Befreiungsvorschrift des § 27 UmwStG ist zum 31. Dezember 1981 ausgelaufen.

7.6.4 Anwachsung

Wird eine Personengesellschaft im Wege der *Anwachsung* in eine Kapitalgesellschaft umgewandelt, so ist für die steuerliche Beurteilung ausschlaggebend, ob die Personengesellschafter ihre Mitunternehmeranteile gegen Gewährung neuer Anteile an der Kapitalgesellschaft aufgeben oder nicht:

a) Findet die aufnehmende Kapitalgesellschaft die Gesellschafter der Personengesellschaft – wenn auch in geringfügigem Umfange – mit Gesellschaftsrechten ab, so ist nach der h.M. der Einbringungsvorgang gem. § 20 UmwStG

188 Vgl. § 5 Abs. 1 UmwStG.
189 Vgl. § 5 Abs. 5 UmwStG.
190 Vgl. § 5 Abs. 3 UmwStG.
191 Vgl. § 8 Abs. 1 und 2 UmwStG.
192 Vgl. § 5 Abs. 4 UmwStG.
193 Vgl. § 12 UmwStG.
194 Vgl. § 7 UmwStG.
195 Vgl. § 18 Abs. 2 UmwStG.

begünstigt[196]: Die aufnehmende Kapitalgesellschaft hat ein Wahlrecht, das übergehende Betriebsvermögen zum Buchwert einzubuchen oder bis zu den Teilwerten der zuwachsenden Wirtschaftsgüter aufzuwerten.

b) Über den Fall, daß die übrigen Personengesellschafter unentgeltlich oder gegen Barabfindung ausscheiden, herrscht in der Literatur Meinungsstreit. Einige Autoren bejahen die Buchwertfortführung, falls die unentgeltlich ausscheidenden Mitunternehmer an der übernehmenden Kapitalgesellschaft bereits vorher beteiligt waren[197]. Widmann/Mayer hingegen fordern die Aufdeckung der stillen Reserven, soweit sie auf die aufgegebenen Mitunternehmeranteile entfallen[198]. Schulze zur Wiesche[199] schließlich verlangt die Übernahme des zuwachsenden Vermögens zum gemeinen Wert und damit die Vollaufdeckung der stillen Reserven. M. E. besteht, sofern die aufnehmende Kapitalgesellschaft bereits an der Personengesellschaft beteiligt war, steuerlich ein Bewertungsspielraum[200]: Die übernehmende Gesellschaft kann auch die ihren bisherigen Anteilen entsprechenden stillen Reserven aufdecken oder sie fortführen.

c) Sofern Grundstücke im Wege der Anwachsung auf den übernehmenden Gesellschafter übergehen, unterliegt der Erwerb gem. § 1 Abs. 1 Nr. 3 GrEStG der Grunderwerbsteuer[201].

7.6.5 Einzelrechtsnachfolge

Wird der Betrieb eines inländischen Einzelunternehmens oder einer Personengesellschaft im Wege der Einzelrechtsnachfolge gegen Gewährung von Gesellschaftsrechten in die Sanierungs-Kapitalgesellschaft oder -Personengesellschaft eingebracht, so ist dieser Vorgang unter den Voraussetzungen des Umwandlungssteuergesetzes begünstigt.[202] Das bedeutet, die Sanierungsgesellschaft hat ein Wahlrecht, das eingebrachte Betriebsvermögen zum Buchwert, zum Teilwert oder zu einem Zwischenwert anzusetzen. Für die Altgesellschafter ergeben sich die oben im Abschnitt 7.5.1 beschriebenen Konsequenzen[203].

196 Vgl. Widmann/Mayer, Umwandlungsrecht, Rz. 6905; Thiel, R., Die Umwandlung einer Personengesellschaft in eine Kapitalgesellschaft unter besonderer Berücksichtigung der Rechtsfigur der AG & Co. oder der GmbH & Co., a.a.O., S. 44; Schulze zur Wiesche, D., Einbringung eines Betriebes, Teilbetriebes, Mitunternehmeranteils in eine GmbH, a.a.O., S. 93.

197 Vgl. Böttcher, C., Zum Steuer- und Wirtschaftsrecht der Familienunternehmen, in: StbJ 1965/66, S. 175 ff. (189 ff.); Seithel, R., Ertragsteuerliche Probleme der „Umwandlung" einer GmbH & Co. KG auf die Komplementär-GmbH im Wege der Anwachsung, a.a.O., S. 65 ff.

198 Vgl. Widmann/Mayer, Umwandlungsrecht, Rz. 7592.4.

199 Vgl. Schulze zur Wiesche, D., Einbringung eines Betriebes, Teilbetriebes, Mitunternehmeranteils in eine GmbH, a.a.O., S. 93.

200 Vgl. auch die Ausführungen zu den bilanzrechtlichen Aspekten, S. 143 ff.

201 Vgl. BFH v. 19. 1. 1977 II R 161/74, a.a.O.; v. 16. 2. 1977 R 89/74, a.a.O.

202 Vgl. §§ 20, 24 UmwStG.

203 Vgl. Ausführungen S. 157 ff.

Erwirbt die Sanierungsgesellschaft indes den Betrieb des Krisenunternehmens käuflich, so gelten die Ausführungen zur Betriebsübernahmegesellschaft entsprechend[204].

X. Kapitel
Die Betriebsübernahmegesellschaft[1]

1. Rechtliche Grundlagen

Ziel der Betriebsübernahmegesellschaft[2] und ihrer Gesellschafter ist, den Betrieb eines Krisenunternehmens zu retten, indem sie ihn aus dem Unternehmen herauslösen, erwerben, erforderlichenfalls leistungswirtschaftlich sanieren und fortführen. Hierfür ist keine gesellschaftsrechtliche Beteiligung am Krisenunternehmen erforderlich. Dies kann vielmehr seinem Schicksal überlassen werden. Die Übernahme des Betriebs geschieht durch Rechtsakte des Kaufs, der Übereignung und der Abtretung von Rechten[3], in seltenen Fällen auch durch Zuschlag in der Zwangsversteigerung.

Häufig wird ein neuer Rechtsträger (Personenhandelsgesellschaft oder Kapitalgesellschaft) geschaffen, um den Zweck der Betriebsübernahmegesellschaft zu erfüllen. Es kann aber auch eine vorhandene Gesellschaft ohne geschäftliche Aktivität, ein „leerer Mantel", für diesen Zweck genutzt werden. In anderen Fällen übernimmt ein tätiges Unternehmen die Funktion der Betriebsübernahmegesellschaft. Die folgenden Ausführungen treffen auch für den Fall zu, daß ein Einzelunternehmen den Betrieb des Krisenunternehmens zur Fortführung erwirbt.

Es kommt gelegentlich vor, ist aber nicht typisch, daß Inhaber/Gesellschafter der Krisenunternehmung der Betriebsübernahmegesellschaft als Gesellschafter beitreten. Manchmal wird die Beteiligung vom Ehepartner, von Kindern oder einem Treuhänder erworben, vor allem wenn sich der bisherige Inhaber oder Gesellschafter wegen seines Vermögensverfalls nicht selbst beteiligen kann.

Das Kernproblem der Betriebsübernahmegesellschaft ist, daß der Übergang des Betriebs nicht im Wege der Gesamtrechtsnachfolge (Universalsukzession) in einem Akt möglich ist, sondern für jeden Vermögensgegenstand einzeln erfolgen muß *(Singularsukzession)*[4]. Nun ist es für die Krisensituation typisch, daß

204 Siehe Ausführungen S. 170 ff.

1 Siehe auch den Überblick über die Typen der Fortführungsgesellschaft (S. 53 ff.) und die Beispiele (S. 62 ff.).

2 Die Betriebsübernahmegesellschaft wird von Uhlenbruck als „unechte Auffanggesellschaft" bezeichnet. Vgl. Mentzel/Kuhn/Uhlenbruck, KO, Anm. 2 e zu § 174.

3 Vgl. Raisch, P., Unternehmensrecht, 1. Unternehmensprivatrecht: Handels- und Gesellschaftsrecht, Reinbek bei Hamburg 1973, S. 102, 109 ff.; Mittelbach, R., Geschäfts- und Praxisübertragungen, 3. Aufl., Ludwigshafen (Rhein) 1977, S. 39 ff.

4 Vgl. Mittelbach, R., Geschäfts- und Praxisübertragungen, a.a.O., S. 39 ff.

das notleidende Unternehmen über seine Vermögensgegenstände nicht frei verfügen kann, weil sie durch Rechte von Gläubigern belastet sind[5]. Dies gilt in erhöhtem Maße im eröffneten Insolvenzverfahren, wobei die Entscheidungsfähigkeit der gerichtlich bestellten Organe durch Vorschriften und Kontrollen weithin eingeschränkt ist[6]. Die Betriebsübernahmegesellschaft kann jedoch den Erwerb der für die Fortführung des Betriebs wesentlichen Vermögensgegenstände nur erreichen, wenn mit ihren Rechtsinhabern bzw. -vertretern die erforderlichen Rechtsakte zustande kommen. Dabei besteht die Gefahr, daß einzelne, auf die man dabei angewiesen ist, ihre Rechtsposition ausnutzen oder aus mangelnder Einsicht oder aus Schwerfälligkeit ihre Mitwirkung verweigern[7].

In der Praxis ist zwischen Betrieben mit bedeutendem Anlagevermögen (vor allem Industrieunternehmen) und solchen mit geringem Anlagevermögen (z.B. viele Dienstleistungsunternehmen) zu unterscheiden[8]. Bei solchen Dienstleistungsunternehmen beispielsweise, deren Betrieb kaum eigenes Sachanlagevermögen benötigt, sondern in gemieteten Räumen mit dem bisherigen Personal fortgeführt werden kann, kommt es im wesentlichen darauf an, mit den erforderlichen Mitarbeitern eine Einigung über die Fortsetzung der Arbeitsverhältnisse mit der neuen Gesellschaft zu erzielen.

Bei Industrieunternehmen dagegen ist die Übernahme der Betriebsgrundstücke und -gebäude vielfach der entscheidende Akt[9]. Die Grundstücksbelastungen übersteigen oft den Verkehrswert. Will die Betriebsübernahmegesellschaft die Betriebsgrundstücke käuflich erwerben, ist eine Entlastung von dem übersteigenden Betrag durch Einigung mit den Grundpfandrechtsgläubigern erforderlich[10]. Der Erwerb der Betriebsgrundstücke in der Zwangsversteigerung[11] ist,

---

5 Dies ergibt sich z.B. aus Sicherungsübereignungsverträgen, Vereinbarungen im Zusammenhang mit Grundschuldbestellungen etc.; siehe XV. Kapitel.

6 Vgl. §§ 126 – 127; §§ 130 – 137 KO.

7 Solches Verhalten wird vor allem im Hinblick auf mögliche Taktiken im Zwangsversteigerungsverfahren verständlich. Vgl. hierzu Storz, K.-A., Praxis des Zwangsversteigerungsverfahrens – Leitfaden für Gläubiger, Schuldner und Rechtspfleger, München 1979, S. 138 ff. Ausführlich behandelt im Dritten Teil, XV. Kapitel S. 235 ff.

8 In der Praxis kann durch die Betriebsaufspaltung Anlagevermögen in eine Besitzgesellschaft ausgegliedert werden. Vgl. Knoppe, H., Pachtverhältnisse gewerblicher Betriebe im Steuerrecht – Betriebsverpachtung, Betriebsaufspaltung, 5. Aufl., Düsseldorf 1979. In solchen Fällen können auch für Industrieunternehmen in etwa die gleichen rechtlichen Überleitungsmöglichkeiten bestehen wie für Dienstleistungsunternehmen ohne wesentliches Anlagevermögen.

9 Rechtlich gilt grundsätzlich für die Übereignung eines Grundstücks die Regel des § 873 BGB, wonach Auflassung und Eintragung ins Grundbuch erforderlich sind.

10 Andernfalls bleiben die Grundstücksbelastungen auch nach dem Eigentumsübergang bestehen.

11 Allerdings sind der Deckungs- und der Übernahmegrundsatz des § 52 ZVG zu beachten: Gem. § 52 Abs. 1 bleibt eine Belastung insoweit bestehen, als sie bei der Feststellung des geringsten Gebots berücksichtigt und nicht durch Zahlung zu decken ist. Bestehenbleibende Belastungen muß der Ersteher übernehmen. Insoweit erwirbt er kein unbelastetes Grundstück. Vgl. auch Storz, K.-A., Praxis des Zwangsversteigerungsverfahrens, a.a.O., S. 124 ff.

wie später ausführlich dargestellt wird, so risikoreich, teuer und langwierig, daß auf diesem Wege die Betriebsübernahmegesellschaft meist scheitern würde[12].

Die Vermögensgegenstände, die unter Eigentumsvorbehalt stehen[13] oder sicherungsübereignet sind[14], gehören zivilrechtlich nicht zum Vermögen des Krisenunternehmens. Es handelt sich dabei meist um vertretbare und ersetzbare Gegenstände des Vorrats- und beweglichen Anlagevermögens, so daß der Betriebsübernahmegesellschaft kaum praktische Schwierigkeiten für die Verwirklichung des Fortführungskonzepts entstehen.

Bei der Übertragung von Rechten aus Vertragsverhältnissen, z.B. Aufträgen, Miet-, Pacht- und Lizenzverhältnissen etc. ist darauf zu achten, ob die Zustimmung des Vertragspartners einzuholen ist[15].

Die Verpflichtungen des Krisenunternehmens gehen im allgemeinen nur insoweit auf die Betriebsübernahmegesellschaft über, als sie ausdrücklich von ihr übernommen werden[16]. Die Haftungen aus § 419 BGB, § 25 HGB, 613 a BGB kommen im Insolvenzverfahren nicht oder nur beschränkt zum Zuge[17]; die Rechtsfolgen des § 419 BGB können im übrigen durch zweckmäßige Verträge[18]

12 Bis zur Versteigerung müßte im Konkursverfahren der Verwalter den Betrieb fortführen. Wo das Konkursverfahren mangels Masse abgelehnt wird, wäre die Zwangsverwaltung des Betriebsgrundstückes erforderlich. Möglicherweise wäre es auch opportun, durch Zahlung eines Massekostenvorschusses die Durchführung des Konkursverfahrens zu ermöglichen (siehe XV. Kapitel unter 1.).

13 § 455 BGB. Vgl. Lent, F., Schwab, K. H., Sachenrecht, 12. Aufl., München 1968, S. 124 ff.; siehe XV. Kapitel unter 2.

14 Vgl. Lent, F., Schwab; K. H., Sachenrecht, S. 131 ff. mit weiteren Literaturhinweisen.

15 Vgl. die Grundregeln in §§ 414 ff. BGB; vgl. hierzu Brox, H., Allgemeines Schuldrecht, 3. Aufl., München 1972, S. 219 ff.; Mittelbach, R., Geschäfts- und Praxisübertragungen, a.a.O., S. 48 f. In wichtigen Verträgen sind solche Punkte im allgemeinen geregelt.

16 Vgl. ebenda.

17 Zum Ausschluß der §§ 419 BGB, 25 HGB im Konkurs vgl. Jaeger/Henckel, KO, Anm. 16 zu § 1; Mentzel/Kuhn/Uhlenbruck, KO, Anm. 16 zu § 1; Henckel, W., Die Betriebsveräußerung im Konkurs, in: ZIP 1980, S. 2 ff. (5 f.). Nach dem BAG-Urteil v. 17. 1. 1980 – 3 AZR 160/79, in: DB 1980, S. 308 ff. ist § 613 a BGB insoweit nicht anwendbar, weil diese Vorschrift die Haftung des Betriebserwerbers für bereits entstandene Ansprüche vorsieht. Vgl. hierzu auch Henckel, W., Die Betriebsveräußerung im Konkurs, a.a.O., S. 2 ff.; derselbe, Zur Anwendbarkeit des § 613 a BGB im Konkurs, in: ZIP 1980, S. 173 f.; Wiedemann, H., Willemsen, H. J., Die Anwendung des § 613 a BGB im Konkurs, in: RdA 1979, S. 418 ff. Siehe S. 213 f.; 220 ff.; 231 f.
Erwirbt eine Betriebsübernahmegesellschaft den Betrieb vom Vergleichsverwalter im Rahmen eines treuhänderischen Liquidationsvergleichs, so gelten die allgemeinen Grundsätze des Erwerbs im Konkurs; Böhle-Stamschräder, VerglO, Anm. 6 zu § 7. Das dem Schuldner verbleibende Vermögen darf im Verhältnis zu dem übertragenen Teil aus der Sicht des Kreditgebers nicht unbedeutend erscheinen. BAG v. 24. 3. 1977 – 3 AZR 649/76, in: DB 1977, S. 1466 f.

18 Die Voraussetzungen des § 419 BGB liegen nicht vor, wenn das Krisenunternehmen noch anderes Vermögen behält. Vgl. Heinrichs, in: Palandt, BGB, Anm. 2 b und c zu § 419 BGB.

und die Konsequenzen des § 25 HGB durch Eintragung in das Handelsregister oder Mitteilung gegenüber Dritten[19] vermieden werden.

Gem. § 613 a Abs. 1 BGB gehen im Falle eines Betriebsübergangs die Arbeitsverhältnisse kraft Gesetzes auf den Betriebserwerber über. Diese gesetzliche Folge kann der Betriebsübernehmer nicht durch Vertrag ausschließen[20]. Ein Betriebsübernehmer tritt nach § 613 a Abs. 2 BGB „in die Rechte und Pflichten aus den im Zeitpunkt des Übergangs bestehenden Arbeitsverhältnissen ein." Einschränkungen gelten für die Arbeitgeberhaftung jedoch insoweit, „als bei Konkurseröffnung bereits entstandene Ansprüche abzuwickeln sind."[21]. Wohl aber sind die Arbeitnehmer berechtigt, dem Übergang ihrer Arbeitsverhältnisse auf den neuen Arbeitgeber zu widersprechen[22].

2. Finanzielle Merkmale

Der Kapitalbedarf der Betriebsübernahmegesellschaft wird wesentlich durch den Kaufpreis und die hierfür vereinbarten Zahlungsmodalitäten bestimmt. Hinzu kommt selbstverständlich das für die Finanzierung des Sanierungskonzepts zusätzlich erforderliche Kapital.

Das für die Sanierungsgesellschaft charakteristische Risiko, für unbekannte Verpflichtungen des Krisenunternehmens in Anspruch genommen zu werden, tritt für die Betriebsübernahmegesellschaft zurück. Sie wird jedoch dingliche Belastungen, obligatorische Einwendungen von Vertragspartnern und gesetzliche Soziallasten (Sozialplan und nach Kündigungsschutzbestimmungen) feststellen und beim Kaufpreis berücksichtigen.

Mit den Begünstigten dieser dinglichen, obligatorischen und gesetzlichen Rechte können je nach den Umständen Verhandlungen geführt werden, um die Lasten und Risiken zu vermindern[23].

Bezüglich der dinglichen Belastungen sind die Verhandlungschancen vor allem davon abhängig, ob und wie weit die Ansprüche der Berechtigten durch den Wert der ihnen gewährten Sicherheiten gedeckt sind.

Bezüglich der obligatorischen Rechte (z.B. aus Lieferungs- und Abnahme- sowie aus Arbeitsverträgen) kommt es vor allem darauf an, günstige Konditionen zu übernehmen und ungünstige, die bei Krisenunternehmen aufgrund der schlechten Zahlungsweise sehr häufig sind, zu verbessern. Wie notwendig eine rechtzeitige Abstimmung mit wichtigen Geschäftspartnern ist, zeigt folgender seltsamer Fall: Eine Kommune machte die weitere Vergabe öffentlicher Auf-

19 Gem. § 25 HGB haftet die Betriebsübernahmegesellschaft dann für die Schulden des Krisenunternehmens, wenn sie das Geschäft unter der bisherigen Firma fortführt. Diese Haftung kann gem. § 25 Abs. 2 HGB ausgeschlossen werden.

20 Vgl. BAG v. 26. 1. 1977 – 5 AZR 302/75, in: DB 1977, S. 1192 f.; v. 2. 10. 1974 – 5 AZR 504/73, in: DB 1975, S. 601 ff. (603). Siehe XVII. Kapitel besonders unter 2.

21 BAG v. 17. 1. 1980 – 3 AZR 160/79, in: DB 1980, S. 308 ff.

22 Vgl. BAG v. 6. 2. 1980 – 5 AZR 275/78, in: DB 1980, S. 1492 f.; v. 17. 11. 1977 – 5 AZR 618/76, in: DB 1978, S. 1083 ff.; v. 21. 7. 1977 – 3 AZR 703/75, in: DB 1977, S. 2146.

23 Siehe XV. Kapitel, S. 235 ff.

träge davon abhängig, daß die vom Sohn eines gescheiterten Unternehmers gegründete Betriebsübernahmegesellschaft dessen Gewerbesteuer-Verbindlichkeiten ratenweise tilgte, obwohl hierfür nach der Abgabenordnung kein Rechtsgrund bestand.

Verpflichtungen aus einem Sozialplan und aus Kündigungsschutzbestimmungen haben insoweit Bedeutung, wie entsprechende betriebliche Änderungen beabsichtigt sind. Die Betriebsübernahmegesellschaft sollte mit dem veräußernden Unternehmen, vielleicht im Benehmen auch mit dessen Betriebsrat, die Höhe der sich daraus ergebenden Verpflichtungen ermitteln und mit dem Betriebsrat Entlastungen aushandeln.

Die Betriebsübernahmegesellschaft hat vielfach eine gute Verhandlungsposition, mit dem Argument der Rettung von Arbeitsplätzen öffentliche Hilfen zu erlangen, vor allem wenn sie ihre Entscheidung über die Betriebserhaltung von der Gewährung solcher Hilfen abhängig macht. Sie hat eine besonders starke Argumentationsbasis, wenn sie geltend machen kann, daß die Erhaltung eines Teils der Arbeitsplätze durch die Belastung aus dem Sozialplan gefährdet wird[24].

Betriebsübernahmegesellschaften leisten manchmal ohne rechtliche Verpflichtungen im Interesse künftiger Geschäftsbeziehungen an Gläubiger des Krisenunternehmens einen Teilbetrag der ausgefallenen Forderung.

3. Betriebliche Merkmale

Unterschiede leistungswirtschaftlicher Art gegenüber der Sanierungsgesellschaft ergeben sich vor allem durch die stärkere rechtliche und zeitliche Diskontinuität.

Die Übernahme der Betriebsanlagen findet im Falle der Neugründung üblicherweise erst statt, wenn der neue Rechtsträger in das Handelsregister eingetragen ist. Bis dahin vergehen im allgemeinen mehrere Wochen.

Vielfach hatten die Inhaber/Gesellschafter des Krisenunternehmens zunächst vergebens versucht, das notleidende Unternehmen zu erhalten, vielleicht durch Errichtung einer Sanierungsgesellschaft. Inzwischen ist oft die Insolvenzsituation bereits eingetreten und wertvolle Zeit verloren gegangen. Das bedeutet üblicherweise, daß der Betrieb stark gestört oder sogar unterbrochen ist: Mitarbeiter haben sich verlaufen, Kunden andere Lieferanten gefunden, Anlagen durch mangelnde Pflege, Diebstahl und Zerstörung gelitten.

24 Es sind Fälle bekannt geworden, in denen die öffentliche Hand bei der Finanzierung des Sozialplans geholfen hat. Im Konkurs der Herrenbekleidungswerke *Odermark GmbH*, Goslar, sind die Städte Goslar, Salzgitter und Wolfsburg bereit gewesen, „jeweils bis zu 1 Million DM für Pensionsansprüche von Beschäftigten des Unternehmens aus der Vergangenheit aufzukommen.“ O.V., Neue Hindernisse bei Odermark, in: FAZ vom 20. November 1979.

Die Betriebsübernahmegesellschaft hat zunächst die Aufgabe, einen weiteren Zerfall der leistungswirtschaftlichen Prozesse zu verhindern und die Geschäftstätigkeiten wieder zu aktivieren.

Von ähnlicher Bedeutung ist die Aufgabe, das Vertrauen, das die Geschäftspartner gegenüber dem Krisenunternehmen noch besaßen, an sich zu ziehen und eine erweiterte Vertrauensbasis zu schaffen. Dabei ist zu bedenken, daß bei breiten Abnehmerschichten das Qualitätsrenommee eines Erzeugnisses und die Attraktivität einer Marke keineswegs immer durch Meldungen über finanzielle Schwierigkeiten eines Unternehmens leiden[25]. In manchen Fällen nimmt die Sympathie der Öffentlichkeit aus Mitgefühl sogar zu.

Die Betriebsübernahmegesellschaft kann gegenüber den Geschäftspartnern der alten Unternehmung nicht ohne weiteres die bisherigen persönlichen und sachlichen Bindungen geltend machen, sie kann sich andererseits aber von den Fehlern und Unzulänglichkeiten distanzieren, die das Vertrauensverhältnis während der Krise belastet hatten.

Generell kommt es gegenüber den Mitarbeitern und sonstigen Geschäftspartnern darauf an, sie zu überzeugen, daß der Übergang der Vertragsverhältnisse auf die Betriebsübernahmegesellschaft ihren Interessen entspricht. Der Erfolg wird davon abhängen, daß die Betriebsübernahmegesellschaft ihnen angemessene Bedingungen bietet und sie auch vereinbarungsgemäß erfüllt.

Die Diskontinuität in der Rechtsträgerschaft begründet in zweifacher Hinsicht Vorteile:

- Bei der Betriebsübernahmegesellschaft sind die neuen Gesellschafter hinsichtlich der Bestimmung der Geschäftsführer und der sonstigen Führungskräfte meist freier als bei der Sanierungsgesellschaft, bei der häufig noch Rücksichten auf die bisherigen Inhaber und deren Positionen genommen werden müssen.
- Die Zäsur zwischen Krisenunternehmen und Fortführungsgesellschaft gibt der neuen Geschäftsführung eine gute psychologische Ausgangslage, gegen frühere Mißstände, Schlendrian, schlechtes Betriebsklima etc. vorzugehen[26].

„Das ganze Klima ist für den Unternehmer besser und der ‚Retter in der Not' hat schon einen psychologischen Vorsprung in bezug auf das Wohlwollen von Betriebsrat und Gewerkschaft, Bank und Behörde, das ihm die Umstrukturierung, falls eine solche erforderlich ist, erheblich erleichtert."[26]

4. Steuerliche Aspekte

An dieser Stelle sollen nur die wesentlichen Aspekte der übertragenden Sanierung dargestellt werden. Nicht behandelt werden Umsatz- und Kapitalver-

25 Vgl. hierzu auch Weinberg, P., Die Produkttreue der Konsumenten, Wiesbaden 1977.
26 Zimmerer, C., Kauf oder Beteiligung? Chancen und Risiken bei der Übernahme von notleidenden Firmen, in: Handelsblatt vom 20./21. März 1981.

kehrsteuer[27], da ihre Auswirkungen üblicherweise nicht entscheidend sind.

4.1 Folgen der Diskontinuität

a) Nach den Haftungsbestimmungen der AO hat die Betriebsübernahmegesellschaft im allgemeinen nicht für Betriebssteuern des Krisenunternehmens einzustehen, wenn sie den Betrieb aus einer Insolvenzmasse erwirbt[28]. Die Haftung für Betriebssteuern aus dem letzten vor der Übereignung liegenden Kalenderjahr besteht nur dann, wenn vom Krisenunternehmen ein funktionsfähiger Betrieb ohne Vollstreckungsverfahren übertragen wird. In solchen Fällen dürften jedoch Chancen bestehen, mit dem Fiskus (Teil-)Erlasse zu vereinbaren, vor allem wenn man die Verhandlungen vor der Betriebsübernahme führt[29].

b) Im Gegensatz zur Sanierungsgesellschaft hat die Betriebsübernahmegesellschaft nicht die Möglichkeit, Verlustvorträge des Krisenunternehmens zum Abzug zu bringen. Verrechenbare Verluste des Kommanditisten, die über dessen Kapitalkonten hinausgehen und deshalb nach § 15 a EStG nur mit späteren Gewinnen des Krisenunternehmens verrechenbar wären, können nach dessen Liquidation nicht mehr steuermindernd von den Altgesellschaftern geltend gemacht werden[30].

c) Im Zuge der Liquidation des Krisenunternehmens entsteht unter Umständen für Teile des körperschaftsteuerlich verwendbaren Eigenkapitals (§ 30 Abs. 1 Nr. 1 und 2 KStG) eine Definitivbelastung[31], indem die Möglichkeit entfällt, mit Körperschaftsteuer belastetes Eigenkapital in die Gesellschafterebene zu überführen.

4.2 Leistungen ohne rechtliche Verpflichtung an Gläubiger des Krisenunternehmens

Betriebsübernahmegesellschaften leisten manchmal ohne rechtlichen Grund im Interesse künftiger Geschäftsbeziehungen Zahlungen an Gläubiger des Krisenunternehmens. Motiv kann sein, die beeinträchtigte Lieferbereitschaft wieder herzustellen oder den von der Krise mitbetroffenen Geschäftspartner zu stützen.

Solche Zahlungen sind nicht Bestandteil des Kaufpreises für den Betrieb. Es handelt sich auch nicht um Anschaffungskosten für einen Firmenwert oder ein sonstiges immaterielles Wirtschaftsgut. Vielmehr bilden die Zahlungen sofort abziehbare Betriebsausgaben.

---

27 Der *Gründungsvorgang* kann Gesellschaftsteuer auslösen. Der Betriebskauf kann mit Börsenumsatzsteuer verbunden sein.

28 Vgl. Ausführungen S. 302 ff.; 231 f.; 234 f.

29 Vgl. Ausführungen XVIII. Kapitel, S. 302 ff.

30 Vgl. Biergans, E., Zur Neuregelung der Einkommensbesteuerung beschränkt haftender Personengesellschafter, in: DStR 1981, S. 3 ff., (15).

31 Vgl. Herzig, N., Körperschaftsteuerliche Definitivbelastung im Liquidationsfall – zugleich Einführung des Leg-ein-Hol-zurück-Verfahrens, in: BB 1979, S. 173 ff.

Den Betriebsausgabenabzug will die Rechtsprechung allerdings dann nicht zulassen, wenn die Ehefrau eines Gemeinschuldners – ohne betrieblicher Rechtsnachfolger zu sein – unter ihrem Namen das Geschäft fortführt und daraus Konkursschulden ihres Ehemannes tilgt, weil die früheren Lieferanten ihre Lieferungen an sie hiervon abhängig machen. Nach Auffassung des Bundesfinanzhofs beruhen solche Zahlungen auf privater Grundlage; sie haben ihre Veranlassung in den ehelichen Beziehungen. „Der Umstand, daß die Lieferanten ihre Lieferbereitschaft mit der jeweiligen Verpflichtung der Klägerin, Zug um Zug die Konkursschulden ihres Mannes zu tilgen, verknüpften, reicht nicht aus, in den Schuldtilgungen betrieblich veranlaßte Zahlungen und damit Betriebsausgaben der Klägerin anzuerkennen."[31a]

Das Urteil überzeugt nicht; es macht jedoch steuerliche Risiken der „Familien"-Betriebsübernahmegesellschaft deutlich.

4.3 Möglichkeiten der Buchwertfortführung trotz Betriebsveräußerung

a) Die Betriebsübernahmegesellschaft hat grundsätzlich die vom Krisenunternehmen übergehenden „Wirtschaftsgüter mit dem Teilwert, höchstens jedoch mit den Anschaffungs- oder Herstellungskosten anzusetzen" (§ 6 Abs. 1 Nr. 7 EStG). Für die Teilwerte können Vereinbarungen mit den Sonderrechtsgläubigern wichtige Anhaltspunkte liefern.

b) Soweit insgesamt die vereinbarten Veräußerungserlöse die Buchwerte des Krisenunternehmens übersteigen, entsteht dort ein Vermögenszuwachs, der im Falle einer Kapitalgesellschaft in das Liquidationsergebnis im Sinne des § 11 KStG[32] und im Falle einer Personengesellschaft (Mitunternehmerschaft) in den Aufgabegewinn bzw. -verlust[33] im Sinne des § 16 Abs. 3 EStG eingeht. Eine weitere Komponente des Liquidations- bzw. Aufgabeergebnisses ergibt sich unter Umständen aus der Schuldenbereinigung, soweit diese das Krisenunternehmen betrifft.

c) Allgemein führt die Veräußerung eines Betriebes zur Gewinnrealisierung, soweit die Verkaufserlöse die Buchwerte übersteigen[34]. Gleichwohl kann sich für Mitunternehmer (Altgesellschafter) des Krisenunternehmens die Frage stellen, ob sie trotz der Betriebsveräußerung die Aufdeckung und Versteuerung der stillen Reserven vermeiden können, indem sie ihr unternehmerisches Engagement bei der Betriebsübernahmegesellschaft, die als Mitunternehmerschaft konzipiert wird, fortsetzen.

31a BFH v. 18. 4. 1972 VIII R 12/66, in: BFHE 106, S. 187 ff. (189).

32 Vgl. Herzig, N., Die Liquidation von Kapitalgesellschaften im körperschaftsteuerlichen Anrechnungsverfahren, Grundprobleme auf der Gesellschaftsebene, in: FR 1979, S. 289 ff.; derselbe, Steuerbilanz- und Ausschüttungspolitik einer Kapitalgesellschaft bei geplanter Liquidation unter Berücksichtigung von Anteilsübertragungen, in: StuW 1980, S. 19 ff.

33 Ein Aufgabeverlust kann entstehen, wenn nur ein Teilbetrieb an die Betriebsübernahmegesellschaft veräußert wird.

34 Vgl. BFH v. 22. 9. 1959 I 51/59 U, in: BStBl III 1961, S. 1 ff.; Albach, H., Gewinnrealisierungen im Ertragsteuerrecht, in: StbJb 1970/71, S. 287 ff. (301 f.).

Interessiert daran sind vor allem Gesellschafter von „Abschreibungsgesellschaften"[35], bei denen durch Inanspruchnahme steuerlicher Vergünstigungen hohe Verluste und dadurch bedingt entsprechende negative Kapitalkonten entstanden sind. Anders hingegen ist die Interessenlage bei beschränkt haftenden Personengesellschaftern mit verrechenbaren Verlustvorträgen im Sinne des § 15 a EStG; für sie wäre die Fortführung stiller Reserven ein Nachteil.

d) Es ist umstritten, ob heute nach Aufgabe der Bilanzbündeltheorie[36] das Urteil des Bundesfinanzhofs vom 11. 12. 1969 noch anwendbar ist, wonach die Veräußerung von Wirtschaftsgütern zwischen personenidentischen Personengesellschaften „jedenfalls dann im allgemeinen als innerbetrieblicher Vorgang ohne Gewinnrealisierung zu beurteilen ist, wenn die spätere Besteuerung der in den überführten Wirtschaftsgütern enthaltenen stillen Reserven nicht gefährdet ist"[37]. Dann stehe „den Steuerpflichtigen auch kein Wahlrecht zu, ob sie aus der Überführung Gewinne oder Verluste realisieren wollen."[38] Nach Söffing[39] gilt diese Rechtsprechung auch heute noch; sie sei „allerdings auf die Fälle der völligen Personen- und Beteiligungsidentität bei beiden Personengesellschaften beschränkt". Widmann/Mayer dagegen messen der Entscheidung keine große Bedeutung bei[40].

Beteiligen sich nicht alle, sondern nur einzelne Mitunternehmer des Krisenunternehmens an der Betriebsübernahmegesellschaft, so realisieren nach dem Urteil des Bundesfinanzhofs[41] vom 29. 9. 1971 auch diejenigen Gesellschafter, die ihr Beteiligungsengagement fortsetzen, einen Aufgabegewinn, insoweit der auf sie entfallende Teil des Veräußerungserlöses ihr Kapitalkonto übersteigt. Der Umstand, daß die von der notleidenden Personengesellschaft veräußerten Wirtschaftsgüter von einer Mitunternehmerschaft erworben werden, an der Altgesellschafter beteiligt sind, „ändert hieran nichts"[42].

Das Urteil ist auf starke Kritik gestoßen[43]. Es wird gefordert, dem Gesellschafter, der das Engagement bei der betriebserwerbenden Mitunternehmerschaft

35 Vgl. Raupach, A., Die Abschreibungsgesellschaft im Konkurs, in: Handbuch der steuerbegünstigten Kapitalanlagen, hrsg. von A. J. Rädler und A. Raupach, Köln 1973, S. 161 ff.

36 Vgl. u.a. BFH v. 10. 7. 1980 IV R 136/77, in: BStBl II 1981 S. 84 ff.; v. 31. 3. 1977 IV R 54/72, in: BStBl II 1977, S. 415 ff.; v. 12. 10. 1977 I R 248/74, in: BStBl II 1978, S. 191 ff.

37 BFH v. 11. 12. 1969 IV R 92/68, in: BFHE 99, S. 192 ff. (194). Das Urteil betrifft allerdings nicht einen Veräußerungsgewinn, sondern laufende Geschäfte.

38 Ebenda, S. 195.

39 Vgl. Söffing, G., Zur Abkehr der Rechtsprechung von der Bilanzbündeltheorie, in: StbJb 1976/77, S. 241 ff. (267 f.).

40 Vgl. Widmann/Mayer, Umwandlungsrecht, Rdnr. 4799 n unter § 24 UmwStG.

41 BFH v. 29. 9. 1971 I R 161/68, in: BStBl II 1972, S. 118 ff.

42 Ebenda, S. 120.

43 Vgl. Zezschwitz, F. v., Liquidationsprobleme bei Personengesellschaften, in: FR 1972, S. 270 ff.; Keuk, B., Die neuere Einkommensteuer-Rechtsprechung des BFH zur Gewinnrealisierung, zur Abwicklung eines Erbfalls und zur Behandlung der Beziehungen zwischen Familienangehörigen, in: StuW 1973, S. 74 ff. (79 f.).

fortsetzt, das Wahlrecht einzuräumen, die Buchwerte fortzuführen[44]. Nach Knobbe-Keuk[45] ist die Besteuerung eines Veräußerungsgewinns „nur deshalb erforderlich, weil die vom Veräußerer gebildeten stillen Reserven bei dem Erwerber, der nicht die Buchwerte seines Vormannes fortführt, steuerlich nicht mehr erfaßt werden können." Auf dieser Basis hält sie es für „gerechtfertigt, in den Fällen der rechtlichen Umstrukturierung des Unternehmens von der Besteuerung abzusehen, wenn auch in Zukunft die Buchwerte fortgeführt werden und auf diese Weise die spätere Erfassung der stillen Reserven gesichert ist." Diese Meinung schränkt Costede[45a] wie folgt ein: „Die Buchwertfortführung muß auch .... bei einer Veräußerung in das Gesellschaftsvermögen zulässig sein, vorausgesetzt, daß das Entgelt den Buchwert nicht übersteigt und daß der Erwerber Buchfortführung wählt".

Der Bundesfinanzhof betont im Urteil vom 10. 2. 1972 den wirtschaftlichen Aspekt: „Die Pflicht zur Gewinnverwirklichung läßt sich nicht immer nach streng logischen Gesichtspunkten entscheiden. Wirtschaftliche Überlegungen und der Grundsatz, daß in erster Linie der endgültige Entzug der stillen Reserven einer späteren steuerlichen Erfassung vermieden werden muß, bei Wahrung dieses Erfordernisses aber wirtschaftlich sinnvolle Vorgänge im Rahmen des Möglichen steuerlich nicht erschwert werden sollen, stehen im Vordergrund."[46]

Diese Auffassung kann zumindest für eine Billigkeitsregelung im Sinne des § 163 AO einen Weg weisen[47].

e) Eindeutig ist die Möglichkeit, unter den Voraussetzungen des § 6 b EStG[48] stille Reserven von Wirtschaftsgütern des Krisenunternehmens, auf die mitunternehmerische Betriebsübernahmegesellschaft zu übertragen, soweit Gesellschafter des Krisenunternehmens sich an der Fortführungsgesellschaft beteiligen[49]. Die Vorschrift begünstigt jedoch nur den Verkauf bestimmter Wirtschaftsgüter, die „im Zeitpunkt der Veräußerung mindestens sechs Jahre ununterbrochen zum Anlagevermögen einer inländischen Betriebsstätte gehört haben"[50]. Dazu gehören u.a. Grund und Boden und Gebäude, abnutzbare bewegli-

44 Vgl. Herrmann-Heuer, Anm. 128 zu § 16 EStG.

45 Knobbe-Keuk, B., Bilanz- und Unternehmenssteuerrecht, a.a.O., S. 402. A.A. Salditt, F., Die Einbringung eines Personenunternehmens in eine Kapitalgesellschaft, in: StuW 1972, S. 353 ff.; Luckey, G., Gewinnrealisierung bei Unternehmungsumwandlung und bei Übertragung einzelner Wirtschaftsgüter, in: StuW 1979, S. 129 ff. (134 ff.).

45a Costede, J., Einzelfragen zum Steuerrecht der Personengesellschaften, a.a.O., S. 16.

46 BFH v. 10. 2. 1972 IV 317/65, in: BStBl II 1972, S. 419 ff. (420 f.) zur Realteilung.

47 Vgl. Ausführungen S. 310 f.

48 Aus der Literatur vgl. insbes. Thiel, R., Übertragung stiller Reserven, Kommentar zu § 6 b EStG, Heidelberg 1965.

49 Vgl. Herrmann-Heuer, Anm. 7 ff., insbes. Anm. 34, zu § 6 b EStG.

50 § 6 b Abs. 4 Nr. 2 EStG. Vgl. Herrmann-Heuer, Anm. 280 ff. zu § 6 b EStG.

che Wirtschaftsgüter mit einer Nutzungsdauer von 25 Jahren, Schiffe, Anteile an Kapitalgesellschaften[51].

Die Vergünstigung des § 6 b EStG ist personengebunden[52]. Ein Mitunternehmer, der in die Betriebsübernahmegesellschaft eintritt, kann auf ihn entfallende stille Reserven[53] auf Wirtschaftsgüter übertragen[54], die zum Gesamthandsvermögen der Fortführungsgesellschaft oder zu seinem Sonderbetriebsvermögen bei dieser Fortführungsgesellschaft gehören[55].

Allerdings schließt die Inanspruchnahme der Reinvestitionsvergünstigung des § 6 b EStG die Tarifvergünstigung des § 34 EStG aus[56]. Ab 1982 können stille Reserven nur noch zu 80 Prozent übertragen werden – mit Ausnahme der Veräußerung von Grund und Boden oder Gebäuden (§ 6 b Abs. 1 Satz 1 EStG)[57].

4.4 Grunderwerbsteuerliche Folgen des Betriebsübergangs

a) Der Erwerb eines Grundstücks durch eine Betriebsübernahmegesellschaft vom Krisenunternehmen ist nach mehreren Landesgesetzen von der Grunderwerbsteuer befreit:

Eine unmittelbar auf die Betriebsübernahmegesellschaft zugeschnittene Befreiungsvorschrift enthält das bayerische Grunderwerbsteuergesetz in der Fassung vom 28. 6. 1977[58]. Gemäß § 4 Abs. 1 Nr. 9 dieses Gesetzes[59] ist der „Grundstückserwerb im volkswirtschaftlichen Interesse" freigestellt. Gemeint ist nach der Erläuterung im Gesetz der „Erwerb eines Grundstücks, das zu einem von Stillegung bedrohten Gewerbebetrieb gehört, wenn damit der Gewerbebetrieb ganz oder teilweise übernommen wird. Der Erwerber muß in der Lage sein, die drohende Stillegung abzuwenden und durch die Fortführung des Betriebs die Arbeitsplätze zu erhalten." Eine ähnliche Vorschrift enthält der durch das Änderungsgesetz vom 28. 11. 1978 eingefügte § 19 a des GrEStG Berlin in der Fassung vom 28. 11. 1969. Verlangt wird, daß die „Fortführung der gewerblichen Betriebsstätte geeignet ist, die Wirtschaftskraft des Landes Berlin dauerhaft zu verbessern oder vor einer Beeinträchtigung auf Dauer zu bewah-

51 Wegen Einzelheiten der begünstigten veräußerten Wirtschaftsgüter vgl. Herrmann-Heuer, Anm. 125 ff. zu § 6 b EStG.

52 Vgl. Littmann, E., Die Anwendung des § 6 b EStG bei Personengesellschaften und ihren Gesellschaftern, in: DStR 1981, S. 63 ff. (63). BFH v. 10. 7. 1980 IV R 12/80, in: BStBl II 1981, S. 90 ff. (91).

53 Vgl. FG Niedersachsen v. 12. 9. 1979 IX 142/79, in: EFG 1980, S. 117 ff.

54 Zu den Übertragungsmöglichkeiten vgl. Knobbe-Keuk, B., Bilanz- und Unternehmenssteuerrecht, a.a.O., S. 149.

55 Vgl. Abschn. 41 b Abs. 5 Nr. 4 EStR.

56 Vgl. § 34 Abs. 1 Satz 3 EStG; Abschn. 197 Abs. 4 EStR.

57 Vgl. Zeitler, F.-C., Änderung des § 6 b EStG im Haushaltsstrukturgesetz, in: BB 1982, S. 283 ff.

58 Siehe BStBl I 1977, S. 743 ff.

59 Ebenda, S. 746.

ren", was „in der Regel der Fall" sein soll, wenn Dauerarbeitsplätze in angemessener Zahl geschaffen oder erhalten werden sollen"[60].

Andere Landesgesetze enthalten Vergünstigungsregelungen, bei deren Wortlaut es fraglich ist, ob sie den Grundstücksübergang auf eine Fortführungsgesellschaft freistellen. Als repräsentativ für diese Regelungen kann § 1 Abs. 1 Nr. 1 a GrEStStrukturG (NRW) vom 24. November 1969, zuletzt geändert durch das Gesetz vom 8. April 1975, angesehen werden. Danach wird auf Antrag für den Erwerb eines Grundstücks, „das unmittelbar zur Errichtung oder Erweiterung einer Betriebsstätte verwendet werden soll", Steuerfreiheit gewährt, wenn die Betriebsstätte in einem sog. förderungsbedürftigen Gebiet liegt und die Betriebsstätte für die Wirtschaftsstruktur erwünscht ist[61].

Um den Kauf existenzgefährdeter Betriebe nicht zu erschweren, stellt die Finanzverwaltung in Nordrhein-Westfalen den Erwerb eines notleidenden Betriebes, „durch dessen Übernahme eine Schließung vermieden wird", der Errichtung eines Betriebes gleich[62]. Diese Auslegung hat auch für andere Landesgesetze Bedeutung[63].

Befreiungsvorschriften im Interesse der Verbesserung der Wirtschaftsstruktur finden sich in folgenden Ländergesetzen:

Land	Befreiungsvorschrift
Baden Württemberg	§ 1 Abs. 1 Nr. 1 GrEStWiStruktG
Hessen	§ 4 Abs. 1 Nr. 11 a GrEStG (Hessen)
Niedersachsen	§ 1 Abs. 1 GrEStWiStruktG
Nordrhein-Westfalen	§ 1 Abs. 1 Nr. 1 a GrEStStrukturG
Saarland	§ 1 Abs. 1 Nr. 1 Struktur-GrESt-BefrG
Schleswig-Holstein	§ 11 Abs. 1 GrESBWG

Keine Freistellung zur strukturellen Verbesserung gewähren Bremen, Hamburg und Rheinland-Pfalz.

b) Es stellt sich die Frage, ob der Erwerbsvorgang gem. § 9 GrEStG[64] freizustellen ist, wenn die Fortführungsgesellschaft als Grundpfandrechtsgläubigerin

60 Boruttau, Egly, Sigloch, GrEStG, Anh. 506.

61 Vgl. hierzu den Einführungserlaß vom 5. 2. 1970 S 4511 – 5 – VC 4, abgedruckt in: Reinke, R., Rütten, R., Das Grunderwerbssteuerrecht in Nordrhein-Westfalen, 2. Aufl., Stuttgart-München-Hannover 1977, S. 128 ff.

62 Vgl. nicht veröffentlichten Erlaß der OFD Münster vom 1. 10. 1975 – S 4511 – 16 – St 22 – 35.

63 Vgl. Erlaß des Niedersächsischen Minister der Finanzen vom 28. 7. 1981, S 4511 – 5 – 35, in: BStBl I 1981, S. 592 ff. (594 f.).
Aufschlußreich auch das BdF-Schreiben vom 5. 5. 1977, IV B 2 – S 1988 – 150/77, in: BStBl I 1977, S. 246 ff., Tz. 89, das zur Gewährung von Investitionszulagen ergangen ist.

64 Diese Vergünstigungsregelung ist in allen Landesgesetzen, soweit die Länder solche erlassen haben, enthalten.

entweder in der Zwangsversteigerung oder durch freihändigen Kauf vom Krisenunternehmen Grundstücke zur Rettung ihrer Grundpfandrechte erwirbt. Nach § 9 Abs. 1 Nr. 3 GrEStG ist die Vergünstigung jedoch zu versagen, wenn ein Anhalt besteht, „daß der Pfandgläubiger das Pfandrecht zur Ersparung von Abgaben bei dem beabsichtigten Erwerb des Grundstücks erworben hat." Konkrete Anhaltspunkte für eine Steuerersparnisabsicht hat die Rechtsprechung stets bei Übernahme von Grundpfandrechten nach der Beschlagnahme des Grundstücks gesehen[65].

Die Befreiungsvorschrift des § 9 GrEStG können sich jedoch möglicherweise Gläubiger einer insolventen Unternehmung dadurch nutzbar machen, daß sie das mit ihren Sicherheiten belastete Grundstück selber käuflich erwerben, um es künftig an die Betriebsübernahmegesellschaft zu verpachten oder in sie einzubringen. Nach der Rechtsprechung kann auch eine BGB-Gesellschaft, in der sich Grundpfandrechtsgläubiger zusammenschließen, steuerfrei das Grundstück ersteigern, wenn jeder Gesellschafter „für sich allein ein Grundstück in der Zwangsversteigerung zur Rettung seines Grundpfandrechts steuerfrei erwerben könnte."[66] Die spätere Übertragung eines Anteils an der BGB-Gesellschaft ist nach allgemeinen Rechtsgrundsätzen steuerfrei.

XI. Kapitel

Die Auffanggesellschaft[1]

1. Rechtliche Grundlagen

Die Sanierung durch eine Auffanggesellschaft ist eine Variante der übertragenden Sanierung[2]. Neben das Krisenunternehmen tritt ein neuer Rechtsträger, um im eigenen Namen den Betrieb oder bestimmte Funktionen des Krisenunternehmens fortzuführen[3].

Bei der Auffanggesellschaft geht es darum, einerseits durch rechtzeitiges Handeln den Untergang des Unternehmens oder wenigstens seines Betriebs zu verhindern, andererseits aber die Risiken der Fortführung zu begrenzen. Dabei übernimmt sie weder – im Gegensatz zur Sanierungsgesellschaft – die Verpflichtungen des Krisenunternehmens insgesamt noch – im Gegensatz zur Be-

65 BFH v. 24. 11. 1971 II R 6/70, in: BFHE 104, S. 109 ff. (116); v. 7. 8. 1974 II R 177/73, in: BStBl II 1975, S. 119 ff.; siehe auch BFH v. 26. 2. 1975 II R 120/73, in: BStBl II 1975, S. 489 ff.; NRW-Erlaß vom 30. 5. 1975 S 4516 – 2 – VA 2, abgedruckt in: Reinke, R., Rütten, R., Das Grunderwerbsteuerrecht in Nordrhein-Westfalen, a.a.O., S. 67 f.

66 BFH v. 28. 1. 1981 II R 146/75, in: BStBl II 1981, S. 484 ff. (484).

1 Siehe auch den Überblick im IV. Kapitel, S. 53 ff. sowie die Beispiele von Auffanggesellschaften, S. 66 ff.

2 Siehe II. Kapitel, Abschnitt 4.2, S. 30 f.

3 Vgl. Spengler, A., Die Auffanggesellschaft, in: KTS 1955, S. 25 ff. (25).

triebsübernahmegesellschaft – Kaufpreisverpflichtungen aus dem Erwerb des ganzen Betriebsvermögens.

Die Auffanggesellschaft ist ihrem Wesen nach eine Gesellschaft „auf Zwischenzeit". Sie wird normalerweise dadurch beendet, daß die Krisenunternehmung den Betrieb wieder selbst übernimmt (Sanierungs-Auffanggesellschaft) oder die Auffanggesellschaft den Betrieb erwirbt und dadurch zur Betriebsübernahmegesellschaft wird (Übernahme-Auffanggesellschaft). Die Auffanggesellschaft mit zweifacher Option verliert ihren Charakter, wenn eine der beiden Optionen ausgeübt wird.

1.1 Risikobegrenzung

Das für die Auffanggesellschaft wesentliche Ziel der Risikobegrenzung wird durch Rechtsnormen gefährdet, nach denen mit der Fortführung des Betriebes bestimmte Verpflichtungen des Krisenunternehmens auf die Auffanggesellschaft übergehen oder sie dafür haftet. Sich gegen solche Lasten zu sichern ist eine der wichtigsten Aufgaben bei der gesellschaftsrechtlichen Konstruktion und der Vertragsgestaltung mit den an der Sanierung Interessierten[4].

Verhältnismäßig leicht ist es, die Haftung wegen Firmenfortführung nach § 25 HGB zu vermeiden; sie kann durch Eintragung in das Handelsregister oder Mitteilung an die Gläubiger ausgeschlossen werden[5].

Eine Haftung gem. § 419 BGB wegen Vermögensübernahme des Krisenunternehmens kommt aus dem Wesen der Auffanggesellschaft kaum in Betracht. Allerdings muß die Auffanggesellschaft im Falle eines Treuhandverhältnisses zum Krisenunternehmen davon Abstand nehmen, das gesamte Betriebsvermögen fiduziarisch zu erwerben[6]. Übrigens kann sich das Krisenunternehmen nicht der Haftung gegenüber seinen Gläubigern durch Übertragung seines Vermögens auf einen Treuhänder entziehen[7], so daß es kaum Sinn hat, Formalitäten und Kosten der Übertragung einschließlich der Grunderwerbsteuer[8] auf sich zu nehmen, zumal eine Rückübertragung nach Abschluß der Sanierung zu erfolgen hätte.

Hemmend wirkt nach der gegenwärtigen Rechtslage der § 613 a BGB, nach dem die Rechte und Pflichten aus den Arbeitsverhältnissen des Krisenunterneh-

4 Auf einen etwaigen Schutz aus §§ 701, 805 ZPO sollte man sich nicht verlassen.

5 Vgl. § 25 Abs. 2 HGB; Baumbach/Duden, HGB, Anm. 3 zu § 25. Auf eine Haftung aus § 25 HGB können sich ohnehin die Gläubiger nicht berufen, die einem Treuhandvergleich zugestimmt haben und zu deren Gunsten die Fortführung erfolgt. Vgl. Mentzel/Kuhn/Uhlenbruck, KO, Anm. 2 e zu § 174.

6 Vgl. hierzu die Gründe bei Siebert, W., Das rechtsgeschäftliche Treuhandverhältnis, Ein dogmatischer und rechtsvergleichender Beitrag zum allgemeinen Treuhandproblem, Marburg 1933, S. 384 ff.

7 Vgl. Uhlenbruck, W., Die Auffanggesellschaft als Instrument betrieblicher Sanierung, unveröffentlichtes Manuskript, S. 15.

8 Vgl. hierzu: RdF-Erlaß vom 18. Juni 1940 – S 4545 A – 215 III, in: RStBl 1940, S. 617, ergänzt durch Erlasse der obersten Finanzbehörden der Länder, u.a. Erlaß Finanzminister Niedersachsen vom 20. März 1978 – S 4500 – 100 – 322, in: BStBl I 1978, S. 214 f.

mens selbst dann auf die Auffanggesellschaft übergehen, wenn sie als neue Betriebsgesellschaft den Betrieb des Krisenunternehmens für dessen Rechnung im eigenen Namen fortführt[9].

Aus diesem Grunde liegt es nahe zu prüfen, ob die Tätigkeit der Auffanggesellschaft nicht auf die Funktionsbereiche beschränkt werden soll, die ihr die finanzielle Schlüsselposition gewähren, etwa auf Einkauf und Vertrieb, während die Produktion und die dafür tätigen Arbeitnehmer bei dem Krisenunternehmen verbleiben[10]. Schuldrechtlich kann zugleich ein Lohnauftragsverhältnis begründet werden, wobei möglicherweise der Fertigungsbereich in einem Verhältnis der Ermächtigungstreuhand von der Sanierungs-Auffanggesellschaft gelenkt wird[11]. Derartige Konstruktionen sind allerdings rechtlich so kompliziert und wirtschaftlich so schwerfällig, daß man zunächst versuchen sollte, mit der öffentlichen Hand ein Arrangement zu erreichen, wonach diese die Lasten aus § 613 a BGB ganz oder zu wesentlichen Teilen übernimmt, um auf diese Weise Arbeitsplätze zu erhalten.

Zu beachten sind schließlich die Verpflichtungen und die Haftung gegenüber dem Fiskus; auf sie wird an anderer Stelle eingegangen[12].

Der Erfolg der Auffanggesellschaft ist nicht nur von ihrer Haftung, sondern auch von solchen Verpflichtungen des Krisenunternehmens abhängig, für welche die Auffanggesellschaft nicht haftet. Vordringlich ist zu verhindern, daß dessen Gläubiger der Auffanggesellschaft den Boden entziehen, indem sie ein Konkursverfahren einleiten oder Vollstreckungsmaßnahmen ergreifen. Darüber hinaus muß die Auffanggesellschaft besorgt sein, daß nicht übermäßige Verbindlichkeiten des Krisenunternehmens dessen Sanierung illusorisch (Fall der Sanierungs-Auffanggesellschaft) bzw. den Erwerb des dinglich belasteten Betriebsvermögens unwirtschaftlich machen. Die Auffanggesellschaft bzw. ihre Gesellschafter müssen daher bestrebt sein, im geeigneten Zeitpunkt, möglichst vor verbindlichen Sanierungs-Zusagen, alle erforderlichen Entlastungsverhandlungen mit den anderen Interessenten der Sanierung zu führen.

---

9 Vgl. Kraft, in: Soergel/Siebert, BGB, Anm. 13 zu § 613 a: „Ausreichend ist auch ein Treuhandverhältnis, wenn der Treuhänder den Betrieb im eigenen Namen führt."

10 Theoretisch kann die Sanierungs-Auffanggesellschaft in ihrer Funktion als Finanzierungsgesellschaft gestaltet werden. Dies sieht auch Spengler. Er dürfte dabei die hier beschriebenen Vertragskonstruktionen im Auge haben (vgl. Spengler, A., Die Auffanggesellschaft, a.a.O., S. 25).

11 Im Modell der sog. Ermächtigungstreuhand werden die betrieblichen Gegenstände nicht zu vollem Recht auf den Treuhänder übertragen, sondern er wird nur ermächtigt, im eigenen Namen darüber zu verfügen. Vgl. Coing, H., Die Treuhand kraft privaten Rechtsgeschäfts, a.a.O., S. 96 ff.; Siebert, W., Das rechtsgeschäftliche Treuhandverhältnis, a.a.O., S. 396 ff.
Auch bei der Ermächtigungstreuhand ist § 613 a BGB im Auge zu behalten: „Erste Voraussetzung ist, daß ein Betrieb oder Betriebsteil übergeht. Betriebsinhaber ist die Person, in deren Namen ein Betrieb geführt wird, die nach außen als Partner der Rechtsgeschäfte (und damit auch als Arbeitgeber) auftritt, die für den Betrieb abgeschlossen werden" (Kraft, in: Soergel/Siebert, BGB, Anm. 13 zu § 613 a BGB).

12 Siehe S. 190.

1.2 Die Sanierungs-Auffanggesellschaft

In der Literatur ist bisher im wesentlichen nur der Typ der Auffanggesellschaft behandelt worden, der letzthin auf die Sanierung des Krisenunternehmens gerichtet ist und deshalb in dieser Arbeit als „Sanierungs-Auffanggesellschaft" bezeichnet wird; er wird von Spengler „echte" Auffanggesellschaft genannt, wenn die Sanierung „im Interesse der Gesamtheit der Gläubigerschaft" erfolgt[13].

Ihre rechtliche Gestaltung und ihre wirtschaftliche Tätigkeit sind vor allem von den Interessenten und Beteiligten abhängig, die gemäß der jeweiligen Krisensituation die stärksten Positionen besitzen. Uhlenbruck[14] stellt zutreffend fest, daß es ein Standardmodell nicht gebe. Es gibt jedoch zwei Untertypen der Sanierungs-Auffanggesellschaft, die charakteristische Unterschiede aufweisen: die „eigennützige" und die „uneigennützige" Sanierungs-Auffanggesellschaft.

1.2.1 Die uneigennützige Sanierungs-Auffanggesellschaft

Bei ihr ist das Interesse des Krisenunternehmens bzw. ihrer Inhaber/Gesellschafter vorherrschend. Die Interessen der Geschäftspartner sind im wesentlichen auf die geordnete Abwicklung ihrer Geldforderungen und die Erfüllung laufender Verträge (z.B. Lieferverträge, Arbeitsverhältnisse) beschränkt. Die Geschäftspartner verhalten sich zwar gegenüber der Sanierungs-Auffanggesellschaft eigennützig, diese aber dient dem Krisenunternehmen, indem sie dessen Verpflichtungen selbst erfüllt oder zu erfüllen hilft, bis es in der Lage ist, ohne die Sanierungs-Auffanggesellschaft selbständig seinen Verpflichtungen nachzukommen.

Die Gesellschafter dieses Untertyps können Inhaber/Gesellschafter des Krisenunternehmens sein; oder sie stehen diesem nahe und helfen deshalb ohne wesentliche eigene wirtschaftliche Interessen. Es können auch an der Sanierung sonst Interessierte sein, die jedoch keine unternehmerische Beteiligung am sanierten Krisenunternehmen anstreben und sich daher zufrieden geben, wenn ihre Ansprüche mit Hilfe der Sanierungs-Auffanggesellschaft erfüllt werden[15].

Die Umwandlung von Gläubigerforderungen in Gesellschaftskapital, die in der Literatur vielfach hervorgehoben wird[16], ist kein notwendiges Merkmal der Sanierungs-Auffanggesellschaft. Die Gläubiger können ihre Rechtsposition gegenüber der Auffanggesellschaft dadurch begründen, daß sie ihre Forderungen

13 Vgl. Spengler, Die Auffanggesellschaft, a.a.O., S. 25.

14 Vgl. Uhlenbruck, W., Die Auffanggesellschaft als Instrument betrieblicher Sanierung, unveröffentlichtes Manuskript, S. 11.

15 Vgl. Uhlenbruck, W., Die GmbH & Co. KG . . ., a.a.O., S. 342.

16 Vgl. Wiethege, F. W., Die Auffanggesellschaft, a.a.O., S. 45 f; Mentzel/Kuhn/Uhlenbruck, KO, Anm. 2 e zu § 174; Bley/Mohrbutter, VerglO, Anm. 11 zu § 3. Siehe XVI. Kapitel, Abschnitt 1.2, S. 262 f.

an die Sanierungs-Auffanggesellschaft abtreten oder von dieser eine Bürgschaft erhalten.

Es liegt nahe, das Verhältnis zwischen Krisenunternehmen und uneigennütziger Sanierungs-Auffanggesellschaft durch einen Treuhandvertrag zu regeln. Aus bereits genannten Gründen wird man die Übertragung des Betriebes zu Volleigentum vermeiden und daher statt der römisch-rechtlichen fiduziarischen Treuhand[17] ein deutschrechtliches Ermächtigungs-Treuhandverhältnis[17] vereinbaren, bei dem die Auffanggesellschaft lediglich im Sinne von § 185 BGB ermächtigt wird, den dinglich fremd bleibenden Betrieb im eigenen Namen zu verwalten[18].

Wie Flume[19] hervorhebt, hat die treuhänderische Auffanggesellschaft die gleiche Rechtsposition, die auch eine natürliche Person als Treuhänder hätte. Es ist demnach denkbar, daß anstatt einer Auffanggesellschaft eine Einzelperson den Betrieb des Krisenunternehmens treuhänderisch fortführt. Allerdings müßte der Treuhänder die persönliche Haftung übernehmen, wozu jedoch angesichts der hohen Risiken kaum jemand bereit sein dürfte.

Die treuhänderischen Vereinbarungen können vorsehen, daß der Auffanggesellschaft aus ihrer Tätigkeit nur der Ersatz der Aufwendungen[20] und eine Tätigkeitsvergütung zustehen[21], während der Krisenunternehmung der eigentliche Geschäftserfolg zugerechnet wird. Eine solche Gestaltung führt allerdings zur weiteren Komplizierung der Verträge[22].

Die Interessen der sich nicht an der Auffanggesellschaft beteiligenden Gläubiger können rechtlich dadurch gesichert werden, daß auch im Verhältnis der Sanierungs-Auffanggesellschaft zu ihnen ein Treuhandverhältnis begründet wird; man spricht in solchen Fällen von doppelseitiger Treuhand[23]. Es ist aber auch möglich, im Vertrag zwischen Krisenunternehmen und Sanierungs-Auf-

---

17 Vgl. Beuthien, V., Treuhand an Gesellschaftsanteilen, in: ZGR 1974, S. 26 ff.; Eden, S., Treuhandschaft an Unternehmen und Unternehmensanteilen – Recht, Steuer, Betriebswirtschaft –, Bielefeld 1981, S. 23 ff.

18 Probleme treten bei der Ermächtigungstreuhand hinsichtlich der Eingehung von Verpflichtungen aufgrund des sog. Offenheitsprinzips (vgl. Enneccerus-Nipperdey, Lehrbuch des Bürgerlichen Rechts, 15. Aufl., Tübingen 1960, § 204 I; Flume, W., Rechtsgeschäft, 2. Aufl., Berlin-Heidelberg-New York 1975, S. 736) und des Erwerbs von Gegenständen auf (vgl. u.a. Enneccerus-Nipperdey, Lehrbuch des Bürgerlichen Rechts, a.a.O., § 204 I 3 b; Flume, W., Rechtsgeschäft, a.a.O., S. 904 ff.; Doris, P., Die rechtsgeschäftliche Ermächtigung bei Vornahme von Verfügungs-, Verpflichtungs- und Erwerbsgeschäften, München 1974, S. 150 ff.).

19 Vgl. Flume, W., Ist die Sanierungsgesellschaft körperschaftsteuerpflichtig? A.a.O., S. 1183.

20 So auch Schreiber, H., Sanierung, a.a.O., S. 86 ff.

21 Vgl. Uhlenbruck, W., Abschreibungsgesellschaften, a.a.O., S. 85 f.

22 Dabei dürfte sich eine Kombination aus fiduziarischer Treuhand (mit Vollrechtsübertragung) und Ermächtigungstreuhand herausbilden. Vgl. dazu Coing, H., Die Treuhand kraft privaten Rechtsgeschäfts, a.a.O., S. 125.

23 Vgl. ebenda, S. 89; Bassenge, in: Palandt, BGB, Anm. 7 B der Einführung vor § 929.

fanggesellschaft den Gläubigern unmittelbar Rechte gegenüber der Auffanggesellschaft zu verschaffen[24]; dann handelt es sich um einen Vertrag zugunsten Dritter im Sinne des § 328 BGB. Wesentlicher Inhalt der Vereinbarungen ist jedenfalls, daß die Überschüsse aus der Geschäfts-Fortführung den Gläubigern entsprechend den getroffenen Vereinbarungen zugeführt werden.

Die vorstehenden Ausführungen lassen erkennen, daß Treuhandvereinbarungen zwischen Sanierung-Auffanggesellschaft und dem Krisenunternehmen sehr kompliziert und vielschichtig sein werden. Einen typischen Treuhandvertrag gibt es nach der herrschenden Lehre nicht[25].

Bei der Abfassung des Treuhandvertrages ist die Regelung folgender Punkte wichtig[26]:

a) Zweck der Treuhandschaft[27]
b) Gestaltung des Außen-[28] und Innenverhältnisses[29]
c) Aufgaben des Treuhänders
d) Treuhandvergütung, Aufwendungsersatz und Freistellungsansprüche des Treuhänders
e) Ansprüche des Treugebers auf die Gewinne und sonstigen Vorteile aus der Betriebsfortführung
f) Weisungsbefugnisse des Treugebers
g) Rechenschaftslegung, Berichterstattung und Auskunftserteilung durch den Treuhänder[30]
h) Haftung der Treuhandparteien[31]
i) Schutz des Treugebers gegen Treuhandgefahren[32]
j) Beendigung der Treuhandschaft[33].

24 Vgl. Wiethege, F. W., Die Auffanggesellschaft, a.a.O., S. 221 ff.; Siebert, W., Das rechtsgeschäftliche Treuhandverhältnis, a.a.O., S. 385.

25 Vgl. Coing, H., Die Treuhand kraft privaten Rechtsgeschäfts, a.a.O., S. 109; Bassenge, in: Palandt, BGB, Anm. 7 A, Einf. vor § 929.

26 Vgl. Eden, S., Treunhandschaft an Unternehmen und Unternehmensanteilen, a.a.O., S. 38.

27 Vgl. dazu: Flume, W., Ist die Sanierungsgesellschaft körperschaftsteuerpflichtig? A.a.O., Sp. 1181 f.; Spengler, A., Die Auffanggesellschaft, a.a.O., S. 25.

28 Vgl. WP-Handbuch 1981, a.a.O., S. 2176 ff.

29 Vgl. Diekmann, W., Das Innenverhältnis bei der Treuhandschaft in wirtschaftlicher und steuerlicher Sicht – erläutert an Beispielen aus der Wirtschaftspraxis, Diss. München 1968.

30 Vgl. dazu: Mathews, K., Rechenschaftslegung über Treuhandverhältnisse, Behandlung im Jahresabschluß und im Geschäftsbericht, Herne/Berlin 1978.

31 Vgl. dazu: Eden, S., Treuhandschaft an Unternehmen und Unternehmensanteilen, a.a.O., S. 56 ff.; Lammel, S., Die Haftung des Treuhänders aus Verwaltungsgeschäften, Frankfurt am Main 1972.

32 Vgl. dazu: Eden, S., Treuhandschaft an Unternehmen und Unternehmensanteilen, a.a.O., S. 75 ff. mit weiteren Nachweisungen.

33 Vgl. WP-Handbuch 1981, a.a.O., S. 2181 f.

1.2.2 Die eigennützige Sanierungs-Auffanggesellschaft

Bei der eigennützigen Sanierungs-Auffanggesellschaft sind die Interessen der Gläubiger und Geschäftspartner nicht auf die Realisierung ihrer bisherigen Ansprüche beschränkt. Sie können auch auf eine Beteiligung am Krisenunternehmen gerichtet sein, sei es sofort, oder sei es nach Erfolg der Sanierung. Wollen sie sich das Recht auf eine spätere Beteiligung am Krisenunternehmen sichern, so gibt es zwei Wege, die auch kombiniert werden können:

a) Die Auffanggesellschaft und/oder ihre Gesellschafter erhalten von den Gesellschaftern des Krisenunternehmens das Recht, durch einseitige Erklärung[34] bestehende Gesellschaftsanteile am Krisenunternehmen zu festen Bedingungen zu übernehmen. Sofern die Abtretung der Gesellschafteranteile die Genehmigung durch die Gesellschafterversammlung voraussetzt, muß die Zustimmung bereits bei der Optionsvereinbarung erwirkt werden. Auch muß die Optionsvereinbarung notariell beurkundet werden, wenn entsprechende Formvorschriften (§ 15 Abs. 4 GmbHG) dies für die Abtretung der Gesellschaftsrechte verlangen[35].

b) Die Auffanggesellschaft und/oder ihre Gesellschafter erhalten das Recht, an einer künftigen Kapitalerhöhung des Krisenunternehmens teilzunehmen.

Die Gesellschafter eines Krisenunternehmens in der Rechtsform einer Personengesellschaft können in den Gesellschaftsvertrag zugunsten der Beteiligungsinteressenten eine „Eintrittsklausel" aufnehmen und/oder den Begünstigten ein – ggf. befristetes – „Beitrittsangebot"[36] (langfristiges Vertragsangebot[37]) machen.

Bei einem Krisenunternehmen in der Rechtsform der GmbH kann die Gesellschafterversammlung einen Beschluß über die Zulassung der Gesellschafter der Auffanggesellschaft zur Übernahme einer neuen Stammeinlage fassen[38] und mit ihnen eine bedingte Übernahmevereinbarung schließen, die mit der Annahmeerklärung durch die Interessenten verbindlich wird[39]. Möglich ist

34 Vgl. Heinrichs, in: Palandt, BGB, Anm. 4 c Einf. vor § 145.

35 Vgl. ebenda. Nach Scholz-Winter, GmbHG, Anm. 34 zu § 15 unterliegt nur die schuldrechtliche Optionsvereinbarung der Form des § 15 Abs. 4, nicht aber auch die spätere Optionserklärung; zustimmend: Larenz, K., Allgemeiner Teil des Deutschen bürgerlichen Rechts, 5. Aufl., München 1980, S. 480. A. A. Kramer, in: Münchener Kommentar zum Bürgerlichen Gesetzbuch, Anm. 44 vor § 145.

36 Vgl. Baumbach/Duden, HGB, Anm. 7 B zu § 105.

37 Vgl. Sudhoff, H., Der Gesellschaftsvertrag der Personengesellschaften, 5. Aufl., München 1978, S. 250; derselbe, Das Familienunternehmen, München 1980, S. 189.

38 Vgl. hierzu OLG Frankfurt a.M. v. 28. 4. 1981 20 W 795/80, in: BB 1981, S. 1360 f.

39 Die Übernahmeerklärung muß gem. § 55 Abs. 1 GmbHG notariell beurkundet werden. Die Übernahmeerklärung unter einer aufschiebenden Bedingung ist unschädlich, wenn der Übernahmevertrag vor Eintragung der Kapitalerhöhung in das Handelsregister verbindlich geworden ist. Die Übernahme kann befristet werden.

auch, den Gesellschaftern der Auffanggesellschaft das Bezugsrecht bezüglich der neuen Gesellschaftsanteile einzuräumen[40].

Im Falle einer Aktiengesellschaft kann die Hauptversammlung eine „bedingte Kapitalerhöhung"[41] beschließen, wobei den Gesellschaftern der Auffanggesellschaft oder dieser das Bezugsrecht „auf die neuen Aktien (Bezugsaktien)"[42] eingeräumt wird[43].

Die eigennützige Sanierungs-Auffanggesellschaft wird ihr Verhältnis zum Krisenunternehmen in erster Linie durch einen Pachtvertrag regeln[44]; einem Treuhandvertrag steht die Eigennützigkeit entgegen. Der Pachtzins hat vor allem der Schuldenregulierung zu dienen. Soweit die Auffanggesellschaft Forderungen von Gläubigern übernommen hat, kann sie mit ihren Pachtzinsverbindlichkeiten aufrechnen. Hat das Krisenunternehmen die Rechtsform einer Aktiengesellschaft, sind bei Abschluß, Durchführung und Beendigung des Pachtvertrages die Bestimmungen zum Betriebspachtvertrag (§§ 292 ff. AktG) zu beachten.[44a]

1.3 Die Übernahme-Auffanggesellschaft

Die Übernahme-Auffanggesellschaft führt den Betrieb im eigenen Namen und Interesse fort. Dabei nimmt sie meist alle wesentlichen Funktionsbereiche, also Beschaffung, Produktion und Vertrieb nebst Finanzierung, in eigene Regie.

Charakteristisch für sie ist der Pachtvertrag, verbunden mit einer Option für den späteren Erwerb des Betriebes. Für den Abschluß und die Durchführung dieser Vereinbarungen ist das Krisenunternehmen unmittelbarer Vertragspartner, möglicherweise vertreten durch den Konkurs- oder Vergleichsverwalter. Während der Pachtzeit und bis zur Ausübung der Option hat die Übernahme-Auffanggesellschaft ein Interesse daran, daß ihr Vertragspartner Krisenunternehmen rechtlich handlungsfähig bleibt.

Die Betriebsverpachtung[45] setzt voraus, daß das Krisenunternehmen überhaupt einen funktionsfähigen Betrieb mit bedeutenden Betriebsanlagen zum Gebrauch und zum „Genuß der Früchte" überlassen kann[46]. Dies trifft zum Bei-

---

40 Vgl. Sudhoff, H., Der Gesellschaftsvertrag der GmbH, 4. Aufl., München 1978, S. 131. Grundlegend dazu: Priester, H.-J., Das gesetzliche Bezugsrecht bei der GmbH, in: DB 1980, S. 1925 ff.

41 Vgl. § 192 ff. AktG; Hueck, A., Hueck, G., Gesellschaftsrecht, a.a.O., S. 223 f.

42 § 192 Abs. 1 AktG; Schilling, in: Großkommentar zum AktG, Anm. 11 zu § 192.

43 Die „Sollvorschrift" des § 192 Abs. 2 AktG zählt die Zwecke der bedingten Kapitalerhöhung nicht erschöpfend auf. Vgl. Schilling, in: Großkommentar zum AktG, Anm. 7 zu § 192.

44 Siehe dazu S. 190 f.

44a Vgl. dazu: Emmerich, V. – Sonnenschein, J., Konzernrecht, München 1973, S. 87 ff. mit weiteren Literaturnachweisungen.

45 Vgl. hierzu Knoppe, H., Pachtverhältnisse gewerblicher Betriebe im Steuerrecht . . ., a.a.O., S. 1 ff.; Mittelbach, R., Geschäfts- und Praxisübertragungen, a.a.O., S. 127 ff.

46 Vgl. § 581 Abs. 1 BGB.

spiel bei solchen Dienstleistungsunternehmen nicht zu, die im wesentlichen nur immaterielle Werte (Kundenstamm, Organisations-Know-how etc.) besitzen. Diese gehen mit den wichtigen Mitarbeitern ohnehin auf die Auffanggesellschaft über. Unter solchen Umständen sind im allgemeinen auch Verträge nach dem sog. Franchising-Muster[47] problematisch.

Im Pachtvertrag[48] mit der Krisenunternehmung sind vor allem Vereinbarungen über den Pachtzins, die Instandhaltungsverpflichtungen, Erhaltungs- und Erweiterungsinvestitionen hinsichtlich des gepachteten Vermögens, die Dauer des Vertrages, Kündigungsmöglichkeiten wichtig[48]. Weiterhin sind Vereinbarungen über Gegenstände des Umlaufvermögens zu treffen, die von der Auffanggesellschaft zum Zwecke der Betriebsfortführung erworben werden.

Die Optionsvereinbarungen sind auf den späteren Erwerb desjenigen Betriebsvermögens gerichtet, das zunächst gepachtet wird. Sie müssen für dessen Gegenstände die Kauf- und Übernahmebedingungen so eindeutig regeln, daß mit der einseitigen Erklärung der Berechtigten der Vertrag rechtsverbindlich zustande kommt. Das Recht auf Ausübung der Option ist zeitlich und/oder durch den Eintritt von Bedingungen zu begrenzen.

Wie erwähnt, sind mit den dinglich gesicherten Gläubigern, vor allem den Grundpfandrechtsgläubigern, begleitende Regelungen erforderlich, soweit die Belastungen so sehr über den Zeitwerten des Sicherungsguts liegen, daß ihre Übernahme für die Fortführungsgesellschaft unwirtschaftlich wäre.

Allerdings sind die Rechtsfolgen des § 613 a BGB zu beachten. Im Falle der Betriebspacht tritt die Auffanggesellschaft als neuer Arbeitgeber nicht nur in die Rechte und Pflichten des Krisenunternehmens ein[49], sondern sie haftet auch für die Verbindlichkeiten gegenüber den Arbeitnehmern[50], es sei denn, über das Vermögen des Krisenunternehmens ist vor dem Betriebsübergang das Konkursverfahren eröffnet[51].

Wie bei der Sanierungs-Auffanggesellschaft gibt es Möglichkeiten, diese Haftung zu vermeiden, indem der Produktionsbereich und die zugehörigen Mitarbeiter beim Krisenunternehmen verbleiben und die Übernahme-Auffanggesellschaft zunächst den Vertrieb und vielleicht auch den Einkauf übernimmt. Sie

47 Vgl. hierzu Tietz, B., Franchising – Ein weiterer Schritt zur kontraktorientierten Marktwirtschaft, 4 Teile, in: Blätter für Genossenschaftswesen 1969, Nr. 12, 16, 17, 22; Groß, H., und Skaupy, W., Das Franchise-System. Neue Vertriebswege für Waren und Dienste, Düsseldorf-Wien 1968; Schuster, L., Das Franchising, in: Handbuch der Unternehmensfinanzierung, hrsg. von O. Hahn, München 1971, S. 793 ff.

48 Vgl. Knoppe, H., Pachtverhältnisse gewerblicher Betriebe im Steuerrecht . . ., a.a.O., S. 11 ff.

49 Vgl. Putzo, in: Palandt, BGB, Anm. 2 b zu § 613 a.

50 Vgl. BAG v. 15. 11. 1978 – 5 AZR 199/77, in: DB 1979, S. 702 f. (703). Danach ist § 613 a BGB auch dann anzuwenden, „wenn sich der Veräußerer oder Verpächter in einer besonders schwierigen wirtschaftlichen Situation befindet, weil er ‚praktisch konkursreif' ist."

51 Vgl. dazu BAG v. 17. 1. 1980 – 3 AZR 160/79, a.a.O.

oder ihre Gesellschafter erhalten zugleich eine Option für die spätere Übernahme des Betriebes und seiner Anlagen. In der Zwischenzeit besteht eine Art Lohnauftragsverhältnis, bei dem es vor allem auf die Vereinbarungen über die Vergütung ankommt, welche die Übernahme-Auffanggesellschaft an das produzierende Unternehmen zahlt. Dabei sind auch die Gefahren von Gläubigeranfechtungen zu bedenken[52].

1.4 Die Auffanggesellschaft mit Zweifach-Option

Zweck dieses Untertyps der Auffanggesellschaft ist, Zeit für die Entscheidung über einen anderen Typ der Fortführungsgesellschaft zu gewinnen. Dafür kommen nicht nur die Sanierungsgesellschaft und die Betriebsübernahmegesellschaft in Betracht; es kann auch um die Entscheidung für eine Sanierungs-Auffanggesellschaft oder Übernahme-Auffanggesellschaft gehen.

Die Auffanggesellschaft erhält zwei Optionen zur Auswahl. Die erste ermöglicht die Beteiligung an der Sanierungsgesellschaft, sie entspricht der für die eigennützige Sanierungs-Auffanggesellschaft charakteristischen Option. Die andere Option ermöglicht die Übernahme des Betriebsvermögens des Krisenunternehmens entsprechend der Übernahme-Auffanggesellschaft.

Die zweifache Option verleiht der Auffanggesellschaft eine optimale Position, während das Krisenunternehmen und die sonstigen Sanierungsinteressenten sehr weitgehende Bindungen auf sich nehmen müssen. Dazu werden sie nur bereit sein, wenn sie in diesem Zeitpunkt keine bessere Alternative haben, und sie werden das Risiko, daß die Auffanggesellschaft von keiner der Optionen Gebrauch macht, höchstens für eine kurze Frist auf sich nehmen; dies vor allem, wenn die Auffanggesellschaft in der Entscheidungszeit noch nicht die Fortführung des Betriebs übernimmt.

Im Interesse beider Seiten kann es liegen, die Frist auf die Grundsatzentscheidung der Auffanggesellschaft zu beziehen: Die Auffanggesellschaft müßte bis zum Ablauf der Frist den Betriebsfortführungsvertrag, meist in der Form eines Pachtvertrages, zu den vorher ausgehandelten Bedingungen abschließen und sich verpflichten, innerhalb einer weiteren Frist sich gemäß den Optionsbedingungen entweder für die Beteiligung am Krisenunternehmen oder für den Betriebserwerb zu entscheiden. Aus dem einseitigen Optionsrecht der Auffanggesellschaft würde eine gegenseitige Verpflichtung, die mit der Wahl konkretisiert wird.

Eine derartige Regelung kann die Grundsatzentscheidung neuer Gesellschafter, die unter der Ungewißheit der Sanierungssituation oft äußerst schwierig ist, erleichtern. Die neuen Gesellschafter können zudem davon ausgehen, daß die Inhaber/Gesellschafter des Krisenunternehmens bis zur weiteren Entscheidung der Auffanggesellschaft ein hohes Interesse am Sanierungserfolg behalten. Sie

52 Vgl. hierzu Jauernig, O., Zwangsvollstreckungs- und Konkursrecht, a.a.O., S. 174 ff.; grundlegend Gerhardt, W., Die systematische Einordnung der Gläubigeranfechtung, Göttingen 1969.

werden ihr Bestes tun, daß sich schließlich die Auffanggesellschaft für die Beteiligung am Unternehmen und damit für dessen Erhaltung entscheidet.

2. Finanzielle Merkmale

Der Kapitalbedarf der Auffanggesellschaft ist im allgemeinen geringer als bei den anderen Fortführungsgesellschaften, da sie weder den Kaufpreis für den Betrieb aufzubringen hat, noch generell für die Verbindlichkeiten des Krisenunternehmens haftet.

Kapitalbedarf entsteht für käuflich übernommene Gegenstände des Krisenunternehmens, insbesondere Vorräte, und für Zahlungen im Zusammenhang mit der eigenen Betriebstätigkeit.

Bei allen Typen der Auffanggesellschaft empfiehlt es sich, bereits im Gründungsstadium mit den Begünstigten dinglicher, obligatorischer und gesetzlicher Rechte Vergleichsverhandlungen zwecks Minderung derjenigen Lasten des Krisenunternehmens zu führen, welche die Auffanggesellschaft treffen können, sei es direkt oder indirekt, sei es sofort oder erst bei Erwerb der belasteten Vermögensgegenstände bzw. bei Beteiligung am Krisenunternehmen.

Eine schwierige Aufgabe ist, den Kapitaldienst des Krisenunternehmens mit den Zahlungen der Auffanggesellschaft abzustimmen. Bei der treuhänderischen Sanierungs-Auffanggesellschaft bestehen dabei ähnliche Probleme wie bei der Sanierungsgesellschaft. Tilgung und Verzinsung der Altverbindlichkeiten sind im wesentlichen aus den Gewinnabführungen zu leisten, die dem Krisenunternehmen zustehen, aber vielleicht für es von der Sanierungs-Auffanggesellschaft den Gläubigern direkt ausgezahlt werden. Die Ansprüche der Auffanggesellschaft auf Ersatz ihrer Aufwendungen, Vergütung für die Treuhandtätigkeit und Verzinsung ihres Betriebskapitals werden vorweg befriedigt. Dem Krisenunternehmen verbleibt der Rest und somit das Risiko, den Kapitaldienst für die Altschulden nicht voll leisten zu können, es sei denn, die Auffanggesellschaft gibt diesbezüglich Garantien.

Anders verhält es sich indes bei Vereinbarung einer Mindest- oder Festpacht, die für die eigennützige Sanierungs-Auffanggesellschaft und die Übernahme-Auffanggesellschaft typisch ist. Auf deren Grundlage läßt sich leichter ein Konzept für die Gläubigerbefriedigung entwickeln. Das finanzielle Risiko trägt dann mindestens zum Teil die Auffanggesellschaft.

Da die Auffanggesellschaft im Falle eines Betriebspachtvertrages in die Rechte und Pflichten der beim Krisenunternehmen bestehenden Arbeitsverhältnisse eintritt, sind vor Beginn des Pachtverhältnisses die mit leistungswirtschaftlichen Sanierungsmaßnahmen verbundenen Soziallasten zu berücksichtigen.

3. Betriebliche Merkmale

Bei der Auffanggesellschaft gelten je nach Typ die betrieblichen Charakteristika der Sanierungs- bzw. der Betriebsübernahmegesellschaft. Allerdings sind folgende Unterschiede zu beachten:

Das geringere Risiko der Auffanggesellschaft wird bezahlt mit einer Verunsicherung der Mitarbeiter und Geschäftspartner. Sie schließen möglicherweise aus dem begrenzten Engagement der Gesellschafter, daß diese vorläufig noch keine endgültige Entscheidung treffen wollen, weil sie von dem Gelingen der Fortführung nicht überzeugt sind. Möglicherweise sind sie daher nicht bereit, sich für die Zusammenarbeit und die Mitwirkung an der betrieblichen Sanierung voll einzusetzen.

Die Geschäftspartner befürchten vielleicht, daß sich die neuen Gesellschafter enttäuscht zurückziehen werden, wenn deren Erwartungen nicht erfüllt werden und Rückschläge eintreten.

Bei der Sanierungs-Auffanggesellschaft kann allerdings an die Verbundenheit der bisherigen Mitarbeiter appelliert werden, durch gemeinsame Anstrengungen das Krisenunternehmen zügig zu reorganisieren, um das Zwischenstadium der Auffanggesellschaft bald zu beenden. Vorausgesetzt, daß die Geschäftsführung des Krisenunternehmens die Mitarbeiter und Geschäftspartner nicht zu sehr verärgert und ihren guten Willen verspielt hat, ist mit dieser Hoffnung eine gute psychologische Basis für die Aktivierung der Zusammenarbeit gegeben.

In der Zeit der Unsicherheit über die endgültige Fortführung sind tiefgreifende leistungswirtschaftliche Sanierungsmaßnahmen erschwert, was sich besonders bei der Übernahme-Auffanggesellschaft auswirken dürfte. Sobald sich die Gesellschafter zu solchen entschlossen haben, empfiehlt sich der Übergang zur Betriebsübernahme- oder zur Sanierungsgesellschaft.

4. Steuerliche Aspekte

a) Die Ausführungen über den steuerlichen „Sanierungsgewinn"[53] und die Verlustvorträge[54] bei der Sanierungsgesellschaft gelten für das Krisenunternehmen, auch wenn eine Sanierungs-Auffanggesellschaft den Betrieb fortführt.

Die Auffanggesellschaft hat nicht die Möglichkeit, steuerliche Verlustvorträge des Altunternehmens geltend zu machen. Bei der Sanierungs-Auffanggesellschaft wirken sich jedoch steuerlich abzugsfähige Verlustvorträge des Krisenunternehmens insofern günstig aus, als bei ihm bis zum Ausgleich dieser Verluste keine Ertragsteuerzahlungen anfallen. Dadurch wird die finanzielle Sanierung beschleunigt.

b) Die Auffanggesellschaft läßt ebenfalls die Möglichkeit offen, daß beim Krisenunternehmen mit Körperschaftsteuer belastete Einkommensteile erhalten bleiben und die darauf ruhenden Steuerguthaben den Gesellschaftern zugänglich gemacht werden.

c) Bei der Sanierungs-Auffanggesellschaft lassen sich Eigentumsübertragung der Grundstücke und damit Grunderwerbsteuer vermeiden[55]. Bei der Über-

53 Vgl. Ausführungen S. 153 ff.
54 Vgl. Ausführungen S. 150 f.
55 Vgl. Boruttau, Egly, Sigloch, GrEStG, Anm. 167 a zu § 1.

nahme-Auffanggesellschaft fällt eine etwaige Grunderwerbsteuer erst an, wenn eine beiderseitige Bindung über den Erwerb der Grundstücke erfolgt ist[56]. Unter diesem Aspekt kann es sich empfehlen, Krisenunternehmen und Auffanggesellschaft auch nach der Sanierung in Form einer sog. Betriebsaufspaltung weiterzuführen[57].

4.1 Fragen der treuhänderischen Betriebsfortführung

a) Gem. § 39 Abs. 2 Nr. 1 Satz 2 AO sind bei Treuhandverhältnissen die Wirtschaftsgüter und damit auch die treuhänderisch erzielten Einkünfte dem Treugeber zuzurechnen[58].

Die Rechtsprechung hat die treuhänderische Auffanggesellschaft, die für Rechnung des Krisenunternehmens arbeitet, ausdrücklich anerkannt[59]. Aus dem Vertragswerk und dem Verhalten muß eindeutig hervorgehen, daß die Fortführungsgesellschaft im Interesse des Krisenunternehmens handelt[60]. Buchhaltung und Bilanzierung müssen erkennen lassen, „daß die Treuhandschaft nur nach außen besteht, daß aber im Innenverhältnis der Treugeber . . . der Eigentümer und Berechtigte ist."[61] Nach § 159 Abs. 1 AO hat der Treuhänder auf Verlangen der Finanzbehörden nachzuweisen, wem die Rechte oder Sachen gehören; andernfalls sind sie regelmäßig ihm selbst zuzurechnen.

b) Der Reichsfinanzhof verlangte zunächst im Urteil vom 15. 6. 1937[62], daß die Auffanggesellschaft für die Fortführung eine angemessene Vergütung zurückbehält, andernfalls wäre bei einer Kapitalgesellschaft „der an der angemessenen Höhe fehlende Betrag als verdeckte Gewinnausschüttung dem steuerpflichtigen Einkommen zuzuschlagen." Das setzt jedoch voraus, daß die Gesellschafter der Auffanggesellschaft zugleich Gläubiger des Krisenunternehmens sind und durch die zu niedrige Vergütung Vorteile einer günstigeren Forderungsrealisierung erzielen[63]. Nach dem späteren Urteil des Reichsfinanzhofs vom 2. 5.

---

56 Vgl. BFH v. 31. 5. 1972 – II R 162/66, in: BFHE 106, S. 367 ff. (371); Boruttau, Egly, Sigloch, GrEStG, Anm. 44 zu § 1.

57 Allerdings sind die Tatbestände des § 1 Abs. 2 und 3 GrEStG zu beachten.

58 Vgl. dazu: Lohmeyer, H., Treuhandverhältnisse im Steuerrecht, in: StuW 1970, Sp. 243 ff.

59 Vgl. RFH v. 15. 6. 1937 I A 298/36, in: StuW 1937, Sp. 837 ff. Anders noch RFH v. 11. 2. 1936 I A 231/35, in: StuW 1936, Sp. 352 ff. Dazu: Flume, W., Ist die Sanierungsgesellschaft körperschaftsteuerpflichtig? A.a.O.

60 Vgl. BFH v. 5. 3. 1969 I R 41/66, in: BStBl II 1969, S. 350 ff.; v. 11. 12. 1973 VIII R 11/71, in: BStBl II 1974, S. 476 ff.; Schreiber, H., Sanierung, a.a.O., S. 80 ff.

61 BFH v. 23. 3. 1965 I 337/60 U, in: BStBl III 1965, S. 440 f. (441).

62 RFH v. 15. 6. 1937 I A 298/36, a.a.O., Sp. 839.

63 Nach ständiger Rechtsprechung des Bundesfinanzhofs ist Voraussetzung einer verdeckten Gewinnausschüttung, „daß eine Kapitalgesellschaft ihren Gesellschaftern Vermögensvorteile zuwendet und daß diese Zuwendung ihre Ursache im Gesellschaftsverhältnis hat. Die Ursächlichkeit des Gesellschaftsverhältnisses ist gegeben, wenn die Kapitalgesellschaft bei Anwendung der Sorgfalt eines ordentlichen und gewissenhaften Geschäftsführers . . . die Vorteile einem Nichtgesellschafter nicht gewähren würde". BFH v. 12. 3. 1980 I R 186/76, in: BStBl II 1980, S. 531 ff. (532).

1941[64] kommt es jedoch grundsätzlich nicht darauf an, ob die Geschäftsbesorgung gegen Entgelt oder unentgeltlich erfolgt.

Es empfiehlt sich, den Treuhandvertrag vorsorglich mit der Finanzbehörde abzustimmen.

c) Nach § 69 AO haftet der Treuhänder gesamtschuldnerisch neben dem Treugeber für Steuerschulden, wenn er die ihm obliegenden Pflichten gem. §§ 34, 35 AO grob fahrlässig oder vorsätzlich verletzt und infolgedessen Ansprüche aus dem Steuerschuldverhältnis nicht oder nicht rechtzeitig erfüllt werden[65]. Die treuhänderische Sanierungs-Auffanggesellschaft ist regelmäßig Verfügungsberechtigte im Sinne des § 35 AO[66]; sie hat insofern die steuerlichen Pflichten des Treugebers wahrzunehmen. Dabei handelt es sich in erster Linie um die Erfüllung von Aufzeichnungs- und Buchführungsvorschriften, um die Erklärung und Zahlung von Betriebs- und Ertragsteuern sowie der Vermögensteuer für das Treugut[67]. Die steuerlichen Pflichten der treuhänderischen Auffanggesellschaft reichen jedoch nur insoweit, als die Treuhänderin sie rechtlich und tatsächlich erfüllen kann und die Steuern den Zeitraum betreffen, in dem die Verfügungs- und Vertretungsmacht bestanden hat. Folglich besteht eine Begrenzung der steuerlichen Pflichten und damit eine Haftungsbeschränkung bezüglich der Ertragsteuern, wenn die Treuhandeinkünfte nur einen Teil der Gesamteinkünfte des Treugebers ausmachen und die Treuhänderin die Verhältnisse, die für die Besteuerung relevant sind, nicht insgesamt kennt.

Die Auffanggesellschaft haftet auch dann nicht gem. § 75 AO für Steuern des Krisenunternehmens, wenn der Betrieb auf sie zu Eigentum übertragen wird[68].

4.2 Die Betriebspacht

a) Die Betriebspacht durch die Auffanggesellschaft stellt üblicherweise keine Betriebsaufspaltung im steuerlichen Sinne dar[69]: Die beiden Unternehmen Auffanggesellschaft und Krisenunternehmen sind nicht derart miteinander verflochten, daß die Gesellschafter des Krisenunternehmens in der Lage sind, auch in der Auffanggesellschaft ihren Willen durchzusetzen[70].

b) Die Betriebspacht mindert das steuerliche Ergebnis der Auffanggesellschaft und stellt auf Seiten des Krisenunternehmens Betriebseinnahmen dar. Ein über

---

64 Vgl. RFH v. 2. 5. 1941 III 275/39, in: RStBl 1941, S. 683.

65 Vgl. Kirsten, W., Matheja, K., Treuhand und Treuhänder im Steuerrecht; Steuerliche Treuhand, Treuhänderschaft und Organschaft, 2. Aufl., Herne und Berlin 1978, Rzi. 555 ff.

66 Vgl. Tipke-Kruse, AO, Tz. 2 zu § 35.

67 Vgl. Kirsten, W., Matheja, K., Treuhand und Treuhänder im Steuerrecht, a.a.O., Rzi. 181 auch zum Folgenden.

68 Vgl. BFH v. 30. 8. 1962, V 32/60 U, in: BStBL III 1962, S. 455 f.; Tipke-Kruse, AO, Tz. 8 zu § 75.

69 Wegen Einzelheiten vgl. Knoppe, H., Pachtverhältnisse gewerblicher Betriebe im Steuerrecht, a.a.O., S. 117 ff.

70 Vgl. BFH (Großer Senat) v. 8. 11. 1971 – GrS 2/71, in: BStBl II 1972, S. 63 ff.

die Normalpacht hinausgehender Pachtzins ist nach Schreiber[71] bei der Auffang-Kapitalgesellschaft verdeckte Gewinnausschüttung, vorausgesetzt, daß ihren Gesellschaftern durch die überhöhte Pacht Vorteile zukommen.

c) Für das Krisenunternehmen in der Rechtsform eines Einzelunternehmens oder einer Personengesellschaft kann ein Wahlrecht bestehen[72], ob

- die Verpachtung als Betriebsaufgabe (§ 16 Abs. 3, § 34 EStG) mit der Konsequenz der Auflösung der stillen Reserven behandelt wird oder
- der Gewerbebetrieb als fortbestehend gelten soll.

Die Betriebsaufgabe ist nur möglich, wenn das verpachtende Krisenunternehmen keine gewerbliche Tätigkeit mehr ausübt[73]. Wird der Betrieb des Krisenunternehmens als fortbestehend behandelt, so fallen weiterhin Einkünfte aus Gewerbebetrieb an, ohne allerdings der Gewerbesteuer zu unterliegen[74].

d) Pachtet die Auffanggesellschaft den Geschäftsbetrieb, so sind ihrem Gewerbeertrag gem. § 8 Ziff. 7 GewStG die zu Lasten der Ergebnisrechnung gebuchten „Pachtzinsen für die Benutzung der nicht in Grundbesitz bestehenden Wirtschaftsgüter des Anlagevermögens" zur Hälfte hinzuzurechnen, wenn das verpachtende Krisenunternehmen keine gewerbliche Tätigkeit ausübt oder – da ein Betrieb verpachtet wird – „der Jahresbetrag der Miet- und Pachtzinsen 250000 Deutsche Mark übersteigt."[75]

e) Die pachtende Auffanggesellschaft haftet nicht aus § 75 AO für Steuern des Krisenunternehmens, weil mit der Pacht nicht die vorausgesetzte „Übereignung" verwirklicht wird[76].

XII. Kapitel

Die Bedeutung des Krisenstadiums und der Insolvenzsituation für die Typen der Fortführungsgesellschaft

1. Überblick

Bei jedem Sanierungsfall stehen Interessenten und Träger der Sanierung vor der Frage, welcher Typ der Fortführungsgesellschaft am geeignetsten ist. Die Antwort hängt selbstverständlich vom jeweiligen Standpunkt und der Interessen-

71 Vgl. Schreiber, H., Sanierung, a.a.O., S. 82 f.

72 Vgl. BFH v. 13. 11. 1963 – GrS 1/63, in: BStBl III 1964, S. 124 ff. Wegen Einzelheiten siehe Knoppe, H., Pachtverhältnisse gewerblicher Betriebe im Steuerrecht, a.a.O., S. 33 ff.

73 Vgl. ebenda, S. 38 f.

74 Vgl. Abschn. 15 Abs. 4 GewStR.

75 Wegen Einzelheiten dazu vgl. Knoppe, H., Pachtverhältnisse gewerblicher Betriebe im Steuerrecht, a.a.O., S. 221 ff.

76 Vgl. BFH v. 27. 11. 1979 VII R 12/79, in: BStBl II 1980, S. 258 ff.

lage ab. Von wesentlicher Bedeutung ist aber auch die konkrete Krisen- oder gar Insolvenzsituation. Die Entscheidungen über den Typ der Fortführungsgesellschaft und über die Methode einer Insolvenzbewältigung bedingen sich vielfach gegenseitig.

Aus den Wirtschaftspublikationen sind Fälle bekannt geworden, bei denen Interessenten für den Betrieb von Krisenunternehmen offensichtlich den Konkurs abgewartet haben, um nunmehr den Betrieb aus der Masse günstig zu übernehmen[1]. Dies kann auch durch die hoffnungslose Situation des Krisenunternehmens durchaus gerechtfertigt sein. So sind Übernahme-Interessenten für Teile der 1980 insolvent gewordenen *Delden-Textilgruppe*, Gronau, vorgegangen, nachdem sie sich für die Betriebsübernahmegesellschaft entschieden hatten. Die Wirtschaftspresse zeigte dafür Verständnis: ,,Im Falle eines Fortführungsvergleichs – und nur er kam ja in Frage, wenn man nicht von vorneherein das Unternehmen liquidieren wollte – sind für alle, die zusätzliches Risikokapital stellen oder zumindest ihr schon im Betrieb arbeitendes Kapital darinbehalten sollen, die Risiken wesentlich höher als im Konkursfalle."[2] Weiter heißt es: Der Erwerb aus der Konkursmasse ,,dürfte der einzige Weg sein, um die auf die Dauer notwendige Zuführung neuen Eigenkapitals und die entsprechende Ablösung der Schulden zu erreichen."

Das Abwarten, bis eine bestimmte Krisensituation eingetreten ist, bleibt allerdings mit Unwägbarkeiten verbunden. Krisen entfalten nämlich eine Eigendynamik, wobei in ihrem Verlauf unerwartete Probleme auftreten können, die schließlich auch den Weg der übertragenden Sanierung durch eine Betriebsübernahmegesellschaft versperren.

Das Verhältnis zwischen Krisen- und Insolvenzsituation, Typ der Fortführungsgesellschaft und entsprechenden Sanierungsmaßnahmen zeigt überblicksweise die Tabelle auf S. 194/195.

2. Die Krise vor Bekanntwerden der Insolvenz

Im frühen Stadium der Krise ist der Handlungsspielraum der Inhaber bzw. Geschäftsführer am größten. Sie können vor allem noch selber die Initiative zur Gründung der Fortführungsgesellschaft ergreifen. Es sind dafür grundsätzlich alle drei Typen, die Sanierungs-, die Auffang- und die Betriebsübernahmegesellschaft, möglich.

Im allgemeinen werden die Interessen der Inhaber bzw. Gesellschafter in einer Sanierungsgesellschaft am besten gewahrt werden können. Ihre Chance, wenigstens einen Teil ihres Kapitals und ihrer Geschäftsführungsrechte zu retten, ist noch relativ groß. Vielleicht gelingt es sogar, die Tatsache der Sanierungsbe-

---

1 Besonders offensichtlich war dies bei der Insolvenz der österreichischen Skifabrik *Kneissl*, nach deren Konkurs mehrere Unternehmen Interesse für eine Betriebsübernahmegesellschaft gezeigt haben. Vgl. o.V., Konkurrenz für die Auffanggesellschaft, in: Handelsblatt vom 8. Januar 1981.

2 O.V., Anschlußkonkurs für die *Delden*-Textil-Gruppe, in: FAZ vom 26. Februar 1981.

dürftigkeit der Öffentlichkeit zu verbergen[3] und eine entsprechende Schädigung des Firmenansehens zu vermeiden.

Manchmal wird jedoch die Betriebsveräußerung an eine Betriebsübernahmegesellschaft vorteilhafter sein. Ist z.B. die Krise auf die Unrentabilität eines von mehreren Betrieben zurückzuführen, so kann die Sanierung dadurch ermöglicht werden, daß der unrentable Betrieb an leistungsfähige Interessenten aus demselben Geschäftszweig veräußert wird. Gelingt es, mit dem Verkaufserlös die Finanzlage zu konsolidieren, und ist damit die Verlustursache beseitigt, kann das Unternehmen wieder lebensfähig sein. Die Inhaber sind auf weitere Gesellschafter nicht angewiesen und können das Unternehmen mit dem ihnen verbliebenen Betrieb weiterführen. Allerdings kommt es immer wieder vor, daß in der Krise die besten Betriebe, Betriebsteile oder auch Beteiligungen zwecks finanzieller Entlastung verkauft werden und dadurch die spätere leistungswirtschaftliche Sanierung erschwert oder gar unmöglich gemacht wird.

Wird der Gesamtbetrieb veräußert, so kann das Unternehmen danach entweder liquidiert werden oder eine neue betriebliche Tätigkeit aufnehmen.

Die Gründung einer Auffanggesellschaft, ohne daß bereits Insolvenz vorliegt, ist selten: Sie kann jedoch bei unüberschaubaren Verhältnissen des Krisenunternehmens unter dem Aspekt der Risikobeschränkung angebracht sein.

3. Die Krise während der Drei-Wochen-Karenzfrist

Ist die Insolvenz bereits der Geschäftsleitung bekannt geworden, so ist für Kapitalgesellschaften und ihnen rechtlich gleichgestellte Personengesellschaften (z.B. GmbH & Co. KG) der Handlungsspielraum durch die gesetzliche Vorschrift beschränkt, wonach spätestens mit Ablauf von drei Wochen ein Antrag auf Eröffnung des formellen Insolvenzverfahrens (Vergleich oder Konkurs) beim Amtsgericht zu stellen ist[4]. Wie bereits ausgeführt wurde, müssen die Verantwortlichen „ohne schuldhaftes Zögern handeln. Das schließt die Befugnis und gegebenenfalls sogar die Pflicht ein, mit der Sorgfalt eines ordentlichen und gewissenhaften Geschäftsleiters . . . zu prüfen und zu entscheiden, ob nicht andere, weniger einschneidende Maßnahmen besser als ein Insolvenzverfahren geeignet sind, Schaden von der Gesellschaft, ihren Gläubigern und der Allgemeinheit abzuwenden."[5]

Die Vermeidung eines förmlichen Insolvenzverfahrens ist demnach rechtlich erwünscht[6]. Sofern jedoch eine Sanierung außerhalb eines solchen Verfahrens

---

3 „Geheimgespräche mit den Hauptgläubigern mit dem Ziel der Übernahme von Beteiligungen" sind nach Albach bereits Indikatoren des zweiten Krisenstadiums. Vgl. Albach, H., Kampf ums Überleben: Der Ernstfall als Normalfall für Unternehmen in einer freiheitlichen Wirtschaftsordnung, in: ZfB 1979, Ergänzungsheft 2, S. 17 ff. (17).

4 Vgl. die Ausführungen S. 10 ff.

5 BGH v. 9. 7. 1979 – II ZR 118/77, a.a.O., S. 1691.

6 Vgl. Hopt, K. J., Rechtspflichten der Kreditinstitute zur Kreditversorgung, Kreditbelassung und Sanierung von Unternehmen – Wirtschafts- und bankrechtliche Überlegungen zum deutschen und französischen Recht –, in: ZHR 1979, S. 139 ff. (167).

<table>
<tr><th colspan="2">Typen der Fortführungsgesellschaft
Krisenstadium</th><th>Sanierungsgesellschaft</th></tr>
<tr><td colspan="2">Krisen- (Verlust-) Phase vor Bekanntwerden der Insolvenz</td><td>Sanierung des Krisenunternehmens ohne Insolvenzverfahren.</td></tr>
<tr><td rowspan="2">Während der Dreiwochenfrist nach Bekanntwerden der Insolvenz: Karenzzeit für Sanierungsbemühungen des Krisenunternehmens</td><td>Zahlungsunfähigkeit, aber keine Überschuldung</td><td>Ziel: innerhalb der Frist die Zahlungsunfähigkeit aus Einlagen der Neugesellschafter und durch außergerichtliche Schuldenregelung zu beseitigen.</td></tr>
<tr><td>Zahlungsunfähigkeit und/oder Überschuldung</td><td>Ziel: innerhalb der Frist durch die oben genannten Maßnahmen nicht nur eine Zahlungsunfähigkeit sondern auch die Überschuldung zu beseitigen.</td></tr>
<tr><td rowspan="2">Nach Ablauf der Dreiwochenfrist:

Antrag auf Einleitung eines formellen Insolvenzverfahrens ist zwingend vorgeschrieben</td><td>Zahlungsunfähigkeit, aber keine Überschuldung</td><td>Die Sanierungsgesellschaft kann den Antrag stellen, das Insolvenzverfahren einzustellen bzw. zu beenden (§ 99 VerglO; § 202 KO), wenn aus Einlagen und durch außergerichtliche Schuldenregelung die Zahlungsunfähigkeit beseitigt wird. Sie kann aber auch einen gerichtlichen Stundungsvergleich fortführen oder im Falle des Konkurses ein Moratorium durch Zwangsvergleich anstreben.</td></tr>
<tr><td>Zahlungsunfähigkeit/ und/oder Überschuldung</td><td>Die Sanierungsgesellschaft kann den Antrag stellen, das Insolvenzverfahren einzustellen bzw. zu beenden (§ 99 VerglO; § 202 KO), wenn aus Einlagen und durch außergerichtliche Schuldenregelung sowohl eine Zahlungsunfähigkeit wie die Überschuldung beseitigt wird. Sie kann allerdings auch einen gerichtlichen Erlaßvergleich fortführen oder im Falle des Konkurses einen Zwangsvergleich anstreben.</td></tr>
</table>

Betriebsübernahme-gesellschaft	Sanierungs-Auffanggesellschaft	Übernahme-Auffanggesellschaft/ Auffanggesellschaft mit Zweifach-Option
Übernahme des Betriebes unter Anrechnung der im Kaufvertrag spezifizierten Verbindlichkeiten auf den Kaufpreis.	Beim uneigennützigen Untertyp treuhänderische Betriebsfortführung; beim eigennützigen Untertyp pachtweise Betriebsfortführung sowie Option auf Beteiligung am Krisenunternehmen – Sanierung des Krisenunternehmens ohne Insolvenzverfahren.	Pachtweise Betriebsfortführung, Option auf Erwerb des Betriebsvermögens – bei der Auffanggesellschaft mit Zweifach-Option auch Option auf Beteiligung am Krisenunternehmen. Sanierung noch ohne Insolvenzverfahren möglich.
Ziel: innerhalb der Frist durch Verkauf des Betriebes die Zahlungsunfähigkeit zu beseitigen, ohne daß dabei Überschuldung eintritt.	Ziel: innerhalb der Frist durch obige Maßnahmen sowie Veräußerung des Umlaufvermögens an die Auffanggesellschaft und durch außergerichtliche Schuldenregelungen die Zahlungsunfähigkeit zu beseitigen. evtl. zusätzliche Liquiditätshilfen durch die Auffanggesellschaft	
Ziel: innerhalb der Frist durch günstigen Betriebsverkauf sowohl die Zahlungsunfähigkeit wie die Überschuldung zu beseitigen, erforderlichenfalls Beseitigung einer verbleibenden Überschuldung durch außergerichtlichen Vergleich.	Ziel: innerhalb der Frist durch die obigen Maßnahmen nicht nur eine Zahlungsunfähigkeit, sondern auch Überschuldung zu beseitigen.	
Der Betriebsverkauf erfolgt im Rahmen eines Insolvenzverfahrens durch den Konkurs- bzw. Vergleichsverwalter; unter Umständen sind Sondervereinbarungen mit ab- und aussonderungsberechtigten Gläubigern erforderlich.	Das Insolvenzverfahren kann aufgehoben werden, wenn die Zahlungsunfähigkeit des Krisenunternehmens aus den Zahlungen der Sanierungs-Auffanggesellschaft und/oder aus Schuldübernahmen verbunden mit einem Moratorium beseitigt ist. Im übrigen wie oben	Die Betriebsverpachtung und Optionsgewährung durch den Konkurs- bzw. Vergleichsverwalter unter Umständen sind Sondervereinbarungen mit ab- und aussonderungsberechtigten Gläubigern erforderlich.
Wie oben Wird die Eröffnung des Konkursverfahrens mangels Masse abgelehnt, so kommt nur der Verkauf bzw. die Zwangsversteigerung auf Betreiben der Sicherungspfandgläubiger in Betracht.	Das Insolvenzverfahren kann aufgehoben werden, wenn eine Zahlungsunfähigkeit und die Überschuldung des Krisenunternehmens aus den Zahlungen der Sanierungs-Auffanggesellschaft und/oder auch durch Schulderlasse im Vergleichswege beseitigt sind. Im übrigen wie oben.	Wie oben.

zustande gebracht werden soll, müßten bis zum Ablauf der Frist die Sanierungsfähigkeit geprüft, dazu die notwendigen Gespräche mit Aufsichtsrat, Banken, Hauptgesellschaftern, Gläubigern, Kunden, Lieferanten, Vertretern der öffentlichen Hand u.a. geführt und zudem die entsprechenden Maßnahmen vollzogen werden. „Der Sanierungserfolg muß eingetreten sein: Überschuldung oder Zahlungsunfähigkeit müssen behoben sein. Die bloße Erwartung, eingeleitete Maßnahmen könnten später, also nach Ablauf der 3-Wochen-Frist die Konkursreife endgültig beseitigen, reicht deshalb nicht aus."[7]

Die Überwindung der Insolvenz geschieht meist durch Kapitalzuführung, verbunden mit einer Schuldenregelung, wofür die Sanierungsgesellschaft in Betracht kommt. Es ist allerdings nur in Ausnahmefällen möglich, binnen so kurzer Zeit die Insolvenzgründe zu beheben, es sei denn, die Verhandlungen sind bereits vor Insolvenzeintritt begonnen worden und weit gediehen. Andernfalls reicht die Frist kaum für Information und Entscheidung der Interessenten sowie die rechtlichen und finanziellen Durchführungsmaßnahmen aus.

Bei Aktiengesellschaften besteht das Problem, daß für die Einberufung der Hauptversammlung, die über die Sanierung beschließen soll, nach § 123 AktG eine Einberufungsfrist von mindestens einem Monat vorgeschrieben ist[8]. Diese Frist gilt jedoch nicht, wenn alle Aktionäre in einer „Universalversammlung" auf die Einhaltung von Frist- und Formvorschriften verzichten.

Allerdings sehen Lutter/Hommelhoff/Timm[9] auch bei großen Aktiengesellschaften einen Ausweg, innerhalb der Karenzfrist die Insolvenz zu beseitigen, indem der Vorstand der Hauptversammlung eine Kapitalerhöhung, verbunden mit einer Kapitalherabsetzung vorschlägt und diese Maßnahmen bereits im Jahresabschluß des vorangehenden Geschäftsjahres berücksichtigt werden. Erforderlich ist, daß der Kapitalerhöhungsbetrag bereits vor der Hauptversammlung gezeichnet und davon mindestens ein Viertel sowie ein etwaiges Agio eingezahlt sind[10]. Weiterhin müssen die Aktionäre für den Fall des Scheiterns der Kapitalerhöhung einen Rangrücktritt[11] und/oder eine Stundung für diese potentiell rückforderbaren Mittel erklären[12].

---

7 Lutter, M., Hommelhoff, P., Timm, W., Finanzierungsmaßnahmen zur Krisenabwehr in der Aktiengesellschaft, a.a.O., S. 738.

8 Vgl. Lutter, M., Hommelhoff, P., Timm, W., Finanzierungsmaßnahmen zur Krisenabwehr . . ., a.a.O., S. 738.

9 Vgl. ebenda, S. 744 ff.

10 Vgl. §§ 235 Abs. 1 S. 2, 188 Abs. 2, 36 a Abs. 1 AktG; Schilling, in: Großkommentar zum AktG, Anm. 3 zu § 235.

11 Vgl. Priester, H.-J., Gläubigerrücktritt zur Vermeidung der Überschuldung, in: DB 1977, S. 2429 ff.; Serick, R., Überschuldete Gesellschaft und konkursabwendender Forderungsrücktritt eines Nichtgesellschafters, in: ZIP 1980, S. 9 ff.

12 Vgl. Lutter, M., Hommelhoff, P., Timm, W., Finanzierungsmaßnahmen zur Krisenabwehr . . ., a.a.O., S. 745.

Die Verhandlungsführer sind verpflichtet, den potentiellen Gesellschaftern die Lage einschließlich des Insolvenztatbestands sachgerecht darzustellen[13]; andernfalls können sie sich schadensersatzpflichtig machen und sich strafrechtlichen Vorwürfen aussetzen. Allerdings sind üblicherweise – wie an anderer Stelle dargestellt wurde – die Unterlagen meist so rückständig und unvollständig, daß erhebliche Zeit verloren geht.

Wer sich als Dritter an der Sanierung beteiligen soll, wird unter solchen Umständen kritisch und ausführlich prüfen, bevor er sich entscheidet. Man stößt jedoch immer wieder auf erstaunliche Fälle, in denen es geschickten, in ihrer Not skrupellosen Verhandlern gelungen ist, sogar erfolgreiche und versierte Geschäftsleute zu überstürzten Entschlüssen zu veranlassen, indem sie ihnen eine „einmalige" Beteiligungsgelegenheit mit hervorragenden Gewinnchancen vorgaukelten[14].

In der Praxis werden die Erfolgschancen einer Fortführungsgesellschaft selbst von erfahrenen Managern leicht überschätzt[15]. Zudem werden die rechtlichen Gefahren einer überstürzten Beteiligung an einer Sanierungsgesellschaft häufig übersehen[16]. Heikel ist z.B., wenn sich Großgläubiger an einem Krisenunternehmen beteiligen, ohne daß die Gesellschaft mit genügend Eigenkapital ausgestattet wird[17]. Es besteht die Gefahr, daß die verbleibenden Forderungen der Gesellschafter als kapitalersetzende Gesellschaftsdarlehen wie haftendes Eigenkapital behandelt werden[18].

In der Praxis wird die gesetzliche Frist – wie die große Zahl der masselosen Konkurse zeigt – häufig überschritten[19]. Die Verantwortlichen verlassen sich

---

13 Vgl. hierzu Baur, J. F., Die Gewährleistungshaftung des Unternehmensverkäufers – Ein Beitrag zu den ungeklärten zivilrechtlichen Grundlagen von Konzentrationsvorgängen, in: BB 1979, S. 381 ff.; Hommelhoff, P., Die Sachmängelhaftung beim Unternehmenskauf durch Anteilserwerb, in: ZHR 1976, S. 271 ff.; zur Frage der Haftung des Verkäufers eines GmbH-Anteils für schuldhaft unrichtige Angaben der Gesellschaftsschulden vgl. BGH v. 2. 6. 1980 – VIII ZR 64/79, in: BB 1980, S. 1392 f.

14 Beispielhaft dafür der Verkauf einer Beteiligung an der *Beton- und Monierbau* durch die WestLB an die niederländische Ogem-Gruppe. Nach Auffassung des Konkursverwalters hatte die WestLB „nur ein Ziel, nämlich möglichst schnell ihren Aktienbesitz loszuwerden." Dazu „wurde der Ogem ein zu erwartender Betriebsgewinn von 50 Millionen DM für 1977 vorgespielt." Oderich, P., Beton- und Monierbau hat auch mit fingierten Rechnungen gearbeitet, in: FAZ v. 4. 9. 1979.

15 So räumte der Vorstandsvorsitzende der Karstadt AG auf der Hauptversammlung 1981, also knapp fünf Jahre nach der Sanierungsbeteiligung an der Neckermann Versand AG, ein, „daß man trotz sorgfältiger Prüfung vor der Mehrheitsübernahme ‚das eine oder andere' von außen nicht habe erkennen können. Das ‚übernehmerische Risiko' lasse sich eben nicht ausschließen." O.V., Das „übernehmerische Risiko" läßt sich nicht vermeiden, in: FAZ vom 17. 7. 1981.

16 Vgl. Uhlenbruck, W., Die GmbH & Co. KG . . ., a.a.O., S. 343.

17 Vgl. dazu auch: Lutter, M., Hommelhoff, P., Timm, W., Finanzierungsmaßnahmen zur Krisenabwehr . . ., a.a.O., S. 742; Mertens, H.-J., Zur Bankenhaftung wegen Gläubigerbenachteiligung, a.a.O., mit weiteren Literaturangaben.

18 Vgl. Ausführungen S. 88 f.

19 Vgl. Gessner, V., Rhode, B., Strate, G., Ziegert, K. A., Die Praxis der Konkursabwicklung . . ., a.a.O., S. 130 ff.

darauf, daß der genaue Zeitpunkt der Insolvenzerkennung sich ohnehin von Dritten kaum nachweisen läßt[20]. Sie setzen sich jedoch strafrechtlichen Sanktionen und zivilrechtlichen Schadensersatzansprüchen aus.

Eine legitime Verlängerung des Sanierungszeitraumes läßt sich mit einem Antrag auf Eröffnung des gerichtlichen Vergleichsverfahrens erreichen[21]. Nach § 10 Satz 3 VerglO kann das Gericht im Eröffnungsverfahren für die Beibringung der Unterlagen eine Frist von längstens vier Wochen bewilligen, die die Geschäftsführung auch für außergerichtliche Sanierungsbemühungen nutzen kann. Uhlenbruck[22] berichtet, daß diese Nachholfrist bei Großverfahren nicht selten verlängert wird. Gelingt die Sanierung während des Eröffnungsverfahrens, so darf bis zum Abschluß der Abstimmung der Gläubigerversammlung über den Vergleichsvorschlag der Vergleichsantrag zurückgezogen werden (§ 99 VerglO). Allerdings ist dieses Vorgehen im Regelfall mit negativen Publizitätswirkungen verbunden.

Im Hinblick auf Terminschwierigkeiten in der Karenzfrist liegt es nahe, zunächst eine Auffanggesellschaft zu gründen. Dies verbindet am ehesten die Möglichkeit, das Insolvenzverfahren zu vermeiden, mit der Beschränkung der Risiken. Es sind jedoch auch Sanierungsgesellschaften und Betriebsübernahmegesellschaften denkbar, vor allem, wenn die Hausbanken mitwirken und sie sich zu einem außergerichtlichen Vergleich bezüglich ihrer Forderungen bereitfinden.

4. Die Krise nach Einleitung des Insolvenzverfahrens

In einem gerichtlichen Vergleichsverfahren sind die Aussichten, daß eine Sanierungsgesellschaft zustande kommt, bei der die Inhaber bzw. Gesellschafter des Krisenunternehmens ihre Interessen wenigstens zum Teil wahren können, erheblich günstiger als im Konkurs. Entschließt man sich jedoch im gerichtlichen Vergleichsverfahren, den Betrieb an eine Betriebsübernahmegesellschaft zu veräußern, so ist die Geschäftsführung wenigstens legitimiert, Einfluß auf die Verhandlungen auszuüben. Allerdings sind auch hierbei im allgemeinen die Sonderrechtsgläubiger letzthin entscheidend.

Zu beachten ist, daß nach der Vergleichsordnung der gerichtliche Vergleich nur den Kaufleuten zugute kommen soll, die vergleichswürdig sind, d.h. rechtlich und wirtschaftlich ihre Integrität bewahrt haben[23]. Die konsequente Anwendung dieses Postulates hat sich bei Gesellschaften als problematisch erwiesen,

20 Vgl. Schlüchter, E., Der Grenzbereich zwischen Bankrottdelikten und unternehmerischen Fehlentscheidungen, a.a.O., S. 124 f.

21 Vgl. Uhlenbruck, W., Gesetzliche Konkursantragspflichten und Sanierungsbemühungen, in: ZIP 1980, S. 73 ff. (76).

22 Vgl. ebenda.

23 Vgl. Rinklin, T., Die vergleichsfähige und die konkursreife Unternehmung, a.a.O., S. 31 ff.

bei denen in erster Linie Gläubiger und Arbeitnehmer „für vergleichsunwürdiges Verhalten der Geschäftsführer . . . ‚bestraft' worden sind"[24].

Mit Antrag auf Eröffnung des Konkursverfahrens begibt sich die bisherige Geschäftsführung der Rechte, Verfügungen über die Sanierung des Krisenunternehmens bzw. dessen Betriebes durch eine Fortführungsgesellschaft zu treffen. Wird das Konkursverfahren eröffnet, so fallen die diesbezüglichen Entscheidungen in die Kompetenz der von der Konkursordnung vorgesehenen Organe, insbesondere des Konkursverwalters.

Auch im Konkursverfahren kommen noch alle drei Typen von Fortführungsgesellschaften für die Sanierung in Betracht. Obwohl mit seiner Eröffnung die Krisenunternehmung rechtlich als aufgelöst gilt[25], können noch Gesellschafterversammlungen einberufen[26], dort Nachschüsse eingefordert und eine Kapitalerhöhung beschlossen werden[27]. Das Verfahren kann auf Antrag aufgehoben werden[28], wenn eine Sanierungsgesellschaft zustandekommt und durch deren Einlagen sowie durch außergerichtliche Schuldenregelung die Zahlungsunfähigkeit und die Überschuldung behoben werden. Selbst im Zuge eines Zwangsvergleichs (§§ 173 ff. KO[29]) kann eine Sanierungsgesellschaft noch gebildet werden. Die Fortsetzung der Krisenunternehmung ist nach Beendigung des Konkurses möglich[30]. Doch sind die praktischen Aussichten für solche Sanierungsgesellschaften oder auch Sanierungs-Auffanggesellschaften relativ gering.

Größer sind die Aussichten, daß wenigstens der Betrieb den Konkurs überlebt, indem er von einer Betriebsübernahmegesellschaft oder einer Übernahme-Auffanggesellschaft fortgeführt wird. Dafür verringern sich die Erfolgschancen, je mehr Zeit verloren geht. Vor allem kommt es für den Konkursverwalter darauf an, den Betrieb funktionsfähig zu erhalten, was im Regelfall bedeutet, daß er den Betrieb bis zum Übergang auf die neue Gesellschaft fortführt. Er muß bereit sein, dementsprechend seine Wahlrechte hinsichtlich der schwebenden Verträge mit Kunden, Lieferanten, Arbeitnehmern, Vermietern, Lizenzgebern etc. auszunutzen[31].

Vor allem ist zu verhindern, daß die Belegschaft auseinanderläuft. Wichtig ist zudem eine Übereinkunft mit den Vorbehaltslieferanten und Sicherungseigen-

---

24 Uhlenbruck, W., Die GmbH & Co. KG . . ., a.a.O., S. 323. Vgl. derselbe, Das Problem der Vergleichsunwürdigkeit im gerichtlichen Liquidationsvergleich von Personen- und Kapitalgesellschaften, in: KTS 1975, S. 166 ff.; Künne, K., Vorschläge zur Reform der Vergleichsordnung, in: DB 1978, S. 729 ff. (731).

25 Vgl. §§ 131 Nr. 3, 161 Abs. 2 HGB; § 262 Abs. 1 Nr. 3 AktG; § 60 Abs. 1 Nr. 4 GmbHG.

26 Vgl. dazu Uhlenbruck, W., Die GmbH & Co. KG . . ., a.a.O., S. 182 ff.

27 Vgl. Winnefeld, R., Kapitalerhöhung im Konkurs einer GmbH, in: BB 1976, S. 1202 ff.

28 Vgl. §§ 202, 203 KO.

29 Vgl. hierzu S. 228 ff.; Schönke/Baur, Zwangsvollstreckungs-, Konkurs- und Vergleichsrecht, a.a.O., S. 372 ff.; Pagenstecher, M., Der Konkurs, 4. Aufl., bearbeitet von M. Grimm, München 1968, S. 144 ff.

30 Vgl. §§ 144, 161 Abs. 2 HGB; §§ 274, 278 Abs. 3 AktG; § 60 Abs. 1 Nr. 4 GmbHG.

31 Vgl. §§ 17 ff. KO.

tümern, nicht durch Aus- und Absonderung von Sicherungsgut den Funktionszusammenhang des Betriebes zu zerstören[32]. Die gesicherten Gläubiger, die den Wertabfall und Verlust ihrer Sicherheiten befürchten, werden mit verständlicher Ungeduld auf eine möglichst rasche Klärung der Probleme der Betriebsveräußerung drängen.

5. Die Krise nach Ablehnung der Eröffnung oder nach Einstellung des Konkursverfahrens mangels Masse

Mangels Masse wird im gewerblichen Bereich bei etwa 75 Prozent der beantragten Konkurse entweder der Antrag auf Eröffnung des Konkursverfahrens gem. § 107 Abs. 1 KO abgewiesen oder das schon eröffnete Verfahren gem. § 204 Abs. 1 KO eingestellt[33]. In diesen Fällen findet überhaupt keine Gesamtvollstreckung statt, oder sie kann nicht zu Ende geführt werden. Stattdessen sind die Gläubiger, um Befriedigung zu erlangen, auf Einzelvollstreckungsmaßnahmen angewiesen. Es gilt der Grundsatz der Priorität mit der Folge, daß der „Wettlauf von Prozessen und Zwangsvollstreckungsmaßnahmen"[34], der bereits vor dem Insolvenzantrag begonnen hatte, weitergeht oder erneut einsetzt.

Daß unter solchen Umständen die Veräußerung des Betriebes im ganzen in der Regel sehr viel schwieriger ist als in einem geordneten Gesamtvollstreckungsverfahren, liegt auf der Hand. Sie läßt sich nur bei genügender Selbstdisziplin und Selbstorganisation der Gläubiger verwirklichen, wobei es vor allem auf die dinglich mit Anlagevermögen gesicherten Gläubiger ankommt.

Massearmut ist nicht ohne weiteres mit fehlender Sanierungsfähigkeit und Sanierungswürdigkeit gleichzusetzen. Denn Massearmut ist kein hinreichendes Indiz dafür, daß der Betrieb nicht lebensfähig sein kann, nachdem er auf eine neue Haftungsgrundlage überführt, dort mit neuem Kapital ausgestattet und möglicherweise reorganisiert ist. Massearmut beim zusammengebrochenen Unternehmen besagt an sich nichts über die Möglichkeit, den vorhandenen Produktions- und Vertriebsapparat rentabel zu verwenden. Sie gibt lediglich Auskunft über die Relation zwischen dem vorhandenen freien Vermögen und den Verfahrenskosten. Sie ist Folge, daß die Gläubiger schon im Vorfeld der Insolvenz bei der Absicherung ihrer Kredite das Vermögen so weit in Anspruch genommen haben, daß mit der noch verbliebenen Masse ein Konkursverfahren nicht mehr ohne Schädigung weiterer Gläubiger durchgeführt werden kann.

Wo das Konkursverfahren mangels Masse abgelehnt wird, geht es darum, die Stillegung des Betriebes zu vermeiden. Dazu haben die Grundpfandgläubiger und die Übernahmeinteressenten verschiedene Möglichkeiten:

32 Vgl. hierzu: Henckel, W., Die Betriebsveräußerung im Konkurs, a.a.O.

33 Vgl. Uhlenbruck, W., Insolvenzrecht, a.a.O., S. 37; Doehring, C., Die deutsche Insolvenzstatistik als Erkenntnisquelle für die Reformbedürftigkeit des Konkurs- und Vergleichsrechtes, in: KTS 1977, S. 146 ff.

34 Jaeger-Lent, KO, Einleitung S. L.

a) Zunächst können sie einen Massekostenvorschuß leisten, um die Eröffnung des Konkursverfahrens doch noch zustande zu bringen[35]. Dies bietet den Vorteil, daß der Betrieb vom Verwalter fortgeführt und dadurch der Funktionszusammenhang des Vermögens gewahrt werden kann, wodurch die Möglichkeit der Betriebsveräußerung an eine Betriebsübernahmegesellschaft bestehen bleibt. Der Konkursverwalter kann diese Veräußerung selbst betreiben.

b) Wird dieser Weg nicht eingeschlagen, so sind die Inhaber oder Vertretungsberechtigten (organschaftlichen Vertreter oder vom Registergericht ernannte Liquidatoren) des Schuldnerunternehmens bezüglich der nicht durch Zwangsvollstreckungsakte beschlagnahmten Vermögensgegenstände verfügungsberechtigt[36]. Sie sind auch berechtigt, die Betriebsgrundstücke nebst Einrichtungen mit Zubehöreigenschaft an eine Betriebsübernahmegesellschaft zu veräußern.

Die Veräußerung der Betriebsgrundstücke stößt jedoch im Regelfall auf die Schwierigkeit, daß bei massearmen Unternehmen die Grundstücke weit über den Verkehrswert hinaus belastet sind. Die käufliche Übernahme setzt in solchen Fällen voraus, daß mit den Inhabern nicht wertgedeckter Grundpfandrechte eine Herabsetzung ihrer Forderungen vereinbart werden kann.

c) Fehlt dazu die Bereitschaft, so können die nachrangigen Belastungen nur im Zuge der Zwangsvollstreckung abgeschüttelt werden. Der Nachteil der Zwangsversteigerung liegt in der Langwierigkeit des Verfahrens. In der Praxis dauert vielfach „eine Zwangsversteigerung auch nach der Beschlagnahme noch einige Jahre bis zur Durchführung des (letzten) Versteigerungstermins."[37]

Zur Werterhaltung des Grundstücks sowie des Zubehörs kann von den Gläubigern die Zwangsverwaltung betrieben werden[38]. Der vom Gericht eingesetzte Zwangsverwalter ist zur ordnungsmäßigen Nutzung des Grundstücks verpflichtet[39]. In der Literatur ist umstritten, ob diese Verpflichtung auch die Pflicht oder wenigstens die Berechtigung einschließt, einen vom Schuldner auf dem Grundstück betriebenen Gewerbebetrieb fortzuführen. Während Dassler/Schiffhauer/Gerhard[40] eine solche Verpflichtung bejahen, verneint sie Zeller[41] strikt.

---

35 Vgl. § 107 Satz 2 KO. Wegen Einzelheiten dazu vgl. Mentzel/Kuhn/Uhlenbruck, KO, Rdnr. 2/4 zu § 107; Uhlenbruck, W., Die Massekostendeckung als Problem der Konkursverwalterhaftung, in: KTS 1976, S. 212 ff.; Henckel, W., Masselosigkeit und Masseschulden, in: Einhundert Jahre Konkursordnung 1877 – 1977, a.a.O., S. 169 ff.

36 Wegen Besonderheiten für juristische Personen und Handelsgesellschaften vgl. Uhlenbruck, W., Insolvenzrecht, a.a.O., S. 194.

37 Storz, K.-A., Praxis des Zwangsversteigerungsverfahrens, a.a.O., S. 107; vgl. auch Papke, H., Wirtschaftliche Bedeutung der Terminsbestimmung im Zwangsversteigerungsverfahren, in: KTS 1965, S. 140 ff. Siehe S. 232 ff.

38 Vgl. Storz, K.-A., Praxis des Zwangsversteigerungsverfahrens, a.a.O., S. 3 ff.

39 Vgl. § 152 Abs. 1 ZVG. Dazu: Zeller, ZVG. Rdnr. 3 zu § 152.

40 Vgl. Dassler/Schiffhauer/Gerhard, ZVG, 11. Auflage, Anm. VI 2 zu § 152; Mohrbutter/Drischler, Die Zwangsversteigerungs- und Zwangsverwaltungspraxis, 5. Aufl., Köln-Berlin-Bonn-München 1972/1973, S. 632, 674 f.

41 Vgl. Zeller, ZVG, Rdnr. 4 (5) zu § 152. Die Rechtsprechung hat diese Frage bislang of-

d) Die an der Fortführung des Betriebes Interessierten können eine Übernahme-Auffanggesellschaft gründen, die vom Konkurs-, Vergleichs- oder Zwangsverwalter die Grundstücke nebst Zubehör pachtet, um sie später zu kaufen oder zu ersteigern. Dabei ist allerdings das Risiko zu beachten, daß ihre selbst geschaffene wirtschaftliche Zwangslage ausgenützt wird, um den Erwerbspreis über den Verkehrswert des Grundstücks hinaufzutreiben. Ohne Vereinbarungen mit den entsprechenden Berechtigten – wie Konkursverwalter, Eigentümer der Grundstücke, Zwangsverwalter und vor allem Grundpfandrechtsgläubigern – ist das Risiko so groß, daß daran die Auffanggesellschaft meist scheitert.

Nach Ablehnung der Eröffnung bzw. Einstellung des Konkursverfahrens ist es zweifelhaft, ob das Krisenunternehmen in Form einer Sanierungsgesellschaft fortgeführt werden kann[42]. Für die AG wird die Rückverwandlung in eine werbende Gesellschaft verneint[43], für die Personengesellschaften eine Fortsetzung für möglich[44] gehalten und für die GmbH bezweifelt[45].

---

fen gelassen. So zuletzt BAG vom 9. 1. 1980 – 5 AZR 21/78, in: DB 1980, S. 1497 f. (1497).

42 Vgl. Schmidt, K., Unternehmenskonkurs – Unternehmensträgerkonkurs – Gesellschafterkonkurs, in: Einhundert Jahre Konkursordnung 1877 – 1977, a.a.O., S. 247 ff. (265). Uhlenbruck, W., Insolvenzrecht, a.a.O., S. 72.

43 Vgl. Wiedemann, in: Großkommentar zum AktG, Anm. 6 zu § 274.

44 Vgl. Baumbach-Duden, HGB, Anm. zu § 144; Jaeger-Weber, KO, Anm. 39 zu §§ 209, 210.

45 Vgl. Schmidt, K., Unternehmenskonkurs – Unternehmensträgerkonkurs – Gesellschafterkonkurs, a.a.O., S. 265, FN 110.

Dritter Teil

Die finanzielle Entlastung der Fortführungsgesellschaften

XIII. Kapitel

Die Entlastung als wesentlicher Gegenstand der Fortführungsverhandlungen

1. Die Grundpositionen der Verhandlungspartner

Für die Fortführungsgesellschaft kann im Rahmen von Entlastungsbemühungen eine Vielzahl von Anspruchsberechtigten mit unterschiedlichen Rechtspositionen, Interessen und dementsprechenden Entscheidungswerten in Betracht kommen. Darunter werden Gläubiger sein, die so gut gesichert sind, daß sie keinen Anlaß zum Entgegenkommen sehen, und andere, die beim Scheitern der Sanierung die gesamte Forderung und darüberhinaus wichtige zukünftige Geschäftsmöglichkeiten verlieren würden[1]. Die öffentlichen Hände einschließlich der Finanzbehörden haben volkswirtschaftliche und sozialpolitische Gesichtspunkte zu beachten.

Bei Entlastungsverhandlungen werden die Vertreter der geplanten Fortführungsgesellschaft ihren Verhandlungsgegnern die Verluste vorhalten, die diese beim Scheitern der Sanierung und beim Zusammenbruch des Krisenunternehmens erleiden würden. Die andere Seite wird sich nicht mit einer Abgeltung ihrer Ansprüche zum Liquidationswert zufrieden geben, das heißt, sie wird an dem Vorteil einer Fortführung des Krisenunternehmens oder des Betriebes beteiligt sein wollen. Beide Seiten werden für sich Entscheidungswerte bilden, bis zu denen sie bei einem Vergleich zurückstecken können.[1a]

Vielfach werden für den Entscheidungswert zusätzliche Erwägungen mitsprechen. Für die Geschäftspartner des Krisenunternehmens – Banken, Lieferanten, Kunden, Finanzamt und nicht zuletzt die Arbeitnehmer – wird es auch um die Vorteile künftiger Beziehungen bei Fortführung des Unternehmens bzw. des Betriebes gehen. Wie bei allen wirtschaftlichen Entscheidungen sind die steuerlichen Auswirkungen der Vereinbarungen zu beachten. Daneben können außerökonomische Motive mitwirken, z.B. Prestige, persönliche Sympathien oder Abneigungen.

Einzelne Gläubiger können daran interessiert sein, daß das Krisenunternehmen mitsamt seinem Betrieb vom Markt verschwindet. Sie werden ihre Positionen vielleicht ausnutzen, um eine Fortführungsgesellschaft zu verhindern. Grundpfandrechtsgläubiger können dies mit dem Antrag auf Zwangsversteigerung

---

1 Vgl. Deutsch, P., Grundfragen der Finanzierung, a.a.O., S. 137.

1a Siehe dazu VIII. Kapitel unter Abschnitt 2.1., S. 117 ff.

der Betriebsgrundstücke zu erreichen versuchen, da unter solchen Umständen die Bereitschaft zu einem Fortführungsengagement sinkt. Mitarbeiter in Schlüsselpositionen des Krisenunternehmens können mit lukrativen Angeboten zu einem Stellenwechsel veranlaßt werden.

Für die Verhandlungsposition der Vertreter der geplanten Fortführungsgesellschaft ist von erheblicher Bedeutung, wer hinter dem Plan steht. Bedeutende und finanzstarke Unternehmen, die sich an einer Fortführungsgesellschaft beteiligen wollen, haben es in mancher Hinsicht leichter, ein Entgegenkommen zu erreichen, da die Gegenseite interessiert sein wird, Vertragspartner zu gewinnen, welche für die erzielten Vereinbarungen auch gut sind. Andererseits können bei potenten Interessenten (z.B. multinationalen Konzernen) Gewerkschaft, Betriebsrat und Arbeitnehmer versucht sein, höhere Ansprüche auf soziale Leistungen als bei weniger finanzstarken Fortführungsinteressenten zu stellen[2].

Eine Entlastung von Verbindlichkeiten und Sanierungskosten kann auch gegen den Willen der Berechtigten erfolgen. Im Konkursverfahren erhalten die Gläubiger nur das, was durch die ihnen gegebenen Sicherheiten gedeckt ist und/oder ihnen aus der Konkursmasse zusteht. Im gerichtlichen Vergleichsverfahren sind auch diejenigen Vergleichsgläubiger, die nicht dem Vergleichsvorschlag zugestimmt haben, an die Vergleichsquote gebunden. Bei den absonderungsberechtigten Grundpfandrechtsgläubigern wird in der Zwangsversteigerung ihre Forderung nur insoweit befriedigt, wie der Versteigerungserlös nach Kosten und Befriedigung von vorrangigen Ansprüchen ausreicht. Eine Einsparung zukünftiger Personalbelastungen kann unter Umständen auch gegen den Betriebsrat bzw. einzelne betroffene Arbeitnehmer durch Entscheidung des Arbeitsgerichts, bei einem Sozialplan durch Spruch der Einigungsstelle erreicht werden.

2. Erfordernis einer Gesamtstrategie

Für die Fortführungsgesellschaft kommt es letzthin nicht auf den Erfolg der Verhandlungen des Einzelfalls an, sondern auf den Gesamtwert der Schuldenentlastungen, den sie erzielen muß, damit der Fortführungsbeschluß für sie gerechtfertigt ist. Es gibt bei ihr somit für die Entlastungsbemühungen einen Gesamtentscheidungswert. Dabei können sich die Verhandler erforderlichenfalls damit abfinden, daß einzelne Gläubiger erheblich mehr an Forderungen realisieren, als dem Liquidationswert ihrer Sicherheiten entspricht. Sie können bei-

2 Beispielhaft dafür der Insolvenzfall *Videocolor GmbH*, Ulm, in 1981/82: Dort war die Arbeitnehmerseite „nicht bereit, den Verlust von rd. 1600 Arbeitsplätzen gegen Zahlung einer von der Unternehmensleitung vorgeschlagenen Sozialplanabfindung von insgesamt DM 13 Mio. hinzunehmen. Sie forderte statt dessen eine Gesamtabfindung aus dem Sozialplan in Höhe von DM 46 Mio." (O.V., Arbeitnehmerabfindungen im Insolvenzfall Videocolor – Sozialplan und Vereinbarung Thomson-Brandt/IG Metall, in: ZIP 1982, S. 370 ff. (370). Siehe auch: Jetter, K., Thomson-Brandt sieht keine Chancen für Videocolor, in: FAZ v. 27. 1. 1982.

spielsweise eine Grundbuchbelastung akzeptieren, die über dem Wert des Grundstücks liegt, wenn der Gläubiger nicht vergleichsbereit ist, weil er davon ausgeht, daß die Fortführungsgesellschaft auf das Grundstück angewiesen ist und daß sie wegen der Mehrbelastung ein interessantes Projekt nicht scheitern lassen wird.

In der oft turbulenten Krisensituation kann es leicht vorkommen, daß die Entlastungsbemühungen punktuell und unsystematisch erfolgen, dabei der Überblick verloren geht und Entlastungschancen versäumt werden. Hat sich die Fortführungsgesellschaft bereits vertraglich und finanziell engagiert, hilft ihr kaum jemand mehr; unverbindliche frühere Zusagen werden häufig dann zurückgezogen.

Daher empfiehlt es sich, rechtzeitig ein Verhandlungskonzept mitsamt einem Terminplan[3] zu entwickeln und dafür jeweils geeignete Verhandlungsführer einzusetzen. Wer als Jurist oder Banker gegenüber bestimmten Gläubigern erfolgreich ist, kann gegenüber dem Finanzamt, dem Betriebsrat oder der öffentlichen Hand möglicherweise versagen.

Das größte Problem der Verhandlungsstrategie stellt meist der Zeitdruck bei unzulänglichen Unterlagen dar. Man kann versuchen, Gläubiger mit dem Hinweis auf ernsthafte Sanierungsverhandlungen zum Abwarten zu bewegen, Konkursanträge[4] und Zwangsvollstreckungen[5] mit den rechtlich zulässigen Methoden abzuwehren und schließlich Banken, andere Interessenten und sogar die öffentlichen Hände für Überbrückungsmaßnahmen zu gewinnen[6]. Dies erfordert einen Terminplan mit Prioritäten und eine ständige zentrale Koordination.

Die Verhandlungsführer der Fortführungsgesellschaft müssen insgesamt neben ihren fachlichen Qualitäten die Fähigkeit besitzen, sich auf die Interessen und die Mentalität der Verhandlungsgegner einzustellen[7]. Sie müssen das Vertrauen der Verhandlungspartner durch seriöse, sachlich gut belegte Vorschläge zu gewinnen suchen. Fatal wäre es, wenn die Gegenseite den Eindruck bekäme, die Fortführungsgesellschaft wolle die Situation einseitig für außergewöhnliche Gewinne ausnutzen. Widerstand erweckt es, wenn die erforderlichen Opfer nach ihren Vorstellungen nicht gerecht verteilt werden sollen.

Man wird von den Verhandlern für die Fortführungsgesellschaft erwarten, daß sie fundierte und seriöse Informationen geben, wobei Umfang und Art von dem jeweiligen Verhandlungspartner und seinen berechtigten Interessen abhängig

---

3 Vgl. dazu: Münstermann, H., Netzplantechnik und Jahresabschlußprüfung, in: Wirtschaftsprüfer im Dienst der Wirtschaft, Festschrift für E. Knorr, Düsseldorf 1968, S. 111 ff; Albach, H., Entwicklung und Aufgaben der Unternehmensforschung, in: WPg 1965, S. 118 ff.

4 Vgl. dazu Künne, K., Außergerichtliche Vergleichsordnung, a.a.O., S. 338 ff.

5 Vgl. ebenda, S. 148 ff.

6 Vgl. auch Woeste, K. F., Aufgaben des Krisenmanagements im Bereich der Unternehmensfinanzierung, in: ZfB 1977, S. 225 ff. (230 ff.).

7 Vgl. hierzu: Baur, W., Sanierungen, a.a.O., S. 115 ff.

sind. Andererseits kann man der Fortführungsgesellschaft nicht zumuten, ihr Sanierungskonzept mit allen Annahmen und den entsprechenden Berechnungen des Fortführungswertes uneingeschränkt aufzudecken. Schon gar nicht wird ein Interessent verpflichtet und bereit sein, seinen Entscheidungswert zu offenbaren[8].

In der Sanierungspraxis pflegen sich die Verhandlungsgegner mit allgemeinen Angaben über die Fortführung, über die beabsichtigte Beseitigung von Verlustquellen, über die geplante Finanzstruktur und über den persönlichen und finanziellen Hintergrund der Fortführungsgesellschaft zu begnügen. Verlangen wichtige Verhandlungspartner, z. B. Banken oder Vertreter der öffentlichen Hand, darüber hinaus Finanzpläne, Plan-Bilanzen und -Erfolgsrechnungen, so werden die Verantwortlichen bei den Angaben ihre Interessen im Auge behalten dürfen, vorausgesetzt, daß sie sich nicht zu willkürlichen und unrealistischen Aussagen verleiten lassen[9].

Nach Beobachtungen von Baur „sind kaum Fälle bekannt geworden, daß die Banken kein Verständnis für die Bitte nach weiterem Stillhalten für die Zeit der ersten Phase der Sanierung gezeigt hätten. Dies setzt jedoch voraus, daß die Sanierungsmaßnahmen klar vorgestellt werden und die Methoden der Durchführung realisierbar und verständlich sind und die Zeitdauer der Abläufe dieser Aktion nicht zu lange"[10] ist.

3. Ein Beispiel aus der Fortführungspraxis

Der nachstehende Bericht der Wirtschaftspresse schildert einen Fall von Entlastungsverhandlungen, an denen alle wichtigen Verhandlungspartner beteiligt waren: Konkursverwalter, Banken, Lieferanten, Arbeitnehmer, Fiskus und öffentliche Hand[11]:

Als der Konkursverwalter „im April 1980 die Konkursbilanz der *G. L. Peine* aufmachte, stellte er eine Überschuldung von 14,8 Millionen Mark fest. Dennoch rechnete er sich eine Chance aus: Ausgestattet mit einem Rettungskonzept (rationellere Fertigung, Abstoßen überflüssiger Betriebshallen, Schrumpfen der Belegschaft), ging er zum niedersächsischen Wirtschaftsminister Birgit Breuel. In zähen Verhandlungen entlockte er der Subventionsgegnerin eine Landesbürgschaft von 3,5 Millionen Mark; ihre Zusage machte die Ministerin allerdings von harten Bedingungen abhängig: Konkursverwalter Kretschmer mußte sich verpflichten, 220 der 330 Arbeitsplätze zu erhalten. Die bevorrechtigten Gläubiger, so die Breuel-Auflage, hätten auf einen Teil ihrer Forderungen

8 Vgl. auch Sieben, G., Schildbach, T., Zum Stand der Entwicklung der Lehre von der Bewertung ganzer Unternehmungen, a.a.O., S. 456.

9 Siehe auch Baur, W., (Sanierungen, a.a.O., S. 118), der dafür plädiert, daß der Hausbank „alle Details der Sanierungsmaßnahmen sowie deren zeitlicher Ablauf und geplante Erfolge erklärt werden."

10 Baur, W., Sanierungen, a.a.O., S. 118.

11 Carl, P., Das letzte Rettungskommando, in: Manager Magazin 11/1981, S. 28 ff.

zugunsten der Masse zu verzichten und obendrein ihre Eigentumsvorbehalte zinslos stehenzulassen. Und die Deutsche Bank dürfte für die Nutzung des ihr verpfändeten Grund- und Anlagevermögens keine Pacht verlangen, solange Kretschmer den Betrieb führte.

Beinahe schulmäßig ging es dann weiter. Kretschmer konfrontierte die Gläubiger mit diesen Forderungen. Er machte ihnen klar, daß die einzige Alternative zu diesen Zugeständnissen die Betriebsstillegung sei. . . . Kretschmers Argumente zogen, alle Gläubiger stimmten seinem Sanierungsvorhaben zu.

Dann setzte sich der Konkursverwalter mit dem Betriebsrat und der IG Chemie-Papier-Keramik zusammen. Auch die Arbeitnehmervertreter zeigten sich einsichtig. Sie akzeptierten, daß bei Rettung von 220 Arbeitsplätzen nicht auch noch Abfindungszahlungen für den Rest der Belegschaft aus der Konkursmasse möglich seien und gaben Kretschmer ihr Einverständnis für alle notwendigen Personalentscheidungen.

Zunächst stellte Kretschmer alle Lohnzahlungen für die Zeit zwischen Konkursantrag und -eröffnung ein und setzte damit ein kompliziertes Geldkarussel in Gang: Die Hausbank gewährte den Peine-Mitarbeitern ein Darlehen in Höhe ihres Nettolohns und erhielt als Sicherheit deren Anspruch auf Konkursausfallgeld vom Arbeitsamt.

Die Arbeitsverwaltung überwies nach Bearbeitung der Anträge auf Konkursausfallgeld die fälligen Summen an die Bank und holte sich das Geld von der zuständigen Berufsgenossenschaft wieder. Diese Institution wiederum bekommt die entsprechenden Mittel aus einer gesetzlichen Umlage von der deutschen Wirtschaft. . . . Unmittelbar nach Konkurseröffnung kündigte Kretschmer im Einvernehmen mit den Arbeitnehmervertretern (Kretschmer: ‚Die haben toll mitgezogen') 110 der 330 Beschäftigten und stellte sie sofort von der Arbeit frei. Sie meldeten sich arbeitslos und erhielten bis Ablauf der Kündigungsfrist 68 Prozent ihres Lohns aus der Kasse der Bundesanstalt für Arbeit. (Die Behörde hält sich nach Abschluß des Verfahrens an der Konkursmasse schadlos.)

Mit diesem Schachzug verschaffte sich Kretschmer zusätzlich finanziell Luft, bis er sein ‚Massetöpfchen' mit Gewinnen aus der Betriebsführung aufgefüllt haben wird.

Nachdem die Personalprobleme gelöst waren, machte sich der Konkursverwalter an die mühevolle Sanierungsarbeit in der Produktion. . . . Die Neuorganisation der Fertigung kostete 1,6 Millionen Mark – obwohl fast alles mit Bordmitteln bewältigt wurde. An der Finanzierung wäre Kretschmers Sanierung fast gescheitert. ‚Wir haben uns regelrecht durchgelogen, Zahlungen verzögert und bei den Lieferanten ein Notopfer lockergemacht' . . .

‚Wir haben einen schönen Verlust gemacht', mußte der Zwangsverwalter beim Rapport im August 1980 im Hannoveraner Wirtschaftsministerium eingestehen. Dennoch durfte er weitermachen, ‚nachdem ich mir einen Rüffel von Frau Breuel abgeholt hatte'.

Inzwischen glaubt Kretschmer aus der Klemme zu sein. . . ."

In diesem Falle kamen somit Entlastungen von Gläubigerforderungen, von Sozialansprüchen der Arbeitnehmer und von Steueransprüchen zustande; die öffentliche Hand beteiligte sich zusätzlich an Entlastungen mittels Bürgschaftsübernahme des Landes und Konkursausfallgeld durch die Bundesanstalt für Arbeit.

XIV. Kapitel

Die Verfahren der Entschuldung

Im folgenden werden die (insolvenz-) rechtlichen Schuldenbereinigungsverfahren nur insoweit behandelt, als sie für Fortführungsgesellschaften von Bedeutung sind.

1. Außergerichtliche Vergleiche

1.1 Grundlagen

Künne hat diese „älteste Sanierungsart"[1] in der ersten Richtlinie der von ihm verfaßten „Außergerichtliche Vergleichsordnung" wie folgt definiert:

> „Der außergerichtliche Vergleich ist ein Vergleich im Sinne des § 779 BGB. Er beruht auf der Freiwilligkeit und diese auf dem Vertrauen und der wirtschaftlichen Einsicht der Gläubiger. Der Vergleich dient der Gesundung und Erhaltung des schuldnerischen Unternehmens."[2]

Der außergerichtliche Vergleich ist „ein Kind der Vertragsfreiheit"[3]. Er kommt dadurch zustande, daß sich Schuldner bzw. Schuldnerunternehmung und Gläubiger vertraglich zum gegenseitigen Nachgeben[4] bereit erklären, indem die Gläubiger ihre Forderungen mindern und/oder stunden, während der Schuldner sich zu bestimmten Verhaltensweisen und Maßnahmen, etwa „zu Ratenzahlungen, Sicherheiten und zur Duldung der Überwachung seines Geschäftes verpflichtet."[5]

Wesentliche Vorteile des außergerichtlichen Vergleichs werden darin gesehen, daß er einfacher, mit geringeren Kosten[6] und größerer Diskretion[7] abgewickelt werden kann als die gesetzlich geregelten Vergleichsverfahren. Emmerich schließt hieraus, daß der Schuldner im außergerichtlichen Verfahren eine hö-

---

1 Künne, K., Außergerichtliche Vergleichsordnung, a.a.O., S. 29.
2 Ebenda.
3 Ebenda, S. XXIX.
4 Vgl. Thomas, in: Palandt, BGB, Anm. 3 zu § 779.
5 Künne, K., Außergerichtliche Vergleichsordnung, a.a.O., S. 39.
6 Nach Künne machen die Kosten „nur ein Drittel bis zur Hälfte der eines gerichtlichen Verfahrens" aus. Künne, K., Außergerichtliche Vergleichsordnung, a.a.O., S. XXXIV.
7 Vgl. Ebenda, S. XXXII; Uhlenbruck, W., Insolvenzrecht, a.a.O., S. 318.

here Quote bieten könne[8]. Die Gläubiger ziehen mitunter den außergerichtlichen Vergleich auch deshalb dem gerichtlichen vor, weil sich in den Gläubigerorganen leichter die nötigen Informationen beschaffen lassen[9] und mehr Möglichkeiten vertrauensvoller Zusammenarbeit bei der Suche nach einem Interessenausgleich bestehen[10].

Ein Nachteil des außergerichtlichen Vergleichs ist, daß es keinen gesetzlichen Zwang gibt, um eine sich sträubende Minderheit zur Teilnahme zu veranlassen[11]. Häufig muß die Zustimmung der sich weigernden Gläubiger mit Sondervorteilen erkauft werden. Üblicherweise werden Gläubiger mit geringfügigen Forderungen vorweg voll befriedigt[12].

Außergerichtliche Vergleiche kommen in den verschiedenartigsten Formen und Ausprägungen vor. Es gibt Fälle, in denen ein finanzstarker Ehepartner, Verwandter oder Freund dem in Not befindlichen Unternehmer helfen will und gegen Zahlung eines Teilbetrages mit einem oder einigen Großgläubigern eine Herabsetzung der Verpflichtungen vereinbart. In anderen Fällen ist eine Bank daran interessiert, die insolvente Unternehmung am Leben zu erhalten, und kommt ihr deswegen in diskreter Weise mit einem Teilerlaß ihrer Forderungen entgegen. Die Banken können verschiedene Gründe für einen außergerichtlichen Vergleich haben: Das an sich als lebensfähig beurteilte Unternehmen soll wirtschaftlich gestärkt werden, ohne daß sein Ruf geschädigt wird. Dadurch verbessern sich die Chancen für die Rettung der Restforderungen. Außerdem wird das Prestige der Bank bzw. ihrer Verantwortlichen im Verhältnis zu Konkurrenten und Kunden geschont; denn das Bekanntwerden der Insolvenz und das Auftreten der Bank als Insolvenzbeteiligte macht, vor allem in Kleinstädten und ländlichen Gegenden, einen negativen Eindruck[13]. Manchmal haben sich Banken im Vorfeld der Insolvenz haftpflichtig gemacht[14]. Die zusammengebro-

8 Vgl. Emmerich, H., Die Sanierung, a.a.O., S. 51.

9 Vgl. Uhlenbruck, W., Insolvenzrecht, a.a.O., S. 318; Künne, K., Außergerichtliche Vergleichsordnung, a.a.O., S. XXXIII.

10 Vgl. Künne, K., Über den gerichtlichen und außergerichtlichen Sanierungsvergleich, in: BFuP 1959, S. 448 ff. (757).

11 Eingehend hierzu Künne, K., Außergerichtliche Vergleichsordnung, a.a.O., S. 362 ff.; 388 ff.

12 Ebenda, S. 356.

13 Das Prestige ist auch bei der *Neckermann*-Sanierung mit ausschlaggebend gewesen für das große Engagement der Hausbanken: „Natürlich waren die geldgebenden Banken in einer Zwickmühle; denn was für ein Geschrei hätte sich in der Öffentlichkeit bei der Schlagzeile erhoben: ‚Hausbanken zwingen Neckermann zur Aufgabe?' Aber hätten sie nicht dennoch früher Zeichen setzen müssen?" (Jeske, J. J., Das Pokerspiel um Neckermann, in: FAZ vom 29. November 1976).

14 „So steht die an sich wünschenswerte Sanierung eines Unternehmens durch (weitere) Hingabe von Krediten zugleich unter dem Damoklesschwert eines Vorwurfs der Sittenwidrigkeit; ein Mißerfolg der Sanierung kann zur Haftung der kreditgebenden Bank gegenüber den Gläubigern aus § 826 BGB führen, wenn dieser Kredit gegeben wurde, ohne daß die Sanierungsaussichten vorher sorgfältig geprüft worden waren." Lutter, M., Hommelhoff, P., Timm, W., Finanzierungsmaßnahmen zur Krisenabwehr in der Aktiengesellschaft, a.a.O., S. 737. Siehe auch Mertens, H.-J., Zur Bankenhaf-

chene *Beton- und Monierbau AG* war kein ganz ungewöhnliches Beispiel[15]. Daß die Bank in solchen Fällen ein besonderes Interesse daran hat, die Angelegenheit diskret und entgegenkommend zu erledigen, ist verständlich. Möglich ist auch, daß eine Großunternehmung ihren kleinen Zulieferer, den sie vielleicht früher durch zu harte Konditionen geschwächt hat, erhalten will und ihm deshalb bei der Sanierung behilflich ist.

1.2 Bedeutung des außergerichtlichen Vergleichs für die Sanierungsgesellschaft und die Sanierungs-Auffanggesellschaft

Wenn Gründung und Erfolg einer Sanierungsgesellschaft eine Entlastung von Schulden erfordern, ist fast immer ein außergerichtlicher Vergleich notwendig. Bei einer Sanierungs-Auffanggesellschaft sind meist sowohl diese wie das Krisenunternehmen davon abhängig.

Für die Gestaltung des außergerichtlichen Vergleichs sind drei Situationen zu unterscheiden:

a) Man beschränkt sich auf spezielle Vereinbarungen mit wenigen Großgläubigern. Am wichtigsten sind meistens Banken[16] und Lieferanten, die an der weiteren Existenz des gefährdeten Abnehmers interessiert sind.

b) Der außergerichtliche Vergleich wird nur mit den Sonderrechtsgläubigern – zumindest den wichtigsten – vereinbart, während mit den Vergleichsgläubigern das gerichtliche Vergleichsverfahren parallel läuft[17]. Ein gerichtlicher Vergleich ohne außergerichtliche Einigung ist meist nicht möglich, da der gerichtliche Vergleich im luftleeren Raum stünde, wenn die Sonderrechtsgläubiger unnachgiebig auf termingerechter Erfüllung ihrer Forderungen bestünden, zumal „die nicht beteiligten Verbindlichkeiten die beteiligten der Summe nach meist erheblich übersteigen"[18]. Die Einleitung eines gerichtlichen Vergleichsverfahrens berechtigt sie weithin sogar zur fristlosen Kündigung von Terminabsprachen und hindert nicht die Vornahme von Zwangsvollstreckungsmaßnahmen[19].

---

tung wegen Gläubigerbenachteiligung, a.a.O.; Schönle, H., Rechtsvergleichende Aspekte (Frankreich, Belgien, Schweiz) der Bankenhaftung aus Sanierungsaktionen, a.a.O. Dagegen für eine Privilegierung von Sanierungskrediten Uhlenbruck, W., Privilegierung statt Diskriminierung von Sanierungskrediten de lege lata und als Problem der Insolvenzrechtsform, in: GmbH-Rdsch. 1982, S. 141 ff.

15 Vgl. Oderich, P., Fast ein Tribunal über die Westdeutsche Landesbank, in: FAZ vom 5. September 1979.

16 Beispiele dafür bieten die Neckermann-Sanierung, die Sanierung der AEG; vgl. IV. Kapitel, Abschnitt 3.1., S. 36 ff.

17 Vgl. auch Knorr, E., Der Zahlungsplan im Vergleichsverfahren, in: KTS 1955, S. 81 ff. (84).

18 Ebenda, S. 84.

19 Vgl. Uhlenbruck, W., Insolvenzrecht, a.a.O., S. 51; Siegelmann, H., Die Zwangsvollstreckung im Vergleichsverfahren, in: DB 1965, S. 923 f.

Zu den außergerichtlichen Vergleichen mit nicht beteiligten Gläubigern macht Knorr[20] folgende, für die Vergleichspraxis wichtige Bemerkungen:

„Ausreichend gesicherte Schulden wird man nach Möglichkeit tilgungsfrei zu stellen suchen und nur zu verzinsen vorsehen, um die Veräußerung der Sicherungsgüter, die meist zum notwendigen Anlagevermögen gehören, zu vermeiden. Für Hypotheken von solchen Gläubigern, die einer öffentlichen Aufsicht unterstehen, ist das meist schwer zu erlangen, weil sie durch behördliche Vorschriften . . . gebunden sind; aber diese Hypothekengläubiger dienen ihren eigenen wohlverstandenen Belangen, wenn sie, statt Zwangsverwaltung oder Zwangsversteigerung zu betreiben, zunächst auf Tilgung verzichten und sich mit pünktlicher Verzinsung begnügen. Bankkredite, grundsätzlich kurzfristig, im Vergleichsverfahren aber ungewollt langfristig geworden, lassen sich leichter stunden, weil die Sicherheiten oft problematisch sind . . ., nun aber unter der zuverlässigen Aufsicht des Vergleichsverwalters an Klarheit und Wert gewinnen. . . . Weit schwieriger gestalten sich die Verhandlungen mit den dinglich nicht gesicherten, wegen Konkursvorrechts aus § 61 KO am Vergleichsverfahren nicht beteiligten Gläubigern und damit die Ausarbeitung des auf diese Gläubiger bezogenen Teils des Zahlungsplans. Alle diese Gläubiger machen mit Recht geltend, daß sie im Vergleichsverfahren untereinander gleichen Rang haben, und jeder will, bevor er Zugeständnisse macht, genau wissen, daß kein anderer ihm gegenüber bevorzugt wird."

c) Der außergerichtliche Vergleich tritt an Stelle eines gerichtlichen Vergleichs, so daß er sowohl auf die Vergleichsgläubiger im Sinne der Vergleichsordnung (§ 25 Abs. 1 VerglO) als auch auf die Sonderrechtsgläubiger (§§ 26, 27 VerglO) gerichtet ist.

Damit wird der außergerichtliche Vergleich natürlich sehr kompliziert. Es ist das Verdienst Karl Künne's[21], für dieses außergerichtliche Verfahren eine „Außergerichtliche Vergleichsordnung" verfaßt und die dort aufgeführten Richtlinien kommentiert zu haben. Sein Werk entwickelt für außergerichtliche Sanierungsverfahren eine Systematik ähnlichen Niveaus wie die Vergleichsordnung für gerichtliche Verfahren[22].

Zentralfigur ist der Treuhänder, der als ehrlicher Makler zwischen den Interessen des Schuldners und der an der Sanierung Beteiligten beauftragt wird[23]. Zwei Gläubigerorgane sind vorgesehen: die Gläubigerversammlung[24] und der von ihr

20 Knorr, E., Der Zahlungsplan im Vergleichsverfahren, a.a.O., S. 84.

21 Vgl. Künne, K., Außergerichtliche Vergleichsordnung, a.a.O.
„Die erste Auflage . . . war ein Protest gegen die gläubigerfeindliche Einstellung der am 1. 4. 1935 in Kraft getretenen Vergleichsordnung vom 26. 2. 1935." So Künne, K., Über den gerichtlichen und außergerichtlichen Sanierungsvergleich, a.a.O., S. 448.

22 Die Zahl der außergerichtlichen Vergleiche ist nach Künne (Außergerichtliche Vergleichsordnung, a.a.O., S. XXX) in einzelnen Wirtschaftszweigen weitaus größer als die der gerichtlichen Vergleiche und Zwangsvergleiche.

23 Vgl. Künne, K., Außergerichtliche Vergleichsordnung, a.a.O., S. 328.

24 Vgl. ebenda, S. 307 ff.

gewählte Gläubigerausschuß[25]. Zu dessen wichtigsten Aufgaben zählen die Prüfung der Angaben des Schuldners und des Treuhänders sowie die Mitarbeit bei der Formulierung des Vergleichsvorschlages.

Inhaltlich soll der Vergleichsvorschlag „eine einigermaßen angemessene Quote bieten"[26], die der Vermögenslage des Schuldners entspricht und den Fortbestand der Unternehmung ermöglicht. Anders als im gerichtlichen Vergleichsverfahren gibt es keine gesetzlich vorgeschriebenen Mindestquoten, die innerhalb eines bestimmten Zeitraumes zu leisten sind. Die Raten sollten so bemessen und terminiert werden, daß der Unternehmung das zur Gesundung und Rettung erforderliche Kapital zur Verfügung steht[27]. Zu diesem Zweck sollen auch mit den Sonderrechtsgläubigern möglichst günstige Abkommen getroffen werden[28].

Die erforderliche Schuldenentlastung läßt sich mangels Einsicht der Gläubiger jedoch nicht immer erreichen[29]. Auch „Besserungsscheine" können nur begrenzt das Mißtrauen der Gläubiger beseitigen, der Schuldner wolle sich auf ihre Kosten bereichern.

Stehen für die Sanierung neue Gesellschafter mit neuem Kapital bereit, so werden die Gläubiger eher Vertrauen in die Erfüllung des Vergleichsvorschlags gewinnen. Dieses Vertrauen ist für das Zustandekommen des Vergleichs ebenso wichtig wie die Quote: Denn ob die Gläubiger „an ihrer Forderung 20 oder 30 %, 40 oder 50 % verlieren, ist meist nicht der entscheidende Gesichtspunkt, zumal ... die Festsetzung der Quote in gewissem Umfang Ermessenssache bleiben muß. Das Zugesicherte muß aber sicher sein."[30]

Röding[31] weist auf die „Nachteile mißglückter außergerichtlicher Vergleichsversuche" hin und beklagt vor allem den entstandenen Zeitverlust: „Dadurch, daß das außergerichtliche Vergleichsverfahren eingeleitet wurde, ist bei der Schuldnerin eine gewisse Stagnation im Geschäftsbetrieb eingetreten und unvermeidlich. Je schneller diese Stagnation durch das Rechtskräftigwerden und

25 Vgl. Künne, K., Außergerichtliche Vergleichsordnung, a.a.O., S. 312 ff.

26 Emmerich, H., Die Sanierung, a.a.O., S. 50.

27 Vgl. Künne, K., Außergerichtliche Vergleichsordnung, a.a.O., S. 47; 104 f.

28 Vgl. ebenda, S. 319.

29 Vgl. Zilias, M., Götz, J., Wenders, K., Konkursverfahren, Vergleichsverfahren, Außergerichtlicher Vergleich, in: WP-Handbuch 1973, S. 1656 ff. (1672).

30 Nach Emmerich, H. (Die Sanierung, a.a.O., S. 50) sind außergerichtliche Vergleiche „wirtschaftlich nur dann berechtigt und versprechen auch regelmäßig nur dann einen Erfolg, wenn die Lage des Schuldners noch verhältnismäßig günstig ist."
Nach Künne, K., (Außergerichtliche Vergleichsordnung, a.a.O., S. XXX ff.) schneiden die außergerichtlichen Vergleiche mit recht günstigen Quoten im Vergleich zu den kodifizierten Vergleichen ab.

31 Vgl. Röding, C., Die Praxis des gerichtlichen Vergleichs zur Abwendung des Konkurses, Jena 1933, S. 46 f.

Zustandekommen des Vergleichs behoben wird, um so billiger der Vergleich und um so geringer die Verluste."[32]

Schlagen im Falle einer Kapitalgesellschaft oder einer rechtlich gleichgestellten Personengesellschaft die außergerichtlichen Vergleichsbemühungen nach Ablauf der Drei-Wochenfrist fehl, kann der Weg der Schuldenbereinigung über ein gerichtliches Vergleichsverfahren versperrt sein. Allerdings können aussichtsreiche Sanierungsversuche eine Verzögerung entschuldigen[33].

1.3 Bedeutung des außergerichtlichen Vergleichs für die Betriebsübernahmegesellschaft und die Übernahme-Auffanggesellschaft

Der außergerichtliche Vergleich hat auch bei der Sanierung durch Betriebsübernahmegesellschaften Bedeutung, vor allem, wenn die Forderungen von ab- und aussonderungsberechtigten Gläubigern so hoch sind, daß die Übernahme des dadurch belasteten Betriebsvermögens uninteressant wäre. In einer solchen Situation bleibt für die Betriebsübernahme der Weg, in einem außergerichtlichen Vergleich einen für beide Seiten annehmbaren Kompromiß zu finden.

Geht es um die Fortführung durch eine Übernahme-Auffanggesellschaft bzw. eine Auffanggesellschaft mit Zweifach-Option, so wird diese im Rahmen von Optionsvereinbarungen für einen späteren Betriebskauf darauf achten müssen, daß nicht die mit dem Krisenunternehmen vorgesehenen Kaufbedingungen durch die dinglich gesicherten Gläubiger unterlaufen werden; gegebenenfalls wird man auch in solchen Fällen einen außergerichtlichen Vergleich vorsehen, und zwar rechtzeitig als Bedingung der Vereinbarung über die Betriebsfortführung.

Erwirbt eine Betriebsübernahmegesellschaft den Betrieb aus der Liquidationsmasse in einem außergerichtlichen Liquidationsvergleich[34], so ist bei der Vereinbarung der Übernahmekonditionen darauf zu achten, daß dadurch nicht Gläubiger benachteiligt werden und somit keine Anfechtungslage entsteht[35].

Die Betriebsübernahmegesellschaft haftet wegen Vermögensübernahme nach § 419 BGB oder Geschäftsübernahme nach § 25 HGB den Gläubigern gegenüber nicht, die die Liquidation des Krisenunternehmens zur Erfüllung ihrer Forderungen gebilligt haben[36]. Im übrigen kann die Haftung aus § 419 BGB dadurch ausgeschlossen werden, daß dem Krisenunternehmen noch eigenes Vermögen

32 Ronneberger, R., Zur Beschleunigung des Vergleichsverfahrens, in: „Leipz. N.N." vom 5. August 1930, zitiert nach Röding, C., Die Praxis des gerichtlichen Vergleichs. . ., a.a.O., S. 46 f.

33 Vgl. Böhle-Stamschräder, VerglO, Anm. 3 zu § 18.

34 Vgl. dazu Künne, K., Außergerichtliche Vergleichsordnung, a.a.O., S. 357 ff; Mühl, Der außergerichtliche Liquidationsvergleich, in: NJW 1956, S. 401 ff.

35 Vgl. dazu Pagenstecher, M., Grimm, M., Der Konkurs, a.a.O., S. 84 ff; Gerhardt, W., Die systematische Einordnung der Gläubigeranfechtung, a.a.O., S. 231 ff.

36 Vgl. Künne, K., Der Liquidationsvergleich im gerichtlichen und außergerichtlichen Vergleichsverfahren, Düsseldorf 1968, S. 27 f.

verbleibt, während die unbeschränkte Vollhaftung aus § 25 HGB abbedungen werden kann, entweder durch entsprechende Eintragung in das Handelsregister oder durch Mitteilung gegenüber den Gläubigern (§ 25 Abs. 2 HGB).

Nach Wiedemann und Willemsen[37] ist im außergerichtlichen Vergleich „für eine Restriktion des § 613 a BGB kein Raum", da „es hier anders als im gerichtlichen Vergleich nicht zu einem vom Grundsatz der Gläubigerverlustgemeinschaft beherrschten Insolvenzverfahren unter gerichtlicher Aufsicht kommt".

Der außergerichtliche Liquidationsvergleich suspendiert nicht die Haftung aus § 75 AO[38]. Die Betriebsübernahmegesellschaft haftet demnach grundsätzlich für Betriebssteuern (Gewerbesteuer, Umsatzsteuer etc.), die „seit dem Beginn des letzten, vor der Übereignung liegenden Kalenderjahres entstanden sind und bis zum Ablauf von einem Jahr nach Anmeldung des Betriebes durch den Erwerber festgesetzt und angemeldet werden"[39], es sei denn, es können mit den zuständigen Finanzbehörden Vereinbarungen getroffen werden, wonach von einer etwaigen Inanspruchnahme der Betriebsübernahmegesellschaft abgesehen wird.

Die Haftung für Steuern trifft nicht die Übernahme-Auffanggesellschaft, soweit sie den Betrieb nur pachtet. Voraussetzung des § 75 AO ist nämlich die Übereignung des Betriebes im ganzen. Sie ist bei der Verpachtung nicht erfüllt[40].

Zusammenfassend[41] ist zu warnen, daß die Übernahme eines Betriebes aus der Masse in einem Liquidationsvergleich mit erheblichen Haftungsgefahren verbunden sein kann. Um sie auszuschließen, sind die Übernahmevereinbarungen sorgfältig abzufassen. Das gilt auch für die Sonderabsprachen mit den Gläubigern, die am Liquidationsvergleich nicht teilnehmen.

2. Der gerichtliche Vergleich

2.1 Grundlagen

Das gerichtliche Vergleichsverfahren, geregelt in der Vergleichsordnung als Spezialgesetz, kann nach Eintritt eines Konkursgrundes zur Abwendung des

37 Wiedemann, H., Willemsen, H. J., Die Anwendung des § 613 a BGB im Konkurs, a.a.O., S. 431.

38 § 75 Abs. 2 AO enthält keinen entsprechenden Haftungsausschluß.

39 Vgl. dazu Barth, K., Die Haftung des Erwerbers von Unternehmen für Betriebssteuern, in: BB 1975, S. 1150 ff.; Schulze zur Wiesche, D., Die Haftung des Erwerbers eines Unternehmens für betriebsbedingte Steuern gem. § 116 AO, in: DStR 1972, S. 560 ff.

40 Vgl. BFH v. 27. 11. 1979 VII R 12/79, in: BStBl II 1980, S. 258 ff.

41 Anzumerken ist, daß ein außergerichtlicher Vergleich zwischen einer OHG od. KG und deren Gläubiger die Haftung der ausgeschiedenen Gesellschafter aus §§ 128, 129, 159 HGB unter Umständen auch aus §§ 423, 425 BGB in gleichem Maße begrenzt wie die Haftung der verbleibenden Gesellschafter. Dies ist bei einem gerichtlichen Vergleich nicht der Fall. Vgl. Künne, K., Der Liquidationsvergleich . . ., a.a.O., S. 28 f.; 18 ff.

Konkursverfahrens beantragt werden[42]. Antragsberechtigt ist nur der Schuldner. Auch Kapitalgesellschaften und Personengesellschaften sind grundsätzlich vergleichsfähig[43]. Sie werden durch die Eröffnung des Verfahrens nicht aufgelöst[44]. Das Verwaltungs- und Verfügungsrecht über das Betriebsvermögen verbleibt grundsätzlich beim Schuldner[45] bzw. dessen Geschäftsführer.

Der gerichtliche Vergleich soll nur Kaufleuten zugute kommen, die vergleichswürdig sind, d.h. rechtlich und wirtschaftlich ihre Integrität bewahrt haben (§§ 3, 17, 18 VerglO)[46].

Der Schuldner muß mit seinem Vergleichsvorschlag angeben, ob und wie die Erfüllung des Vergleichs sichergestellt werden soll[47]. Er muß eine Übersicht seines Vermögensstands mit Aktiven und Passiven beifügen[48]. Das Verzeichnis der Gläubiger muß sowohl die Vergleichsgläubiger wie die sonstigen Gläubiger gesondert angeben[49]. Zu den Vergleichsgläubigern gehören die persönlichen Gläubiger des Schuldners[50] mit Ausnahme der Aussonderungsberechtigten[51], der im Konkurs bevorrechtigten Gläubiger[52] und der durch eine Vormerkung gesicherten Gläubiger[53].

Absonderungsberechtigte nehmen am Vergleich teil, soweit ihnen der Schuldner auch persönlich haftet und sie auf die abgesonderte Befriedigung verzichten oder bei ihr ausfallen[54].

Keine Vergleichsforderungen sind: Gebühren und Auslagen des Gerichts, Ansprüche des vorläufigen Vergleichsverwalters sowie Masseschulden i.S. von § 59 Abs. 1 Nr. 3 KO[55].

---

42 Vgl. §§ 1, 2 Abs. 1 S. 3 VerglO; Uhlenbruck, W., Insolvenzrecht, a.a.O., S. 315 ff. mit weiteren Literaturangaben.

43 Vgl. § 2 Abs. 1 S. 2 VerglO; Uhlenbruck, W., Insolvenzrecht, a.a.O., S. 371 ff; Mohrbutter, J., Haarmann, H., Leitfaden für Vergleichs- und Konkursverwalter, a.a.O., S. 79 ff.

44 So für die GmbH Scholz-Schmidt, GmbHG, Anm. 54 zu § 63.

45 Vgl. Böhle-Stamschräder, VerglO, Bemerkung vor § 46.

46 Vgl. Rinklin, T., Die vergleichsfähige und die konkursreife Unternehmung, a.a.O., S. 31 ff.

47 Vgl. § 3 VerglO.

48 Vgl. §§ 4 ff. VerglO.

49 Vgl. § 6 VerglO.

50 Vgl. § 25 Abs. 1 VerglO; zu den Ausnahmen vgl. Böhle-Stamschräder, VerglO, Anm. 3 zu § 25.

51 Vgl. § 26 Abs. 1 VerglO; dazu: Uhlenbruck, W., Insolvenzrecht, a.a.O., S. 232 ff.

52 Vgl. § 26 Abs. 1 VerglO in Verbindung mit § 61 Abs. 1 Nr. 1 – 5 KO, § 62 KO, § 27 Abs. 2 Gesetz über Arbeitnehmerabfindungen, § 80 VAG.

53 Vgl. § 26 Abs. 1 VerglO in Verbindung mit § 883 Abs. 1 BGB, §§ 10 Abs. 1, 77 SchiffsG.

54 Vgl. § 27 Abs. 1 VerglO. Als Absonderungsrecht wird im Vergleich auch die Sicherungsübereignung behandelt (vgl. § 27 Abs. 2 VerglO).

55 Vgl. § 26 Abs. 2 VerglO.

Der Vergleichsvorschlag kann auf Stundung, Erlaß oder eine Verbindung von ihnen gerichtet sein[56]. § 7 VerglO sieht als Mindestsatz, der den Gläubigern gewährt werden soll, 35 Prozent ihrer Forderungen vor, unter Umständen auch 40 Prozent. Betagte Vergleichsforderungen werden kraft Gesetzes fällig gestellt[57]. Unverzinsliche Forderungen sind nach der Hoffmann'schen Formel abzuzinsen[58]. Der Vergleich muß den von ihm betroffenen Gläubigern gleiche Rechte gewähren[59].

Die Verfahrensvorschriften der Vergleichsordnung sind sehr detailliert. Ein Teil betrifft rechtliche und wirtschaftliche Voraussetzungen des Vergleichs[60]. Andere Vorschriften sollen sicherstellen, daß das Betriebsvermögen im Interesse der Gläubiger bewahrt wird[61]. Im Vorverfahren kann das Gericht dem Schuldner Verfügungsbeschränkungen auferlegen und dem vorläufigen Verwalter bereits Befugnisse des Vergleichsverwalters zuerkennen[62].

Das Vergleichsgericht kann anordnen, daß Zwangsvollstreckungsmaßnahmen einstweilen eingestellt werden[63]. Nach Eröffnung des Vergleichsverfahrens können die Vergleichsgläubiger bis zum Abschluß des Verfahrens keine Zwangsvollstreckungsmaßnahmen gegen den Schuldner vornehmen[64]. Die Verwertung von Gegenständen, auf die sich ein Absonderungsrecht bezieht, ist jedoch auch im Zwangswege möglich[65].

Dem Schuldner wird die Möglichkeit gegeben, sich von ungünstigen Vertragsvereinbarungen und Dauerschuldverhältnissen mit Ermächtigung des Ver-

56 Zu den Arten und Formen von Vergleichsvorschlägen vgl. Mohrbutter, J., Haarmann, H., Leitfaden für Vergleichs- und Konkursverwalter, a.a.O., S. 47 ff.; Schrader, S., Uhlenbruck, W., Delhaes, K., Konkurs- und Vergleichsverfahren, 4. Aufl., München 1977, S. 263 ff.

57 Vgl. § 30 VerglO.

58 Vgl. Böhle-Stamschräder, VerglO, Anm. 6 zu § 30.

59 Vgl. § 8 VerglO.

60 Gem. § 116 VerglO hat das Gericht „alle das Verfahren betreffenden Ermittlungen anzustellen." (Vgl. Schrader/Uhlenbruck/Delhaes, a.a.O., S. 273). Wegen der Vergleichsfähigkeit und Vergleichswürdigkeit hat das Gericht die zuständige Berufsvertretung zu hören (vgl. „Richtlinien für die Begutachtung gerichtlicher Vergleichsanträge", abgedruckt ebenda, S. 371 ff); Veismann, J., Das Gutachten der amtlichen Berufsvertretung gemäß § 14 Vergleichsordnung, in: KTS 1968, S. 40 ff.

61 Diese Aufgabe obliegt zunächst dem vorläufigen Vergleichsverwalter (vgl. u.a. Hilker, W. H., Die Sanierung des notleidenden Betriebes, Köln 1952, S. 16). § 12 VerglO legitimiert das Gericht, den Aufgaben- und Pflichtenkreis des Verwalters zu Lasten des Schuldners zu erweitern und die Stellung gegenüber diesem erheblich zu stärken, indem es ein allgemeines oder besondere Veräußerungsverbote anordnet, den Verwalter zur Übernahme der Kassenführung ermächtigt, dem Schuldner Beschränkungen hinsichtlich der Aufnahme von Verbindlichkeiten aufgibt (vgl. Mohrbutter, J., Haarmann, H., Leitfaden für Vergleichs- und Konkursverwalter, a.a.O., S. 8).

62 Vgl. §§ 11 f.; §§ 59 ff. VerglO. Siehe auch Uhlenbruck, W., Das „Vergleichsverfahren Kölner Prägung", in: KTS 1972, S. 220 ff. Kritisch: Künne, K., Zweifelsfragen aus dem Vergleichsrecht, in: KTS 1971, S. 235 ff.

63 Vgl. § 13 VerglO.

64 Vgl. §§ 47 ff. VerglO. Zugleich gilt eine Konkurssperre, vgl. § 46 VerglO.

65 Vgl. Böhle-Stamschräder, VerglO, Anm. 2 zu § 47.

gleichsgerichts zu lösen[66]. Allerdings sind die daraus entstehenden Schadensersatzansprüche mit der Quote zu bedienen[67].

Der Ausgang eines Vergleichs hängt entscheidend von der Persönlichkeit und Qualifikation des vom Gericht eingesetzten Verwalters[68] ab. Sein Verhandlungsgeschick und seine Vertrauenswürdigkeit beeinflussen in besonderem Maße das Abstimmungsergebnis der Gläubiger im Vergleichstermin. Zur Annahme des Vergleichsvorschlages muß er immerhin eine zweifache Mehrheit der Gläubiger zustande bringen: zum einen die absolute Kopfmehrheit „der im Termin anwesenden stimmberechtigten Gläubiger unter Einrechnung der schriftlich zustimmenden"[69] und zum anderen eine qualifizierte Summenmehrheit von mindestens 75 Prozent der beteiligten Forderungen[70]. Die Summenmehrheit erhöht sich auf 80 Prozent, wenn der Vergleichsvorschlag nicht mindestens 50 Prozent der Gläubigerforderungen bietet. Manchmal lassen sich erst durch Aufnahme einer Besserungsklausel in den Vergleichsvorschlag oder durch Gewährung eines Besserungsscheines skeptische Gläubiger, die befürchten, sie würden ausgenutzt oder für ihr Nachgeben nicht chancengerecht belohnt, zur Zustimmung bewegen[71].

Wird der Vergleich abgelehnt, so hat das Gericht das Verfahren einzustellen und über die Konkurseröffnung zu entscheiden[72]. Wird der Vergleichsvorschlag dagegen angenommen, so hat das Gericht ihn zu bestätigen, falls kein Verwerfungsgrund (§ 79 VerglO) vorliegt[73]. Der bestätigte Vergleich wirkt „für und gegen alle Vergleichsgläubiger, auch wenn sie an dem Verfahren nicht teilgenommen oder gegen den Vergleich gestimmt haben"[74].

Gefahr droht dem bestätigten Vergleich noch aus § 9 Abs. 1 VerglO; denn gerät der Schuldner mit der Erfüllung in Verzug, so lebt die alte Schuld gegenüber den betroffenen Gläubigern wieder auf. Außerdem entfällt die Vergleichswirkung, wenn der Unternehmer oder ein persönlich haftender Gesellschafter einer Personengesellschaft oder ein Vertreter einer Kapitalgesellschaft wegen Bankrotts gem. §§ 283 ff. StGB wegen falscher Abgabe einer eidesstattlichen Versicherung im Vergleichsverfahren verurteilt wird[75].

66 Vgl. §§ 50 ff. VerglO.
67 Vgl. § 52 VerglO.
68 Vgl. Papke, H., Das Bild des Vergleichsverwalters, in: Wirtschaftsprüfer im Dienst der Gesellschaft, Festschrift für Ernst Knorr, Düsseldorf 1968, S. 1 ff. (8 f.).
69 § 74 Abs. 1 VerglO.
70 Vgl. § 74 Abs. 1 Nr. 2 VerglO.
71 Der Besserungsschein und die Besserungsklausel sind auch im gerichtlichen Vergleichsverfahren zulässig. Vgl. Schrader, S., Uhlenbruck, W., Delhaes, K., Konkurs- und Vergleichsverfahren, a.a.O., S. 267 f.
72 Vgl. § 101 in Verbindung mit § 100 Abs. 1 Nr. 8 VerglO; vgl. auch Schrader, S., Uhlenbruck, W., Delhaes, K., Konkurs- und Vergleichsverfahren, a.a.O., S. 306; S. 330 ff.
73 Vgl. Uhlenbruck, W., Insolvenzrecht, a.a.O., S. 353.
74 § 82 Abs. 1 VerglO.
75 Vgl. § 88 VerglO.

Als Nachteil des gerichtlichen Vergleichsverfahrens wird die Publizität empfunden[76]. Außerdem sind die Kosten des Vergleichsverfahrens im Regelfall sehr hoch[77].

2.2 Bedeutung des gerichtlichen Fortführungsvergleichs für die Sanierungsgesellschaft und die Sanierungs-Auffanggesellschaft

Der gerichtliche Vergleich nach der Vergleichsordnung ist für Sanierungsgesellschaften und Sanierungs-Auffanggesellschaften von geringerer Bedeutung. Die durch Sonderrechte gesicherten Forderungen, die meist weit überwiegen, nehmen am gerichtlichen Vergleichsverfahren nicht teil; eine Schuldenregulierung für sie kann daher nur außergerichtlich erfolgen. Für die übrigen Forderungen ist der gerichtliche Vergleich gegenüber dem außergerichtlichen zu schwerfällig, zeitraubend, kostspielig und schließlich auch wegen der Publizität nachteilig[78].

Vorteilhaft kann ein Vergleichsantrag – wie erwähnt – sein, um in einer Insolvenzsituation Zeit für Sanierungsverhandlungen zu gewinnen, ohne gegen die Verpflichtung zur Anmeldung des Konkurses zu verstoßen; hat man dabei Erfolg, kann der Antrag immer noch zurückgenommen werden.[78a]

Ein wirkliches Interesse an der Durchführung des Vergleichsverfahrens kann dagegen bestehen, wenn Vergleichsgläubiger im Sinne der Vergleichsordnung mit relativ bedeutenden Forderungen annehmen, daß ihre Rechte in einem gerichtlich überwachten Verfahren besser gesichert seien, und wenn man erreichen will, daß der Vergleich auch für die Minderheit vergleichsunwilliger Gläubiger wirksam wird.

Zeigen sich neue, seriöse Geschäftsleute bereit, im Rahmen einer Sanierungsgesellschaft oder Sanierungs-Auffanggesellschaft Kapital und vielleicht auch geschäftliche Initiativen für die Sanierung des Krisenunternehmens einzusetzen, so werden Berufsvertretung, Vergleichsgläubiger, Vergleichsgericht und Verwalter leichter von der wirtschaftlichen Durchführbarkeit eines Fortführungsvergleichs überzeugt werden können.

---

76 Künne, K., (Außergerichtliche Vergleichsordnung, a.a.O., S. XXXII) berichtet von vier amtlichen Veröffentlichungen im Bundesanzeiger. Die letzte soll häufig noch zwölf bis achtzehn Monate nach der Zahlungseinstellung erfolgen. Die Anlässe der öffentlichen Bekanntmachungen nennt Böhle-Stamschräder, VerglO, Anm. 1 zu § 119. Eröffnung und Aufhebung des Vergleichsverfahrens sind im Handelsregister bekanntzumachen. §§ 23, 98 Abs. 3 VerglO.

77 Vgl. Hilker, H. W., Die Sanierung des notleidenden Betriebes, a.a.O., S. 18. Er nennt: „Gerichtskosten, Vergütung für den Verwalter, evtl. Anwalt und Vergleichshelfer, mehrfache Publikationen, ggf. Sachwalter und Gläubigerbeirat".

78 Vgl. auch v. Stockum, H. G., Gerichtlicher und außergerichtlicher Vergleich, in: Dynamische Betriebsführung (12. Deutscher Betriebswirtschafter – Tag), hrsg. von der Deutsche Gesellschaft für Betriebswirtschaft, Berlin 1959, S. 245 ff.; Röding, C., Die Praxis des gerichtlichen Vergleichs zur Abwendung des Konkurses, a.a.O., S. 38 ff.

78a Siehe XII. Kapitel, S. 193 ff.

Bei der Festsetzung der Vergleichsquote kann es zu Meinungsverschiedenheiten kommen. Der Schuldner muß in die Lage versetzt werden, bei Befriedigung innerhalb von zwölf Monaten 35 Prozent oder innerhalb von achtzehn Monaten 40 Prozent der Forderungen in *bar* zu zahlen[79]. Nach § 18 Nr. 3 VerglO ist die Eröffnung des Vergleichsverfahrens abzulehnen, wenn der Vergleichsvorschlag der Vermögenslage des Schuldners nicht entspricht, sei es, daß der Schuldner in Anbetracht der wirtschaftlichen Verhältnisse zu wenig oder ausgehend von unrealistischen Annahmen hinsichtlich der künftigen Ertragskraft und der zu erwartenden Kapitalfreisetzung zuviel bietet[80]. Uhlenbruck sieht in dem zu hohen Gebot, das über kurz oder lang den Anschlußkonkurs nach § 96 Abs. 5 VerglO zur Folge hat, die naheliegende Gefahr einer weiteren Gläubigerschädigung[81].

Beruht der Vergleichsvorschlag jedoch auf dem Fortführungskonzept einer Sanierungsgesellschaft oder Sanierungs-Auffanggesellschaft, so wird das Gericht vor allem prüfen, ob nicht die angebotene Vergleichsquote zu niedrig ist. Der Vergleichsvorschlag hat sich in erster Linie an der Vermögens- und Ertragslage des Schuldners zu orientieren[82]. Dabei muß die Erhaltung der Unternehmung mit hinreichender Wahrscheinlichkeit möglich erscheinen[83]. Um sicherzustellen, daß „die tatsächlich gebotene Quote zu dem verbleibenden Vermögen ... in einem angemessenen und vernünftigen Verhältnis steht"[84], ist der Zeitwert des Betriebsvermögens (Betriebsbestehenswert) festzustellen[85]. Von diesem Substanzwert sind entsprechend den Sicherungswerten die aus- und absonderungsberechtigten Forderungen sowie die berechtigten Ansprüche und die Verfahrenskosten vorweg abzuziehen[86]. Der verbleibende modifizierte Substanzwert im Verhältnis zu den Vergleichsforderungen besagt, welche rechnerische Quote in der Masse liegt. Die angemessene Quote kann jedoch niedriger sein, da das zur Fortführung erforderliche Vermögen nicht zur Schuldentilgung veräu-

79 Vgl. § 7 VerglO.

80 Vgl. Rinklin, T., a.a.O., S. 61 ff.; Goldmann, M., Zur Frage: „Konkurs oder Vergleich" und zur Angemessenheit der Vergleichsquote, in: KTS 1962, S. 91 ff.

81 Vgl. Uhlenbruck, W., Die GmbH & Co. KG ... a.a.O., S. 349; 353.

82 § 18 Nr. 3 VerglO fordert die Angemessenheit hinsichtlich der Vermögenslage. Gleichwohl spielt auch die Ertragsentwicklung für die Angemessenheit eine wichtige Rolle. Vgl. hierzu Bley-Mohrbutter, VerglO, Anm. 8 zu § 18; Knorr, E., Der Zahlungsplan im Vergleichsverfahren, a.a.O.; Weida, S., Beziehungen zwischen Vermögen und Schulden im gerichtlichen Vergleichsverfahren zur Abwendung des Konkurses – in betriebswirtschaftlicher Sicht –, Diss. München 1965, S. 121 ff.; Edel, H., Die Höhe der Vergleichsquote in Ausgleich von Gläubiger- und Schuldnerinteresse, Würzburg 1938, S. 93 ff.

83 Vgl. § 18 Nr. 4 VerglO.

84 Uhlenbruck, W., Die GmbH & Co. KG ..., a.a.O., S. 351.

85 Grundlage dazu ist die „Vergleichsbilanz": Vgl. Knorr, E., Zum Aussagewert der Vergleichsbilanz, in: KTS 1955, S. 12 ff.; S. 20 ff.; Heinen, E., Handelsbilanzen, a.a.O., S. 475 ff.; Bauch, G., Die Rechnungslegung im Vergleichsverfahren, in: BB 1974, S. 613 ff.

86 Vgl. Uhlenbruck, W., Die GmbH & Co. KG ..., a.a.O., S. 353 ff.

ßert werden kann[87]. Maßgeblich ist die finanzielle Leistungsfähigkeit unter dem Aspekt der Weiterführung des Krisenunternehmens. Sie kann nur auf der Grundlage eines spezifizierten Finanzplanes festgestellt werden[88]. Bley-Mohrbutter erwarten vom Schuldner, „daß er mit den Gläubigern, die Kredit gegen Sicherungen gegeben haben, dahin verhandelt, daß sie mit Rücksicht auf diese zunächst in der Erfüllung ihrer Ansprüche zeitlich zurücktreten, um vorerst die Vergleichsraten zahlen zu können."[89]

Daneben spielt der Liquidationswert bei der Beurteilung der Frage eine Rolle, ob nicht im Konkurs eine höhere Ausschüttung zu erwarten und aus diesem Grunde gemäß § 79 Nr. 4 VerglO die Vergleichsbestätigung zu versagen ist[90]. Das Konkursverfahren kann für die Gläubiger dann günstiger sein, wenn die abwicklungsbedingten Wertminderungen überkompensiert werden können durch Massemehrungen aus Haftungstatbeständen und Anfechtungslagen, die nur nach der Konkursordnung zu realisieren sind[91].

Fraglich ist, ob der Zeitwert des Krisenunternehmens auch dann unter dem Gesichtspunkt der Fortführung zu bemessen ist, wenn ohne Zustandekommen der Sanierungsgesellschaft mit der Liquidation zu rechnen ist. M. E. muß der Zeitwert nach den bisherigen Verhältnissen des Krisenunternehmens bestimmt werden, nicht aber auf der Basis des Sanierungskonzepts.

In der Praxis wird das Gericht wohl kaum die Verantwortung übernehmen, an solchen Differenzen die Eröffnung des Verfahrens (§ 18 VerglO) oder die Bestätigung eines mit der erforderlichen Mehrheit von Gläubigern angenommenen Vergleichsvorschlags (§ 79 VerglO) scheitern zu lassen. Eine andere Frage ist, ob es den Gläubigern gelingt, das Interesse neuer Gesellschafter am Krisenunternehmen zu einer Verbesserung des Vergleichsvorschlags zu nutzen.

2.3 Bedeutung des Liquidationsvergleichs für die Betriebsübernahmegesellschaft und die Übernahme-Auffanggesellschaft

Läßt sich die Fortführung des Krisenunternehmens im gerichtlichen Vergleich nicht ermöglichen, so kommt ein sogenannter Liquidationsvergleich nach § 7 Abs. 4 VerglO in Betracht[92]. Grundsätzlich ist es möglich, daß eine Betriebsübernahmegesellschaft den Betrieb aus dem Liquidationsvergleich erwirbt oder daß eine Übernahme-Auffanggesellschaft den Betrieb zunächst pachtweise

---

87 Nach Goldmann ist dem Schuldner die Aufnahme von Krediten unter Belastung des Anlagevermögens zuzumuten. Vgl. Goldmann, M., Zur Frage: „Konkurs oder Vergleich"..., a.a.O., S. 91 ff.

88 Vgl. Knorr, E., Der Zahlungsplan im Vergleichsverfahren, a.a.O., S. 81 ff.

89 Bley-Mohrbutter, VerglO, Anm. 8c zu § 18. Vgl. auch die Ausführungen S. 210 ff.

90 Vgl. Böhle-Stamschräder, VerglO, Anm. 5 zu § 79; Uhlenbruck, W., Die GmbH & Co. KG..., a.a.O., S. 351; S. 327.

91 Vgl. ebenda, S. 327. „Es sind gegeneinander abzuwägen: Zahlungsfristen des Vergleichsvorschlages einerseits, voraussichtliche Dauer von Anfechtungsprozessen und Realisierung solcher Forderungen andererseits."

92 Vgl. dazu Uhlenbruck, W., Gefahren des gerichtlichen Liquidationsvergleichs, in: GmbH-Rdsch. 1976, S. 189 ff.

fortführt und mit dem Pachtvertrag auch eine Option zur kaufweisen Übernahme der Betriebsanlagen erhält.

Im Liquidationsvergleich überläßt der Schuldner sein (Betriebs-) Vermögen ganz oder teilweise den Gläubigern zur Verwertung mit der Abrede, daß sie mit der Verteilung des freigesetzten Vermögens abgefunden sind. Die Wirkung des Liquidationsvergleichs über das Vermögen einer Gesellschaft ist für den Schuldner „dem Fall gleichzusetzen ..., in dem die Versilberung des Gesellschaftsvermögens in dem gesetzlich vorgesehenen Liquidationsverfahren zur vollständigen Befriedigung der Gesellschaftsgläubiger führt und in dem nach Befriedigung aller Gesellschaftsgläubiger von dem Gesellschaftsvermögen nichts mehr zur Ausschüttung an die Gesellschafter übrigbleibt."[93] Die Vermögenshingabe ist gegenüber den Vergleichsgläubigern schuldbefreiend[94]. Folgerichtig kommt nach der herrschenden Meinung eine etwaige Haftung der Betriebsübernahmegesellschaft aus §§ 419 BGB, 25 HGB und 613 a BGB nicht zum Zuge[95]. Für Steuerschulden schließt § 75 Abs. 2 AO die Haftung ausdrücklich aus.

Mit dem Haftungsausschluß will die Rechtsordnung die Betriebserhaltung erleichtern. Um jedoch Mißbräuche zu verhindern, soll die Berufsvertretung bei der Begutachtung des Vergleichsvorschlages darauf achten, daß der Liquidationsvergleich von den bisherigen Inhabern/Gesellschaftern „nicht zum Aufbau eines neuen Unternehmens" genutzt wird[96].

Der Vergleichsvorschlag im Sinne des § 7 Abs. 4 VerglO ist nur zulässig, wenn die Vergleichsgläubiger voraussichtlich 35 Prozent ihrer Forderungen erhalten und der Erlaß sich andernfalls nicht auf den dafür fehlenden Betrag erstreckt.

Vielfach wird zur Sicherung der Gläubiger das Vermögen auf einen Treuhänder übertragen (echte Treuhandschaft) oder ein Treuhänder zur Verwertung des Schuldnerunternehmens zugunsten der Gläubiger ermächtigt (unechte oder uneigentliche Treuhand)[97].

Uhlenbruck[98] sieht den Sinn des Liquidationsvergleichs darin, daß er eine ökonomische Verwertung des Unternehmensvermögens ohne Wertevernichtung ermögliche und dadurch den Gläubigern eine günstige Befriedigung ihrer Forderungen biete. Insbesondere der allmähliche Abbau der Unternehmung wird als typische Verwertungsart des Liquidationsvergleichs angesehen[99]. Im Interesse der besten Verwertung kann es angebracht sein, den Betrieb vorübergehend

93 BGH v. 28. 11. 1957 – II ZR 55/57, in: BGHZ 26, S. 126 ff. (128).
94 Vgl. Künne, K., Der Liquidationsvergleich. . ., a.a.O., S. 5.
95 Vgl. Böhle-Stamschräder, VerglO, Anm. 6 zu § 7.
96 Vgl. „Richtlinien für die Begutachtung gerichtlicher Vergleichsanträge", abgedruckt als Anhang 4 in: Böhle-Stamschräder, VerglO, unter IX.
97 Vgl. Böhle-Stamschräder, VerglO, Anm. 3 zu § 7.
98 Vgl. Uhlenbruck, W., Überlegungen vor einer Eröffnung und bei der Abwicklung gerichtlicher Insolvenzverfahren, a.a.O., S. 677.
99 Vgl. Böhle-Stamschräder, VerglO, Einleitung IV.

fortzuführen[100]. Möglicherweise wird der Treuhänder selbst die Gründung einer Betriebsübernahmegesellschaft anregen. Er ist dazu eher in der Lage als der Konkursverwalter, da die im Konkursverfahren vielfach gebotene Eile bei der Verwertung kein Handlungsgebot für den Liquidator ist[101].

Allerdings ist die praktische Bedeutung des Liquidationsvergleichs für Fortführungsgesellschaften noch geringer als diejenige des Fortführungsvergleichs. Der von der Betriebsübernahmegesellschaft zu tragende Kaufpreis muß grundsätzlich neben der Mindestquote von 35 Prozent für die Vergleichsgläubiger die Forderungen der Sonderrechtsgläubiger einschließlich der bevorrechtigten Gläubiger decken. Das wird oftmals zu viel sein. Der Erfolg der Vergleichsbemühungen setzt dann voraus, daß die Sonderrechtsgläubiger bereit sind, in einem außergerichtlichen Vergleich entsprechende Zugeständnisse zu machen. Unter solchen Umständen liegt es jedoch näher, auch mit den Vergleichsgläubigern im Sinne der Vergleichsordnung einen außergerichtlichen Vergleich nach den Richtlinien von Künne anzustreben[102].

Das Entsprechende gilt für die Übernahme-Auffanggesellschaft hinsichtlich des Pachtvertrages und der Option auf Kauf der Betriebsanlagen.

3. Der Konkurs

3.1 Grundlagen

Die Schuldenentlastung, die das Zustandekommen einer Fortführungsgesellschaft erleichtert oder sogar erst ermöglicht, kann auch im Konkursverfahren erfolgen. Voraussetzung für die Sanierung ist allerdings – wie oben dargelegt wurde – daß die leistungswirtschaftlichen Grundlagen nicht durch die Krisen- und Insolvenzentwicklung bereits zerstört worden sind. Dies geschieht im Konkurs häufig, obwohl rechtlich gewisse Möglichkeiten bestehen, es einzugrenzen oder zu verhindern.

3.1.1 Maßnahmen während des Eröffnungsverfahrens

Kritisch ist zunächst die Zeit zwischen dem Konkursantrag des Gemeinschuldners bzw. von Gläubigern und dem Eröffnungsbeschluß des Gerichts. In dieser Phase ist die Betriebswirtschaft in besonders starkem Maße durch Zersetzungs- und Zerfallserscheinungen bedroht – unter Umständen mit irreparablen Folgen für das Fortführungspotential und den Fortführungswert.

---

100 Vgl. Uhlenbruck, W., Gefahren des gerichtlichen Liquidationsvergleichs, a.a.O., S. 190.

101 Vgl. Vogel, H. D., Die Rechtsstellung des Treuhänders bei der Durchführung des Treuhandliquidationsvergleichs zur Abwendung des Konkurses, Diss. Tübingen 1961, S. 51.

102 Vgl. die Ausführungen S. 211 ff.

Solchen Schäden soll das Konkurseröffnungsverfahren entgegenwirken, das vom Kölner Amtsgericht praktiziert wird[103]. Es beruht auf § 106 KO, der dem Gericht schon im Antragsverfahren das Recht gewährt, „alle zur Sicherung der Masse dienenden einstweiligen Anordnungen" zu treffen, insbesondere ein allgemeines Verfügungsverbot an den Schuldner zu erlassen. Weiterhin wird ein Sequester bestellt, der zur Fortführung des Betriebes berechtigt ist[104]. „In seinen Geschäftsbereich fallen alle Eil- und Sofortmaßnahmen, die in der geschäftlichen ‚Krise' geboten sind, um Verfalls- und Stillegungsschäden abzuwenden oder zu verringern." Sinn und Zweck ist, u.a. der Gefahr vorzubeugen, daß der Schuldner während des Vorverfahrens, in dem er grundsätzlich das Verfügungsrecht über das Vermögen behält, „durch weitere vermögensschädliche Maßnahmen die spätere Masse beeinträchtigt."[105]

Neben dem Schutz des Vermögens im Interesse der Gläubiger gilt es als Aufgabe des Sequesters, auf „konkursmäßige Rangmanipulationen"[106] hinzuwirken. Konkret heißt dies, „der Sequester soll künftige Masseschulden oder Kosten abbauen, so daß bei der danach folgenden Entscheidung des Gerichts keine Masseunzulänglichkeit mehr in Frage steht."[107] Als Ansatzpunkt für Rangmanipulationen werden vor allem Umsatzsteuerforderungen und Arbeitnehmeransprüche wegen Abfindungen nach dem Kündigungsschutzgesetz angesehen. Der Sequester soll zudem mit dem Arbeitsamt und den Finanzämtern wegen Rangrücktritten verhandeln. Rangändernde Vereinbarungen sind nach Kilger[108] keineswegs selten: „So erklären sich häufig die Arbeitsämter nach Zustimmung des Landesarbeitsamts und der Bundesanstalt für Arbeit damit einverstanden, daß die im Falle der Freistellung von Arbeitskräften vor Beendigung des Dienstverhältnisses auf die Arbeitsämter übergegangenen Ansprüche des Arbeitnehmers nach § 117 Abs. 4 AFG, die im Konkurse den Rang nach § 59 Nr. 2 KO genießen, hinter die Massekosten rangmäßig zurücktreten, wenn dadurch die Eröffnung des Konkursverfahrens ermöglicht wird."

Das Sequestrationsverfahren „Kölner Übung", das sich im Köln-Düsseldorfer Raum bewährt hat[109], bedeutet eine Annäherung des Vorverfahrens an das vom Konkurseröffnungsbeschluß abhängige Hauptverfahren. Die Sequestration gilt „als eine geeignete Maßnahme zur Aufrechterhaltung des Geschäftsbetriebes

103 Vgl. Berges, A. M., Dynamische Sanierung – Kölner Konzept einer schiedsrechtlichen „Großen Insolvenzrechtsreform", in: BB 1978, Beilage 5, S. 3 ff.

104 Vgl. Kilger, J., Probleme der Sequestration im Konkurseröffnungsverfahren, in: Einhundert Jahre Konkursordnung 1877–1977, a.a.O., S. 189 ff. (193 ff.).

105 Gerhardt, W., Insolvenzverfahren und Einzelzwangsvollstreckung, in: Einhundert Jahre Konkursordnung 1877–1977, a.a.O., S. 111 ff. (117).

106 Uhlenbruck, W., Der Massekostenvorschuß nach Änderung der Konkursordnung durch das Konkursausfallgesetz, in: MDR 1976, S. 95 ff. (99).

107 Heilmann, H., Die Rechtslage des Arbeitnehmers bei Insolvenz seines Arbeitgebers, a.a.O., S. 75.

108 Kilger, J., Probleme der Sequestration. . ., a.a.O., S. 202.

109 Vgl. Berges, A. M., Dynamische Sanierung. . ., a.a.O., S. 3, FN 2.

des Gemeinschuldners während des Eröffnungsverfahrens"[110], mit deren Hilfe die Möglichkeit einer Gesamtverwertung gewahrt werden kann[111]. Deswegen ist der Sequester stillschweigend aufgefordert, die Belegschaft der insolventen Unternehmung aufrechtzuerhalten. Er ist nicht Arbeitgeber und wird daher nicht als befugt angesehen, Kündigungen auszusprechen und über einen Sozialplan zu verhandeln[112]. Er gilt auch nicht als berechtigt, das Geschäft zu schließen[113]. Umstritten ist die Frage, ob es ihm gestattet ist, den Betrieb oder ganze Betriebsteile vor der Entscheidung des Gerichts über den Konkursantrag zu veräußern[114]. Uhlenbruck[114a] verneint diese Frage mit der Begründung, daß der Sequester zur Geschäftsfortführung gezwungen wäre.

3.1.2 Nach Eröffnung des Konkursverfahrens

Durch den Konkurseröffnungsbeschluß wird das gesamte Vermögen[115] „mit einem Schlage ... beschlagnahmt und damit von Staats wegen zum Gegenstand der Erfassung und Verwertung für die Gläubiger in ihrer Gesamtheit. An die Stelle der Einzelvollstreckungen einzelner Gläubiger, der Erfassung einzelner Objekte, tritt die Gesamtvollstreckung in das ganze Vermögen für die Gesamtheit der Gläubiger."[116] Der in der Zwangsvollstreckung vorherrschende Grundsatz der Priorität soll zugunsten des Grundsatzes der gleichmäßigen Befriedigung der Gläubiger aufgehoben werden[117]. Die Wirklichkeit der „par condicio creditorum" ist infolge der gegenwärtigen Sicherungspraxis jedoch weiter denn je von ihrem Idealbild entfernt[118].

Konkursgläubiger ist, wer einen zur Zeit der Eröffnung des Konkursverfahrens begründeten vermögensrechtlichen persönlichen Anspruch gegenüber dem Gemeinschuldner hat (§ 3 KO)[119]. Der Kreis der Konkursgläubiger ist größer als derjenige der Vergleichsgläubiger im gerichtlichen Vergleichsverfahren, weil

---

110 Kilger, J., Probleme der Sequestration ..., a.a.O., S. 189 unter Hinweis auf Jaeger-Weber, KO, Anm. 12 zu § 106.

111 Vgl. Uhlenbruck, W., Insolvenzrecht, a.a.O., S. 57.

112 Vgl. ebenda, S. 57; danach bleibt der Schuldner Arbeitgeber. A. A. Castendieck, J. H., Die Verhinderung „künstlicher" Masseschulden und Massekosten durch Maßnahmen im Konkurseröffnungsverfahren, in: KTS 1978, S. 9 ff. (14 f.).

113 Vgl. BGH v. 27. 3. 1961 II ZR 294/59 (KG), in: NJW 1961, S. 1304 ff. A. A. Kilger, J., Probleme der Sequestration ..., a.a.O., S. 196.

114 Bejahend ebenda, S. 196.

114a Uhlenbruck, W., Insolvenzrecht, a.a.O., S. 58 und S. 191 unter Hinweis auf BGH v. 27. 3. 1961 II ZR 294/59 (KG), a.a.O., S. 1304.

115 Gemeint ist das „gesamte, einer Zwangsvollstreckung unterliegende Vermögen des Gemeinschuldners". § 1 KO; vgl. Mentzel/Kuhn/Uhlenbruck, KO, Anm. 1 zu § 1.

116 Jaeger-Lent, KO, Einleitung S. LI.

117 Rechtliche Grundlage ist § 14 KO. Vgl. Jaeger-Lent, KO, Einleitung S. L.

118 Vgl. Uhlenbruck, W., Einhundert Jahre Konkursordnung, a.a.O., S. 5 ff.; derselbe, Zur Krise des Insolvenzrechts, a.a.O., S. 897 ff.; Kilger, J., Der Konkurs des Konkurses, in: KTS 1975, S. 142 ff.

119 Vgl. Mentzel/Kuhn/Uhlenbruck, KO, Anm. 5 ff. zu § 3; Pagenstecher-Grimm, Der Konkurs, a.a.O., S. 5 ff.

auch die bevorrechtigten Gläubiger, z.B. die Arbeitnehmer mit bestimmten rückständigen Bezügen und die Finanzbehörden mit bestimmten Steuerforderungen, am Konkursverfahren teilnehmen[120]. Betagte Konkursforderungen werden kraft Gesetzes fällig gestellt (§ 65 Abs. 1 KO).

Mit der Eröffnung des Konkursverfahrens verliert der Gemeinschuldner das Verwaltungs- und Verfügungsrecht über das vorhandene Vermögen an den Konkursverwalter[121]. Der Verwalter wird zunächst vom Gericht bestellt[122] und unterliegt dessen Aufsicht[123]. Seine gesetzlich vorgegebene Aufgabe ist es, die Masse in Besitz zu nehmen, zu sichern, zu verwalten und zu verwerten[124]. Er hat zunächst die vorgefundene Istmasse zu bereinigen[125], indem er unter wirtschaftlichen Aspekten die bestehenden Wahlrechte hinsichtlich der noch nicht vollständig erfüllten gegenseitigen Verträge ausnutzt[126], Aufrechnungen durchführt[127], Rechtshandlungen des Gemeinschuldners vor der Konkurseröffnung anficht und so die Gläubiger belastende Masseschmälerungen wieder rückgängig macht[128], Haftungsansprüche stellt[129], Masseansprüche begleicht und umstrittene Aus- und Absonderungsrechte anerkennt[130]. Weiterhin hat der Verwalter die Schuldenmasse, z.B. durch Bestreiten ungerechtfertigter Forderungen, gering zu halten[131]. Die Anfechtungsvorschriften der Konkursordnung, deren Bedeutung in manchen Fällen noch durch die Sanktionsdrohungen des Bankrottstrafrechts verstärkt wird, können für die beteiligten Gläubiger gegenüber dem Liquidationsvergleich zu einem erheblichen Massezuwachs führen.

---

120 Vgl. Bley-Mohrbutter, VerglO, Anm. 12 zu § 25. Siehe auch die Ausführungen S. 215 ff.

121 Vgl. § 6 KO. Zur Absicherung dieser Rechtsfolgen dienen die §§ 7 ff. Die Rechtsstellung des Verwalters und des Geschäftsführers einer GmbH zueinander behandelt Uhlenbruck, W., Die Rechtsstellung des Geschäftsführers im Konkurs der GmbH, in: GmbH-Rdsch. 1972, S. 170 ff. Vgl. auch Mentzel/Kuhn/Uhlenbruck, KO, Anm. 23 zu Vorbem. vor § 207.

122 Vgl. §§ 78, 110 KO; die Gläubigerversammlung kann später eine andere Person wählen (§ 80 KO).

123 Vgl. § 83 KO.

124 Vgl. § 117 KO; hierzu: Mohrbutter, J., Haarmann, H., Leitfaden für Vergleichs- und Konkursverwalter, a.a.O., S. 99 ff.; Uhlenbruck, W., Insolvenzrecht, a.a.O., S. 210 ff.

125 Vgl. hierzu Uhlenbruck, W., Insolvenzrecht, a.a.O., S. 222 ff.

126 Vgl. §§ 17 – 28 KO; vgl. Schrader, S., Uhlenbruck, W., Delhaes, K., Konkurs- und Vergleichsverfahren, a.a.O., S. 124 ff.

127 Vgl. §§ 53 – 55 KO; vgl. Jauernig, O., Zwangsvollstreckungs- und Konkursrecht, a.a.O., S. 172 ff.

128 Vgl. §§ 29 – 42 KO; die Vorschriften des Anfechtungsgesetzes vom 21. 7. 1879. Vgl. Uhlenbruck, W., Insolvenzrecht, a.a.O., S. 255 ff.; Weber, F., Ziele und Wege der Insolvenzrechtsreform, in: Einhundert Jahre Konkursordnung 1877 – 1977, a.a.O., S. 321 ff. (350).

129 Vgl. Uhlenbruck, W., Die GmbH & Co. KG . . ., a.a.O., S. 204 ff.

130 Einzelheiten siehe Uhlenbruck, W., Insolvenzrecht, a.a.O., S. 222 ff. mit weiteren Nachweisen.

131 Vgl. ebenda, S. 267 ff.

Neben diesen vornehmlich rechtlichen Aufgaben steht die Hauptaufgabe, nämlich die Verwertung des in Beschlag genommenen Vermögens mit dem Ziel, das in der Unternehmung verbliebene Kapital freizusetzen[132]. Über Art und Zeit des Vorgehens entscheidet der Verwalter nach seinem pflichtgemäßen Ermessen[133]. Er „hat die Masse möglichst günstig zu verwerten."[134]

3.1.3 Betriebsfortführung und -erhaltung durch den Konkursverwalter

Nach § 129 Abs. 2 KO kann der Konkursverwalter nach seinem Ermessen das Geschäft des Gemeinschuldners fortführen[135]. Wie jedoch der Bundesgerichtshof[136] einschränkend hervorhebt, läßt „das geltende Recht im Hinblick auf den eindeutigen Zweck des Konkursverfahrens, wie er in § 117 Abs. 1 KO zum Ausdruck kommt, eine dauernde Fortführung des Konkursbetriebes mit dem Ziel der sukzessiven, wenigstens teilweisen Befriedigung der Gläubiger nicht" zu[137]. In Betracht komme allenfalls eine einstweilige Fortführung, vor allem, „wenn es um den erfolgversprechenden Versuch eines für die Gläubiger günstigeren Zwangsvergleichs oder um das Aufarbeiten von Vorräten und um die Ausführung gewinnbringender vorhandener Aufträge"[138] gehe.

Ist vom Gericht ein Gläubigerausschuß bestellt, so beschließt dieser über die Fortführung[139]. An diese Entscheidung ist der Verwalter gebunden[140]. Die Verpflichtung zur Geschäftsforführung ist für ihn insofern eine Bürde, als er im Regelfall Masseschulden eingehen muß, für die er gem. § 82 KO persönlich haftet[141].

Wie die Rechtsprechung zutreffend hervorhebt, entspricht eine unternehmerische „Selbstverwaltung der Gläubiger" kaum dem Zweck der Konkursordnung mit ihren Verfahrensvorschriften. Die auf die Konkurs- und Masseforderungen entfallende Masse müßte die sonst dem Eigenkapital zustehende Haftungsfunktion übernehmen. Der Konkursverwalter wäre aufgrund seiner persönlichen Haftung dem nicht kapitalmäßig beteiligten Komplementär gleichgestellt.

---

132 Vgl. Mohrbutter, J., Haarmann, H., Leitfaden für Vergleichs- und Konkursverwalter, a.a.O., S. 205 ff.

133 Vgl. ebenda, S. 205.

134 Mentzel/Kuhn/Uhlenbruck, KO, Anm. 36 zu § 6. Vgl. auch: BFH v. 29. 9. 1970 – II B 22/70, in: BStBl II 1970, S. 830 ff.

135 Vgl. Stüdemann, K., Der Konkursverwalter als Unternehmer, in: Einhundert Jahre Konkursordnung 1877 – 1977, a.a.O., S. 401 ff.; Jaeger-Henckel, KO, Anm. 10 zu § 1.

136 BGH v. 10. 4. 1979 – VI ZR 77/77, in: DB 1979, S. 2318 f. (2318).

137 Vgl. auch Mentzel/Kuhn/Uhlenbruck, KO, Anm. 14 zu § 117; Jaeger/Weber, KO, Anm. 9 zu § 129.

138 BGH v. 10. 4. 1979 – VI ZR 77/77, a.a.O., S. 2318.

139 Vgl. § 129 Abs. 2 S. 2 KO; dazu: Plate, G., Entscheidung zwischen sofortiger Stilllegung und einstweiliger Unternehmensfortführung auf der Grundlage einer Dekkungsbeitragsrechnung, in: KTS 1981, S. 325 ff.

140 Vgl. Uhlenbruck, W., Insolvenzrecht, a.a.O., S. 212.

141 Vgl. BGH v. 10. 4. 1979 – VI ZR 77/77, a.a.O., S. 2319; BGH v. 27. 2. 1973 – VI ZR 118/71, in: DB 1973, S. 966; BGH v. 25. 3. 1975 – VI ZR 75/73, in: WM 1975, S. 517.

Gleichwohl sind in der Insolvenzpraxis manchmal „wagemutige" Konkursverwalter bereit, über längere Zeit hinweg den Betrieb fortzuführen und zu sanieren, um ihn zu einem späteren Zeitpunkt an eine Betriebsübernahmegesellschaft zu einem günstigen Preis zu veräußern. Beispiele hierfür bieten die Konkurse der *Hildesheimer Tapetenfabrik G. L. Peine KG,* Hildesheim[142], der *Mechanischen Baumwollspinnerei und Weberei (SWA),* Augsburg (Glöggler-Konzern)[143] sowie der *Kammgarnspinnerei Kaiserslautern AG,* Kaiserslautern[144]. In diesen Fällen hat allerdings die öffentliche Hand Bürgschaften erteilt und somit das unternehmerische Risiko ganz oder doch zum Teil übernommen. Bei der Kammgarnspinnerei Kaiserslautern wurde die Fortführung eingestellt, nachdem das Land Rheinland-Pfalz die Verlängerung der Bürgschaft abgelehnt hatte, weil sich niemand für eine Übernahme des Betriebes interessierte.

In der Konkursenquete wurden über die Häufigkeiten von Betriebsfortführungen und -erhaltungen durch Insolvenzverwalter folgende Feststellungen gemacht[145]:

	Fortführung durch Konkursverwalter	Betriebserhaltungen durch Konkurs- und Vergleichsverwalter
häufig	3	2
gelegentlich	14	12
selten	36	21
nie	48	65
%	100	100
Zahl der befragten Insolvenzverwalter	330	308

Demnach haben 84% der befragten Konkursverwalter selten oder nie den Betrieb fortgeführt und 86% der Konkurs- und Vergleichsverwalter selten oder nie den Betrieb einer Unternehmung retten können. Dabei hatten die Befragten, denen keine Betriebserhaltung geglückt war, bereits 4043 Insolvenzen bearbeitet. Dieses Befragungsergebnis bestätigt die Beobachtung des Verfassers, daß in Deutschland nur wenige Konkursverwalter die Erhaltung und etwaige Überleitung des Betriebes auf eine Betriebsübernahmegesellschaft systematisch betreiben.

142 Vgl. o.V., *Hildesia* hat sich trotz Konkurs behauptet, in: FAZ vom 5. September 1981.
143 Vgl. o.V., Die *SWA* hofft auf einen baldigen Neubeginn, in: FAZ vom 23. Juni 1979.
144 Vgl. o.V., *Kammgarn Kaiserslautern* ist am Ende, in: FAZ vom 14. Oktober 1981.
145 Vgl. Gessner, V., Rhode, B., Strate, G., Ziegert, K. A., Die Praxis der Konkursabwicklung . . ., a.a.O., S. 218 f.

Mitunter machen die Aus- und Absonderungsberechtigten die Geschäftsfortführung und damit die Gesamtveräußerung unmöglich, indem sie übereilt die unter Eigentumsvorbehalt stehenden Vermögensteile aussondern oder sich aus dem Sicherungsgut abgesondert befriedigen[146]. Selbst gegen die Fortschaffung unentbehrlicher Wirtschaftsgüter kann sich der Verwalter mit Hilfe des Vollstreckungsschutzes aufgrund des § 765 a ZPO nur begrenzt wehren. „Der Ausweg, Vorbehaltsware zu bezahlen, den § 17 KO eröffnet, kann für die Masse nachteilig sein, wenn der Gemeinschuldner sie ungünstig eingekauft hatte, scheitert zudem häufig ebenso wie die Ablösung von Sicherungseigentum an mangelnder Liquidität."[147] Der Verwalter müßte unter Umständen sogar hohe Masseschulden eingehen, wozu er verständlicherweise aufgrund seiner persönlichen Haftung selten bereit ist. Auch wird es vorkommen, daß ihm der Gläubigerausschuß, oder, falls ein solcher nicht bestellt ist, die Gläubigerversammlung aus Risikoscheu die erforderliche Genehmigung nicht erteilt[148].

3.2 Bedeutung des konkursbeendenden Zwangsvergleichs für die Sanierungsgesellschaft und die Sanierungs-Auffanggesellschaft

Ein Krisenunternehmen kann noch durch eine Sanierungsgesellschaft oder Sanierungs-Auffanggesellschaft gerettet werden, nachdem bereits das Konkursverfahren eröffnet worden ist. Das Verfahren kann zu diesem Zweck nach § 202 KO eingestellt werden, wenn alle Konkursgläubiger zustimmen. Zweckmäßiger ist meist eine Aufhebung des Verfahrens durch den Zwangsvergleich (§§ 173 ff. KO), weil damit unmittelbar eine Schuldenbereinigung verbunden ist.

Der Zwangsvergleich hat mancherlei Ähnlichkeit mit dem bereits behandelten gerichtlichen Vergleich. Er ist nach h.M. ein vom Konkursgericht bestätigter Vertrag zwischen dem Gemeinschuldner und „den nicht bevorrechtigten Konkursgläubigern über eine bestimmte, an Stelle der Konkursverteilungen tretende Befriedigung dieser Gläubiger."[149]

Antragsberechtigt ist der Gemeinschuldner. Er kann den Konkursgläubigern[150] einen Vergleichsvorschlag in der Zeit zwischen dem allgemeinen Prüfungstermin[151], in dem die angemeldeten Forderungen erörtert werden, und der Genehmigung der Schlußverteilung[152] unterbreiten[153].

---

146 Vgl. Henckel, W., Die Betriebsveräußerung im Konkurs, a.a.O.

147 Ebenda, S. 2.

148 Vgl. § 134 Nr. 2 KO.

149 Schrader, S., Uhlenbruck, W., Delhaes, K., Konkurs- und Vergleichsverfahren, a.a.O., S. 217 mit Hinweis auf Jaeger-Weber, KO, Anm. 1 zu § 173. Kritisch zur Vertragstheorie Mentzel/Kuhn/Uhlenbruck, KO, Anm. 1 b zu § 173.

150 Zum Begriff des „Konkursgläubigers" vgl. Mohrbutter, J., Haarmann, H., Leitfaden für Konkurs- und Vergleichsverwalter, a.a.O., S. 160 ff.; Jauernig, O., Zwangsvollstreckungs- und Konkursrecht, a.a.O., S. 147 ff.

151 Vgl. § 110 KO; §§ 138 ff. KO.

152 Vgl. § 161 KO.

153 Vgl. § 173 KO; Uhlenbruck, W., Insolvenzrecht, a.a.O., S. 290.

Ein Vergleichsvorschlag, der Aussicht auf Erfolg hat, verschafft dem Schuldner die Möglichkeit, die Schließung des Geschäftsbetriebes, sofern sie aufgrund eines Beschlusses seitens des Gläubigerausschusses oder des Konkursverwalters erfolgen soll[154], durch einen Antrag beim Konkursgericht zu verhindern[155]. Dem Konkursverwalter bietet er eine zusätzliche Begründung, um Vollstrekkungsmaßnahmen seitens der Grundpfandrechtsgläubiger auf der Grundlage von § 30 c ZVG einstweilen abzuwehren[156].

Der Vergleichsvorschlag muß enthalten, wie die am Verfahren beteiligten Gläubiger befriedigt werden sollen, sowie ob und in welcher Weise die Vergleichserfüllung sichergestellt wird[157]. Meist wird bei einem Fortführungs-Zwangsvergleich ein Teilerlaß der Forderungen, verbunden mit einem Moratorium, vorgesehen[158]. Auch hier kann dem Vergleichsvorschlag ein Nachzahlungsversprechen in Form einer „Besserungsklausel" oder eines „Besserungsscheines" beigefügt werden[159]. Eine bestimmte Mindestquote und für diese wiederum ein Zahlungszeitraum werden – anders als im gerichtlichen Vergleichsverfahren – vom Gesetz nicht vorgeschrieben[160].

Der Gemeinschuldner sollte den Gläubigern mindestens das bieten, was sie bei normaler Beendigung des Konkursverfahrens aus der Masse zu erwarten hätten. Andernfalls droht ein Gläubigerantrag auf Verwerfung des Vergleichs, wodurch die gerichtliche Bestätigung verhindert wird[161]. Die Vorschrift des § 187 KO verbietet eine Quote unterhalb von zwanzig Prozent für den Fall, daß das niedrige Ergebnis auf unredliches Verhalten (Verzögerung des Konkursantrages, Verheimlichung und Beiseiteschaffen von Vermögensteilen etc.) des Gemeinschuldners oder seines Vertreters zurückzuführen ist[162]. Folgt dagegen das niedrige Ergebnis aus leichtsinnigem Verhalten, so liegt es im Ermessen des Gerichts, den Vergleich trotz Annahme durch die beteiligten Gläubiger zu verwerfen[163]. Der Vergleich ist generell dann unzulässig, wenn der Gemeinschuldner oder ein Vertreter „einer unlauteren Verschleierung seiner Vermögensverhältnisse verdächtig ist oder sich den konkursmäßigen Feststellungen entzogen hat."[164]

---

154 Vgl. § 129 Abs. 2 KO.

155 Vgl. § 130 KO. Ein entsprechender Gerichtsbeschluß ist nur vorläufig von Bedeutung, da die endgültige Entscheidung die Gläubigerversammlung zu treffen hat (§ 132 Abs. 1 KO).

156 Vgl. Zeller, ZVG, Anm. 3 zu § 30 c.

157 Vgl. § 174 KO; Schrader, S., Uhlenbruck, W., Delhaes, K., Konkurs- und Vergleichsverfahren, a.a.O., S. 259. Mohrbutter, J., Haarmann, H., Leitfaden für Vergleichs- und Konkursverwalter, a.a.O., S. 259 ff.

158 Vgl. Mentzel/Kuhn/Uhlenbruck, KO, Anm. 1 b zu § 174; Mohrbutter, J., Haarmann, H., Leitfaden für Vergleichs- und Konkursverwalter, a.a.O., S. 260.

159 Vgl. ebenda.

160 Vgl. Pagenstecher-Grimm, Der Konkurs, a.a.O., S. 146, FN 1.

161 Vgl. § 188 Abs. 1 Nr. 2 KO.

162 Vgl. Mentzel/Kuhn/Uhlenbruck, KO, Anm. 1 – 2 zu § 187.

163 Vgl. § 187 S. 2 KO. Zum Begriff des „leichtsinnigen Verhaltens" vgl. Mentzel/Kuhn/Uhlenbruck, KO, Anm. 3 zu § 187.

164 Uhlenbruck, W., Insolvenzrecht, a.a.O., S. 290.

Zur Annahme des Vergleichs ist wie im gerichtlichen Vergleichsverfahren eine doppelte Mehrheit erforderlich[165]: Ihm müssen mehr als die Hälfte der im Vergleichstermin teilnehmenden stimmberechtigten Gläubiger zustimmen[166]. Weiterhin wird eine qualifizierte Summenmehrheit von mindestens 75 Prozent aller stimmberechtigten Forderungen verlangt, wobei es nicht darauf ankommt, ob die Gläubiger im Termin erschienen sind oder nicht[167].

Der angenommene Zwangsvergleich bedarf der Bestätigung durch das Gericht[168]. Wird diese erteilt, wirkt der rechtskräftig zustandegekommene Vergleich „für und gegen alle nicht bevorrechtigten Konkursgläubiger", unabhängig davon, ob sie am Vergleichstermin teilgenommen und wie sie dort gestimmt haben[169]. Kommt der Gemeinschuldner seinen Vergleichsverpflichtungen nicht nach, so können die Gläubiger nur dann ihre Forderungen in ursprünglicher Höhe anmelden, wenn im Vergleich ausdrücklich eine „kassatorische Klausel" aufgenommen ist[170].

Nach Bestätigung des Zwangsvergleichs[171] erhält der Gemeinschuldner das Recht zurück, über das zur Konkursmasse gehörende Betriebsvermögen zu verfügen[172]. Zugleich erwächst bei Gesellschaften, die durch Eröffnung des Konkursverfahrens aufgelöst sind, die Möglichkeit, daß die Gesellschafter die Fortsetzung der Gesellschaft beschließen[173].

Für die persönlich haftenden Gesellschafter einer Personengesellschaft ist der Zwangsvergleich insofern von Vorteil, als er deren gesellschaftsrechtliche persönliche Haftung begrenzt, es sei denn, im Vergleich wird etwas anderes vereinbart (§ 211 Abs. 2 KO)[174].

Voraussetzung für die Fortführung des Unternehmens durch eine Sanierungsgesellschaft oder Sanierungs-Auffanggesellschaft ist so gut wie immer ein begleitender außergerichtlicher Vergleich mit den nicht am Zwangsvergleich teilnehmenden, mit Sonderrechten ausgestatteten Gläubigern.

---

165 Einzelheiten hierzu Pagenstecher-Grimm, a.a.O., S. 148 ff.

166 Vgl. ebenda, S. 149; hier liegt ein wichtiger Unterschied zum gerichtlichen Vergleichsverfahren zur Abwendung des Konkurses. Dort sind auch schriftliche Zustimmungen gem. §§ 73, 74 Abs. 1 Nr. 1 VerglO zu beachten.

167 Einzelheiten hierzu Mentzel/Kuhn/Uhlenbruck, KO, Anm. 4 zu § 182.

168 Vgl. § 184 Abs. 1 KO; vgl. auch Jauernig, O., a.a.O., S. 196 f.; Uhlenbruck, W., Insolvenzrecht, a.a.O., S. 293 f. Zu den Rechtsbehelfen gegen die Verfügung des Gerichts vgl. Jauernig, O., a.a.O., S. 196 f.

169 Vgl. § 193 S. 1 KO. „Der im Zwangsvergleich erlassene Teil der Konkursforderungen bleibt als unvollkommene Verbindlichkeit (Naturalobligation) bestehen; er ist nicht erzwingbar, aber erfüllbar". Mentzel/Kuhn/Uhlenbruck, KO, Anm. 8 zu § 193.

170 Vgl. Böhle-Stamschräder, Anm. 1 zu § 195 KO.

171 Vgl. § 190 S. 1 KO.

172 Vgl. § 192 KO. Im Vergleichsantrag kann etwas anderes vorgesehen werden.

173 Vgl. § 144 HGB für die OHG und KG; § 274 Abs. 2 Nr. 1 AktG; § 60 Abs. 1 Nr. 4 2. HS GmbHG. Zum Zwangsvergleich über das Vermögen der GmbH & Co. KG vgl. Uhlenbruck, W., Die GmbH & Co. KG. . ., a.a.O., S. 265 ff.

174 Einzelheiten hierzu Mentzel/Kuhn/Uhlenbruck, KO, Anm. 4–8 zu § 211.

3.3 Bedeutung des Konkursverfahrens für die Betriebsübernahme- und die Übernahme-Auffanggesellschaft

Der Konkursverwalter ist im Rahmen seiner Funktion ermächtigt, den Betrieb im ganzen an eine Betriebsübernahmegesellschaft zu veräußern und damit seine Sanierung zu ermöglichen. Grundsätzlich ist auch der Abschluß eines Pacht- und Optionsvertrages mit einer Übernahme-Auffanggesellschaft möglich, vorausgesetzt, daß durch die Optionsbedingungen nicht der für die Konkursabwicklung angemessene Zeitraum überschritten wird. In jedem Fall erfordern derartige Vereinbarungen die Zustimmung des Gläubigerausschusses bzw. der Gläubigerversammlung[175] [176].

Ebenso wie in den drei dargestellten Vergleichsverfahren wird es erforderlich sein, ergänzend zu den Kaufvereinbarungen mit dem Konkursverwalter Absprachen mit den Sonderrechtsgläubigern zu treffen, daß die betriebsnotwendigen Vermögensgegenstände ohne übermäßige Lasten zu angemessenen Bedingungen erworben werden können.

Wiedemann/Willemsen[177] sehen eine der wesentlichen Aufgaben des Unternehmenskonkurses darin, „durch Abspaltung der im Zeitpunkt der Konkurseröffnung auf dem Unternehmen ruhenden Verbindlichkeiten und deren Abwicklung in einem gesonderten Verfahren die Voraussetzungen für eine wirtschaftliche" Sanierung des Betriebes zu schaffen. „Nachdem der Gesichtspunkt der größtmöglichen Befriedigung aller Gläubiger weithin an Glaubwürdigkeit verloren" habe, rücke „aus volkswirtschaftlicher Sicht die Sanierungsfunktion des Insolvenzverfahrens zunehmend in den Vordergrund."

Diese Funktion kann das Konkursverfahren deshalb ausüben, weil nach der herrschenden Lehre[178] und der Rechtsprechung[179] die Haftungsnormen der §§ 419, 613 a BGB und § 25 HGB beim Betriebskauf aus der Konkursmasse keine oder nur begrenzte Anwendung finden: Während für den Betriebserwerber die Haftung der §§ 419 BGB, 25 HGB für alle Verbindlichkeiten ausgeschlossen ist, „die vor der Übernahme begründet worden sind"[180], gilt der Haf-

175 Vgl. Jaeger/Weber, KO, Anm. 13, 14 zu § 134.

176 Gem. § 135 Abs. 2 KO hat der Verwalter dem Gemeinschuldner vor der Vornahme der Rechtshandlung Mitteilung zu machen. Dazu vgl. Gerhardt, W., Auskunftspflicht des Konkursverwalters gegenüber dem Gemeinschuldner?, in: ZIP 1980, S. 941 ff.

177 Wiedemann, H., Willemsen, H. J., Die Anwendung des § 613 a BGB im Konkurs, a.a.O., S. 428. Vgl. dazu auch: Uhlenbruck, W., Zur Krise des Insolvenzrechts, a.a.O., S. 897 ff.; Knieper, R., Konkurs und Sanierung – Zum einhundertjährigen Bestehen der Konkursordnung, in: BB 1977, S. 622 ff.; Weber, F., Fragen der Gestaltung des Konkursverfahrens in rechtspolitischer und rechtsvergleichender Sicht, a.a.O., S. 80 ff.

178 Vgl. Jaeger-Henckel, KO, Anm. 16 zu § 1. Dazu ausführliche Begründungen bei: Henckel, W., Die Betriebsveräußerung im Konkurs, a.a.O., S. 5 ff. mit weiteren Nachweisungen.

179 Vgl. BAG v. 29. 4. 1966 – 3 AZR 208/65, in: NJW 1966, S. 1984 f.; v. 17. 1. 1980 – 3 AZR 160/79, a.a.O.

180 Henckel, W., Zur Anwendbarkeit des § 613 a BGB im Konkurs, a.a.O., S. 173.

tungsausschluß des § 613 a BGB nur für die Verbindlichkeiten, die vor der Konkurseröffnung entstanden sind[181]. Der Betriebserwerber haftet demnach gegenüber den Arbeitnehmern für die Masseverbindlichkeiten, die in der Zeit zwischen der Konkurseröffnung und dem Betriebsübergang entstehen. Dies wird er bei der Bemessung des Kaufpreises berücksichtigen.

Eine Haftung für rückständige Betriebssteuern des Krisenunternehmens nach § 75 AO ist nach dem Absatz 2 dieser Vorschrift ausdrücklich ausgenommen. Dies gilt auch, wenn die wesentlichen Grundlagen des Betriebes von den Absonderungsberechtigten übertragen werden, da es sich auch hier „um einen Erwerb im Vollstreckungsverfahren" handelt[182].

Ökonomisch unverständlich ist die Meinung von K. Schmidt[183], wonach für Betriebsübernahmegesellschaften, die eigens gegründet werden, um den Betrieb von Insolvenzunternehmen „durch Trennung der haftenden Aktivenmasse vom Gemeinschuldnervermögen zu sanieren, ... – sogar unabhängig von der Firmenfortführung – die Haftung für Altverbindlichkeiten zu bejahen" sei. Diese Auffassung hätte die volkswirtschaftlich unerwünschte Konsequenz, daß kaum noch Betriebe überschuldeter Unternehmen zu retten wären. Denn wo keine Möglichkeit besteht, die Verbindlichkeiten unter den Fortführungswert zu senken, ist ein Kapitaleinsatz zur Fortführung ökonomisch nur sinnvoll, wenn die öffentliche Hand durch Subventionen die Überschuldung beseitigt.

4. Die Zwangsversteigerung des betrieblichen Grundvermögens

4.1 Grundlagen

Wenn die im gerichtlichen Vergleichs- und Konkursverfahren erzielbare Schuldenbereinigung für eine Fortführungsgesellschaft nicht ausreicht und die Grundpfandrechtsgläubiger nicht bereit sind, im Vergleichswege übermäßige Belastungen aufzugeben, kommt als letzte Möglichkeit noch die Zwangsversteigerung nach dem Zwangsversteigerungsgesetz in Betracht. Sie kann im Konkurs außer von den Grundpfandrechtsgläubigern auch vom Konkursverwalter beantragt werden[184].

Die Zwangsversteigerung kann unabhängig von einem Insolvenzverfahren mit dem Erfolg betrieben werden, daß eine Fortführungsgesellschaft den Betrieb durch Zuschlag erwirbt und damit von allen über dem Meistgebot liegenden Schuldbeträgen des Krisenunternehmens entlastet ist.

Für das Verständnis des Zwangsversteigerungsverfahrens sind folgende Grundsätze wichtig[185]:

181 Vgl. BAG v. 17. 1. 1980 – 3 AZR 160/79, a.a.O.
182 Vgl. Tipke-Kruse, AO, Tz 9 zu § 75.
183 Schmidt, K., Organverantwortlichkeit und Sanierung im Insolvenzrecht der Unternehmen, a.a.O., S. 337.
184 Vgl. § 126 KO.
185 Vgl. Storz, K.-A., Praxis des Zwangsversteigerungsverfahrens, a.a.O., S. 79 ff.

- Der *Deckungsgrundsatz,* dem das Institut des „geringsten Gebots" Geltung verschafft. Nach § 44 Abs. 1 ZVG wird bei der Versteigerung „nur ein solches Gebot zugelassen, durch welches die dem Anspruche des Gläubigers vorgehenden Rechte sowie die aus dem Versteigerungserlöse zu entnehmenden Kosten des Verfahrens gedeckt werden".
- Der *Übernahmegrundsatz.* Gem. § 52 Abs. 1 ZVG bleibt ein Recht „insoweit bestehen, als es bei der Feststellung des geringsten Gebots berücksichtigt und nicht durch Zahlung zu decken ist. Im übrigen erlöschen die Rechte." Der Übernahmegrundsatz hat zur Folge, daß der Ersteher des Grundstücks die Rechte aus Abt. II und III des Grundbuchs gegen sich gelten lassen muß, die den Rechten der die Zwangsversteigerung betreibenden Gläubiger vorgehen.
- Der *Ranggrundsatz:* „Er besagt in seiner allgemeinsten Form, daß die verschiedenen Gläubiger nicht wie Konkursgläubiger prozentual gleiche Quoten auf ihre Forderungen erhalten, sondern daß der jeweils rangbessere Gläubiger erst voll befriedigt wird, bevor der Nächste in der Rangfolge Zahlungen erhält."[186]

Das geringste Gebot (§ 44 Abs. 1 ZVG) setzt sich wie folgt zusammen[187]:

a) Mindestbargebot („Barteil")

Kosten des Verfahrens[188]
Ansprüche nach § 10 Abs. 1 Nr. 1 – 3 ZVG:

Rangklasse 1:	Ansprüche eines die Zwangsversteigerung betreibenden Gläubigers auf Ersatz seiner Aufwendungen zur Erhaltung des Grundstücks;
Rangklasse 2:	betrifft nur land- und forstwirtschaftliche Grundstücke;
Rangklasse 3:	öffentliche Grundstückslasten, für die neben dem Grundstückseigentümer auch das Grundstück haftet[189]; den einzelnen Gläubigern entstandene notwendige Kosten der dinglichen Rechtsverfolgung (§ 12 Nr. 1 ZVG), wiederkehrende Leistungen (§ 12 Nr. 2 ZVG)[190] und andere Nebenleistungen.

b) Bestehenbleibende Rechte, die dem bestrangig betreibenden Gläubiger vorangehen (Übernahmegrundsatz).

Ein Zuschlag kommt nur zustande, wenn das geringste Gebot erreicht wird. Bleibt das Meistgebot einschließlich des Wertes der bestehenbleibenden Rechte unter 50 Prozent des Verkehrswertes des Grundstücks, so ist gem. § 85 a Abs. 1 ZVG der Zuschlag von Amts wegen zu versagen. Bei einem Meistgebot unter 70 Prozent des Verkehrswertes kann ein am Grundstück gesicher-

186 Storz, K.-A. Praxis des Zwangsversteigerungsverfahrens, a.a.O., S. 83.
187 Vgl. ebenda, S. 122 ff.
188 Gem. § 109 Abs. 1 ZVG sind die Verfahrenskosten vorweg aus dem Versteigerungserlös zu entnehmen.
189 Z.B. Erschließungsbeiträge, Grundsteuern.
190 Zu ihnen gehören die Zinsen. Vgl. Zeller, ZVG, Anm. 3 (2) zu § 12.

ter Gläubiger, der mit seiner Forderung ganz oder teilweise ausfallen würde, die Versagung des Zuschlages beantragen, wenn seine Forderung bei einem entsprechenden Gebot voraussichtlich gedeckt sein würde (§ 74 a Abs. 1 ZVG). In dem darauffolgenden Versteigerungstermin ist dann allerdings die Zuschlagsversagung sowohl nach § 85 a Abs. 1 ZVG als auch nach § 74 a Abs. 1 ZVG ausgeschlossen.

Betreibt der Konkursverwalter die Zwangsversteigerung, so besteht im allgemeinen ein besonders hohes „geringstes Gebot"[191]. In dieses fallen nämlich, da der Konkursverwalter für die Konkursgläubiger handelt, alle am Grundstück bestehenden Rechte, „wie wenn ein persönlicher Gläubiger außerhalb des Konkurses das Verfahren beantragt hätte."[192] Bei hoher Grundstücksbelastung wird jedoch kaum ein entsprechendes Gebot zustande kommen. Daher gibt § 174 ZVG jedem Grundpfandrechtsgläubiger das Recht, die Änderung des geringsten Gebots dahingehend zu beantragen, daß „nur die seinem Anspruche vorgehenden Rechte berücksichtigt werden; in diesem Falle ist das Grundstück auch mit der verlangten Abweichung auszubieten." Dieses Vorgehen führt zu einem Doppelausgebot[193]. Es dient zunächst dem Zweck, einen Zuschlag ohne Rücksicht auf die nachfolgenden Ansprüche zu ermöglichen[194]. Außerdem werden damit die Ausfallforderungen festgestellt, mit denen die Gläubiger am Konkursverfahren beteiligt sind[195].

4.2 Bedeutung der Zwangsversteigerung für Fortführungsgesellschaften

Die Schuldenentlastung über die Zwangsversteigerung ist für eine Sanierungsgesellschaft kaum möglich, da die persönliche Schuld für die bei der Versteigerung ausfallenden Beträge bestehen bleibt. Eine Betriebsübernahmegesellschaft könnte dagegen mit dem Zuschlag das Betriebsgrundstück einschließlich Gebäuden, Einrichtungen und Zubehör erwerben, ohne von den nachrangigen Rechten belastet zu werden[196]. Die Haftungsnormen der §§ 419[197], 613 a[198] BGB und § 75 AO[199] kommen beim Erwerb in der Zwangsversteigerung nicht zum Zuge.

---

191 Vgl. dazu Mohrbutter/Drischler, Die Zwangsversteigerungs- und Zwangsverwaltungspraxis, a.a.O., Muster 176, Anm. 7 B; Zeller, ZVG, Anm. 2 (2) a) zu § 174.

192 Mentzel/Kuhn/Uhlenbruck, KO, Anm. 4 zu § 126. Vgl. auch Wolff, E., Grundpfandgläubiger und Konkursverwalter in der Zwangsversteigerung, in: ZIP 1980, S. 417 ff.

193 Vgl. Zeller, ZVG, Anm. 2 (5) a zu § 174.

194 Vgl. Mohrbutter/Haarmann, Leitfaden für Vergleichs- und Konkursverwalter, a.a.O., S. 221.

195 Vgl. ebenda.

196 Vgl. § 91 ZVG.

197 Vgl. Heinrichs, in: Palandt, BGB, Anm. 3 zu § 419.

198 Vgl. Richardi, R., Übergang von Arbeitsverhältnissen bei Zwangsvollstreckungsmaßnahmen im Rahmen einer Konkursabwicklung, in: RdA 1976, S. 56 ff. (58). Bieler, F., Zur Sicherung der Arbeitnehmer bei der Übernahme notleidender Betriebe, in: BB 1981, S. 435 ff. (436).

199 Vgl. § 75 Abs. 2 AO.

Der schlimmste Nachteil der Zwangsversteigerung ist der Zeitverlust. Vom Antrag bis zum letzten Versteigerungstermin vergehen meist Jahre, in denen es nur in Ausnahmefällen möglich sein wird, einen lebenden Betrieb zu erhalten[200]. Aus diesem Grunde könnte man an eine Übernahme-Auffanggesellschaft denken, die die Zeit bis zum Zuschlag durch eine Betriebspacht überbrückt. Wie bereits oben ausgeführt wurde, wäre dieser Weg jedoch risikoreich, da nachrangige Gläubiger das Interesse der Auffanggesellschaft am Erwerb des betriebsnotwendigen Grundstücks ausnützen könnten, um das Meistgebot nach oben zu treiben[201].

In manchen Fällen kann der Zeitablauf für den Erwerber sogar vorteilhaft sein. Große Bauvorhaben, z.B. ein Hotelkomplex, bei denen sich Anlagegesellschaften übernommen haben, so daß sie vor der Fertigstellung in Konkurs gingen, können unter Umständen nach längerer Frist in der Zwangsversteigerung besonders günstig erworben, und danach vollendet und rentabel gemacht werden[202].

Stellt die Zwangsversteigerung auch die ultima ratio dar, so spielt sie doch im Kalkül der Beteiligten für den Entscheidungswert eine bedeutende Rolle: Jeder fragt sich, was wäre, wenn man sich nicht vergleichsweise einigt.

XV. Kapitel

Rechtliche und wirtschaftliche Positionen bei den Verhandlungen mit den Gläubigern

1. Grundpfandrechtsgläubiger

Die Fortführung eines Krisenunternehmens bzw. seines Betriebes hängt oft davon ab, ob eine Schuldenregelung mit den Grundpfandrechtsgläubiggern zustande kommt. Dies gilt vor allem bei Industrieunternehmen, bei denen neben Grund- und Boden die Betriebsgebäude und -einrichtungen als wesentliche Bestandteile[1] und wichtige Teile des beweglichen Anlagevermögens als Zubehör den Sicherungsnehmern haften. Es bedeutet dann, daß der weitaus größte Teil des Anlagevermögens Sicherungsgut der Hypotheken- und Grundschuldgläubiger darstellt.

Allerdings verursacht die Klärung der Zubehöreigenschaft trotz einer bereits vorliegenden umfangreichen Rechtsprechung erhebliche Schwierigkeiten, was

200 Vgl. Ausführungen S. 240.

201 Vgl. dazu: Storz, K.-A., Praxis des Zwangsversteigerungsverfahrens, a.a.O., S. 138 ff.

202 Ein Beispiel hierfür ist das H.M.C.I. Sporthotel, Arnsberg-Neheim-Hüsten/Westfalen, das aus dem Konkurs einer Dorint-Hotel-Gesellschaft erworben wurde.

1 Vgl. § 94 Abs. 1 BGB; Werkstoffe für Mauern, Fußböden, Treppen, Fenster, Türen, Außenanlagen, Lüftungsanlagen etc. sind weitere wesentliche Bestandteile des Gebäudes (§ 94 Abs. 2 BGB); vgl. Palandt-Heinrichs, BGB, Anm. 4 b zu § 94.

oftmals zu Rechtsstreitigkeiten führt. Als Zubehör wurden u.a. anerkannt[2]: Maschinen auf einem Betriebsgrundstück, Materialreserven – aber nicht Rohstoffvorräte –, der Hotelomnibus, Pferde und Wagen einer Brauerei, die aufstehende Glashütte, Sägerei, die Geschäftseinrichtung einer Apotheke.

Häufig werden Unternehmungen aus Gründen der Haftungsbeschränkung in eine sog. Besitzgesellschaft und eine sog. Betriebsgesellschaft aufgespalten[3]. Obgleich die Besitzgesellschaft im Prinzip für die Schulden der Betriebsgesellschaft nicht haftet, erreichen deren Darlehensgeber immer wieder, daß ihnen die Besitzgesellschaft als Sicherheit Grundpfandrechte einräumt.

1.1 Inhaber der Grundpfandrechte

Im Rahmen der Konkursenquete wurde bei 204 eröffneten Konkursen ermittelt, daß von den gegebenen Sicherheiten 49,1% auf Immobiliarsicherheiten entfielen[4]. An den von den Konkursunternehmen eingeräumten Hypotheken und Grundschulden waren Kreditinstitute mit 85%, Warenlieferanten mit 5% und sonstige Gläubiger mit 10% beteiligt[5]. Damit wird die Feststellung bestätigt, daß die Kreditinstitute unter den Grundpfandrechtsgläubigern die weitaus wichtigsten Positionen einnehmen.

Zugleich stehen die Grundpfandrechte mit weitem Abstand an erster Stelle der Sicherungsmittel der Banken[6]. Die Konkursenquete führt dies auf den hohen Sicherungsgrad zurück. Während nach ihrem Untersuchungsmaterial die Kreditinstitute aus der Verwertung von Sicherheiten durchschnittlich 79% ihrer Forderungen decken konnten, waren es bei den Kreditinstituten, die Grundpfandrechte besaßen, 88 Prozent[7].

Bei geeigneten Objekten, z.B. Wohn- und Bürogebäuden sowie Hotelkomplexen, geben auch Versicherungen und Bausparkassen Darlehen gegen Grundpfandsicherheiten. In Einzelfällen lassen sich nicht institutionelle Darlehensgeber und stille Gesellschafter[8] für ihren Rückforderungsanspruch

2 Vgl. § 97 BGB. Vgl. Heinrichs, in: Palandt, BGB, Anm. 8 zu § 97.

3 Vgl. hierzu Wöhe, G., Betriebswirtschaftliche Steuerlehre, Band II, 1. Halbband, Der Einfluß der Besteuerung auf die Wahl und den Wechsel der Rechtsform des Betriebes, 3. Auflage, München 1978, S. 179 ff.; Felix u.a., Kölner Handbuch der Betriebsaufspaltung und Betriebsverpachtung, 3. Auflage, Köln 1978; Knoppe, H., Pachtverhältnisse gewerblicher Betriebe im Steuerrecht, a.a.O.

4 Vgl. Gessner, V., Rhode, B., Strate, G., Ziegert, K. A., Die Praxis der Konkursabwicklung..., a.a.O., S. 172.

5 Das ergibt sich aus Tabelle I/93, ebenda, S. 173.

6 Ebenda, S. 256. Steiner, M., Ertragskraftorientierter Unternehmenskredit und Insolvenzrisiko, a.a.O., S. 64.

7 Vgl. Gessner, V., Rhode, B., Strate, G., Ziegert, K. A., Die Praxis der Konkursabwicklung..., a.a.O., S. 256.

8 Vgl. Paulick, H., Die stille Gesellschaft. Systematische Darstellung in handelsrechtlicher, steuerrechtlicher und betriebswirtschaftlicher Sicht, 3. Auflage, Köln 1981, S. 148 ff. Zum Insolvenzrecht der stillen Gesellschaft vgl. Schmidt, K., Das Vollstreckungs- und Insolvenzrecht der stillen Gesellschaft, in: KTS 1977 (I) u. (II), S. 1 ff. und

Grundpfandrechte einräumen. Im Vorfeld der Insolvenz versuchen manchmal Finanzämter ihre Ansprüche durch Eintragung einer Sicherungshypothek[9], jedoch meist an aussichtsloser Rangstelle, abzusichern[10]. Für öffentliche Grundstückslasten wie rückständige Erschließungskosten, Grundsteuern etc. besteht ohnehin eine dingliche Grundstückshaftung mit „erstklassigem" Rang[11].

Warenlieferanten lassen sich selten Grundpfandrechte bestellen[12]. Für sie kommt wegen der engen Verknüpfung des gewährten Kredits mit der Leistung als Sicherungsmittel in erster Linie der Eigentumsvorbehalt an den gelieferten Gegenständen in Betracht.

In sichtbar kritischer Situation lassen sich Gläubiger manchmal noch Zwangshypotheken gemäß § 866 Abs. 2 ZPO eintragen.

1.2 Fälligstellung der Kredite

Die Grundpfandrechtsgläubiger können durch Wahrnehmung ihrer ordentlichen und außerordentlichen Kündigungsrechte Kredite schon vor Eröffnung des Insolvenzverfahrens fällig stellen und bei Zahlungsschwierigkeiten des Kunden die Immobiliar-Zwangsvollstreckung betreiben.

Von großer Bedeutung ist für Kreditinstitute[13] das außerordentliche Kündigungsrecht nach Nr. 17 Satz 2 der Allgemeinen Geschäftsbedingungen der Banken und nach Nr. 13 der Allgemeinen Geschäftsbedingungen der Landesbanken/Sparkassen. Danach ist das Kreditinstitut zur Kreditkündigung befugt, wenn ein wichtiger Grund vorliegt, insbesondere, wenn der Kunde unrichtige Angaben über seine Vermögenslage gemacht hat, wenn eine wesentliche Verschlechterung seines Vermögens oder eine erhebliche Vermögensgefährdung eintritt oder wenn der Kunde seiner Verpflichtung zur Bestellung oder Verstärkung von Sicherheiten nach Aufforderung durch die Bank bzw. Sparkasse nicht innerhalb angemessener Frist nachkommt.

Eine Kündigung wegen Verschlechterung der Vermögensverhältnisse darf jedoch nur unter Beachtung des Grundsatzes von Treu und Glauben erfolgen[14].

S. 65 ff.; Wahl, A., Die Vermögenseinlage des atypischen stillen Gesellschafters in der Handelsbilanz und im Überschuldungsstatus der GmbH, in: GmbH-Rdsch. 1975, S. 169 ff.

9 Rechtsgrundlage dazu sind: § 866 Abs. 1 ZPO in Verbindung mit § 322 Abs. 1 AO. Einzelheiten dazu: Tipke-Kruse, AO, Anm. 20 zu § 322.

10 Vgl. Gessner, V., Rhode, B., Strate, G., Ziegert, K. A., Die Praxis der Konkursabwicklung..., a.a.O., S. 393 ff.

11 Für Grundsteuern gilt die Haftungsregelung in § 12 GrStG.

12 Vgl. Gessner, V., Rhode, B., Strate, G., Ziegert, K. A., Die Praxis der Konkursabwicklung..., a.a.O., S. 173.

13 Vgl. Obermüller, M., Kredite vor Konkurseröffnung, a.a.O., S. 340 ff.; Wehrhahn, J. W., Der notleidende Kredit, Wiesbaden 1965, S. 71.

14 Vgl. BGH v. 19. 9. 1979 – III ZR 93/76, in: DB 1979, S. 2221 ff. (2222); Canaris, C.-W., Kreditkündigung und Kreditverweigerung gegenüber sanierungsbedürftigen Bankkunden, in: ZHR 1979, S. 113 ff. (114 ff.), wonach die Kündigung „zur Unzeit" verboten ist.

Nach Auffassung des Bundesgerichtshofs[15] müssen „Tatsachen vorliegen, auf Grund deren dem kündigenden Teil unter Berücksichtigung aller Umstände des Einzelfalles und unter Abwägung der Interessen beider Vertragsteile die Fortsetzung des Vertrages bis zum Ablauf der Kündigungsfrist oder bis zu der vereinbarten Beendigung des Vertragsverhältnisses nicht mehr zugemutet werden kann". Unter diesen Voraussetzungen braucht die Bank nicht einmal abzumahnen oder zu warnen, wenn sie die Kreditbeziehung beenden will. Doch gilt die Kündigung als unzulässig, „wenn sie allein den Kunden schädigt, andererseits aber die Bank und auch Dritte durch ein Stillhalten der Bank keine Nachteile erleiden können"[16]. Dies kann in der Krise allenfalls zutreffen, wenn das Kreditinstitut gut abgesichert ist, wobei auch seine Zinsen gedeckt sind und ein Wertabfall seiner Sicherheiten nicht zu erwarten ist.

Hat eine Bank einem sanierungsbedürftigen Kunden einen Stützungskredit gewährt, so darf sie den Kredit nicht schon deshalb alsbald wieder zurückrufen, weil das Unternehmen nicht unmittelbar die Gewinnzone erreicht[17]. Vielmehr darf sie „den Kredit erst dann kündigen, wenn sich herausstellt, daß die Sanierungsmaßnahmen erfolglos sind und sich die wirtschaftliche Lage des Unternehmens im Verhältnis zum Zeitpunkt der Stützungsabrede wesentlich verschlechtert hat."[18]

In der Praxis stellt die Drohung mit der Zwangsvollstreckung ein häufiges Druckmittel dar[19], das je nach der Erfahrung der Rechtsberater oder auch der Dickfelligkeit des Schuldners Wirkung ausübt. Eine Verschlechterung der Beziehung zur Hausbank kann allerdings für die Sanierung erhebliche Nachteile mit sich bringen, zumal es in der Krise meist nicht möglich ist, die Bank zu wechseln[20].

1.3 Die Entscheidungswerte der Beteiligten

Grundpfandgläubiger, die wegen einer vergleichsweisen Schuldentlastung angegangen werden, werden die Risiken prüfen, die mit einer Ablehnung für sie verbunden wären. Kein Anlaß, der Fortführungsgesellschaft entgegenzukommen, besteht, wenn ihre Forderung durch den Wert des Grundstücks so gut gedeckt ist, daß sie selbst im Extremfalle der Zwangsversteigerung nichts zu befürchten haben, es sei denn, daß ihnen der Zeitverlust liquiditätsmäßig oder zinsmäßig nachteilig wäre. Allerdings ist üblicherweise für den Fall des Zahlungsverzuges im Grundbuch ein relativ hoher Zinssatz eingetragen.

---

15 BGH v. 10. 11. 1977 – III ZR 39/76, in: DB 1978, S. 787.

16 Obermüller, M., Kredite vor Konkurseröffnung, a.a.O., S. 343.

17 Vgl. derselbe, Die Bank im Konkurs ihres Kunden, a.a.O., S. 108.

18 Ebenda.

19 Zur Kreditkündigung und Sicherheitenrealisierung durch Banken vgl. auch Gessner, V., Rhode, B., Strate, G., Ziegert, K. A., Die Praxis der Konkursabwicklung…, a.a.O., S. 256 ff.

20 Vgl. Rümker, D., Verhaltenspflichten der Kreditinstitute in der Krise des Kreditnehmers, in: KTS 1981, S. 493 ff. (500).

Grundpfandgläubiger brauchen unter Umständen selbst dann nicht nachzugeben, wenn ihre Forderung dem Range nach über dem Wert des Grundstücks liegt. Unter der Voraussetzung, daß eine finanziell gesunde Sanierungsgesellschaft das Krisenunternehmen – ohne gerichtliches Vergleichsverfahren – fortführt, ist ihre Forderung nicht gefährdet und damit die Sicherheit ohne Bedeutung. Eine Betriebsübernahmegesellschaft, die das Grundstück nicht im Zwangsversteigerungsverfahren wegen des damit verbundenen Zeitverlustes und Risikos erwerben will, wird gegebenenfalls die durch den Verkehrswert nicht gedeckte Mehrbelastung in Kauf nehmen.

Anders ist die Situation für den Gläubiger, der befürchtet, daß der Schuldner seine Forderung nicht erfüllen könnte, eine Sanierungsgesellschaft ohne seine Vergleichsbereitschaft nicht zustande käme und er in der Zwangsversteigerung Verluste erleiden würde. Für ihn liegt es nahe, eine Schätzung vorzunehmen, bei der er das voraussichtliche Meistgebot nach dem Verkehrswert bemißt und die seinem Rang vorgehenden Belastungen abzieht. Sein Entscheidungswert, bis zu dem er im Vergleich erforderlichenfalls seine Forderung ermäßigen kann, ist jedoch nicht mit seinem so geschätzten Erlös identisch. Er hat noch die ihm beim Zwangsvergleich entstehenden Nachteile in Form von Zinsverlusten, Kosten und Liquiditätseinbußen abzusetzen.

Für die Fortführungsgesellschaft gibt es, wie schon oben bemerkt wurde, nicht im gleichen Sinne einen speziellen Entscheidungswert, es sei denn, alle anderen Möglichkeiten der Schuldenentlastung seien bereits bekannt oder mit hinreichender Sicherheit zu schätzen, so daß aus dem Fortführungswert und den sonstigen Schulden der Entscheidungswert für den vorliegenden Fall abgeleitet werden kann.

Für den Vertreter der Fortführungsgesellschaft liegt es bei den Verhandlungen nahe, vom Verkehrswert des belasteten Grundstücks auszugehen. In der Praxis ist jedoch die Ermittlung eines von beiden Seiten anerkannten Verkehrswertes nur schwer möglich. Außerdem geht es nicht um einen, sondern um zwei Verkehrswerte für verschiedene Zeitpunkte: denjenigen der Verhandlungen, die derzeit stattfinden, und denjenigen der Zwangsversteigerung, deren letzter Termin oft erst Jahre später abgehalten wird.

Meist liegen bereits Bewertungen aus früheren Zeiten vor; denn bei Kreditgewährungen gegen Grundbuchsicherheiten werden üblicherweise von Sachverständigen erstellte Wertgutachten gefordert. Doch sind diese im Regelfall in der Krisensituation überholt; meist muß der Wert nach unten revidiert werden, vor allem, wenn für das Betriebsgrundstück kein Markt besteht, der die speziellen Anlagen und das Zubehör zu Reproduktionswerten berücksichtigt. In dieser Situation wird ein von der einen Seite veranlaßtes Gutachten von der anderen nicht ohne weiteres anerkannt. Besteht auf beiden Seiten ernsthafte Vergleichsbereitschaft, so empfiehlt es sich, gemeinsam einen Sachverständigen mit einem neuen Gutachten zu beauftragen. Dabei kann es ratsam sein, den Auftrag auch auf den voraussichtlichen Wert im Zeitpunkt der Zwangsversteigerung zu erweitern.

Der mit dem Zwangsversteigerungs-Verfahren verbundene Zeitverlust bedeutet meist auch einen Wertverlust, der für die Positionen beider Seiten bedeutsam ist. Der Fortführungswert vermindert sich für die Fortführungsgesellschaft meist stärker, als die Ersparnis bei der Zwangsversteigerung ausgleichen kann: Vielfach wird damit sogar das Sanierungsprojekt für die Fortführungsgesellschaft uninteressant.

Von den Gläubigern werden diejenigen besonders betroffen, deren Grundpfandrecht im Krisenzeitpunkt gerade noch ganz oder teilweise durch den Wert des Grundstücks gedeckt war. In der Zeit bis zum Zuschlagstermin wird ihr Rang durch wachsende Zinsansprüche und Kosten der vorangehenden Gläubiger ausgehöhlt[21]. Wichtig sind dabei auch die Ansprüche der betreibenden Gläubiger auf Ersatz ihrer Aufwendungen für die Erhaltung oder notwendige Verbesserung des Grundstücks im Falle der Zwangsverwaltung[22], die in der Praxis aus guten Gründen vielfach neben der Zwangsversteigerung betrieben wird.

Möglicherweise kümmert sich inzwischen niemand genug um die Erhaltung der Gebäude, Betriebseinrichtungen und des Zubehörs. Schließlich besteht auch die Gefahr, daß sich zum Zeitpunkt der Versteigerung überhaupt kein Interessent mehr findet, der den Betrieb fortführen will, so daß alle betrieblichen Spezialeinrichtungen bis zum Zerschlagungs-(Schrott-)wert entwertet sind. Seit den siebziger Jahren erweisen sich immer häufiger Betriebsgrundstücke mangels Nachfrage als schlecht verwertbar oder gar als unverkäuflich[23].

1.4 Taktische Positionen im Zwangsversteigerungsverfahren

Unter anderen Aspekten stehen Vergleichsverhandlungen mit Gläubigern, deren Grundpfandrecht von Anfang an durch den Verkehrswert des Grundstücks wahrscheinlich nicht gedeckt ist. Unter ihnen sind häufig Gläubiger, die erst unmittelbar vor der Insolvenz Zwangshypotheken eintragen ließen. Ihre Chance besteht vor allem darin, sich die Störposition von einer Fortführungsgesellschaft oder von rangbesseren Gläubigern abkaufen zu lassen[24]. Für sie ist jeder Teilbetrag, den sie erhalten, ein Vorteil. Ist das Interesse der Fortführungsgesellschaft an der sofortigen Übernahme des Projekts erheblich, so kann es den Störern sogar gelingen, einen beträchtlichen Teil des Fortführungsgewinns für sich abzuzweigen.

---

21 Vgl. Storz, K.-A., Praxis des Zwangsversteigerungsverfahrens, a.a.O., S. 107. Papke, H., Wirtschaftliche Bedeutung der Terminsbestimmung im Zwangsversteigerungsverfahren, a.a.O., S. 140 ff.

22 Vgl. § 10 Abs. 1 Nr. 1 ZVG.

23 Vgl. Fischer, O., Kreditausfälle und Eigenkapitalvorsorge der Banken, in: Der Bankbetrieb zwischen Theorie und Praxis, Festschrift für K. F. Hagenmüller, hrsg. von J. Süchting, Wiesbaden 1977, S. 153; Interfinanz GmbH & Co. KG, Geschäftsbericht 1976, Düsseldorf 1977, S. 9.

24 Vgl. dazu Storz, K.-A., Praxis des Zwangsversteigerungsverfahrens, a.a.O., S. 83 ff.

Der „Störer" hat im Zwangsversteigerungsverfahren mancherlei Möglichkeiten, die Interessenten am Betriebsgrundstück unter Druck zu setzen[25]:

a) Er kann auf die Festsetzung des Grundstückswerts Einfluß nehmen, den das Vollstreckungsgericht gem. § 74 a Abs. 5 ZVG nötigenfalls nach Anhörung von Sachverständigen zu beziffern hat[26]. Er kann unter Umständen einen Zweitgutachter beauftragen, bei Erörterungen eigene Sachkenntnisse einbringen u.a.m. Im allgemeinen wird es das Bestreben der schlecht gesicherten Realgläubiger sein, eine möglichst hohe Wertfeststellung für ihre Sicherheiten durchzusetzen. Der einmal festgesetzte Wert wird von den Beteiligten und Interessenten, die keinen anderen Wert kennen, vielfach ihren Berechnungen und Argumentationen zugrunde gelegt[27], wobei es manchmal darum geht, nicht das Gesicht gegenüber eigenen Aufsichtsgremien zu verlieren[28]. Ein Meistgebot unter 50 Prozent des Verkehrswertes bleibt im ersten Durchgang ohne Zuschlag[29], wodurch sich das Verfahren verlängert.

b) Der Gläubiger kann gem. § 74 a Abs. 1 ZVG die Versagung des Zuschlags beantragen und damit den Eigentumsübergang des Grundstücks verzögern[30], wenn das Meistgebot unter 70 Prozent des Verkehrswertes liegt und er bei einem entsprechend höheren Gebot voraussichtlich gedeckt sein würde.

c) Er kann der Zwangsversteigerung beitreten (§ 27 ZVG). Damit wird er betreibender Gläubiger genauso, als wenn seinetwegen die Zwangsversteigerung angeordnet worden wäre[31].

d) Vor allem aber kann ein nachrangiger Gläubiger den bestrangig betreibenden Gläubiger ablösen[32]. Dieser hat „ohne Rücksicht auf die Höhe des Meistgebots

---

25 Siehe auch zum Folgenden: Storz, K.-A., Besondere Gefahrenquellen in der Zwangsversteigerung für den Rechtsanwalt als Berater eines Gläubigers, in: ZIP 1980, S. 1049 ff.

26 Vgl. Storz, K.-A., Praxis des Zwangsversteigerungsverfahrens, a.a.O., S. 218 ff.

27 Vgl. Zeller, ZVG, Anm. 2 (2) zu § 74 a.

28 Storz berichtet von einem Fall, in dem sich eine nachrangig abgesicherte Brauerei mit dem vorrangigen Kreditinstitut, dem Schuldner und dem Rechtspfleger auf eine wesentliche Erhöhung des Verkehrswerts einigt, „weil der Brauereivorstand sonst Schwierigkeiten mit seinem Aufsichtsrat befürchtet, weil die schlechte Absicherung bei zu geringem Verkehrswert zu deutlich wird." (Storz, K.-A., Praxis des Zwangsversteigerungsverfahrens, a.a.O., S. 222 f.).

29 Vgl. § 85 a ZVG.

30 Storz berichtet von einem anderen Fall, in dem sich Gläubiger und Schuldner auf eine wesentliche Herabsetzung des Verkehrswertes einigten, um einem anderen Gläubiger die Antragsberechtigung nach § 74 a Abs. 1 ZVG zu nehmen. Vgl. Storz, K.-A., Praxis des Zwangsversteigerungsverfahrens, a.a.O., S. 223.

31 Vgl. ebenda, S. 215, mit Hinweisung auf § 27 Abs. 2 ZVG.

32 Rechtsgrundlagen der Ablösung sind:
a) § 268 Abs. 1 BGB. Danach „ist jeder, der Gefahr läuft, durch die Zwangsvollstrekkung ein Recht an dem Gegenstande zu verlieren, berechtigt, den Gläubiger zu befriedigen."
b) §§ 1142, 1150 BGB für den Grundstückseigentümer (Konkursverwalter) oder einen anderen, der nach § 268 BGB ablösungsberechtigt ist, für den Fall, daß ein gleich- oder vorrangiger Hypotheken- oder Grundschuldgläubiger Befriedigung aus dem Grundstück verlangt.

die Möglichkeit, jeden Zuschlag durch eine zwischen der Bietstunde und der Zuschlagsverkündung erklärte Einstellungsbewilligung zu verhindern, was noch dadurch erleichtert wird, daß er keinerlei Begründung geben muß. Gerade diese Möglichkeit führt zu der besonders starken taktischen Machtposition des bestrangig betreibenden Gläubigers."[33] In dem Verteilungskampf der Grundpfandrechtsgläubiger wird durch das Ablösungsrecht die Waffengleichheit hergestellt[34].

Die Ablösung ist auch aus folgenden Erwägungen interessant[35]:

- sie erfordert meist keinen verlorenen Kapitaleinsatz, weil dieser durch den Wert des Grundstücks gesichert ist;
- daher geht der Ablösende kein zusätzliches Risiko ein;
- für den Ablösenden entsteht kein erhöhter Arbeitsaufwand, da er sich ohnehin mit dem Objekt befassen muß;
- die Ablösung kann wegen des hohen dinglichen Zinsrahmens eine gut verzinsliche Anlage darstellen.

Für die Fortführungsgesellschaft, die noch im Zwangsversteigerungsverfahren Interesse am Betriebserwerb hat, empfiehlt es sich, ein kleines nachrangiges Recht aufzukaufen[36]. Mit dem Erwerb dieses Rechts ist sie Beteiligte und hat im Versteigerungstermin eine entsprechende Rechtsposition, wenn sie nur den Gläubigerwechsel rechtzeitig, also vor der Aufforderung zur Abgabe von Angeboten, anmeldet. Außerdem bekommt sie das Recht, den bestrangig betreibenden Gläubiger abzulösen; sie kann also die Position des bestrangig betreibenden Gläubigers einnehmen und von da aus unter Umständen sogar durch Erklärung der Einstellungsbewilligung die Versagung des Zuschlags herbeiführen, wenn Verlauf und Ergebnis des Versteigerungstermins ihren Absichten nicht entsprechen. Zieht die Fortführungsgesellschaft es aus taktischen Gründen vor, nicht selbst im Verfahren aufzutreten, kann sie einen Dritten beauftragen, der ihr die Rechte aus dem Meistgebot abtritt[37].

Wie Storz hervorhebt, erleichtert die 2. Rechtsgrundlage die Ablösung, „weil keine Zwangsvollstreckung vorausgesetzt wird, sondern ein Befriedigungsverlangen des Gläubigers ausreicht." Storz, K.-A., Praxis des Zwangsversteigerungsverfahrens, a.a.O., S. 139. Siehe auch: Derselbe, Die Gläubigerablösung in der Zwangsversteigerung, in: ZIP 1980, S. 159 ff.

33 Storz, K.-A., Praxis des Zwangsversteigerungsverfahrens, a.a.O., S. 114; vgl. auch S. 60 ff. Die Einstellungsbewilligung ist in § 30 ZVG geregelt. Gem. § 30 Abs. 1 ZVG kann der (betreibende) Gläubiger zweimal vorübergehend einstellen lassen. Der dritte Antrag gilt als Rücknahme des Versteigerungsantrags, was für den ‚dinglichen Zinsrahmen' negative Folgen haben kann. Vgl. auch Storz, K.-A., Besondere Gefahrenquellen in der Zwangsversteigerung für den Rechtsanwalt als Berater eines Gläubigers, a.a.O., S. 1054 ff.

34 Vgl. Storz, K.-A., Praxis des Zwangsversteigerungsverfahrens, a.a.O., S. 139.

35 Vgl. ebenda, S. 140 f.

36 Vgl. hierzu ebenda, S. 283 f.

37 Vgl. § 81 Abs. 2 und 3 ZVG.

2. Sonstige dinglich gesicherte Gläubiger

Absonderungsberechtigt sind auch die Gläubiger, die ein Pfandrecht an einer beweglichen Sache, einer Forderung oder anderen übertragbaren Rechten besitzen[38]. Da ein solches Pfandrecht nicht mit einem Besitzmittlungsverhältnis begründet werden kann[39], findet üblicherweise für bewegliche Sachen des Betriebsvermögens eine Sicherungsübereignung statt[40]. Sie verschafft dem Sicherungseigentümer im Konkurs oder gerichtlichen Vergleich ein Absonderungs-, nicht ein Aussonderungsrecht[41].

Für diese Gruppe der absonderungsberechtigten Gläubiger gilt wie für die Grundpfandrechtsgläubiger, daß sie am Konkurs- oder Vergleichsverfahren teilnehmen, soweit sie auf abgesonderte Befriedigung verzichten oder bei ihr ausfallen[42]. Auch für sie ist die wesentliche Frage, ob ihr Sicherungsgut im Falle der Zwangsverwertung die Forderung deckt; dann brauchen sie auf Wünsche der Fortführungsgesellschaft hinsichtlich einer Schuldentlastung nicht einzugehen. Falls die Sicherheit zweifellos oder möglicherweise nicht ausreicht, kommt es im Falle der Sanierungsgesellschaft oder Sanierungs-Auffanggesellschaft darauf an, ob ein Nachlaß auf die Forderung für das Zustandekommen der Fortführungsgesellschaft entscheidend ist. In diesem Falle liegt eine vergleichsweise Einigung nahe, bei der der Entscheidungswert des Gläubigers der Liquidationswert der Sicherheit ist, während die Fortführungsgesellschaft nur soweit über den Liquidationswert entgegenkommen kann, wie es im Rahmen des Gesamtentscheidungswertes, den sie sich für die Schuldenregelung gebildet hat, vertretbar ist.

Ist eine Betriebsübernahmegesellschaft zur Realisierung eines für sie interessanten Fortführungskonzepts auf ein bestimmtes Sicherungsgut angewiesen, z.B. auf ein Patent oder Spezialmaschinen, so kann der Sicherungsnehmer möglicherweise die Erfüllung seiner ganzen Forderung durchsetzen.

Aussonderungsberechtigte nehmen, wie gesagt, am Konkurs[43] oder Vergleich nicht teil. Das Aussonderungsrecht setzt voraus, daß die betreffenden Gegenstände dem Schuldner nicht gehören[44]. Die Aussonderungsberechtigten können stets die Gegenstände selbst verwerten[45]; sie sind nicht auf eine Zwangsvollstreckung angewiesen. Wirtschaftlich weist ihre Position meist Schwächen auf, weil sie zunächst selbst die Kosten des doppelten Transports, der Lagerung

38 Vgl. Jauernig, O., Zwangsvollstreckungs- und Konkursrecht, a.a.O., S. 161 ff.

39 Vgl. Weber, H., Sicherungsgeschäfte, 2. Auflage, München 1977, S. 51 ff.

40 Vgl. ebenda, S. 69 ff.; Groß, J., Das Recht der Sicherungsübereignung nach § 930 BGB, Berlin 1932; Reich, N., Die Sicherungsübereignung, Bad Homberg v.d.H. 1970.

41 Vgl. Serick, R., Eigentumsvorbehalt und Sicherungsübertragung, Bd. III. Die einfache Sicherungsübertragung – Zweiter Teil, Heidelberg 1970, S. 266 ff.; Bassenge, in: Palandt, BGB, Anm. 7 B c bb Einf. § 929; Jaeger-Lent, KO, Anm. 13 zu § 48.

42 Vgl. § 64 KO; die abgesonderte Befriedigung erfolgt im Konkurs außerhalb des Verfahrens (§ 4 Abs. 2 KO). Für den Vergleich siehe § 27 VerglO.

43 Vgl. § 43 KO.

44 Vgl. Jauernig, O., Zwangsvollstreckungs- und Konkursrecht, a.a.O., S. 158.

45 Vgl. auch Mentzel/Kuhn/Uhlenbruck, KO, Anm. 1 zu § 43.

und eines nochmaligen Verkaufs übernehmen müssen. Sie haben dafür zwar einen Schadensersatzanspruch, jedoch nur als nicht bevorrechtigte Forderung[46]. Im Falle von Schuldenregulierungsverhandlungen mit einer Fortführungsgesellschaft ist ihre Position analog zu der oben besprochenen der Absonderungsberechtigten.

Für die aus- und absonderungsberechtigten Gläubiger lassen sich abgesehen von den Grundpfandrechtsgläubigern drei Hauptgruppen bilden:

- Gläubiger mit Sicherheiten am beweglichen Anlagevermögen,
- Gläubiger mit Sicherheiten am Vorratsvermögen und
- Gläubiger mit Sicherungen an Forderungen des Krisenunternehmens.

Bei der Konkursenquete ergab sich für die Verteilung der Sicherheiten folgendes Bild[47]:

Mobiliarsicherung durch:	%	%
– Eigentumsvorbehalt	12,9	
– rechtsgeschäftl. Pfandrecht	2,7	
– gesetzliches Pfandrecht	0,5	
– Sicherungsübereignung	15,3	
– andere Sicherungsformen	1,4	32,8
Sicherung bei Forderungen durch:		
– Abtretung entstandener Forderungen	3,6	
– Abtretung zukünftiger Forderungen	5,0	
– Globalzession	8,6	
– andere Sicherungsformen	0,8	18,0
		50,8
Immobiliarsicherheiten		49,1
		99,9

2.1 Gläubiger mit Mobiliarsicherheiten am Anlagevermögen

Die typischen Formen der Mobiliarsicherheiten an Gegenständen des Anlagevermögens sind der Eigentumsvorbehalt und die Sicherungsübereignung. Die Verpfändung von Anlagegütern erfolgt dagegen nur selten. Der Gläubiger müßte sich bei dieser Sicherungsart den unmittelbaren Besitz verschaffen. Das ist jedoch ohne Störung des Betriebsprozesses nur für Gegenstände möglich, die das Unternehmen zur Durchführung der leistungswirtschaftlichen Prozesse nicht benötigt[48]. Solche Pfandobjekte werden im allgemeinen auch bei einer Fortführung nicht gebraucht.

Der Eigentumsvorbehalt ist das typische Kreditsicherungsmittel der Lieferanten. Er bezieht sich wegen der meist kurzen Laufzeit der Lieferantenkredite vor allem auf Güter, die neu oder erst kurze Zeit in Gebrauch sind.

46 Für den Eigentumsvorbehalt z.B. vgl. Mentzel/Kuhn/Uhlenbruck, KO, Anm. 18 c 2 zu § 17.

47 Vgl. Gessner, V., Rhode, B., Strate, G., Ziegert, K.-A., Die Praxis der Konkursabwicklung..., a.a.O., S. 172.

48 Vgl. Henckel, W., Die Betriebsveräußerung im Konkurs, a.a.O., S. 2.

Bei Zahlungsverzug haben die Vorbehaltsverkäufer das Recht, vom Vertrag zurückzutreten und die gelieferten Gegenstände zurückzufordern[49]. Ob sie von diesem Recht zweckmäßigerweise Gebrauch machen, hängt von der Höhe der ausstehenden Forderung und dem Wert des Aussonderungsobjektes ab. Entscheidet sich der Konkursverwalter gem. § 17 KO für die Nicht-Erfüllung des Vertrages, bleibt dem Vorbehaltsverkäufer ohnehin keine Wahl. Dasselbe gilt auch für den Fall, daß der Vergleichsschuldner gem. § 50 VerglO die Erfüllung des Vertrages mit Ermächtigung des Vergleichsgerichtes ablehnt. Den wegen der Nichterfüllung entstehenden Schaden kann der Vorbehaltsverkäufer als (einfache) Konkurs-[50] bzw. Vergleichsforderung[51] anmelden.

In der Regel sinkt der Veräußerungswert (gemeine Wert) von Anlagegütern stark ab, sobald sie in Gebrauch genommen werden[52]. Dieser Wertabfall ist bei Sonderfertigungen besonders groß. Aber auch bei weniger spezialisierten Seriengütern fällt im allgemeinen mit der Inbetriebnahme der Liquidationswert erheblich unter den Fortführungswert.

Andererseits sind mit Beginn der Nutzung und in der unmittelbaren Folgezeit die Forderungen am höchsten, während mit Eingang der Zahlungsraten das Ausfallrisiko mehr und mehr abnimmt.

Abb. 10: Entwicklung des Forderungsausfalls in Abhängigkeit von der Wertentwicklung des Vorbehaltsgegenstandes und von den Tilgungsleistungen

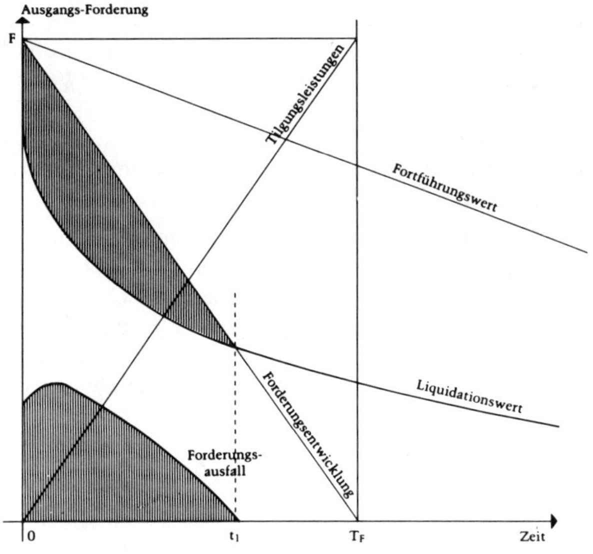

49 Vgl. Weber, H., Sicherungsgeschäfte, a.a.O., S. 91.
50 Vgl. Mentzel/Kuhn/Uhlenbruck, KO, Anm. 18 c 2 zu § 17.
51 Vgl. Böhle-Stamschräder, VerglO, Anm. 3 zu § 52.
52 Vgl. Wöhe, G., Bilanzierung und Bilanzpolitik, 2. Auflage, München 1972, S. 314.

Die Kurve, die die Entwicklung des Liquidationswertes des Sicherungsgutes angibt, liegt bis zum Zeitpunkt T_1 unterhalb der Geraden ($F - T_F$), welche die Entwicklung der Forderung wiedergibt. Fällt der Kunde bis zum Zeitpunkt t_1 in Konkurs, so müßte der Lieferant bei Aussonderung oder Ablehnung der Erfüllung durch den Verwalter einen Forderungsausfall hinnehmen, dessen Entwicklung im Zeitablauf ebenfalls dargestellt ist (vgl. in der Darstellung die Begrenzungskurve des nach unten projizierten schraffierten Feldes).

Die Darstellung zeigt auch die Entwicklung des Fortführungswertes des Sicherungsobjektes. Dieser Nutzungswert liegt während des Betrachtungszeitraumes stets oberhalb der Restforderung. Unter diesen Umständen besteht für den Lieferanten vor allem dann, wenn der Verwalter in der Zeit bis t_1 die Erfüllung ablehnt, ein besonderes Interesse an der Erhaltung des Wertes durch eine Fortführungsgesellschaft. Daraus ergibt sich ein Einigungsbereich.

Die Gegenstände des Anlagevermögens, die nicht als Vorbehaltsgut oder Zubehör haften[53], sind zum allergrößten Teil, wenn nicht gar vollständig den Banken und sonstigen Kreditgebern zur Sicherheit übereignet[54]. Der Sicherungseigentümer hat das Recht zum freien Verkauf des Sicherungsgutes, wobei er die Interessen des Schuldners gebührend zu berücksichtigen hat[54], d.h. er hat „die Verwertung so schonend wie möglich durchzuführen und das Sicherungsgut möglichst günstig zu veräußern"[55].

Meist ist die Art und Weise der Verwertung in den Allgemeinen Geschäftsbedingungen (AGB) geregelt[56]. „Darin wird i.d.R. bestimmt, daß der Sicherungsnehmer (z.B. die Bank) die Sicherheit ohne gerichtliches Verfahren unter besonderer Rücksichtnahme auf den Sicherungsgeber (Kunden) an einem ihm geeignet erscheinenden Ort verwerten darf, wenn der Schuldner die Verbindlichkeit bei Fälligkeit nicht erfüllt oder wenn er mit der Bestellung oder Verstärkung von Sicherheiten in Verzug gerät."[57] Aufgrund solcher Klauseln ist der Sicherungseigentümer auch im Konkurs befugt, sich aus dem Sicherungsgut ohne gerichtliches Verfahren zu befriedigen[58].

Dagegen erfolgt die Verwertung eines „Fahrnispfandrechts"[59] grundsätzlich im Wege der öffentlichen Versteigerung (§ 1235 BGB). Die Verwertung einer Pfandsache mit einem Börsen- und Marktpreis kann auch ein öffentlich ermächtigter Handelsmäkler (§ 1235 Abs. 2 BGB) oder eine zur öffentlichen Versteigerung befugte Person (§ 1221 BGB) besorgen. Der Privatverkauf ist nur in Ausnahmefällen zulässig. Eigentümer und Pfandgläubiger können nach § 1245

53 Zur Frage der Enthaftung des Zubehörs vgl. Gerhardt, W., Grundpfandrechte im Insolvenzverfahren; – RWS-Seminarskript – Köln 1979, S. 6 ff.

54 Vgl. Weber, H., Sicherungsgeschäfte, a.a.O., S. 78 ff.; Trinkner, R., Verwertung sicherungsübereigneter Gegenstände, in: BB 1962, S. 80 f.

55 Weber, H., Sicherungsgeschäfte, a.a.O., S. 79.

56 Vgl. Serick, R., Die Verwertung von Sicherungseigentum, in: BB 1970, S. 541 ff.

57 Weber, H., Sicherungsgeschäfte, a.a.O., S. 78.

58 Vgl. § 127 Abs. 2 KO; Mentzel/Kuhn/Uhlenbruck, KO, Anm. 16 zu § 127.

59 Zu den Arten des Fahrnispfandrechts vgl. Weber, H., Sicherungsgeschäfte, a.a.O., S. 49 ff. Zur Verwertung ebenda, S. 59 ff.

Abs. 1 BGB abweichende Vereinbarungen über die Art des Pfandverkaufs treffen.

Es kommt bei Unternehmensinsolvenzen vor, daß der/die Gläubiger mit den Mobiliarsicherheiten am Anlagevermögen die Verwertung des wesentlichen Betriebsvermögens in der Hand haben. Zu denken ist an Transportunternehmen – wie Speditionen, Containerdienste, Kranverleih, Busunternehmen etc. –, die ihre Fahrzeuge den Kreditgebern zur Sicherheit übereignet haben. In solchen Fällen können die Sicherungseigentümer den Verkauf der wesentlichen Teile des Betriebsvermögens ohne Mitwirkung und Zustimmung des Konkursverwalters vornehmen. Für eine Betriebsübernahmegesellschaft sind sie in Kaufverhandlungen die Verhandlungspartner.

In anderen Fällen dagegen überlassen Gläubiger mit Mobiliarsicherheiten die Verwertung ihres Sicherungsgutes lieber dem Konkursverwalter oder sind an einem einvernehmlichen Vorgehen interessiert. Das belegen die sog. „Exklusivkonkurse"[60], die aufgrund von Massekostenvorschüssen allein mit dem Zweck durchgeführt werden[61], „Eigentumsvorbehalte und sonstige Sicherungsrechte zu befriedigen."[62]

2.2. Gläubiger mit Sicherheiten am Vorratsvermögen

In der Regel ist auch das Vorratsvermögen der Insolvenzunternehmung mit Sicherungsrechten der Gläubiger belegt. Manchmal sind Fertigwaren den Kreditinstituten zur Sicherheit übereignet. Die in den Eingangslägern befindlichen Materialien unterliegen zum großen Teile noch dem einfachen und erweiterten Eigentumsvorbehalt der Warenlieferanten[63]. Üblicherweise enthalten ihre Geschäftsbedingungen Verarbeitungs- und Miteigentumsklauseln[64]. Derartige Klauseln müssen allerdings sorgfältig abgefaßt werden, um sich als konkursfest zu erweisen[65]. In der Praxis bemühen sich die Sicherungsnehmer, durch Pool-

60 Steiner, M., Ertragskraftorientierter Unternehmenskredit und Insolvenzrisiko, a.a.O., S. 51.

61 Vgl. Uhlenbruck, W., Zur Krise des Insolvenzrechts, a.a.O., S. 898.

62 Heilmann, H., Konkurs bei Masseunzulänglichkeit, in: BB 1976, S. 765 ff. Heilmann hält den Exklusivkonkurs für zulässig; Kilger, J. (Konkurs des Konkurses, a.a.O., S. 158) lehnt ihn ab: „Einem solchen Zweck dient das Konkursverfahren nicht, denn aus- und absonderungsberechtigte Gläubiger sind keine Konkursgläubiger."

63 Vgl. dazu: Thamm, M., Der Eigentumsvorbehalt im deutschen Recht, 3. Auflage, Heidelberg 1971; Flume, W., Der verlängerte und erweiterte Eigentumsvorbehalt, in: NJW 1950, S. 841 ff.; derselbe, Zur Problematik des verlängerten Eigentumsvorbehalts, in: NJW 1959, S. 913 ff.

64 Vgl. Serick, R., Eigentumsvorbehalt und Sicherungsübereignung, Bd. IV Verlängerungs- und Erweiterungsformen des Eigentumsvorbehaltes und der Sicherungsübertragung – Erster Teil, Verlängerungsformen und Kollisionen, Heidelberg 1976, S. 115 ff.; 192 ff.; Rothkegel, R., Der Eigentumserwerb bei Verarbeitung, Köln-Berlin-Bonn-München 1974

65 Vgl. dazu Künne, K., Die Verfolgung des Eigentumsvorbehaltes im Konkurs- und Vergleichsverfahren des Käufers, in: DB 1971, S. 1509 ff.

vereinbarungen das Risiko zu mindern, daß ihre Sicherheiten im Insolvenzfalle nicht durchsetzbar sind[66]. Die Bündelung von Sicherungsgut in einem „Bassin" kann auch in den Fällen, in denen die Eröffnung des Konkursverfahrens mangels Masse abgelehnt wird, eine geordnete Verwertung der haftenden Vorratsgüter ermöglichen. In der Praxis hat sich auf diese Weise „die Institution privater ‚Sonderkonkurse' herausgebildet"[67].

Die Rechtsprechung hält Poolvereinbarungen für zulässig, wenn die eingebrachten „Sicherungsrechte... in rechtlicher Hinsicht als genügend bestimmbar anzusehen und deshalb an sich durchsetzungsfähig [sind], und die ‚Poolvereinbarung' nur zu dem Zweck der Ausräumung tatsächlicher Beweisschwierigkeiten geschlossen"[68] ist. Henckel macht die plausible Einschränkung, „daß der Pool nicht mehr Rechte haben kann, als seine Mitglieder in ihn eingebracht haben"[69].

Günstige Voraussetzungen, ihr Sicherungsrecht zu verwerten, haben Warenlieferanten, die die zurückgenommene Vorbehaltsware ohne Umarbeitung an Dritte veräußern können. Andere Kreditgeber, denen Vorratsgüter zur Sicherheit übereignet worden sind, haben dagegen oftmals große Mühe, ihre Absonderungsrechte voll zu realisieren. Ihnen fehlt im Regelfall der Vertriebsapparat, um die Sicherungsgüter günstig zu veräußern. Die potentiellen Abnehmer kennen ihre Zwangslage und werden sie durch entsprechende Preisangebote auszunutzen versuchen. Fortführungsgesellschaften haben daher die Chance, das Sicherungsgut zu günstigen Bedingungen zu übernehmen bzw. lastenfrei zu bekommen.

2.3 Gläubiger mit Sicherungen an Forderungen

Banken lassen sich als Sicherheit für die von ihnen gewährten Kredite Forderungen aus Lieferungen und Leistungen abtreten[70], oftmals auch künftige Forderungen im Wege der Globalzession[71]. Die Konkursenquete stellt bei 517 untersuchten Insolvenzen, in denen Kreditinstitute involviert waren, in 35 % der Fälle Forderungsabtretungen an diese fest[72]. Bei den Abtretungen konkurrieren

66 Vgl. hierzu: Marx, T., Die gemeinsame Wahrnehmung von Sicherungsrechten im Konkurs (Pool-Vereinbarungen), in: NJW 1978, S. 246 ff.

67 Steiner, M., Ertragskraftorientierter Unternehmenskredit und Insolvenzrisiko, a.a.O., S. 52.

68 OLG Karlsruhe v. 19. 4. 1978 – 13 U 43/77, in: DB 1978, S. 1636 ff.

69 Henckel, W., Pflichten des Konkursverwalters gegenüber Aus- und Absonderungsberechtigten, RWS-Seminarskript, 2. Auflage, Köln 1979, S. 28.

70 Vgl. Gessner, V., Rhode, B., Strate, G., Ziegert, K.-A., Die Praxis der Konkursabwicklung . . ., a.a.O., S. 173. Büschgen, H. E., Bankbetriebslehre, Wiesbaden 1972, S. 380.

71 Vgl. dazu: Kötter, H.-W., Die Tauglichkeit der Vorausabtretung als Sicherungsmittel des Geld- und Warenkredits, Frankfurt 1960. Medicus, D., Kreditsicherung durch Verfügung über künftiges Recht, in: JuS 1967, S. 385 ff.

72 Vgl. Gessner, V., Rhode, B., Strate, G., Ziegert, K.-A., Die Praxis der Konkursabwicklung..., a.a.O., S. 255.

sie mit den Warenlieferanten, die sich über den verlängerten Eigentumsvorbehalt abzusichern versuchen[73].

Für die Banken kann die Globalzession bezüglich der Konkursfestigkeit problematisch sein. Nach höchstrichterlicher Rechtsprechung kann die einer Bank zur Absicherung eines gewährten Kredits eingeräumte Globalzession „wegen Verleitung des Zedenten zur Täuschung und zum Vertragsbruch nichtig [sein], soweit sie sich auf Forderungen erstreckt, die von einem verlängerten Eigentumsvorbehalt erfaßt werden."[74] Weitere Gefahren dieses Sicherungsmittels entstehen aus Mehrfachabtretungen[75] und unzureichender Bonität des Drittschuldners.

In der Praxis versuchen die Kreditgeber sich gegen diese Gefahren vor allem dadurch zu schützen, daß sie sich mehr Forderungen abtreten lassen, als der Nennwert des von ihnen gewährten Kredits beträgt[76]. Bei der Forderungszession ist eine Überdeckung von etwa 30% üblich[77]. Diese Sicherheitsmarge ist keinesfalls übertrieben; denn die stille Forderungszession muß zu den labilen Sicherheiten gerechnet werden. Ihr Wertabfall ist nach der Konkursenquete mit durchschnittlich 60 Prozent festgestellt worden[78].

Dies läßt sich im wesentlichen auf zwei Ursachen zurückführen[79]: Zum einen geraten durch den Zusammenbruch der Insolvenzunternehmung auch Drittschuldner in Schwierigkeiten. Zum anderen versuchen die Schuldner nicht selten, das Chaos einer Insolvenz auszunutzen, indem sie die Zahlung wegen angeblicher Mängel der ihnen gelieferten Gegenstände verweigern und Gegenansprüche aufrechnen[80].

---

73 Dazu: Serick, R., Eigentumsvorbehalt und Sicherungsübereignung, a.a.O., Bd. IV, S. 355 ff.; 382 ff.; 408 ff.; 451 ff.; Ermann, W., Die Globalzession in ihrem Verhältnis zum verlängerten Eigentumsvorbehalt, Karlsruhe 1960, S. 3 ff.; Westermann, H., Interessenkollisionen und ihre richterliche Wertung bei den Sicherungsrechten an Fahrnis und Forderungen, Karlsruhe 1954, S. 13 ff.; Dempewolf, G., Zur Konkurrenz von verlängertem Eigentumsvorbehalt und Globalzession, in: NJW 1956, S. 851 ff.; Esser, J., Globalzession und verlängerter Eigentumsvorbehalt, in: JZ 1968, S. 281 ff.; Finger, P., Verlängerter Eigentumsvorbehalt und Globalzession, in: JZ 1970, S. 642 ff.; Beuthien, V., Verlängerter Eigentumsvorbehalt und Globalabtretung, in: BB 1971, S. 375 ff.

74 Heinrichs, in: Palandt, BGB, Anm. 3 e zu § 398. Dazu: Esser, J., § 138 BGB und die Bankpraxis der Globalzession, in: ZHR 1971, S. 320 ff.; Kaduk, H., Unsichere Sicherungen durch Globalzessionen und verlängerten Eigentumsvorbehalt, in: JR 1971, S. 221 ff.

75 Für das Verhältnis zwischen mehreren Abtretungen und Vorausabtretungen gilt der Grundsatz der Priorität; vgl. Heinrichs, in: Palandt, BGB, Anm. 3 e zu § 398; Weber, H., Sicherungsgeschäfte, a.a.O., S. 177 ff. mit weiteren Literaturnachweisen.

76 Vgl. Gessner, V., Rhode, B., Strate, G., Ziegert, K.-A., Die Praxis der Konkursabwicklung…, a.a.O., S. 174.

77 Vgl. Hiebler, F., Die Praxis der Kreditgewährung, Wiesbaden 1955, S. 64.

78 Vgl. Gessner, V., Rhode, B., Strate, G., Ziegert, K.-A., Die Praxis der Konkursabwicklung…, a.a.O., S. 175.

79 Vgl. ebenda.

80 Vgl. Berkhemer, H., Der Insolvenzstatus, Betriebswirtschaftliche Grundlagen und Konsequenzen, Diss. Mannheim 1955, S. 43.

Aufschlußreich für diese Probleme ist die Schilderung von Heilmann[81]:

„Jeder Konkursverwalter weiß, daß es ohnehin schwer ist, Außenstände hereinzubekommen. Er muß sich mit Hilfe des Gemeinschuldners oder früherer Angestellter erst recht mühsam die Unterlagen zusammenstellen. Die Schuldner sind sich der Schwäche der Position des Konkursverwalters wohl bewußt. Sie sind erfindungsreich; alle möglichen Einwendungen werden dem Konkursverwalter entgegengesetzt. Man rechnet überdies damit, daß der Konkursverwalter keine Möglichkeiten haben wird, dem Anspruch durch die Instanzen zum Erfolg zu verhelfen, da ihm vorher die Luft ausgehen wird." Noch schwieriger sei es, wenn kein Konkursverfahren eröffnet werde: Wie soll in diesem Falle ein pfändender Gläubiger, „wenn die Belegschaft auseinandergelaufen ist und die Geschäftspapiere nicht mehr greifbar sind, die Unterlagen für eine gepfändete Forderung zusammenbekommen? Und lohnt es sich überhaupt, die Pfändung vorzunehmen, wenn nicht sicher ist, ob die Forderung nicht einem Dritten aufgrund Sicherungsabtretung oder verlängertem Eigentumsvorbehalt zusteht?"

Die Verluste durch Forderungsausfälle können verringert werden, wenn die Forderungen von einer Fortführungsgesellschaft geltend gemacht werden. In diesen Fällen bleibt die Geschäftsverbindung meist mit den Schuldnern bestehen. Zudem stehen weiterhin Personen zur Verfügung, die die notwendigen Sachkenntnisse haben, um in einem Rechtsstreit ungerechtfertigten Einreden zu begegnen.

Für die Betriebsübernahmegesellschaft und die Übernahme-Auffanggesellschaft können sich aus der Vereinbarung eines günstigen Kaufpreises oder einer hohen Inkassoprovision für die Forderungen gute Gewinnchancen ergeben.

3. Ungesicherte Gläubiger

Gläubiger des Krisenunternehmens, die im Konkurs weder absonderungs- noch aussonderungsberechtigt wären, werden ein Ansuchen der Fortführungsgesellschaft auf Schuldenentlastung danach beurteilen, was aus ihrer Forderung im Insolvenzverfahren würde. Die im I. Kapitel wiedergegebenen Zahlen der Insolvenzstatistik zeigen, daß in den meisten Fällen die Aussichten schlecht sind. Bei den mangels Masse nicht eröffneten Verfahren fallen sogar die Masseforderungen und die bevorrechtigte Konkursforderungen aus. Das trifft für ca. 75 Prozent aller erfaßten Verfahren zu[82]. Bei den eröffneten Konkursverfahren erhielten in der zweiten Hälfte der siebziger Jahre die nicht bevorrechtigten Gläubiger im Durchschnitt 4 Prozent[83].

81 Heilmann, H., Konkurs bei Masseunzulänglichkeit, a.a.O., S. 766.
82 Vgl. die Ausführungen S. 15.
83 Vgl. die Ausführungen S. 16.

In der Konkursenquete sind für die Konkursforderungen folgende Quoten ermittelt worden[84]:

Erzielte Quoten in Konkursverfahren – nach Verfahrenstyp (Mittelwert in %)				
für Forderungen nach	eröffnete Verfahren insgesamt	eröffnete Verfahren beendet durch		
		Schluß-termin	Einstellung nach § 204 KO	Zwangs-vergleich
§ 61 Abs. 1 Ziffer 1 KO	41,9	60,2	7,2	86,5
§ 61 Abs. 1 Ziffer 2 KO	23,2	29,1	4,3	54,0
§ 61 Abs. 1 Ziffer 3 KO	16,2	19,4	4,4	48,8
§ 61 Abs. 1 Ziffer 4 KO	13,8	10,6	–	–
§ 61 Abs. 1 Ziffer 6 KO	8,0	8,4	–	26,4

Die vom Bundesarbeitsgericht vorgenommene Einstufung der Sozialplanabfindungen an allererster Stelle ist erst nach den Erhebungen dieser Untersuchung erfolgt und konnte bei der Ermittlung der Quoten noch nicht berücksichtigt werden. Die im Zwangsvergleich ausgeschüttete Quote von nur 86,5 % für die nach Ziffer 1 bevorrechtigten Ansprüche ist damit zu erklären, daß Gläubiger dieser Ansprüche auf die volle Befriedigung verzichtet haben.

Der Verzicht zeigt, daß einzelnen Gläubigern die Erhaltung des Unternehmens wichtiger ist als die Vermeidung von Forderungsausfällen. Die Gläubiger werden daher meist an einer Sanierungsgesellschaft oder einer Sanierungs-Auffanggesellschaft interessiert und bereit sein, ihr bei der Schuldenregelung entgegenzukommen, wenn ihr Zustandekommen davon abhängig ist. Das gilt prinzipiell sowohl für Gläubiger mit Masseforderungen, bevorrechtigte wie auch nicht bevorrechtigte Gläubiger, wobei das Ausmaß des Entgegenkommens selbstverständlich von der Quote abhängig ist, die sie im Konkursfalle zu erwarten hätten.

Für die Sanierungsgesellschaft ist zunächst zu beachten, ob und wie weit sie die kleineren Gläubiger voll befriedigen müßte, um den Vergleich zu vereinfachen und zu beschleunigen. Ist für die übrigen nicht bevorrechtigten Gläubiger an einen gerichtlichen Vergleich nach der Vergleichsordnung gedacht, sind die Mindestquoten zu berücksichtigen.

Massegläubiger nehmen am Konkurs- und gerichtlichen Vergleichsverfahren nicht teil[85]. Die wichtigsten Massekosten und -schulden sind nach § 60 KO in folgender Rangordnung zu befriedigen:

84 Vgl. Gessner, V., Rhode, B., Strate, G., Ziegert, K.-A., Die Praxis der Konkursabwicklung..., a.a.O., S. 163.

85 Massegläubiger können im Konkurs grundsätzlich noch Vollstreckungshandlungen vornehmen. Vgl. dazu: Uhlenbruck, W., Die Vollstreckung wegen Massekosten und Masseschulden in massearmen Konkursen, in: KTS 1978, S. 66 ff.

a) An erster Stelle stehen die Ansprüche aus Handlungen des Konkursverwalters zur Verwertung der Masse sowie aus Verträgen, deren Erfüllung der Konkursverwalter verlangt (§ 59 Abs. 1 Nr. 1, 2 KO). In diese Rangklasse gehören auch die Ansprüche der Arbeitnehmer für die Zeit nach der Konkurseröffnung[86], für die kaum Vergleichsmöglichkeiten bestehen.

b) An zweiter Stelle sind die Gerichtskosten (§ 58 Nr. 1 KO) und „die Ausgaben für die Verwaltung, Verwertung und Verteilung der Masse" (§ 58 Nr. 2 KO) zu berichtigen. Fehlt es an einer die Konkurseröffnung rechtfertigenden Masse, so muß gem. § 107 Abs. 1 Satz 2 KO zumindest für diese Kosten ein ausreichender Geldbetrag vorgeschossen werden[87]. Für den Massekostenvorschuß, den auch die Fortführungsgesellschaft bzw. deren Interessenten leisten können, fordert die Gerichtspraxis jedoch nicht die Deckung sämtlicher Massekosten i.S. des § 58 Nr. 1, 2 KO, sondern lediglich einen Vorschuß in Höhe der Gerichtskosten und der Vergütung für den Konkursverwalter[88]. Dagegen bleiben fiskalische Massekosten wie die Umsatzsteuer aus der Verwertung von Sicherungsgut[89], sowie die Ertragsteuern auf steuerpflichtige Gewinne infolge der Verwertung durch den Konkursverwalter[90] unberücksichtigt.

c) Lohnforderungen für die letzten sechs Monate vor der Eröffnung des Konkursverfahrens (§ 59 Abs. 1 Nr. 3 KO)[91]. Für die Netto-Lohnrückstände der letzten drei Monate vor der Verfahrenseröffnung haben die Arbeitnehmer Anspruch auf Konkursausfallgeld gegen die Bundesanstalt für Arbeit[92]. Die auf diese übergehenden Forderungen erfahren einen „Rangrücktritt" als nunmehr bevorrechtigte Forderungen im Sinne des § 61 Abs. 1 Nr. 1 KO[93]. Die noch verbleibenden Arbeitnehmeransprüche für die letzten vier bis sechs Monate vor

---

86 Vgl. Heilmann, H., Die Rechtslage des Arbeitnehmers bei Insolvenz seines Arbeitgebers, a.a.O., S. 48. Kilger, J. (Der Konkurs des Konkurses a.a.O., S. 152 f.) berichtet von einem Großkonkurs, bei dem die Masseschulden an Löhnen und Gehältern etwa DM 6 bis 8 Millionen betrugen, gegenüber einer freien Masse von etwa DM 6 Millionen.

87 Vgl. dazu: Uhlenbruck, W., Die Massekostendeckung als Problem der Konkursverwalterhaftung, a.a.O.; Henckel, W., Masselosigkeit und Masseschulden, a.a.O.

88 Das berichtet Steiner, M., Ertragskraftorientierter Unternehmenskredit und Insolvenzrisiko, a.a.O., S. 51 f.; Heilmann, H., Konkurs bei Masseunzulänglichkeit, a.a.O., S. 768; Kritisch dazu: Henckel, W., Masselosigkeit und Masseschulden, a.a.O., S. 180.

89 Vgl. dazu: BGH v. 12. 5. 1980 – VIII ZR 167/79, in: ZIP 1980, S. 520 ff. mit Anmerkung von W. Henckel; BFH v. 17. 7. 1980 V R 124/75, in: BStBl II 1980, S. 673 ff.; vgl. auch Knobbe-Keuk, B., Konkurs und Umsatzsteuer, in: BB 1977, S. 757 ff.

90 Vgl. dazu: Jaeger-Henckel, KO, Anm. 74 zu § 3. Weder zu den Massekosten noch zu den Masseschulden gehört die Einkommensteuer, die entsteht, wenn in einem Konkursverfahren ein absonderungsberechtigter Gläubiger die Verwertung betreibt (BFH v. 14. 2. 1978 VIII R 28/73, in: BStBl II 1978, S. 356 ff.).

91 Einzelheiten dazu: Heilmann, H., Die Rechtslage des Arbeitnehmers bei Insolvenz seines Arbeitgebers, a.a.O., S. 45 ff.; Uhlenbruck, W., Die Auswirkungen des Gesetzes über Konkursausfallgeld, in: RdA 1975, S. 182 ff.; Zeuner, A., Schutz des Arbeitnehmers im Konkurs des Arbeitgebers, in: JZ 1976, S. 1 ff.

92 Vgl. §§ 141 a – 141 n und 186 b – 186 d AFG.

93 Vgl. § 59 Abs. 2 KO.

der Verfahrenseröffnung betreffen vor allem Gehälter und Tantiemen leitender Angestellter, sie fallen meist nicht ins Gewicht.

Zu den wichtigsten Vorrechtsforderungen ist zu bemerken:

a) Die Ansprüche aus einem Sozialplan[94] auf Abfindung für den Verlust des Arbeitsplatzes sind nach dem Beschluß des Großen Senats des Bundesarbeitsgerichts vom 13. Dezember 1978 noch vor den nachstehenden Arbeitnehmeransprüchen zu befriedigen, denen das Gesetz die erste Rangstelle zugewiesen hatte. Dabei kommt es nicht darauf an, ob die Einigung über den Sozialplan vor der Eröffnung des Konkursverfahrens oder danach zustande gekommen ist.

b) An zweiter Stelle stehen nach § 61 Abs. 1 Nr. 1 KO[95]: die Forderungen der Arbeitnehmer, geringverdienender Handelsvertreter und der Berechtigten auf Leistungen einer betrieblichen Altersversorgung, soweit die Ansprüche aus dem Zeitraum sieben bis zwölf Monate vor Konkurseröffnung resultieren; ferner Ansprüche der Arbeitnehmer auf Vergütung für die unbeschränkte Inanspruchnahme einer Diensterfindung, für das Benutzungsrecht an einer Erfindung oder für die Verwertung eines Verbesserungsvorschlags, schließlich die gem. § 141 m AFG auf die Bundesanstalt für Arbeit wegen Zahlung von Konkursausfallgeld übergehenden Arbeitnehmeransprüche aus den letzten drei Monaten vor der Konkurseröffnung.

c) Das Vorrecht des Fiskus wird im XVIII. Kapitel behandelt.

Die im Konkurs nicht bevorrechtigten Forderungen stellen keineswegs eine homogene Gruppe dar, die ohne weiteres mit einer einheitlichen Quote zu bedienen ist. Die Ausfallforderungen der Absonderungsberechtigten bzw. Schadenersatzansprüche der Aussonderungsberechtigten, die nach der Konkursordnung unter die nicht bevorrechtigten Konkursforderungen fallen, sind davon abhängig, mit welchen Werten die Sicherungsobjekte von der Fortführungsgesellschaft im Rahmen ihrer Sanierungskonzeption – und ihrer Verhandlungstaktik! – angesetzt werden. Erscheint es der Fortführungsgesellschaft aus den oben behandelten Gesichtspunkten erforderlich, den Sicherungsnehmern besonders entgegenzukommen, so verringern sich nicht nur deren Konkursforderungen, sondern auch der Verhandlungsspielraum der Fortführungsgesellschaft für die übrigen Gläubiger.

Bei den übrigen Forderungen kann sich eine Zurückstufung durch Vereinbarung eines Gläubigerrücktritts[96] sowie durch Klassifizierung eines Darlehens

---

94 Vgl. BAG v. 13. 12. 1978 GS 1/77, a.a.O.
95 Vgl. ebenda.
96 Vgl. Herget, R., Das Zurücktreten mit Forderungen bei Überschuldung der Aktiengesellschaft, in: AG 1974, S. 137 ff.; Priester, H. J., Gläubigerrücktritt zur Vermeidung der Überschuldung, a.a.O., S. 2429 ff.; Serick, R., Überschuldete Gesellschaft und konkursabwendender Forderungsrücktritt eines Nichtgesellschafters, a.a.O.

als „kapitalersetzendes Gesellschafterdarlehen“[97] ergeben. Die davon Betroffenen – es sind neben den Inhabern bzw. Gesellschaftern des Krisenunternehmens vor allem natürliche und juristische Personen, die ihnen nahe stehen – werden bei Vergleichsverhandlungen mit Interessenten einer Sanierungsgesellschaft oder Sanierungs-Auffanggesellschaft im allgemeinen eine schwache Position haben.

XVI. Kapitel

Die Umwandlung von Forderungen in Beteiligungskapital – Rechtliche und steuerliche Grundlagen –

1. Handelsrechtliche Probleme

Gläubiger, die Forderungen gegen das Krisenunternehmen in Gesellschaftskapital der Fortführungsgesellschaft umwandeln wollen, haben zwei Gefahren zu beachten:

a) daß wegen fehlerhafter Rechtsgestaltung der Forderungseinbringung die übernommene Einlageverpflichtung nicht getilgt ist,

b) daß die Tilgung wegen Überbewertung der eingebrachten Forderung nur teilweise erfolgt.

Verpflichtet sich ein Gesellschafter, seine Kapitaleinlage bar zu leisten, so kann sie – wie § 54 Abs. 3 AktG ausführt, – grundsätzlich „nur in gesetzlichen Zahlungsmitteln, in von der Deutschen Bundesbank bestätigten Schecks, durch Gutschrift auf ein Konto im Inland bei der Deutschen Bundesbank oder einem Kreditinstitut oder auf ein Postscheckkonto der Gesellschaft oder des Vorstands zu seiner freien Verfügung eingezahlt werden.“ Die Bareinlagepflicht kann meist nicht durch Aufrechnung (§§ 387 ff. BGB) mit Forderungen gegenüber dem Krisenunternehmen erfüllt werden.

Ist vorgesehen, daß der Gläubiger seine Forderung als Sacheinlage einzubringt, so bestehen dazu folgende Gestaltungsmöglichkeiten[1]:

97 Vgl. § 32 a GmbHG; § 129 a HGB; 172 a HGB; BGH v. 22. 10. 1979 – II ZR 184/78, in: ZIP 1980, S. 279 ff.; vom 26. 11. 1979 – II ZR 104/77, in: ZIP 1980, S. 115 ff.; vom 24. 3. 1980 – II ZR 213/77, in: ZIP 1980, S. 361 ff. Zum kapitalersetzenden Charakter einer Bürgschaft vgl. OLG Hamburg v. 30. 4. 1980 – 5 U 130/79, in ZIP 1980, S. 911 ff. Zum Verhältnis des in § 32 a GmbHG erfaßten Tatbestandes mit den Qualifikationskriterien des BGH für kapitalersetzende Darlehen vgl. Müller, K., Der Tatbestand des kapitalersetzenden Gesellschafterdarlehens in § 32 a Abs. 1 GmbHG, in: GmbH-Rdsch. 1982, S. 33 ff.

1 Vgl. Müller, W., Die Verwendung von Gesellschafterforderungen zur Erfüllung von Einlageverpflichtungen bei Gründung und von Übernahmeverpflichtungen bei Erhöhung des Stammkapitals einer GmbH, in: WPg 1968, S. 173 ff. (174) f. Müller nennt noch einen dritten, im vorliegenden Zusammenhang jedoch unbedeutenden Weg: die Ablösung eines Gesellschaftsgläubigers.

- Einlageschuld und Forderung erlöschen durch Vereinigung in einer Hand (Konfusion),
- Erlaß der Forderung durch dinglichen Erlaßvertrag (§ 397 BGB).

Die eingelegte Forderung kann zum Nennwert oder zu einem niedrigeren Betrag eingebracht werden.

1.1 Forderungsumwandlung bei der Sanierungsgesellschaft

1.1.1 Stille Gesellschaft und Kommanditgesellschaft

Es war bisher weitgehend üblich, daß Gläubiger dubios gewordene Forderungen zum Nennwert in stille oder Kommanditeinlagen umwandelten. Diese Praxis wurde von der herrschenden Lehre gedeckt.

a) Im Falle der *stillen Gesellschaft* wollen Baumbach-Duden[2] die Bewertung der Einlage in das Ermessen der Parteien stellen. Die Forderungen können demnach auch zum Nennwert eingebracht werden. Der stille Gesellschafter geht dabei nach K. Schmidt[3] keine Haftungsrisiken ein, da er gegenüber den Gläubigern keine Haftung übernimmt: „eine Nachforderung ... wegen unvollkommener Deckung der Einlage gibt es nicht"[4], da die Einlage des Stillen Fremdkapital sei[5]. In der Rechtsprechung wird jedoch die stille Beteiligung als haftendes Kapital betrachtet[6], wenn sie als Teil der Eigenkapitalausstattung gestaltet wurde[7]. In diesem Falle „muß die stille Einlage – als Eigenkapital – zur Befriedigung der Gläubiger zur Verfügung stehen."[8]

Daraus folgt für den stillen Gesellschafter, der sich zu einer Bareinlage verpflichtet hat und die Einlageschuld mit seiner dubiosen Forderung zum Nennwert aufrechnet, das Risiko der Haftung in Höhe des Unterschiedsbetrages zwischen dem Einlagewert und dem tatsächlichen Wert der eingebrachten Forderung (Differenzhaftung).

b) Nach Baumbach-Duden[9] ist auch die durch Aufrechnung geleistete *Kommanditeinlage* „ohne Rücksicht auf die Bonität der Forderung des Kommanditisten" haftungsbefreiend. Nach der bisher herrschenden Meinung genügt es, wenn das Gesellschaftsvermögen von einer Verbindlichkeit gegenüber dem eintretenden Kommanditisten befreit wird[10]. Nach der BGH-Entscheidung

---

2 Vgl. Baumbach-Duden, HGB, Anm. 5 C zu § 335.
3 Schmidt, K., Einlage und Haftung des Kommanditisten, Köln 1977, S. 55.
4 Ebenda, FN 74.
5 Vgl. derselbe, Die Kreditfunktion der stillen Einlage, in: ZHR 1976, S. 475 ff.
6 Der Bundesgerichtshof spricht im Urteil vom 24. 2. 1969 (II ZR 123/67, in: BGHZ 51, S. 350 ff. (353)) vom „verantwortlichen Kapital".
7 Vgl. BGH v. 5. 11. 1979 – II ZR 145/78, in: DB 1980, S. 730 ff.
8 Ebenda, S. 730.
9 Baumbach-Duden, HGB, Anm. 2 B zu § 171.
10 Vgl. u.a. Schlegelberger/Geßler, HGB, Anm. 15 zu § 171; Düringer/Hachenburg/Flechtheim, HGB, Anm. 11 zu § 171.

vom 3. März 1969[11] „kommt es nicht darauf an, ob die getilgte Forderung mit Rücksicht auf die Vermögenslage der Gesellschaft vollwertig ist oder nicht." Gefordert wird lediglich, daß der Gesellschaft derzeit bei Entstehung des Anspruchs „ein echter Vermögenswert zugeflossen ist"[12].

Gegen die Nennwertaufrechnung hat sich Wiedemann[13] gewandt. Er postuliert aus Gründen des Gläubigerschutzes das „Prinzip der objektiven Vermögensbedeckung"[14] und verlangt, daß der Vermögenseinlage mindestens in Höhe der im Handelsregister eingetragenen Haftsumme Vermögenswerte gegenüberstehen[15]. Für die Haftungsfreistellung des Kommanditisten soll es nicht ausreichen, „daß dem Unternehmen zu irgendeinem Zeitpunkt Eigenkapital überlassen wurde; es muß dies vielmehr durch den Kommanditisten als solchen, also erst nach Eintragung der Kommanditistenstellung geschehen."[16] Dies solle nach Sacheinlagegrundsätzen geprüft werden[17].

K. Schmidt[18] erkennt das Ergebnis der Überlegungen Wiedemanns – wenn auch mit einer anderen Begründung – für den Fall der Sanierungsbeteiligung ausdrücklich an. Er warnt eindringlich vor den Haftungsrisiken der Nennwertaufrechnung: „Die Leistung der Kommanditisteneinlage durch Aufrechnung ist potentiell unseriös, auf ihre haftungsrechtliche Anerkennung darf nicht gerechnet werden."[19] Er sieht in den jüngeren Judikaten[20] eine sich anbahnende Wende der Rechtsprechung und räumt der Nennwertaufrechnung speziell für die Sanierungsgründung keine lange Zukunft mehr ein.

So wird schon jetzt von der Rechtsprechung[21] der Fall behandelt, daß Gläubiger nicht der Personengesellschaft als Kommanditisten beitreten, sondern mit dem bisherigen Geschäftsinhaber (z.B. einem Einzelunternehmer oder einer GmbH) eine Kommanditgesellschaft errichten, die den Geschäftsbetrieb der notleiden-

---

11 BGH v. 3. 3. 1969 II ZR 222/67, in: BGHZ 51, S. 391 ff. (394); siehe auch: BGH v. 9. 12. 1971 II ZR 33/68, in: BGHZ 61, S. 71 ff.

12 BGH v. 10. 11. 1975 – II ZR 202/74, in: DB 1976, S. 288.

13 Vgl. Wiedemann, H., Beschränkte und unbeschränkte Kommanditistenhaftung, in: Recht und Wirtschaft in Geschichte und Gegenwart, Festschrift für J. Bärmann zum 70. Geburtstag, hrsg. von M. Lutter, H. Kollhosser und W. Trusen, München 1975, S. 1037 ff.

14 Ebenda, S. 1043.

15 Vgl. ebenda, S. 1038 ff.

16 Ebenda, S. 1045.

17 Vgl. ebenda, S. 1044.

18 Vgl. Schmidt, K., Einlage und Haftung des Kommanditisten, a.a.O., S. 40 ff., insbes. S. 53 ff.

19 Ebenda, S. 56. Vgl. derselbe, Neues zur Haftung bei der Schein-KG und zur Kommanditistenhaftung bei Sanierungsgründungen, in: JZ 1974, S. 219 ff. (220 ff.). Dagegen hält Müssigbrodt die haftungsbefreiende Aufrechnung zum Nennwert in Sanierungsfällen für zulässig, wenn ein entsprechender Sanierungsvermerk ins Handelsregister eingetragen wird. Vgl. Müssigbrodt, F., Haftungsbefreiende Nennwertaufrechnung und Gläubigerschutz bei Sanierungsbegründungen von Kommanditgesellschaften, in: BB 1982, S. 338 ff.

20 Vgl. BGH v. 10. 11. 1975 – II ZR 202/74, a.a.O., S. 288.

21 Vgl. BGH v. 25. 6. 1973 – II ZR 133/70, in: DB 1973, S. 1544 f.

den Unternehmung mit Aktiven und Passiven übernimmt. Will der Kommanditist seine Einlageschuld durch Aufrechnung gegen Altforderungen aus dem früheren Geschäftsverkehr tilgen, „so vermindert sich seine Haftung nach § 171 Abs. 1 HGB um den objektiven Wert des Geleisteten in dem Zeitpunkt, in dem es in das Gesellschaftsvermögen gelangt."[22] ... Bei „begründeten Zweifeln an der Zahlungsfähigkeit des Schuldners ist nach kaufmännischen Grundsätzen ein Abschlag vorzunehmen."[22]

1.1.2 Forderungen als Sacheinlage bei der GmbH und AG

a) Haben sich Gläubiger einer in der Krise befindlichen *GmbH* im Zuge einer Kapitalerhöhung zur Einbringung von Bareinlagen verpflichtet, so ist gem. § 19 Abs. 2 Satz 2 GmbHG nur die Gesellschaft befugt, ihre Einlageforderung mit Schulden gegenüber den Kapitalübernehmern aufzurechnen[23], und zwar dann, wenn die Forderung des Einlegers fällig, liquide und vollwertig ist[24]. Die Aufrechnung einer nicht fälligen, nicht liquiden oder nicht vollwertigen Forderung ist nach h.M. unwirksam, was zur Folge hat, daß der Gesellschafter verpflichtet bleibt, die vereinbarte Einlage zu leisten[25].

Weiterhin schränkt nach h.M.[26] die Vorschrift des § 19 Abs. 5 GmbHG[27] die Aufrechenbarkeit einer Vergütungsforderung durch die Gesellschaft dahingehend ein, daß die Anforderungen des § 5 Abs. 4 Satz 1 GmbHG einzuhalten sind[28].

Möhring[29] meint, dieser Beschränkung unterliegen die Forderungen, „die eine Erfüllung einer Sacheinlageverpflichtung bedeuten können." Diesbezüglich dürfte nach Lutter die Abgrenzung „so lauten, daß alle von der Gesellschaft und den betreffenden Gläubigern g e p l a n t e n Vorgänge der Umwandlung von Forderungen in Kapital nach den Regeln der Sacheinlage, alle z u f ä l l i g e n Erschei-

---

22 BGH v. 25. 6. 1973 II ZR 133/70, a.a.O., S. 1544. Der Kommanditist hat den Wert seiner Einlage zu beweisen, also darzutun, inwieweit durch die Aufrechnung mit der Forderung das haftende Vermögen der Gesellschaft tatsächlich erhöht worden ist. Vgl. BGH v. 18. 11. 1976 II ZR 129/75, in: DB 1977, S. 394 f.

23 Vgl. Scholz-Winter, GmbHG, Anm. 13 ff. zu § 19. Möhring, P., Erbringung von Stammeinlagen bei einer GmbH durch Aufrechnung, in: Festschrift für Reimer Schmidt, hrsg. von F. Reichert-Facilides, F. Rittner und J. Sasse, Karlsruhe 1976, S. 85 ff. (88 f.).

24 Vgl. BGH v. 13. 10. 1954 II ZR 182/53, in: BGHZ 15, S. 52 ff. (59); OLG Nürnberg v. 30. 6. 1970, 7 U 180/69, in: GmbH-Rdsch. 1970, S. 276 f.

25 Vgl. Scholz-Winter, GmbHG, Anm. 15 zu § 19; Hachenburg-Ulmer, GmbHG, Anm. 98 zu § 19. A.A. Priester, H.-J., Die Verwendung von Gesellschafterforderungen zur Kapitalerhöhung bei der GmbH, in: DB 1976, S. 1801 ff. (1805).

26 Vgl. Scholz-Winter, GmbHG, Anm. 16 zu § 19 mit weiteren Nachweisungen.

27 Ehemals § 19 Abs. 3 GmbHG.

28 Vgl. Scholz-Winter, GmbHG, Anm. 15 ff. zu § 5.

29 Möhring, P., Erbringung von Stammeinlagen bei einer GmbH durch Aufrechnung, a.a.O., S. 99.

nungen dieser Art dagegen nach den Grundsätzen der Aufrechnung zu behandeln sind."[30]

Diese Differenzierung zwischen geplanten und zufälligen Aufrechnungsmöglichkeiten vertritt auch die „Lehre von der verschleierten Sacheinlage."[31] Als geplant gelten danach Vorgänge, bei denen die Gegenforderung zum Zeitpunkt des Kapitalerhöhungsbeschlusses schon bestanden hat[32] und eine Verrechnung zu diesem Zeitpunkt bereits beabsichtigt war[33]. Beides trifft bei der Bildung einer Sanierungsgesellschaft üblicherweise zu. Unter diesen Umständen kann nach der herrschenden Rechtsauffassung die Sanierungsgesellschaft nicht rechtswirksam Bareinlageforderungen mit Altverbindlichkeiten aufrechnen.

Der Fall, daß der Kapitalübernehmer die vereinbarte Einlagepflicht durch Einzahlung erfüllt, und anschließend die Gesellschaft ihre Verbindlichkeiten mit den zugeflossenen Mitteln begleicht, wird der Aufrechnung gleichgestellt[34].

Die Einlageschuld soll nur dann getilgt sein, wenn für die Begleichung der Forderung „eine hinreichende Liquidität der Gesellschaft gegeben ist."[35] Dasselbe soll im umgekehrten Fall gelten, wenn die Gesellschaft nach Kreditaufnahme zunächst die Verbindlichkeit gegenüber dem Kapitalübernehmer tilgt, der mit den empfangenen Mitteln seine Einlage leistet.

Die Umwandlung der Verbindlichkeit sollte demnach nur im Wege der Sacheinlage bzw. der Sachübernahme vorgenommen werden[36]. Andernfalls läuft der eintretende Neugesellschafter bei einem Scheitern der Fortführung im darauffolgenden Konkurs Gefahr, der Masse noch die volle Einlage zu schulden und dagegen allenfalls die Quote zu bekommen.

Bei der Sacheinlage sind die Anforderungen des § 56 GmbHG zu beachten, wonach die Forderung als Einlagegegenstand hinreichend zu bezeichnen und der Wert anzugeben ist, mit dem die Forderung auf die Einlagepflicht angerechnet werden soll[37]. Das Registergericht ist verpflichtet, die Ordnungsmäßigkeit der

---

30 Lutter, M., Kapital, Sicherung der Kapitalaufbringung und Kapitalerhaltung in den Aktien- und GmbH-Rechten der EWG. Eine Untersuchung zur Ausfüllung von Artikel 54 Abs. 3 lit. g des Vertrages über die Errichtung einer Europäischen Wirtschaftsgemeinschaft, Karlsruhe 1964, S. 240.

31 Vgl. dazu Langenfeld, G., Verschleierte Sacheinlagen bei der GmbH, in: GmbH-Rdsch. 1981, S. 53 ff. mit weiteren Nachweisungen.

32 Vgl. Barz, in: Großkommentar zum AktG, Anm. 15 zu § 66.

33 Vgl. Lutter, M., Kapital, a.a.O., S. 240.

34 Vgl. Priester, H.-J., Die Verwendung von Gesellschafterforderungen zur Kapitalerhöhung bei der GmbH, a.a.O., S. 1805.

35 Ebenda.

36 Vgl. ebenda, S. 1805 f.

37 Die Vorschriften über die Kapitalerhöhung mit Sacheinlagen, § 56 ff. GmbHG, verweisen nicht auf die Regelung des § 5 Abs. 4 Satz 2 GmbHG, in dem für Sachgründungen der Sachgründungsbericht gefordert wird. Lutter, M. (Die GmbH-Novelle und ihre Bedeutung für die GmbH, die GmbH & Co. KG und die Aktiengesellschaft, a.a.O., S. 1319) fragt sich, ob es sich um ein „Redaktionsversehen" handelt.

Kapitalerhöhung, insbesondere die der Anmeldung beigefügten Unterlagen sowie die Bewertung der Sacheinlagen zu prüfen[38].

Die Sacheinlage einer Gesellschafterforderung befreit den Kapitalübernehmer höchstens insoweit, als der eingebrachte Gegenstand vollwertig ist, also der tatsächliche Wert der Einlageleistung entspricht[39]. Sofern das Vermögen der Gesellschaft nicht ausreicht, alle Verbindlichkeiten zu erfüllen, sind entsprechende Wertabschläge erforderlich[40]. Andernfalls besteht in Höhe des Teils der Forderungen, um den der tatsächliche Wert hinter dem Nennwert zurückbleibt[41], eine Differenzhaftung des Gesellschafters für die Dauer von fünf Jahren fort (§ 9 GmbHG).

„Vollwertigkeit" wird von manchen Autoren als „liquiditätswirksame Vollwertigkeit" interpretiert[42]. Sie liege nur vor, „wenn die Gesellschaft im Zeitpunkt der Aufrechnung die Gesellschafterforderung ohne Vernachlässigung ihrer sonstigen laufenden Zahlungsverpflichtungen bar bedienen könnte"[43], was bei dem Zutritt zu einer Sanierungsgesellschaft selten zutrifft.

b) Für die Forderungseinlage bei der *Aktiengesellschaft* bestehen ähnliche Einschränkungen wie bei der GmbH[44]. Nach der h.M. ist der Gesellschaft[45] nur dann die Aufrechnung erlaubt, wenn die Gegenforderung fällig, liquide und vollwertig ist[46]. Die Vollwertigkeit wird verneint, wenn bei der Gesellschaft Zahlungsunfähigkeit oder Überschuldung vorliegen[47]. Würde die Insolvenz durch einen Vergleich mit den Gläubigern beseitigt, so wäre die Aufrechnung nach Lutter[48] gleichwohl unzulässig, wenn sich die Gesellschaft noch in Zahlungsschwierigkeiten befindet.

---

38 Vgl. § 9 c i.V. mit § 57 a GmbHG. Dazu: Scholz-Winter, GmbHG, Anm. 1 ff. zu § 9 c n.F.

39 Vgl. Müller, W., Die Verwendung von Gesellschafterforderungen zur Erfüllung von Einlageverpflichtungen bei Gründung und von Übernahmeverpflichtungen bei Erhöhung des Stammkapitals einer GmbH, a.a.O., S. 178. Haase, K. D. (Zur Umwandlungsfähigkeit von Gesellschafterdarlehen in haftendes Kapital nach Handelsgesetzbuch und GmbH-Gesetz, in: BB 1972, Beilage 6, S. 97 ff. (106 f.)) hält die Forderung nach der Vollwertigkeit für ungerechtfertigt.

40 Vgl. auch LG Berlin v. 27. 10. 1976 – 98 T 30/76, in: BB 1977, S. 213 f.

41 Vgl. dazu auch Wiedemann, H., Sacheinlagen in der GmbH, in: Berliner Festschrift für E. E. Hirsch, Berlin 1968, S. 257 ff. (260 ff.).

42 Vgl. Hachenburg-Ulmer, GmbHG, Rdnr. 38 – 40 zu § 19 mit weiteren Nachweisungen.

43 Priester, H.-J., Die Verwendung von Gesellschafterforderungen zur Kapitalerhöhung bei der GmbH, a.a.O., S. 1804.

44 Vgl. hierzu: Geßler, E., Die Umwandlung von Krediten in haftendes Kapital, in: Festschrift für Philipp Möhring, hrsg. von W. Hefermehl, R. Wirtz und H. Westermann, München 1975, S. 173 ff.

45 Vgl. § 66 AktG.

46 Vgl. Barz, in: Großkommentar zum AktG, Anm. 11 zu § 66.

47 Vgl. ebenda, Anm. 12 zu § 66 mit weiteren Nachweisen.

48 Vgl. Lutter, in: Kölner Kommentar zum AktG, Anm. 14 zu § 66.

Über den Wert der Sacheinlagen „hat eine Prüfung durch einen oder mehrere Prüfer stattzufinden."[49] Das Gericht kann die Eintragung der Gesellschaft bzw. der Kapitalerhöhung ablehnen, „wenn der Wert der Sacheinlage nicht unwesentlich hinter dem Nennbetrag der dafür zu gewährenden Aktien zurückbleibt."[50]

Die Einbringung von Forderungen ist im Rahmen der vereinfachten Kapitalherabsetzung und Kapitalerhöhung nicht zulässig[51].

1.1.3 Die Bewertung der Forderungseinlagen und ihre Risiken

Wie die vorhergehenden Ausführungen zeigen, ist es für die stille und die Kommanditgesellschaft höchst zweifelhaft, für die GmbH und die AG sogar ausgeschlossen, daß die sich an einer Sanierungsgesellschaft beteiligenden Gläubiger dubios gewordene Forderungen zum Nennwert schuldbefreiend einbringen. So stellt sich die Frage, welcher Wert für eine Forderungseinlage anzusetzen ist.

Die Funktion der Wertangabe bei der Sacheinlage ist nicht mit der bei der Bareinlage identisch. Im ersten Falle soll die Erhöhung des „Haftungsreservoirs"[52], dargelegt werden, im zweiten Falle auch der Liquiditätszuwachs[53].

In der Literatur wird zur Forderungseinlage in eine Kapitalgesellschaft die Meinung[54] vertreten, es sei der Wert zulässig, zu dem das Vermögen der Unternehmung die in Eigenkapital umzuwandelnde Verbindlichkeit bedeckt. Bei einem nicht überschuldeten Unternehmen werden im Gesamtbetrag der erlöschenden Verbindlichkeiten Aktiva, die bisher neutralisiert waren, als Haftungsgrundlage für sonstiges Fremdkapital frei. In dieser Höhe fließe – so Lutter[55] – dem Unternehmen „unmittelbar und ganz eindeutig ein entpsrechender Wert zu."

Ist die Unternehmung jedoch überschuldet, entsteht aus dem Fortfall der Verbindlichkeit nur insoweit ein Zuwachs an freiem, nicht durch Schulden neutralisiertem Gesellschaftsvermögen, als der Nennwert der eingebrachten Forderung die Überschuldung übersteigt. Nur in Höhe dieses Betrages bildet sich effektiv Eigenkapital. Mehr darf der Einlagewert unter dem Gesichtspunkt des

49 § 183 Abs. 3 Satz 1 AktG. Vgl. dazu: Klein, W., Die betriebswirtschaftliche Beurteilung eines Unternehmens im Rahmen der Gründungsprüfung, Düsseldorf 1972, S. 23 ff.

50 § 183 Abs. 3 Satz 3 AktG.

51 Vgl. § 235 Abs. 1 Satz 2 AktG.

52 Wiedemann, H., Gesellschaftsrecht, a.a.O., S. 59.

53 Vgl. Priester, H.-J., Die Verwendung von Gesellschafterforderungen zur Kapitalerhöhung bei der GmbH, a.a.O., S. 1804.

54 Vgl. ebenda, S. 1802; Gustavus, E., Anmerkung zu LG Berlin v. 27. 10. 1976 – 98 T 30/76, in: BB 1977, S. 214 ff.; Müller, W., Die Verwendung von Gesellschafterforderungen . . . a.a.O., S. 178. A.A.: Geßler, E., Die Umwandlung von Krediten in haftendes Kapital, a.a.O., S. 193.

55 Lutter, M., Kapital, a.a.O., S. 234.

Gläubigerschutzes nicht vorgeben. Diesen Aspekt übersieht Reuter[56], wenn er dennoch die Bewertung zum Rückzahlungsbetrag fordert.

Die Vermögensbedeckung als Bewertungsgrundsatz fordert von den betreffenden Gläubigern als Eintrittsbedingung den Ausgleich einer Überschuldung. Daher können die umwandelnden Gläubiger daran interessiert sein, daß sich neben ihnen auch andere Gläubiger und Kapitalanleger am Ausgleich des Verlustes beteiligen.

Bei der Bewertung von Forderungseinlagen nach der Vermögensbedeckung sind m.E. dingliche Sicherheiten zu berücksichtigen. Die Umwandlung einer grundpfandrechtlich voll abgedeckten Forderung in Eigenkapital steht der Einlage des belasteten Grundstücks zum Rückzahlungsbetrag der verwendeten Schuld gleich, denn in dieser Höhe werden Vermögensgegenstände als Haftungsgrundlage für Verbindlichkeiten frei.

Für die Berechnung der Bedeckung sind die handelsrechtlichen Bilanzierungsgrundsätze nicht maßgebend. Sachwertobergrenze des Betriebsvermögens ist der Bruttoerfolgswert der Fortführungsgesellschaft[57], der auch einen etwaigen Firmenwert enthält, vermindert um die sonstigen Verbindlichkeiten.

Ballerstedt[58] bezweifelt die Ansatzfähigkeit für solche Vermögenswerte, die nur die „Kapitalisierung künftiger Gewinne darstellen, deren Realisierung also entscheidend von den Leistungen . . . der Unternehmung abhängt." Diese Auffassung ist von Übergewinnvorstellungen geprägt. Der Geschäftswert ist jedoch, wie Moxter[59] zutreffend feststellt, „ein verfahrensbedingter, also technischer Differenzbetrag: Er bezeichnet den Unterschied zwischen einem Gesamtbewertungsergebnis (‚Schätzvermögen') und einem Einzelbewertungsergebnis (‚teilobjektiviertes Vermögen' im Sinne des Substanzwertes)." Zwar gilt die Schätzung des Geschäftswertes als schwierig und deshalb ungenau, doch gilt dies auch für den Rekonstruktionswert, der, wie Moxter[60] betont, „in einem geradezu erschreckenden Maße manipulierbar" ist.

Nach der Forderungseinlage kann sich herausstellen, daß der tatsächliche Wert der Forderung hinter dem Nennbetrag der Einlage zurückbleibt, weil der Wert

---

56 Vgl. Reuter, A. L., Das Problem der Vollwertigkeit von Gesellschafterforderungen im Zusammenhang mit deren Verwendung zur Kapitalerhöhung bei Gesellschaften mit beschränkter Haftung, in: BB 1978, S. 1195 f.

57 Vgl. Ausführungen S. 96 ff.
Nach den Definitionen im VI. Kapitel (Ausführungen S. 93 ff.) entspricht der Bruttoerfolgswert G_i dem Bruttofortführungswert (BFW_i) abzüglich dem Eigen-Kapitaleinsatz (K_i) zur Finanzierung des leistungswirtschaftlichen Sanierungskonzepts. Dieses neue Eigenkapital kann für Altverbindlichkeiten die Haftung übernehmen.

58 Ballerstedt, K., Buchbesprechung zu Gadow-Heinichen, Großkommentar zum Aktiengesetz, 2. Aufl., in: ZHR 1965, S. 92 ff. (97).

59 Moxter, A., Die Geschäftswertbilanzierung in der Rechtsprechung des Bundesfinanzhofs und nach EG-Bilanzrecht, in: BB 1979, S. 741 ff. (743). Siehe auch: Wöhe, G., Zur Bilanzierung und Bewertung des Firmenwertes, in: StuW 1980, S. 89 ff.

60 Moxter, A., Die Geschäftswertbilanzierung in der Rechtsprechung des Bundesfinanzhofs . . ., a.a.O., S. 742.

des Betriebsvermögens durch Überbewertung der Aktiva und/oder Unvollständigkeit der Passiva zu hoch geschätzt worden ist. Selbst wenn die Sacheinlagebewertung unter schwierigen Umständen erfolgt, verlangt die Rechtsprechung[61], daß die „Kapitaldeckungszusage" eingehalten wird. So hat der Aktionär, ist eine Sacheinlage „erheblich überbewertet, ... den Unterschied zwischen dem Wert der Einlage und dem Aktiennennbetrag in bar nachzuzahlen".[62] Die Verpflichtung hierzu trifft auch den GmbH-Gesellschafter „ohne Rücksicht darauf, ob seine Einlage willkürlich und schuldhaft überbewertet worden ist."[63] [64]

Für Schädigungen infolge vorsätzlicher oder grob fahrlässiger Überbewertung von Sacheinlagen bei der GmbH oder AG sind „alle Gesellschafter als Gesamtschuldner zum Ersatz verpflichtet."[65] Die Rechtsprechung erkennt jedoch an, daß bei der Bewertung von Unternehmen ein gewisser Beurteilungsspielraum besteht[66]. Erst dessen Überschreiten soll die Differenzhaftung auslösen. Ein fehlerhaft ermittelter Unternehmenswert liegt außerhalb des Bewertungsspielraumes, den die Grundsätze ordnungsmäßiger Unternehmensbewertung belassen.

1.2 Forderungseinbringung bei der Betriebsübernahmegesellschaft und der Auffanggesellschaft

Gläubiger des Krisenunternehmens können ihre Forderungen als Kapitaleinlage in eine Betriebsübernahmegesellschaft oder Auffanggesellschaft einbringen. Diese kann sie nunmehr gegenüber dem Schuldner mit Verpflichtungen aufrechnen, die sie aus dem Kaufpreis, der Pacht oder sonstigen Gründen hat – vorausgesetzt, daß die Aufrechnung nicht vertraglich ausgeschlossen wurde. Akzessorische Sicherheiten gehen kraft Gesetzes mit den Forderungen auf die Fortführungsgesellschaft über[67]. Der Zessionar erwirbt die Vorrechte des Vormannes[68].

61 Vgl. BGH v. 14. 3. 1977 – II ZR 156/75, in: GmbH-Rdsch. 1978, S. 9 ff. (11).

62 BGH v. 27. 2. 1975 – II ZR 111/72, in: DB 1975, S. 778 ff. (780). Die Differenzhaftung besteht unabhängig von einer etwaigen Haftung nach § 46 AktG. Gegen die Gründungsprüfer kann ein Schadensersatzanspruch bestehen. Vgl. Schmidt, K., Zur aktienrechtlichen Haftung des Gründungsprüfers bei der Überbewertung von Sacheinlagen, Überlegungen zum Urteil des BGH vom 27. 2. 1975 – II ZR 111/72, in: DB 1975, S. 1781 ff.

63 BGH v. 14. 3. 1977 – II ZR 156/75, a.a.O., S. 11.

64 Vgl. § 9 GmbHG. „Der Anspruch verjährt in fünf Jahren seit der Eintragung der Gesellschaft in das Handelsregister" (Abs. 2). Siehe auch Hohner, G., Zum Haftungsumfang bei überbewerteten Sacheinlagen in der GmbH, in: DB 1975, S. 629 ff.

65 § 9 a Abs. 2, 2. HS GmbHG, § 46 Abs. 2, 2. HS AktG.

66 Vgl. BGH v. 14. 3. 1977 – II ZR 156/75, a.a.O., S. 11. A.A. Schmidt, K., Zur Differenzhaftung des Sacheinlegers (nach gegenwärtigem Stand von Gesetzgebung, Rechtsprechung und Lehre), in: GmbH-Rdsch. 1978, S. 5 ff. (8 f.).

67 Vgl. §§ 401, 1153 BGB.

68 Vgl. § 401 Abs. 2 BGB. Vgl. Mentzel/Kuhn/Uhlenbruck, KO, Anm. 2 zu § 61.

Die Eröffnung des Konkurs- oder Vergleichsverfahrens über das Vermögen des Krisenunternehmens steht der Forderungszession nicht entgegen. Die Vorschriften der Konkursordnung verbieten jedoch die Aufrechnung des Kaufpreises mit Konkursforderungen[69].

Die Einlage einer Forderung gegenüber einem Dritten wird bei allen Gesellschaften – auch der Kommanditgesellschaft[70] – als Sacheinlage behandelt. Dafür darf höchstens der Zeitwert angesetzt werden[71]. Dieser bestimmt sich nach dem voraussichtlichen Realisationsbetrag und -zeitraum[72]. Selbstverständlich beeinflussen Sicherheiten und Verzinsung den Einlagewert.

2. Forderungsumwandlung als Bestandteil eines Vergleichs

Die Forderungsumwandlung in Beteiligungskapital ist im Vergleich nach der Vergleichsordnung oder Konkursordnung möglich, aber selten, dagegen im Zuge eines außergerichtlichen Vergleichs mit Großgläubigern häufiger.

Sowohl im konkursabwendenden als auch -beendenden Vergleich kann der Vergleichsvorschlag den Gläubigern die Möglichkeit einräumen, statt oder neben einer Barquote eine ihrer Forderung entsprechende Beteiligung an der Sanierungs- oder Auffanggesellschaft zu fordern[73]. Der in § 7 Abs. 1 VerglO bzw. in § 174 KO enthaltene Grundsatz der Bestimmtheit des Vergleichsvorschlags muß gewahrt werden.

Im gerichtlichen Vergleich müssen die Mindestquoten bar geboten werden[74]. Das schließt nicht aus, daß der Vergleichsvorschlag für die Gläubiger ein Wahlrecht vorsieht, den Mindestsatz entweder in bar oder in Werten zu begehren[75]. Soweit die Befriedigung der Forderungen den Mindestsatz übersteigt, kann eine gesellschaftliche Beteiligung als Abfindung von der Mehrheit sogar verbindlich beschlossen werden[76].

Im konkursrechtlichen Zwangsvergleich brauchen die Quoten überhaupt nicht in Geld angeboten zu werden[77]. Der Vergleichsvorschlag könnte die Befriedi-

69 Vgl. § 55 KO.

70 Vgl. BGH v. 25. 6. 1973 – II ZR 133/70, a.a.O.

71 Vgl. Ballerstedt, K., Zur Bewertung von Vermögenszugängen aufgrund kapitalgesellschaftlicher Vorgänge, in: Festschrift für E. Geßler, hrsg. von K. Ballerstedt und W. Hefermehl, München 1971, S. 69 ff.; Kuhn, K., (Die Sacheinlage bei Kapitalgesellschaften in betriebswirtschaftlicher Sicht, in: ZfB 1966, S. 647 ff.) fordert die Bewertung der Sacheinlage zum Zeitwert.

72 Zur Forderungsbewertung vgl. auch Schäfer, W., Grundsätze ordnungsmäßiger Bilanzierung für Forderungen, 2. Aufl., Düsseldorf 1977, S. 44 ff.

73 Vgl. Bley-Mohrbutter, VerglO, Anm. 11 zu § 3; Püschmann, Aktien als Vergleichsquoten, in: KTr 1931, S. 113.

74 Vgl. § 7 Abs. 3 VerglO. Die Mindestsätze sind binnen zwölf bzw. achtzehn Monaten bar zu leisten.

75 Vgl. Bley-Mohrbutter, VerglO, Anm. 9 a zu § 7.

76 Vgl. ebenda, Anm. 9 a zu § 7; Anm. 10 zu § 8.

77 Vgl. Jaeger-Weber, KO, Anm. 5 zu § 174.

gung der Gläubiger nur durch Einräumung von Beteiligungen vorsehen. Rechtlich „bestehen jedenfalls keine grundsätzlichen Bedenken gegen diese Form des Zwangsvergleichs."[78]

Der Vergleich muß allen betroffenen Gläubigern gleiche Rechte gewähren[79]. Dieser Grundsatz zielt „nicht auf die inhaltliche Gleichheit, sondern auf die (objektiv betrachtet) wirtschaftliche Gleichwertigkeit" ab[80]. Die Alternativen, nämlich die Barabfindung und die Sachleistung, müssen wertmäßig gleich sein.

Eine ungleiche Behandlung ist im konkursabwendenden Zwangsvergleich „nur mit ausdrücklicher Einwilligung der zurückgesetzten Gläubiger zulässig."[81]

Im gerichtlichen Vergleichsverfahren kann die Zurücksetzung von Gläubigern durch Mehrheitszwang unter den Voraussetzungen des § 8 Abs. 2 VerglO durchgesetzt werden.

Im außergerichtlichen Vergleich steht es dem Schuldner grundsätzlich frei, die Gläubiger unterschiedlich zu behandeln, vorausgesetzt, daß Gleichbehandlung nicht zur Grundlage des Vergleichs gemacht worden ist[82].

Als einheitliche Bemessungsgrundlage kommt das in der Vergleichsbilanz ausgewiesene freie Reinvermögen in Betracht, nachdem es um die Vorrechtsforderungen gemindert ist. Die Vermögensgegenstände sind mit ihren Zeitwerten auszuweisen[83]. Im Falle der Sanierungsgesellschaft ist dafür der Fortführungswert maßgebend[84].

Der Eintritt der Gläubiger in die Sanierungs- oder Auffanggesellschaft erfolgt gesellschaftsrechtlich außerhalb des Vergleichsverfahrens[85].

3. Steuerliche Aspekte der Forderungsumwandlung

3.1 Forderungsumwandlung bei der Sanierungsgesellschaft

In den steuerlichen Folgen der Forderungsumwandlung bestehen für den Gläubiger Unterschiede, ob er die Forderung im Privat- oder Betriebsvermögen geführt hat, und für die Fortführungsgesellschaft, ob es sich um eine Personen- oder Kapitalgesellschaft handelt.

a) Verluste, die der Gläubiger bei der Einbringung gegenüber dem Nennwert in seinem *Privatvermögen* realisiert, sind steuerlich unbeachtlich. Nicht anders ist der Fall zu beurteilen, daß sich der Gläubiger zu einer Bareinlage verpflichtet, die er durch Aufrechnung mit der dubiosen Forderung zum Nennwert „er-

78 Jaeger-Weber, KO, Anm. 5 zu § 174.
79 Vgl. § 8 Abs. 1 VerglO; § 181 KO.
80 Bley-Mohrbutter, VerglO, Anm. 18 zu § 8.
81 § 181 Satz 2 KO.
82 Vgl. Künne, K., Außergerichtliche Vergleichsordnung, a.a.O., S. 354.
83 Vgl. Knorr, E., Zum Aussagewert der Vergleichsbilanz, a.a.O. S. 13; Bauch, G., Die Rechnungslegung im Vergleichsverfahren, a.a.O.
84 Vgl. Ausführungen S. 90 ff., S. 219.
85 Vgl. Bley-Mohrbutter, VerglO, Anm. 11 zu § 3.

füllt". Würde solche zivilrechtliche Gestaltung auch steuerlich anerkannt, so könnte dadurch der Steuerpflichtige mit Hilfe entsprechender Vereinbarungen Verluste aus dem Privatbereich in die betriebliche Sphäre verlagern und steuerlich berücksichtigungsfähig machen.

Handelt es sich um eine *betriebliche* Forderung, so wirkt sich die Einbringung auf das steuerliche Betriebsergebnis des Gläubigers aus, wenn sein Einlagewert bei der Sanierungsgesellschaft vom bisherigen Buchwert abweicht. Die Einbringung in eine Personengesellschaft gegen Gewährung von Gesellschaftsrechten wird vom Bundesfinanzhof[86] nicht als Entnahme und anschließende Einlage in ein anderes Betriebsvermögen, sondern als Veräußerungsvorgang behandelt, bei dem „auf eine Gewinnverwirklichung aus Anlaß der Einbringung verzichtet werden kann, sofern die künftige steuerliche Erfassung der stillen Reserven sichergestellt ist".

Demgemäß billigt die Rechtsprechung dem Gläubiger ein Wahlrecht zu, die Forderung zum Buchwert, Teilwert oder einem Zwischenwert einzubringen[87]. Der Ansatz zum Nennwert kommt auch steuerlich nicht in Betracht, wenn die Personengesellschaft überschuldet und deshalb die Forderung nicht vollwertig ist. Sind die Forderungen beim einbringenden Mitunternehmer wertberichtigt, so muß er nicht bis zum Teilwert aufwerten.

b) In der Gesellschaftsbilanz der *Sanierungsgesellschaft* erfolgt die Einlage zum Teilwert der Forderung[88], d.h. zum vermögensbedeckten Betrag. In Höhe der Differenz zwischen dem Nennwert und dem niedrigeren Teilwert entsteht bei der Gesellschaft ein Buchgewinn. Dieser kann einen steuerfreien Sanierungsgewinn darstellen, wenn die speziellen Voraussetzungen dafür gegeben sind[89].

Sofern der Gläubiger bei einer mitunternehmerischen Sanierungsgesellschaft vom besprochenen Wahlrecht Gebrauch macht, ist sein Konfusionsgewinn durch Ansatz eines Minuskapitals in der Ergänzungsbilanz zu neutralisieren. Der Gegenposten zum Minuskapital ist m.E. eine Rücklage, die entsprechend § 8 Abs. 2 UmwStG in den folgenden drei Wirtschaftsjahren jeweils mit wenigstens einem Drittel gewinnerhöhend aufzulösen ist.

Die Einbringung einer Forderung in eine Kapitalgesellschaft gegen Gewährung von Gesellschaftsrechten betrachtet die h.M. als Sacheinlage, die bei der Gesellschaft mit dem Teilwert anzusetzen ist (§ 6 Abs. 1 Nr. 5 EStG)[90].

c) Für den einbringenden Gläubiger bildet der gemeine Wert der Forderung die Anschaffungskosten seiner Beteiligung an der Kapitalgesellschaft[91]. Es ist an-

86 BFH v. 15. 7. 1976 I R 17/74, in: BStBl II 1976, S. 748 ff. (749). Vgl. dazu auch Herrmann-Heuer, Anm. 358 zu § 6 EStG.

87 Vgl. BFH v. 15. 7. 1976 I R 17/74, a.a.O.; v. 18. 7. 1979 I R 38/76, in: BStBl II 1979, S. 673 ff.

88 Vgl. Kurth, H., Die Besteuerung des Mitunternehmers, a.a.O., S. 579.

89 Vgl. Ausführungen S. 153 ff.

90 Vgl. Knobbe-Keuk, B., Bilanz- und Unternehmenssteuerrecht, a.a.O., S. 90; S. 250 f.; Herrmann-Heuer, Anm. 822 zu § 6 EStG.

91 Vgl. Knobbe-Keuk, B., Bilanz- und Unternehmenssteuerrecht, a.a.O., S. 89 f.

zunehmen, daß das Finanzamt den Teilwert als gemeinen Wert behandeln wird[92].

3.2 Forderungsumwandlung bei der Betriebsübernahmegesellschaft und der Auffanggesellschaft

Für die Betriebsübernahmegesellschaft und die Auffanggesellschaft gelten die zuvor gemachten Ausführungen mit der Maßgabe, daß der Teilwert der eingebrachten Forderung dem Realisationswert bei der Fortführungsgesellschaft entspricht.

Wird eine abgewertete betriebliche Forderung in eine mitunternehmerische Betriebsübernahme- oder Auffanggesellschaft eingebracht, so besteht ebenfalls das Wahlrecht, das Wirtschaftsgut erfolgsneutral zum Buchwert, erfolgswirksam zum Teilwert oder zu einem Zwischenwert einzubuchen. Bei Einbringung unterhalb des Teilwerts wird in der Ergänzungsbilanz auf der Sollseite ein steuerliches Minderkapital entsprechend der fortgeführten stillen Reserve eingestellt. Gegenposten dazu ist auf der Passivseite ein Wertberichtigungsposten, der so lange beibehalten werden kann, bis die eingehenden Tilgungsbeträge den nicht wertberichtigten Teil der Forderung übersteigen[93] oder keine weiteren Eingänge auf die Forderung zu erwarten sind.

XVII. Kapitel

Entlastung von Personalverpflichtungen

1. Verhandlungspositionen und Mentalität der Beteiligten

Im Zusammenhang mit der leistungswirtschaftlichen Sanierung wurde bereits darauf hingewiesen, daß die Verpflichtungen, die das Krisenunternehmen gegenüber seinen Arbeitnehmern eingegangen ist, für die Fortführungsgesellschaft zu den schwierigsten Problemen mit den größten Lasten gehören[1]. Problematisch ist schon die zahlenmäßige Erfassung; es gehört zur Eigenart dieser Lasten, daß sie nur zum geringen Teil in den Bilanzen des Krisenunternehmens enthalten sind – allenfalls als Rückstellungen für Pensionsverpflichtungen –. Auch die Gewinn- und Verlustrechnung des Krisenunternehmens läßt kaum Rückschlüsse zu, wie hoch die „Hypotheken" an Personalkosten aller Art, die die Fortführungsgesellschaft zu übernehmen hat, sein werden. Andererseits erfordert ein solides Fortführungskonzept, daß man fundierte Schätzungen an-

92 Zwischen dem Teilwert und dem gemeinen Wert der eingebrachten Forderung können (theoretische) Unterschiede bestehen. Zu dieser Problematik vgl. Meyer, J., Konzeptionelle Probleme der Wertfindung . . ., a.a.O., S. 44 f.

93 Vgl. § 6 Abs. 1 Nr. 2 EStG.

1 Siehe V. Kapitel, Abschnitt 3.1.5, S. 81.

stellt, welche Anforderungen gemäß den arbeitsrechtlichen Bestimmungen mit ihm verbunden sein werden.

Wesentlich für die Fortführungsgesellschaft ist, daß es sich bei den arbeitsrechtlichen Verpflichtungen zum großen Teil nicht um bereits feststehende Größen handelt, sondern daß sie mit den Betroffenen weitgehend erst ausgehandelt werden müssen. Dabei gibt es – wie bei den anderen bereits besprochenen Verbindlichkeiten – bei den Verhandlungspartnern jeweils „Entscheidungswerte", die von der Situation bestimmt werden, welche für sie im Falle des Scheiterns der Sanierungsverhandlungen eintreten könnte: der Zusammenbruch des Betriebes und der Verlust der Arbeitsplätze.

Gegenüber den Verhandlungspositionen der sonstigen Gläubiger gibt es dennoch wichtige Unterschiede. Dazu gehört, daß der wichtigste Verhandlungspartner, der Betriebsrat des Krisenunternehmens, unterstützt meist von der Gewerkschaft, besonderen Kriterien der Willensbildung und Entscheidung unterliegt und die von ihm Vertretenen unterschiedliche, zum Teil sogar gegensätzliche Interessen besitzen: zum Beispiel diejenigen von ausscheidenden Arbeitnehmern, die möglichst hohe Abfindungen wünschen, und von verbleibenden Arbeitnehmern, denen es auf die Erhaltung des Betriebes und die Sicherheit ihrer Arbeitsplätze ankommt[1a].

Allgemein kann man zwischen zwei Arten von Lasten unterscheiden: Verbindlichkeiten, die aus früheren Arbeitsleistungen der Arbeitnehmer entstanden sind – vor allem rückständige Löhne und Gehälter, erdiente Ansprüche auf Altersversorgung – und Bindungen der Fortführungsgesellschaft hinsichtlich der künftigen Tätigkeit, vor allem aufgrund des Kündigungs- und Bestandsschutzes sowie der mit dem Betriebsrat geschlossenen Betriebsvereinbarungen.

Die erstgenannten Lasten sind bereits Verbindlichkeiten, die zweitgenannten stellen zukünftige Kosten dar; soweit sie überhöht sind und deshalb im Zuge der leistungswirtschaftlichen Sanierung abgebaut werden müssen, sind sie den Sanierungskosten zuzurechnen. Beide Arten von Lasten beeinflussen in ähnlicher Weise den Fortführungsgewinn der Fortführungsgesellschaft, so daß diese erforderlichenfalls eine Entlastung anstreben muß.

Manchmal wird die Einstellung auf Arbeitnehmerseite von Ressentiments oder ideologischen gewerkschaftlichen Gesichtspunkten beeinflußt[2].

Das muß nicht bedeuten, daß für die Fortführungsgesellschaft wenig Spielraum für Verhandlungen besteht, bei denen neben den unmittelbar sozialen Belangen der Betroffenen auch die wirtschaftliche Leistungsfähigkeit des Betriebes berücksichtigt wird. Die gesetzlichen Regelungen sehen in vielfältiger Weise eine

1a Vgl. dazu auch Chmielewiecz, K., Arbeitnehmerinteressen und Kapitalismuskritik in der Betriebswirtschaftslehre, a.a.O., S. 214 ff.; Richardi, R., Sozialplan und Konkurs, Düsseldorf 1975, S. 87 ff.

2 Vgl. dazu See, H., Arbeiterselbstverwaltung im Kapitalismus, in: Arbeiter übernehmen ihren Betrieb oder Der Erfolg des Modells *Süßmuth*, hrsg. von F. Fabian, Reinbek bei Hamburg 1972, S. 25 ff.; Friedel, G. B., Rechtliche und rechtspolitische Aspekte des Modells, ebenda, S. 67 ff.

Rücksichtnahme auf die Leistungsfähigkeit bzw. Erhaltung des Betriebes vor[3]. Wenn diese Gesichtspunkte häufig trotzdem zu kurz kommen, so kann das auch an Verhandlungsfehlern und -versäumnissen auf der Arbeitgeberseite beruhen.

Von Seiten der Fortführungsgesellschaft ist darauf zu achten, daß sie geeignete Verhandlungspartner einsetzt. Freiberuflich tätige Vertreter wie Rechtsanwälte und Wirtschaftsprüfer, die gegenüber Banken, Lieferanten und dem Fiskus beste Ergebnisse erzielen, könnten gegenüber dem Betriebsrat versagen, weil sie zu dessen Mentalität keinen Zugang haben und zu formalrechtlich denken. Manchmal liegen ihnen auch die arbeitsrechtlichen Normen und Praktiken fern. Im allgemeinen wird es angebracht sein, die Verhandlungsführung einem Unternehmer oder Betriebsleiter zu übertragen, der aus eigener Erfahrung die Interessen und Einstellungen der Gegenseite kennt und in einer für sie überzeugenden Weise zu argumentieren versteht. Dabei kann es förderlich sein, wenn man weiß, daß er – falls die Fortführungsgesellschaft zustande kommt – später auch mit den verbleibenden Arbeitnehmern die personellen Sanierungsmaßnahmen durchführen wird.

Die Vertreter der Fortführungsgesellschaft sollten bestrebt sein, für die Verhandlungen mit dem Betriebsrat, die vor der Sanierungsentscheidung bereits vielfältige und wichtige Aspekte umfassen, ein vertrauens- und verständnisvolles Verhandlungsklima zu schaffen[4]. Dazu gehört, daß sie den Betriebsrat umfassend und seriös unterrichten. Baur[5] ist der Meinung, „daß es sinnvoller ist, die Mitarbeiter-Vertretungen etwas besser zu informieren als nach dem Betriebsverfassungsgesetz erforderlich ist.“ „Die Erfahrungen bei Sanierungen machen deutlich, daß bei der Belegschaft das Verständnis auch für unangenehme Maßnahmen und die Bereitschaft zur Zusammenarbeit umso größer sind, je offener das Sanierungsteam den Mitarbeitern und ihren Vertretungen gegenübertritt.“[6]

Die Mitarbeitervertretung sollte sich ein klares Bild über die wirtschaftliche Gesamtsituation mit den vorliegenden Schwierigkeiten und Risiken für die Erhaltung des Betriebs sowie das Fortführungskonzept und seine personellen Kosten machen können. Dazu sollten die Grenzen der Belastbarkeit sichtbar werden, so daß der Betriebsrat erkennen kann, welche Zugeständnisse zur Rettung des Betriebs insgesamt erforderlich sind und in welcher Weise seine Ablehnung bestimmter Einsparungen zu Konzessionen bei anderen Personallasten führen müßte. Für die Verhandler der Fortführungsgesellschaft kommt es darauf an, mit den Vertretern der Arbeitnehmer aus erforderlichen Maßnahmen ein Gesamtpaket zu schnüren. Dabei sind die Interdependenzen der Verhandlungspositionen und die Gefahr zu beachten, bei den Einzelverhandlungen in Anerken-

3 Vgl. z.B. § 2 Abs. 1 BetrVG: „Arbeitgeber und Betriebsrat arbeiten . . . vertrauensvoll . . . zum Wohl der Arbeitnehmer und des Betriebs zusammen.“

4 Vgl. Baur, W., Sanierungen, a.a.O., S. 83 ff.

5 Ebenda, S. 69.

6 Ebenda, S. 116.

nung der sozialen Gesichtspunkte so nachgiebig zu sein, daß zum Schluß die Gesamtlast unerträglich ist.

Bezieht man den Betriebsrat frühzeitig in solcher Weise in die Sanierungsprobleme ein, so läßt sich wahrscheinlich vermeiden, daß er eine eigene alternative Sanierungskonzeption ohne ausreichenden Überblick und Kontakt mit den Verantwortlichen der Fortführungsgesellschaft entwickelt[7] und damit die ohnehin vorhandenen Schwierigkeiten und den Zeitdruck erhöht[8].

Bezüglich der Erhaltung des Krisenunternehmens oder seines Betriebes bestehen zwischen Arbeitnehmern und Fortführungsgesellschaft weitgehend parallel laufende Interessen. Das führt manchmal dazu, daß Arbeitnehmervertreter auf die Verhandlungen mit Banken[9] und dem Finanzamt wegen Schuldenentlastung oder mit der öffentlichen Hand wegen der Gewährung von Subventionen im Sinne der Fortführungsgesellschaft Einfluß nehmen.

2. Bestandsschutz und Haftung bei Fortführung durch neue Rechtsträger nach § 613a BGB

2.1 Gesetzlicher Übergang der Arbeitsverhältnisse auf die Betriebsübernahme- und die Auffanggesellschaft

§ 613 a Abs. 1 Satz 1 BGB bestimmt: „Geht ein Betrieb oder Betriebsteil durch Rechtsgeschäft auf einen anderen Inhaber über, so tritt dieser in die Rechte und

7 In letzter Zeit mehren sich die Fälle, in denen der Betriebsrat alternative Sanierungskonzepte entwickelt; so bei der beabsichtigten Schließung des Frankfurter Werkes der *Triumpf-Adler AG* für Büro- und Informationstechnik, Nürnberg (vgl. dazu o.V., Betriebsrat der Adlerwerke will eigenen Plan vorlegen, FAZ vom 8. September 1981). Auch stellte der Betriebsrat des von der Stillegung bedrohten Werkes der *Vereinigten Deutschen Metallwerke (VDM)* in Frankfurt-Heddernheim ein eigenes Konzept vor (vgl. dazu o.V., Ein Sanierungskonzept der Belegschaft, FAZ vom 16. September 1981). Im Falle der *Enka*-Sanierung in Kassel versuchte der Betriebsrat, seinen Sanierungsvorstellungen mit einem Hungerstreik Nachdruck zu verleihen (vgl. dazu: Dreesbach, L. E., Betriebsräte liegen im Bett und hungern, Handelsblatt vom 17. September 1981).

8 Leffson, U., (Der Einfluß einer erkennbaren Gefährdung der Unternehmung auf die Aussagen im Prüfungsbericht und Bestätigungsvermerk, a.a.O., S. 640) beklagt, daß die „sozialpolitische Tendenz, zur Erhaltung von Arbeitsplätzen eine Unternehmung bis ‚eine Minute vor zwölf' fortzuführen, . . . durch die Verzögerung unnötig hohe Verluste der Gläubiger und verlorene Kredite und Bürgschaften der öffentlichen Hand und damit den Verlust gesamtwirtschaftlicher Resourcen" bewirke.

9 So wollte der Gesamtbetriebsrat der *AEG* einer Kooperation mit *Bosch* nur zustimmen, „wenn die Banken dem Konzern gleichzeitig einen Teil seiner Schulden erlassen." O.V., *AEG*-Betriebsrat hat Bedenken, Kölner Stadt Anzeiger vom 16. Oktober 1981. Gewinner blieb schließlich Bosch. Dieser Gesellschaft „ist durch die Nöte der AEG ein günstiger Einstieg" bei TN, im AEG-Bereich „K1" und zugleich „der Eintritt ‚in einen interessanten neuen Markt" gelungen. O.V., Bosch als Gewinner, in: FAZ vom 4. 12. 1981.

Pflichten aus den im Zeitpunkt des Übergangs bestehenden Arbeitsverhältnissen ein."[10]

2.1.1 Voraussetzungen

Diese Norm will bei Arbeitgeberwechsel den Bestandsschutz der Arbeitsplätze und die Kontinuität des Betriebsrates erhalten[11]. Sie ist nach der Rechtsprechung des Bundesarbeitsgerichts auch dann anwendbar, wenn der Betriebsübergang „in einer besonders schwierigen wirtschaftlichen Situation" des bisherigen Arbeitgebers erfolgt[12]. Sie gilt sogar im Konkursverfahren[13] und ist selbst dann nicht ausgeschlossen, wenn die Eröffnung des Konkursverfahrens mangels Masse abgelehnt wird[14].

§ 613 a BGB gilt dagegen nicht bei Erwerb des Betriebs im Zwangsversteigerungsverfahren[15]. Er setzt einen rechtsgeschäftlichen Betriebsübergang voraus[16]. Dafür kommen Kauf[17] und Pacht[18] des Betriebes oder Betriebsteiles in Betracht[17]. Ein Betriebsübergang im Sinne des § 613 a BGB kann auch vorliegen, wenn eine Auffanggesellschaft den Betrieb treuhänderisch im eigenen Namen fortführt. Wie Soergel-Siebert[19] hervorheben, ist „Betriebsinhaber . . . die Person, in deren Namen ein Betrieb geführt wird, die nach außen als Partner der Rechtsgeschäfte (und damit auch als Arbeitgeber) auftritt, die für den Betrieb abgeschlossen werden." Will eine Sanierungs-Auffanggesellschaft die Folgen

10 Zum Anwendungsbereich siehe Falkenberg, R.-D., Auswirkungen des § 613 a BGB in der betrieblichen Praxis, in: DB 1980, S. 783 ff.; Lepke, A., Begünstigter Personenkreis bei Betriebsübergang, in: BB 1979, S. 526 ff.

11 Vgl. die Begründung zu § 123 RegE eines BetrVG, BT-Drucksache VI/1786, S. 59; BAG v. 6. 2. 1980 – 5 AZR 275/78, in: DB 1980, S. 1492 ff. (1496); v. 17. 1. 1980 – 3 AZR 160/79, in: DB 1980, S. 308 ff.; Heinze, M., Die Arbeitgeber – Nachfolge bei Betriebsübergang – Die Regelungsstruktur des § 613 a BGB und rechtliche Konsequenzen, insbesondere im Konkurs –, in: DB 1980, S. 205 ff.

12 BAG v. 15. 11. 1978 – 5 AZR 199/77, in: DB 1979, S. 702 f. (703).

13 Vgl. BAG v. 17. 1. 1980 – 3 AZR 160/79, a.a.O.; Jaeger-Henckel, KO, Rdnr. 16 zu § 1; Richardi, R., Übergang von Arbeitsverhältnissen bei Zwangsvollstreckungsmaßnahmen im Rahmen einer Konkursabwicklung, a.a.O.; Wiedemann, H., Willemsen, H. J., Die Anwendbarkeit des § 613 a BGB im Konkurs unter besonderer Berücksichtigung der betrieblichen Altersversorgung, a.a.O., S. 418 ff. mit weiteren Literaturangaben über den diesbezüglichen Meinungsstreit.

14 Vgl. BAG v. 3. 7. 1980 – 3 AZR 751/79, in: DB 1980, S. 2143.

15 Vgl. Richardi, R., Übergang von Arbeitsverhältnissen bei Zwangsvollstreckungsmaßnahmen im Rahmen einer Konkursabwicklung, a.a.O., S. 58 ff.

16 Vgl. v. Hoyningen-Huene, G., Windbichler, C., Der Übergang von Betriebsteilen nach § 613 a BGB, in: RdA 1977, S. 329 ff. (330). Putzo, in: Palandt, BGB, Anm. 2 c zu § 613 a.

17 Vgl. BAG v. 2. 10. 1974 – 5 AZR 504/73, in: DB 1975, S. 601 ff.; v. 29. 10. 1975 – 5 AZR 444/74, in: DB 1976, S. 391 ff.

18 Vgl. BAG v. 15. 11. 1978 – 5 AZR 199/77, a.a.O.

19 Vgl. Soergel/Siebert, BGB, Anm. 8 zu § 613 a.

des § 613 a BGB vermeiden, so kann sie dazu die oben beschriebenen Wege einschlagen[20].

Der Bestandsschutz ist nicht nur für die Veräußerung des Betriebes im ganzen vorgesehen, sondern greift auch ein, wenn nur ein Betriebsteil übertragen wird[21]. Einen Betriebsteil im Sinne von § 613 a BGB kann auch der Funktionsbereich „Vertrieb" darstellen[21a]. Bei Übertragung des ganzen Betriebes gehen grundsätzlich alle Arbeitsverhältnisse über. Werden nur einzelne Betriebe oder Betriebsteile übernommen, so sind die Arbeitsplätze derjenigen Arbeitnehmer geschützt, die zuvor in diesen Betrieben oder Betriebsteilen beschäftigt gewesen sind[22]. Erfaßt werden auch die Arbeitsverhältnisse der gekündigten[23] und der leitenden Angestellten[24], nicht jedoch die Ruhestandsverhältnisse[25].

Der übertragene Betrieb oder Betriebsteil muß eine funktionsfähige organisatorische Einheit bilden[26]. Unbeachtlich ist hierfür, wenn einzelne materielle oder immaterielle Gegenstände nicht mit übertragen werden[27]. Ein vom Arbeitgeber bzw. Konkursverwalter bereits stillgelegter Betrieb unterliegt indes auch dann nicht dem Bestandsschutz, wenn der spätere Erwerber mit dem übernommenen Gegenstande die Betriebsprozesse wieder aufnehmen könnte[28]. Dagegen wird der Betriebsübergang im Sinne des § 613 a BGB nicht dadurch in Frage gestellt, daß der Übernehmer die Anlagen für andere Zwecke verwendet und/oder sie zum Teil stillegt[29].

Der Betriebsübergang findet nicht mit dem Abschluß des Verpflichtungsgeschäftes statt. Maßgeblich ist auch nicht der Zeitpunkt des Übergangs der Betriebsmittel. Nach Schaub[30] ist darauf abzustellen, „wann der Erwerber in die betriebliche Organisation eintritt. Ab diesem Zeitpunkt ist er in der Lage, die betrieblichen Geschicke zu bestimmen. Hieraus folgt, daß der Erwerber bereits

---

20 Vgl. Kapitel XI, Abschnitt 1.1, S. 178 f.

21 Vgl. BAG v. 24. 7. 1979 – 1 AZR 219/77, in: DB 1980, S. 164. Hasford, A., Die Wirkungen des rechtsgeschäftlichen Übergangs von Betriebsteilen auf bestehende Arbeitsverhältnisse, in: BB 1973, S. 526 ff.

21a Vgl. LAG Niedersachsen v. 14.8.1981 – 3 Sa 59/81, in: DB 1982, S. 1174 f.

22 Vgl. Schaub, G., Arbeitsrechts-Handbuch, 4. Auflage, München 1980, S. 622.

23 Vgl. BAG v. 22. 2. 1978 – 5 AZR 800/76, in: DB 1978, S. 1453.

24 Vgl. ebenda; Schaub, G., Arbeitsrechts-Handbuch, a.a.O., S. 621.

25 Vgl. BAG v. 24. 3. 1977 – 3 AZR 649/76, in: DB 1977, S. 1466 ff.; Lepke, A., Begünstigter Personenkreis bei Betriebsübergang, a.a.O., S. 530 ff.

26 Vgl. BAG v. 18. 8. 1976 – 5 AZR 95/75, in: DB 1977, S. 310 f. „Entscheidend ist die arbeitsorganisatorische Eigenständigkeit." So Heinze, M., Die Arbeitgeber, a.a.O., S. 207.

27 Vgl. BAG v. 15. 11. 1978 – 5 AZR 199/77, a.a.O.

28 Vgl. LAG Frankfurt a.M. v. 16. 4. 1980 – 8 Sa 1300/79, in: BB 1981, S. 50 f.; Wiedemann, H., Willemsen, H., a.a.O., S. 421; Schaub, G., Arbeitsrechts-Handbuch, a.a.O., S. 622. Darin liegt keine Umgehung; so Borngräber, H., Arbeitsverhältnis bei Betriebsübergang, Düsseldorf 1977, S. 44 f.

29 Vgl. BAG v. 29. 10. 1975 5 AZR 444/74, in: DB 1976, S. 391; v. 22. 2. 1978 5 AZR 800/76, a.a.O.

30 Schaub, G., Arbeitsrechts-Handbuch, a.a.O., S. 623.

vor Erwerb des ‚Vermögens', aber auch erst zu einem späteren Zeitpunkt in die Arbeitsverhältnisse eintreten kann." Von praktischer Bedeutung ist der Zeitpunkt des Betriebsübergangs auch für die Frage, von wann an die Rechte des Wirtschaftsausschusses gem. § 106 BetrVG und des Betriebsrates gem. §§ 90, 111 ff. BetrVG von der neuen Gesellschaft zu beachten sind[31].

2.1.2 Konsequenzen

Der Bestandsschutz des § 613 a BGB hat arbeitsrechtlich die Angleichung der Betriebsübernahme- und der Auffanggesellschaft an die Sanierungsgesellschaft zur Folge. Er bewirkt, daß Lohn- und Gehaltsvereinbarungen[32] sowie Ruhegeldvereinbarungen[33] mit aktiven Belegschaftsmitgliedern nach dem Betriebsübergang fortgelten. Wie Satz 2 des § 613 a Abs. 1 BGB klarstellt, werden die Rechte und Pflichten, die durch Rechtsnormen eines Tarifvertrags oder durch eine Betriebsvereinbarung geregelt sind, „Inhalt des Arbeitsverhältnisses zwischen dem neuen Inhaber und dem Arbeitnehmer und dürfen nicht vor Ablauf eines Jahres nach dem Zeitpunkt des Übergangs zum Nachteil des Arbeitnehmers geändert werden. Satz 2 gilt nicht, wenn die Rechte und Pflichten bei dem neuen Inhaber durch Rechtsnormen eines anderen Tarifvertrages oder durch eine andere Betriebsvereinbarung geregelt werden."[34]

Der Betriebsübernehmer muß die Betriebszugehörigkeit der Arbeitnehmer hinsichtlich der Altrechte gegen sich gelten lassen[35]. Bedeutung hat dies, soweit betriebliche Übungen, tarifliche Vergünstigungen, Gratifikationen, Urlaubsdauer, Altersversorgung etc. von der Dauer der Betriebszugehörigkeit abhängen. Wettbewerbsverbote[36] bleiben ebenso bestehen wie der Kündigungsschutz[37].

2.1.3 Möglichkeiten der Anpassung

Eine Betriebsveräußerung im Sinne des § 613 a BGB kann nicht dadurch umgangen werden, daß jeweils nur einzelne Betriebsmittel sukzessive übertragen werden[38]. Die Vertragsseiten können nicht durch Vereinbarung den Betriebs-

31 Die Betriebsveräußerung als solche unterliegt nicht der Mitwirkung des Betriebsrats. Vg. BAG v. 7. 11. 1975 – 1 ABR 78/74, in: DB 1976, S. 152 ff. Allerdings hat der Arbeitgeber, der eine Betriebsveräußerung plant, den Wirtschaftsausschuß hierüber rechtzeitig und umfassend zu unterrichten. Vgl. § 106 Abs. 3 Nr. 10 BetrVG.

32 Vgl. Falkenberg, R.-D., a.a.O., S. 784; Gaul, D., Der Betriebsinhaberwechsel und seine einzelvertraglichen Auswirkungen, in: BB 1979, S. 1666 ff.

33 Vgl. BAG v. 22. 6. 1978 – 3 AZR 832/76, in: DB 1978, S. 1795.

34 Vgl. dazu Schaub, G., Arbeitsrechts-Handbuch, a.a.O., S. 626 ff. A.A. wohl Falkenberg, R.-D., a.a.O., S. 786. Gaul, D., Die kollektiven und kollektivrechtlichen Auswirkungen des Betriebsinhaberwechsels, in:DB 1980, S. 98 ff. (102 f.).

35 Vgl. Wiedemann, H., Willemsen, H. J., a.a.O., S. 421.

36 Vgl. v. Hoyningen-Huene, G., Windbichler, C., a.a.O., S. 334.

37 Vgl. Schaub, G., Arbeitsrechts-Handbuch, a.a.O., S. 624; BAG v. 23. 4. 1980 – 5 AZR 49/78, in: DB 1980, S. 1601 ff.

38 Vgl. Richardi, R., Übergang von Arbeitsverhältnissen bei Zwangsvollstreckungsmaßnahmen im Rahmen einer Konkursabwicklung, a.a.O., S. 58. A.A. Uhlenbruck,

übergang der Arbeitsverhältnisse ausschließen[39]. Hingegen können die Arbeitnehmer dem Übergang ihrer Arbeitsverhältnisse widersprechen[40], ohne dafür besondere Gründe angeben zu müssen.

„Die Kündigung des Arbeitsverhältnisses eines Arbeitnehmers durch den bisherigen Arbeitgeber oder durch den neuen Inhaber wegen des Übergangs eines Betriebs oder eines Betriebsteils ist unwirksam."[41] Das gilt auch für die Änderungskündigung[42]. Die Arbeitnehmer können jedoch mit dem Betriebserwerber vereinbaren, daß die Arbeitsverhältnisse zu veränderten Konditionen fortgelten. Die Rechtsprechung des Bundesarbeitsgerichts läßt solche Vereinbarungen dann zu, wenn hierfür sachliche Gründe vorliegen[43]. Wiedemann/Willemsen[44] sehen in der „Chance, möglichst viele Arbeitsplätze im Wege der Betriebsveräußerung zu erhalten," einen vernünftigen „Grund, der den Verzicht auf überzogene Sozialleistungen gegenüber dem Betriebserwerber gerechtfertigt erscheinen läßt".

In der Praxis wird manchmal auch nach dem „Lemgoer Modell" verfahren[45]. Danach werden die Arbeitnehmer durch Absprachen mit dem Arbeitgeber bzw. Sequester und dem interessierten Erwerber unter Hinzuziehung des Betriebsrates und ggf. der Gewerkschaft veranlaßt, von sich aus die Arbeitsverhältnisse fristlos – einen Tag vor der Konkurseröffnung – zu kündigen, so daß zum Zeitpunkt der Betriebsübertragung kein Arbeitsverhältnis mehr besteht. Die Kündigung wird den Arbeitnehmern dadurch leicht gemacht, daß ihnen nach der Betriebsübertragung die Wiedereinstellung – zu neuen Konditionen – versprochen wird.

Ob solche Praktiken als unzulässige Umgehung des § 613 a BGB anzusehen sind, hängt nicht zuletzt davon ab, ob die Arbeitnehmer umfassend über ihre Rechtsposition aufgeklärt worden sind[46].

W., Zur Anwendbarkeit des § 613 a BGB bei Betriebsveräußerung durch den Konkurs- oder Vergleichsverwalter, in: KTS 1974, S. 1 ff. (6).

39 Vgl. BAG v. 29. 10. 1975 – 5 AZR 444/74, a.a.O.

40 Vgl. BAG v. 17. 11. 1977 – 5 AZR 618/76, in: DB 1978, S. 1083 f.; v. 2. 10. 1974 – 5 AZR 504/73, in: DB 1975, S. 601; v. 21. 7. 1977 – 3 AZR 703/75, in: DB 1977, S. 2146; v. 6. 2. 1980 – 5 AZR 275/78, in: DB 1980, S. 1455. Hess, H., Gesetzlicher Übergang des Arbeitsverhältnisses bei Betriebsveräußerung nur mit Einwilligung des Arbeitnehmers, in: BB 1977, S. 501 ff.

41 § 613 a Abs. 4 Satz 1 BGB.

42 Vgl. Falkenberg, R.-D., a.a.O., S. 784.

43 Vgl. BAG v. 29. 10. 1975 – 5 AZR 444/74, a.a.O., S. 391; v. 18. 8. 1976 – 5 AZR 95/75, in: DB 1977, S. 310; v. 26. 1. 1977 – 5 AZR 302/75, in: DB 1977, S. 1192.

44 Wiedemann, H., Willemsen, H. J., a.a.O., S. 422.

45 Vgl. Stückemann, W., Außerordentliche Kündigung der Arbeitnehmer bei drohendem Konkurs – Lemgoer Modell – Zugleich Anmerkung zum Urteil LAG Baden-Würtemberg, 23. 12. 1976, in: BB 1977, S. 1711; derselbe, Vorkonkursliche Arbeitnehmerkündigung, Gesteigerte Bedeutung des Lemgoer Modells, in: BB 1981, S. 1102 f.

46 So auch Everhardt, K.-H., Die Bedeutung des § 613 a BGB für die Insolvenzsicherung der betrieblichen Altersversorgung in: BB 1976, S. 1611 ff. (1613 f.).

2.2. Haftung der Betriebsübernahme- und der Auffanggesellschaft für rückständige Arbeitnehmervergütungen

Die Vorschrift des § 613 a BGB bezweckt nicht nur den Bestandsschutz, sondern sie ordnet zudem unter den obigen Voraussetzungen den gesetzlichen Schuldbeitritt des Betriebsübernehmers für rückständige Arbeitnehmeransprüche an: „Der bisherige Arbeitgeber haftet neben dem neuen Inhaber für Verpflichtungen . . ., soweit sie vor dem Zeitpunkt des Übergangs entstanden sind und vor Ablauf von einem Jahr nach diesem Zeitpunkt fällig werden, als Gesamtschuldner."[48]

Die Rechtsprechung hat diese Haftungsnorm bei Übernahme des Betriebes aus der Konkursmasse für die Ansprüche ausgeschlossen, die vor der Eröffnung des Konkursverfahrens begründet worden sind[49]. Die gleiche Regelung ergibt sich für den Kauf aus der Liquidationsmasse im gerichtlichen Liquidationsvergleich[50]. Nach der Rechtsprechung ist die Haftungsfrage bezüglich Pensionsanwartschaften bei der Ablehnung der Konkurseröffnung mangels Masse ebenso wie bei der Betriebsveräußerung im Konkurs zu beurteilen[51]. In all diesen Fällen besteht allerdings eine Haftung der Fortführungsgesellschaft für rückständige Forderungen aus der Zeit zwischen Eröffnung bzw. Ablehnung der Eröffnung des Verfahrens und dem Betriebsübergang[52].

Der Betriebskauf durch Zuschlag in der Zwangsversteigerung erfolgt nach herrschender Meinung dagegen lastenfrei[53].

Die Haftungsnorm des § 613 a BGB kann demnach die Auffanggesellschaft, die den Betrieb vor Einleitung eines formellen Insolvenzverfahrens oder im Fortführungsvergleich im eigenen Namen fortführt, sowie die Betriebsübernahmegesellschaft treffen, die den Betrieb des Krisenunternehmens vor Eröffnung des Konkursverfahrens oder dessen Ablehnung mangels Masse übernimmt.

3. Kündigungsschutz

3.1 Kündigung von Arbeitsverhältnissen

Zu den wichtigsten Sanierungsmaßnahmen im Personalbereich gehören der Abbau von Arbeitskräften, die nach dem Sanierungskonzept nicht erforderlich sind, sowie die Anpassung überhöhter Arbeitskosten (Gehälter, Löhne und Nebenkosten) an das im Wettbewerb vertretbare Niveau. Da es für die Arbeitnehmer um wirtschaftliche Nachteile gegenüber ihrer bisherigen Situation geht,

48 § 613 a Abs. 2 Satz 1 BGB.
49 Vgl. BAG v. 17. 1. 1980 – 3 AZR 160/79. a.a.O.
50 Vgl. Böhle-Stamschräder, VerglO, Anm. 6 zu § 7.
51 Vgl. BAG v. 3. 7. 1980 – 3 AZR 751/79, a.a.O.
52 Vgl. Henckel, W., Zur Anwendbarkeit des § 613 a BGB im Konkurs, a.a.O.
53 Vgl. Richardi, R., Übergang von Arbeitsverhältnissen bei Zwangsvollstreckungsmaßnahmen im Rahmen der Konkursabwicklung, a.a.O., S. 58 ff.; Bieler, F., Zur Sicherung der Arbeitnehmer bei der Übernahme notleidender Betriebe, a.a.O., S. 436.

werden sie normalerweise nur soweit nachgeben, wie sie es nach der wirtschaftlichen Lage des Betriebs und nach der Rechtslage für notwendig halten und dabei Abfindungs- und Ausgleichsansprüche geltend machen.

Ihre Position wird durch die gesetzlichen und tariflichen Kündigungsschutzbestimmungen[54] sowie durch das Betriebsverfassungsgesetz gefestigt. Alle diese Bestimmungen treffen auch Betriebsübernahmegesellschaften und Auffanggesellschaften, soweit die Arbeitsverhältnisse nach § 613 a BGB auf sie übergehen. Der Konkursverwalter bleibt an die gesetzlichen oder die vertraglich kürzeren Kündigungsfristen gebunden[55].

a) Vor jeder Kündigung ist der Betriebsrat zu hören[56], es sei denn, es handelt sich um einen Kleinbetrieb mit weniger als 5 Arbeitnehmern, es existiert kein Betriebsrat (mehr) oder die Kündigung betrifft einen leitenden Angestellten im Sinne des § 5 BetrVG; im letzteren Falle ist der Betriebsrat lediglich zu informieren (§ 105 BetrVG)[57]. Ansonsten ist eine Kündigung, die ohne Anhörung des Betriebsrates erfolgt, unwirksam[58].

Der ordentlichen Kündigung kann der Betriebsrat gem. § 102 Abs. 3 BetrVG innerhalb bestimmter Fristen „widersprechen, wenn:

1. der Arbeitgeber bei der Auswahl des zu kündigenden Arbeitnehmers soziale Gesichtspunkte nicht oder nicht ausreichend berücksichtigt hat,
2. die Kündigung gegen eine Richtlinie nach § 95 [BetrVG] verstößt,

---

54 In Betracht kommen nicht weniger als 10 Gesetze:
a) das Kündigungschutzgesetz i.d.F. vom 25. 8. 1969 mit sp. Änderungen
b) das Schwerbehindertengesetz i.d.F. vom 29. 4. 1974 mit sp. Änderungen
c) das Mutterschutzgesetz i.d.F. vom 18. 4. 1968 mit sp. Änderungen
d) das Heimkehrergesetz i.d.F. vom 19. 6. 1950 mit sp. Änderungen
e) das Arbeitsplatzschutzgesetz i.d.F. vom 21. 5. 1968 mit sp. Änderungen – regelt den Kündigungsschutz der zum Wehrdienst Einberufenen und der Zivildienst Leistenden
f) das Eignungsübergangsgesetz i.d.F. vom 20. 1. 1956
g) das Gesetz über den Zivilschutz i.d.F. vom 9. 8. 1976
h) das Gesetz über den Katastrophenschutz vom 9. 7. 1968 mit sp. Änderungen
i) Ländergesetze über den Bergmannsversorgungsschein
j) Ländergesetze zum Schutz politisch Verfolgter.

55 Vgl. Heilmann, H., Die Rechtslage des Arbeitnehmers bei Insolvenz seines Arbeitgebers, a.a.O., S. 89; Jaeger-Lent, KO, Anm. 14 zu § 22 mit weiteren Nachweisen. Zu den gesetzlichen Kündigungsfristen vgl. Schaub, G., Arbeitsrechts-Handbuch, a.a.O., S. 668 ff.

56 Vgl. Meisel, G., Die Mitwirkung und Mitbestimmung des Betriebsrats in personellen Angelegenheiten, 4. Aufl., Heidelberg 1974; Löwisch, M., Die Verknüpfung von Kündigungsschutz und Betriebsverfassung nach dem BetrVG 1972, in: DB 1975, S. 349 ff.; Richardi, R., Ersetzung der Zustimmung des Betriebsrats durch Beschluß des Arbeitsgerichts im Rahmen von § 103 BetrVG, in: RdA 1975, S. 73 ff.

57 Vgl. Schaub, G., Arbeitsrechts-Handbuch, a.a.O., S. 656.

58 Vgl. § 102 Abs. 1 Satz 3 BetrVG; § 134 BGB. Fitting/Auffarth/Kaiser, BetrVG, Anm. 8 zu § 102.

3. der zu kündigende Arbeitnehmer an einem anderen Arbeitsplatz im selben Betrieb oder in einem anderen Betrieb des Unternehmens weiterbeschäftigt werden kann,
4. die Weiterbeschäftigung des Arbeitnehmers nach zumutbaren Umschulungs- oder Fortbildungsmaßnahmen möglich ist oder
5. eine Weiterbeschäftigung des Arbeitnehmers unter geänderten Vertragsbedingungen möglich ist und der Arbeitnehmer sein Einverständnis hiermit erklärt hat."

Der begründete Widerspruch des Betriebsrats kann zu einer Weiterbeschäftigungspflicht des Arbeitgebers führen[59].

b) Entlassungen im größeren Ausmaße, sog. Massenentlassungen, sind dem Arbeitsamt mit der Stellungnahme des Betriebsrats versehen anzuzeigen[60], und zwar unabhängig von der sonst bestehenden Verpflichtung nach § 8 AFG bei erkennbaren Veränderungen des Betriebes, innerhalb der nächsten zwölf Monate[61]. Die Anzeigepflicht nach § 17 KSchG besteht bei Entlassungen von:

- mehr als 5 Arbeitnehmern in Betrieben mit 21 bis 59 Arbeitnehmern,
- mehr als 25 Arbeitnehmern oder 10% der Belegschaft in Betrieben mit 60 – 499 Arbeitnehmern,
- mindestens 30 Arbeitnehmern in Betrieben mit mindestens 500 Arbeitnehmern.

Nach § 18 KSchG gilt für die Wirksamkeit der Massenentlassung eine Sperrfrist von einem Monat nach Eingang der Anzeige beim zuständigen Arbeitsamt[62]. Die Frist kann das Landesarbeitsamt rückwirkend bis zum Tage der Antragstellung verkürzen oder aber bis auf zwei Monate verlängern. Zur Milderung der Folgen kann das Arbeitsamt die Einführung von Kurzarbeit zulassen. Wie aus der Konkursenquete des Max-Planck-Instituts hervorgeht, wird im Konkurs

59 Vgl. dazu: Mayer-Maly, T., Weiterbeschäftigung nach Kündigung, in: DB 1979, S. 1601 ff.; Griesam, R., Der Beschäftigungsanspruch des Arbeitnehmers unter besonderer Berücksichtigung des § 102 Abs. 5 Satz 1 BetrVG 1972, München 1978; Lepke, A., Zum Inhalt der sog. Weiterbeschäftigungspflicht nach § 102 Abs. 5 Satz 1 BetrVG 72, in: DB 1975, S. 498 ff.; Löwisch, M., Die Weiterbeschäftigung des Arbeitnehmers während des Kündigungsrechtsstreits, in: DB 1978, Beilage 7.

60 Vgl. §§ 17 – 22 KSchG; dazu: Marschall, D., Neuregelung der Anzeigepflicht bei „Massenentlassungen", in: DB 1978, S. 981 ff.; Pulte, P., Änderung des Kündigungsschutzes bei Massenentlassungen, in: BB 1978, S. 1268 ff.; Böhm, W., Anhörung des Betriebsrats vor Massenentlassung infolge Betriebsstillegung und Versuch eines Interessenausgleichs, in: BB 1976, S. 1270 ff. Zum persönlichen und sachlichen Geltungsbereich des Massenentlassungsschutzes vgl. Schaub, G., Arbeitsrechts-Handbuch, a.a.O., S. 751 f.

61 Vgl. dazu: Schaub, G., Arbeitsrechts-Handbuch, a.a.O., S. 753 f.

62 Vgl. Kehrmann, K., Arbeitsrechtliche Fragen im Zusammenhang mit Kurzarbeit und Massenentlassungen, in: AuR 1967, S. 193 ff.; Böhm, W., Massenentlassung und Kurzarbeit, in: BB 1974, S. 281 ff. und 372 ff.

etwa von der Hälfte der Landesarbeitsämter die Sperrfrist eingehalten, während die übrigen sie meist verkürzen und nur selten verlängern[63].

c) Überdies sind die sozialen Kündigungsschutzbestimmungen zu beachten[64]. So sind nach dem Kündigungsschutzgesetz, das für Betriebe mit regelmäßig mehr als 5 Arbeitnehmern zur Anwendung kommt[65], Kündigungen gegenüber Arbeitnehmern unwirksam, wenn sie sozial ungerechtfertigt sind[66]. Ordentliche Kündigungen sind dann sozial ungerechtfertigt, wenn sie nicht durch Gründe

- in der Person des Arbeitnehmers[67] oder
- im Verhalten des Arbeitnehmers[68] bedingt sind, oder
- durch dringende betriebliche Erfordernisse, die einer Weiterbeschäftigung in diesem Betrieb entgegenstehen, gerechtfertigt sind[69].

Die ordentliche Kündigung ist ferner unwirksam, wenn der Betriebsrat aus einem der Gründe, die in § 1 Abs. 2 Satz 2 KSchG aufgeführt sind, schriftlich und fristgerecht Widerspruch erhebt[70].

d) Bei Sanierungen haben vor allem durch dringende betriebliche Erfordernisse bedingte Kündigungen Bedeutung[71]. „Dringend sind die Kündigungsgründe dann, wenn für die Beschäftigung eines Arbeitnehmers betriebswirtschaftlich kein Bedarf mehr vorhanden ist und andere Mittel (Arbeitsstreckung, Kurzarbeit, Abbau der Überstunden) unter Abwägung der Interessen des Betriebs und der Belegschaft zur Kündigung nicht zumutbar sind."[72] Zugespitzt stellt Vogt[73]

63 Vgl. Gessner, V., Rhode, B., Strate, G., Ziegert, K.-A., Die Praxis der Konkursabwicklung . . ., a.a.O., S. 367.

64 Vgl. S. 275, FN 54.

65 Vgl. Schaub, G., Arbeitsrechts-Handbuch, a.a.O., S. 696.

66 Dazu allgemein: Bleistein, F., Kündigung und Kündigungsschutz im Arbeitsrecht, 2. Auflage, Berlin 1978, S. 160 ff.; Stahlhacke, E., Kündigung und Kündigungsschutz im Arbeitsverhältnis, 3. Auflage, München 1977, S. 117 ff.
Die Kündigung eines Mitgliedes des Betriebsrats, einer Jugendvertretung u.a. ist grundsätzlich nicht zulässig (§ 15 Abs. 1 KSchG). Siehe dazu: BAG v. 23. 4. 1980 – 5 AZR 49/78, in: DB 1980, S. 1601 ff.; v. 29. 3. 1977 – 1 AZR 46/75, in: DB 1977, S. 1320 ff.; Matthes, H.-C., Probleme des Kündigungsschutzes von Betriebsratsmitgliedern, in: DB 1980, S. 1165 ff.; Bader, P., Zur Zustimmungsbedürftigkeit der Kündigung von Betriebsratsmitgliedern bei Betriebsstillegung, in: BB 1978, S. 616 ff.

67 Einzelheiten zu den personenbedingten Gründen bei Schaub, G., Arbeitsrechts-Handbuch, a.a.O., S. 698 ff. mit weiteren Nachweisungen.

68 Wegen Einzelheiten vgl. ebenda, S. 703 ff.

69 Dazu ebenda, S. 714 ff.; Müller, W., Die betriebsbedingte Kündigung im Kündigungsschutzprozeß, in: DB 1975, S. 2130 ff.

70 Zur Verbindung des Widerspruchsrechts nach § 1 Abs. 2 Satz 2 KSchG mit § 102 BetrVG vgl. Löwisch, M., Die Verknüpfung von Kündigungsschutz und Betriebsverfassung nach dem BetrVG 1972, a.a.O.

71 Siehe dazu die Untersuchungen von Wolter, J., Der Schutz des Arbeitnehmers vor betriebsbedingter Kündigung, Berlin 1980.

72 Schaub, G., Arbeitsrechts-Handbuch, a.a.O., S. 714. Siehe auch: BAG v. 17. 10. 1980 – 7 AZR 675/78, a.a.O.

73 Vogt, A., Personaleinschränkungen im Rahmen betriebsbedingter Kündigungen und sozialplanpflichtiger Betriebsänderungen, in: DB 1981, S. 1823 ff. (1823 f.).

fest, „daß die Verbesserung der wirtschaftlichen Ertragslage auch durch eine Kostensenkung auf dem personellen Sektor im Betriebe grundsätzlich sachlich gerechtfertigte betriebliche Erfordernisse darstellen, die zu einer betriebsbedingten zulässigen Kündigung ausreichen."

Bei der beiderseitigen Interessenabwägung sind die betrieblichen und sozialen Gesichtspunkte gebührend zu berücksichtigen[74]. In der Krise kann man nicht fordern, aus sozialen Erwägungen die besten Arbeitskräfte zu entlassen oder Umbesetzungen vorzunehmen, die mit längeren Anlernzeiten verbunden sind, nur um den sozial Schwächeren ihr Arbeitsverhältnis zu erhalten[75]. Um Sanierungen nicht zu behindern, hat der Gesetzgeber in § 1 Abs. 3 Satz 2 KSchG die soziale Auswahl „suspendiert", „wenn betriebstechnische, wirtschaftliche oder sonstige berechtigte betriebliche Bedürfnisse die Weiterbeschäftigung eines oder mehrerer bestimmter Arbeitnehmer bedingen und damit der Auswahl nach sozialen Gesichtspunkten entgegenstehen." Wie Schaub[76] betont, „muß die Rentabilität des Betriebes gerade von der Weiterbeschäftigung des Arbeitnehmers abhängen."

Das Bundesarbeitsgericht verlangt, daß der Arbeitgeber substantiiert angibt, wie die von ihm angeführten Umstände und Maßnahmen unmittelbar oder mittelbar den Arbeitsanfall und den Arbeitskräftebedarf beeinflussen und wie sich konkret die betriebliche Veränderung auf den Arbeitsplatz des gekündigten Arbeitnehmers auswirkt[77].

Der Betriebsübergang auf eine Betriebsübernahme- oder Übernahme-Auffanggesellschaft ist für sich auch dann kein dringlicher Kündigungsgrund, wenn der Erwerber des Betriebes die vorherige Auflösung von Arbeitsverhältnissen zur Voraussetzung der Betriebsfortführung macht[78]. Zusätzliches Erfordernis ist, daß der Übernehmer konkrete Sanierungspläne vorlegen kann, aus denen sich die Notwendigkeit der Kündigungen ergibt: Ohne „eine wirtschaftlich ver-

74 Vgl. Weng, R., Die soziale Auswahl bei der betriebsbedingten Kündigung, in: DB 1978, S. 884 ff. (886 f.). Dabei hat der Arbeitnehmer die Tatsachen zu beweisen, die die Kündigung als sozial ungerechtfertigt erscheinen lassen (§ 1 Abs. 3 Satz 4 KSchG). Etwas anderes soll gelten, wenn der Betriebsrat gem. § 102 Abs. 3 Nr. 3 BetrVG der Kündigung widerspricht, weil der Arbeitnehmer an einem anderen Arbeitsplatz in einem anderen Betrieb des Unternehmens weiterbeschäftigt werden kann. Vgl. Hueck/Hueck/v. Hoyningen-Hune, KSchG, § 1, Rdnr. 115 ff. Siehe auch Schlochauer, U., Zum Mitbestimmungsrecht des Betriebsrats bei der ordentlichen Kündigung nach § 102 BetrVG 1972, in: RdA 1973, S. 157 ff.; BAG-Urteil v. 3. 2. 1977 – 2 AZR 476/75, in: DB 1977, S. 1320.

75 Vgl. Weng, R., Die soziale Auswahl . . ., a.a.O., S. 887; BAG-Urteil vom 22. 11. 1973 – 2 AZR 543/72, in: DB 1974, S. 438 f., wonach der Arbeitgeber verpflichtet ist, die anderweitige Unterbringung des Arbeitnehmers zu versuchen.

76 Schaub, G., Arbeitsrechts-Handbuch, a.a.O., S. 720.

77 Vgl. BAG v. 24. 10. 1979 – 2 AZR 940/77, in: DB 1980, S. 1400 ff.; v. 7. 12. 1978 – 2 AZR 155/77, in: DB 1979, S. 650 ff.

78 Vgl. § 613 a Abs. 4 Satz 1 BGB; Knigge, A., Gesetzliche Neuregelung der Gleichbehandlung von Männern und Frauen am Arbeitsplatz, in: BB 1980, S. 1272 ff. (1276) mit weiteren Nachweisen.

nünftige Prognose über bevorstehende Entbehrlichkeit von Arbeitnehmern nach Betriebsübergang dringt eine (vorsorgliche) ordentliche Kündigung ... nicht durch. ... Wünscht der Erwerber den Ausspruch von Kündigungen durch den Veräußerer, dann muß er ihm das Material dieser Kündigungsgründe liefern."[79] Nach Schaub[80] braucht jedoch der bisherige Arbeitgeber „einen Betriebsübergang nicht daran scheitern [zu] lassen, daß der Erwerber sich weigert, einen oder einzelne Arbeitnehmer wegen fehlenden Bedarfs zu übernehmen."

e) Die gekündigten Arbeitnehmer können sich gegen die Auflösung ihrer Arbeitsverhältnisse mit einem Einspruch beim Betriebsrat oder mit einer Kündigungsschutzklage wehren[81]. Heute nehmen die Kündigungsschutzklagen mehr als ein Drittel aller Verfahren bei den fünf Senaten des Bundesarbeitsgerichts ein[82]. Die durchschnittliche Verfahrensdauer beträgt in der ersten Instanz ein halbes Jahr, beim Bundesarbeitsgericht bis zu vier Jahren[83]. Die Langwierigkeit des Verfahrens kann für die Sanierung eine erhebliche Unsicherheit bedeuten.

Kommt im Falle der Klage das Gericht zu der Auffassung, daß die Kündigung sozial ungerechtfertigt ist, gibt es dem Antrag des Arbeitnehmers statt mit der Folge, daß das Arbeitsverhältnis weiterbesteht[84]. Stellt der Arbeitnehmer bei Gericht wirksam den Antrag, das Arbeitsverhältnis aufzulösen, so hat das Gericht diesem Antrag stattzugeben, wenn dem Arbeitnehmer die Fortsetzung des Arbeitsverhältnisses nicht zugemutet werden kann[85]. Das Gericht hat ebenso zu entscheiden, wenn der Arbeitgeber die Auflösung beantragt und Gründe vorbringt, die eine den Betriebszwecken dienliche weitere Zusammenarbeit zwischen Arbeitnehmer und Arbeitgeber nicht erwarten lassen. Dies trifft zu, wenn die potentiellen Kapitalgeber der Fortführungsgesellschaft die Kündigungen zur Beteiligungsbedingung machen. In beiden Fällen wird der Arbeitgeber „zur Zahlung einer Abfindung zum Ausgleich dafür verpflichtet, daß das Arbeitsverhältnis trotz der unwirksamen Kündigung aufgelöst wird."[86]

f) Für die Bemessung der Abfindungen gibt § 10 KSchG gewisse Leitlinien. Als Faustregel gilt in der Praxis, daß für jedes Jahr der Betriebszugehörigkeit etwa

---

79 Neumann-Duesberg, H., Arbeitgeberkündigungen bei Betriebsübergang (§ 613 a BGB), in: NJW 1972, S. 665 ff. (667). A.A. ArbG Wiesbaden v. 22. 3. 1979 – 4 Ca 33/79, in: DB 1979, S. 1607 f. (1608): „Vom Erwerber geplante betriebliche Maßnahmen für die Zeit nach dem Betriebsübergang können grundsätzlich Kündigungen von Arbeitsverhältnissen von Seiten des Veräußerers nicht rechtfertigen." Demgegenüber § 613 a Abs. 4 Satz 2 BGB: „Das Recht zur Kündigung des Arbeitsverhältnisses aus anderen Gründen [als dem Betriebsübergang] bleibt unberührt."

80 Schaub, G., Arbeitsrechts-Handbuch, a.a.O., S. 716.

81 Vgl. ebenda, S. 724 ff.

82 Vgl. Handelsblatt vom 24. 11. 1977 über eine Pressekonferenz des BAG vom 23. 11. 1977.

83 Vgl. Löwisch, M., Die Weiterbeschäftigung des Arbeitnehmers während des Kündigungsrechtsstreits, a.a.O., S. 2.

84 Vgl. Zöllner, W., Arbeitsrecht, München 1977, S. 181 f.

85 Vgl. § 9 Abs. 1 KSchG; BAG v. 9. 10. 1979 – 6 AZR 1059/77, in: DB 1980, S. 501 ff.

86 Ammermüller, M. G., Abfindungen an Arbeitnehmer wegen Beendigung des Arbeitsverhältnisses, in: DB 1975, Beilage 10, S. 5.

ein Monatsverdienst als Abfindung gewährt wird[87]. Der Höchstbetrag geht für bestimmte Personen bis zu achtzehn Monatsverdiensten[88]. Diese Faustregel ist jedoch in Sanierungssituationen problematisch. Nach der h.M. ist neben den in der Person des Arbeitnehmers begründeten sozialen Umständen auch die wirtschaftliche Lage des Arbeitgebers zu berücksichtigen[89].

Die kündigungsrechtlichen Abfindungen decken sich inhaltlich weitgehend mit dem Nachteilsausgleich nach §§ 111 ff. BetrVG[90]; daher können die betroffenen Arbeitnehmer nicht kumulativ sowohl Ansprüche nach dem Kündigungsschutzgesetz als auch nach dem Betriebsverfassungsgesetz geltend machen[91].

Die Abfindungen nach dem Kündigungsschutzgesetz werden von der vorherrschenden Meinung als einfache Konkurs- bzw. Vergleichsforderungen eingestuft, sofern sie vor der Verfahrenseröffnung begründet worden sind[92]. Abfindungen aufgrund von Kündigungen durch den Konkursverwalter oder durch den Vergleichsgläubiger nach der Eröffnung des Vergleichsverfahrens sind Masseschulden gem. § 59 Abs. 1 Nr. 3 KO[93] bzw. nicht vom gerichtlichen Vergleich erfaßte Verbindlichkeiten.

3.2 Änderung der Arbeitsbedingungen (Änderungskündigungen)

Die personelle Sanierung wird oft neben dem Ausscheiden nicht benötigter Arbeitnehmer auch die Änderung von Arbeitsbedingungen erfordern, wobei es letzten Endes um die Verminderung überhöhter Arbeitskosten, bezogen auf das Produkt ankommt. Die angestrebte Einsparung hat zwei Ansatzpunkte: einerseits die Erhöhung der Leistungen der Arbeitnehmer, insbesondere durch eine bessere Arbeitsorganisation und Motivation, andererseits die Herabsetzung überhöhter Lohn- und Lohnnebenkosten je Arbeitnehmer.

Einseitige Änderungen solcher Art sind nur möglich, soweit sie nicht gesetzlichen Bestimmungen und überbetrieblichen Tarifvereinbarungen der Sozialpartner widersprechen. Ansonsten sind die Vorschriften des Betriebsverfassungsgesetzes zu beachten. Soweit bisherige Betriebsvereinbarungen mit dem

87 Vgl. Zöllner, W., Arbeitsrecht, a.a.O., S. 182.

88 Vgl. § 10 Abs. 2 KSchG.

89 Vgl. Schaub, G., Arbeitsrechts-Handbuch, a.a.O., S. 748

90 Vgl. hierzu die Ausführungen S. 289 ff.

91 Vgl. Hueck/Hueck/v. Hoyningen-Huene, KSchG, Anm. 44 zu § 9.

92 Vgl. Mentzel/Kuhn/Uhlenbruck, KO, Anm. 38 zu § 61; a.A.: Schlüter, M., Die konkursrechtliche Einordnung der Kündigungsschutzabfindung, in: DB 1978, S. 299 ff., wonach die Kündigungsschutzbestimmung insoweit zu privilegieren sei, wie sie auf der Arbeitsleistung in den letzten sechs bzw. zwölf Monaten vor der Konkurseröffnung beruhe. Dieser Vorschlag ist nach Meinung von Hueck/Hueck/v. Hoyningen-Huene (KSchG, Anm. 17 zu § 10) allerdings nicht praktikabel.

93 Vgl. Mentzel/Kuhn/Uhlenbruck, KO, Anm. 16 zu § 22; Heilmann, H., Die Rechtslage des Arbeitnehmers bei Insolvenz seines Arbeitgebers, a.a.O., S. 91 f.

Betriebsrat aufgehoben oder geändert werden sollen, muß dieser zustimmen, oder der Arbeitgeber muß die Vereinbarung kündigen[94].

Sofern in der Betriebsvereinbarung nichts anderes vorgesehen ist, gilt eine normale Kündigungsfrist von drei Monaten[95]. Es ist jedoch auch eine Kündigung aus wichtigem Grund möglich[96]; sie wird in extremer Krisensituation in Betracht kommen. Es kann sein, daß der Betriebsrat eine solche Kündigung nicht ungern sieht, um sich seine formelle Zustimmung zu unpopulären, aber als notwendig erkannten Maßnahmen zu ersparen. Für die Fortführungsgesellschaft ist es in jedem Falle wichtig, das offizielle oder inoffizielle Einvernehmen mit dem Betriebsrat herzustellen; andernfalls können ihr Sanierungsmaßnahmen allzu teuer oder gar unmöglich werden.

Betriebsvereinbarungen haben normative Geltung[97]. Sie sind zwingend, soweit nicht Einzelarbeitsverträge für die Arbeitnehmer günstiger sind (Günstigkeitsprinzip)[98]. Dabei wird es vor allem um gehobene oder leitende Angestellte gehen. In diesen Fällen können sich die Arbeitnehmer aus Einsicht oder unter dem Zwang der Verhältnisse mit der Herabsetzung ihrer Ansprüche einverstanden erklären. Oder der Arbeitgeber benutzt den Weg der Änderungskündigung[99]. Hierbei handelt es sich um Kündigungen, die mit dem gleichzeitigen Angebot der „Fortsetzung des Arbeitsverhältnisses zu geänderten Arbeitsbedingungen" ausgesprochen werden[100]. Die Änderungskündigung muß wie die Entlassungskündigung nach Maßgabe der §§ 2, 1 Abs. 2 KSchG sozial gerechtfertigt sein[101].

Außertarifliche Zulagen können anläßlich von Tariferhöhungen jeweils insoweit angerechnet werden[102], als durch die Tariflohnerhöhung der bisherige Gesamtlohn nicht erreicht wird. Die Rechtsprechung des Bundesarbeitsgerichts hält dies auch dann für zulässig, wenn die tarifliche Zulage jahrelang gewährt worden ist[103]. Etwas anderes gilt für übertarifliche Lohnbestandteile, die als

---

94 Vgl. Schaub, G., Arbeitsrechts-Handbuch, a.a.O., S. 1166: Bei „Stillegung eines Betriebes oder Verschmelzung mit einem anderen unter Aufgabe seiner Identität" endet die Betriebsvereinbarung allerdings von selbst, soweit es sich nicht dabei um einen Sozialplan handelt.

95 Vgl. § 77 Abs. 5 BetrVG; Fitting/Auffarth/Kaiser, BetrVG, Anm. 43 zu § 77.

96 Vgl. ebenda.

97 Vgl. ebenda, Anm. 19 zu § 77.

98 Vgl. ebenda, Anm. 40 zu § 77.

99 Vgl. dazu: Kaup, K., Die Individualänderungskündigung im Arbeitsrecht, Diss. Köln 1975; Meisel, G., Die Mitwirkung und Mitbestimmung des Betriebsrats bei Änderungskündigungen, in: BB 1973, S. 944 ff.; Richardi, R., Änderungskündigung und Versetzung nach neuem Betriebsverfassungsrecht, in: DB 1974, S. 1285 ff.; Schaub, G., Der Kündigungsschutz bei Änderungskündigungen, in: RdA 1970, S. 230 ff.

100 § 2 Satz 1 KSchG.

101 Zum Prüfungsmaßstab bei der Änderungskündigung vgl. Schaub, G., Arbeitsrechts-Handbuch, a.a.O., S. 735.

102 Vgl. dazu: Ziepke, J., Die Anrechnung von Tariflohnerhöhungen, in: BB 1981, S. 61 ff.; Schaub, G., Arbeitsrechts-Handbuch, a.a.O., S. 1053 f.

103 Vgl. BAG v. 4. 6. 1980 – 4 AZR 530/78, in: BB 1980, S. 1583 ff.

Leistungszulagen, Erschwerniszulagen etc. deklariert sind, und daher als selbständige Lohnbestandteile neben dem Tariflohn geleistet werden sollen[104]. Sie sind grundsätzlich nicht auf Tariflohnerhöhungen anzurechnen, es sei denn, der Arbeitgeber hat sich – in Form der sog. Verrechungsklauseln – eine Anrechnung vorbehalten. Andernfalls kann der Arbeitgeber den Abbau übertariflicher Lasten im Wege der Änderungskündigung erreichen[105]. Dieser Weg empfiehlt sich auch dann, wenn die Anrechnung einzelvertraglicher Zulagen zu langwierig und damit im Hinblick auf die Finanz- und Ertragslage zu kostspielig ist.

4. Betriebliche Altersversorgung

Bei Krisenunternehmen, deren Personal- und Lohnpolitik insgesamt unrationell und zu aufwendig ist, trifft dies häufig auch für das Spezialgebiet der betrieblichen Altersversorgung zu. Die Absicht, steuerlich anerkannte Rückstellungen zu bilden, und manchmal auch Unsicherheit und Schwächen gegenüber dem Betriebsrat können die Geschäftsleitung zu Zusagen verleitet haben, die das Unternehmen übermäßig belasten und sich bei Verschlechterung der allgemeinen Geschäftslage hart auswirken.

Die Bedeutung der Pensionslasten für die Sanierung zeigt der Fall *AEG-Telefunken AG.* Die nicht passivierten Pensionsrückstellungen wurden in der Wirtschaftspresse mit 2 Milliarden DM angegeben[106]. Sie betrugen damit annähernd das Doppelte des in der Sanierungsbilanz zum 31. Dezember 1979 ausgewiesenen Eigenkapitals (einschließlich Rücklagen) von rd. 1,1 Milliarden DM[107]. Der damalige Vorstandsvorsitzende, Cipa, hatte die fehlende Anwartschaftsrückstellung zurückhaltend mit 900 Millionen DM beziffert[108], wobei der Berechnung der herrschende Kapitalmarktzins statt des üblicherweise angewendeten Zinsfußes von 5,5 Prozent[109] zugrunde gelegt worden ist.

Nach § 16 BetrAVG sind alle drei Jahre die Renten zu überprüfen und möglicherweise entsprechend der Teuerung anzupassen[110]. Das führt dazu, daß

104 Vgl. BAG v. 23. 1. 1980 – 5 AZR 780/78, in: BB 1980, S. 940; v. 19. 7. 1978 – 5 AZR 180/77, in: DB 1978, S. 2274.

105 Vgl. Ziepke, J., Die Anrechnung von Tariflohnerhöhungen, a.a.O., S. 66; Säcker, F. J., Herabsetzung nichttariflicher Arbeitsbedingungen durch kollektive Änderungskündigung, in: DB 1967, S. 1086 ff.

106 Vgl. Jeske, J. J., Laokoon und die Sanierer, a.a.O.

107 Vgl. AEG-Telefunken, Geschäftsbericht 1979.

108 Vgl. Cipa, W., Bericht des Vorstands über den Geschäftsverlauf 1979, die wirtschaftliche Situation der Gesellschaft, über das Sanierungskonzept und dessen Realisierung, in: Wertpapier 1980, Beilage zu Nr. 4, S. 4.

109 Vgl. Adler/Düring/Schmaltz, Rechnungslegung, Tz 57 zu § 156.

110 Zu dieser Problematik siehe: Ahrend, P., Förster, W., Rössler, N., Rechtsprechung zur Anpassung von Betriebsrenten auf dem Prüfstand, in: BB 1980, Beilage 6; Heubeck, K., Rössler, N., Sauerberg, W., Die wirtschaftliche Lage des Arbeitgebers bei der Prüfung der Anpassung von Betriebsrenten nach § 16 BetrAVG, in: BB 1980, Beilage 13.

sich die Pensionslasten, die auf die Fortführungsgesellschaft zukommen, kaum prognostizieren lassen.

Für die Fortführungsgesellschaft ergeben sich daraus Probleme in zweifacher Hinsicht:

a) hinsichtlich der Ansprüche und Anwartschaften, welche Arbeitnehmer gegenüber dem Krisenunternehmen bereits erworben haben, und
b) hinsichtlich der aus Zusagen zukünftig noch entstehenden Lasten.

4.1 Erdiente Ansprüche und Anwartschaften

Für die Entlastung der Fortführungsgesellschaft von bereits erdienten Ansprüchen und unverfallbaren Anwartschaften[111] der Arbeitnehmer[112] sind nicht diese selbst, sondern der Pensions-Sicherungs-Verein auf Gegenseitigkeit (PSVaG) Verhandlungspartner. Dies beruht auf § 9 Abs. 2 BetrAVG, nach dem Ansprüche oder Anwartschaften des Berechtigten auf Leistungen der betrieblichen Altersversorgung, soweit für sie der PSVaG einzustehen hat, im Falle eines Konkurs- oder Vergleichsverfahrens auf ihn übergehen. Der Eröffnung des Konkursverfahrens stehen nach § 7 Abs. 1 Satz 3 BetrAVG[113] „gleich:

1. die Abweisung des Antrags auf Eröffnung des Konkursverfahrens mangels Masse,
2. die Eröffnung des gerichtlichen Vergleichsverfahrens zur Abwendung des Konkurses,
3. der außergerichtliche Vergleich (Stundungs-, Quoten- oder Liquidationsvergleich) des Arbeitgebers mit seinen Gläubigern nach vorausgegangener Zahlungseinstellung im Sinne der Konkursordnung, wenn ihm der Träger der Insolvenzsicherung zustimmt,
4. die vollständige Beendigung der Betriebstätigkeit im Geltungsbereich dieses Gesetzes, wenn ein Antrag auf Eröffnung des Konkursverfahrens nicht gestellt worden ist und ein Konkursverfahren offensichtlich mangels Masse nicht in Betracht kommt,
5. die Kürzung oder Einstellung von Versorgungsleistungen wegen wirtschaftlicher Notlage des Arbeitgebers, soweit dies durch rechtskräftiges Urteil eines Gerichts für zulässig erklärt worden ist.

Im Falle des Satzes 3 Nr. 5 kann der Träger der Insolvenzsicherung auch ohne das Vorliegen eines rechtskräftigen Urteils leisten, wenn er die Kürzung oder die Einstellung von Versorgungsleistungen wegen wirtschaftlicher Notlage des Arbeitgebers für zulässig erachtet."

111 Vgl. hierzu: Höfer, BetrAVG, Kommentierung zu § 1; Fenge, H., Die arbeitsrechtliche Gesetzgebung zur betrieblichen Altersversorgung, in: DB 1975, S. 50 ff.; Blomeyer, W., Insolvenzsicherung für Versorgungsanwartschaften vor Eintritt der gesetzlichen Unverfallbarkeit, in: DB 1977, S. 585 ff.

112 Vgl. Wiedemann, H., Moll, W., Der persönliche Geltungsbereich des Gesetzes zur Verbesserung der betrieblichen Altersversorgung, in: RdA 1977, S. 13 ff.

113 Dazu: Fenge, H., a.a.O., S. 50 ff.; Heubeck, G., Die Insolvenzsicherung der betrieblichen Altersversorgung, Beilage 1, BB 1975, S. 9 ff.; Höfer, BetrAVG, Rdnr. 19 zu § 7.

Ein Forderungsübergang auf den PSVaG findet nicht statt, wenn der Arbeitgeber aufgrund Gerichtsurteiles oder mit Zustimmung des PSVaG die Versorgungsleistungen einstellt[114]. Das gleiche gilt nach Paulsdorff für den Teil der Verpflichtungen, die dem Arbeitgeber im gerichtlichen oder außergerichtlichen Vergleich erlassen worden sind[114].

Der PSVaG besitzt im Konkurs- oder Vergleichsverfahren keine Vorrechte[115], so daß seine Aussichten auf Realisierung der übergegangenen Forderungen üblicherweise schlecht sind. Daraus ergibt sich, daß er an allen Sanierungsversuchen interessiert sein muß, die ihn besser stellen würden als im Falle des Zusammenbruchs des Krisenunternehmens[116]. Dies bietet die wirtschaftlich sinnvolle Basis für Vergleichsverhandlungen der Fortführungsgesellschaft. Bogs[117] bemerkt dazu, der PSVaG könne sich „bei Vergleichsverhandlungen vor und nach Konkurseröffnung, bei Anerkennung eines Widerrufs von Rentenleistung wegen wirtschaftlicher Notlage und in der Regreßpraxis tatkräftig – gegebenenfalls bereits in der Krise – an Stützungsaktionen für die von einem vollständigen Zusammenbruch bedrohten Unternehmen beteiligen."

Vergleichsverhandlungen setzen für die Fortführungsgesellschaft voraus, daß sie für die betreffenden Ansprüche überhaupt haftet. Dabei bestehen für die Typen der Fortführungsgesellschaft Unterschiede: Während die Sanierungsgesellschaft grundsätzlich für alle Verbindlichkeiten des Krisenunternehmens haftet, gilt dies bei einem neuen Rechtsträger – einer Betriebsübernahmegesellschaft oder Auffanggesellschaft –, wie bereits dargelegt wurde, nach § 613 a BGB nicht für Anwartschaften und Ansprüche von Arbeitnehmern, die sie nicht übernimmt[118]. Der PSVaG kann sich in diesen Fällen nicht wegen der auf ihn übergegangenen Ansprüche an die Fortführungsgesellschaft halten, es sei denn, es sind die Vorraussetzungen für eine Haftung nach § 419 BGB wegen Vermögensübernahme oder § 25 HGB wegen Firmenfortführung gegeben.

Bei den erdienten Anwartschaften von Arbeitnehmern, die eine Betriebsübernahmegesellschaft oder Auffanggesellschaft übernimmt, gilt zwar grundsätzlich die Haftung nach § 613 a BGB, doch ist nach der Rechtsprechung des Bundesarbeitsgerichts bei Erwerb aus der Konkursmasse die Haftung für die Teile

114 Vgl. Paulsdorff, J., Neuere Entwicklung und Probleme der Insolvenzsicherung der betrieblichen Altersversorgung, in: KTS 1977, S. 212 ff. (221).

115 Vgl.Mentzel/Kuhn/Uhlenbruck, KO, Anm. 36 zu § 61.

116 Unter diesem Aspekt wird es verständlich, warum der PSVaG so engagiert um die Anwendbarkeit der Haftungsnorm des § 613 a BGB gekämpft hat. Bis zur Klärung dieser Frage durch das Bundesarbeitsgericht sind infolge der entstandenen Rechtsunsicherheit Sanierungsvorhaben aufgegeben worden. So berichtet Grub, V., (Zur wirtschaftlichen Bedeutung des § 613 a BGB bei Betriebsveräußerungen im Konkurs, in: KTS 1978, S. 129 ff. (133)) von Fällen, „bei denen eine mögliche Betriebsveräußerung im Konkurs an der Haltung des Pensionssicherungsvereins gescheitert ist, da dem Interessenten das Risiko der Haftung für solche Ansprüche zu groß war."

117 Bogs, H., Probleme neuer Insolvenzsicherungen für Arbeitnehmer, in: AuR 1975, S. 161 ff. (168). Einschränkend Paulsdorff, in: Heubeck/Höhne/Paulsdorff/Weinert, BetrAVG, Anm. 32 zu § 7.

118 Vgl. BAG v. 24. 3. 1977 – 3 AZR 649/76, in: DB 1977, S. 1466 ff.

der Anwartschaften ausgeschlossen, die bereits vor Eröffnung des Verfahrens erdient worden sind[119]. Der Haftungsausschluß gilt gleichermaßen, wenn der Betrieb aus der Liquidationsmasse im gerichtlichen Liquidationsvergleich oder nach Ablehnung der Eröffnung des Konkursverfahrens übernommen wird[120].

Wo der insolvenzrechtliche Haftungsausschluß nicht greift, wechselt mit dem Arbeitgeber auch der Schuldner der Versorgungsanwartschaften aller aktiven Arbeitnehmer, die an dem Betriebsinhaberwechsel teilgenommen haben. Eine Vereinbarung zwischen Krisenunternehmen und Betriebsübernahme- bzw. Auffanggesellschaft, wonach es „gegenüber der Belegschaft alleiniger Schuldner aller Versorgungsverpflichtungen bleibt, verstößt gegen § 613 a BGB in Verbindung mit § 4 BetrAVG und ist auch dann nichtig, wenn die versorgungsberechtigten Arbeitnehmer zustimmen."[120a]

Aufgrund dieser Haftungsbeschränkungen ist der PSVaG selbstverständlich mehr am Zustandekommen einer Sanierungsgesellschaft interessiert, wird andererseits aber auch zu größerem Entgegenkommen bereit sein, solange er mehr von seinen Ansprüchen retten kann als beim vollständigen Zusammenbruch des Krisenunternehmens und seines Betriebs. Unter ähnlichen Opportunitätsgesichtspunkten wird der PSVaG entscheiden, wenn eine Fortführungsgesellschaft einen Betrieb außerhalb des Konkurses erwerben will. Falls ein Konkurs nur durch außergerichtlichen Vergleich mit der Betriebsübernahmegesellschaft vermieden werden kann, ist es für den PSVaG ein Vorteil, wenn die Betriebsübernahmegesellschaft einen Teil der bereits erworbenen Anwartschaften honoriert[121].

Für die Vergleichsverhandlungen sind vor allem die oben zitierten Sicherungsfälle des § 7 Abs. 1 Satz 3 und 4 BetrAVG von Bedeutung. Nach der h.M. räumt die Vorschrift des § 7 Abs. 1 Satz 4 BetrAVG dem Pensionssicherungsverein einen weiten Beurteilungsspielraum ein, ob eine wirtschaftliche Notlage eingetreten ist und damit die Voraussetzungen für die Einstandspflicht vorliegen[122]. Die Tragweite der Entscheidung geht jedoch noch weiter, wenn nach § 7 Abs. 2 BetrAVG festzustellen ist, ob und in welcher Weise unverfallbare Anwartschaf-

119 Vgl. BAG v. 17. 1. 1980 – 3 AZR 160/79, a.a.O.

120 Vgl. BAG v. 3. 7. 1980 – 3 AZR 751/79, in: DB 1980, S. 2143.

120a BAG v. 14.7.1981 – 3 AZR 517/80, in: DB 1982, S. 1067 f.

121 Die Kompromißbereitschaft des Pensionssicherungsvereins deutet Paulsdorff – Vorstandsmitglied PSVaG – an in: Heubeck/Höhne/Paulsdorff/Weinert, BetrAVG, Anm. 32 zu § 7: „Der Pension-Sicherungs-Verein hat allein die unter den jeweils gegebenen Umständen reibungsloseste und bestmögliche Sicherstellung der ihm anvertrauten Ansprüche der Pensionäre zu gewährleisten. Daneben hat er durch eine möglichst erfolgreiche Sicherstellung seiner Ansprüche nach § 9 Abs. 2 und 3 (BetrAVG) zu versuchen, den Schaden für die Versicherungsgemeinschaft möglichst gering zu halten. So kann die Zustimmung zu einem außergerichtlichen Vergleich für den PSVaG z.B. von Interesse sein, wenn ihm eine unbeeinträchtigte Rückdeckungsversicherung zur Sicherstellung und u.U. zur Abgeltung seiner Ansprüche übertragen wird, die im Konkursfalle in die Masse fiele".

122 Vgl. Thieme, W., Löchelt, D., Schuldübernahme von Versorgungsansprüchen nach dem Betriebsrentengesetz, in: BB 1981, Beilage 10, S. 8.

ten vorhanden sind. Dabei ist zu entscheiden, „ob die Voraussetzungen des § 1 Abs. 1 Satz 1 BetrAVG erfüllt sind, wie das versorgungsfähige Einkommen zu berechnen ist, welche Ansprüche sich aus einer Blankett-Zusage ergeben, ob der Gleichbehandlungsgrundsatz oder eine betriebliche Übung (§ 1 Abs. 1 Satz 3 BetrAVG) anspruchsbegründend sind."[123]

Der Pensionsicherungsverein wird nur dann die Kürzung oder Einstellung der Pensionszahlungen wegen wirtschaftlicher Notlage billigen, wenn die von der Rechtsprechung entwickelten Voraussetzungen für Versorgungsbeschränkungen vorliegen[124]:

- Die Erhaltung des Krisenunternehmens ist gefährdet; dann darf die Versorgungslast „nicht die Arbeitsplätze der aktiven Belegschaft zerstören, die den erforderlichen Ertrag erarbeiten muß."[125]
- Das Unternehmen kann durch die Entlastung saniert werden[126].
- Auch andere Personen sollen für die Sanierung Opfer bringen[127].

Versorgungsbeschränkungen sind nach der Rechtsprechung nur insoweit zulässig, wie sie zur Rettung des Betriebs unbedingt erforderlich sind[128]. Das Erfordernis der Versorgungsbeschränkungen muß der Arbeitgeber anhand substantiierter betriebswirtschaftlicher Unterlagen beweisen. Das Sanierungskonzept muß nach vernünftiger Beurteilung einer dafür sachkundigen Person eine Gesundung des Unternehmens erwarten lassen[129].

Hält der PSVaG den Widerruf für gerechtfertigt, „übernimmt er die Leistungspflicht, unter Umständen auch im Wege der Erstattung für zurückliegende Zeiten, wenn der Zeitpunkt des berechtigten Widerrufs vor dem Zeitpunkt liegt, in dem die Entscheidung des Pensions-Sicherungs-Vereins gefallen ist."[130] Lehnt der PSVaG ab, kann der Arbeitgeber auf Feststellung klagen, daß die Kürzung oder Einstellung berechtigt[131] ist. Dieser Weg wird allerdings meist zu langwierig[132] und ungewiß sein, was die Entscheidung zugunsten einer Betriebsübernahmegesellschaft beeinflussen kann.

Wie das Bundesarbeitsgericht klarstellt, soll der PSVaG nur dann für ein notleidendes Unternehmen einstehen, wenn und soweit die gesetzlichen Vorausset-

123 BAG v. 30. 8. 1979 – 3 AZR 381/78, in: BB 1979, S. 1825 f. (1826); v. 11. 9. 1980 – 3 AZR 544/79, in: DB 1981, S. 645 ff.
124 Grundlegend: BAG v. 10. 12. 1971 – 3 AZR 190/71, in: DB 1972, S. 491 ff.; v. 8. 7. 1972 – 3 AZR 481/71, in: DB 1972, S. 2069; v. 13. 3. 1975 – 3 AZR 446/74, in: DB 1975, S. 1563.
125 BAG v. 14. 12. 1978 – 3 AZR 1070/77, in: DB 1979, S. 654 f. (654).
126 Vgl. ebenda; v. 16. 3. 1972 – 3 AZR 191/71, in: DB 1972, S. 2116 ff.
127 Vgl. Schaub, G., Arbeitsrechts-Handbuch, a.a.O., S. 415.
128 Vgl. BAG v. 18. 5. 1977 – 3 AZR 371/76, in: DB 1977, S. 1655 ff.
129 Vgl. BAG v. 10. 12. 1971 – 3 AZR 190/71, a.a.O.; v. 13. 3. 1975 – 3 AZR 446/74, a.a.O.
130 BAG v. 6. 12. 1979 – 3 AZR 274/78, in: DB 1980, S. 1172 f. (1173).
131 Vgl. ebenda; BAG v. 26. 6. 1980 – 3 AZR 156/79, in: DB 1980, S. 2141 ff.
132 Wie Löwisch, M. (Die Weiterbeschäftigung des Arbeitnehmers während des Kündigungsrechtsstreits, a.a.O., S. 2) mitteilt, dauern Verfahren beim Bundesarbeitsgericht bis zu vier Jahren.

zungen vorliegen[133]. Das wiederum bedeutet, daß nur die unverfallbaren Pensionsanwartschaften, soweit sie bereits erdient sind, Gegenstand der Verhandlungen sein können. Für noch nicht unverfallbar gewordene Pensionsanwartschaften sind die Begünstigten selbst die Verhandlungspartner. Deren Rechte erfahren im Falle eines Konkursverfahrens nicht den gesetzlichen Insolvenzschutz. Die noch nicht unverfallbar gewordenen Versorgungsanwartschaften verwandeln sich mit der Eröffnung des Verfahrens in einen Zahlungsanspruch, der nach § 69 KO zu schätzen und entsprechend mit der Konkursquote zu bedienen ist[134].

4.2 Zukünftig noch entstehende Lasten

Der PSVaG kann die Fortführungsgesellschaft auch nicht von den Pensionszusagen entlasten, die von der aktiven Belegschaft der Fortführungsgesellschaft noch erdient werden würden[135]. Dies muß erforderlichenfalls die Fortführungsgesellschaft direkt mit den Betroffenen bzw. dem Betriebsrat ausmachen.

Für die erst in Zukunft erwachsenden Teile der Versorgungsanwartschaften stehen sich Betriebsübernahmegesellschaft und Sanierungsgesellschaft grundsätzlich gleich: Sie haben die „Versorgungsanwartschaften in derselben Art und Weise fortzuführen, wie dies bei Fortsetzung des Betriebes durch den bisherigen Betriebsinhaber der Fall gewesen wäre."[136] Hinsichtlich der Unverfallbarkeitsvoraussetzung für die nach dem Betriebsübergang ratierlich zu erdienenden Versorgungsanwartschaften sind bei der Betriebsübernahmegesellschaft auch „zurückliegende Zeiten vor der Konkurseröffnung und der Betriebsveräußerung zu berücksichtigen."[137] Zur Zeit des Betriebsübergangs noch verfallbare Anwartschaften können nach dem Betriebsinhaberwechsel zum Vollrecht erstarken[138].

Ein Abbau oder eine Einschränkung der Versorgungsverpflichtungen kann gegenüber aktiven Arbeitnehmern im Wege der Änderungskündigung und überdies mit Hilfe des Widerrufs, der Vertragsänderung und der Betriebsvereinbarung angestrebt werden[139]. Ein Recht zum Widerruf war nach der früher h.M.

---

133 Vgl. BAG v. 11. 9. 1980 – 3 AZR 544/79, a.a.O.

134 Vgl. BAG v. 16. 3. 1972 – 3 AZR 191/71, in: DB 1972, a.a.O.; Martens, E. C., Die Haftung des Erwerbers bei Betriebsveräußerung durch den Konkursverwalter nach § 613 a BGB, insbesondere für Versorgungsanwartschaften, in: DB 1977, S. 495 ff. (497).

135 Vgl. Paulsdorff, in: Heubeck/Höhne/Paulsdorff/Weinert, BetrAVG, Anm. 34 ff. zu § 7.

136 Wiedemann, H., Willemsen, H. J., a.a.O., S. 427.

137 BAG v. 17. 1. 1980 – 3 AZR 160/79, a.a.O., S. 311.

138 Vgl. ebenda.

139 Vgl. Hütig, K., Die arbeitsrechtlichen Möglichkeiten zur Änderung von betrieblichen Versorgungsregelungen, in: DB 1978, S. 693 ff.
Zur Änderung von betrieblichen Versorgungsordnungen zum Nachteil der Arbeitnehmer durch auflösende Betriebsvereinbarungen vgl. BAG v. 8.12.1981 – 3 ABR 53/80, in: DB 1982, S. 46 ff.; v. 8.12.1981 – 3 AZR 518/80, in: DB 1982, S. 50 ff; Ah-

ausgeschlossen[140]. Das Bundesarbeitsgericht hat es jedoch inzwischen unter speziellen Voraussetzungen zugelassen[141], wobei es nach Hütig[142] nicht einmal darauf ankommt, ob es sich um eine vorbehaltlose Versorgungszusage oder um eine Zusage unter dem Vorbehalt des Widerrufs handelt[143].

Eine Kürzung der Versorgungsanwartschaften ist nach der Auffassung des Bundesarbeitsgerichts[144] gerechtfertigt, wenn es für die Wiedererlangung der Rentabilität erforderlich ist, „die künftigen Versorgungslasten auf ein wirtschaftlich tragbares Maß zu begrenzen." Die Versorgungszusagen dürfen nicht neue Kapitalgeber von der Sanierung abhalten, etwa weil unter voller Beibehaltung „die Liquidität und Rentabilität des Unternehmens auf längere Sicht . . . hoffnungslos erscheinen."

Die notwendigen Opfer müssen sozial gerecht verteilt werden[145]. Wo von Arbeitnehmern noch andere Opfer verlangt werden, etwa hinsichtlich Sozialplanabfindungen, ist eine sozial abgewogene Gesamtlösung zu suchen.

Die Rechtsprechung fordert zudem, die mildeste Form der Kürzung von Ruhegeldzusagen zu wählen, die für die Erhaltung des Unternehmens gerade erforderlich ist[146]. In Betracht kommt nach Auffassung des Bundesarbeitsgerichts[147] als Erstes „die Versorgungsanwartschaften lediglich bei dem erreichten Teilwert (§ 2 BetrAVG) festzuhalten, hingegen – je nach den Umständen auf Zeit oder auf Dauer – die Steigerungsbeträge auszuschließen, die der Arbeitnehmer auf Grund der Versorgungszusage im Laufe des weiteren Arbeitsverhältnissses erwarten durfte." Der Widerruf einer Versorgungszusage wegen wirtschaftlicher Schwierigkeiten bleibt nur insoweit und so lange wirksam, wie die geplante Sanierung Erfolg verspricht. Bei Scheitern der Sanierungsmaßnahmen leben die widerrufenen Versorgungsrechte wieder auf.[147a]

Für die Fortführungsgesellschaft wird es im allgemeinen leichter sein, statt des Widerrufs mit den Arbeitnehmern Vereinbarungen über einen Verzicht auf die Versorgungszusagen oder über Änderungen der Zusagen zu treffen. Die Recht-

---

rend, P., Förster, W., Rühmann, J., Die ablösende Betriebsvereinbarung – Instrument zur Anpassung betrieblicher Versorgungsregelungen –, in: DB 1982, S. 224 ff.

140 Vgl. Paulsdorff, in: Heubeck/Höhne/Paulsdorff/Weinert, BetrAVG, Anm. 27 a zu § 7.

141 Vgl. BAG v. 24. 11. 1977 – 3 AZR 732/76, in: DB 1978, S. 545 ff.; Höfer, BetrAVG, ArbGr, Rdn. 194.

142 Vgl. Hütig, K., a.a.O., S. 693; ebenso Uhlenbruck, W., Zur rechtlichen Behandlung von Ruhegeldansprüchen der Arbeitnehmer im Vergleichsverfahren des Arbeitgebers zur Abwendung des Konkurses (I) u. (II), in: DB 1971, S. 1057 ff.; 1110 ff. (1057 f.).

143 Vgl. dazu: Schaub, G., Arbeitsrechts-Handbuch, a.a.O., S. 416 ff.; Höfer, BetrAVG, ArbGr. Anm. 181 ff.

144 BAG v. 24. 11. 1977 – 3 AZR 732/76, a.a.O., S. 546.

145 Vgl. ebenda; v. 10. 12. 1971 – 3 AZR 190/71, in: DB 1972, S. 491 f.

146 Vgl. BAG v. 18. 5. 1977 – 3 AZR 371/76, in: DB 1977, S. 1655.

147 BAG v. 24. 11. 1977 – 3 AZR 732/76, a.a.O., S. 547.

147a Vgl. BAG v. 10.11.1981 – 3 AZR 1134/78, in: DB 1982, S. 1330 f.

sprechung hat derartige Vereinbarungen im Falle des Betriebsübergangs zwischen den betroffenen Arbeitnehmern und dem neuen Arbeitgeber gebilligt, wenn dafür ein sachlicher Grund vorliegt[148]. Die Erfolgschance wird für die Fortführungsgesellschaft am größten sein, wenn sie auch diese Entlastung als Bestandteil der Gesamtentlastung anstrebt, die Voraussetzung für das Zustandekommen der Sanierung ist.

5. Sozialplan

Die Sanierung eines Krisenunternehmens bzw. seines Betriebes ist häufig mit Betriebsänderungen verbunden, die nach § 112 BetrVG einen Sozialplan erforderlich machen. Seit die Institution des Sozialplans 1972 mit dem neuen Betriebsverfassungsgesetz eingeführt wurde, gibt es allerdings über seine rechtlichen, sozialen und wirtschaftlichen Voraussetzungen und Auswirkungen heftige Kontroversen, die auf Seiten der Unternehmungen eine starke Verunsicherung, geradezu ein Sozialplan-Trauma, verursacht haben[149]. Allmählich tritt jedoch durch die Rechtsprechung der Arbeitsgerichte eine gewisse Klärung ein. Es zeigt sich, daß die Aussichten für Regelungen, die auch für Fortführungsgesellschaften von Krisenunternehmen wirtschaftlich vertretbar sind, keineswegs so ungünstig sind, wie man in den siebziger Jahren zunächst angenommen hatte.

Wichtig ist dafür jedoch, daß die Fortführungsgesellschaft in die empfohlenen Gesamt-Verhandlungen mit dem Betriebsrat auch die Sozialplan-Probleme einbezieht und dabei die Grenze der Belastung aufzeigt, bei der die Fortführung des Betriebes noch vertretbar ist.[149a]

Bei den Verhandlungen geht es um drei stark umstrittene Problemkomplexe:

a) Was ist Sinn und Zweck des Sozialplanes[150]?
b) Wie sind die wirtschaftlichen Nachteile festzustellen und zu quantifizieren[151]?
c) In welchem Grade sind die Nachteile unter Berücksichtigung der wirtschaftlichen Vertretbarkeit zu entschädigen[152]?

---

148 Vgl. BAG v. 5. 7. 1979 – 3 AZR 197/78, in: DB 1979, S. 1942 ff.; v. 26. 1. 1977 – 5 AZR 302/75, in: DB 1977, S. 1192 f.

149 Vgl. Uhlenbruck, W., Die Notwendigkeit einer Insolvenzrechtsreform, in: IHK-Mitteilungen 1976, Köln 1976, S. 500 ff.; 543 ff. (543).

149a Siehe dazu auch das BGH-Urteil v. 13. 7. 1981 – II ZR 256/79, in: DB 1981, S. 2066 ff., wonach der Gesellschafter einer GmbH oder einer ihr rechtlich gleichgestellten Personengesellschaft dieser, wenn sie nicht mehr lebensfähig sein wird, „entweder seine Unterstützung Versagen und dadurch die Liquidation herbei führen [muß], oder wenn er sich zur Fortsetzung seiner Hilfe entschließt, diese auf eigene Gefahr der Gesellschaft zu belassen" hat.

150 Siehe Abschnitt 5.2, S. 293 ff.

151 Siehe Abschnitt 5.3, S. 295 ff.

152 Siehe Abschnitt 5.4, S. 298 ff.

Bei der Verhandlungsposition mit dem Betriebsrat bzw. der Einigungsstelle, die erforderlichenfalls zur Vermittlung oder Entscheidung eingeschaltet wird, bestehen zwischen den Typen der Fortführungsgesellschaft einige Unterschiede. Die Sanierungsgesellschaft haftet auch für einen Sozialplan des Krisenunternehmens, der bereits vorher zustande gekommen war. Für die Verhandlungsposition des Betriebsrates ist von Bedeutung, daß Sozialplanabfindungen im Konkurs an allererster Stelle bevorrechtigt sind – im Rang des § 61 Abs. 1 Nr. O KO[153]. Daher nehmen Sozialplanforderungen nicht an einem gerichtlichen Vergleich oder konkursabwendenden Zwangsvergleich teil. Dieser Vorteil nützt allerdings nichts, wenn keine freie Konkursmasse vorhanden ist.

5.1 Rechtliche Grundlagen

Der Sozialplan soll nach § 112 Abs. 1 Satz 2 BetrVG die „wirtschaftlichen Nachteile, die den Arbeitnehmern infolge der geplanten Betriebsänderung entstehen", ausgleichen oder mildern. Vorausgehen soll der Einigung über den Sozialplan eine Beratung zwischen dem Arbeitgeber und dem Betriebsrat mit dem Ziel, einen Interessenausgleich über Umfang, Art und Zeit der geplanten Maßnahmen herbeizuführen[154]. Entläßt der Arbeitgeber Arbeitnehmer ohne solchen Versuch eines Interessenausgleich, oder erleiden diese aus diesem Grunde „andere wirtschaftliche Nachteile", so kann er gem. § 113 Abs. 3 i.V.m. Abs. 1 BetrVG auf Zahlung einer Abfindung entsprechend § 10 KSchG verklagt werden. Abfindungsansprüche aus dem Sozialplan einerseits und wegen Nachteilsausgleich nach § 113 Abs. 3 i.V.m. Abs. 1 BetrVG können nicht nebeneinander verlangt werden[155]. Vorrang gebührt dem Sozialplan[156]. Die Sanktionsvorschrift des § 113 BetrVG dagegen ist subsidiär[157].

Als Betriebsänderungen im Sinne des Gesetzes „gelten:

1. Einschränkung und Stillegung des ganzen Betriebs oder von wesentlichen Betriebsteilen,
2. Verlegung des ganzen Betriebs oder von wesentlichen Betriebsteilen,
3. Zusammenschluß mit anderen Betrieben,

153 Vgl. BAG (Großer Senat) v. 13. 12. 1978 – GS 1/77, a.a.O.

154 Vgl. dazu: Vogt, A., Sozialpläne in der betrieblichen Praxis, 2. Auflage, Köln 1981, S. 71 f.; Kohl, H., Volkmann, G., Der Sozialplan als Ultima Ratio – Eine Einschätzung aus gewerkschaftlicher Sicht, in: DBW 1979, S. 397 ff. (406).
Nach dem BAG-Urteil v. 14. 9. 1976 – 1 AZR 784/75, in: DB 1977, S. 309 f. (309), ist der Betriebsrat schon zu einem Zeitpunkt einzuschalten, „in dem der Plan noch nicht, und zwar auch noch nicht teilweise verwirklicht ist und er überhaupt noch nicht abschließend feststeht." Das Beteiligungsrecht des Betriebsrats kommt allerdings nur zum Tragen, wenn die geplanten Betriebsänderungen wesentliche Nachteile für die Belegschaft oder erhebliche Teile der Belegschaft haben können. So Dietz-Richardi, BetrVG, Anm. 9 zu § 111.

155 Vgl. BAG (Großer Senat) v. 13. 12. 1978 – GS 1/77, a.a.O., S. 267.

156 Vgl. ArbG Hagen v. 3. 3. 1981 – 2 Ca 2001/80, in: DB 1981, S. 898 f.

157 Vgl. BAG v. 22. 5. 1979 – 1 AZR 46/76, in: DB 1979, S. 1751 ff. (1754); v. 17. 9. 1974 – 1 AZR 16/74, in: DB 1974, S. 2207 ff. Vgl. auch die Bußgeldvorschrift des § 121 Abs. 1 BetrVG. Dazu: Fitting/Auffarth/Kaiser, BetrVG, Anm. 3 – 5 zu § 121.

4. grundlegende Änderung der Betriebsorganisation, des Betriebszwecks oder der Betriebsanlagen,
5. Einführung grundlegend neuer Arbeitsmethoden und Fertigungsverfahren."

Im arbeitsrechtlichen Schrifttum ist umstritten, ob der Katalog die Tatbestände beispielhaft oder abschließend aufzählt[158].

Im Rahmen von Sanierungen ist im allgemeinen der erste Tatbestand von großer Bedeutung. Als Betriebseinschränkung definiert das Bundesarbeitsgericht[159] „eine erhebliche, ungewöhnliche und nicht nur vorübergehende Herabsetzung der Leistungsfähigkeit des Betriebes, gleichgültig, ob die Verminderung der Leistungsfähigkeit durch Außerbetriebsetzung von Betriebsanlagen oder durch Personalreduzierung erfolgt". Von dem Personalabbau muß allerdings eine große Zahl von Mitarbeitern betroffen sein. Diesbezüglich bieten die Zahlenangaben von § 17 Abs. 1 KSchG geeignete Orientierungsgrößen[160]. Weiterhin bildet der „Satz von 5% der Belegschaft ... für Betriebe mit mehr als 1 000 Mitarbeitern die untere Grenze, bei der noch von einer erheblichen Personalreduzierung gesprochen werden kann."[161]

Betriebsänderungen im Sinne der Ziffern 2 – 4 werden ebenfalls häufig im Sanierungskonzept vorgesehen[162]. Der rechtsgeschäftliche Betriebsinhaberwechsel durch Übergang des Betriebes auf eine Betriebsübernahme- oder Auffanggesellschaft stellt für sich keine Betriebsänderung im Sinne des § 111 BetrVG dar[162a]. Die mit dem übergehenden Betrieb oder Betriebsteil wechselnden Arbeitnehmer werden nach der h.M. ausschließlich durch die Bestandsschutz-

158 Für abschließende Aufzählung die h.M.: Hunold, W., Personalabbau und Betriebsänderungen gemäß § 111 S. 2 Nr. 1 und 4 BetrVG, in: RdA 1976, S. 296 ff.; Vogt, A., Sozialpläne in der betrieblichen Praxis, a.a.O., S. 46 f. m. w. Nachweisen. A. A. Fitting/Auffarth/Kaiser, BetrVG, Anm. 9 zu § 111.

159 BAG v. 22. 5. 1979 – 1 AZR 46/76, in: DB 1979, S. 1751 ff. (1754); v. 22. 5. 1979 – 1 ABR 17/77, in: DB 1979, S. 1896 f.; v. 22. 5. 1979 – 1 AZR 848/76, in: DB 1979, S. 1897 ff.; v. 15. 10. 1979 – 1 ABR 49/77, in: DB 1980, S. 550; v. 4. 12. 1979 – 1 AZR 843/76, in: DB 1980, S. 743; v. 22. 1. 1980 – 1 ABR 28/78, in: DB 1980, S. 1402 ff.
Dazu Vogt, A., Personaleinschränkungen im Rahmen betriebsbedingter Kündigungen und sozialplanpflichtiger Betriebsänderungen, a.a.O., S. 1825 ff.; derselbe, Personaleinschränkungen als Betriebsänderungen im Sinne der §§ 90, 106 und 111 ff. BetrVG, in: DB 1976, S. 625 ff.; Hunold, W., Das Recht der Personalanpassung nach den Grundsatzentscheidungen des Bundesarbeitsgerichts vom 22. 5. 1979, in: BB 1980, S. 1750 ff.

160 Vgl. BAG v. 6. 6. 1978 – 1 AZR 495/75, in: DB 1978, S. 1650 f.; v. 22. 5. 1979 – 1 AZR 46/76, a.a.O., siehe dazu S. 276.

161 BAG v. 22. 1. 1980 – 1 ABR 28/78, a.a.O., S. 1404.

162 Einzelheiten dazu: Vogt, A., Sozialpläne in der betrieblichen Praxis, a.a.O., S. 60 ff.; Fitting/Auffarth/Kaiser, BetrVG, Anm. 15 – 25 zu § 111.

162a Doch ist im Falle der Betriebsverpachtung an eine Auffanggesellschaft der Wirtschaftsausschuß zu unterrichten. So Gaul, D., Mitwirkungsrechte der Arbeitnehmer in Insolvenzverfahren, in: KTS 1955, S. 180 ff. (184).

norm des § 613 a BGB geschützt[163]. „Etwas anderes mag für die im Rest-Betrieb verbleibenden Arbeitnehmer gelten, sofern für diese (oder einen erheblichen Teil derselben) die Veräußerung des Betriebsteils wesentliche Nachteile zur Folge haben kann."[164]

Voraussetzung für den Sozialplan ist nach § 111 BetrVG weiterhin, daß es sich um „Betriebe mit in der Regel mehr als zwanzig wahlberechtigten Arbeitnehmern"[165] handelt und daß die Nachteile für die Belegschaft oder erhebliche Teile der Belegschaft „wesentlich" sein können[166]. Zudem muß ein Betriebsrat (noch) bestehen[167]. Die Mitbestimmungsrechte des Betriebsrats werden nicht durch die Eröffnung eines Insolvenzverfahrens beendet[168].

Wesentliche Nachteile[169] können vor allem bei Entlassungen entstehen, aber auch bei Versetzungen von Arbeitnehmern, wenn die vorgesehenen neuen Arbeitsplätze mit niedrigeren Entlohnung, ungünstigeren Arbeitszeiten, längeren Fahrten zur Arbeitsstätte etc. verbunden sind. Weiterhin spielen Aufstiegs- und Beförderungschancen eine Rolle.

Der Sozialplan kann zustande kommen:
- unmittelbar zwischen Betriebsrat und Arbeitgeber (u.U. Konkursverwalter)[170];
- aufgrund der Vermittlung des Präsidenten des Landesarbeitsamtes[171];
- durch Vermittlung der Einigungsstelle[172];
- durch die Einigungsstelle[173] [174].

163 Vgl. BAG v. 24. 7. 1979 – 1 AZR 219/77, in: DB 1980, S. 164, wobei „die Begriffe ‚Betrieb' und/oder ‚Betriebsteil' in § 613 a BGB einerseits und im Betriebsverfassungsgesetz andererseits unterschiedlich auszulegen sind."

164 Ebenda.

165 § 111 Satz 1 BetrVG. Dazu: Fitting/Auffarth/Kaiser, BetrVG, Anm. 3 zu § 111; LAG Düsseldorf v. 22. 11. 1979 – 3 Ta Bv 30/79, in: DB 1980, S. 213.

166 Vgl. Fitting/Auffarth/Kaiser, BetrVG, Anm. 5 zu § 111.

167 Vgl. ebenda, Anm. 3 zu § 111.

168 Vgl. BAG v. 17. 1. 1980 – 3 AZR 160/79, in: DB 1980, S. 308 ff. (310); v. 17. 9. 1974 – 1 AZR 16/74, in: DB 1974, S. 2207 ff. Vogt, A., Sozialpläne in der betrieblichen Praxis, a.a.O., S. 141 ff.; Uhlenbruck, W., Die Mitwirkung des Betriebsrats im Konkurs- und Vergleichsverfahren nach dem Betriebsverfassungsgesetz 1972, in: KTS 1973, S. 81 ff.

169 Vgl. Vogt, A., Sozialpläne in der betrieblichen Praxis, a.a.O., S. 46 f.

170 Vgl. § 112 Abs. 1 BetrVG: „Der Sozialplan hat die Wirkung einer Betriebsvereinbarung" (Satz 3).

171 Vgl. § 112 Abs. 2 Satz 1 BetrVG; Bovensiepen, E., Die Vermittlung des Landesarbeitsamtes nach § 112 Abs. 2 BetrVG, in: RdA 1975, S. 288 ff.

172 Vgl. § 112 Abs. 2 Satz 2 BetrVG. An der Verhandlung kann der Präsident des Landesarbeitsamtes auf Ersuchen des Vorsitzenden der Einigungsstelle teilnehmen (§ 112 Abs. 2 Satz 3 BetrVG).

173 Vgl. dazu: Bischoff, H.-J., Die Einigungsstelle im Betriebsverfassungsrecht, Berlin 1975.

174 Vgl. § 112 Abs. 4 Satz 1 BetrVG; Teubner, E., Interessenausgleich und Sozialplan, Gesetzesauslegung, Verfahren und Sanktionen der §§ 111 – 113 BetrVG, in: BB 1974, S. 982 ff. (985 f.). Vgl. auch § 76 Abs. 5 BetrVG.

Die Einigungsstelle hat nach § 112 Abs. 4 Satz 2 BetrVG „sowohl die sozialen Belange der betroffenen Arbeitnehmer zu berücksichtigen, als auch auf die wirtschaftliche Vertretbarkeit ihrer Entscheidung für das Unternehmen zu achten."[175]

5.2 Sinn und Zweck des Sozialplans

Im arbeits- und insolvenzrechtlichen Schrifttum wird eine kontroverse Diskussion geführt, was unter wirtschaftlichen Nachteilen zu verstehen ist, die auszugleichen und zu mildern sind.

a) Nach der einen Meinung ist der Verlust des Arbeitsplatzes als solcher zu entschädigen[176] (abstrakter Nachteilsausgleich)[177]. So stellt Richardi[178] folgende These auf: „Der Verlust des Arbeitsplatzes ist ... nicht bloß als ein lediglich ideeller Nachteil anzusehen, er ist für sich bereits ein wirtschaftlicher Nachteil, auch wenn der Vergleich der realen und der hypothetischen Vermögenslage zu einem späteren Zeitpunkt ergeben sollte, daß keine Differenz eingetreten ist." Der Große Senat des Bundesarbeitsgerichts[179] trifft die Feststellung, es sei zulässig und werde auch praktisch vielfach so gehandhabt, daß in Sozialplänen Abfindungen ohne Rücksicht darauf gewährt werden, ob der Arbeitnehmer tatsächlich einen wirtschaftlichen Nachteil erlitten habe. Auch im Konkurs ließen sich Sozialpläne als „Ausgleich für den Verlust des Arbeitsplatzes und des erworbenen Besitzstandes ... verständlich machen."[180] Diese vorsichtige Formulierung über eine Zulässigkeit besagt nicht, daß der abstrakte Nachteilsausgleich erforderlich ist.

---

175 „Die Einigungsstelle faßt ihre Beschlüsse unter angemessener Berücksichtigung der Belange des Betriebs und der betroffenen Arbeitnehmer nach billigem Ermessen. Die Überschreitung der Grenzen des Ermessens kann durch den Arbeitgeber oder den Betriebsrat nur binnen einer Frist von zwei Wochen, vom Tage der Zuleitung des Beschlusses an gerechnet, beim Arbeitsgericht geltend gemacht werden." (§ 76 Abs. 5 Satz 3 und 4 BetrVG).

176 Mit zum Teil unterschiedlichen Begründungen:
Richardi, R., Die Mitbestimmung über den Sozialplan im Konkurs – Zum Beschluß des Großen Senats des Bundesarbeitsgerichts vom 13. 12. 1978 – GS 1/77, in: RdA 1979, S. 193 ff. (195 ff.); derselbe, Sozialplan im Konkurs, in: DB 1976, Beilage 6, S. 5 ff.; Vogt, A., Sozialpläne in der betrieblichen Praxis, a.a.O., S. 114; Gamillscheg, F., Zur Abfindung bei Verlust des Arbeitsplatzes, in: Festschrift für F. W. Bosch, Bielefeld 1977, S. 209 ff.; Heinze, M., Der Sozialplan in Konkurs und Vergleich, in: DB 1974, S. 1814 ff. (1817); v. Stebut, D., Ansprüche aus Arbeitsverhältnissen bei Insolvenz des Arbeitgebers, in: DB 1975, Beilage 9, S. 9; Fuchs, H., Der Sozialplan nach dem BetrVG 1972, Köln 1977, S. 28 ff.

177 Vgl. Ohl, H., Der Sozialplan, Recht und Praxis kompensatorischer Leistungen für den Verlust des Arbeitsplatzes, Karlsruhe 1977, S. 132.

178 Richardi, R., Sozialplan und Konkurs, a.a.O., S. 20.

179 Vgl. BAG v. 13. 12. 1978 – GS 1/77, a.a.O., S. 267.

180 BAG v. 13. 12. 1978 – GS 1/77, a.a.O., S. 262.

b) Der entgegengesetzte Standpunkt läßt allein den konkreten Nachteilsausgleich gelten[181]. Als Verfechter dieser Richtung vertritt Beuthien[182] folgende Argumentation: „Ausgleichspflichtig sind nur diejenigen Arbeitnehmernachteile, die den jeweils im gesetzlichen Tatbestand der §§ 111, 112 BetrVG enthaltenen Worten ‚entstehen', ‚infolge', ‚wirtschaftlich' und ‚wesentlich' genügen. Es muß sich also um tatsächlich entstandene oder mit an Sicherheit grenzender Wahrscheinlichkeit künftig entstehende Arbeitnehmernachteile handeln. ... Nicht ausgleichspflichtig sind nicht-wirtschaftliche Arbeitnehmernachteile. Wichtig ist das für alle Versuche, welche die in § 112 Abs. 1 BetrVG vorgesehene Entschädigung auf die Arbeitnehmerpersönlichkeit oder auf eingesetztes Humankapital zurückführen wollen. Denn wesentliche Teile dieses ‚Humankapitals' sind immateriell." Eine Stütze findet diese Meinung in der Rechtsprechung des Bundesarbeitsgerichts[183], wonach es „nur um den Ausgleich wirtschaftlicher Nachteile [geht], die die automatische Folge des Arbeitsplatzverlustes sind."

Auch Willemsen[184] lehnt aufgrund einer überzeugenden juristischen Überprüfung die Thesen, die dem abstrakten Nachteilsausgleich zugrunde liegen, ab, da sie der Legaldefinition des Sozialplans nicht standhielten und dem mit ihm verfolgten Schutzzweck nicht gerecht würden. Im Ergebnis weist er dem Sozialplan eine Überbrückungs- und Überleitungsfunktion zu: „Er verpflichtet den Unternehmer zur Überbrückungshilfe an entlassene oder sonstwie durch eine Betriebsänderung nachteilig betroffene Arbeitnehmer"[185].

Dementsprechend müßte der Ausgleichsbedarf an den wirtschaftlichen Folgen der Betriebsänderungen für die einzelnen Arbeitnehmer gemessen werden. Diese Auffassung hat auch in der Praxis Zustimmung gefunden. So heißt es in dem Spruch einer Einigungsstelle[186]: „Dagegen läßt es sich nicht rechtfertigen, daß Arbeitnehmer ohne oder ohne nennenswerte wirtschaftliche Nachteile zu Lasten der übrigen Konkursgläubiger an einer pauschalen Abfindungsregelung teilhaben, die allein an den formellen Arbeitsplatzverlust anknüpft. Dies

181 Vgl. Beuthien, V., Sozialplan und Unternehmensverschuldung, Gedanken im Anschluß an die Entscheidung des Großen Senats des BAG vom 13. 12. 1978, Düsseldorf-Frankfurt 1980, S. 67 ff.; derselbe, Interessenausgleich und Sozialplan im Konkurs, Sozialer Fortschritt oder Bankrott der Konkursordnung?, in: RdA 1976, S. 147 ff. (159 ff.). Weitnauer, H., Der Sozialplan im Konkurs, in: ZfA 1977, S. 111 ff. (115 ff.); Willemsen, H. J., Arbeitnehmerschutz bei Betriebsänderungen im Konkurs – Zur Anwendung der §§ 111 ff. BetrVG bei Insolvenz des Arbeitgebers, Frankfurt a.M.-Bern-Cirencester (U.K.) 1980, S. 181 ff.; Schlüter, M., Die konkursrechtliche Behandlung der Sozialplanansprüche und der Ausgleichsansprüche nach § 113 BetrVG, Berlin 1977, S. 26 ff., insbesondere S. 37 ff.

182 Beuthien, V., Sozialplangrenzen im Konkurs, Auswirkungen des BAG-Beschlusses (Großer Senat) vom 13. 12. 1978 für die Insolvenzpraxis, in: ZIP 1980, S. 83 ff. (86 f.).

183 BAG v. 7. 8. 1975 – 3 AZR 505/74, in: DB 1975, S. 1991 f. (1991).

184 Vgl. Willemsen, H. F., a.a.O., S. 181 ff.

185 Ebenda, S. 212 mit Hinweis auf Berges, A. M., Sozialplan trotz Insolvenz?, in: Festschrift für Friedrich Weber zum 70. Geburtstag, a.a.O., S. 57 ff. (75).

186 ZIP 1980, S. 134 f. (135).

macht es bei Aufstellung eines Sozialplans durch die Einigungsstelle nach Betriebsstillegung im Konkurs erforderlich, daß Abfindungen und andere Nachteilsausgleiche an konkrete Tatbestände wirtschaftlicher Nachteile anknüpfen."

Hanau[187] zieht den Schluß, daß keine Leistungen an entlassene Arbeitnehmer erzwungen werden können, „die einen wirtschaftlich in jeder Hinsicht gleichwertigen Arbeitsplatz gefunden haben". Auch Arbeitnehmer, die ohnehin wegen Erreichens der Altersgrenze in den Ruhestand treten würden, erleiden insoweit keine Nachteile. Sie werden daher regelmäßig von Sozialplänen ausgeschlossen[188]. Für Arbeitnehmer, die kurz vor der Pensionierung stehen, sind üblicherweise die Abfindungen entsprechend gering.

Somit kann der Unternehmer durch entsprechende Aktivitäten und geeignete Auswahl den Ausgleichsbedarf beschränken.

Nachteilsausgleiche kommen für folgende Tatbestände in Betracht[189]:

- Aufwendungen im Zusammenhang mit der Stellensuche,
- Minderverdienst bei Arbeitslosigkeit,
- Verdienstminderung,
- sonstige Verschlechterung der Arbeitsbedingungen,
- höhere Werbungskosten, z.B. Fahrtkosten, doppelte Haushaltsführung etc.,
- ein schwächerer Bestandsschutz für ältere Arbeitnehmer.

Allerdings sind Abfindungen in Sozialplänen nicht dazu bestimmt, unverfallbare Versorgungsanwartschaften abzufinden[190].

5.3 Feststellung der wirtschaftlichen Nachteile

Die Praxis ist dazu übergegangen, den Arbeitnehmern zum Ausgleich der wirtschaftlichen Nachteile infolge von Betriebsänderungen pauschale Abfindungen zu gewähren[191]. Zur Bemessung verwendet man Formeln und Tabellen, bei denen vor allem Lebensalter, Dauer der Betriebszugehörigkeit und die jeweiligen Monatsverdienste berücksichtigt werden[192].

187 Hanau, P., Probleme der Mitbestimmung des Betriebsrats über den Sozialplan, in: ZfA 1974, S. 89 ff. (102). Zustimmend: Richardi, R., Die Mitbestimmung über den Sozialplan im Konkurs, a.a.O., S. 198.

188 Vgl. Willemsen, H. J., a.a.O., S. 205, FN 115.

189 Vgl. Vogt, A., Sozialpläne in der betrieblichen Praxis, a.a.O., S. 122 ff.; Haje, R., Sozialplaneinfluß auf Insolvenzentscheidungen, a.a.O., S. 118 f.

190 Vgl. BAG v. 7. 8. 1975 – 3 AZR 505/74, a.a.O., sowie BAG v. 30. 10. 1980 – 3 AZR 364/79, in: DB 1981, S. 699 f. Danach „können durch einen Sozialplan dem Arbeitnehmer keine bereits in der Vergangenheit erwachsenen Rechte und Anwartschaften gegen seinen Willen entzogen oder kapitalisiert werden." (699).

191 Vogt, A., Sozialpläne in der betrieblichen Praxis, a.a.O., S. 114 ff.

192 Vgl. Haje, R., Sozialplaneinfluß auf Insolvenzentscheidungen, a.a.O., S. 123 ff.; Schmidt, W. D., Grundsätze, Gegenstände und Inhalte der Sozialplanung nach den Erfahrungen der Eisen- und Stahlindustrie, in: Das Mitbestimmungsgespräch 1975, S. 76 ff.; Zaun-Axler, R., Die Lage der Arbeitnehmer bei Konkurs, Vergleich und Be-

Verbreitet ist die sog. Formelmethode. Vogt[193] beschreibt dazu ein verfeinertes Verfahren, das bereits im Jahre 1970 bei der Aufstellung des Sozialplans der *Fa. Phrix AG,* Hamburg, zugrunde gelegt wurde. Danach erhielten alle Mitarbeiter einen Grundbetrag von einem halben Monatsverdienst Für Mitarbeiter mit einem Jahr Betriebszugehörigkeit erhöhte sich der Grundbetrag auf einen Monatsverdienst. Zusätzlich wurde ein Steigerungsbetrag nach folgender Formel gewährt:

$$\frac{(A - 18) \times B \times ME}{D}$$

Darin bedeuten:

A: Lebensalter
B: Betriebszugehörigkeit
ME: Bruttomonatseinkommen
D: Divisor

Die Abfindungen wurden auf maximal 18 Monatsverdienste limitiert.

Ausschlaggebend für die Höhe der Abfindungen, die nach der Formelmethode errechnet werden, ist der Divisor. Er steht im Mittelpunkt der Verhandlungen über den Sozialplan. Beim Phrix-Sozialplan betrug er 120. Er schwankt, wie Vogt festgestellt hat, zwischen 50 und 120. Die Formelmethode kann dadurch verfeinert werden, daß der Familienstand berücksichtigt wird, indem in Abhängigkeit von der Anzahl der Kinder zusätzliche Beträge angesetzt werden.

Pauschale Abfindungen werden manchmal auch nach einfachen Faustregeln bemessen, etwa derart, daß „pro anzurechnendem Beschäftigungsjahr zwischen einem halben und einem Monatseinkommen der Betroffenen als Abfindung vereinbart wird."[194]

Die Abfindungsbeträge werden üblicherweise in sog. Abfindungstabellen zusammengestellt. Ein Beispiel dafür gibt der Zentrale Sozialplan der *AEG-TELEFUNKEN* vom 7. 2. 1980[195]:

---

triebsstillegung, Meisenheim an d. Glan 1974, S. 182 ff.; Ohl, H., Der Sozialplan, a.a.O., S. 182 ff.

193 Vgl. Vogt, A., Sozialpläne in der betrieblichen Praxis, a.a.O., S. 121.

194 Kohl, H., Volkmann, G., Der Sozialplan als Ultima Ratio, a.a.O., S. 407.

195 Vgl. ZIP 1980, S. 215 ff. (218).

Abfindungstabelle des Zentralen Sozialplanes der AEG-TELEFUNKEN AG vom 7. 2. 1980											
vollendete Dienstjahre	vollendete Lebensjahre										
	25-29	30-34	35-39	40-44	45-49	50-52	53-54	55-56	57	58	59 u. älter
3- 4	45	100	125	175	225	250	275	300	350	425	400
5- 6	70	125	150	200	275	300	325	375	425	500	475
7- 9	90	150	175	250	350	400	450	550	600	650	500
10-13	100	175	200	300	400	450	500	650	575	525	300
14-17	125	200	250	375	500	550	600	725	625	600	300
18-21		250	325	450	600	650	700	800	750	700	300
22-24			400	525	700	750	850	1000	850	800	300
25-27				600	750	850	950	1100	1000	800	300
28-30				700	800	950	1100	1200	1100	900	300
31-33					900	1050	1200	1400	1200	1000	300
34 u. mehr					1000	1200	1400	1700	1400	1100	300

Mindestabfindungsbetrag DM 1500,– für die nach dieser Tabelle Abfindungsberechtigten.
Die angegebenen Werte stellen %-Sätze eines Monatseinkommens dar.

Pauschale Abfindungen nach den oben beschriebenen Rechenmethoden gelten als zulässig[196]. Die Vertreter der Entschädigungstheorie, wonach der Verlust des Arbeitsplatzes „an sich" zu entschädigen sei, halten sie sogar für geboten[197]. Bei den Verfechtern des „konkreten Nachteilsausgleichs", die dem Sozialplan lediglich einen Überbrückungs- und Versorgezweck zubilligen, löst die Pauschalierungspraxis Unbehagen aus. Dieses Unbehagen rührt, wie Willemsen feststellt, „vor allem daher, daß den Arbeitnehmern oftmals hohe Abfindungsbeträge ausgezahlt werden, noch bevor überhaupt feststeht, ob und gegebenenfalls welche wirtschaftlichen Nachteile sie infolge ihrer Entlassung erleiden werden."[198]

Folgt man dieser Auffassung, so ist ein pauschalierter Nachteilsausgleich höchstens unter analogen Voraussetzungen sinnvoll wie ein pauschalierter Schadensersatz[199]. Die Pauschale sollte allerdings „den typischen Nachteil nicht übersteigen und im übrigen nur der Beweiserleichterung in bezug auf Nachteilseintritt und Nachteilshöhe"[199] dienen. Zweck der Pauschalierung wäre demnach die näherungsweise Ermittlung der den Arbeitnehmern entstehenden Folgen der Betriebsänderungen. Insofern hätten die Abfindungen Vergleichscharakter[200].

196 Vgl. BAG (Großer Senat) v. 13. 12. 1978 – GS 1/77, a.a.O., S. 267; Beuthien, V., Sozialplangrenzen im Konkurs, a.a.O., S. 88.
197 Vgl. Haje, R., Quantifizierung von Sozialplanaufwendungen, in: DB 1980, S. 793 ff. (794); Richardi, R., Die Mitbestimmung über den Sozialplan. . ., a.a.O.
198 Willemsen, H. J., a.a.O., S. 221.
199 Beuthien, V., Sozialplangrenzen im Konkurs, a.a.O., S. 88.
200 Vgl. Willemsen, H. J., a.a.O., S. 220 f.

Solche Abfindungen haben nichts zu tun mit einer abstrakten Entschädigung für den Verlust des Arbeitsplatzes als solchen[201]. Sie sind vielmehr unter Berücksichtigung der Arbeitsmarktlage, insbesondere der Stellenangebote für Arbeitnehmer entsprechender Alters- und Berufsgruppen, zu schätzen[202].

Das Arbeitsgericht Hamburg[203] hält die Pauschalierung nur in solchen Fällen für gerechtfertigt, „in denen der Sozialplan vor der Durchführung der Betriebsänderung (Stillegung eines Betriebs oder Betriebsteiles) aufgestellt wird und noch keinerlei konkrete Anhaltspunkte über den weiteren beruflichen Werdegang der ausscheidenden Arbeitnehmer vorliegen und daher lediglich von allgemeinen Erfahrungssätzen bezüglich Arbeitslosigkeit, Verdienstminderung . . . ausgegangen werden muß." Im übrigen sind nach Auffassung des Senats von der Einigungsstelle „konkrete Ermittlungen darüber anzustellen, in welchem Umfang wirtschaftliche Nachteile für die entlassenen Arbeitnehmer eingetreten sind."

In der Praxis sind neuerdings Sozialplanregelungen bekanntgeworden, die für bestimmte individuelle Nachteile Abfindungen unter dem Vorbehalt vorsehen, daß die betreffenden Arbeitnehmer den entsprechenden Nachweis der ihnen entstandenen wirtschaftlichen Nachteile erbringen[204]. Für schlecht kalkulierbare Nachteile kann auch ein „Härtefonds" gebildet werden[205].

Als Obergrenze der Abfindungen, die zumindest für die Einigungsstelle verbindlich sei, werden von einigen anderen unter Hinweis auf die sanktionsweise zu gewährende Nachteilsabfindung nach § 113 BetrVG die Abfindungsregelungen der §§ 9, 10 KSchG angeführt[206]. Diese Verbindung der Sozialplanentschädigung zum Kündigungsschutzgesetz ist allerdings umstritten. So verlangt Beuthien[207] unter dem Aspekt der rechtlichen Differenzierung von sozial gerechtfertigten und sozial ungerechtfertigten Kündigungen, daß die Nachteilsabfindung beträchtlich unter der Regelhöhe der Abfindungen im Sinne der §§ 9, 10 KSchG bleibt.

5.4 Vermeidung exzessiver Sozialpläne

Im ersten Jahrzehnt nach Einführung des Sozialplans im Jahre 1972 sind vielfach Sozialpläne zustande gekommen, die über das hinausgingen, was nach

201 Vgl. Willemsen, H.J., a.a.O., S. 225.

202 Vgl. ebenda, S. 228 ff.; Haje, R., Quantifizierung von Sozialplanaufwendungen, a.a.O., S. 795 f.

203 ArbG Hamburg v. 23. 1. 1980 – 9 Bv 7/79, in: ZIP 1980, S. 205 f. (206). Mitgeteilt von H.-J. Müller.

204 Beispielhaft dafür: o.V., Sozialplangestaltung im Insolvenzverfahren, in: ZIP 1980, S. 133 ff. (136).

205 Dazu: Vogt, A., Sozialpläne in der betrieblichen Praxis, a.a.O., S. 126 f.; Willemsen, H. J., a.a.O., S. 228.

206 Vgl. Zaun-Axler, R., Die Lage der Arbeitnehmer bei Konkurs, Vergleich und Betriebsstillegung, a.a.O., S. 182 ff.; Heinze, M., Der Sozialplan im Konkurs und Vergleich, in: BB 1974, S. 1814 ff.

207 Vgl. Beuthien, V., Sozialplangrenzen im Konkurs, a.a.O., S. 87.

dem Gesetz erforderlich ist[208]: Es wurden zum Teil die Voraussetzung vernachlässigt, daß die Arbeitnehmer „wirtschaftliche Nachteile" durch die Betriebsänderung erleiden, andererseits wurde bei der Feststellung zu wenig Rücksicht auf die „wirtschaftliche Vertretbarkeit für das Unternehmen" genommen[209].

Solche Sozialpläne sind aus dem Zusammenwirken mehrfacher Ursachen erklärlich. Zunächst hat eine exzessive Gesetzesinterpretation einiger Autoren die vom Sozialplan betroffenen Unternehmen verunsichert[210]; dies gilt vor allem für die oben wiedergegebene Auffassung von Richardi in seinem für die Industriegewerkschaft Metall erstatteten Gutachten[211]. Seine Auffassung hat sich in der Literatur[212] und Rechtsprechung[213] zwar nicht durchgesetzt; inzwischen haben jedoch manche Unternehmen, zum Teil vertreten durch ihre Konkursverwalter, sei es aus rechtlicher Unsicherheit oder sei es aus mangelndem Stehvermögen, Sozialplane vereinbart, die in der Wirtschaftspresse veröffentlicht wurden und ein entsprechendes Erwartungsniveau bei den Arbeitnehmern geweckt haben. Schließlich ist in manchen Fällen von Massenentlassungen eine gewisse Politisierung eingetreten, verbunden mit spektakulären Demonstrationen[214], so daß zur Beruhigung der aufgebrachten Gemüter öffentliche Instanzen sich eingeschaltet und manchmal auch – direkte und indirekte – Finanzhilfen für den Sozialplan geleistet haben[215].

Diese Entwicklungen haben dazu geführt, daß selbst solche Arbeitnehmer in den Sozialplangenuß gelangt sind, die überhaupt keine wirtschaftlichen Nachteile erlitten oder sich sogar durch den Arbeitsplatzwechsel verbessert haben. Die Abfindungen erhielten zum Teil den Charakter von Treueprämien[216]. Manchmal spekulieren Arbeitnehmer offenbar auf Sozialplanabfindungen als

208 Siehe Willemsen, H. J., a.a.O., S. 224 ff.

209 So sollte die geplante, aber dann nicht durchgeführte Stillegung des *Zweigwerkes Neckarsulm des VW-Werks* 150 – 200 Mio. DM, nach anderer Berechnung sogar 240 – 360 Mio. DM kosten. Vgl. von Stebut, D., Ansprüche aus Arbeitsverhältnissen bei Insolvenz des Arbeitgebers, a.a.O., S. 9. Vgl. weiterhin die Auswertungsergebnisse verschiedener Sozialpläne von Vogt, A., Sozialpläne in der betrieblichen Praxis, a.a.O., S. 146 ff.; Beuthien, V., Sozialplan und Unternehmensverschuldung, a.a.O., S. 39 ff.

210 Siehe dazu u.a.: Richardi, R., Sozialplan im Konkurs, a.a.O.; Heinze, M., Der Sozialplan im Konkurs und Vergleich, a.a.O.; Körnig, J., Rang des Sozialplananspruchs im Konkurs, in: DB 1975, S. 1411 ff.; 1459 ff. (1459); Däubler, W., Bösche, B., Zum Inhalt von Sozialplänen nach § 112 BetrVG, Bremen 1975.

211 Siehe Richardi, R., Sozialplan und Konkurs, a.a.O., insbesondere S. 84 ff.

212 Vgl. Weitnauer, H., Der Sozialplan im Konkurs, a.a.O., S. 129 ff.; Beuthien, V., Sozialplan und Unternehmensverschuldung, a.a.O., S. 12 ff. mit weiteren Nachweisen.

213 Vgl. BAG (Großer Senat) v. 13. 12. 1978 – GS 1/77, a.a.O.

214 Vgl. Busche, J., Von der Alten Oper zu *Triumpf-Adler,* Frankfurter Bürger kämpfen um die Erhaltung von Industrie-Arbeitsplätzen, FAZ vom 19. September 1981; derselbe, Im Gallusviertel läuteten die Kirchenglocken, Die Arbeiter von *Triumpf-Adler* demonstrieren in Frankfurt, FAZ vom 10. 9. 1981.

215 So Beuthien, V., Sozialplan und Unternehmensverschuldung, a.a.O., S. 80.

216 Vgl. Willemsen, H. J., a.a.O., S. 228 ff.

Vorteil einer Unternehmenskrise. So konnte im Konkurs der *Fa. H. G. Wienands Söhne KG,* Mönchengladbach, der Konkursverwalter nur geringes Interesse der Arbeitnehmer an dem Angebot der *Mibach-Textilgruppe* auf Übernahme von 300 Mitarbeitern feststellen. Als maßgeblicher Grund dafür wurde in der Presse angegeben, „daß die Wienands-Belegschaft großenteils offensichtlich Sozialplan und Arbeitslosenunterstützung erst einmal dem Mibach-Arbeitsplatz vorzieht."[217]

Die „Sozialplanabfindung ist weder eine Treueprämie noch ein Instrument der Vermögensbildung in Arbeitnehmerhand."[218] Solche „nachteilsfreie Zuwendungen" stoßen gerade bei Krisenunternehmen und deren Lieferanten, die mit Forderungen aus bereits erbrachten Leistungen ausfallen, auf wirtschaftliches und rechtliches Unverständnis[219]. Der im Interesse der Gläubiger handelnde Konkursverwalter wird mit Recht als nicht befugt angesehen, über den gesetzlichen Rahmen hinaus Sozialplanabfindungen zu bewilligen[220].

Falls tatsächlich wesentliche wirtschaftliche Nachteile für die Arbeitnehmer entstehen, folgt aus dem Gesetz keineswegs, daß die wirtschaftlichen Nachteile der Arbeitnehmer stets voll auszugleichen sind. Das Gesetz sieht vielmehr auch die Milderung sanierungsbedingter Folgenachteile vor[221]. Aus § 112 Abs. 4 Satz 2 BetrVG ergibt sich, daß die Belastung des Unternehmens mit unvertretbar hohen Soziallasten vermieden werden soll. Diese Vorschrift entspricht allgemeinen Grundsätzen des Betriebsverfassungsgesetzes, die in den Normen §§ 2 Abs. 1, 74 Abs. 1, 75 Abs. 1, 76 Abs. 5 zum Ausdruck kommen[222].

Nach vorherrschender Meinung setzt die Existenzfähigkeit der Unternehmung, sofern eine ausreichende Sanierungschance besteht, für den Sozialplan die Höchstgrenze[223]. Das Unternehmen muß in der Lage sein, die Verpflichtungen aus der Sozialplanvereinbarung zu erfüllen. Der Solidaritätsgedanke verpflichtet die betroffenen Arbeitnehmer zur Rücksichtnahme auf die übrigen Arbeitskollegen[224]. Die Sozialplanbelastungen dürfen nicht zur Gefährdung weiterer Arbeitsplätze führen.

Demnach markieren für ein sanierungsfähiges und -würdiges Unternehmen die Finanz- und Ertragskraft sowie die Höhe der Verbindlichkeiten die Belastungs-

---

217 O.V., Warten auf den Sozialplan?, in: FAZ vom 14. 5. 1980.

218 Willemsen, H. J., a.a.O., S. 226.

219 Vgl. Beuthien, V., Sozialplangrenzen im Konkurs, a.a.O., S. 85; Henckel, W., Anmerkung zum Beschluß des Großen Senats, in: KTS 1979, S. 171 ff.; Lux, H.-J., Sozialplan und Nachteilsausgleich im Konkurs, in: BB 1979, S. 282 ff. (283 f.).

220 Vgl. Willemsen, H. J., a.a.O., S. 220: „Nach herrschender konkursrechtlicher Auffassung sind aber solche Rechtsgeschäfte des Verwalters, die dem Konkurszweck offensichtlich zuwiderlaufen, nicht nur im Verhältnis zu den Konkursgläubigern, sondern auch gegenüber Dritten unwirksam."

221 Vgl. § 112 Abs. 1 Satz 2 BetrVG.

222 Vgl. Vogt, A., Sozialpläne in der betrieblichen Praxis, a.a.O., S. 104 ff.

223 Vgl. Durchlaub, W., Kürzung des Sozialplanes im Falle wirtschaftlicher Schwierigkeiten, in: DB 1980, S. 496 ff.

224 Vgl. Ohl, H., Der Sozialplan, a.a.O., S. 142.

grenze[225]. Der Große Senat des Bundesarbeitsgerichts hält Fälle für „denkbar, in denen Sozialplanabfindungen überhaupt nicht oder nur in geringem Umfang gerechtfertigt sind, weil die Rücksicht auf Dritte (z.B. Konkursgläubiger, im Restbetrieb verbleibende Arbeitnehmer) dies gebietet.“[226]

Willemsen[227] empfiehlt eine Art Rückrechnungsverfahren: Danach wird zunächst festgestellt, welches Gesamtvolumen für das Unternehmen bzw. für die Liquidationsmasse tragbar ist, alsdann werden die verfügbaren Mittel entsprechend den jeweiligen wirtschaftlichen Nachteilen auf die betroffenen Arbeitnehmer verteilt. Dadurch werde von vornherein sichergestellt, daß der Sozialplan im Rahmen des Vertretbaren bleibt.

Die insolvenzrechtliche Bevorrechtigung der Sozialplanabfindungen bedeutet jedoch nicht, daß die von der Betriebsänderung betroffenen Arbeitnehmer Anspruch auf vollen Ausgleich der wirtschaftlichen Nachteile haben. Vielmehr müssen sich die Sozialplanberechtigten Kürzungen gefallen lassen, wenn sonst das Zustandekommen des Vergleichs und damit die Sanierung gefährdet würde[228]. Das kann nach Uhlenbruck „im Einzelfall dazu führen, daß die Arbeitnehmer auf Ansprüche im Unternehmensinteresse zu verzichten haben, so daß sich der Sozialplan auf Null stellt.“

Es kommt bei Sanierungsgesellschaften vor, daß neue Gesellschafter Mittel für die Finanzierung des Vergleichs mit den Gläubigern des Krisenunternehmens zur Verfügung stellen. Vielfach geschieht dies unter dem Aspekt, die Geschäftsbeziehungen zu den Lieferanten zu wahren. Derartige Investitionen begründen daher keine Verpflichtung, einen Sozialplan zu finanzieren. Wie Ohl[229] klarstellt, „ist das Unternehmen die für die Bereitstellung der erforderlichen Mittel zuständige Wirtschaftseinheit.“ Daher sollten selbstverständlich die Verhandlungen vor dem Beitritt der neuen Gesellschafter zu einer Sanierungsgesellschaft geführt werden.

Sozialplanhöhe im Vergleich / Konkurs – gesetzl. Regelung
– 2,5x monatl. Nettogehalt
– max 1/3 der Masse

Auszahlung
– im Vergleich während des Verfahrens (= Liquiditätsbelastung erheblich)
– im Konkurs bei Aufhebung des Verfahrens (= keine Liq' belastung während des Verfahrens)

225 Vgl. Beuthien, V., Sozialplangrenzen im Konkurs, a.a.O., S. 86.
226 BAG (Großer Senat) v. 13. 12. 1978 – GS 1/77, a.a.O., S. 264.
227 Vgl. Willemsen, H. J., a.a.O., S. 268; siehe auch Kohl, H., Volkmann, G., a.a.O., S. 407.
228 Uhlenbruck, W., Die Mitwirkung des Betriebsrats im Konkurs- und Vergleichsverfahren nach dem Betriebsverfassungsgesetz 1972, a.a.O., S. 93.
229 Ohl, H., Der Sozialplan, a.a.O., S. 142.

XVIII. Kapitel

Entlastung von Steuern

Im Rahmen der Konkursenquete des Max-Planck-Instituts für ausländisches und internationales Privatrecht wurde festgestellt, daß bei Konkursen die rückständigen Steuern durchschnittlich ein Drittel der letzten vorliegenden Bilanzsumme ausmachten[1]. Dies gibt einen Anhaltspunkt, welche Bedeutung die Entlastung von Steuerschulden für das Zustandekommen einer Fortführungsgesellschaft hat.

Beim Fiskus handelt es sich um einen Gläubiger, dessen Position neben wichtigen Übereinstimmungen mit den sonstigen Gläubigern wesentliche Unterschiede aufweist. Ähnlich ist das Interesse an der Erhaltung des Krisenunternehmens oder wenigstens seines Betriebes als „Geschäftspartner" und die Hoffnung, daß der Fiskus mit der wirtschaftlichen Gesundung zukünftig höhere Steuereinnahmen erzielen wird[2]. Auf die zunehmende Anerkennung fiskalischer Interessen als öffentliche Interessen weist Häberle hin[3].

Zusätzlich aber werden die Steuerbehörden die volkswirtschaftlichen und sozialpolitischen Auswirkungen ihres Verhaltens berücksichtigen[4]. Insgesamt wird das Verhältnis zum Steuerschuldner mehr durch öffentlich-rechtliche als zivilrechtliche Aspekte bestimmt[5]. Das dürfte für die Verhandlungsposition der Fortführungsgesellschaft mehr Vorteile als Nachteile haben.

Bei den Verhandlungen nimmt der Steuerberater eine Schlüsselstellung ein, so daß der Verhandlungserfolg weitgehend von der Wahl des Steuerberaters abhängig ist. Hinsichtlich seiner Qualifikation sind sowohl seine fachtheoretischen Kenntnisse, die sich in seinen Schriftsätzen auswirken, wie auch sein persönliches Verhandlungsgeschick und nicht zuletzt das Vertrauen maßgeblich, das er bei den zuständigen Finanzbehörden besitzt. Deren Zuständigkeit

---

1 Vgl. Gessner, V., Rhode, B., Strate, G., Ziegert, K.-A., Die Praxis der Konkursabwicklung..., a.a.O., S. 409.

2 Formal stellt sich die Steuererhebung allerdings anders dar. Vgl. dazu § 85 AO als „allgemeine Aufgabennorm" der Finanzbehörden, wonach die Steuern nach Maßgabe der Gesetze gleichmäßig festzusetzen und zu erheben" sind. Siehe auch Tipke, K., Steuerrecht, a.a.O.,S. 26 ff.
Anders jedoch die Praxis; aufschlußreich dazu Gessner, V., Rhode, B., Strate, G., Ziegert, K.-A., Die Praxis der Konkursabwicklung..., a.a.O., S. 390 ff.; 402 ff.

3 Vgl. Häberle, P., Öffentliches Interesse als juristisches Problem, Eine Analyse von Gesetzgebung und Rechtsprechung, Bad Homburg 1970, S. 512 ff.

4 Vgl. Koch, K., Höllig, H., Erlaß von Steuern nach der AO 1977, in: NWB Nr. 44 v. 30. 10. 1978, S. 2625 ff. (2627 f.) = Fach 2, 3347. Hübschmann/Hepp/Spitaler, AO, Anm. 16 zu § 163; a. A. die Rechtsprechung: BFH v. 21. 12. 1961 II 133/58, in: StRK AO § 131 n. F. R 66; BFH v. 2. 9. 1964 I 255/62 U, in BStBl III 1964, S. 529; BVerwG v. 18. 2. 1975 – BVerwG VII C 15.73, in: BStBl II 1975, S. 679 ff. (682) sowie Tipke-Kruse, AO, Anm. 40 zu § 227.

5 Vgl. § 37 AO sowie Tipke-Kruse, AO, die Kommentierung zu § 37.

hängt von der Höhe der in Betracht kommenden Beträge ab. Bei größeren Beträgen ist der jeweilige Landes-Finanzminister oder sogar der Bundes-Finanzminister zuständig[6].

1. Insolvenzrechtliche Positionen

Die Bestimmungen des Insolvenzrechts – insbesondere der Konkursordnung, der Vergleichsordnung sowie des Zwangsvollstreckungsrechts der Zivilprozeßordnung und des Zwangsversteigerungsgesetzes – gelten grundsätzlich auch für die Erhebung der Ansprüche aus dem Steuerschuldverhältnis[7].

Während die Sanierungsgesellschaft grundsätzlich unmittelbar von den Steuerschulden des Krisenunternehmens betroffen ist, geht es bei den sonstigen Typen der Fortführungsgesellschaft um etwaige Haftungen. Haftungsprobleme können vor allem auftreten, wenn der Betrieb vor Einleitung eines formellen Insolvenzverfahrens, z.B. im außergerichtlichen Vergleich, erworben wird. In Betracht kommen die Haftungsnormen der §§ 419 BGB, 25 HGB für rückständige Steuern des Krisenunternehmens sowohl bei der Betriebsübernahmegesellschaft als auch bei der Auffanggesellschaft[8]. Die Betriebsübernahmegesellschaft kann zudem – wie ausgeführt wurde – unter den Voraussetzungen des § 75 AO für die Betriebssteuern haften, die ,,seit dem Beginn des letzten, vor der Übereignung liegenden Kalenderjahres entstanden sind''. Die treuhänderische Auffanggesellschaft haftet bei Nichterfüllung der Pflichten des Krisenunternehmens nach den §§ 34, 35, 69 AO[9].

Die Steuergläubiger nehmen am Konkursverfahren teil, sofern sie ,,einen zur Zeit der Eröffnung des Verfahrens begründeten Vermögensanspruch haben'' (§ 3 Abs. 1 KO)[10]. Konkursgläubiger sind sie jedoch nur insoweit, als sie nicht aussonderungsberechtigt[11] sind und nicht als Massegläubiger vorweg Anspruch auf Befriedigung aus der Konkursmasse[12] haben. Absonderungsberechtigte Steuergläubiger sind hinsichtlich der persönlichen Forderung mit dem vollen Betrag Konkursgläubiger; verhältnismäßige Befriedigung können sie allerdings

6 Vgl. S. 304, FN 20; S. 307, FN 38; S. 310, FN 66; S. 311, FN 67.

7 Vgl. §§ 281–327 AO; Kussmann, M., Hoppe, K. B., Müller, H.-D., Vollstreckung, 3. Aufl., Düsseldorf-Achim 1977, S. 18 ff.

8 Vgl. Tipke-Kruse, AO, Tz 10 ff. vor § 69.

9 Vgl. ebenda, Tz 3 ff. zu § 69.

10 Vgl. dazu: Geist, G., Insolvenzen und Steuern, Konkurs – Vergleich – Sanierung im Steuerrecht, 3. Auflage, Herne-Berlin 1980, S. 41 ff.; Frotscher, G., Steuern im Konkurs, Heidelberg 1974, S. 125 ff.; derselbe, Konkurs und Steuern, in: BB 1975, S. 1445 ff.; Berges, A. M., Konkurssteuerrecht, in: KTS 1961, S. 161 ff.; Pfaff, P., Konkurs im steuerlichen Vollstreckungsverfahren, in: StuW 1962, Sp. 537 ff.

11 Aussonderungsberechtigt ist der Fiskus nur selten. Dazu: Geist, G., a.a.O., S. 45.

12 Massegläubiger kann der Fiskus bezüglich der Steueransprüche aus der Verwaltung, Verwertung und Verteilung der Konkursmasse sein. Vgl. Geist, G., a.a.O., S. 110 ff. Problematisch ist insbesondere die Einordnung der Umsatzsteuer. Vgl. dazu: Bücheler, F., Umsatzsteuer in Sequestration und Konkurs, in: DStR 1980, S. 70 ff.

nur für den Betrag verlangen, mit dem sie auf abgesonderte Befriedigung verzichten oder mit welchem sie dabei ausgefallen sind[13].

Die Konkursforderungen der Steuergläubiger genießen das Vorrecht des § 61 Abs. 1 Nr. 2 KO nur, soweit sie „im letzten Jahre vor der Eröffnung des Verfahrens fällig geworden sind oder ... als fällig gelten."[14].

Wird das Konkursverfahren durch Abschluß eines Zwangsvergleichs beendet, so sind davon nur die nicht bevorrechtigten Steuerforderungen betroffen[15]. Die bevorrechtigten sowie die vorweg aus der Masse zu befriedigenden Forderungen sind nicht in den Zwangsvergleich einbezogen und daher voll zu befriedigen[16].

Auch vom gerichtlichen Vergleichsverfahren sind nur die Steuerforderungen betroffen, die nicht nach § 61 Abs. 1 Nr. 2 KO bevorrechtigt sowie nicht Masseforderungen sind und für die kein Aus- und Absonderungsrecht besteht[17]. Die vergleichsweise Minderung verfahrensbeteiligter Steuerforderungen erfolgt dabei nach den Bestimmungen der Vergleichsordnung, nicht nach den Erlaßbestimmungen des § 227 AO[18].

An einem außergerichtlichen Vergleichsverfahren können die Steuergläubiger nach Geist[19] nicht teilnehmen. Wohl sind in diesem Zusammenhang Stundungen und Billigkeitserlasse möglich, wenn die Voraussetzungen der diesbezüglichen steuerrechtlichen Spezialvorschriften (§§ 222, 163, 227 AO) vorliegen.

2. Stundung und Vollstreckungsaufschub

a) Gem. § 222 AO können die Finanzbehörden „Ansprüche aus dem Steuerschuldverhältnis ganz oder teilweise stunden, wenn die Einziehung bei Fälligkeit eine erhebliche Härte für den Schuldner bedeuten würde und der Anspruch durch die Stundung nicht gefährdet erscheint. Die Stundung soll in der Regel nur auf Antrag und gegen Sicherheitsleistung gewährt werden."

Die Entscheidung über den Stundungsantrag liegt im pflichtgemäßen Ermessen der zuständigen Finanzbehörden[20]. Steuerstundungen können bei der Sanie-

13 Vgl. Geist, G., a.a.O., S. 45 ff.

14 Vgl. dazu Dann, W., Das Konkursvorrecht der Öffentlichen Abgaben, Berlin 1962, S. 24 ff.

15 Vgl. dazu auch Geist, G., a.a.O., S. 171 ff.

16 Vgl. § 173 KO; Mentzel/Kuhn/Uhlenbruck, KO, Anm. 8 zu § 173.

17 Vgl. dazu Geist, G., a.a.O., S. 177 ff.

18 Vgl. ebenda, S. 186.

19 Vgl. ebenda, S. 193 ff.

20 Vgl. Tipke-Kruse, AO, Tz 4 zu § 222 AO; siehe auch § 5 AO sowie die dazu veröffentlichten Kommentierungen.
Die obersten Finanzbehörden der Länder haben Anweisung, bei Stundungen über mehr als DM 400.000,– und für einen Zeitraum von mehr als 12 Monaten die vorherige Zustimmung des Bundesministers der Finanzen einzuholen. Vgl. BMF-Schreiben v. 28. 7. 1982 – IVA 5 – S 0457 – 7/82, in: DB 1982, S. 1748 f.
Nach den gleichlautenden Erlassen der obersten Finanzbehörden der Länder (vom 2. 8. 1982, in: DB 1982, S. 1748 ff.) gilt folgendes: Die Finanzämter stunden in eige-

rung des Krisenunternehmens durch eine Sanierungs- oder Auffanggesellschaft, aber auch bei von einer Haftung betroffenen sonstigen Fortführungsgesellschaft Bedeutung gewinnen. Der wirtschaftliche Vorteil der Steuerstundung kann für die Fortführungsgesellschaft erheblich sein. Der im Gesetz vorgesehene Zinssatz von 6 Prozent[21] hat in Hochzinsphasen bei großen Stundungsbeträgen und -zeiträumen erhebliche Ersparnisse zur Folge. Sofern die Erhebung der Zinsen „nach Lage des einzelnen Falles unbillig wäre", kann der Fiskus sogar auf sie ganz verzichten[22].

Erste Voraussetzung der Stundung ist, daß die Einziehung des Steueranspruchs für den Schuldner eine erhebliche Härte bedeutet. Dies wird im Regelfall anzunehmen sein, wenn sich der Steuerschuldner bereits in Liquiditätsschwierigkeiten befindet oder durch die fristgerechte Entrichtung der Steuern in ernsthafte Zahlungsschwierigkeiten geraten würde[23].

Die Stundung mag bei bloßen Liquiditätsengpässen genügen. Ist indes die Leistungsfähigkeit durch hohe Steuerschulden gemindert, kommt ein Erlaß in Betracht[24].

Stundung setzt die „Stundungswürdigkeit" des Steuerschuldners voraus[25]. Stundungswürdig ist nur, wer „zum Fälligkeitszeitpunkt weder aus einem von ihm zu vertretenden Grunde über die erforderlichen Mittel verfügt, noch in der Lage ist, sich diese Mittel auf zumutbare Weise zu verschaffen."[26]

Bezweifelt wird, ob die Stundung von Steuern zulässig ist, die der Schuldner von anderen Steuerpflichtigen einbehalten oder abgezogen hat, vor allem bei Lohnsteuer, Umsatzsteuer, Kapitalertragsteuer[27].

Obwohl die Stundung in der Regel nur gegen Sicherheitsleistung gewährt werden soll, wird sie in der Praxis meist „ohne Sicherheitsleistung ausgesprochen, dies jedenfalls bei kleineren Beträgen und bei kurzfristigen Stundungen".[28]

ner Zuständigkeit Beträge bis zu DM 150.000,– einschließlich zeitlich unbegrenzt, höhere Beträge bis zu 6 Monaten; mit Zustimmung der Oberfinanzdirektion Beträge bis DM 400.000,– einschließlich zeitlich unbegrenzt, höhere Beträge bis zu 12 Monaten; mit Zustimmung der obersten Finanzbehörden höhere Beträge über längere Zeiträume „Für die Feststellung der Zuständigkeitsgrenzen sind jede Steuerart und jeder Veranlagungszeitraum für sich zu rechnen" (1748).

21 Vgl. § 234 Abs. 1 AO i. Verb. mit § 238 Abs. 1 AO.

22 Vgl. § 234 Abs. 2 AO; dazu: Tipke-Kruse, AO, Tz 8 zu § 234.

23 Vgl. Sudau, A., Lammerding, J., Brauel, H., Abgabenordnung, Finanzgerichtsordnung und Nebengesetze, 6. Auflage, Düsseldorf/Achim 1977, S. 114; Hessisches FG v. 16. 9. 1976, VI 151/76, in: EFG 1977, S. 128 f.

24 Vgl. Tipke-Kruse, AO, Tz 5 zu § 222.

25 Vgl. ebenda, Tz 8 zu § 222.

26 BFH v. 21. 8. 1973 VIII R 8/68, in: BStBl II 1974, S. 307 f. (308).

27 Vgl. Sudau, A., Lammerding, J., Brauel, H., a.a.O., S. 116. Siehe auch BFH v. 8. 2. 1957 VI 141/56 S, in: BStBl III 1957, S. 329 f.; Niedersächsisches Finanzgericht v. 23. 1. 1978 – IX L 271/75, in: EFG 1978, S. 570.

28 Tipke, K., Steuerrecht, a.a.O., S. 478.

Dies erklärt sich daraus, daß die Steuerschuldner im Regelfall keine freien Sicherheiten besitzen oder der Stundungszeitraum nur gering ist.

b) Ähnliche Wirkung wie die Stundung hat der Vollstreckungsaufschub gem. § 258 AO[29]. Diese Vorschrift bestimmt: „Soweit im Einzelfall die Vollstrekkung unbillig ist, kann die Vollstreckungsbehörde sie einstweilen einstellen oder beschränken oder eine Vollstreckungsmaßnahme aufheben."

Der Vollstreckungsaufschub, der nicht antragsgebunden ist, kommt für rückständige Steuern in Betracht, für deren Eintreibung die Vollstreckung bereits angeordnet ist. Es handelt sich auch hier um eine Ermessensentscheidung, wobei jedoch die strengen Voraussetzungen für die Gewährung einer Stundung nicht verlangt werden. Die Vollstreckungsanweisung[30] hält den Vollstrekkungsaufschub dann für gerechtfertigt, „wenn die Vollstreckung oder eine einzelne Vollstreckungsmaßnahme dem Vollstreckungsschuldner einen unangemessenen Nachteil bringen würde, der durch kurzfristiges Zuwarten oder durch eine andere Vollstreckungsmaßnahme vermieden werden könnte"[31]. Nach den Feststellungen der Konkursenquete des Max-Planck-Instituts kommt es nicht selten vor, daß ein Stundungsantrag abgelehnt, aber gleichwohl Vollstreckungsaufschub gewährt wird[32].

Für den Steuerpflichtigen ist der Vollstreckungsaufschub „teurer" und meist auch nervenaufreibender als die Stundung. Da die Fälligkeit der Steuer durch diese Billigkeitsmaßnahme nicht berührt wird[33], werden Säumniszuschläge von monatlich einem Prozent verwirkt[34]. Die Säumniszuschläge können allerdings unter den Voraussetzungen des § 227 AO erlassen werden[35]. Nach der Rechtsprechung des Bundesfinanzhofs ist es sachlich unbillig, Säumniszuschläge zu erheben, „die nach dem Zeitpunkt entstanden sind, von dem an der Steuerschuldner zweifelsfrei überschuldet und zahlungsunfähig war"[36].

---

29 Die Vorschrift des § 258 AO entspricht § 333 RAO; vgl. dazu Tipke-Kruse, RAO, Kommentierung zu § 333.

30 Vgl. Sudau, A., Lammerding, J., Brauel, H., a.a.O., S. 117 f.

31 Allgemeine Verwaltungsvorschrift über die Durchführung der Vollstreckung nach der Abgabenordnung vom 13. März 1980, in: BStBl I 1980, S. 112 ff. (115), Abschn. 7 Abs. 2 VollStA.

32 Vgl. Gessner, V., Rhode, B., Strate, G., Ziegert, K.-A., Die Praxis der Konkursabwicklung..., a.a.O., S. 391.

33 Vgl. Abschn. 7 Abs. 3 VollStA.

34 Vgl. § 240 Abs. 1 AO. BFH v. 15. 3. 1979 – IV R 174/78, in: BStBl II 1979, S. 429 f. Dazu: Weber-Grellet, H., Säumniszuschläge bei Vollstreckungsaufschub, in: DB 1980, S. 37 f. Nach ständiger Rechtsprechung des Bundesfinanzhofs haben Säumniszuschläge nicht den Charakter von Verzugszinsen; sie sind vielmehr ein Druckmittel besonderer Art. Vgl. BFH v. 21. 9. 1973 III R 153, 154/72, in: BStBl II 1974, S. 17; v. 8. 12. 1975 GrS 1/75, in: BStBl II 1976, S. 262 ff. (264) mit weiteren Nachweisen.

35 Vgl. Tipke-Kruse, AO, Tz 22 zu § 240.

36 BFH v. 22. 4. 1975 VII R 54/72, in: BStBl II 1975, S. 727 f. (727).

3. Erlaß von Steuerforderungen

Nach herrschender Auffassung bedarf nicht nur der Steuereingriff, sondern auch der Verzicht auf die Erhebung festgesetzter Steuern einer gesetzlichen Grundlage[37]. Demgemäß sieht § 227 AO den Erlaß von Steuerforderungen vor: Danach können die Finanzbehörden „Ansprüche aus dem Steuerschuldverhältnis ganz oder zum Teil erlassen, wenn deren Einziehung nach Lage des einzelnen Falles unbillig wäre; unter den gleichen Voraussetzungen können bereits entrichtete Beträge erstattet oder angerechnet werden."[38]

Der Gesetzesbegriff der Unbilligkeit ist unbestimmt[39]; er ist vielfältig ausdeutbar und entsprechend umstritten. Billigkeit ist die „Gerechtigkeit des Einzelfalles"[40], wobei nach Tipke[41] die Besteuerung nach der Leistungsfähigkeit Kriterium der Gerechtigkeit ist. In diesem Sinne „verlangt die Billigkeit, daß der Leistungsfähigkeit des Steuerpflichtigen nicht nur generell, sondern auch in concreto Rechnung getragen wird"[42]. Unbillig kann demnach die Steuererhebung sein, wenn der Steuerpflichtige seit Steuerentstehung seine wirtschaftliche Leistungsfähigkeit verloren hat, so daß die Besteuerung ihm nicht mehr zugemutet werden kann. Tatsächlich findet die Ermessensentscheidung über den Billigkeitserlaß nicht aufgrund logischer Subsumtion, sondern aufgrund einer Wertung statt[43].

Im Laufe der Jahrzehnte sind zwar Grundsätze zur Anwendung von Steuererlassen entwickelt worden; diese sind aber schon insofern relativ, als es nach allgemeiner Auffassung schließlich auf den Einzelfall ankommt, der jedoch nach einem Vorlagebeschluß des Gemeinsamen Senats der obersten Gerichtshöfe des Bundes einer „weitgehenden Überprüfbarkeit" unterliegt[44].

Im folgenden sind aus der umfangreichen Rechtsprechung und Literatur nur Gesichtspunkte aufzuführen, die für den Steuererlaß von Fortführungsgesellschaften besonders wichtig sind.

---

37 Vgl. Tipke-Kruse, AO, Tz 2 zu § 227 mit weiteren Nachweisen.

38 Die obersten Finanzbehörden der Länder haben Anweisung, bei Erlassen über mehr als DM 150.000,– die vorherige Zustimmung des Bundesministers der Finanzen einzuholen. Vgl. BMF-Schreiben v. 28. 7. 1982, in: DB 1982, S. 1748 f.
Im übrigen gilt nach den gleichlautenden Erlassen der obersten Finanzbehörden der Länder (vom 2. 8. 1982, in: DB 1982, S. 1748 ff.) folgende Regelung: Die Finanzämter entscheiden über Erlasse bis zu DM 30.000,–; die Oberfinanzdirektionen bis zu DM 150.000,–, die obersten Finanzbehörden über höhere Beträge.

39 Vgl. dazu Tipke-Kruse, AO, Tz 4 zu § 5. Kruse, H. W., Über Ermessen und Billigkeit, in: StuW 1962, Sp. 715 ff.

40 Vgl. Tipke-Kruse, AO, Tz 7 zu § 227.

41 Vgl. Tipke, K., Über Steuergerechtigkeit in Steuergesetzgebung, Steuerverwaltung und Steuergerichtsbarkeit, in: StuW 1980, S. 281 ff.; Kruse, H. W., Über Billigkeit und Richtlinien, Einige Anmerkungen zu § 131 AO, in: StuW 1960, Sp. 477 ff. (482 ff.).

42 Vgl. Tipke-Kruse, AO, Tz 41 zu § 227.

43 Vgl. Hübschmann/Hepp/Spitaler, AO, Anm. 6 zu § 163.

44 Vgl. Gemeinsamer Senat der obersten Gerichtshöfe des Bundes v. 19. 10. 1971 GmS – OGB 3/70, in: BStBl II 1972, S. 603 ff.

Nach der Rechtsprechung des Bundesfinanzhofs ist der Ausnahmefall der Unbilligkeit nicht nur nach der Interessenlage des Schuldners, sondern auch nach derjenigen der öffentlichen Hand zu beurteilen[45]. Demnach verletzt ein Erlaß insofern das Interesse des Steuergläubigers nicht, als im Konkursfalle, mit dem ohne Zustandekommen der Fortführungsgesellschaft zu rechnen wäre, die Steuerforderungen ohnehin ausfielen[46]. Dem fiskalischen Interesse wäre sogar gedient, wenn sich die Kapitalgeber der Fortführungsgesellschaft mit einem Teilerlaß begnügen, der den Steuergläubiger günstiger stellt als im Konkursfalle.

Die Unbilligkeit der Steuereinziehung ist in der Person des Steuerpflichtigen begründet, wenn zweierlei Voraussetzungen erfüllt sind: Erlaßbedürftigkeit und Erlaßwürdigkeit[47].

Erlaßbedürftigkeit wird nach der Rechtsprechung des Bundesfinanzhofes angenommen, wenn bei Versagung des Billigkeitserlasses die wirtschaftliche Existenz des Steuerpflichtigen gefährdet ist[48]. Dies gilt nicht nur für natürliche Personen, sondern auch für Betriebe und juristische Personen[49]. Die Ursache der Existenzgefährdung ist dabei unbeachtlich[50]. Läßt sich der Untergang des Betriebes allerdings nicht mehr aufhalten, so kommt dieser Billigkeitsgesichtspunkt nicht mehr in Betracht[51]. Forderungserlasse und Moratorien anderer Gläubiger können als Indiz für die wirtschaftliche Notlage des Steuerpflichtigen betrachtet werden[52].

Allgemeine volkswirtschaftliche, arbeits- und sozialpolitische Gesichtspunkte haben mit der Billigkeit als der „Gerechtigkeit im Einzelfalle" nichts zu tun und dürfen nach der Rechtsprechung nicht berücksichtigt werden[53]. Diese Auffassung läßt sich jedoch kaum konsequent durchhalten. Bei drohendem Konkurs können Billigkeitsmaßnahmen berechtigt sein, wenn bei sonst unvermeidbarer Einstellung des Betriebes Arbeitnehmer oder Gläubiger des Krisenunternehmens in Mitleidenschaft gezogen würden[54]. Derartige Fälle sind im-

45 Vgl. BFH v. 13. 3. 1952 – IV 350/51, in: BStBl III 1952, S. 104; v. 22. 4. 1975 VII R 54/72, in: BStBl 1975, S. 727.

46 Zum Ausfall des Fiskus im Konkurs vgl. Gessner, V., Rhode, B., Strate, G., Ziegert, K.-A., Die Praxis der Konkursabwicklung..., a.a.O., S. 417 ff.

47 Vgl. Tipke-Kruse, AO, Tz 42 zu § 227.

48 Vgl. BFH v. 29. 4. 1981 IV R 23/78, in: BStBl II 1981, S. 726 ff.; Sudau, A., Lammerding, J., Brauel, H., a.a.O., S. 127 ff.

49 Vgl. Tipke-Kruse, AO, Tz 45 zu § 227.

50 Vgl. ebenda, Tz 43 zu § 227. A. A. offensichtlich BFH v. 22. 4. 1975 VII R 54/72, a.a.O., wonach die Notlage durch die Festsetzung der Steuern verursacht sein muß. Vgl. auch BFH v. 13. 3. 1952 – IV 350/51, in: BStBl III 1952, S. 104.

51 Vgl. Tipke-Kruse, AO, Tz 45 zu § 227. Elsen, Aus welchen Gründen kann eine Steuer erlassen werden?, in: StuW 1959, Sp. 499 ff. (508).

52 Vgl. Elsen, a.a.O., Sp. 508.

53 Vgl. Tipke-Kruse, AO, Tz 40 zu § 227. A. A. : Koch, K., Höllig, H., Erlaß von Steuern nach der AO 1977, a.a.O., Fach 2, 3348.

54 Vgl. Tipke-Kruse, AO, Tz 46 zu § 227. Im Konkurs kommt grundsätzlich kein Erlaß in Betracht. Vgl. FG Baden-Württemberg v. 6. 10. 1977 III 259/75, in: EFG 1978, S. 4.

mer häufiger geworden, so daß die Steuergläubiger wie andere öffentliche Instanzen sich immer weniger dem Druck entziehen können, die Rettung eines Unternehmens oder wenigstens seines Betriebes durch Entgegenkommen zu erleichtern.

Erlaßwürdigkeit liegt vor, „wenn der Steuerpflichtige die mangelnde Leistungsfähigkeit nicht selbst herbeigeführt oder durch sein Verhalten nicht in eindeutiger Weise gegen die Interessen der Allgemeinheit verstoßen hat"[55]. Unsachgemäße Geschäftsführung, die auf unvollkommenen kaufmännischen Fähigkeiten oder mangelnder Geschäftserfahrung beruht, schließt die Erlaßwürdigkeit nicht aus[56].

Tipke-Kruse vertreten die Auffassung, daß ein Billigkeitserlaß bei allen Steuerarten möglich ist[57]. Nach ständiger Rechtsprechung besteht jedoch bei abwälzbaren Steuern für die Annahme der Unbilligkeit wenig Raum[58]. Nur wenn sie nicht mehr überwälzt werden können, sollen gelegentlich Billigkeitserweise möglich sein. Diese Auffassung erscheint auch für das Interesse des Steuergläubigers problematisch, wenn das Krisenunternehmen – wie es sehr häufig geschieht – nicht mehr die Umsatz- und Lohnsteuerverpflichtungen erfüllt hat und ohne Zustandekommen einer Sanierungsgesellschaft nicht mehr erfüllen kann. Kann die Finanzverwaltung in solchen Fällen das Sanierungskonzept durch ihre Unnachgiebigkeit scheitern lassen und damit nicht nur den daran Beteiligten, sondern auch dem Fiskus selbst Schaden zufügen?

In der Praxis versucht die Finanzverwaltung manchmal, den als problematisch betrachteten Weg des § 227 AO zu vermeiden und ein für beide Seiten vertretbares wirtschaftliches Ergebnis zu erreichen, indem sie bei noch nicht unanfechtbaren Steueransprüchen prüft, ob nicht durch eine für den Steuerpflichtigen günstige Auslegung des Gesetzes das unbillige Ergebnis vermieden werden kann. Der Steuerpflichtige muß seine Billigkeitsgesichtspunkte dabei allerdings schon vor der Festsetzung oder im Rechtsbehelfsverfahren geltend machen. Weiterhin kann man ihm gemäß § 163 AO Billigkeit erweisen.

Schließlich können Finanzbehörden das Zustandekommen einer Fortführungsgesellschaft unter Umständen dadurch erleichtern, daß sie Sicherheiten freigeben. Im Insolvenzverfahren können sie darauf verzichten, ihre Aus- und Absonderungsrechte sowie die Rechte als Massegläubiger in Anspruch zu nehmen und/oder ihr Konkursvorrecht nach § 61 Ziff. 1 und 2 KO anzumelden[59]. Ein derartiger „Verzicht" ist auch im Zwangsvergleich möglich und berechtigt dort, anders als im gerichtlichen Vergleichsverfahren, die zurückgetretenen

55 Tipke-Kruse, AO, Tz 49 zu § 227. Vgl. auch BFH v. 14. 11. 1957 IV 418/56 U, in: BStBl III 1958, S. 153; v. 2. 3. 1961 IV 126/60 U, in: BStBl III 1961, S. 288 f.; FG Berlin v. 15. 2. 1977 V 236/76, in: EFG 1977, S. 509 f.

56 Vgl. Tipke-Kruse, AO, Tz 54 zu § 227.

57 Vgl. ebenda, Tz. 14 zu § 227.

58 Vgl. ebenda, Tz 15 zu § 227 mit weiteren Nachweisen.

59 Vgl. Geist, G., Insolvenzen und Steuern, a.a.O., S. 46; 82; Dann, W., Das Konkursvorrecht der Öffentlichen Abgaben, a.a.O., S. 91.

Steuergläubiger zur Teilnahme an der Abstimmung über den Vergleichsvorschlag[60].

Nach Geist kommt es in der Praxis nicht selten vor, daß der Fiskus, um einen Zwangsvergleich zu ermöglichen, den Vorrang seiner Forderungen je nach der Bedürftigkeit des Gemeinschuldners ganz oder teilweise aufgibt[61]. Dagegen berichtet Kilger[62], daß ihm „Verträge mit der Finanzverwaltung, durch die etwa der Rangrücktritt der Umsatzsteuerforderungen der Finanzämter auf die Erlöse aus der Verwertung sicherungsübereigneter Sachen oder aus der rückzuregulierenden Umsatzsteuer aus Kaufverträgen mit Eigentumsvorbehalten... nicht bekanntgeworden" sind.

Bei der Aufgabe von Sicherungs- und Vorrechten durch die Finanzbehörden handelt es sich um keine erlaßähnliche Maßnahme, so daß eine Zustimmung des Bundesministers der Finanzen, des Bundesamtes der Finanzen oder der obersten Finanzbehörden der Länder nicht eingeholt werden muß[63].

4. Abweichende Festsetzung von Steuern

Gem. § 163 Abs. 1 AO können Steuern „niedriger festgesetzt werden, und einzelne Besteuerungsgrundlagen, die die Steuern erhöhen, können bei der Festsetzung der Steuer unberücksichtigt bleiben, wenn die Erhebung der Steuer nach Lage des einzelnen Falles unbillig wäre. Mit Zustimmung des Steuerpflichtigen kann bei Steuern vom Einkommen zugelassen werden, daß einzelne Besteuerungsgrundlagen, soweit sie die Steuer erhöhen, bei der Steuerfestsetzung erst zu einer späteren Zeit und, soweit sie die Steuer mindern, schon zu einer früheren Zeit berücksichtigt werden. Die Entscheidung über die abweichende Festsetzung kann mit der Steuerfestsetzung verbunden werden"[64].

Für die Beurteilung der Billigkeit gelten grundsätzlich die gleichen Gesichtspunkte wie für den Erlaß gem. § 227 AO[65].

Die niedrigere Festsetzung der Steuern und die Nichtberücksichtigung einzelner Besteuerungsgrundlagen (§ 163 Abs. 1 Satz 1 AO)[66] kommen einem Steuer-

60 Vgl. Mentzel/Kuhn/Uhlenbruck, KO, Anm. 4 zu § 193.

61 Vgl. Geist, G., Insolvenzen und Steuern, a.a.O., S. 174.

62 Kilger, J., Probleme der Sequestration im Konkurseröffnungsverfahren, a.a.O., S. 203; allerdings geht es um das Problem der Masseanreicherung durch den Sequester.

63 Vgl. o.V., Verzicht auf das Vorrecht von Steuerforderungen, in: DB 1956, S. 931.

64 Vgl. dazu: Maaßen, Der „außerordentliche" Steuererlaß nach § 131 Abs. 1 Satz 2 und 3 Reichsabgabenordnung, in: NJW 1955, S. 165 ff. Zu unterscheiden ist der Billigkeitserweis von Vergleichen und sonstigen Vereinbarungen. Vgl. hierzu v. Voigt, K., Auskünfte, Zusagen und Vereinbarungen im Steuerrecht, Diss. Mainz 1968; Schick, W., Vergleiche und sonstige Vereinbarungen zwischen Staat und Bürger im Steuerrecht, München 1967.

65 Vgl. Tipke-Kruse, AO, Tz 3 zu § 163. Flume, W., Die Billigkeitsmaßnahmen des § 131 AO nach neuem Recht, in: StbJb 1953/54, S. 81 ff. (98 ff.).

66 Für die abweichende Festsetzung von Besteuerungsgrundlagen gilt dieselbe Zuständigkeitsregelung wie für den Billigkeitserlaß gem. § 227 AO. Vgl. S. 307, FN 38.

erlaß gleich. Die frühere oder spätere Berücksichtigung von Steuergrundlagen (§ 163 Abs. 2 Satz 2 AO)[67] hat dagegen „im Ergebnis stundungsartigen Charakter"[68].

In der Praxis erfolgt die Billigkeitsmaßnahme vor allem, indem dem Steuerpflichtigen Sonderabschreibungen oder Sonderrücklagen zugestanden werden[69]. Möglich ist auch, daß der Gesamtkaufpreis für den Betrieb über die entsprechenden Teilwerte hinaus auf kurzfristig abschreibungsfähige Güter verteilt werden darf.

Die abweichende Steuerfestsetzung nach § 163 AO kommt grundsätzlich für alle Typen der Fortführungsgesellschaft in Betracht, also auch für die Betriebsübernahmegesellschaft. Diese hat nach Felix[70] Anspruch auf Billigkeitsregelung, wenn ihr von der öffentlichen Hand Lohnkostenzuschüsse gewährt werden: „Die Minimallösung bei Auffanggesellschaften wäre die Bildung einer Rückstellung über drei Jahre, die nach Ablauf dieses Zeitraumes voll aufzulösen ist, weil nach den Zuschußbedingungen nur während eines Dreijahres-Zeitraumes wegen einer Vielzahl von Rückforderungsbedingungen ernsthaft eine konkrete Verbindlichkeit über dem Auffangunternehmen schwebt."

---

67 Die obersten Finanzbehörden der Länder haben Anweisung, bei Verlagerung einer Besteuerungsgrundlage um mehr als DM 300.000,– die Zustimmung des Bundesministers der Finanzen einzuholen. Vgl. BMF-Schreiben vom 28. 7. 1982, in: DB 1982, S. 1748 f.

Im übrigen gilt nach den gleichlautenden Erlassen der obersten Finanzbehörden der Länder (vom 2. 8. 1982, in: DB 1982, S. 1748 ff.) folgende Regelung: Die Finanzämter (die Oberfinanzdirektionen) sind zuständig, wenn die betreffenden Besteuerungsgrundlage DM 60.000,– (DM 300.000,–) nicht übersteigt. Für Beträge über DM 300.000,– sind die obersten Finanzbehörden zuständig.

68 Tipke-Kruse, AO, Tz 6 zu § 163.

69 Dagegen sind Zusagen auf unrichtige Ermittlung der Besteuerungsgrundlagen in künftigen Festsetzungsverfahren nach der h.M. nichtig. Vgl. dazu: Paulick, H., Steuervereinbarungen und Vergleiche im Steuerrecht, in: JuS 1966, S. 21 ff.; Hoepffner, K. J., Gesetzesverdrängung durch Verwaltungshandeln im Steuerrecht, Diss. Würzburg 1970, S. 90 ff.; BVerwG v. 18. 4. 1975 – VII C 15.73, in: BStBl II 1975, S. 679 ff.

70 Felix, G., Zur ertragsteuerlichen Behandlung öffentlicher Zuschüsse für die Sicherung von Arbeitsplätzen, die an Auffanggesellschaften gewährt werden, in: DB 1976, S. 740 ff. (743).

Dazu auch: BdF-Schreiben v. 21. 5. 1975, aufgenommen in den Erlaß v. 9. 6. 1975, in: DB 1975, S. 1246, wonach derartige Zuschüsse grundsätzlich steuerpflichtig sind.

XIX. Kapitel

Finanzhilfen der öffentlichen Hände

1. Zunehmende Bedeutung der Finanzhilfen

Aus den Firmennachrichten der Wirtschaftspresse geht hervor, daß die öffentliche Hilfe bei Sanierungen seit den siebziger Jahren zunehmend an Bedeutung gewonnen hat[1]. Sie korreliert offenbar mit der Entwicklung der Unternehmensinsolvenzen und der Arbeitslosigkeit. Grunsky[2] stellt zutreffend fest: „Ein großes Unternehmen kann heute kaum noch in Konkurs gehen. Notfalls greift die öffentliche Hand ein, um das Unternehmen am Leben zu halten und damit die Arbeitsplätze zu sichern (oder auch nur, um das Ansehen der Stadt zu retten). Damit werden einmal nicht nur wirtschaftliche Fehlentscheidungen fortgeschleppt und geradezu noch prämiiert (an Beispielen fehlt es nicht; die Stichworte Kohlezechen oder Bundesligavereine genügen), sondern auch die Vermögenskonzentration, die von derselben öffentlichen Hand beklagt wird, gefördert."

Öffentliche Hilfen an private Unternehmen entsprechen keineswegs den ordnungspolitischen Prinzipien der Marktwirtschaft[3]. Sie sind jedoch die Folge einer Wirtschafts- und Sozialpolitik, die die Fähigkeit der Unternehmen, flexibel auf für sie positive oder negative Entwicklungen zu reagieren, immer mehr eingeschränkt[4] sowie die Unternehmen durch steuerliche und soziale Lasten überfordert hat[5]. Insofern stellen öffentliche Hilfen eine Kompensation für staatlich (mit-) verursachte Schäden dar.

Politikern und Beamten geht es vor allem um gefährdete Arbeitsplätze, die in einer Zeit zunehmender Arbeitslosigkeit von größter politischer Bedeutung sind[6]; außerdem um die Erhaltung von Wirtschaftspotential und Steuerein-

1 Diese Entwicklung spiegelt auch die volkswirtschaftliche Gesamtrechnung wieder. Betrugen die Subventionen im Jahre 1970 DM 9,7 Mrd., so werden sie für 1980 mit DM 23,6 Mrd. angegeben. Vgl. Statistisches Jahrbuch 1981, a.a.O., S. 528. Aufschlußreich sind auch die Subventionsberichte, die die Bundesregierung alle zwei Jahre dem Bundestag und -rat gem. § 12 Abs. 2 StabG vorlegen muß.

2 Grunsky, W., Grundzüge des Zwangsvollstreckungs- und Konkursrechts, 2. Auflage, Tübingen 1979, S. 32.
Allerdings ist die *Beton- und Monierbau AG* trotz Subventionen in Konkurs gegangen, während der *AEG*-Sanierungsversuch 1979 ohne (offene) öffentliche Hilfen erfolgt ist.

3 Vgl. u.a. Schmölders, G., Finanzpolitik, 2. Auflage, Berlin-Heidelberg-New York 1965, S. 217, wonach „der Staat das marktwirtschaftliche Prinzip von Leistung und Gegenleistung" verläßt und „statt dessen in die Sphäre der ‚Geschenkwirtschaft'" überwechselt.

4 Vgl. dazu die Ausführungen S. 21 f.

5 Aufschlußreich dazu: Rüßmann, K. H., „Mißerfolg ist der einzige Lehrer", in: Manager-Magazin 10/1981, S. 20 ff.; Uhlenbruck, W., Einhundert Jahre Konkursordnung, a.a.O., S. 27.

6 Bunselmeyer, R., (Das Verhalten des Staates bei der Sanierung notleidender Unternehmungen der Privatwirtschaft, Diss. München 1969, S. 106) ist der Auffassung, daß

nahmen. Bei derartigen Entscheidungen wirkt sich der Einfluß von Gewerkschaften und Betriebsräten aus; Massendemonstrationen, unterstützt neuerdings durch Repräsentanten der Kirchen, verstärken den Druck[7].

Sanierungssubventionen werden daraufhin manchmal mit der Auflage verbunden, bestimmte Zahlen von Arbeitsplätzen für längere Zeiträume – bis zu zwanzig Jahren! – zu erhalten[8]. Daß solche Zusagen bei den unübersichtlichen, tiefgreifenden und schnellen Veränderungen der Märkte seriöserweise nicht gefordert und gegeben werden dürften, sollte auch den staatlichen Vertretern klar sein. Es liegt die Frage nahe, ob die Zusagen nicht unter Umständen nichtig sein können[9].

Wer sich um die Sanierung eines Krisenunternehmens oder seines Betriebes durch eine Fortführungsgesellschaft bemüht, wird unter den gegebenen Verhältnissen auch prüfen, ob öffentliche Hilfen in Betracht kommen. Voraussetzung ist, daß übergroße Verbindlichkeiten und Sanierungslasten nicht durch andere Maßnahmen ausreichend und schnell genug verringert werden können.

Die Interessenten von Fortführungsgesellschaften sollten sich jedoch nicht durch Subventionen zu Projekten verleiten lassen, die leistungswirtschaftlich nicht aussichtsreich sind. Erfahrungsgemäß besteht die Gefahr öffentlicher Subventionen darin, daß aus politischen Gründen Sanierungsbeschlüsse zustande kommen, wo letztlich keine gesunde wirtschaftliche Basis mehr vorhanden ist. Wegen der Unsicherheit über die künftige Entwicklung fällt es allerdings nicht immer leicht, die Grenzen abzustecken, „wo die wirtschaftliche Vernunft die rechtzeitige Stillegung eines Betriebes, der langfristig nicht mehr wirtschaftlich zu arbeiten vermag, erfordert"[10].

---

trotz verfassungsrechtlicher Bindung der gesamten Wirtschaftspolitik an die Zielsetzung des gesamtwirtschaftlichen Gleichgewichts, die im Stabilitätsgesetz kodifiziert ist, „vor einem Wahltermin dem Teilziel Beschäftigung eine höhere Priorität als dem Teilziel Wachstum eingeräumt" werde.

7 Dazu: Busche, J., Von der Alten Oper zu *Triumpf-Adler*, a.a.O.: „Die Kirchen hatten mächtig dazu beigetragen, die Aufmerksamkeit auf die beabsichtigte Werkschließung zu lenken. Gewiß in erster Hinsicht deshalb, weil die betroffenen Arbeiter in Frankfurt zum lebendigsten und anteilmäßig stärksten Teil der Kirchgänger zählen."

8 Vgl. dazu: o.V., Niedersachsen hilft *Hanomag* und *Olympia*, a.a.O. Danach mußte die Unternehmensleitung von Olympia die Erhaltung von 4.700 Arbeitsplätzen im Stammwerk in Wilhelmshaven, von 120 Arbeitsplätzen in Norden und 150 Arbeitsplätzen in Braunschweig zusichern. Auch der Hanomag GmbH, Hannover, wurden verlorene Zuschüsse unter der Auflage erteilt, für einen Zeitraum von 20 Jahren 2.700 Arbeitsplätze zu sichern. Sollte die Zahl der Mitarbeiter unter 2.500 sinken, ist ein Teil der Zuschüsse zurückzuzahlen.

9 § 138 BGB kann bei Subventionen zum Zuge kommen. Nach Wolff, H. J., Bachof, O. (Verwaltungsrecht III, 4. Auflage, München 1978, S. 310) „wird das Subventionsverhältnis durch einen (verwaltungs-) privatrechtlichen Vertrag (z.B. Darlehen, § 607 BGB) zwischen dem Subventionsgeber . . . und dem Empfänger abgewickelt."

10 Hasenack, W., Betriebsstillegung, a.a.O., Sp. 640.
Zu den gesamtwirtschaftlichen Aspekten der negativen Auslesewirkung der Subventionen vgl. Meinhold, W., Subventionen, in: HdSW, Bd. 10, Göttingen 1959, S. 236 ff. (245), mit weiteren Nachweisen.

Unter Rentabilitätserwägungen ist es manchmal angebracht, im Zuge des Sanierungsprogrammes einzelne Gliedbetriebe eines Unternehmens zu schließen. Politische Erwägungen können dazu führen, gerade für die Erhaltung solcher Gliedbetriebe Subventionen zu gewähren. Um die nachhaltige Sanierung des Gesamtunternehmens nicht zu gefährden, sollte die Fortführungsgesellschaft unter Umständen auf die Subventionen verzichten oder gar das gesamte Projekt aufgeben. Mit Recht sagt Uhlenbruck[11], daß die „Beantwortung der Frage..., ob ein Unternehmen wirtschaftlich und rechtlich sanierungsfähig ist, ...eine rechtliche und unternehmerische Entscheidung bleiben" müsse und „nicht zu einer sozialpolitischen Entscheidung umfunktioniert werden" sollte.

2. Formen öffentlicher Hilfen

Überaus vielfältig ist das staatliche Subventions-Instrumentarium, mit dem Fortführungsgesellschaften von öffentlichen Stellen gefördert werden[12]. Zunächst denkt man an direkte Subventionen in Form von Zuschüssen, die unter der Bezeichnung Investitionszulagen, Eingliederungsbeihilfen etc. gewährt werden. An die Voraussetzungen für die gesetzlich geregelten Investitionszulagen werden manchmal keine hohen Anforderungen gestellt[13].

Eine ebenso wichtige Rolle spielen indirekte Subventionen. Oftmals werden staatliche und kommunale Kredit- und Zinsgarantien (Bürgschaften) gewährt. Häufig werden öffentlich-rechtliche Kreditinstitute eingeschaltet, die entweder verbilligte oder gar zinslose Kredite vergeben oder sogar Beteiligungen übernehmen. Wie Müller-Vogg[14] feststellt, nehmen sich Bund, Länder und Gemeinden „die Freiheit, über ‚ihre' Institute je nach Erfordernis fast wie über eine Abteilung des Finanzministeriums oder der Stadtkämmerei zu ‚verfügen'." Die struktur- und beschäftigungspolitisch veranlaßten Sanierungsengagements belasten die Jahresergebnisse der öffentlich-rechtlichen Kreditinstitute erheblich[15].

Die direkt von der Hansestadt Bremen gegründete, allerdings nicht aktiv gewordene Fortführungsgesellschaft zur Rettung der *Borgward-Gruppe* stellt

Zu den betriebswirtschaftlichen Wirkungen vgl. Alewell, K., Staatliche Finanzhilfen einschließlich Subventionen, in: HWF, a.a.O., Sp. 1653 ff. (1659 f.); derselbe, Subventionen als betriebswirtschaftliche Frage – Eine betriebswirtschaftliche Untersuchung ihres Wesens, ihrer Erfassung im betrieblichen Rechnungswesen und ihrer Wirkungen auf die empfangenden Betriebe, Köln – Opladen 1965.

11 Uhlenbruck, W., Einhundert Jahre Konkursordnung, a.a.O., S. 26.

12 Vgl. dazu u.a. Wessels, Th., Subventionen, in: HdB, 3. Bd., 3. Auflage, hrsg. von H. Seischab und K. Schwantag, Stuttgart 1960, Sp. 5321 ff. (5325).

13 O.V., Schörghuber als Nothelfer für die konkursreife *Kusser KG*, in: FAZ v. 23. 1. 1979: Zudem kann der Käufer „mit staatlicher Förderung rechnen. Dabei wird der Erwerbspreis für *Kusser* ähnlich behandelt wie dies normalerweise bei im Grenzland getätigten Investitionen der Fall ist."

14 Müller-Vogg, H., Die Landesbank und die Politiker, in: FAZ vom 30. Juni 1981.

15 Vgl. ebenda.

eher eine Ausnahme dar[16]. Im Konkurs der *Hanfwerke Füssen-Immenstadt AG*, Füssen, beteiligte sich die *Sparkasse Füssen* an der Betriebsübernahmegesellschaft, *Füssener Textil AG*[17]. Dazu hieß es in Presseberichten: „Im Engagement der Sparkasse spiegelt sich der Wille der Gemeinde Füssen wider, einen ihrer größten Industriebetriebe mit seinen derzeit 550 Arbeitsplätzen... zu erhalten. Bürgermeister... ist heute Aufsichtsratsvorsitzender des Unternehmens"[18].

In manchen Fällen hilft die öffentliche Hand durch bevorzugte Vergabe öffentlicher Aufträge an Fortführungsgesellschaften[19]. Zur Verbesserung der Liquidität und Bilanz erwerben Gebietskörperschaften betriebliche Vermögensgegenstände zu einem (überhöhten) Preis. So kaufte das Land Niedersachsen von den *Olympia-Werken* das Schreibmaschinen-Museum zum Preise von fünf Millionen DM[20]. Die Stadt Hannover kaufte 1981 das Betriebsgelände der *Hanomag GmbH*, Hannover, und verpachtete an diese danach die Hälfte der erworbenen Fläche zum billigen Erbpachtzins von 5 Prozent zurück[21]. Im Konkurs der *Mechanischen Baumwollspinnerei und Weberei Augsburg (SWA)* erklärte sich die Stadt Augsburg zum Erwerb der Betriebsgrundstücke bereit, um sie einer Fortführungsgesellschaft pachtweise zu überlassen[22].

Nach Eröffnung eines Konkursverfahrens über das Vermögen des Krisenunternehmens kann der Staat bei der Erhaltung und Überleitung des Betriebes auf eine Betriebsübernahmegesellschaft mitwirken[23]. Manchmal gewährt eine Landesregierung dem Konkursverwalter Kredite oder Bürgschaften, damit er die einstweilige Fortführung des Betriebes angesichts seiner persönlichen Haftung verantworten kann[24]. Dadurch läßt sich Zeit gewinnen, um geeignete Verhandlungsunterlagen zu erstellen und Verhandlungen mit Übernahmeinteressenten zu führen.

---

16 Vgl. dazu: Rechenschaftsbericht des Bremer Senats zur *Borgward Krise*, in: Frankfurter Zeitung, Blick durch die Wirtschaft v. 30. 9. 1961; o.V., Viele ungeklärte Fragen beim *Borgward*-Vergleich, in: FAZ vom 31. Juli 1961.

17 Vgl. o.V., Der Hochseilakt vor den Allgäuer Bergen, in: FAZ vom 6. Dezember 1978.

18 Ebenda.

19 Vgl. z.B. o.V., Adenauer verspricht *Henschel* Hilfe, in: FAZ vom 25. 10. 1958: „Die Geschäftsführung teilte . . . mit, Dr. Adenauer habe angekündigt, daß der kürzlich zurückgestellte Auftrag für Schützenpanzerwagen der Bundeswehr in absehbarer Zeit anlaufen und er darüber hinaus bemüht sein werde, *Henschel* weitere Aufträge zu verschaffen."

20 Vgl. o.V., Niedersachsen hilft *Hanomag* und *Olympia*, in: FAZ vom 2. Juli 1981.

21 Vgl. ebenda.

22 Vgl. Materne, G., . . . aber der Freistaat läßt sie nicht verkommen, in: FAZ vom 14. April 1978.

23 Vgl. o.V., *Berkefeld Filter* trotz Konkurs weiter aktiv, in: Handelsblatt vom 25. April 1978. Danach wurde die Unternehmensfortführung ermöglicht u.a. durch die Erteilung von Aufträgen der öffentlichen Hand sowie „die tätige und ideelle Hilfe von Politikern, insbesondere des Bundestagsabgeordneten des Wahlkreises Celle."

24 So im Konkurs der *A. Schmidt u. Co.* KG, Hohenlockstedt; vgl. dazu: o.V., Wer übernimmt Lola Bürsten?, in: FAZ vom 22. November 1980.

Einzelne Ministerien haben sich zur Aufgabe gemacht, bei der Suche nach Fortführungsinteressenten mitzuwirken. Besonders hat sich in dieser Hinsicht die bayerische Landesregierung unter ihrem Wirtschaftsminister Jaumann engagiert[25]. Durch ähnliche Bemühungen ist auch der Wirtschaftsminister des Landes Schleswig Holstein hervorgetreten[26].

Wo einzelne Risiken der Weiterführung durch eine Fortführungsgesellschaft den Beteiligungsinteressenten zu hoch erscheinen, erklärt sich manchmal die öffentliche Hand bereit, sie zu übernehmen. So waren im Konkurs der *Herrenkleiderwerke Odermark* die Städte Goslar, Salzgitter und Wolfsburg bereit, jeweils bis zu einer Million DM für Pensionsverpflichtungen der Konkursunternehmung aufzukommen[27]. Mit dieser Freistellungserklärung wollten die Kommunen die Risiken ausräumen, die seinerzeit durch den Meinungsstreit und die dadurch hervorgerufene Rechtsunsicherheit über den Anwendungsbereich des § 613 a BGB aufgekommen waren.

Öffentliche Finanzhilfen können indirekt auch den Gläubigern des Krisenunternehmens zugute kommen. Die Schonung der Gläubiger ist zwar normalerweise nicht Sinn staatlicher Hilfen, doch soll die öffentliche Hand im Falle des Konkurses der *Beton- und Monierbau AG* einer Gruppe kleinerer Unternehmen, deren Existenz durch den Ausfall ihrer Forderungen gefährdet erschien, Subventionen bis etwa zur Hälfte der Forderungsbeträge gewährt haben[28].

3. Rechtliche Grundlagen

3.1 Subventionen der Gebietskörperschaften

Die Gewerbe- und Industrieförderung wird in einigen Bundesländern durch die Verfassung zur Landesaufgabe gemacht. So fordert Artikel 153 der Verfassung des Freistaates Bayern: „Die selbständigen Kleinbetriebe und Mittelstandsbetriebe in Landwirtschaft, Handwerk, Handel, Gewerbe und Industrie sind in der Gesetzgebung und Verwaltung zu fördern." Obwohl eine solche konkrete Anweisung im Grundgesetz der Bundesrepublik fehlt, wird auch der Bund auf dem

25 Aufschlußreich dazu: o.V., Schörghuber als Nothelfer für die konkursreife *Kusser KG*, a.a.O.: „Auch Jaumann hatte zunächst potentielle Käufer aus der Branche ... zu einem Engagement zu bewegen versucht. Das ist nicht gelungen. ... Auch Schörghuber, so sagte Jaumann, habe sich zunächst ‚sehr geziert', ehe er auf seine drängenden Bitten eingegangen sei."
Auch für die *Körting Radio Werke* in Grassau hatte Jaumann mit Interessenten Übernahmeverhandlungen geführt. Vgl. Materne, G., ... aber der Freistaat läßt sie nicht verkommen, a.a.O.

26 So im Konkurs der *Metallhüttenwerke Lübeck GmbH*, Lübeck-Herrenwyck. Vgl. o.V., Metallhüttenwerke in Konkurs, in: FAZ vom 19. August 1981: „Die Landesregierung sowie die Geschäftsleitung und Banken hätten in der Vergangenheit bereits zahlreiche Verhandlungen mit in- und ausländischen Unternehmen geführt, um einen neuen Gesellschafter und damit neue Kapitalmittel zu finden."

27 Vgl. o.V., Auch Städte helfen *Odermark*, in: FAZ vom 27. September 1979.

28 Lt. Auskunft eines Empfängers derartiger Hilfen.

Gebiete der Wirtschaftsförderung tätig[29]. Zusätzlich betreiben die Gemeinden kommunale Wirtschaftsförderung[30].

Für die Vergabe von Subventionen wird es nicht als erforderlich angesehen, daß ein Gesetz die Verwaltung dazu beauftragt[31]. Vielmehr läßt die h.M. eine haushaltsrechtliche Freigabe von Mitteln als ausreichende Ermächtigungsgrundlage gelten[32]. Die im Haushalt vorgesehenen Beträge ergeben sich manchmal aus vom Gesetzgeber beschlossenen Förderungsplänen[33].

Bei der Subventionierung findet jede Regierungstätigkeit und „jede öffentliche Verwaltungstätigkeit ihre Berechtigung und ihre Schranke"[34] im öffentlichen Interesse[35]. Die Förderung von Fortführungsgesellschaften wird im allgemeinen dann als im öffentlichen Interesse liegend angesehen, wenn die gefährdeten Betriebe des Krisenunternehmens als „gemeinwohl-relevant"[36] eingestuft werden, „weil sie

a) einen bedeutenden Beitrag zum Sozialprodukt leisten,
b) einer großen Zahl von Beschäftigten Arbeit und Einkommen geben,
c) entscheidend den Raum und damit auch das Schicksal der dort lebenden Menschen mitbestimmen"[36].

Ein Recht auf Förderung läßt sich, auch wenn diese Bedingungen vorliegen, nicht aus dem unbestimmten Begriff des öffentlichen Interesses ableiten.

Der Subventionsvergabe können gesetzliche Vorschriften und wirtschaftspolitische[37] Aspekte, vor allem wettbewerbs-[38] und haushaltspolitischer[39] Art, entgegenstehen. So wird die wohl stärkste Form öffentlicher Kapitalhilfe, die direkte Beteiligung, durch die Haushaltsordnungen des Bundes und der Länder

29 Zur Kompetenz des Bundes vgl. Wolff, H. J., Bachof, O., Verwaltungsrecht III, a.a.O., S. 308.

30 Vgl. Jochimsen, R., Treuner, P., Gustafsson, K., Kommunale Industrie- und Gewerbeförderung, Köln und Berlin 1970, S. 53 ff.

31 Vgl. Rinck, G., Wirtschaftsrecht, a.a.O., S. 106 f.

32 Vgl. ebenda, S. 107; Wolff, H. J., Bachof, O., Verwaltungsrecht III, a.a.O., S. 308 f.

33 Vgl. ebenda, S. 309.

34 Wolff, H. J., Bachoff, O., Verwaltungsrecht I, 9. Auflage, München 1974, S. 167.

35 An das öffentliche Interesse sind Regierungsmitglieder und Verwaltungsbeamte durch Dienst- und Amtseid gebunden. Vgl. z.B. Art. 56 und 64 GG.

36 Siedschlag, W., Ansatzpunkte zu einer Reform des Insolvenzrechts (Konkurs und Vergleich) anhand neuerer Erfahrungen, Diss. Freiburg i. Breisgau 1971, S. 35. Diese Aussage wird bestätigt durch den *Van Delden*-Konkurs. Vgl. dazu: Uebbing, H., „Das Schlimmste darf einfach nicht passieren", in: FAZ vom 24. März 1981.

37 Siehe § 12 Abs. 1 in Verb. mit § 1 StabG. Danach sollen Finanzhilfen unter Beachtung der Erfordernisse des gesamtwirtschaftlichen Gleichgewichts erteilt werden.

38 In Art. 2 Abs. 1 GG wird die Wettbewerbsfreiheit geschützt. Art. 92 des Vertrages zur Gründung der Europäischen Wirtschaftsgemeinschaft (EWG) v. 25. März 1957 verbietet Subventionen, durch die der Wettbewerb verfälscht und der zwischenstaatliche Handel beeinträchtigt wird. Dem widersprechen offensichtlich z.B. die Stützungsmaßnahmen in der Stahlindustrie. Vgl. dazu: o.V., Kritik an belgischen Stahlsubventionen, in: FAZ v. 7. Januar 1981.

39 Vgl. z.B. § 7 Abs. 1 BHO.

sowie durch die bestehenden Gemeindeordnungen der Bundesländer stark eingegrenzt: Gem. § 65 BHO soll sich der Bund, abgesehen von Erwerbs- und Wirtschaftsgenossenschaften, „an der Gründung eines Unternehmens in einer Rechtsform des privaten Rechts oder an einem bestehenden Unternehmen in einer solchen Rechtsform nur beteiligen, wenn:

1. ein wichtiges Interesse des Bundes [– etwa aus ordnungspolitischen Gründen[40] –] vorliegt und sich der vom Bund angestrebte Zweck nicht besser oder wirtschaftlicher [– etwa durch Übernahme von Bürgschaften oder Gewährung von Zuwendungen[41] –] erreichen läßt,
2. die Einzahlungsverpflichtung des Bundes auf einen bestimmten Betrag begrenzt ist,
3. der Bund einen angemessenen Einfluß, insbesondere im Aufsichtsrat oder in einem entsprechenden Überwachungsorgan, erhält,
4. gewährleistet ist, daß der Jahresabschluß, soweit nicht andere gesetzliche Vorschriften entgegenstehen, entsprechend den aktienrechtlichen Vorschriften aufgestellt und geprüft wird."

Entsprechende Regelungen finden sich in den Haushaltsordnungen der Länder. Für die Gemeinden in Nordrhein-Westfalen verlangt § 88 Abs. 1 Nr. 1 GO NW, daß „ein dringender öffentlicher Zweck das Unternehmen erfordert und dieser Zweck durch andere Unternehmen nicht besser und wirtschaftlicher erfüllt werden kann"[42].

Bund und Länder haben Förderprogramme entwickelt, die für Fortführungsgesellschaften große Bedeutung haben können. Wichtig ist die regionale Wirtschaftsförderung[43]. Nach diesem Programm kann eine Betriebsübernahmegesellschaft, die einen wegen ernsthafter wirtschaftlicher Schwierigkeiten von Stillegung bedrohten Betrieb übernimmt, je nach Lage des Betriebs Investitionszulagen und/oder -zuschüsse zwischen 5 und 20 Prozent der Investitionssumme erhalten[44]. Aber auch die Sanierungsgesellschaft hat Aussicht auf derartige Hilfen; im Falle grundlegender Rationalisierung und Umstellung kann sie unter bestimmten Voraussetzungen Zuschüsse zwischen 5 und 10 Prozent

40 Vgl. Lohl, R., Die staatliche Betätigung bei privatrechtlichen Unternehmen nach der Haushaltsrechtsreform, in: AG 1970, S. 159 ff. (160).

41 Vgl. Piduch, E. A., Bundeshaushaltsrecht, Erläuterungen zu den Artikeln 109 – 115 des Grundgesetzes und zur Bundeshaushaltsordnung unter Berücksichtigung des Haushaltsgrundsätzegesetzes und des Gesetzes zur Förderung der Stabilität und des Wachstums der Wirtschaft, Stuttgart, Berlin, Köln, Mainz, Loseblattform (1967), Bd. II, Anm. 8 a zu § 65 BHO.

42 Vgl. dazu: Lange, K., Rechtsprobleme kommunaler Wirtschaftsförderung, in: DVBl 1977, S. 873 ff. (876 f.); Jochimsen, R., Treuner, P., Gustaffsson, K., a.a.O., S. 69.

43 Bedeutung haben in diesem Zusammenhang das Gesetz über die Gemeinschaftsaufgabe „Verbesserung der regionalen Wirtschaftsstruktur" vom 6. Oktober 1969 sowie das Investitionszulagengesetz vom 2. Januar 1979.
Wegen Einzelheiten der regionalen Wirtschaftsförderung in NRW siehe „Handbuch für Investoren", hrsg. von der Gesellschaft für Wirtschaftsförderung in Nordrhein-Westfalen mbH, Fach 4, 4. Ergänzerungslieferung, Dezember 1978.

44 Vgl. auch zum Folgenden: „Handbuch für Investoren", a.a.O., Fach 4.

der Investitionsbeträge (mit Ausnahme von Grund und Boden), in Gebieten mit erheblichen Strukturproblemen bei Investitionen mit hohem Struktureffekt sogar bis 15 Prozent erhalten. Unter besonderen Voraussetzungen können auch Investitionsvorhaben außerhalb der eigentlichen Fördergebiete unterstützt werden.

Auf Investitionszulagen haben Fortführungsgesellschaften, wenn sie die Voraussetzungen erfüllen, einen Anspruch[45]. Manchmal werden die Zulagen auch im Billigkeitswege gewährt. Investitionszulagen haben gegenüber Investitionszuschüssen den Vorteil der Steuerfreiheit[46].

Gebietskörperschaften können auch verbilligte Kredite vergeben. Die Gemeinden sind allerdings nicht zur autonomen Vergabe befugt, da diese aufgrund der bestehenden Gemeindeordnungen an die aufsichtsbehördliche Genehmigung geknüpft ist[47]. Von Bedeutung sind ferner ERP-Kredite, die großenteils über die Kreditanstalt für Wiederaufbau und die Lastenausgleichsbank gewährt werden.

Von allen Gebietskörperschaften können Bürgschaften übernommen werden. Der Bund gibt Bürgschaften nach dem Gesetz über die Feststellung des Bundeshaushaltsplanes für das jeweilige Rechnungsjahr[48]. Dabei handelt der Bund nach § 30 GG nur subsidiär gegenüber dem jeweiligen Bundesland. Die Übernahme der Bürgschaft durch den Bund wird üblicherweise an folgende Voraussetzungen geknüpft[49]:

a) eine anderweitige Finanzierung des Vorhabens ist nicht möglich,
b) für das zu fördernde Projekt besteht ein allgemeines, überregionales volkswirtschaftliches Interesse und
c) das betreffende Vorhaben übersteigt die Finanzkraft des betreffenden Landes.

Priorität hat demnach das Bundesland. In Nordrhein-Westfalen z.B. wird der Finanzminister durch das Haushaltsgesetz jährlich ermächtigt, bis zu einem bestimmten Höchstbetrag Bürgschaften zu übernehmen[50]. Die dazu erforderliche Einwilligung des Haushalts- und Finanzausschusses des Landtags gilt für Bürgschaften, die unter Beachtung der „Bürgschaftsrichtlinien des Landes Nordrhein-Westfalen für die Wirtschaft und die freien Berufe" eingegangen werden, als erteilt. Sanierungskredite können verbürgt werden, wenn „deren Rückzahlung durch den Schuldner bei normalem wirtschaftlichen Ablauf innerhalb der für den einzelnen Kredit vereinbarten Zahlungstermine erwartet werden kann."[51] Die Gesellschafter des Unternehmens sollen für den zu verbürgenden Betrag mithaften[52].

45 Vgl. u.a. § 1 InvZulG.
46 Vgl. § 5 Abs. 2 InvZulG.
47 Vgl. Jochimsen, R., Treuner, P., Gustaffsson, K., a.a.O., S. 68.
48 Vgl. Bunselmeyer, R., a.a.O., S. 116.
49 Vgl. „Handbuch für Investoren", a.a.O., Fach 11.
50 Vgl. ebenda.
51 Nr. 1.3 der Bürgschaftsrichtlinien des Landes Nordrhein-Westfalen für die Wirtschaft und die freien Berufe, RdErl. des Finanzministers v. 31. 5. 1978 – VV 4724-1-1-III A 1.
52 Vgl. ebenda, Nr. 1.5.

Das Verfahren zur Erlangung einer Bürgschaft ist recht schwerfällig. Erforderlich ist eine gutachterliche Stellungnahme der jeweiligen Berufsvertretung. Die Vorprüfung der Bürschaftsanträge übernimmt eine bestimmte Wirtschaftprüfungsgesellschaft. Über die Bewilligung entscheidet der Bürgschaftsausschuß, dem neben mehreren Ministern verschiedener Ressorts Vertreter der Kreditwirtschaft sowie der jeweiligen Kammer angehören. Der Bürgschaftsausschuß soll dahin wirken, daß nach Möglichkeit das Verhältnis des bankmäßig gesicherten Kreditanteils zu dem landesverbürgten Kreditanteil sich etwa wie 40:60 verhält.

3.2 Subventionen der Bundesanstalt für Arbeit

Betriebsübernahmegesellschaften, unter besonderen Umständen auch Sanierungsgesellschaften, können unter den Voraussetzungen des § 54 AFG „Eingliederungsbeihilfen" in Anspruch nehmen[53]. Dies ergibt sich aus § 31 Abs. 2 der Anordnung zur Förderung der Arbeitsaufnahme (FdA-Anordnung) vom 12. Dezember 1969[54] in der Fassung vom 7. 5. 1981. Nach dieser Vorschrift können Fördermittel „zur Erhaltung von Arbeitsverhältnissen schwervermittelbarer Arbeitnehmer . . . gewährt werden, wenn die Beendigung der Arbeitsverhältnisse nach Antragstellung auf Eröffnung des Konkursverfahrens droht und ein neuer Arbeitgeber den Betrieb übernimmt."

Es handelt sich um „Individualhilfen", die nicht pauschal und unterschiedslos für alle von der Beendigung des Arbeitsverhältnisses bedrohten Arbeitnehmer gewährt werden[55]. Gefördert wird nur die Eingliederung solcher Arbeitnehmer, „deren Unterbringung unter den üblichen Bedingungen des Arbeitsmarktes erschwert ist" (§ 54 Abs. 1, 2. HS AFG), „insbesondere Arbeitnehmer, die aus in ihrer Person liegenden Gründen ohne Eingliederungsbeihilfe in absehbarer Zeit nicht vermittelt werden können."[56]

Die Gewährung von Eingliederungsbeihilfe ist grundsätzlich auf strukturschwache Gebiete beschränkt[57]. Sofern sich der übernommene Betrieb nicht im amtlich festgelegten Fördergebiet befindet, kommen Leistungen der Bundesanstalt für Arbeit nur ausnahmsweise in Betracht, z.B. wenn in dem betreffenden Gebiet das Arbeitsplatzangebot in den letzten zehn Jahren wesentlich zurückgegangen ist.

---

53 Vgl. hierzu: Hoppe, W., Leistungen an Arbeitgeber nach dem Arbeitsförderungsgesetz, in: DB 1979, S. 163 ff.

54 Vgl. Amtliche Nachrichten der Bundesanstalt für Arbeit (ANBA 1970, S. 90, zuletzt geändert durch die ANBA vom 7. 5. 1981 (ANBA 1981, S. 1123 ff.)).
Die Anordnungen der Bundesanstalt für Arbeit „sind als Akte autonomer Rechtsetzung auch für die Gerichte verbindlich, soweit sie nicht gegen höherrangiges Landes- und Bundesrecht verstoßen". Hoppe, W., a.a.O., S. 163 mit Bezug auf BT-Drucksache VI 4110, S. 3 und diverse BSG-Entscheidungen.

55 Vgl. 28.06 Abs. 5 Durchführungsanweisung zu § 1 a Abs. 2 FdA-Anordnung, in: Dienstblatt RdErl. 257/77,; v. 3. 8. 1981 – 262/73 1.2.7 – 141/77, Anlage 2, S. 68.

56 § 31 Abs. 3 der Anordnung zur Förderung der Arbeitsaufnahme.

57 Vgl. 28.06 Abs. 5 Durchführungsanweisung zu § 1 a Abs. 2 FdA-Anordnung RdErl. 257/77.

Weitere Voraussetzung ist ein Arbeitgeberwechsel, nachdem vom Krisenunternehmen bereits der Antrag auf Eröffnung des Konkursverfahrens gestellt oder das Anschlußkonkursverfahren eröffnet ist. Erforderlich ist nach der derzeit gültigen Durchführungsanweisung, daß „ein neuer Arbeitgeber den alten Betrieb (Betriebsanlagen) entgeltlich (z.B. Zahlung eines Kaufpreises) erwirbt und Dauerarbeitsplätze bietet."[58] Die Bedingung des Arbeitgeberwechsels können nach Auffassung des Bundessozialgerichtes neben Betriebsübernahmegesellschaften auch Sanierungsgesellschaften erfüllen, wenn alle Gesellschafter einer Personengesellschaft gleichzeitig wechseln[59]. Ein neuer Arbeitgeber liegt nach Verwaltungsauffassung auch vor, wenn sich Gesellschafter des Krisenunternehmens nicht mit mehr als 25 Prozent an der Betriebsübernahmegesellschaft beteiligen. Allerdings dürfen sie auch bei einer geringeren Beteiligung nicht die Funktion des Geschäftsführers übernehmen. Der Verbleib eines Altgesellschafters in der Sanierungsgesellschaft soll dagegen die Berechtigung auf Eingliederungsbeihilfe ausschließen, was allerdings inkonsequent erscheint. Eine Auffanggesellschaft, die den Betrieb pachtet, erfüllt nicht die Voraussetzungen der Betriebsübernahme. Die Betriebsübernahmegesellschaft muß Dauerarbeitsverhältnisse bieten. Dazu muß die Existenzfähigkeit aufgrund der Qualifikation der Geschäftsführer, des Sanierungskonzeptes und der wirtschaftlichen Zukunftsperspektiven des betreffenden Wirtschaftszweiges zu erwarten sein[60].

Eingliederungsbeihilfen werden in der Form von Zuschüssen bis zu einem, in begründeten Einzelfällen bis zu zwei Jahren gewährt[61]. Gem. § 54 Abs. 1 Satz 3 AFG sollen die Förderungsmittel 60 Prozent des (tariflichen) Arbeitsentgeltes der geförderten Arbeitnehmer nicht übersteigen. In besonderen Fällen kann auch ein darüber hinausgehender Förderungssatz bewilligt werden[62]. Der Mittelaufwand soll in einem angemessenen Verhältnis zu den Erwerbskosten des Betriebes stehen[63].

Auf Eingliederungsbeihilfen hat die Betriebsübernahmegesellschaft keinen Anspruch. Die Gewährung liegt vielmehr im Ermessen der Bundesanstalt für Arbeit[64].

4. Zur Mobilisierung von Subventionen

Mit Ausnahme der Vergabe von Investitionszulagen, auf die unter den gesetzlichen Voraussetzungen ein rechtlicher Anspruch besteht, wird die Subventio-

58 Ebenda, Abs. 3, S. 68.

59 Vgl. BSG v. 19. 6. 1979 – 7 RAr 2/78, in: DB 1979, S. 2430 f. (2430).

60 Vgl. 28.06 Abs. 5 (S. 69): „Zur zulässigen Beurteilung dieser Frage ist eine etwaige Förderung mit den jeweils zuständigen Landeswirtschaftsministerien abzustimmen."

61 Vgl. § 32 FdA-Anordnung.

62 Vgl. Hoppe, W., a.a.O., S. 166.

63 Bis zu 40 Prozent nach dem RdErl. 414/75 des Landesarbeitsamtes Nordrhein-Westfalen vom 17. 10. 1975.

64 Vgl. Hoppe, W., a.a.O., S. 164.

nierung von Ermessensentscheidungen beherrscht. Kleinere Fälle werden als reine Verwaltungsangelegenheit mit den üblichen (zeitaufwendigen) Prozeduren gehandhabt, größere dagegen werden zum Politikum. Das zeigt sich nicht nur im Bewilligungsverfahren, das in brisanten Fällen manchmal als Schnellverfahren durchgezogen wird, wobei an die Qualität der Antragsunterlagen und des Sanierungskonzeptes gelegentlich keine hohen Anforderungen gestellt werden. Trotzdem kann in solchen Fällen der Umfang der Hilfen beträchtlich sein[65].

Gegen einen abschlägigen Bescheid kann der Antragsteller zwar gerichtlich vorgehen, allerdings nur geltend machen, daß die gesetzlichen Grenzen des Ermessens überschritten oder das den Regierungs- und Verwaltungsorganen eingeräumte Ermessen falsch ausgeübt wurde[66]. Der Gerichtsweg dürfte im allgemeinen wenig aussichtsreich sein. Wirkungsvoller ist es, in gut vorbereiteten Verhandlungen die zuständigen Regierungsstellen davon zu überzeugen, daß die Gewährung staatlicher Hilfen auch im Interesse der Allgemeinheit liegt.

Zu beachten ist, daß die öffentlichen Hilfen in den verschiedenen Gebietskörperschaften unterschiedlich gehandhabt werden. Während einzelne Politiker es auf den wählerwirksamen „Nimbus eines Arbeitsplatzretters"[67] absehen, versuchen sich andere dadurch zu profilieren, daß sie Hilfsaktionen für Unternehmen grundsätzlich ablehnen[68]. Politiker, die Subventionen skeptisch gegenüber stehen, können kaum ihre politischen Grundsätze einhalten, wenn es um die Rettung eines größeren Unternehmens mit zahlreichen Arbeitsplätzen geht[69].

Man sagt mit gewissem Recht, daß kleinere Unternehmen es schwerer haben, Subventionen zu erlangen, als größere Unternehmen, die beschäftigungspolitisch Bedeutung besitzen[70]. Die Grenze, von der ab ein Unternehmen arbeitsmarktpolitischen Stellenwert hat, ist kaum eindeutig zu ziehen. Sie ist vom Standort des Betriebes und der Beschäftigungslage des betreffenden Gebiets abhängig.

Daß auch die Belegschaft, die von Arbeitslosigkeit bedroht ist, durch öffentliche Kampagnen und Hilfsersuchen auf die Regierung Druck ausübt, ist mitt-

---

65 Ein Beispiel dafür ist die Übernahme einer 70 prozentigen Landesbürgschaft eines Konsortialkredites in Höhe von DM 100.000.000,– an die Fa. *Beton- und Monierbau* im Frühjahr 1978 durch das Land Nordrhein-Westfalen. Im Prüfungsbericht des Landesrechnungshofes NW vom 20. 9. 1979 – IV A-P-900-3/79, abgedruckt in: ZIP 1980, S. 292 ff., heißt es: „Die Treuarbeit . . . hatte für ihre erforderliche Stellungnahme . . . einen Bearbeitungszeitraum von vier Tagen (und drei Nächten) zur Verfügung."(294).

66 Vgl. Wolff, H. J., Bachoff, O., Verwaltungsrecht I, a.a.O., S. 199 ff.

67 Vgl. Manager-Magazin Heft 4/1981, S. 32 ff.

68 Vgl. von Stumpfeldt, B., Handelsblatt-Gespräch mit Birgit Breuel: Gegenüber fußkranken Firmen zugeknöpft, in: Handelsblatt vom 26. Mai 1981.

69 Vgl. o.V., Niedersachsen hilft *Hanomag* und *Olympia*, a.a.O.: Doch „im nachhinein haben sich die wirtschaftlichen und politischen Zwänge im Lande immer wieder stärker erwiesen als die Grundsätze der Ministerin."

70 Vgl. Uhlenbruck, W., Einhundert Jahre Konkursordnung, a.a.O., S. 26 ff.

lerweile zu einer Übung geworden. Als die Belegschaft des *Hoesch-Konzerns* Anfang 1981 um 10.000 Arbeitsplätze bangte, wandte sich der Betriebsrat hilfesuchend an den Ministerpräsidenten des Landes Nordrhein-Westfalen; eine andere Gruppe besuchte den SPD-Fraktionsvorsitzenden in Bonn[71]. Dieser „hat ihnen einen Vorstoß im Wirtschaftsausschuß des Bundestages zugesagt. So bald wie möglich will Wehner auch ein Gespräch zwischen den Sprechern der SPD-Betriebsgruppen und Bundeskanzler Schmidt herbeiführen. Damit würde das Thema Hoesch eine Art erste Rangstufe erhalten."[72]

Direkter ging es in der Schlußphase der *Beton- und Monierbau* AG zu. Aufgrund des nachstehenden Fernschreibens des Gesamtbetriebsrates an den Bundeskanzler wurde bereits nach zwei Tagen eine Bürgschaft von DM 50 Millionen in Aussicht gestellt[73]:

> „Wenn es nicht gelingt, bis morgen mittag eine positive Entscheidung der uns finanzierenden Banken, insbesondere der WestLB, zu erhalten, ist unsere Gesellschaft mit ihren über 20.000 Beschäftigten in der ganzen Welt, darunter 6.000 Mitarbeitern hier im Lande, gezwungen, die Segel zu streichen."

Aufsichtsratvorsitzender war ein ehemaliger Staatssekretär, der den Bundeskanzler und das Bundesfinanzministerium in vertraulichen Gesprächen direkt anging. Zudem erwies sich die Bankbeziehung von Beton- und Monierbau zur WestLB bei Bürgschaftsanträgen als vorteilhaft. So hieß es, als eine Landesbürgschaft von DM 100 Millionen beantragt werden sollte[74]: „Federführer des Landes NRW ist die WestLB. Die Prüfung eines solchen Antrages würde die Treuarbeit durchführen . . ., zu der die WestLB beste Verbindung hat."

Wie sich aus diesen Erfahrungen ergibt, ist die Aussicht für Subventionen bei Fortführungsgesellschaften günstig, wenn durch die Stillegung des Krisenbetriebes erhebliche Schäden für die regionale Beschäftigungslage eintreten würden. In diesem Falle kann es nützlich sein, politische Beziehungen zu aktivieren und die Unterstützung von Betriebsrat und Gewerkschaft zu suchen[75].

Selbstverständlich müssen auch Sanierungsunterlagen vorgelegt werden, die die öffentlichen Hilfen rechtfertigen und die entscheidenden Politiker vor Angriffen der jeweiligen politischen Opposition und der Presse sichern, vor allem für den Fall, daß die Sanierung schließlich mißlingt. Als positives Indiz für die

71 Vgl. Bewerunge, L., Man sollte den Vorstand auf den Mond schießen, in: FAZ v. 9. Februar 1981.

72 Ebenda.

73 Wiedergegeben von Kruk, M., Der Weg der *Beton- und Monierbau* in den Konkurs, in: FAZ vom 11. Oktober 1979, unter 11. Juli 1978.

74 Ebenda, unter 2. Januar 1978.

75 Instruktiv für die Grenzen: Uebbing, H., „Das Schlimmste darf einfach nicht passieren", a.a.O.: „Die Gewerkschaften sind vorsichtig geworden. . . . Dies nämlich ist die wahre Stimmung hier: am liebsten hätte man weder Kundgebungen, noch Pressekonferenzen, noch Fernsehteams in Gronau und Ochtrup. Man hat Angst, daß dieser Raum bei den Unternehmern, denen die *Delden*-Betriebe zur Übernahme angeboten werden, als unruhig in Verruf kommen könnte. So denken vor allem die Gewerkschaftsfunktionäre und Kommunalpolitiker."

Sanierungschancen wird es von den Politikern angesehen, wenn sich neue Gesellschafter mit neuem Kapital beteiligen, also eine Fortführungsgesellschaft die Sanierung übernimmt[76].

5. Subventionskodex der Wirtschaftsminister

Die gesetzlichen Erfordernisse für öffentliche Hilfen sind so weit und unpräzise gefaßt, daß sie für politische Entscheidungen großen Spielraum geben. Dies hat sich auch durch den Subventionskodex nicht geändert, den die Wirtschaftsministerkonferenz am 7. Juli 1982 beschlossen hat. Der Kodex geht davon aus, daß der marktwirtschaftliche Anpassungsprozeß selbst bei entsprechender Gestaltung wirtschafts-, finanz- und gesellschaftspolitischer Rahmenbedingungen zu unvertretbaren volkswirtschaftlichen und sozialpolitischen Konsequenzen führen könne. In solchen Fällen dürften Subventionen gewährt werden, wenn die angestrebten Ziele anders nicht erreicht werden könnten. Stets sei ein mit den Grundsätzen der sozialen Marktwirtschaft zu vereinbarendes, übergeordnetes öffentliches Interesse nachzuweisen.

Subventionen sollten

- in möglichst geringem Maße in das Marktgeschehen eingreifen,
- in ihrem Subventionswert möglichst niedrig sein; der Subventionswert soll bei einzelbetrieblichen Hilfen in der Regel deutlich unter dem Eigenanteil des Subventionsempfängers liegen,
- in der Regel befristet, zeitlich degressiv gestaltet und in geeigneten Fällen mit einer Rückzahlungsverpflichtung versehen werden.

Um unerwünschte Rückwirkungen auf Markt- und Konkurrenzverhältnisse zu vermeiden, sei die unmittelbare Gewährung von Hilfen an einzelne Unternehmen (direkte Förderung) möglichst einzuschränken.

„Erhaltungssubventionen sind unter marktwirtschaftlichen Gesichtspunkten – Aspekte der nationalen Versorgungssicherheit ausgenommen – abzulehnen. Subventionen zur Anpassung und zur Produktivitätssteigerung sind auf Ausnahmefälle zu beschränken,

- in denen volkswirtschaftliche Datenänderungen in ganzen Wirtschafts- und Produktionszweigen oder betriebsgrößenbedingte Wettbewerbsnachteile unvertretbare Folgen haben, die sich mit Mitteln der allgemeinen Wirtschafts- und Finanzpolitik nicht befriedigend beseitigen lassen;
- in denen die zur Verbesserung der Wettbewerbs- und Leistungsfähigkeit erforderliche Forschung und Entwicklung von der Wirtschaft nicht aus eigener Kraft betrieben werden kann;
- durch die Entwicklungsrückstände in Fördergebieten abgebaut und Standortnachteile ausgeglichen werden können."

Die Subventionsgewährung soll mit der Verpflichtung zu periodischen Erfolgskontrollen verbunden werden.

76 Dazu: o.V., 1981 mehr Ausfälle durch Bürgschaften?, in: FAZ vom 27. Januar 1981.

Schlußbemerkungen

XX. Kapitel

Über den Fortführungsmanager und seine Strategie

Die besten sachlichen Voraussetzungen für die Sanierung genügen nicht, wenn nicht eine geeignete Persönlichkeit vorhanden ist, die die Aufgabe mit dem nötigen Einsatz übernimmt. Den Abschluß dieser Arbeit sollen daher einige Überlegungen zum Fortführungsmanager und zu seiner Strategie bilden.

a) Unter Fortführungsmanager wird in diesem Zusammenhang derjenige verstanden, der es in der Krise übernimmt, eine Fortführungsgesellschaft zustande zu bringen und alle erforderlichen Voraussetzungen für die Rettung des Unternehmens oder wenigstens seines Betriebes zu schaffen. Seine Aufgabe endet mit dem Abschluß der Gesellschaftsverträge bzw. Betriebsübernahmeverträge und der auf ihnen beruhenden Bereitstellung des Kapitals. Außerhalb dieser Betrachtung bleibt die spätere Geschäftsführung der Fortführungsgesellschaft.[1]

An den Überlegungen, Verhandlungen und Entscheidungen über die Sanierung des Krisenunternehmens ist meist eine Mehrzahl oder sogar Vielzahl von Personen wesentlich beteiligt. Für den Erfolg aber ist maßgebend, wer die Initiative übernimmt, um die divergierenden Interessen auf ein gemeinsames Ziel auszurichten. Er kann von den bisherigen Gesellschaftern bestimmt werden, von der Hausbank, einem anderen Großgläubiger, vom Konkurs- oder Vergleichsverwalter, einem staatlichen oder kommunalen Repräsentanten oder einem sonstigen Interessenten an der Fortführung. Er wird oft ein Angehöriger dieser Interessentengruppen sein. Vor allem muß er von den wichtigsten Beteiligten akzeptiert werden. Manchmal übernimmt jemand ohne ausdrückliche Befragung und Zustimmung der anderen aus der Situation heraus die Aufgabe, und diese überlassen sie ihm im Bewußtsein, daß keine bessere Alternative besteht.

Im Hinblick darauf aber, daß das Schicksal des Krisenunternehmens nunmehr vom Fortführungsmanager abhängt, wäre es für die Hauptbetroffenen angebracht, rechtzeitig und sorgfältig zu überlegen, ob er nach den vorliegenden Umständen wirklich die am besten geeignete Person ist, und ihm zutreffendenfalls auch die erforderliche Unterstützung zu gewähren – ohne daß man auf Kontrollen und Zustimmungen zu den Entscheidungen zu verzichten hat.

b) Für den Manager ist die wichtigste Grundlage eines Erfolges die Bildung und Pflege des *Vertrauenskapitals.* Unternehmenskrise bedeutet, daß das Vertrauen der Geschäftspartner – Banken, Lieferanten, Kunden, nicht zuletzt der

1 Die Aufgabe des Fortführungsmanagers ist eine andere als die des Sanierungsmanagers, so wie ihn Baur, W. (Sanierungen, a.a.O.) sieht.

Mitarbeiter und der nicht in der Geschäftsführung tätigen Gesellschafter – in das Unternehmen zutiefst getroffen ist. Die Banken erklären dies ausdrücklich, wenn sie den Kredit („Vertrauen") kündigen. Die bisherige Geschäftsführung hat oft auch das persönliche Vertrauen der Geschäftspartner verloren, wenn sie immer wieder Voraussagen über die künftigen Entwicklungen gemacht hat, die dann nicht eintrafen, vertragliche Verpflichtungen einging, die nicht gehalten wurden, Zahlungen versprach, die dann nicht geleistet wurden. So entstand die Gefahr, daß die Geschäftspartner die Zusammenarbeit ganz einstellen und bei drohender Insolvenz zu Selbsthilfemaßnahmen übergehen, die die Funktionsfähigkeit des Betriebes endgültig zerstören.

Der Fortführungsmanager hat es leichter, Vertrauen zu gewinnen, wenn er bereits durch seine frühere Tätigkeit bewiesen hat, daß er die für seine schwierige Aufgabe erforderlichen persönlichen Voraussetzungen besitzt. Dazu gehören außer der entsprechenden beruflichen Ausbildung und Erfahrung charakterliche Eigenschaften sowie körperliche und seelische Belastbarkeit. Diese Qualitäten manifestieren sich in bisherigen nachweisbaren Erfolgen sowie in Ansehen und Ruf, die er bei urteilsfähigen Personen des Wirtschaftslebens gewonnen hat.

Entscheidend ist sodann sein Auftreten und Verhalten bei Verhandlungen mit den Betroffenen, deren Wohlwollen und Mitwirken er gewinnen will. Hierbei muß er zugleich realistisch und optimistisch wirken, einerseits Verständnis für die berechtigten Interessen der Beteiligten und andererseits die Härte und Konsequenz zeigen, die für unangenehme, aber unerläßliche Maßnahmen erforderlich sind.

Für die Vertrauensbildung ist weiterhin eine gute Informationspolitik des Fortführungsmanagers wichtig. Die Geschäftspartner müssen die Überzeugung gewinnen, daß sie ehrlich und verantwortungsbewußt über die Lage und über die Absichten unterrichtet werden. Er muß ihnen in einer Insolvenzsituation die Gewißheit vermitteln, daß nicht einzelne Gläubiger bevorzugt werden.

c) Wesentlich für den Erfolg des Managers ist ferner, daß er geeignete *Berater und Helfer* heranzieht; sie können Mitarbeiter des Unternehmens, gutwillige und vertrauenswürdige Geschäftspartner oder freiberufliche Tätige[2] sein.

Im Frühstadium seiner Tätigkeit sollte der Fortführungsmanager möglichst einen im Sanierungswesen bewanderten Berater in Anspruch nehmen, der ihm hilft, eine *Gesamtstrategie* zu erarbeiten. Die Erfahrung zeigt nämlich, daß in Sanierungssituationen häufig wesentliche Aufgaben übersehen oder vernachlässigt werden. Das hat verschiedene Gründe. Vor allem liegt es daran, daß bei fortgeschrittener Krise und drohender Insolvenz die Kräfte mit der Abwehr unmittelbarer Gefahren gebunden sind, so daß für die entscheidenden Sanierungsmaßnahmen nicht genug Energie übrig bleibt. Es gibt nur wenige Personen, die auf allen wichtigen Spezialgebieten der Sanierung ausreichende Kenntnisse besitzen.

2 So Baur, W., Sanierungen, a.a.O., S. 75 ff.

Ist der Fortführungsmanager Unternehmer, fehlt es vielleicht an Kenntnissen des Gesellschaftsrechts und Erfahrungen auf dem Insolvenzgebiet. Ist er Rechtsanwalt, kennt er vielleicht nicht die für die Sanierung vom Absatzmarkt her erforderlichen Vorbedingungen. Ist er Wirtschaftsprüfer, beherrscht er vielleicht die schwierigen und wichtigen Probleme der Personalpolitik und des Arbeitsrechts nicht.

d) Man wird sich für manche Entscheidungen mit Grobanalysen begnügen müssen, sei es aus Zeitgründen, sei es wegen unvollständiger Unterlagen. Es sollte aber sorgfältig das Prinzip beachtet werden, daß keine letzten Entscheidungen getroffen werden, ohne alle wesentlichen Aspekte bedacht und sie entsprechend ihrer Bedeutung gewertet zu haben.

Wie an anderer Stelle dieser Arbeit ausgeführt wurde[3], fehlten bei der *AEG* in der Sanierungsbilanz zum 31. Dezember 1979 Pensionsrückstellungen für Mitarbeiter von etwa 2 Milliarden DM. Es liegt die Frage nahe, ob man bei den Sanierungsverhandlungen diesem Punkt, der allein schon den Sanierungserfolg gefährdete, die nötige Aufmerksamkeit gewidmet hat. Haben vielleicht die sonstigen Probleme der finanziellen und leistungswirtschaftlichen Sanierung damals die Aufmerksamkeit so in Anspruch genommen, daß man die Möglichkeit, wenigstens für diese Soziallast öffentliche Hilfe zu erlangen, nicht ausgeschöpft hat? Die löbliche Absicht[4], die Sanierung privatwirtschaftlich zu schaffen, ist nicht unbedingt bei sozialen Sanierungslasten, die politisch mitverursacht worden sind, überzeugend.

e) Im Zuge der Gesamtstrategie wird eine Aufgaben-Rollen-Verteilung angebracht sein.

Droht kurzfristig Insolvenz oder ist sie bereits eingetreten, so ist unbedingt spezielle juristische Mitwirkung erforderlich.

Ist unter rechtlichen und wirtschaftlichen Gesichtspunkten noch die Insolvenz abzuwenden, oder die Karenzfrist zu nutzen, so kann vielleich eine besondere „*Arbeitsgruppe Gläubiger*" angebracht sein. Sie könnte den Fortführungsmanager dabei unterstützen, die wichtigsten Gläubiger zu gewinnen, daß sie ihm Zeit lassen und sich an erforderlichen Überbrückungsmaßnahmen beteiligen. Dies werden sie nur tun, wenn man ihnen die Sorge nehmen kann, daß sie beim Abwarten Verluste erleiden, die durch eigene Zwangsvollstreckungsmaßnahmen verhindert werden könnten. Eine schlechte Basis für eine weitere vertrauensvolle Kooperation zwischen Gläubigern und Fortführungsmanager ist es dagegen, wenn er sich Zeit zu verschaffen versucht, indem er den gesetzlichen Vollstreckungsschutz für Verzögerungstricks mißbraucht.

3 Siehe Ausführungen S. 282.

4 Indirekt erfolgte aber doch ein Beitrag des Bundes durch den Kauf eines über 300.000 m^2 großen Grundstücks in Berlin-Zehlendorf zu einem hohen zweistelligen Millionenbetrag. Siehe Philipp, U., Matthöfer will *AEG*-Grundstück in Berlin kaufen, in: Welt am Sonntag, vom 16. 12. 1979.

Aufgabe der „Gläubigergruppe" wäre im zweiten Stadium der Sanierungsbemühungen, die Möglichkeiten einer Schuldenregelung zu prüfen und den Krisenmanager bei finanziellen Entlastungsverhandlungen zu unterstützen.

f) Eine andere *„Arbeitsgruppe Betriebswirtschaft"* sollte sich im ersten Stadium der Sanierungsbemühungen auf die Sanierungsprüfung konzentrieren, auf die Analyse der Krisenursachen und die Bestandsaufnahme, um zunächst festzustellen, ob das Unternehmen oder wenigstens sein Betrieb noch sanierungsfähig ist.

Kann dies bejaht werden, so kann sie im zweiten Stadium bei der Ausarbeitung des Fortführungskonzeptes beteiligt werden.

g) Besonderheit und Bedeutung der *Mitarbeiterfragen* sprechen dafür, eine eigene *„Arbeitsgruppe Mitarbeiter"* einzusetzen; ihr sollten der Personalchef und die Betriebsleiter angehören. Wichtigster Verhandlungspartner ist der Betriebsrat. Die zu behandelnden Probleme sind im XVII. Kapital[5] dargelegt. Dort wurde bereits hervorgehoben, daß der Letztverantwortliche auch selbst den Kontakt mit dem Betriebsrat pflegen muß und an den wichtigsten Entscheidungen teilnehmen sollte.

h) Das Kardinalproblem ist selbstverständlich, ob es gelingt, *geeignete Gesellschafter* für die Fortführungsgesellschaft zu finden und zu gewinnen. Dieser Aufgabe muß sich der Fortführungsmanager im wesentlichen selbst widmen, mag er auch andere Aufgaben seinen Helfern übertragen und sich im übrigen auf die Koordination und die wichtigsten Kontakte und Entscheidungen beschränken.

Zunächst wird der Fortführungsmanager natürlich mit den bisherigen Inhabern bzw. Gesellschaftern überlegen, ob von ihren Verwandten, Freunden oder Geschäftspartnern jemand als neuer Gesellschafter der Fortführungsgesellschaft in Betracht kommt. Es liegt nahe, an die gleichen oder an verwandte Branchen zu denken, also an Unternehmen, die ihre Leistungswirtschaft erweitern, ihre Sortimente ergänzen und abrunden wollen. Die Banken können Ratschläge geben und auch erste Kontakte vermitteln; sie kennen Unternehmen, die diversifizieren wollen und die dafür erforderliche Finanzkraft besitzen. Kammern und Wirtschaftsverbände werden meist zurückhaltend sein, aber man könnte versuchen, wenigstens inoffizielle Hinweise zu erhalten. Man kann sich auch an gewerbsmäßige Vermittler (Unternehmensmakler) wenden.

Zimmerer[6] warnt davor, die Schwierigkeiten der Akquisition neuer Gesellschafter zu unterschätzen: „Grob gerechnet kann man davon ausgehen, daß mehr Unternehmen liquidiert als gekauft werden. Sicherlich gibt es Fälle, bei denen der Käufer sozusagen vor der Tür steht. Im Grunde ist dies aber selten. . . .

5 Vgl. Ausführungen S. 266 ff.
6 Zimmerer, C., über die Mobilisierbarkeit gewerblicher Unternehmungen, in: ZfB 1967, S. 471 ff. (474).

Es gibt Zeiten, in denen Firmen bestimmter Branchen überhaupt nicht verkäuflich sind, weder im In- noch im Ausland; man denke an Gießereien oder an Bauunternehmen etwa seit 1964."

Unternehmer oder kapitalkräftige Personen, die als neue Gesellschafter geeignet erscheinen, schrecken zunächst meist davor zurück, sich die Umstände und die Risiken einer Sanierung zu ihren sonstigen Belastungen noch aufzuladen. Es kommt dann darauf an, solche Widerstände abzubauen, Interesse zu erwecken und die Betreffenden allmählich in die Fortführungsüberlegungen und -bemühungen hineinzuziehen.

Häufig ist daher eine unmittelbare Frage, ob Interesse bestehe, unangebracht, da sie eine sofortige Abwehrreaktion hervorrufen und das weitere Gespräch verhindern kann. Am leichtesten sollte es sein, Beteiligungsgespräche mit Gesprächspartnern aufzunehmen, deren Interessen bereits mit dem Krisenunternehmen verbunden sind – vorausgesetzt, ihre Kenntnisse der Verhältnisse sind nicht allzu negativ. Vielleicht gelingt es beim Geschäftspartner auch, menschliche Anteilnahme zu wecken. Manchmal wird man den Betreffenden zunächst nur um Rat bitten, so daß er sich erst einmal unverbindlich mit den Problemen vertraut machen kann. Man fragt ihn sodann nach seiner Meinung über die erforderlichen Maßnahmen, regt ihn vielleicht an, seine Gedanken über ein Fortführungskonzept zu entwickeln und gemeinsam das Fortführungspotential zu schätzen. Wenn er sich soweit einläßt, wird er Bedingungen formulieren.

Bei einem geschickten Fortführungsmanager scheitert ein leistungswirtschaftlich überzeugendes Fortführungskonzept selten an bloßen Finanzierungsproblemen.

g) Ergibt die Verhandlung, daß nunmehr die Vertrauensbasis für die Fortführungsgesellschaft besteht, sollte eine *„Arbeitsgruppe Verträge"*, gemeinsam mit den Interessenten die Probleme des Gesellschaftsvertrages, eventuell auch die des Betriebsübernahmevertrages mit den Konditionen und Modalitäten vorklären, so daß sie für die Abschlußsitzung entscheidungsreif sind.

h) Zu den Akteuren der *Abschlußsitzung* gehören – worauf bereits mehrfach hingewiesen wurde, neben den Alt- und Neugesellschaftern oft Akteure mit wichtigen Nebenrollen, schließlich auch geeignete „Souffleure" – möglichst jedoch nicht bloßes Publikum.

Man sollte nicht die Bedeutung einer planvollen Regie unterschätzen. Zunächst muß Zeit sein, daß jeder Verhandlungspartner seine vorbereiteten Argumente und aufgestauten Emotionen „los werden" kann. Die äußeren Umstände und die Atmosphäre (Räumlichkeiten, Beköstigung usw.) dürfen die Verhandlungen nicht beeinträchtigen.

Der Fortführungsmanager wird bei der psychologischen Behandlung der Beteiligten beachten, daß sie ihre Positionen wahrzunehmen pflegen, im allgemeinen aber letzthin doch für menschliche Empfindungen ansprechbar sind. Gegenüber einer rücksichtslosen Ausnutzung der Schwäche von Altgesellschaftern kann man an die Fairneß des Stärkeren appellieren und schließlich auch auf den Eindruck brutalen Vorgehens in der Öffentlichkeit hinweisen. Man kann Varianten und Modalitäten vorschlagen, die das Prestige der schwer getroffenen Altgesellschafter schonen. Selbst unter ungünstigen Umständen mag man ihnen noch den von ihnen gefahrenen Firmenwagen, einige Erinnerungsgegenstände aus ihrem Wirkungsfeld und eine Altersversorgung lassen[7].

Eine gute Verhandlungsführung wird den Einfluß von Ermüdungserscheinungen auf die Entscheidungsbereitschaft in Rechnung stellen. Im letzten Stadium der Verhandlungen sind die Beteiligten manchmal so erschöpft, daß sie nicht mehr in der Lage sind, die wichtigsten von den weniger wichtigen Punkten zu unterscheiden und bei letzten Zumutungen „nein" zu sagen. Vielfach hängt der Ausgang von der nervlichen Kondition der Verhandlungspartner ab.

7 Obwohl die Banken bei der Sanierung der *Neckermann KGaA* 1976/77 große Forderungsverluste hinnehmen mußten und auch die *Karstadt AG* als neuer Hauptgesellschafter erhebliche Sanierungsopfer erbracht hat (siehe Ausführungen S. 58 f.), zahlt die *Neckermann Versand AG* an ihre ehemaligen persönlich haftenden Gesellschafter jährlich Ruhestandsbezüge in der Größenordnung von einer halben Million DM (1980 DM 545.322,– lt. Geschäftsbericht 1980, S. 25).

Literaturverzeichnis

Acker, H. B.: Organisationsanalyse, Baden-Baden und Bad Homburg 1975

Adler/Düring/Schmaltz: Rechnungslegung und Prüfung der Aktiengesellschaft, 4. Auflage, völlig neu bearbeitet von K. Schmaltz, K.-H. Forster, R. Goerdeler, H. Havermann, Band 1, Rechnungslegung, Stuttgart 1968

Ahrend, P., Förster, W., Rössler, N.: Rechtsprechung zur Anpassung von Betriebsrenten auf dem Prüfstand, in: BB 1980, Beilage 6

Ahrend, P., Förster, W., Rühmann, J.: Die ablösende Betriebsvereinbarung – Instrument zur Anpassung betrieblicher Versorgungsregelungen –, in: DB 1982, S. 224 ff

Albach, H.: Investition und Liquidität, Wiesbaden 1962

– Entwicklung und Aufgaben der Unternehmensforschung, in: WPg 1965, S. 118 ff

– Betriebswirtschaftliche Anforderungen an eine langfristige Unternehmensplanung, in: ZfB 1968, 2. Ergänzungsheft, S. 3 ff

– Strategische Unternehmensplanung bei erhöhter Unsicherheit, in: ZfB 1978, S. 702 ff

– Kampf ums Überleben: Der Ernstfall als Normalfall für Unternehmen in einer freiheitlichen Wirtschaftsordnung, in: ZfB 1979, Ergänzungsheft 2, S. 17 ff

– Gewinnrealisierungen im Ertragssteuerrecht, in: StbJb 1970/71, S. 287 ff

Alewell, K.: Subventionen als betriebswirtschaftliche Frage – Eine betriebswirtschaftliche Untersuchung ihres Wesens, ihrer Erfassung im betrieblichen Rechnungswesen und ihrer Wirkung auf die empfangenden Betriebe, Köln-Opladen 1965

– Staatliche Finanzhilfen einschließlich Subventionen, in: HWF, hrsg. von H. E. Büschgen, Stuttgart 1976, Sp. 1653 ff

Ammermüller, M. G.: Abfindungen an Arbeitnehmer wegen Beendigung des Arbeitsverhältnisses, in: DB 1975, Beilage 10

Angermann, H. F. G.: Wachsen oder Weichen – Überlebenschancen für den wirtschaftlichen Mittelstand, Stuttgart 1970

Ansoff, H. I., Weston, J. F. Merger Objectives and Organisation Structure, in: Review of Economics and Business 1963, S. 49 ff

Ansoff, H. I.: Management-Strategie, München 1966

– Toword a Strategic Theory of the Firm, in: H. I. Ansoff (Ed.): Business Strategy, Harmondsworth 1969, S. 11 ff

Arbeitskreis Unternehmensbewertung im IdW: Entwurf einer Verlautbarung: „Grundsätze zur Durchführung von Unternehmensbewertungen", in: WPg 1980, S. 409 ff

Arbeitskreis: „Unternehmensbewertung im Rahmen der unternehmerischen Zielsetzung": Unternehmensbewertung als Grundlage unternehmerischer Entscheidungen, Teil 1, Grundsatzfragen, in: ZfbF 1976, S. 99 ff

Arnold, H.: Risikentransformation, Finanzierungsinstrumente und Finanzierungsinstitute als Institutionen zur Transformation von Unsicherheitsstrukturen, Diss. Saarbrükken 1964

– Modell eines insolvenzrechtlichen Sanierungsverfahrens, in: Bundesanzeiger vom 19. 2. 1982, Beilage 8/82

Auler, W. D.: Der Überschuldungsstatus als Bewertungsproblem, in: DB 1976, S. 2169 ff

Bader, P.: Zur Zustimmungsbedürftigkeit der Kündigung von Betriebsratsmitgliedern bei Betriebsstillegung, in: BB 1978, S. 616 ff

Baldus, Th.: Die immateriellen Werte bei der Unternehmensbewertung, in: DB 1964, S. 1381 ff

Ballerstedt, K.: Buchbesprechung zu Gadow-Heinichen, Großkommentar zum Aktiengesetz, 2. Aufl., in: ZHR 1965, S. 92 ff

– Zur Bewertung von Vermögenszugängen aufgrund kapitalgesellschaftlicher Vorgänge, in: Festschrift für E. Geßler, hrsg. von K. Ballerstedt und W. Hefermehl, München 1971, S. 69 ff

Bankmann, J.: Der Substanzwert, Essen 1960

Barth, K.: Die Haftung des Erwerbers von Unternehmen für Betriebssteuern, in: BB 1975, S. 1150 ff

Bauch, G.: Die Rechnungslegung im Vergleichsverfahren, in: BB 1974, S. 613 ff

Baumbach, A.: Handelsgesetzbuch mit Nebengesetzen ohne Seerecht, begründet von A. Baumbach, fortgeführt von K. Duden, 23. Aufl., München 1978, zitiert als: Baumbach/Duden, HGB

Baumbach/Lauterbach/Albers/Hartmann: Zivilprozeßordnung, Beck'scher Kurzkommentar Bd. 1, 36. Aufl., München 1978, zitiert als: Baumbach/Lauterbach/Albers/Hartmann, ZPO

Baur, J. F.: Die Gewährleistungshaftung des Unternehmensverkäufers – Ein Beitrag zu den ungeklärten zivilrechtlichen Grundlagen von Konzentrationsvorgängen, in: BB 1979, S. 381 ff

Baur, W.: Neue Wege der betrieblichen Planung, Berlin, Heidelberg, New York 1967

– Sanierungen, Wege aus Unternehmenskrisen, Wiesbaden 1978

Becker, N.: Die Verpflichtung des Vorstandes einer Aktiengesellschaft zur Verlustanzeige an die Hauptversammlung, § 92 I AktG, Diss. München 1978

Beckmann, L., Pausenberger, E.: Gründungen, Umwandlungen, Fusionen, Sanierungen, Wiesbaden 1961

Bellinger, B.: Eine Wende in der Unternehmensbewertung? – Zur Stichtagsbezogenheit jeder Unternehmensbewertung – in: WPg 1980, S. 575 ff

– Unternehmungskrisen und ihre Ursachen, in: Handelsbetrieb und Marktordnung, Festschrift für C. Ruberg zum 70. Geburtstag, Wiesbaden 1962, S. 49 ff

Bendix, R.: Herrschaft und Industriearbeit, Frankfurt/Main 1960

Berg, C., Treffert, J.: Die Unternehmenskrise – organisatorische Probleme und Ansätze zu ihrer Lösung, in: ZfB 1979, S. 459 ff

Berges, A. M.: Konkurssteuerrecht, in: KTS 1961, S. 161 ff

– Sozialplan trotz Insolvenz? in: Festschrift für Friedrich Weber zum 70. Geburtstag, hrsg. von E. Bökelmann, W. Henckel und G. Jahr, Berlin – New York 1975, S. 57 ff

– Dynamische Sanierung – Kölner Konzept einer schiedsrechtlichen „Großen Insolvenzrechtsreform", in: BB 1978, Beilage 5, S. 3 ff

Berkhemer, H.: Der Insolvenzstatus, Betriebswirtschaftliche Grundlagen und Konsequenzen, Diss. Mannheim 1955

Beuthien, V.: Verlängerter Eigentumsvorbehalt und Globalabtretung, in: BB 1971, S. 375 ff

– Treuhand an Gesellschaftsanteilen, in: ZGR 1974, S. 26 ff

– Interessenausgleich und Sozialplan im Konkurs, sozialer Fortschritt oder Bankrott der Konkursordnung?, in: RdA 1976, S. 147 ff

– Sozialplan und Unternehmensverschuldung, Gedanken im Anschluß an die Entscheidung des Großen Senats des BAG vom 13. 12. 1978, Düsseldorf – Frankfurt 1980

– Sozialplangrenzen im Konkurs, Auswirkungen des BAG-Beschlusses (Großer Senat) vom 13. 12. 1978 für die Insolvenzpraxis, in: ZIP 1980, S. 83 ff

Bewerunge, L.: Man sollte den Vorstand auf den Mond schießen, in: FAZ v. 9. 2. 1981

Bieler, F.: Zur Sicherung der Arbeitnehmer bei der Übernahme notleidender Betriebe, in: BB 1981, S. 435 ff

Biergans, E.: Zur Neuregelung der Einkommenbesteuerung beschränkt haftender Personengesellschafter, in: DStR 1981, S. 3 ff

Biermann, M.: Die Überschuldung als Voraussetzung zur Konkurseröffnung, Diss. Hamburg 1963

Bilo, F.: Zum Problemkreis der Überschuldung im strafrechtlichen Bereich (I) u. (II), in: GmbH-Rdsch. 1981, S. 73 ff. u. 104 ff

Bischoff, H.-J.: Die Einigungsstelle im Betriebsverfassungsrecht, Berlin 1975

Bischoff, W.: Cash-flow und Working Capital, Schlüssel zur finanzwirtschaftlichen Unternehmensanalyse, Wiesbaden 1972

Bise, W.: Sanierung und Steuer, in: StbJb 1964/65, S. 255 ff

Bleicher, K.: Organisation und Führung der industriellen Unternehmung, in: Industriebetriebslehre in programmierter Form, Bd. III: Organisation und EDV, hrsg. von H. Jacob, Wiesbaden 1972, S. 13 ff

Bleistein, F.: Kündigung und Kündigungsschutz im Arbeitsrecht, 2. Auflage, Berlin 1978

Bley, E., Mohrbutter, J.: Vergleichsordnung (Kommentar), 4. Auflage, Berlin 1978/79, zitiert als: Bley/Mohrbutter, VerglO

Blomeyer, W.: Insolvenzsicherung für Versorgungsanwartschaften vor Eintritt der gesetzlichen Unverfallbarkeit, in: DB 1977, S. 585 ff

Blüthmann, A.: AEG: Zu groß zum Sterben, in: Die Zeit vom 30. Nov. 1979

Böckel, J.-J.: Diversifikation durch Unternehmungserwerb – richtig geplant –, Wiesbaden 1972

Böhle-Stamschräder, A.: Konkursordnung (Kurzkommentar), 12. Aufl., München 1976, zitiert als: Böhle-Stamschräder, KO

– Vergleichsordnung, 9. Auflage, München 1977, zitiert als: Böhle-Stamschräder, VerglO

Böhm, W.: Massenentlassung und Kurzarbeit, in: BB 1974, S. 28 ff. und 372 ff

– Anhörung des Betriebsrates vor Massenentlassung infolge Betriebsstillegung und Versuch eines Interessenausgleiches, in: BB 1976, S. 1270 ff

Boest, R.: Zur Passivierungspflicht von Persionsverpflichtungen, insbesondere in Überschuldungsbilanzen, in: DB 1979, S. 2381 ff

Böttcher, C.: Zum Steuer- und Wirtschaftsrecht der Familienunternehmen, in: StbJb 1965/66 S. 175 ff

Bogs, H.: Probleme neuer Insolvenzsicherungen für Arbeitnehmer, in: AuR 1975, S. 161 ff

Bordewin, A., Söffing, G., Uelner, A.: Verlustverrechnung bei negativem Kapitalkonto, Bedeutung des § 15 a EStG, Herne/Berlin 1980

Borngräber, H.: Arbeitsverhältnis bei Betriebsübergang, Düsseldorf 1977

Borschberg, E.: Die Diversifikation als Wachstumsform der industriellen Unternehmung, Bern und Stuttgart 1969

Boruttau, E. P., Egly, H., Sigloch, H.: Grunderwerbsteuergesetz, 11. Auflage, München 1981, zitiert als: Boruttau/Egly/Sigloch, GrEStG

Bovensiepen, E.: Die Vermittlung des Landesarbeitsamtes nach § 112 Abs. 2 BetrVG, in: RdA 1975, S. 288 ff

Breidenbach, B.: Unternehmensbewertung: Der Liquidationswert als Wertuntergrenze, Anmerkungen zum BGH-Urteil vom 17. 1. 1973 – IV ZR 142/70, in: DB 1974, S. 104 ff

Bremer Senat: Rechenschaftsbericht des Bremer Senats zur Borgward-Krise, in: Blick durch die Wirtschaft v. 30. 9. 1961

Bretzke, W.-R.: Wertbegriff, Aufgabenstellung und formale Logik einer entscheidungsorientierten Unternehmungsbewertung, in: ZfB 1975, S. 497 ff

– Funktionen und Folgen der Verwendung objektivistischer Wertkonventionen bei der Unternehmensbewertung, in: WPg 1975, S. 125 ff

– Referat in: Funktionenspezifische Unternehmensbewertung: Einigung im Streit um objektive und subjektive Wertansätze in Sicht, in: WPg 1976, S. 175 ff

Briese, U.: Zur Frage der Passivierung von Sozialplanverpflichtungen, in: DB 1977, (I) und (II), S. 313 ff. u. 365 ff

Brockhoff, K.: Unternehmenszusammenbrüche und Konjunktur. Zum induzierten Unternehmenswachstum, in: Zeitschrift für die gesamte Staatswissenschaft 1967, S. 654 ff

Brox, H.: Allgemeines Schuldrecht, 3. Auflage, München 1972

Bücheler, F.: Umsatzsteuer in Sequestration und Konkurs, in: DStR 1980, S. 70 ff

Büschgen, H. E.: Leasing und finanzielles Gleichgewicht der Unternehmung, in: ZfbF 1967, S. 625 ff

– Das Unternehmen im Konjunkturwandel – Strukturgestaltung und Geschäftspolitik zur Unternehmenssicherung, Berlin-Bielefeld 1971

– Bankbetriebslehre, Wiesbaden 1972

– Zur Eigenkapitalausstattung der GmbH und GmbH & Co. KG, in: GmbH-Rdsch. 1974, S. 25 ff

– Zunehmende Fremdfinanzierung als Insolvenzgefahr, in: BFuP 1975, S. 93 ff

– Das vermeintlich Böse, in: Wirtschaftswoche Nr. 3 vom 7. 1. 1977, S. 54 ff

Bunselmeyer, R.: Das Verhalten des Staates bei der Sanierung notleidender Unternehmungen der Privatwirtschaft, Diss. München 1969

Burkel, P.: Zum Krisenwarnsystem der Wirtschaftsprüfer nach § 166 Abs. 2 AktG bei insolvenzgefährdeten Unternehmen, in: ZIP 1982, S. 28 ff

Busche, J.: Im Gallusviertel läuteten die Kirchenglocken, Die Arbeiter von Triumpf-Adler demonstrieren in Frankfurt, in: FAZ vom 10. 9. 1981

– Von der Alten Oper zu Triumpf-Adler, Frankfurter Bürger kämpfen um die Erhaltung von Industrie-Arbeitsplätzen, in: FAZ vom 19. 9. 1981

Busse von Colbe, W.: Der Zukunftserfolg, Die Ermittlung des künftigen Unternehmenserfolgs und seine Bedeutung für die Bewertung von Industrieunternehmen, Wiesbaden 1957

– Die handelsrechtliche Umwandlungsbilanz von Kapitalgesellschaften, in: ZfB 1959, S. 599 ff

Canaris, C.-W.: Kreditkündigung und Kreditverweigerung gegenüber sanierungsbedürftigen Bankkunden, in: ZHR 1979, S. 113 ff

Carl, P.: Das letzte Rettungskommando, in: Manager-Magazin 11/1981, S. 28 ff

Caspers, H.-F.: Das Gesetz zur Ergänzung der handelsrechtlichen Vorschriften über die Änderung der Unternehmensform, in: WPM 1969, Sonderbeilage Nr. 3/1969 zu Teil IV Nr. 36 vom 6. 9. 1969

Castendieck, J. H.: Die Verhinderung „künstlicher" Masseschulden und Massekosten durch Maßnahmen im Konkurseröffnungsverfahren, in: KTS 1978, S. 9 ff

Chmielewiecz, K.: Arbeitnehmerinteressen und Kapitalismuskritik in der Betriebswirtschaftslehre, Reinbek bei Hamburg 1975

Cipa, W.: Bericht des Vorstands über den Geschäftsverlauf 1979, die wirtschaftliche Situation der Gesellschaft, Über das Sanierungskonzept und dessen Realisierung, in: Wertpapier 1980, Beilage zu Nr. 4

Clemm, H., Gutike, H.-J.: Handelsrechtliche Bilanzierungsfragen beim Eintritt eines Gesellschafters in eine bestehende Personengesellschaft, in: WPg 1976, S. 425 ff

Coenenberg, A. G.: Unternehmungsberwertung mit Hilfe der Monte-Carlo-Simulation, in: ZfB 1970, S. 793 ff

– Das Informationsproblem in der entscheidungsorientierten Unternehmensbewertung, in: Zeitschrift Interne Revision 1971, S. 57 ff

Coenenberg, A. G., Sieben, G.: Unternehmungsbewertung, in: HWB, 4. Aufl., hrsg. von E. Grochla und W. Wittmann, Stuttgart 1974/75, Sp. 4061 ff

Coing, H.: Die Treuhand kraft privaten Rechtsgeschäfts, München 1973

Conrad, E.: Konkursverwalter zieht vor der Walther-Belegschaft den Hut, in: Frankfurter Rundschau vom 18. 4. 1977

Costede, J.: Einzelfragen zum Steuerrecht der Personengesellschaften, in: StuW 1982, S. 14 ff

Coutre, W. le: Praxis der Bilanzkritik, Bd. II: Kritik der Vermögenslage, Berlin und Wien 1926

– Krisenlehren für die Unternehmungsführung, in: Das Geschäft 1926, S. 63 ff

Däubler, W., Bösche, B.: Zum Inhalt von Sozialplänen nach § 112 BetrVG, Bremen 1975

Dahl, S.: Die Bewertung bei der Ermittlung der Überschuldung einer GmbH nach § 63 GmbHG, in: GmbH-Rdsch. 1964, S. 112 ff

Dann, W.: Das Konkursvorrecht der Öffentlichen Abgaben, Berlin 1962

Dassler, G., Schiffhauer, H., Gerhardt, W.: Gesetz über die Zwangsversteigerung und Zwangsverwaltung (Kommentar), 11. Auflage, Stuttgart 1978, zitiert als: Dassler/Schiffhauer/Gerhardt, ZVG

Dempewolf, G.: Zur Konkurrenz von verlängertem Eigentumsvorbehalt und Globalzession, in: NJW 1956, S. 851 ff

Deutsch, P.: Grundfragen der Finanzierung im Rahmen der betrieblichen Finanzwirtschaft, 2. Aufl., Wiesbaden 1967

Diekhof, R.: Der Spielraum wird eng, in: Manager-Magazin 10/81, S. 40 ff

– Wir müssen bei Null anfangen, in: Manager-Magazin 10/1981, S. 46 ff

Diekmann, W.: Das Innenverhältnis bei der Treuhandschaft in wirtschaftlicher und steuerlicher Sicht – erläutert an Beispielen aus der Wirtschaftspraxis, Diss. München 1968

Dietz, R.: Kommentar zum Betriebsverfassungsgesetz 1972, 5. Aufl., bearbeitet von R. Richardi, München 1973, zitiert als: Dietz-Richardi, BetrVG

Doehring, C.: Die deutsche Insolvenzstatistik als Erkenntnisquelle für Reformbedürftigkeit des Konkurs- und Vergleichsrechts, in: KTS 1977, S. 146 ff

– Die finanziellen Verluste aufgrund der amtlichen Insolvenzstatistik und der erfaßten Schadensfälle nach dem Ersten Gesetz zur Bekämpfung der Wirtschaftskriminalität, in: KTS 1981, S. 139 ff

Döllerer, G.: Verdeckte Gewinnausschüttungen und verdeckte Einlagen bei Kapitalgesellschaften, Heidelberg 1975

Dörner, W.: Die neue UEC-Methode zur Unternehmensbewertung, in: WPg 1977, S. 657 ff

– Die Unternehmensbewertung, in: WP-Handbuch 1981, Düsseldorf 1981, S. 1245 ff

– Überlegungen zu Theorie und Praxis der subjektiven Unternehmensbewertung – die Funktionen des Wirtschaftsprüfers als Gutachter – in: WPg 1981, S. 202 ff

Dötsch, E.: Kapitalerhöhung und Kapitalherabsetzung – Auswirkungen auf Einkommensermittlung und Eigenkapitalgliederung, in: DB 1981, S. 1994 ff

Doris, P.: Die rechtsgeschäftliche Ermächtigung bei Vornahme von Verfügungs-, Verpflichtungs- und Erwerbsgeschäften, München 1974

Dreesbach, L. E.: Betriebsräte liegen im Bett und hungern, in: Handelsblatt vom 17. 9. 1981

Dreiss, W., Eitel-Dreiss, M.: Steuerliche Verlustbehandlung und Sanierung, in: DB 1980, S. 1858 ff

Drexl, A., Kayser, G.: Überschuldungsfeststellung mittels Monte-Carlo-Simulation, in: BB 1981, S. 401 ff

Dreyfack, R. von, Seibel, J. J.: Zero-Base Budgeting, Das Budget als Führungsinstrument in Wirtschaft und Verwaltung, 2. Aufl., München 1978

Drukarczyk, J.: Bilanzielle Überschuldungsmessung – zur Interpretation der Vorschriften von § 92 Abs. 2 AktG und § 64 Abs. 1 GmbHG, in: ZGR 1979, S. 553 ff

– Begrenzte Haftung, Gläubigerrisiko und Gesellschafterdarlehen, Zur Vorschrift des § 32 a im Entwurf des neuen GmbHG, in: Betriebswirtschaftslehre und Recht, Bericht von der wissenschaftlichen Tagung des Verbandes der Hochschullehrer für Betriebswirtschaft e.V. vom 17. bis 19. Mai 1978 in Nürnberg, hrsg. von A. Heigl und P. Uecker, Wiesbaden 1979

Düchting, H.: Liquidität und unternehmerische Entscheidungsmodelle, Diss. München 1965

Düringer/Hachenburg: Das Handelsgesetzbuch, 3. Aufl., Bd. II/2, bearbeitet von J. Flechtheim, Mannheim-Berlin-Leipzig 1932, zitiert als: Düringer/Hachenburg/Flechtheim, HGB

Dunst, K. H.: Portfolio Management, Berlin-New-York 1979

Durchlaub, W.: Kürzung des Sozialplanes im Falle wirtschaftlicher Schwierigkeiten, in: DB 1980, S. 496 ff

Edel, H.: Die Höhe der Vergleichsquote in Ausgleich von Gläubiger- und Schuldnerinteresse, Würzburg 1938

Eden, S.: Treuhandschaft an Unternehmen und Unternehmensanteilen – Recht, Steuer, Betriebswirtschaft –, Bielefeld 1981

Egner, H., Wolff, G.: Zur Unbrauchbarkeit des Überschuldungstatbestands als gläubigerschützendes Instrument, in: AG 1978, S. 99 ff

Ehrenberg: Handbuch des gesamten Handelsrechts, Leipzig 1929, Band 3

Eickhof, N.: Ansätze zur Theorie und Bekämpfung von Strukturkrisen, Tübingen 1976

Eisenhofer, A.: Beteiligungen. Der Erfolgsweg zu Wachstum und Diversifikation, Wiesbaden 1970

Ellinger, Th.: Die Marktperiode in ihrer Bedeutung für die Produktions- und Absatzplanung der Unternehmung, in: ZfhF 1961, S. 580 ff

Elmendorff, W., Thoennes, H.: Einfluß der Finanzierung auf den Unternehmenswert, in: Aktuelle Fragen der Unternehmensfinanzierung und Unternehmensbewertung, Festschrift für K. Schmaltz, hrsg. von K.-H. Forster und P. Schuhmacher, Stuttgart 1970 S. 35 ff

Elsen: Aus welchen Gründen kann eine Steuer erlassen werden?, in: StuW 1959, Sp. 499 ff

Emmerich, H.: Die Sanierung, I. Teil, Der Begriff der Sanierung, Der außergerichtliche Vergleich, Die Sanierungstreuhand, Mannheim-Berlin-Leipzig 1930

Emmerich, V., Sonnenschein, J.: Konzernrecht, München 1973

Endress, R.: Insolvenz- und Risikofaktoren im Mittel- und Kleinbetrieb, Frankfurt a. M. (RKW) 1979

Engeleiter, H.-J.: Unternehmensbewertung, Stuttgart 1970

– Die Portfolio-Planung, in: BFuP 1981, S. 407 ff

Engels, L.: Zur Optimierung einer zeitabhängigen Liquiditätspolitik bei Saisonunternehmungen, Dagersheim 1971

Enneccerus-Nipperdey: Lehrbuch des Bürgerlichen Rechts, 15. Aufl., Tübingen 1960

Ermann, W.: Die Globalzession in ihrem Verhältnis zum verlängerten Eigentumsvorbehalt, Karlsruhe 1960

Espe, P.: Was ist, wenn Arbeiter ihren eigenen Betrieb übernehmen? in: Handelsblatt v. 20. 5. 1974

Esser, J.: Globalzession und verlängerter Eigentumsvorbehalt, in: JZ 1968, S. 281 ff

– § 138 BGB und die Bankpraxis der Globalzession, in: ZHR 1971, S. 320 ff

Everhardt, K.-H.: Die Bedeutung des § 613 a BGB für die Insolvenzsicherung der betrieblichen Altersversorgung, in: BB 1976, S. 1611 ff

Fabian, F.: Vom „Fall" zum „Modell" Glashütte Süßmuth, in: Arbeiter übernehmen ihren Betrieb oder Der Erfolg des Modells Süßmuth, hrsg. von F. Fabian, Reinbek bei Hamburg 1972, S. 15 ff

Falkenberg, R.-D.: Auswirkungen des § 613 a BGB in der betrieblichen Praxis, in: DB 1980, S. 783 ff

Fasold, R.: Ertragsteuern auf stille Reserven bei der Unternehmensbewertung, in: DB 1971, S. 1977 ff

Felix, G.: Zur ertragsteuerlichen Behandlung öffentlicher Zuschüsse für die Sicherung von Arbeitsplätzen, die an Auffanggesellschaften gewährt werden, in: DB 1976, S. 740 ff

– Kölner Handbuch der Betriebsaufspaltung und Betriebsverpachtung, 3. Aufl., Köln 1978

Felix, G., Streck, M.: Preisgestaltung und Steuervorteil bei der Übertragung von Anteilen an Kapitalgesellschaften nach der Körperschaftsteuerreform, in: BB 1976, S. 1309 ff

Fenge, H.: Die arbeitsrechtliche Gesetzgebung zur betrieblichen Altersversorgung, in: DB 1975, S. 50 ff

Fettel, J.: Überschuldung, in: HdB, 3. Aufl., Stuttgart 1962, Band IV, Sp. 5464 ff

Finger, P.: Verlängerter Eigentumsvorbehalt und Globalzession, in: JZ 1970, S. 642 ff

Fischer, O.: Der Einfluß von Leasing und Factoring auf Finanzstruktur und Kosten der Unternehmung, in: Kapitaldisposition, Kapitalflußrechnung und Liquiditätspolitik, hrsg. von H. Jacob, Wiesbaden 1969, S. 77 ff

– Kreditausfälle und Eigenkapitalvorsorge der Banken, in: Der Bankbetrieb zwischen Theorie und Praxis, Festschrift für K. F. Hagenmüller, hrsg. von J. Süchting, 2. Auflage, Wiesbaden 1977

Fischer, W.: Dynamische Überschuldungsprüfung als Insolvenzindikator, in: DB 1981, S. 1345 ff

Fitting, K., Auffarth, F., Kaiser, H.: Betriebsverfassungsgesetz, Handkommentar, 13. Auflage, München 1981, zitiert als: Fitting/Auffarth/Kaiser, BetrVG

Fleege-Althoff, F.: Die notleidende Unternehmung, Erster Band: Krankheitserscheinungen und Krankheitsursachen, Stuttgart 1930

Flessner, A.: Sanierung und Reorganisation, Insolvenzverfahren für Großunternehmen in rechtsvergleichender und rechtspolitischer Untersuchung, Tübingen 1982

– Grundfragen des künftigen Sanierungsrechts, in: ZIP 1981, S. 113 ff

Fluch, K.: Der Status der Unternehmung, 2. Auflage, Wiesbaden 1961

Flume, W.: Ist die Sanierungsgesellschaft körperschaftsteuerpflichtig?, in: StuW 1936, Sp. 1181 ff

– Der verlängerte und erweiterte Eigentumsvorbehalt, in: NJW 1950, S. 841 ff

– Die Billigkeitsmaßnahmen des § 131 AO nach neuem Recht, in: StbJB 1953/54, S. 81 ff

– Zur Problematik des verlängerten Eigentumsvorbehalts, in: NJW 1959, S. 913 ff

– Rechtsgeschäft, Allgemeiner Teil des bürgerlichen Rechts, 2. Aufl., Berlin-Heidelberg-New York 1975

Förster, W.: Die Liquidationsbilanz, Köln 1972

Ford, D. J., Shaw, C. E.: Acquisition Analysis: Consider Your Shareholders, in: Financial Executive 1968, S. 42 ff

Freese, G.: Reitet für Karstadt, in: Die Zeit vom 9. Juli 1976

Freudenmann, H.: Planung neuer Produkte, Diss. München 1963

Friedel, G. B.: Rechtliche und rechtspolitische Aspekte des Modells, in: Arbeiter übernehmen ihren Betrieb oder Der Erfolg des Modells Süßmuth, hrsg. von F. Fabian, Reinbek bei Hamburg 1972, S. 67 ff

Fromm, N., Gerlinger, R.: Der Aufbau einer langfristigen Unternehmensplanung, in: ZfB 1968, 2. Ergänzungsheft, S. 39 ff

Frotscher, G.: Steuern im Konkurs, Heidelberg 1974

– Konkurs und Steuern, in: BB 1975, S. 1445 ff

Fuchs, H.: Der Sozialplan nach dem BetrVG 1972, Köln 1977

Gäfgen, D.: Leasing in den USA, in: Leasing-Handbuch, hrsg. von K. F. Hagenmüller, 2. Auflage, Frankfurt a.M. 1968, S. 107 ff

Gamillscheg, F.: Zur Abfindung bei Verlust des Arbeitsplatzes, in: Festschrift für F. W. Bosch, Bielefeld 1977, S. 209 ff

Gassner, B.: Gesellschafter-Zuschüsse und Gesellschafter-Darlehen, in: JbFSt 1976/77, S. 227 ff

Gaul, D.: Mitwirkungsrechte der Arbeitnehmer in Insolvenzverfahren, in: KTS 1955, S. 180 ff

– Der Betriebsinhaberwechsel und seine einzelvertraglichen Auswirkungen, in: BB 1979, S. 1666 ff

– Die kollektiven und kollektivrechtlichen Auswirkungen des Betriebsinhaberwechsels, in: BB 1980, S. 98 ff

Geist, G.: Insolvenzen und Steuern, Konkurs – Vergleich – Sanierung im Steuerrecht, 3. Aufl., Herne – Berlin 1980

Gerhardt, W.: Die systematische Einordnung der Gläubigeranfechtung, Göttingen 1969

– Aspekte zur Wechselwirkung zwischen Konkursrecht und Wirtschaftsleben, in: Festschrift für Friedrich Weber zum 70. Geburtstag am 19. Mai 1975, hrsg. von E. Bökelmann, W. Henckel, G. Jahr, Berlin – New York 1975, S. 181 ff

– Insolvenzverfahren und Einzelzwangsvollstreckung, in: Einhundert Jahre Konkursordnung 1877 – 1977, hrsg. von W. Uhlenbruck, B. Klasmeyer und B. Kübler, Köln-Berlin-Bonn-München 1977, S. 111 ff

– Grundpfandrechte im Insolvenzverfahren – RWS-Seminarskript – Köln 1979, S. 6 ff

– Auskunftspflicht des Konkursverwalters gegenüber dem Gemeinschuldner? in: ZIP 1980, S. 941 ff

Ges. für Wirtschaftsförderung in NRW mbH (Hrsg.): Handbuch für Investoren, Ergänzungslieferung 12/1978

Geßler, E.: Die Umwandlung von Krediten in haftendes Kapital, in: Festschrift für Philipp Möhring, hrsg. von W. Hefermehl, R. Wirtz und H. Westermann, München 1975, S. 173 ff

Gessner, V., Rhode, B., Strate, G., Ziegert, K.-A.: Die Praxis der Konkursabwicklung in der Bundesrepublik Deutschland, Köln 1978

v. Godin-Wilhelmi: Kommentar zum Aktiengesetz, Berlin und Leipzig 1937

Götzen, G., Kirsch, W.: Problemfelder und Entwicklungstendenzen in der Planungspraxis, in: ZfbF 1979, S. 162 ff

Goldbeck, K. J.: Insolvenz-Signale, in: Aktuelle Beiträge über Insolvenzen, Schimmelpfeng-Schriftenreihe, Band 7, Frankfurt am Main 1975, S. 15 ff

Goldmann: Zur Frage: „Konkurs oder Vergleich" und zur Angemessenheit der Vergleichsquote, in: KTS 1962, S. 91 ff

Griesam, R.: Der Beschäftigungsanspruch des Arbeitnehmers unter besonderer Berücksichtigung des § 102 Abs. 5 Satz 1 BetrVG 1972, München 1978

Grochla, E.: Unternehmungsorganisation, Reinbek bei Hamburg 1972

– Grundlagen der Materialwirtschaft, Das materialwirtschaftliche Optimum im Betrieb, 3. Auflage, Wiesbaden 1978

Groh, M.: Künftige Verluste in der Handels- und Steuerbilanz, zugleich ein Beitrag zur Teilwertdiskussion, in: StuW 1976, S. 32 ff

Grosche, K.: Das Produktionsprogramm, seine Änderungen und Ergänzungen, Berlin 1967

Groß, H., Skaupy, W.: Das Franchise System, Neue Vertriebswege für Waren und Dienste, Düsseldorf-Wien 1968

Groß, J.: Das Recht der Sicherungsübereignung nach § 930 BGB, Berlin 1932

Groß, P. J.: Steuerfreibeträge gemäß § 16 Abs. 4 EStG bei der Veräußerung von Mitunternehmeranteilen, in: DB 1979, S. 1672 ff.; 1720 ff.; 1768 ff

Großkommentar z. Aktiengesetz: 3. neu bearbeitete Auflage von C. H. Barz, H. Brönner, U. Klug, K. Mellerowicz, J. Mayer-Landrut, W. Schilling, H. Wiedemann, H. Würdinger, Berlin-New York 1973

Grub, V.: Zur wirtschaftlichen Bedeutung des § 613 a BGB bei Betriebsveräußerung im Konkurs, in: KTS 1978, S. 129 ff

Grunsky, W.: Grundzüge des Zwangsvollstreckungs- und Konkursrechts, 2. Aufl., Tübingen 1979

Gustafsen, G.: Bericht des Konkursverwalters der ROLLEI-Werke, Braunschweig, in: ZIP 1982, S. 230 ff

Gustavus, E.: Anmerkung zu LG Berlin v. 27. 10. 1976 – 98 T 30/76, in: BB 1977, S. 214 ff

Gutenberg, E.: Finanzierung und Sanierung, in: HdB, 2. Aufl., hrsg. von H. Nicklisch, Stuttgart 1938, Bd. 1, Sp. 1739 ff

– Unternehmensführung, Organisation und Entscheidungen, Wiesbaden 1962

– Grundlagen der Betriebswirtschaftslehre, Erster Band, Die Produktion, 14. Auflage, Berlin-Heidelberg-New York 1968

– Grundlagen der Betriebswirtschaftslehre, Zweiter Band, Der Absatz, 10. Auflage, Berlin-Heidelberg-New York 1967

– Grundlagen der Betriebswirtschaftslehre, 3. Band, Die Finanzen, 3. Auflage, Berlin-Heidelberg-New York 1969

Haack, M.: Der Konkursgrund der Überschuldung bei Kapital- und Personengesellschaften, Frankfurt a.M. 1980

– Bewertungsprobleme bei der Überschuldungsfeststellung, in: BB 1981, S. 883 ff

Haase, K. D.: Zur Umwandlungsfähigkeit von Gesellschafterdarlehen in haftendes Kapital nach Handelsgesetzbuch und GmbH-Gesetz, in: BB 1972, Beilage 6, S. 97 ff

Hachenburg: GmbHG, 7. Aufl., Berlin-New York 1975

Häberle, P.: Öffentliches Interesse als juristisches Problem, Eine Analyse von Gesetzgebung und Rechtsprechung, Bad Homburg 1970

Härle, D.: Finanzierungsregeln und ihre Problematik, Wiesbaden 1961

Hahn, D., Krystek, U.: Betriebliche und überbetriebliche Frühwarnsysteme in der Industrie, in: ZfbF 1979, S. 76 ff

Hahn, G.: Ursachen von Unternehmensmißerfolgen – Ergebnisse von Untersuchungen besonders im rheinischen Industriebezirk, Diss. Köln 1956

Haje, R.: Sozialplaneinfluß auf Insolvenzentscheidungen, Ein betriebswirtschaftlicher Beitrag zur Theorie insolvenzbezogener Entscheidungen, Schwarzenbek 1979

– Quantifizierung von Sozialplanaufwendungen, in: DB 1980, S. 793 ff

Hanau, P.: Probleme der Mitbestimmung des Betriebsrats über den Sozialplan, in: ZfA 1974, S. 89 ff

Hansestadt Hamburg: „Bericht des Parlamentarischen Untersuchungsausschusses zur Untersuchung der Gründe für das Scheitern der Sanierung Blohm", auszugsweise wiedergegeben in: ZIP 1980, S. 930 ff

Hasenack, W.: Betriebsstillegung, in: HWB, 4. Aufl., hrsg. von E. Grochla und W. Wittmann, Stuttgart 1974/75, Sp. 636 ff

Hasford, A.: Die Wirkungen des rechtsgeschäftlichen Übergangs von Betriebsteilen auf bestehende Arbeitsverhältnisse, in: BB 1973, S. 562 ff

Hauschildt, J.: Bilanzpolitik und Finanzierung, in: HWF, hrsg. von H. E. Büschgen, Stuttgart 1976, Sp. 190 ff

Hauser, S.: Insolvenzen in der BRD, in: Konjunkturpolitik 1973, S. 342 ff

Hax, H.: Der Einfluß der Investitions- und Ausschüttungspolitik auf den Zukunftserfolgswert der Unternehmung, in: Betriebswirtschaftliche Information, Entscheidung und Kontrolle, Festschrift für H. Münstermann, hrsg. von W. Busse von Colbe und G. Sieben, Wiesbaden 1969, S. 359 ff

Hax, K.: Betriebswirtschaftliche Deutung der Begriffe „Betrieb" und „Unternehmung", in: Recht und Rechtsleben in der sozialen Demokratie, Festgabe für Otto Kunze, hrsg. von K. Ballerstedt, E. Friesenhahn, O. von Nell-Breuning, Berlin 1969, S. 109 ff

– Finanzierungsarten, in: HWF, hrsg. von H. E. Büschgen, Stuttgart 1976, Sp. 431 ff

Heigl, A.: Teilwert, in: HWR, hrsg. von E. Kosiol, Stuttgart 1970, Sp. 1651 ff

Heilmann, H.: Konkurs bei Masseunzulänglichkeit, in: BB 1976, S. 765 ff

– Die Rechtslage des Arbeitnehmers bei Insolvenz seines Arbeitgebers, Berlin-New York 1977

Heinen, E.: Das Zielsystem der Unternehmung, Grundlagen betriebswirtschaftlicher Entscheidungen, Wiesbaden 1966

– Handelsbilanzen, 9. Aufl., Wiesbaden 1980

Heinze, M.: Der Sozialplan in Konkurs und Vergleich, in: DB 1974, S. 1814 ff

– Die Arbeitgeber – Nachfolge bei Betriebsübergang – Regelungsstruktur des § 613 a BGB und rechtliche Konsequenzen, insbesondere im Konkurs –, in: DB 1980, S. 205 ff

Helbling, C.: Unternehmungsbewertung und Steuern, 3. Aufl., Düsseldorf 1979

Henckel, W.: Masselosigkeit und Masseschulden, in: Einhundert Jahre Konkursordnung 1877 – 1977, hrsg. von W. Uhlenbruck, B. Klasmeyer und B. Kübler, Köln-Berlin-Bonn-München 1977, S. 169 ff

– Pflichten des Konkursverwalters gegenüber Aus- und Absonderungsberechtigten, RWS-Seminarskript, 2. Auflage, Köln 1979

– Anmerkung zum Beschluß des Großen Senats, in: KTS 1979, S. 171 ff

– Die Betriebsveräußerung im Konkurs, in: ZIP 1980, S. 2 ff

– Zur Anwendbarkeit des § 613 a BGB im Konkurs, in: ZIP 1980, S. 173 ff

Herget, R.: Das Zurücktreten mit Forderungen bei Überschuldung der Aktiengesellschaft, in: AG 1974, S. 137 ff

Herrmann-Heuer: Kommentar zur Einkommensteuer und Körperschaftsteuer, 18. Aufl., Köln (Loseblatt Stand Nov. 1981)

Hertlein, A.: Sanierung der Unternehmung, in: HdSW Bd. 9, Stuttgart-Tübingen-Göttingen 1956, S. 87 ff

Herzig, N.: Das verwendbare Eigenkapital – eine zentrale Größe des körperschaftsteuerlichen Anrechnungsverfahrens, in: BFuP 1977, S. 326 ff

– Körperschaftsteuerliche Definitivbelastung im Liquidationsfall – zugleich Einführung des Leg-ein-hol-zurück-Verfahrens, in: BB 1979, S. 173 ff

– Beendigungsorientierte Steuerbilanzpolitik, in: StuW 1980, S. 239 ff

– Der Freibetrag nach § 16 Abs. 4 EStG und die Substitution von laufenden Gewinnen durch Veräußerungs- und Aufgabegewinne, in: FR 1980, S. 37 ff

– Die Liquidation von Kapitalgesellschaften im körperschaftsteuerlichen Anrechnungsverfahren, Grundprobleme auf der Gesellschaftsebene, in: FR 1979, S. 289 ff

– Steuerbilanz- und Ausschüttungspolitik einer Kapitalgesellschaft bei geplanter Liquidation unter Berücksichtigung von Anteilsübertragungen, in: StuW 1980, S. 19 ff

Hess, H.: Gesetzlicher Übergang des Arbeitsverhältnisses bei Betriebsveräußerungen nur mit Einwilligung des Arbeitnehmers, in: BB 1975, S. 9 ff

Heubeck, G.: Die Insolvenzsicherung der betrieblichen Altersversorgung, BB 1975, Beilage 1, S. 9 ff

Heubeck, G., Höhne, G., Paulsdorff, J., Weinert, W.: Kommentar zum Betriebsrentengesetz, Band 1, Arbeitsrechtliche Vorschriften (§ 1 - 18), Heidelberg, zitiert als: Heubeck/Höhne/Paulsdorff/Weinert, BetrAVG

Heubeck, K., Rössler, N., Sauerberg, W.: Die wirtschaftliche Lage des Arbeitgebers bei der Prüfung der Anpassung von Betriebsrenten nach § 16 BetrAVG, in: BB 1980, Beilage 13

Hiebler, F.: Die Praxis der Kreditgewährung, Wiesbaden 1955

Hilker, W. H.: Die Sanierung des notleidenden Betriebes, Köln 1952

Hill, W.: Finanzierungsregeln, in: HWB, hrsg. von E. Grochla und W. Wittmann, 4. Aufl., Stuttgart 1974/75, Sp. 1451 ff

Hinterhuber, H. H.: Strategische Unternehmungsführung, 2. Aufl., Berlin-New York 1980

Hirtz, H.: Die Vorstandspflichten bei Verlust, Zahlungsunfähigkeit und Überschuldung einer Aktiengesellschaft, Diss. Aachen 1965

Höfer, R.: Gesetz zur Verbesserung der betrieblichen Altersversorgung, München 1976, zitiert als: Höfer, BetrAVG

Höhn, R.: Das Unternehmen in der Krise – Krisenmanagement und Krisenstab, Bad Harzburg 1974

Hoepffner, K.J., Gesetzesverdrängung durch Verwaltungshandeln im Steuerrecht, Diss. Würzburg 1970

Höppner, D.: Steuerliche Anerkennung eines KG-Vorweg-Verlustanteils der später neu beigetretenen Kommanditisten, in: DB 1976, S. 887 f

Hoffmann, G.: Zahlungsunfähigkeit und Zahlungseinstellung, in: MDR 1979, S. 713 ff

Hohner, G.: Zum Haftungsumfang bei überbewerteten Sacheinlagen in der GmbH, in: DB 1975, S. 629 ff

Hommelhoff, P.: Die Sachmängelhaftung beim Unternehmenskauf durch Anteilserwerb, in: ZHR 1976, S. 271 ff

Hoppe, W.: Leistungen an Arbeitgeber nach dem Arbeitsförderungsgesetz, in: DB 1979, S. 163 ff

Hopt, K. J.: Rechtspflichten der Kreditinstitute zur Kreditversorgung, Kreditbelassung und Sanierung von Unternehmen – Wirtschafts- und bankrechtliche Überlegungen zum deutschen und französischen Recht, in: ZHR 1979, S. 139 ff

Horvath, P.: Controlling, München 1979, S. 175 ff

Hovers, J.: Wachstum durch Firmenkauf und Zusammenschluß, München 1973

v. Hoyningen-Huene, G., Windbichler, C.: Der Übergang von Betriebsteilen nach § 613 a BGB, in: RdA 1977, S. 329 ff

Hruschka, E.: Aufdeckung und Beseitigung betrieblicher Verlustquellen, Grundlagen zur betriebswirtschaftlichen Beratung von Klein- und Mittelbetrieben, Stuttgart 1966

Hübschmann/Hepp/Spitaler: Kommentar zur Abgabenordnung und Finanzgerichtsordnung III, 7. Aufl., Köln 1977

Hueck, A., Hueck, G.: Gesellschaftsrecht, 17. Auflage, München 1975

Hütig, K.: Die arbeitsrechtlichen Möglichkeiten zur Änderung von betrieblichen Versorgungsregelungen, in: DB 1978, S. 693 ff

Hunold, W.: Personalabbau und Betriebsänderungen gemäß § 111 S. 2 Nr. 1 und 4 BetrVG, in: RdA 1976, S. 296 ff

– Das Recht der Personalanpassung nach den Grundsatzentscheidungen des Bundesarbeitsgerichts vom 22. 5. 1979, in: BB 1980, S. 1750 ff

Immenga, U.: Beteiligungen von Banken in anderen Wirtschaftszweigen, Brüssel 1975

Inhoffen, A. O., Müller-Dahl, F. P.: Rückstellungen für Abfindungen aus Sozialplan und Aufhebungsvertrag? (I) und (II), in: DB 1981, S. 1473 ff., 1525 ff

Interfinanz GmbH & Co. KG: Geschäftsbericht 1976, Düsseldorf 1977

– Geschäftsbericht 1980, Düsseldorf 1981

Jacob, H.: Die Methoden zur Ermittlung des Gesamtwertes einer Unternehmung, in: ZfB 1960, S. 131 ff., 209 ff

– Das Bewertungsproblem in den Steuerbilanzen, Wiesbaden 1961

Jaeger, E.: Lehrbuch des Deutschen Konkursrechts, 8. Aufl., Berlin-Leipzig 1932

Jaeger-Henckel: Konkursordnung, Großkommentar, 9. Auflage, Berlin-New York 1977

Jaeger-Lent: Konkursordnung mit Einführungsgesetzen, Kommentar, 8. Aufl., Band I, Berlin 1958, zitiert als: Jaeger-Lent, KO

Jaeger-Weber: Konkursordnung, 8. Auflage, Band II, Berlin-New York 1973, zitiert als: Jaeger-Weber, KO

Jaensch, G.: Ein einfaches Modell der Unternehmungsbewertung ohne Kalkulationszinsfuß, in: ZfbF 1966, S. 660 ff

Jauernig, O.: Zwangsvollstreckungs- und Konkursrecht, 14. Auflage des von F. Lent begründeten Werkes, München 1977

Jeske, J. J.: Laokoon und die Sanierer, Die AEG und die Banken, in: FAZ vom 3. Nov. 1981

– Das Pokerspiel um Neckermann, in: FAZ vom 29. Nov. 1979

Jetter, K.: Thomson-Brandt sieht keine Chancen für Videocolor, in: FAZ vom 27. 1. 1982

Jochimsen, R., Treuner, P., Gustafsson, K.: Kommunale Industrie- und Gewerbeförderung, Köln und Berlin 1970

Jonas, H.: Zur gutachtlichen Methodik bei der Unternehmungsbewertung, in: ZfB 1955, S. 271 ff

Jordt, A.: Istaufnahme, in: HWO, hrsg. von E. Grochla, 2. Aufl., Stuttgart 1980

Julitz, L.: Warum Hans Streif an Hochtief verkauft hat, in: FAZ vom 11. Dez. 1980

Jung, W.: Insolvenzgefahr aufgrund von Planungsfehlern und Überwachungsmängeln, in: BFuP 1975, S. 110 ff

Kaduk, H.: Unsichere Sicherungen durch Globalzession und verlängerten Eigentumsvorbehalt, in: JR 1971, S. 221 ff

Käfer, K.: Substanz und Ertrag bei der Unternehmensbewertung, in: Betriebswirtschaftliche Information, Entscheidung und Kontrolle, Festschrift für H. Münstermann, hrsg. von W. Busse von Colbe und G. Sieben, Wiesbaden 1969, S. 295 ff

Kapp: Kommentar zum Erbschaftsteuer- und Schenkungssteuergesetz, 8. Auflage (Loseblattausgabe), Köln, zitiert als Kapp, ErbStG

Kaup, K.: Die Individualänderungskündigung im Arbeitsrecht, Diss. Köln 1975

Kehrmann, K.: Arbeitsrechtliche Fragen im Zusammenhang mit Kurzarbeit und Massenentlassungen, in: AuR 1967, S. 193 ff

Keiser, H.: Betriebswirtschaftliche Analyse von Insolvenzen bei mittelständischen Einzelhandlungen, Abhandlungen zur Mittelstandsforschung, Nr. 17, Köln und Opladen 1966

Kemper, K.: Porst braucht für Rollei vorerst kein Geld mitzubringen, in: FAZ vom 3. März 1981

Kern, N.: Netzplantechnik, Wiesbaden 1969

Kern, W.: Kennzahlensysteme als Niederschlag interdependenter Unternehmungsplanung, in: ZfbF 1971, S. 701 ff

– Investitionsrechnung, Stuttgart 1974

– Grundzüge der Investitionsrechnung, Stuttgart 1976

– Finanzierung durch Vermögensumschichtung, in: HWF, hrsg. von H. E. Büschgen, Stuttgart 1976, Sp. 1760 ff

– Produktionsprogramm, in: Handwörterbuch der Produktionswirtschaft, hrsg. von W. Kern, Stuttgart 1979, Sp. 1563 ff

– Industrielle Produktionswirtschaft, 3. Aufl., Stuttgart 1980

Kern, W., Schröder, H.-H.: Forschung und Entwicklung in der Unternehmung, Reinbek bei Hamburg 1977

Keuk, B.: Die neuere Einkommensteuer-Rechtsprechung des BFH zur Gewinnrealisierung, zur Abwicklung eines Erbfalls und zur Behandlung der Beziehungen zwischen Familienangehörigen, in: StuW 1973, S. 74 ff

– Zur Besteuerung der Gesellschaften, in: StuW 1974, S. 350 ff

– Die Besteuerung des Gewinns der Personengesellschaft und der Sondervergütungen der Gesellschaft, StuW 1974, S. 1 ff

Kilger, J.: Der Konkurs des Konkurses, in: KTS 1975, S. 142 ff

– Probleme der Sequestration im Konkurseröffnungsverfahren, in: Einhundert Jahre Konkursordnung 1877 – 1977, hrsg. von W. Uhlenbruck, B. Klasmeyer und B. Kübler, Köln-Berlin-Bonn-München 1977, S. 189 ff

Kilger, W.: Einführung in die Kostenrechnung, 2. Aufl., Wiesbaden 1980

– Flexible Plankostenrechnung und Deckungsbeitragsrechnung, 8. Aufl., Wiesbaden 1981

Kirschbaum, A.: Fremdfinanzierung und Wert einer Unternehmung, Wiesbaden 1967

Kirsten, W.: Matheja, K., Treuhand und Treuhänder im Steuerrecht: Steuerliche Treuhand, Treuhänderschaft und Organschaft, 2. Aufl., Herne und Berlin 1978

Kitching, J.: Why Do Mergers Miscarry?, in: Harvard Business Review, No. 6, 1967, S. 84 ff

Kithier, W.: Der Einfluß der Führungsorganisation auf den Wert eines Unternehmens, in: WPg 1975, S. 410 ff

Klein, W.: Die betriebswirtschaftliche Beurteilung eines Unternehmens im Rahmen der Gründungsprüfung, Düsseldorf 1972

Knapp, L.: Zur Bilanzierung bei Gesellschafterwechsel in Personengesellschaften, in: DB 1975, S. 65 ff

Knieper, R.: Konkurs und Sanierung – Zum einhundertjährigen Bestehen der Konkursordnung, in: BB 1977, S. 622 ff

Knigge, A.: Gesetzliche Neuregelung der Gleichbehandlung von Männern und Frauen am Arbeitsplatz, in: BB 1980, S. 1272 ff

Knobbe-Keuk, B.: Bilanz- und Unternehmenssteuerrecht, 3. Aufl., Köln 1981

– Konkurs und Umsatzsteuer, in: BB 1977, S. 757 ff

– Gesellschafterwechsel bei Personengesellschaften und § 10 a GewStG, in: StuW 1978, S. 267 ff

– Der neue § 15 a EStG – Ein Beispiel für den Gesetzgebungsstil unserer Zeit, in: StuW 1981, S. 97 ff

Knoppe, H.: Pachtverhältnisse gewerblicher Betriebe im Steuerrecht – Betriebsverpachtung, Betriebsaufspaltung, 5. Auflage, Düsseldorf 1979

Knorr, E.: Der Zahlungsplan in Vergleichsverfahren, in: KTS 1955, S. 81 ff

– Zum Aussagewert der Vergleichsbilanz, in: KTS 1955, S. 12 ff. und 20 ff

Knorr, E., Gernhardt, G.: Zur Bilanz als Instrument der Insolvenzprophylaxe, in: Bilanzpolitik und Bilanztaktik – Schriften zur Unternehmensführung, Wiesbaden 1969, S. 69 ff

Koch, H.: Zur Problematik des Teilwertes, in: ZfhF 1960, S. 319 ff

– Zum Verfahren der strategischen Programmplanung, in: ZfbF 1979, S. 145 ff

Koch, K., Höllig, H.: Erlaß von Steuern nach der AO 1977, in: NWB Nr. 44 v. 30. 10. 1978, S. 2625 = Fach 2, 3347

Körnig, J.: Rang des Sozialplananspruchs im Konkurs, in: DB 1975, S. 1411 ff

Kötter, H.-W.: Die Tauglichkeit der Vorausabtretung als Sicherungsmittel des Geld- und Warenkredits, Frankfurt 1960

Kohl, H., Volkmann, G.: Der Sozialplan als Ultima Ratio – Eine Einschätzung aus gewerkschaftlicher Sicht, in: DBW 1979, S. 397 ff

Kohler, W.: Junge Unternehmen sind am insolvenzanfälligsten, in: FAZ v. 29. 10. 1981

Kolbeck, R.: Unternehmen I: Unternehmen und Betrieb, in: HdWW, 8. Band, Stuttgart und New York, Tübingen, Göttingen und Zürich 1980, S. 65 ff

Kommission für Buchprüfung: Entwurf einer Empfehlung (7): Die Beachtung des Grundsatzes der Fortführung des Unternehmens („going concern"-Basis) bei der Abschlußprüfung, in: WPg 1976, S. 464 f

Konrad, E., Vikas, K.: Sanierung eines Konzernunternehmens durch konsequente Anwendung betriebswirtschaftlicher Führungs- und Steuerungsmethoden, dargestellt am Beispiel eines Unternehmens der Fahrzeugindustrie, in: Einsatz der Kostenrechnung in der Unternehmung, Schriften zur Unternehmensführung, Wiesbaden 1977, S. 117 ff

Korte, R.-J.: Verfahren der Wertanalyse, Betriebswirtschaftliche Grundlagen zum Ablauf wertanalytischer Entscheidungsprozesse, Berlin 1977

Kosiol, E.: Organisation der Unternehmung, Wiesbaden 1962

– Die Unternehmung als wirtschaftliches Aktionszentrum, Reinbek bei Hamburg 1966

Kramer, U.: Das anglo-amerikanische Sonderverfahren zur Reorganisation von Kapitalgesellschaften nach Abschnitt X des Bankruptcy Acts, Köln-Berlin-Bonn-München 1977

Kreikebaum, H.: Die Potentialanalyse und ihre Bedeutung für die Unternehmensplanung, in ZfB 1971, S. 257 ff

Krelle, W.: Preistheorie, Tübingen und Zürich 1961

Kribs-Drees, J.: Die Bedeutung der Zahlungseinstellung und Konkurseröffnung für Entwicklung und Reform des Konkursstrafrechts, Diss. Köln 1978

Kroitsch, H.: Der Erwerb eines wesentlichen Vermögensteils im Sinne des § 23 Abs. 2 Nr. 1 GWB, in: WuW 1977, S. 235 ff

Kruk, M.: Der Weg der Beton- und Monierbau in den Konkurs, in: FAZ vom 11. 10. 1979

– Alle wollen der AEG helfen, in: FAZ vom 7. 12. 1979

Kruse, H. W.: Über Billigkeit und Richtlinien, Einige Anmerkungen zu § 131 AO, in: StuW 1960, Sp. 477 ff

– Über Ermessen und Billigkeit, in: StuW 1962, Sp. 715 ff

Krystek, U.: Krisenbewältigungs-Management und Unternehmungsplanung, Wiesbaden 1981

Kühnau, M.: Sonderbilanzen, in: HWR, S. 1571 ff

Künne, K.: Über den gerichtlichen und außergerichtlichen Sanierungsvergleich, in: BFuP 1959, S. 448 ff

– Außergerichtliche Vergleichsordnung, 7. Aufl., München 1968

– Der Liquidationsvergleich im gerichtlichen und außergerichtlichen Vergleichsverfahren, Düsseldorf 1968

– Die Verfolgung des Eigentumsvorbehaltes im Konkurs- und Vergleichsverfahren des Käufers, in: DB 1971, S. 1509 ff

– Zweifelsfragen aus dem Vergleichsrecht, in: KTS 1971, S. 235 ff

– Vorschläge zur Reform der Vergleichsordnung, in: DB 1978, S. 729 ff

Küting, K.: Das Übernahmeangebot als alternative Form des Beteiligungserwerbs, in: BB 1978, S. 175 ff

Kuhn, K.: Die Sacheinlage bei Kapitalgesellschaften in betriebswirtschaftlicher Sicht, in: ZfB 1966, S. 647 ff

Kupsch, P.: Bilanzierungsproblematik und Vorstandspflichten bei Verlust in Höhe der Hälfte des Grundkapitals und bei Überschuldung, in : WP 1982, S. 273 ff

Kurth, H.: Die Besteuerung des Mitunternehmers, Steuerliche Beurteilung der Leistungsbeziehungen zwischen der Mitunternehmergemeinschaft und ihren Gesellschaftern, Wiesbaden 1978

Kussmann, M., u. a.: Vollstreckung, 3. Aufl., Düsseldorf-Achim 1977

Lammel, S.: Die Haftung des Treuhänders aus Verwaltungsgeschäften, Frankfurt am Main 1972

Lange, H.: BGB, Allgemeiner Teil, 13. Aufl., München 1970

Lange, K.: Rechtsprobleme kommunaler Wirtschaftsförderung, in: DVBl 1977, S. 873 ff

Langel, H.: Steuerliche Aspekte der Unternehmenssanierung, in: StbJb 1977/78, S. 321 ff

Langenfeld, G.: Verschleierte Sacheinlagen bei der GmbH, in: GmbH-Rdsch. 1981, S. 53 ff

Larcier, R.: Kauf und Verkauf von Unternehmen, München 1973

Larenz, K.: Allgemeiner Teil des Deutschen bürgerlichen Rechts, 5. Aufl., München 1980

Laux, H.: Unternehmungsbewertung bei Unsicherheit, in: ZfB 1971, S. 525 ff

Leffson, U.: Die Grundsätze ordnungsmäßiger Buchführung, 5. Aufl., Stuttgart 1980

– Der Einfluß einer erkennbaren Gefährdung der Unternehmung auf die Aussagen im Prüfungsbericht und Bestätigungsvermerk, in: WPg 1980, S. 637 ff

Lehmann, M. R.: Allgemeine Betriebswirtschaftslehre, 3. Aufl., Wiesbaden 1956

Lenel, H. O.: Ursachen der Konzentration unter besonderer Berücksichtigung der deutschen Verhältnisse, 2. Aufl., Tübingen 1968, S. 218 ff

Lenski-Steinberg: Kommentar zum Gewerbesteuergesetz, 5. Auflage, (Loseblattausgabe), Köln

Lent, F., Schwab, K. H.: Sachenrecht, 12. Aufl., München 1968

Lepke, A.: Zum Inhalt der sog. Weiterbeschäftigungspflicht nach § 102 Abs. 5 Satz 1 BetrVG 72, in: DB 1975, S. 498 ff

– Begünstigter Personenkreis bei Betriebsübergang, in: BB 1979, S. 526 ff

Littmann, E.: Die Anwendung des § 6 b EStG bei Personengesellschaften und ihren Gesellschaftern, in: DStR 1981, S. 63 ff

– Das Einkommensteuerrecht, 13. Auflage, Stuttgart 1981/82

Löw, A. K.: Ökonomische Probleme der teilweisen und vollständigen Stillegung, Diss. Nürnberg 1961

Löwisch, M.: Die Verknüpfung von Kündigungsschutz und Betriebsverfassung nach dem BetrVG 1972, in: DB 1975, S. 349 ff

– Die Weiterbeschäftigung des Arbeitnehmers während des Kündigungsrechtsstreits, in: DB 1978, Beilage 7

Lohl, R.: Die staatliche Betätigung bei privatrechtlichen Unternehmen nach der Haushaltsrechtsreform, in: AG 1970, S. 159 ff

Lohmann, M.: Zur Problematik der goldenen Bilanzregel, zugleich ein Beitrag zur Anwendung des § 3 Abs. 1 des Kapitalverkehrssteuergesetzes, in: WPg 1959, S. 141 ff

Lohmeyer, H.: Treuhandverhältnisse im Steuerrecht, in: StuW 1970, Sp. 243 ff

Luckey, G.: Gewinnrealisierung bei Unternehmungsumwandlung und bei Übertragung einzelner Wirtschaftsgüter, in: StuW 1979, S. 129 ff

Lücke, W.: Die Liquidität im Entscheidungsmodell, in: Gegenwartsfragen der Unternehmung, Festschrift zum 65. Geburtstag von W. Hasenack, hrsg. von H.-J. Engeleiter, Herne-Berlin 1966, S. 323 ff

Lutter, M.: Kapital, Sicherung der Kapitalaufbringung und Kapitalerhaltung in den Aktien- und GmbH-Rechten der EWG. Eine Untersuchung zur Ausfüllung von Artikel 54 Abs. 3 lit. g des Vertrages über die Errichtung einer Europäischen Wirtschaftsgemeinschaft, Karlsruhe 1964

– Die GmbH-Novelle und ihre Bedeutung für die GmbH, die GmbH & Co. KG und die Aktiengesellschaft, in: DB 1980, S. 1317 ff

Lutter, M., Hommelhoff, P., Timm, W.: Finanzierungsmaßnahmen zur Krisenabwehr in der Aktiengesellschaft, in: BB 1980, S. 737 ff

Lutter, M., Timm, W.: Sanierungsfusion und Heilung verbotswidrig vollzogener Zusammenschlüsse, in: BB 1976, S. 1617 ff

Lux, H. J.: Sozialplan und Nachteilsausgleich im Konkurs, in: BB 1979, S. 282 ff

Maaßen: Der „außerordentliche" Steuererlaß nach § 131 Abs. 1 Satz 2 und 3 Reichsabgabenordnung, in: NJW 1955, S. 165 ff

Mace, M. L., Montgomery, G. G.: Management Problems of Corporate Acquisitions, Boston 1962

Majer, W.: Zum Problem der Ermittlung bereinigungsverdächtiger Erzeugnisse in Programmen, in: BFuP 1967, S. 492 ff

– Programmbereinigung als unternehmenspolitisches Problem, Wiesbaden 1969

Manasse, B., Levi, A.: Vergleichstechnik bei Zahlungsschwierigkeiten, Berlin-Wien 1930

Mann, G.: Grundprobleme der externen Sanierungsprüfung, in: Dienstleistungen in Theorie und Praxis, Festschrift zum 70. Geburtstag von Otto Hintner, hrsg. von H. Linhardt, P. Penzkofer, P. Scherpf, Stuttgart 1970, S. 237 ff

Mannheimer, W. (Le Coutre): Die Sanierung, Berlin 1934

Markert, K.: „Auch bei der Sanierungsfusion entscheidet die Wettbewerbsprüfung", in FZ – Blick durch die Wirtschaft vom 5. 5. 1977

Marr, R.: Produktfeldplanung, in: Handwörterbuch der Produktionswirtschaft, hrsg. von W. Kern, Stuttgart 1979, Sp. 1441 ff

Marschall, D.: Neuregelung der Anzeigepflicht bei „Massenentlassungen", in: DB 1978, S. 981 ff

Martens, E. C.: Die Haftung des Erwerbers bei Betriebsveräußerung durch den Konkursverwalter nach § 613 a BGB, insbesondere für Versorgungsanwartschaften, in: DB 1977, S. 495 ff

Marx, T.: Die gemeinsame Wahrnehmung von Sicherungsrechten im Konkurs (Pool-Vereinbarungen), in: NJW 1978, S. 246 ff

Materne, G.: . . . aber der Freistaat läßt sie nicht verkommen, in: FAZ vom 14. 4.1978

Mathews, K.: Rechenschaftslegung über Treuhandverhältnisse, Behandlung im Jahresabschluß und im Geschäftsbericht, Herne/Berlin 1978

Matschke, M. J.: Der Entscheidungswert der Unternehmung, Wiesbaden 1975

– Funktionale Unternehmungsbewertung, Bd. II: Der Arbitriumwert der Unternehmung, Wiesbaden 1979

Mattes, H.: Finanzierungsvorschläge im Konzern, Stuttgart 1966

Matthes, H. C.: Probleme des Kündigungsschutzes von Betriebsratsmitgliedern, in: DB 1980, S. 1165 ff

Maul, K.-H.: Unternehmensbewertung auf der Basis von Nettoausschüttungen, in: WPg 1973, S. 57 ff

– Unternehmensbewertung bei Unsicherheit, in: WPg 1976, S. 573 ff

Maus, N.: Unternehmungsbewertung als Grundlage unternehmerischer Entscheidungen, in: Betriebswirtschaftliche Information, Entscheidung und Kontrolle, Festschrift für H. Münstermann, hrsg. von W. Busse von Colbe und G. Sieben, Wiesbaden 1969, S. 381 ff

Mayer, K. B., Goldstein, S.: The First Two Years: Problems of Small Firm Growth and Survival, Washington D.C. 1961

Mayer-Maly, T.: Weiterbeschäftigung nach Kündigung, in: DB 1979, S. 1601 ff

Medicus, D.: Kreditsicherung durch Verfügung über künftiges Recht, in: JuS 1967, S. 385 ff

Meffert, H.: Interpretation und Aussagewert des Produktlebenszyklus-Konzeptes, in: Neuere Ansätze der Marketingtheorie, Festschrift zum 80. Geburtstag von O. Schnutenhaus, hrsg. von P. Hammann, W. Kroeber-Riel und C. W. Meyer, Berlin 1974, S. 85 ff

– Marketing, Einführung in die Absatzpolitik, 5. Auflage, Wiesbaden 1980

Meilicke, W.: Die Barabfindung für den ausgeschlossenen und ausscheidungsberechtigten Minderheits-Kapitalgesellschafter, Rechtsgrundsätze zur Unternehmensbewertung, Berlin 1975

Meinhold, W.: Subventionen, in: HdSW, Band 10, Göttingen 1959, S. 236 ff

Meisel, G.: Die Mitwirkung und Mitbestimmung des Betriebsrats bei Änderungskündigungen, in: BB 1973, S. 944 ff

– Die Mitwirkung und Mitbestimmung des Betriebsrats in personellen Angelegenheiten, 4. Auflage, Heidelberg 1974

Mellerowicz, K.: Der Wert der Unternehmung als Ganzes, Essen 1952

Mentzel/Kuhn/Uhlenbruck: Konkursordnung, Kommentar, 9., neu bearbeitete Auflage von W. Uhlenbruck, München 1979, zitiert als: Mentzel/Kuhn/Uhlenbruck, KO

Merret, J., Sykes, A.: The Finance and Analysis of Capital Projects, London 1963

Mertens, H.-J.: Zur Bankenhaftung wegen Gläubigerbenachteiligung, in: ZHR 1979, S. 174 ff

Meyer, J.: Konzeptionelle Probleme der Wertfindung im Rahmen des anglo-amerikanischen Sonderverfahrens zur Reorganisation von Kapitalgesellschaften nach Abschnitt X des Bankruptcy Acts, Diss. Köln 1981

Meyer-Piening, A.: Zero Base Budgeting als Planungs- und Führungsinstrument, in: RKW-Handbuch Führungstechnik und Organisation, hrsg. von E. Potthoff, Berlin 1978, S. 1 ff

Miles, L. D.: Value Engeneering, Wertanalyse, die praktische Methode zur Kostensenkung, München 1964

Mittelbach, R.: Geschäfts- und Praxisübertragungen, 3. Aufl., Ludwigshafen (Rhein) 1977

Modigliani, F., Miller, M. H.: The Cost of Capital, Corporation Finance, and the Theory of Investment, in: The American Ecconomic Review 1958, S. 261 ff

Möhring, P.: Erbringung von Stammeinlagen bei einer GmbH durch Aufrechnung, in: Festschrift für Reimer Schmidt, hrsg. von F. Reichert-Facilides, F. Rittner und J. Sasse, Karlsruhe 1976, S. 85 ff

Mohrbutter, J.: Zur Fortentwicklung des Rechts der Vergleichsordnung, in: Einhundert Jahre Konkursordnung 1877 – 1977, hrsg. von W. Uhlenbruck, B. Klasmeyer und B. Kübler, Köln-Berlin-Bonn-München 1977, S. 301 ff

Mohrbutter, Drischler: Die Zwangsversteigerungs- und Zwangsverwaltungspraxis, Eine Darstellung des gesamten Immobiliarvollstreckungsrechts, 6. Aufl., Köln-Berlin-Bonn-München 1977/78

Mohrbutter, J., Haarmann, H.: Leitfaden für Vergleichs- und Konkursverwalter, 3. Auflage, Köln-Berlin-Bonn-München 1976

Moxter, A.: Grundsätze ordnungsmäßiger Unternehmensbewertung, Wiesbaden 1976

– Die sieben Todsünden des Unternehmensbewerters, in: Moderne Unternehmensbewertung und Grundsätze ihrer ordnungsmäßigen Durchführung, Bericht von der 1. Kölner BFuP-Tagung, Köln 1976, S. 253 ff

– Die Geschäftswertbilanzierung in der Rechtsprechung des Bundesfinanzhofs und nach EG-Bilanzrecht, in: BB 1979, S. 741 ff

– Ist bei drohendem Unternehmenszusammenbruch das bilanzrechtliche Prinzip der Unternehmensfortführung aufzugeben?, in: WPg 1980 S. 345 ff

Mühl: Der außergerichtliche Liquidationsvergleich, in: NJW 1956, S. 401 ff

Müller, K.: Der Tatbestand des kapitalersetzenden Gesellschaftsdarlehens in § 32 a Abs. 1 GmbHG, in: GmbH-Rdsch. 1982, S. 33 ff

Müller, W.: Die Verwendung von Gesellschafterforderungen zur Erfüllung von Einlageverpflichtungen bei Gründung und von Übernahmeverpflichtungen bei Erhöhung des Stammkapitals einer GmbH, in: WPg 1968, S. 173 ff

– Die betriebsbedingte Kündigung im Kündigungsschutzprozeß, in: DB 1975, S. 2130 ff

Müller-Haeseler, W.: Wir sind ein ganz normales Unternehmen, in: FAZ vom 13. Dez. 1979

Müller-Vogg, H.: Die Landesbank und die Politiker, in: FAZ vom 30. Juni 1981

Müssigbrodt, F.: Haftungsbefreiende Nennwertaufrechnung und Gläubigerschutz bei Sanierungsbegründungen von Kommanditgesellschaften, in: BB 1982, S. 338 ff

Münchener Kommentar zum Bürgerlichen Gesetzbuch: in 7 Bänden, hrsg. v. K. Rebmann, F. J. Säcker, Band 1, Allgemeiner Teil (§§ 1 – 240), AGB-Gesetz, Red. F. J. Säcker, 1. Auflage, München 1978

Münstermann, H.: Netzplantechnik und Jahresabschlußprüfung, in: Wirtschaftsprüfer im Dienst der Wirtschaft, Festschrift für E. Knorr, Düsseldorf 1968, S. 111 ff

– Bewertung von Unternehmungen (und Unternehmungsteilen), in: HWF, hrsg. von H. E. Büschgen, Stuttgart 1976, Sp. 168 ff

– Wert und Bewertung der Unternehmung, 3. Aufl. Wiesbaden 1970

Naujoks, W., Langen, W.: Auffälligkeit und Insolvenzhäufigkeit deutscher Unternehmen, in: Wirtschaftsdienst 1977, S. 82 ff

Neumann-Duesberg, H.: Arbeitgeberkündigung bei Betriebsübergang (§ 613 a BGB), in: NJW 1972, S. 665 ff

Nick, F. R.: Management durch Motivation, Stuttgart-Berlin-Köln-Mainz 1974

Nordsick, F.: Rationalisierung der Betriebsorganisation, 2. Auflage, Stuttgart 1955

Obermüller, M.: Die Bank im Konkurs ihres Kunden, Wiesbaden 1972

– Kredite vor Konkurseröffnung, in: ZIP 1980, S. 337 ff

Oderich, P.: Beton- und Monierbau hat auch mit fingierten Rechnungen gearbeitet, in: FAZ v. 5. 9. 1979

– Fast ein Tribunal über die Westdeutsche Landesbank, in: FAZ v. 5. 9. 1979

Ohl, H.: Der Sozialplan, Recht und Praxis kompensatorischer Leistungen für den Verlust des Arbeitsplatzes, Karlsruhe 1977

Ott, H.: Steuerfreier Sanierungsgewinn nur bei Gläubigerverzicht (Schulderlaß)?, in: BB 1969, S. 705 ff

Pagenstecher, M.: Der Konkurs, 4. Aufl., bearbeitet von M. Grimm, München 1968, zitiert als: Pagenstecher-Grimm

Palandt: Bürgerliches Gesetzbuch, 38. Aufl., bearbeitet von P. Bassenge, U. Diederichsen, H. Heinrichs, A. Heldrich, T. Keidel, H. Putzo, H. Thomas, München 1979, zitiert als: Palandt, BGB

Papke, H.: Wirtschaftliche Bedeutung der Terminsbestimmung im Zwangsversteigerungsverfahren, in: KTS 1965, S. 140 ff

– Das Bild des Vergleichsverwalters, in: Wirtschaftsprüfer im Dienst der Gesellschaft, Festschrift für Ernst Knorr, Düsseldorf 1968, S. 1 ff

Paulick, H.: Steuervereinbarungen und Vergleiche im Steuerrecht, in: JuS 1966, S. 21 ff

– Die stille Gesellschaft, Systematische Darstellung in handelsrechtlicher, steuerrechtlicher und betriebswirtschaftlicher Sicht, 3. Auflage, Köln 1981

Paulsdorff, J.: Neuere Entwicklung und Probleme der Insolvenzsicherung der betrieblichen Altersversorgung, in: KTS 1977, S. 212 ff

Pausenberger, E.: Die finanzielle Sanierung, in: Finanzierungs-Handbuch, hrsg. von H. Janberg, 2. Auflage, Wiesbaden 1970, S. 655 ff

Pfaff, P.: Konkurs im steuerlichen Vollstreckungsverfahren, in: StuW 1962, Sp. 537 ff

Picot, A.: Rationalisierung im Verwaltungsbereich als betriebswirtschaftliches Problem, in: ZfB 1979, S. 1145 ff

Piduch, E. A.: Bundeshaushaltsrecht, Erläuterungen zu den Artikeln 109 – 115 des Grundgesetzes und zur Bundeshaushaltsordnung unter Berücksichtigung des Haushaltsgrundsätzegesetzes und des Gesetzes zur Förderung der Stabilität und des Wachstums der Wirtschaft, Stuttgart-Berlin-Köln-Mainz (Loseblattausgabe) 1967

Plate, G.: Die Konkursbilanz, Köln-Berlin-Bonn-München 1979

– Eignung von Zahlungsunfähigkeit und Überschuldung als Indikatoren für die Insolvenzreife eines Unternehmens, in: DB 1980, S. 217 ff

– Marketing in der Konkursabwicklung, in: KTS 1980, S. 101 ff

– Entscheidung zwischen sofortiger Stillegung und einstweiliger Unternehmensfortführung auf der Grundlage einer Deckungsbeitragsrechnung, in: KTS 1981, S. 325 ff

Plückebaum/Malitzky: Umsatzsteuergesetz / Mehrwertsteuer, 10. Aufl. (Loseblattausgabe) Köln-Berlin-Bonn-München

Potthoff, E.: Sanierung, in: HWF, hrsg. von H. E. Büschgen, Stuttgart 1976, Sp. 1558 ff

Pribilla, M. E.: Die Überschuldungsbilanz, in: KTS 1958, S. 1 ff; S. 17 ff

Priester, H.-J.: Die Verwendung von Gesellschafterforderungen zur Kapitalerhöhung bei der GmbH, in: DB 1976, S. 1801 ff

– Gläubigerrücktritt zur Vermeidung der Überschuldung, in: DB 1977, S. 2429 ff

– Das gesetzliche Bezugsrecht bei der GmbH, in: DB 1980, S. 1925 ff

Prölss, J.: Die Haftung des Verkäufers von Gesellschaftsanteilen für Unternehmensmängel, in: ZIP 1981, S. 337 ff

Püschmann: Aktien als Vergleichsquoten, in: KTr 1931, S. 113

Pulte, P.: Änderung des Kündigungsschutzes bei Massenentlassungen, in: BB 1978, S. 1268 ff

Rätsch, H.: Fusion, in: HWF, hrsg. von H. E. Büschgen, Stuttgart 1976, Sp. 665 ff

Raisch, P.: Unternehmensrecht, 1. Unternehmensprivatrecht: Handels- und Gesellschaftsrecht, Reinbek bei Hamburg 1973

Rathmann, K.: Einkommensbesteuerung von gekauften Rücklagen bei Anteilsübertragungen unter der Herrschaft des KStG/EStG 1977, in: DB 1980, S. 800 ff

Raupach, A.: Die Abschreibungsgesellschaft im Konkurs, in: Handbuch der steuerbegünstigten Kapitalanlagen, hrsg. von A. J. Rädler und A. Raupach, Köln 1973, S. 161 ff

Reich, N.: Die Sicherungsübereignung, Bad Homburg v.d.H. 1970

Reinke, R., Rütten, R.: Das Grunderwerbsteuerrecht in Nordrhein-Westfalen, 2. Auflage, Stuttgart-München-Hannover 1977

Reske, W., Brandenburg, A., Mortsiefer, H.-J.: Insolvenzursachen mittelständischer Betriebe – Eine empirische Analyse – 2. Auflage, Göttingen 1978

Reuter, A. L.: Konzentration und Wirtschaftswachstum, Köln und Opladen 1967

– Die Berücksichtigung des Risikos bei der Bewertung von Unternehmen, in: WPg 1970, S. 265 ff

– Das Problem der Vollwertigkeit von Gesellschafterforderungen im Zusammenhang mit deren Verwendung zur Kapitalerhöhung bei Gesellschaften mit beschränkter Haftung, in: BB 1978, S. 1195 f

Richardi, R.: Änderungskündigung und Versetzung nach neuem Betriebsverfassungsgesetz, in: DB 1974, S. 1285 ff

– Ersetzung der Zustimmung des Betriebsrats durch Beschluß des Arbeitsgerichts im Rahmen von § 103 BetrVG, in: RdA 1975, S. 73 ff

– Sozialplan und Konkurs, Düsseldorf 1975

– Sozialplan im Konkurs, in: DB 1976, Beilage 6

– Übergang von Arbeitsverhältnissen bei Zwangsvollstreckungsmaßnahmen im Rahmen einer Konkursabwicklung, in: RdA 1976, S. 56 ff

– Die Mitbestimmung über den Sozialplan im Konkurs – Zum Beschluß des Großen Senats des Bundesarbeitsgerichts vom 13. 12. 1978 – GS 1/77, in: RdA 1979, S. 193 ff

Rinck, G.: Wirtschaftsrecht, 5. Auflage, Köln-Berlin-Bonn-München 1977

Rinklin, T.: Die vergleichsfähige und die konkursreife Unternehmung. Versuch einer Typologie notleidender Unternehmungen, Stuttgart 1960

Rockel, K.: Fehlinvestitionen und ihre Prüfung, Frankfurt a.M.-Bern-Cirencester (U.K.) 1979

Röding, C.: Die Praxis des gerichtlichen Vergleichs zur Abwendung des Konkurses, Jena 1933

Rössle, K.: Allgemeine Betriebswirtschaftslehre, 5. Auflage, München 1956

Rohde, C.: Auslese durch Insolvenzen – Zur Funktionsfähigkeit der marktwirtschaftlichen Sanktionssysteme, Göttingen 1979

Ronneberger, R.: Zur Beschleunigung des Vergleichsverfahrens, in: „Leipz. N.N." vom 5. Aug. 1930, zitiert nach Röding, C., Die Praxis des gerichtlichen Vergleichs zur Abwendung des Konkurses, Jena 1933, S. 46 f

Rose, G.: Betrieb und Steuer, Grundlagen zur Betriebswirtschaftlichen Steuerlehre, 2. Buch, Die Verkehrsteuern, 5. Aufl., Wiesbaden 1980

Rothkegel, R.: Der Eigentumserwerb bei Verarbeitung, Köln-Berlin-Bonn-München 1974

Roventa, P.: Portfolio-Analyse und strategisches Management, München 1979

Rühl, W.: Strategien und Organisationsmethoden eines erfolgreichen Maschinenbaubetriebes, Frankfurt a.M. 1979 (RKW)

Rümker, D.: Gläubigerbenachteiligung durch Gewährung und Belassung von Krediten, in: ZHR 1979, S. 174 ff

– Verhaltenspflichten der Kreditinstitute in der Krise des Kreditnehmers, in: KTS 1981, S. 493 ff

Rüßmann, K. H.: „Mißerfolg ist der einzige Lehrer", Manager-Magazin 10/1981, S. 20 ff

Säcker, F. J.: Herabsetzung nichttariflicher Arbeitsbedingungen durch kollektive Änderungskündigung, in: DB 1967, S. 1086 ff

Salditt, F.: Die Einbringung eines Personenunternehmens in eine Kapitalgesellschaft, in: StuW 1972, S. 353 ff

Samolewitz, L.: Die Gründung der Sanierungsgesellschaft als Vergleich zur Abwendung des Konkurses, in: Recht und Handel 1927, Sp. 623 ff

Sandig, C.: Finanzierung mit Fremdkapital, 2. Auflage, Stuttgart 1974

Schäfer, C.: Betriebliche Vermögensbeteiligung – aus der Sicht der Gewerkschaften, in: Aus Politik und Zeitgeschichte, Beilage zur Wochenzeitung Das Parlament, B 39/78 vom 30. 9. 1978, S. 19 ff

Schäfer, E.: Die Unternehmung, Einführung in die Betriebswirtschaftslehre, 8. Aufl., Köln-Opladen 1974

Schäfer, W.: Grundsätze ordnungsmäßiger Bilanzierung für Forderungen, 2. Aufl., Düsseldorf 1977

Schaub, G.: Der Kündigungsschutz bei Änderungskündigungen, in: RdA 1970, S. 230 ff

– Arbeitsrechts-Handbuch, 4. Auflage, München 1980

Schick, W.: Vergleiche und sonstige Vereinbarungen zwischen Staat und Bürger im Steuerrecht, München 1967

Schierenbeck, H.: Beteiligungsentscheidungen, Betriebswirtschaftliche Grundlagen des Erwerbs und der Veräußerung von Unternehmungsbeteiligungen, Berlin 1973

Schildbach, T.: Insolvenzgefahren durch Geldentwertung, in: BFuP 1975, S. 179 ff

Schimana, R.: Hauptbetriebe – Nebenbetriebe – Betriebsteile nach Betriebsverfassungsgesetz, in: BB 1979, S. 892 ff

Schlegelberger: Handelsgesetzbuch, erläutert von Geßler, Hefermehl, Hildebrand, Schröder, 4. Auflage, Berlin-New York 1960–1966, zitiert als: Schlegelberger/Geßler, HGB

Schlochauer, U.: Zum Mitbestimmungsrecht des Betriebsrats bei der ordentlichen Kündigung nach § 102 BetrVG 1972, in: RdA 1973, S. 157 ff

Schlüchter, E.: Der Grenzbereich zwischen Bankrottdelikten und unternehmerischen Fehlentscheidungen, Tübingen 1976

Schlüter, M.: Die konkursrechtliche Behandlung der Sozialplanansprüche und der Ausgleichsansprüche nach § 113 BetrVG, Berlin 1977

– Die konkursrechtliche Einordnung der Kündigungsschutzabfindung, in: DB 1978, S. 299 ff

Schmalenbach, E.: Finanzierungen, 6. Aufl., Leipzig 1937

Schmidt, K.: Neues zur Haftung bei der Schein-KG und zur Kommanditistenhaftung bei Sanierungsgründungen, in: JZ 1974, S. 219 ff

– Zur aktienrechtlichen Haftung des Gründungsprüfers bei der Überbewertung von Sacheinlagen, Überlegungen zum Urteil des BGH vom 27. 2. 1975 – II ZR 111/72, in: DB 1975, S. 1781 ff

– Die Kreditfunktion der stillen Einlage, in: ZHR 1976, S. 475 ff

– Einlage und Haftung des Kommanditisten, Köln 1977

– Unternehmenskonkurs – Unternehmensträgerkonkurs – Gesellschafterkonkurs, in: Einhundert Jahre Konkursordnung 1877 – 1977, hrsg. von W. Uhlenbruck, B. Klasmeyer und B. Kübler, Köln-Berlin-Bonn-München 1977, S. 247 ff

– Das Vollstreckungs- und Insolvenzrecht der stillen Gesellschaft, in: KTS 1977, (I) und (II), S. 1 ff.; S. 65 ff

– Konkursgründe und präventiver Gläubigerschutz, in: AG 1978, S. 334 ff

– Zur Differenzhaftung des Sacheinlegers (nach gegenwärtigem Stand von Gesetzgebung, Rechtsprechung und Lehre), in: GmbH-Rdsch. 1978, S. 5 ff

– Organverantwortlichkeit und Sanierung im Insolvenzrecht der Unternehmen, in: ZIP 1980, S. 328 ff

– Sinnwandel und Funktion des Überschuldungstatbestandes, in: JZ 1982, S. 166 ff

Schmidt, R.-B.: Die Variation der Kapazität im Liquidationsprozeß der industriellen Unternehmung, in: ZfB 1961, S. 689 ff

– Die Gewinnverwendung der Unternehmung, Berlin 1963

Schmidt, R. H.: Ökonomische Analyse des Insolvenzrechts, Wiesbaden 1980

Schmitt, W. D.: Grundsätze, Gegenstände und Inhalte der Sozialplanung nach den Erfahrungen der Eisen- und Stahlindustrie, in: Das Mitbestimmungsgespräch 1975, S. 76 ff

Schmölders, G.: Finanzpolitik, 2. Auflage, Berlin-Heidelberg-New York 1965

– Konjunkturen und Krisen, Reinbek bei Hamburg 1965

Schneider, D.: Flexible Planung als Lösung der Entscheidungsprobleme unter Ungewißheit?, in: ZfbF 1971, S. 831 ff

– Investition und Finanzierung, Köln und Opladen 1970

Schnettler, A.: Der betriebswirtschaftliche Zins, Stuttgart 1931

– Betriebsvergleich – Grundlagen und Praxis zwischenbetrieblicher Vergleiche, 3. Aufl., Stuttgart 1961

Schnorbus, A.: „Menschen besitzen einen höheren Rang", in: FAZ vom 19. 9. 1981

Schönke/Baur: Zwangsvollstreckungs-, Konkurs- und Vergleichsrecht, 10. Aufl., Karlsruhe 1978

Schönle, H.: Rechtsvergleichende Aspekte (Frankreich, Belgien, Schweiz) der Bankenhaftung aus Sanierungsaktionen, in: ZHR 1979, S. 208 ff

Scholz, H.: Der Konkurs vom betriebswirtschaftlichen Standpunkt, Diss. Frankfurt a.M. 1934

Scholz, T.: Kommentar zum GmbHG, bearbeitet von V. Emmerich, H. Konzen, H.-J. Priester, K. Schmidt, U. Schneider, M. Skibbe, K. Tiedemann, H. P. Westermann und H. Winter, 6. Aufl., Köln 1978 ff

Schrader, S., Uhlenbruck, W., Delhaes, K.: Konkurs- und Vergleichsverfahren, 4. Aufl., München 1977

Schreiber, H.: Sanierung – Sanierungsgewinn, Besserungsverpflichtungen und -leistungen im Steuerrecht, Düsseldorf 1958

Schürer, H.: Der Tatbestand der Überschuldung im deutschen Insolvenzrecht – eine Stellungnahme aus betriebswirtschaftlicher Sicht, Diss. München 1962

Schulze-Osterloh, J.: Das Recht der Unternehmensverträge und die stille Beteiligung an einer Aktiengesellschaft, in: ZGR 1974, S. 427 ff

Schulze zur Wiesche, D.: Die Haftung des Erwerbers eines Unternehmens für betriebsbedingte Steuern gem. § 116 AO, in: DStR 1972, S. 560 ff

– Die steuerliche Behandlung von Sanierungsgewinnen bei GmbH und GmbH & Co. KG, in: GmbH-Rdsch. 1980, S. 36 ff

– Einbringung eines Betriebes, Teilbetriebes, Mitunternehmeranteils in eine GmbH, (I) und (II), in: GmbH-Rdsch. 1981, S. 60 ff. u. S. 88 ff

Schuster, L.: Das Franchising, in: Handbuch der Unternehmensfinanzierung, hrsg. von O. Hahn, München 1971, S. 793 ff

Seithel, R.: Voraussetzungen des steuerfreien Sanierungsgewinns, in: FR 1973, S. 381 f

– Ertragsteuerliche Probleme der „Umwandlung" einer GmbH & Co. KG auf die Komplementär-GmbH im Wege der Anwachsung, in: GmbH-Rdsch. 1978, S. 65 ff

Semann, N.: Preisverhandlungen beim Wechsel des Unternehmenseigners. Die gegenseitige Beeinflussung der Parteien im Verhandlungsprozeß, Diss. Köln 1970

Serick, R.: Eigentumsvorbehalt und Sicherungsübereignung, Bd. III, Die einfache Sicherungsübertragung – Zweiter Teil, Heidelberg 1970; Bd. IV, Verlängerungs- und Erweiterungsformen des Eigentumsvorbehaltes und der Sicherungsübertragung – Erster Teil, Verlängerungsformen und Kollisionen, Heidelberg 1976

– Die Verwertung von Sicherungseigentum, in: BB 1970, S. 541 ff

– Überschuldete Gesellschaft und konkursabwendender Forderungsrücktritt eines Nichtgesellschafters, in: ZIP 1980, S. 9 ff

Sieben, G.: Der Substanzwert der Unternehmung, Wiesbaden 1963

– Bewertungs- und Investitionsmodelle mit und ohne Kapitalisierungszinsfuß, in: ZfB 1967, S. 126 ff

– Der Einfluß geplanter, bezüglich der Finanzierungsquellen von dem Bewertungsobjekt freier oder an das Bewertungsobjekt gebundener Kapitalzuführungen auf den Gesamtwert der Unternehmung, in: Aktuelle Fragen der Unternehmensfinanzierung und Unternehmensbewertung, Festschrift für K. Schmaltz, hrsg. von K.-H. Forster und P. Schumacher, Stuttgart 1970, S. 181 ff

Sieben, G., Goetzke, W.: Umsatzrendite als Marktmachtindikator?, in: DB 1980, S. 841 ff

Sieben, G., Goetzke, W., Matschke, M.: Der Begriff „Finanzkraft" nach § 22 GWB aus betriebswirtschaftlicher Sicht, in: DB 1978, S. 2229 ff

Sieben, G., Schildbach, Th.: Zum Stand der Entwicklung der Lehre von der Bewertung ganzer Unternehmungen, in: DStR 1979, S. 455 ff

Siebert, W.: Das rechtsgeschäftliche Treuhandverhältnis, Ein dogmatischer und rechtsvergleichender Beitrag zum allgemeinen Treuhandproblem, Marburg 1933

Siedschlag, W.: Ansatzpunkte zu einer Reform des Insolvenzrechts (Konkurs und Vergleich) anhand neuerer Erfahrungen, Diss. Freiburg i. Breisgau 1971

Siegelmann, H.: Die Zwangsvollstreckung im Vergleichsverfahren, in: DB 1965, S. 923 f

Sielaff, M.: Referat in: Funktionsspezifische Unternehmensbewertung: Einigung im Streit um objektive und subjektive Wertansätze in Sicht, in: WPg 1976, S. 175 ff

Söffing, G.: Zur Abkehr der Rechtsprechung von der Bilanzbündeltheorie, in: StbJb 1976/77, S. 241 ff

– Das negative Kapitalkonto eines Kommanditisten bei Gesellschafterwechsel und Gesellschaftsauflösung, in: BB 1982, S. 629 ff

Soergel/Siebert: Bürgerliches Gesetzbuch, begründet von Hs. Th. Soergel, neu herausgegeben von W. Siebert, bearbeitet von H. J. Abraham u.a., 10. Aufl., Stuttgart u.a. 1969

Spengler, A.: Die Auffanggesellschaft, in: KTS 1955, S. 25 ff

Staehle, W. H.: Kennzahlen und Kennzahlensysteme als Mittel der Organisation und Führung von Unternehmen, Wiesbaden 1969

Stahlhacke, E.: Kündigung und Kündigungsschutz im Arbeitsverhältnis, 3. Aufl., München 1977

Statistisches Bundesamt: Statistisches Jahrbuch für die Bundesrepublik Deutschland 1962 – 1981, Stuttgart und Mainz

v. Stebut, D.: Ansprüche aus Arbeitsverhältnissen bei Insolvenz des Arbeitgebers, in: DB 1975, Beilage 9

Steiner, M.: Ertragskraftorientierter Unternehmenskredit und Insolvenzrisiko, Stuttgart 1980

v. Stockum, H. G.: Gerichtlicher und außergerichtlicher Vergleich, in: Dynamische Betriebsführung (12. Deutscher Betriebswirtschafter-Tag), hrsg. von der Deutsche Gesellschaft für Betriebswirtschaft, Berlin 1959, S. 245 ff

Storz, K.-A.: Praxis des Zwangsversteigerungsverfahrens – Leitfaden für Gläubiger, Schuldner und Rechtspfleger, München 1979

– Die Gläubigerablösung in der Zwangsversteigerung, in: ZIP 1980, S. 159 ff

– Besondere Gefahrenquellen in der Zwangsversteigerung für den Rechtsanwalt als Berater eines Gläubigers, in: ZIP 1980, S. 1049 ff

Studienkommission: „Grundsatzfragen der Kreditwirtschaft", hrsg. vom Bundesministerium der Finanzen, Bonn 1979

Stückemann, W.: Außerordentliche Kündigung der Arbeitnehmer bei drohendem Konkurs – Lemgoer Modell – Zugleich Anmerkung zum Urteil LAG Baden-Württemberg, 23. 12. 1976, in: BB 1977, S. 1711

– Der Konkursverwalter als Unternehmer, in: Einhundert Jahre Konkursordnung 1877–1977, hrsg. von W. Uhlenbruck, B. Klasmeyer und B. Kübler, Köln-Berlin-Bonn-München 1977, S. 401 ff

– Vorkonkursliche Arbeitnehmerkündigung, Gesteigerte Bedeutung des Lemgoer Modells, in: BB 1981, S. 1102 ff

Stüdemann, K.: Die Haftung des Konkursverwalters bei Fortführung des Unternehmens – Ein Beitrag zur Reform der Konkursabwicklung, in: WPg 1978, S. 413 ff

v. Stumpfeld, B.: Handelsblatt-Gespräch mit Birgit Breuel, Gegenüber fußkranken Firmen zugeknöpft, in: Handelsblatt vom 26. 5. 1981

Sudau, A., Lammerding, J., Brauel, H.: Abgabenordnung, Finanzgerichtsordnung und Nebengesetze, 6. Auflage, Düsseldorf-Achim, 1977

Sudhoff, H.: Der Gesellschaftsvertrag der GmbH, 4. Aufl., München 1978

– Der Gesellschaftsvertrag der Personengesellschaften, 5. Aufl., München 1978

– Das Familienunternehmen, München 1980

Szyperski, N.: Kritische Punkte der Unternehmungsentwicklung, in: ZfbF 1975, S. 366 ff

Teubner, E.: Interessenausgleich und Sozialplan, Gesetzesauslegung, Verfahren und Sanktionen der §§ 111–113 BetrVG, in: BB 1974, S. 982 ff

Thamm, M.: Der Eigentumsvorbehalt im deutschen Recht, 3. Aufl., Heidelberg 1971

Thiel, R.: Übertragung stiller Reserven, Kommentar zu § 6 b EStG, Heidelberg 1965

– Die Umwandlung einer Personengesellschaft in eine Kapitalgesellschaft unter besonderer Berücksichtigung der Verwendung der Rechtsfigur der AG & Co. oder der GmbH & Co., (I) u. (II), in: WPg 1966, S. 11 ff., 41 ff

Thieme, W., Löchelt, D.: Schuldübernahme von Versorgungsansprüchen nach dem Betriebsrentengesetz, in: BB 1981, Beilage 10

Tiedemann, K: Grundfragen bei der Anwendung des neuen Konkursstrafrechts, in: NJW 1977, S. 777 ff

Tietz, B.: Franchising – Ein weiterer Schritt zur kontraktorientierten Marktwirtschaft, 4 Teile, in: Blätter für Genossenschaftswesen 1969, Nr. 12, 16, 17 22

Tipke, K.: Steuerrecht, Ein systematischer Grundriß, 8. Aufl., Köln 1981

– Über Steuergerechtigkeit in Steuergesetzgebung, Steuerverwaltung und Steuergerichtsbarkeit, in: StuW 1980, S. 281 ff

Tipke, K., Kruse, H.: Abgabenordnung, Kommentar zur AO 1977, 9. Aufl., Köln Stand 1980, zitiert als: Tipke/Kruse, AO

Töndury, H., Gsell, E.: Finanzierungen, Zürich 1948

Trinkner, R.: Verwertung sicherungsübereigneter Gegenstände, in: BB 1962, S. 80 ff

Tuchfeldt, E.: Strukturkrisen in der Marktwirtschaft, Frankfurt a.M. 1974

Uebbing, H.: „Das Schlimmste darf einfach nicht passieren", in: FAZ vom 24. 3. 1981

UEC: Die Beachtung des Grundsatzes der Fortführung des Unternehmens („going-concern"-Basis) bei der Abschlußprüfung, in: WPg 1976, S. 464 f

– Entwurf einer Empfehlung (Nr. 11): „Vorgehensweise von Wirtschaftsprüfern bei der Bewertung ganzer Unternehmen", in: WPg 1977, S. 679 ff

Uhlenbruck, W.: Zur rechtlichen Behandlung von Ruhegeldansprüchen der Arbeitnehmer im Vergleichsverfahren des Arbeitgebers zur Abwendung des Konkurses, (I) und (II), in: DB 1971, S. 1057 ff.; S. 1110 ff

– Das „Vergleichsverfahren Kölner Prägung", in: KTS 1972, S. 220 ff

– Die Rechtsstellung des Verwalters und Geschäftsführers einer GmbH zueinander im Konkurs der GmbH, in: GmbH-Rdsch. 1972, S. 170 ff

– Die Mitwirkung des Betriebsrats im Konkurs- und Vergleichsverfahren nach dem Betriebsverfassungsgesetz 1972, in: KTS 1973, S. 81 ff

– Abschreibungsgesellschaften – Anlegerprobleme bei Sanierung-Konkurs-Vergleich, Düsseldorf 1974

– Zur Anwendbarkeit des § 613 a BGB bei Betriebsveräußerung durch den Konkurs- oder Vergleichsverwalter, in: KTS 1974, S. 1 ff

– Die Auswirkungen des Gesetzes über Konkursausfallgeld, in: RdA 1975, S. 182 ff

– Das Problem der Vergleichsunwürdigkeit im gerichtlichen Liquidationsvergleich von Personen- und Kapitalgesellschaften, in: KTS 1975, S. 166 ff

– Zur Krise des Insolvenzrechts, in: NJW 1975, S. 897 ff

– Die Massekostendeckung als Problem der Konkursverwalterhaftung, in: KTS 1976, S. 212 ff

– Der Massekostenvorschuß nach Änderung der Konkursordnung durch das Konkursausfallgesetz, in: MDR 1976, S. 95 ff

– Gefahren des gerichtlichen Liquidationsvergleichs, in: GmbH-Rdsch. 1976, S. 189 ff

– Die Notwendigkeit einer Insolvenzrechtsreform, in: IHK-Mitteilungen 1976, S. 500 ff

– Die GmbH & Co. KG in Krise, Konkurs und Vergleich, Köln 1977

– Einhundert Jahre Konkursordnung, in: Einhundert Jahre Konkursordnung 1877–1977, hrsg. von W. Uhlenbruck, B. Klasmeyer und B. Kübler, Köln-Berlin-Bonn-München 1977, S. 3 ff

– Typische Symptome in den durch Strukturwandel gefährdeten Betrieben – Versuch einer Insolvenzanalyse, in: DBW 1977, S. 311 ff

– Überlegungen vor einer Eröffnung und bei Abwicklung gerichtlicher Insolvenzverfahren, in: WPg 1978, S. 661 ff

– Die Vollstreckung wegen Massekosten und Masseschulden in massearmen Konkursen, in: KTS 1978, S. 66 ff

– Insolvenzrecht, Grundriß für Studium und Praxis, Bonn 1979

– Gesetzliche Konkursantragspflichten und Sanierungsbemühungen, in: ZIP 1980, S. 73 ff

– Sanierung und Reorganisation als drittes Insolvenzverfahren in einem künftigen Recht?, in: KTS 1981, S. 513 ff

– Privilegierung statt Diskriminierung von Sanierungskrediten de lege lata und als Problem der Insolvenzrechtsreform, in: GmbH-Rdsch. 1982, S. 141 ff

– Die Auffanggesellschaft als Instrument betrieblicher Sanierung, unveröffentlichtes Manuskript

Ulmer, P.: Konkursantragspflicht bei Überschuldung der GmbH und Haftungsrisiken bei Konkursverschleppung, in: KTS 1981, S. 469 ff

Veismann, J.: Das Gutachten der amtlichen Berufsvertretung gemäß § 14 Vergleichsordnung, in: KTS 1968, S. 40 ff

Viel, J., Bredt, O., Renard, M.: Die Bewertung von Unternehmungen und Unternehmungsanteilen, 3. Aufl., Stuttgart 1970

Vogel, H. D.: Die Rechtsstellung des Treuhänders bei der Durchführung des Treuhandliquidationsvergleichs zur Abwendung des Konkurses, Diss. Tübingen 1961

Vogt, A.: Personaleinschränkungen als Betriebsänderungen im Sinne der §§ 90, 106 und 111 BetrVG in: DB 1976, S. 625 ff

– Sozialpläne in der betrieblichen Praxis, 2. Aufl., Köln 1981

– Personaleinschränkungen im Rahmen betriebsbedingter Kündigungen und sozialplanpflichtiger Betriebsänderungen, in: DB 1981, S. 1823 ff

v. Voigt, K.: Auskünfte, Zusagen und Vereinbarungen im Steuerrecht, Diss. Mainz 1968

Vormbaum, H.: Finanzierung der Betriebe, 5. Auflage, Wiesbaden 1977

Voss,.A.: Umsatzsteuer bei Vereinbarungsdarlehen, in: UStR 1976, S. 13 f

Voß, H.: Umgründung – Umwandlung, in: HWF, hrsg. von H. E. Büschgen, Stuttgart 1976, Sp. 1727 ff

Wagner, P. R.: Die volkswirtschaftlichen Auswirkungen der offenen und versteckten Insolvenzen in der Bundesrepublik, in: IHK-Mitteilungen der Industrie- und Handelskammer Köln, Köln 1976 S. 834 ff

Wahl, A.: Die Vermögenseinlage des atypischen stillen Gesellschafters in der Handelsbilanz und im Überschuldungsstatus der GmbH, in: GmbH-Rdsch. 1975, S. 169 ff

Weber, B. E.: Die Übernahme von Unternehmungen, Diss. Zürich 1972

Weber, F.: Fragen der Gestaltung des Konkursverfahrens in rechtspolitischer und rechtsvergleichender Sicht, in: KTS 1959, S. 80 ff

– Ziele und Wege der Insolvenzrechtsreform, in: Einhundert Jahre Konkursordnung 1877–1977, hrsg. von W. Uhlenbruck, B. Klasmeyer und B. Kübler, Köln-Berlin-Bonn-München 1977 S. 321 ff

Weber, H.: Sicherungsgeschäfte, 2. Auflage, München 1977

Weber, K. H.: Betriebswirtschaftliches Rechnungswesen, 2. Aufl., München 1978

Weber-Grellet, H.: Säumniszuschläge bei Vollstreckungsaufschub, in: DB 1980, S. 37 ff

Wehrhahn, J. W.: Der notleidende Kredit, Wiesbaden 1965

Weida, S.: Beziehungen zwischen Vermögen und Schulden im gerichtlichen Vergleichsverfahren zur Abwendung des Konkurses – in betriebswirtschaftlicher Sicht –, Diss. München 1965

Weinberg, P.: Die Produkttreue der Konsumenten, Wiesbaden 1977

Weitnauer, H.: Der Sozialplan im Konkurs, in: ZfA 1977, S. 111 ff

Welge, M. K.: Synergie, in: HWB, 4. Aufl., hrsg. von E. Grochla und W. Wittmann, Stuttgart 1976, Sp. 3800 ff

Weng, R.: Die soziale Auswahl bei der betriebsbedingten Kündigung, in: DB 1978, S. 884 ff

Wessels, Th.: Subventionen, in: HdB, 3. Bd., 3. Auflage, hrsg. von H. Seischab und K. Schwantag, Stuttgart 1960, Sp. 5321 ff

Westermann, H.: Interessenkollisionen und ihre richterliche Wertung bei den Sicherungsrechten an Fahrnis und Forderungen, Karlsruhe 1954

Widmann, S., Mayer, R.: Umwandlungsrecht, Kommentar in Loseblattform, Bonn Stand 1981, zitiert als: Widmann/Mayer.

Wiedemann, H.: Sacheinlagen in der GmbH, in: Berliner Festschrift für E. E. Hirsch, Berlin 1968, S. 257 ff

– Beschränkte und unbeschränkte Kommanditistenhaftung, in: Recht und Wirtschaft in Geschichte und Gegenwart, Festschrift für J. Bärmann zum 70. Geburtstag, hrsg. von M. Lutter, H. Kollhosser und W. Trusen, München 1975, S. 1037 ff

– Gesellschaftsrecht, Ein Lehrbuch des Unternehmens- und Verbandsrechts, Band 1, Grundlagen, München 1980

Wiedemann, H., Moll, W.: Der persönliche Geltungsbereich des Gesetzes zur Verbesserung der betrieblichen Altersversorgung, in: RdA 1977, S. 13 ff

Wiedemann, H., Willemsen, H. J.: Die Anwendung des § 613 a BGB im Konkurs unter besonderer Berücksichtigung der betrieblichen Altersversorgung, in: RdA 1979, S. 418 ff

Wiethege, F. W.: Die Auffanggesellschaft, Diss. Köln 1958

Wild, J.: Product Management, München 1972

Willeke, F. U.: Marktbeherrschung und Mißbrauch von Marktmacht, in: WuW 1975, S. 533 ff

Willemsen, H. J.: Arbeitnehmerschutz bei Betriebsänderungen im Konkurs – Zur Anwendung der §§ 111 ff. BetrVG bei Insolvenz des Arbeitgebers, Frankfurt a.M.-Bern-Cirencester (U.K.) 1980

Willners, G.: Die Wertpapieranalage der Kreditbanken und ihre Bestimmungsfaktoren, Wiesbaden 1966

Winnefeld, R.: Kapitalerhöhung im Konkurs einer GmbH, in: BB 1976, S. 1202 ff

Wöhe, G.: Bilanzierung und Bilanzpolitik, 2. Aufl., München 1972

– Betriebswirtschaftliche Steuerlehre, Bd. II, 1. Halbband, Der Einfluß der Besteuerung auf die Wahl und den Wechsel der Rechtsform des Betriebes, 3. Aufl., München 1978

– Zur Bilanzierung und Bewertung des Firmenwertes, in: StuW 1980, S. 89 ff

Woeste, K. F.: Aufgaben des Krisenmanagements im Bereich der Unternehmensfinanzierung, in: ZfB 1977, S. 225 ff

Wolff, E.: Grundpfandgläubiger und Konkursverwalter in der Zwangsversteigerung, in: ZIP 1980, S. 417 ff

Wolff, H. J., Bachoff, O.: Verwaltungsrecht I, 9. Aufl., München 1974

– Verwaltungsrecht III, 4. Aufl., München 1978

Wolter, J.: Der Schutz des Arbeitnehmers vor betriebsbedingter Kündigung, Berlin 1980

Würdinger, H.: Arten und Formen der Unternehmenszusammenschlüsse i.S. der neuen §§ 23 bis 24 GWB, in: WuW 1973, S. 731 ff

Zaun-Axler, R.: Die Lage der Arbeitnehmer im Konkurs, Vergleich und Betriebsstillegung, Meisenheim a.d. Glan 1974

Zeitler, F.-C.: Änderung des § 6 b EStG im Haushaltsstrukturgesetz, in: BB 1982, S. 283 ff

Zeller, F.: Zwangsversteigerungsgesetz, Kommentar, 10. Auflage, München 1979, zitiert als: Zeller, ZVG

Zepf, G.: Kooperativer Führungsstil und Organisation – Zur Leistungsfähigkeit und organisatorischen Verwirklichung einer kooperativen Führung in Unternehmungen, Wiesbaden 1972

Zeuner, A.: Schutz des Arbeitnehmers im Konkurs des Arbeitgebers, in: JZ 1976, S. 1 ff

v. Zezschwitz, F.: Liquidationsprobleme bei Personengesellschaften, in: FR 1972, S. 270 ff

Ziepke, J.: Die Anrechnung von Tariflohnerhöhungen, in: BB 1981, S. 61 ff

Zilias, M.: Unterbilanz und Überschuldung der Aktiengesellschaft, in: WPg 1977, S. 445 ff

Zilias, M., Götz, J., Wenders, K.: Konkursverfahren, Vergleichsverfahren, Außergerichtlicher Vergleich, in: WP-Handbuch 1973, Düsseldorf 1973, S. 1656 ff

Zilias M., Götz, J.: Unterbilanz und Überschuldung der Aktiengesellschaft, in: WP-Handbuch 1981, S. 1697 ff

Zimmerer, C.: Über die Mobilisierbarkeit gewerblicher Unternehmungen, in: ZfB 1967, S. 471 ff

– Kauf oder Beteiligung? Chancen und Risiken bei der Übernahme von notleidenden Firmen, in: Handelsblatt vom 20./21. 3. 1981

Zöllner, W.: Arbeitsrecht, München 1977

Zybon, A.: Präventionen gegen den „normalen" Konkurs, in: Wirtschaftskriminalität – Möglichkeiten der Prophylaxe –, Schriftenreihe des Verbandes der Vereine Creditreform, Band 1, Würzburg 1973, S. 55 ff

– Fehlinvestitionen, in: HWF, hrsg. von H. E. Büschgen, Stuttgart 1976, Sp. 380 ff

– Sanierung, in: HWB, 4. Auflage, hrsg, von E. Grochla und W. Wittmann, Stuttgart 1976, Sp. 3493 ff

Stichwortverzeichnis

Firmenverzeichnis